安徽省高等学校“十三五”省级规划教材

现代货币金融学

主　编　黄永兴
副主编　刘立平　金道政

中国科学技术大学出版社

内容简介

本书为安徽省高等学校“十三五”省级规划教材。全书以现代经济学理论为指导，以开放经济为环境，以实体经济运作为基础，联系国内外金融改革的实践和现状，广泛汲取国内外金融学科的最新研究成果，以历史和逻辑的线索，系统地阐述了货币与货币制度、信用与利率、金融市场、金融机构、货币需求与供给、金融总量与均衡、金融调控与监管等方面的理论及其运动规律；客观地介绍了世界主流金融理论体系、最新研究成果及新发展，并且紧密结合中国实际，充分反映了近年来中国金融领域日新月异的发展、变革和演进，深层次探讨了金融理论和实践发展中的问题。全书共12章，内容丰富，资料新颖，理论联系实际，通俗易懂。本书既可作为高等院校经济、金融、管理等学科本科教育的金融学课程教材，也可作为各类成人高等教育相同、相近专业学生的教材或教学参考用书，还可供财经、金融工作者进修学习之用。

图书在版编目(CIP)数据

现代货币金融学/黄永兴主编. —合肥：中国科学技术大学出版社，2020.8(2026.1重印)
安徽省高等学校“十三五”省级规划教材
ISBN 978-7-312-04859-3

Ⅰ. 现…　Ⅱ. 黄…　Ⅲ. 货币和银行经济学　Ⅳ. F820

中国版本图书馆CIP数据核字(2019)第295271号

出版　中国科学技术大学出版社
安徽省合肥市金寨路96号，230026
http://press.ustc.edu.cn
https://zgkxjsdxcbs.tmall.com
印刷　安徽新华印刷股份有限公司
发行　中国科学技术大学出版社
经销　全国新华书店
开本　710 mm×1000 mm　1/16
印张　30
字数　605千
版次　2020年8月第1版
印次　2026年1月第3次印刷
定价　62.00元

前　言

1991 年 1 月，邓小平同志在视察上海时指出："金融很重要，是现代经济的核心。金融搞好了，一着棋活，全盘皆活。" 2019 年 2 月，习近平总书记在中央政治局第十三次集体学习时提出，金融是国家重要的核心竞争力，金融安全是国家安全的重要组成部分，金融制度是经济社会发展中重要的基础性制度。习近平强调，金融要为实体经济服务，满足经济社会发展和人民群众需要。金融活，经济活；金融稳，经济稳。经济兴，金融兴；经济强，金融强。经济是肌体，金融是血脉，两者共生共荣。这些论述深刻地揭示了金融在现代经济发展和社会生活中的重要地位和作用。

金融与我们的生活息息相关，金融无处不在。金融是生活的金融，有其简单重复的一面；金融是神秘的金融，有其复杂多变的一面。作为高等院校经济类专业核心课程，"现代货币金融学"可以帮助我们更准确、全面地认识金融、理解金融并运用好金融。

2012 年刘立平教授组织教学团队编写出版了《现代货币金融学》教材，距今已经八年，在这八年的时间里，金融的发展可谓翻天覆地。另外，按照教育部对教材建设的要求和"小批量、多版次"的教材建设原则，特别是国家、安徽省在线开放课程的建设要求，结合近年来国内外金融发展的变化，编写适合学科发展和教育教学改革需要的教科书显得非常重要。

为了做好本书的编写工作，参加编写的老师和讲授"金融学"课程的教学团队广泛听取了同行和学生的意见，特别关注了我们在超星公司学银在线平台上开设“金融学基础”慕课[①]以及“金融学前沿”研究生精品课程教学过程中学生讨论环节所反映的问题。教学团队多次召开专门会议研讨，根据老师们的教学实践和同行、同学们提出的意见逐一进行梳理分析，去粗取精，力图臻于完善。

本书编写的主要原则与重点是：

第一，强化金融的基本原理，结合国内外金融发展，特别是我国改革开放的实践，完善金融理论的体系。注重从原理上深度解读中央金融工作会议、党的十九大提出的金融回归本源、优化结构、强化监管、市场导向的原则和服务实体经济、防范金融风险、深化金融改革的任务，力图从理论和实际的结合上把这些重大问题阐述清楚。

第二，反映金融领域的新发展、新观点和新理论。增加一些新的知识点，拓展学生知识面，使学生学以致用。比如将“互联网金融”“普惠金融”“影子银行”“金融基础设施”“非常规货币政策工具”“金融危机与金融脆弱性”“TLAC 规则”“中国的存款保险制度”及“央行 MPA 考核”等新的知识点写入教材中。

第三，适应当代高等教育改革需要。根据国务院发布的《国务院办公厅关于深化高等学校创新创业教育改革的实施意见》(国办〔2015〕36号)的精神，课堂教学方法的改革正在各高校推广，研讨式教学、翻转式教学等导致课堂学时呈逐渐减少的趋势。因此，本书对以前的教学内容进行了相应的压缩，将一些知识点以拓展阅读的方式进行编排，有的还给出了获取更多相关知识的网址，以方便读者进一步拓宽求知途径，获取更多的专业知识。同时为了减少重复，将传统教学中的金融创新、金融与经济发展、开放经济条件下的货币与金融等知识进行适当压缩，并分散到其他章节中去，方便教学计划的调整，增加了教学安排的

① 由黄永兴教授主讲的“金融学基础”慕课已于 2017 年在超星公司学银在线和超星尔雅安徽工业大学网络教育平台正式上线。具体网址为 http://www.xueyinonline.com/detail/89767307。

弹性。

第四，完善本学科的知识体系，按照知识点出现的先后顺序安排讲述内容，保持各章节间知识点的有机衔接。力求定义一致，表述准确，数据更新，循序渐进。加强理论联系实际的讨论，尤其关注我国近年来金融发展中的热点和焦点问题，提升本书的可读性与鲜活性。比如，我国信用体系建设的问题、我国金融体系的完善问题、全球金融危机后我国金融监管体制以及金融监管国际合作的变化问题等。

第五，本书内容尽可能与在学银在线平台上开设的慕课以及"金融学前沿"研究生精品课程的建设相配套，处理好本书内容与后续课程建设的关联性。现有体例中已有的与资源共享课的相关部分连接仍然保留，其他网上教学资源做好同步更新的工作，以利于学生自主学习。

同时，为了提高读者的学习兴趣，在结构上，每章开头设计了导言，章末增加了延伸阅读和适量的思考题，激发学生的知识创新能力。

社会科学的理论都是随着历史的发展而不断发展完善的，这个特点在金融学领域尤为明显。随着全球金融业的发展变化和我国金融改革开放的进一步深化，金融理论体系也在逐步完善之中。尽管我们努力在书中体现出这种变化，但书中仍然难免会存在一些不当或欠缺之处，恳请读者批评指正。

本书为安徽省高等学校"十三五"省级规划教材，由安徽工业大学商学院和马鞍山学院同行学者共同编著，黄永兴担任主编，负责拟订大纲、组织编写并对全书进行修改和总纂；刘立平、金道政担任副主编。具体编写分工是：第1、11和12章由刘立平执笔，第2、3章由梁秋霞（马鞍山学院）执笔，第4、5章由金道政执笔，第9、10章由刘艳华执笔，第6、7、8章由黄永兴执笔。

在编写本书的过程中，我们得到了许多同行学者和学生的帮助，在此一并向他们表示最诚挚的感谢。同时，我们也参考和借鉴了众多学者的研究成果，在此表示诚挚的敬意。另外，鉴于本书所引用的部分案例和阅读资料流传较广、引用较为频繁，作者无法确定最初出处，因而未能一一加以标注，在此谨向这些资料的原创者致以真诚的谢意。

编　者

2019 年 12 月

目　录

第一章 货币与货币制度

⊙ **导言**

人类社会在地球上已有百万余年的历史，但货币的出现距今却只有几千年。在现代商品经济体系中，人们的日常生活离不开货币，宏观及微观经济的运转也必须依靠货币，货币扮演着一个极其重要的角色，其运动状态对一个国家(或地区)①乃至国际间的经济金融活动至关重要。因此，货币基本理论，即人们对货币的起源、形态、本质和职能等问题的看法或观点，是金融学的基础。

货币本身是商品生产和交换发展的产物，在商品生产和交换的发展过程中，货币的形式(形态)、有关货币发行和流通使用等相关内容也在不断地发生变化，从而形成不同的货币制度。货币制度不仅是一国经济制度的重要组成部分，而且货币制度的内容也需要与经济发展的水平相适应，并且随着社会经济发展还需要不断地进行调整。因此在人类经济发展不断进步的同时，货币制度也出现了一系列的演变发展过程。

本章主要介绍货币的起源；货币形态的演变；货币的本质、职能与定义；货币制度的定义及内容、货币制度的演变，以及中国货币制度的主要内容。

第一节 货币的起源

了解货币的起源是认识货币本质、职能与作用的起点，从某种意义上说，也是正确认识货币金融理论的起点。新制度学派主要代表人物、美国经济学家加尔布雷斯

① 根据《国际货币基金协定》，本书所述及的“国家”为广义的概念，包含通常意义上的独立经济体。

(John Kenneth Galbraith)曾认为"货币研究位于经济学一切其他研究领域之首"①。但货币到底从何而来,似乎成了一个谜。

货币的出现是与交换联系在一起的。据史料记载和考古发掘发现,世界各地的交换都经过两个发展阶段:先是物物交换,然后是通过媒介的交换。从古埃及的壁画中可以看到物物交换的情景:用瓦罐换鱼,用一束葱换一把扇子。古书《周易》记载:神农氏的时候,"日中为市,致天下之民,聚天下之货,交易而退,各得其所"。这指的是物物交换。但在交换不断发展的进程中,逐渐出现了通过媒介的交换,即先将自己的物品交换成作为媒介的物品,然后再用所获得的媒介物品去交换自己所需要的物品。这就是通过媒介的交换。

一般认为,货币是商品生产和商品交换长期发展的产物。然而,货币究竟是怎样产生的?对于这个问题,有着各种不同的解释。

一、中国古代货币起源说

主要有先王制币说和自然产生说两种观点。

(一)先王制币说

该学说认为货币是圣王先贤为解决民间交换困难而创造出来的。中国古代著名经济学家、哲学家、军事家管仲(约公元前723～前645)在其散文《管子·国蓄》中说:"玉起于禺氏,金起于汝汉,珠起于赤野,东西南北距周七千八百里。水绝壤断,舟车不能通。先王为其途之远,其至之难,故托用于其重,以珠玉为上币,以黄金为中币,以刀布为下币。三币握之则非有补于暖也,食之则非有补于饱也,先王以守财物,以御民事,而平天下也。"意即先王为了进行统治而选定某些难得的、贵重的物品作为货币。

(二)自然产生说

自然产生说即司马迁的交换起源说,该学说认为货币是用来沟通产品交换的手段,是为了适应商品交换的需要而自然产生的。西汉史学家、文学家司马迁(约公元前145～约前90)在《史记·平准书》中有这样的论断:"农工商交易之路通,而龟贝金钱刀布之币兴焉。"即货币产生于交换的发展中。此外,南宋思想家、文学家、政论家叶适(1150～1223)提及:"货币之所起,起于商贾同性,四方交至,远近之制。物不可以自行,故以金钱行之。"②认为货币的产生是因为远途贸易货物运输不便。

---

① 加尔布雷斯. 神秘的货币[M]. 苏世军,周宇,译. 郑州:河南人民出版社,2002:5.

② 叶世昌. 中国古代经济思想史[M]. 上海:复旦大学出版社,2003:123-126.

二、西方货币起源说

主要有创造发明说、便于交换说和保存财富说。

（一）创造发明说

该学说认为货币是由国家或先哲创造出来的。其代表人物是古罗马法学家J.鲍鲁斯(公元2～3世纪期间)。他认为，最初并无货币这种东西，也无所谓的商品与价格，买卖渊源于物物交换，每个人只是根据他的机缘与需要以对他无用的东西交换有用的东西。但是，由于你所有的正是我所愿意得到的和我所有的正是你所愿意接受的这种偶合情况并非经常出现。于是，一种由国家赋予永久价值的事物被选择出来，作为统一的尺度以解除物物交换的困难，这种事物经过铸造成为一种公共的形式后，可以代表有用性和有效性，而不必考虑其内在的价值对其数量的关系。从此，两种东西的交换不再称为财物，只称为一个价格。

（二）便于交换说

该学说认为货币是为解决直接物物交换的困难而产生的。其代表人物是英国古典经济学家亚当・斯密(Adam Smith，1723～1790)。他在《国民财富的性质和原因的研究》(1776)中，从物物交换的不便与困难引出货币，进一步指出："自分工确立以来，各时代各社会中有思虑的人，为了避免这种不便，除自己的劳动生产物外，都随时在身边带有一定数量的某种物品，这种物品在他想来，拿去和任何人的生产物交换，都不会被拒绝。"这种不会被拒绝的物品就是作为交换工具的货币。

（三）保存财富说

该学说从货币与财富的关系中说明货币产生的必要性，认为货币是为保存财富而产生的。其代表人物是法国经济学家西斯蒙第(J. Sismondi，1773～1842)。他认为货币本身不是财富，但随着财富的增加，人们要保存财富，交换财富，计算财富的数量，这样就产生了对货币的需要，货币因此而成为保存财富的一种工具。

纵观西方货币学说，人们对货币起源问题的追问和探讨由来已久。从亚里士多德到中世纪的神学家，从古典经济学家到约翰・梅纳德・凯恩斯(John Maynard Keynes，1883～1946)以及一般均衡学派，他们都曾对这一问题进行研究并给出自己的解释。尽管观点不一，但其中的一个共识便是：物物交换是最初的交换形式，这种形式很不方便，为解决这种"不便"，人们便发明了货币。因此，货币是在商品交换中产生的，货币的产生解决了物物交换中的很多不便，以货币为中介的交换是在物物交换基础上发展出来的更高级的交换形式①。换言之，西方经济学家一般都认为，货币是为了克服物物交换的困难而产生的，是便利交换的产物。他们认为物物交换有四大缺点：一是缺少共同的单位来衡量和表示各种商品和劳务的价值；二是交换双方“需求的双重巧合”和“时间的双重巧合”难以完全一致；三是缺少用于将来支付的单位；四是没有贮存一般购买力的方法。正是由于这些缺陷，物物交换必然发生如下交易成本：

第一，寻求成本。即为了寻找可能的交易对象时所产生的成本，包括所花费的时间与费用。

第二，机会成本。即将资源（如人力等）用于迂回交易过程时所失去的其他方面投资的收益。

第三，直接成本。即实际进行交换时的成本，如雇人搬运等。

显然，纯粹的物物交换是一种效率非常低下而成本相对较高的交易方法。因此，创造某种形式的货币，便利商品和劳务交换，减少进行交易所需要的时间和精力，将会大大促进专业化和生产率的增长。货币出现以后，不仅消除或降低了物物交换的缺点与交易成本，而且拓宽了人类的生产、消费、贸易等活动，极大地提高了社会的福利。

综上所述，中国古代和西方关于货币起源的学说，或认为货币是圣贤的创造，或认为货币是保存财富的手段，或认为货币是便于交换的产物，许多法学家甚至说货币是法律的产物。凡此种种，不一而足。虽然从特定的历史背景下看，多数学说都存在一定的合理成分，但却无一能透过现象看本质，科学揭示货币的起源。马克思从辩证唯物主义和历史唯物主义的观点出发，采用历史和逻辑相统一的方法观察问题，科学地揭示了货币的起源与本质，破解了千古“货币之谜”。

三、马克思的货币起源说

马克思认为，只把货币作为克服物物交换困难的技术手段来理解，而不从商品的内在矛盾和商品价值形态的发展来认识是肤浅的。他根据大量的历史资料，从分析商品交换发展以及与其相适应的价值形式发展过程中，揭示了货币的起源。

货币是存在于商品经济中的经济现象。它随着商品经济产生而产生、伴随商品经济的发展而发展；在没有商品经济的地方，就没有货币现象。因此，货币与商品相辅相成、不可分离。马克思曾经指出：“只要理解了货币的根源在于商品本身，货币分析上的主要困难就克服了。”②总体而言，马克思是从商品交换关系中分析

---

① 田磊，王峰明．货币的起源：一种哲学现象学的考察[J]．马克思主义与现实，2018(4)：52-59.

② 马克思．政治经济学批判[M]．北京：人民出版社，1976：48.

货币起源的，并将货币商品论建立在劳动价值论的基础上，从价值形式的发展要求中揭示了货币产生的客观必然性。其理论逻辑是：

（一）商品交换与价值形式

马克思主义经济理论告诉我们，商品是指为市场交换而生产的劳动产品。商品是使用价值和价值的对立统一物。使用价值是商品的自然属性，用以满足人们的某种需要；价值是商品的社会属性，它证明凝结在商品中人类一般劳动的存在。商品交换的依据是商品的价值，因为使用价值是不同质的，无法相互比较，只有价值具有质的共同性和量的可比性，等价交换便成为一条自然的交换法则。那么，怎样才能知道商品有无价值和价值的大小呢？或者说，商品的价值是如何表现出来的呢？

使用价值以物质形态直接出现，可为人们的感官直接感知，但价值是寓于商品中的抽象劳动，不能通过商品自己表现，而是在商品交换过程中相对表现出来的。也就是说，通过交换，一种商品的价值表现在另一种商品上了。这后一种商品就成了前一种商品的价值表现形式，它以自身的若干数量证明了与其交换的前一种商品中所含的劳动量。这就是商品价值的表现形式，简称为价值形式。货币正是在这种由商品交换发展所决定的价值形式的发展中产生的，货币不过是一种高级的价值表现形式而已。

（二）价值形式发展与货币产生

马克思认为，货币是交换发展和与之伴随的价值形态发展的必然产物。从历史角度看，交换发展的过程可以浓缩为价值形态的演化过程。价值形式经历了从“简单的价值形式→扩大的价值形式→一般价值形式→货币形式”之历史沿革。可见，以货币形式来表现价值，是价值形式长期发展的最后结果。

【阅读拓展 1.1】　价值形式之历史沿革

1. 简单的或偶然的价值形式

在原始社会末期，生产力水平低下，人们很少有剩余产品进行交换，商品交换的行为仅是偶然的。在这种偶然的交换中，商品价值的表现也是简单的。即一种商品的价值由另外一种商品来表现，如 1 只绵羊与 2 把斧头相交换(即 1 只绵羊＝2 把斧头)。在这一交换关系或等式中，绵羊和斧头所处的地位不同，所起的作用也不同。绵羊与斧头交换，只能通过斧头表现自己的价值，绵羊起着主动作用；斧头处于等价形态，成为表现绵羊的价值的材料，起被动作用。

简单的、偶然的价值形态虽然反映的只是产品转化为商品的萌芽状态，但是它却包含着一切价值形态以及货币的秘密。

2. 总和的或扩大的价值形式

随着第一次社会大分工——农业和畜牧业的分离，物物交换的范围扩大，商品交换日益频繁和具有规律性，一种商品经常地与一系列商品交换，如 1 只绵羊有时换 5 千克茶叶，有时又换 2 把斧头，有时又换 10 千克麦子，等等。

这样，一种商品的价值，已经不是偶然地在另一种商品上表现出来，而是经常地由一系列商品表现出来。但是在每一次具体的交换行为中，只能有两种商品发生交换，这时一种商品(如 5 千克茶叶)就排斥其他商品(如 2 把斧头、10 千克麦子)充当表现商品价值(如 1 只绵羊)的材料。因此，在总和的或扩大的价值形式中，等价物是特殊的等价物。

总和的或扩大的价值形式使商品价值的表现不完整、不统一，缺少共同的单位来表现商品价值。因此，直接物物交换的实现必须以交换双方相互需要对方的劳动产品为前提，这对商品交换来说是极困难的。

3. 一般的价值形式

随着社会分工和商品交换关系的发展，生产者逐渐把自己的商品先换成一种大家都愿意接受而又可经常用来交换的商品，然后再去换取所需的商品。这样自发地逐渐分离出一种作为交换媒介的商品，商品交换都通过这一媒介物进行。所有商品同时用一种商品来表现自己的价值，就是一般价值形态，如 5 千克茶叶、2 把斧头、10 千克麦子等都与 1 只绵羊相交换，它们的价值均以绵羊表现出来。

在这里，商品的价值表现是简单的和统一的，因而是一般的。一般价值形态中的等价物成为表现一切商品价值的材料，是所有商品共同的、一般的等价物。一般等价物出现以后，商品交换发生了本质变化，从直接的物物交换发展为通过一般等价物做媒介的间接交换。

4. 货币价值形式——货币的产生

即一切商品的价值固定地由一种特殊商品来表现，它是价值形式的最高阶段。在历史发展过程中，不同阶段、不同地区往往采用不同的商品作一般等价物，如牲畜、皮革、蚌、贝、农具、猎具等，各种商品交替地、暂时地发挥一般等价物的作用。但是，人们发现这些商品作一般等价物很不方便，具有质量不统一、不便分割或合并、携带、贮藏不方便等缺点。而金属不仅可以避免这些缺点，并且还具有适宜作为货币的特点。例如，金属质地均匀，可任意分割或合并，经久耐磨不变质，便于携带和贮藏等。因此，金属是表现商品价值最适当的材料，逐渐发展到由某种金属充当一般等价物，成为货币商品，这就是货币价值形式。

马克思以最完整的劳动价值论为基础，通过价值形式的发展推导出货币的起源，即货币是在商品交换的长期发展过程中起一般等价物作用的特殊商品，它是经过价值形态发展的各个阶段而产生的。正是马克思运用这种分析方法，科学地揭示了货币之"谜"。从这一发展过程应该看出:首先,货币是一个历史的经济范畴,是随着商品和商品交换的产生与发展而产生的。其次,货币是商品经济自发发展的产物,而不是发明、人们协商或法律规定的结果。再次,货币是交换发展的产物,是社会劳动和私人劳动矛盾发展的结果。

第二节 货币形态的演变

货币一开始并不是以纸币的形式出现的。中国最早的货币产生于夏代,那是四千年前的事,货币主要是海贝、布帛和农具;世界上其他地区曾使用牲畜、象牙、可可豆等作为货币。那么,为什么形形色色的货币会殊途同归,都演变为金属货币、纸币甚至电子货币了呢? 为此,需要考察有关货币形态的演变过程。

货币形态,亦称货币形式,是指以什么货币材料来充当货币。不同的货币形态适应了不同的社会生产阶段和历史阶段的需要。纵观货币的发展历史,货币形态的发展演变,大体上经历了商品货币、代用货币和信用货币三个阶段,这个过程也是货币价值不断符号化的过程。

一、商品货币

商品货币(commodity money)是指有实物或金属支持的货币,是货币发展的早期形态。

任何货币,如果作为非货币用途的价值与作为货币用途的价值相等,则统称为"足值货币"或"商品货币"。商品货币是兼具货币与商品双重身份的货币,在执行货币职能时是货币,不执行货币职能时是商品。商品货币作为足值货币具有两个基本特征:第一,本身具有十足的内在价值,既可以作为一般商品消费,也可以作为货币进行流通,其作为普通商品的价值与充当货币的价值是相等的。第二,在与其他商品相交换时,是以自身所包含的实际价值同其他一切商品相交换,是一种内在价值的等量交换,即以其内在价值量的大小来决定交换的比例。商品货币主要有实物货币和金属货币两种形态。

(一)实物货币

实物货币,是指作为货币,其价值与其作为普通商品价值相等的货币。实物货币包括金属货币以外的一切商品货币,是货币形式发展最原始的形式。

在人类经济史上,许多商品曾在不同时期不同国家扮演过货币的角色,如牲畜、贝壳、布帛、粮食、斧头、金属等都充当过货币。世界上的很多地方,都曾把贝壳当作货币来使用。据青铜器的铭文、考古挖掘和古籍记载:我国最早的货币是贝。

因此,至今很多与财富有关的汉字,其偏旁也多从“贝”,如货、财、贸、贷、账、赔、贫、贱等;欧洲人从西非购买奴隶,使用的就是贝币;亚洲(如日本等)、澳洲(今大洋洲)、非洲和美洲的许多地方,也都使用过贝币。在古代欧洲的雅利安民族,在古波斯、印度、意大利等地,都有用牛、羊作为货币的记载。拉丁文的“pecunia”(意为“金钱”)来源于“pecus”(意为“牲畜”);印度现代的货币名称“Rupee”则来源于“牲畜”的古文“rupye”。此外,如古代埃塞俄比亚曾用盐作货币;非洲和印度等地曾以象牙为货币;而在美洲,曾经充当古老货币的还有烟草、可可豆等。

起先,许多实物货币自身均存在着难以克服的缺陷,它们或体积笨重,不便携带;或质地不匀,难以分割;或容易腐烂,不易储存;或体积不一,难于比较等等。随着商品交换的发展,实物形态的商品货币就逐渐由内在价值稳定、质地均匀、便于携带的金属货币替代了。

(二) 金属货币

金属货币是指以金属作为货币材料,充当一般等价物的货币。金属货币是典型的足值货币(full-bodied money)。

世界各国货币发展的历史证明,金属作为币材,一般是从贱金属(如铁、铜等)开始的,最普遍、使用时间最久的是铜钱,我国最古老的金属铸币也是铜铸币。后来,这些贱金属逐步让位于金、银等贵金属,这是一个普遍的规律,因为金银所具有的天然属性最适宜于充当货币商品。

金属货币最初没有固定形状和重量,而是采用条块或块状形式,每次交易时都要重新鉴定其成色和重量,相当繁琐。因此,这类金属货币又称为“秤量货币”。如英镑的“镑”,五铢钱的“铢”都是重量单位。随着商品交换的发展,人们把货币金属铸成具有一定形状、一定重量,并具有一定成色的金属铸币,大大便利了流通。金属铸币作为本币一般在一国内流通,具有自发调节货币流通功能。

金属铸币的出现和使用,由于克服了秤量货币的某些弊端,因而促进了商品交换的发展,但金属铸币也有其自身的缺陷或不足:

(1) 交易额小于铸币面值时,则难以行使交换媒介手段职能。

(2) 大额交易时,携带大量铸币又显过于沉重且有相当风险。

(3) 由于流通中磨损等原因而减轻份量,使铸币面值与实际价值不符。

为了克服上述缺陷,出现了用耐磨损的贱金属铸造的辅币(如铜钱等),以满足小额交易需要;出现了某种可随时兑换为金属货币的信用凭证(如银票等),以满足大额交易之需要;有关国家政府及时收回已磨损的铸币,重新铸造。但诸多行为使得花费在货币上的费用提高了,更何况金属,特别是贵金属也有一个自然资源和劳动生产率的限制问题存在,难以克服。于是,渐渐地出现了代用货币。

二、代用货币

代用货币(convertible paper money),又称为"表征货币"(representative money),是指由政府或银行发行的、代替金属货币执行流通手段和支付手段职能的纸质货币,它是作为实物货币特别是金属货币的替代物而出现的。

代用货币的一般形态是纸制的凭证,故称纸币。如我国宋代发行的"交子"、"会子",以及银行发行的"银行券"等。这种纸制的代用货币,尽管其自身价值低于货币价值,是一种不足值货币,但由于它们都有十足的金银等贵金属作为保证,持币者有权随时要求政府或银行将纸币兑换为金银货币或金银条块,因此代用货币能在市面上广泛流通,被人们所普遍接受。

代用货币最早出现在英国。在中世纪之后,英国的金匠为顾客保管金银货币,他们所开出的本票形式的收据,可以在流通领域进行流通;在顾客需要时,这些收据随时可以得到兑换。这是原始的代用货币。货币作为流通手段的特性是充当交换媒介,是交换的手段,而不是交换的目的。对于交易者来说,他们所关心的并不是流通手段本身有无价值或价值量的大小,而是能否起媒介作用。

典型的代用货币是可兑换的银行券。银行券是随着资本主义银行的发展而首先在欧洲出现的代用货币,其主要特征有:① 银行券是由银行发行的可以随时兑现的代用货币;② 银行券的发行必须具有发行保证,一般分为黄金保证和信用保证;③ 早期银行券的发行是分散的,由各家商业银行凭自己的信誉和能力发行,后来各国或地区的中央银行逐渐垄断了银行券发行。

代用货币较实物货币或金属货币有明显的优点:① 印刷纸币比铸造金属货币的成本大大降低;② 纸币比金属货币更易携带和运输;③ 避免金属货币流通所产生的一些问题。比如,在金属货币流通条件下,若金属货币的法定价值和实际价值发生偏差,人们往往把实际价值较高的金属货币收藏、熔化或输出国外,而实际价值较低的金属货币则继续在本国流通,出现"劣币驱逐良币"现象[①]。

可见纸质货币形式,原材料丰富、造价低廉,数量不受限制,安全性能逐步提升,因此成为新的生产力水平条件下充当货币交易媒介的最佳选择[②]。

19世纪末、20世纪初,在银行券广泛流通的同时,贵金属货币的流通数量日益减少,显现出代用货币终将取代实物货币或金属货币流通的趋势。在第一次世界大战前,只是在战时或经济动荡的非常时期,一些国家才会停止银行券的兑现。然

---

① "劣币驱逐良币"现象,首次由16世纪英国铸造局长、金融家、商人托马斯·格雷欣(Thomas Gresham)发现,故又称"格雷欣定律(法则)"(Gresham's Law)。

② 蒋海曦. 当代货币形式的演变:基于马克思货币理论视角[J]. 政治经济学评论,2018(5):3-19.

而，由于代用货币的发行数量取决于金属准备量，不能满足增加货币量的需求，况且，大量闲置的金属准备只存放在仓库里，造成巨大的浪费。因此，在第一次世界大战中，世界各国普遍出现了银行券停止兑现的现象。第一次世界大战后，有些国家虽然曾一度实行有条件兑换金块或外汇的制度，但是随着 20 世纪 20 年代末和 30 年代初金本位制的崩溃，世界主要国家的银行券完全成为不兑现的，现代信用货币终于取代代用货币而成为世界货币舞台上的主角。

纵观货币形态的历史演变，代用货币阶段可以被认为是从足值的金属货币阶段到本身几乎没有任何价值的信用货币制度阶段的一个过渡阶段。它既保留了金属本位制下货币直接与一定数量的贵金属挂钩的特征，又具有了信用本位制下信用货币流通的特征。

三、信用货币

信用货币(credit money)是以信用作为保证，通过一定信用程序发行，充当流通手段和支付手段的货币形态，是货币发展中的现代形态。信用货币产生的客观基础是信用关系的存在和发展。

（一）信用货币的主要特征

信用货币的主要特征是：

(1) 信用货币是一种“不足值货币”。信用货币的自身价值(即实际价值)低于其货币价值(即名义价值)。

(2) 信用货币是一种价值符号。信用货币不再代表任何贵金属，不能与金属货币兑换。

(3) 信用货币是债务货币。经济生活中的现金(包括纸币和辅币)和存款是银行的负债。

(4) 信用货币具有强制性。国家可以通过法律手段确定其为法定货币；银行可以通过发行货币，强制社会向其提供信用。

(5) 信用货币具有管理货币的性质。现代经济生活中，国家可以通过中央银行来控制和管理货币的流通。

信用货币不仅是代用货币进一步发展的产物，而且也是目前世界上几乎所有国家采用的货币形态。从历史观点而论，信用货币是金属货币制崩溃的直接后果。1929～1933 年的世界性经济危机，迫使各国相继放弃金本位制，实行不兑现的纸币流通制度，所发行的纸币不能再兑换金属货币，于是信用货币应运而生。除了直接的历史因素外，信用货币的演进也有其经济发展内在的根源。可以说，金本位制崩溃的根本原因是社会商品价值总量不断增长，黄金储备无法满足货币发行的需要，而纸币的出现解决了货币供需的矛盾。依据国家信用发行的纸币不受自身物质生产能力的限制，正好可以弥补金属货币的缺陷。① 根据经验，政府和货币当局发现，只要纸币发行量控制适宜，即使法定纸币没有十足的金银准备，社会大众对纸币仍会保持信心。事实上，当今世界大多数采用信用货币制的国家，均具有相当数量的黄金、外汇、有价证券等资产作为发行信用货币的准备，但是各国政府或货币当局不再受十足准备的约束。根据政策需要决定纸币的发行量，这已是公众接受的事实。

信用货币与代用货币最本质区别是：代用货币还没有完全脱离贵金属数量的限制，其发行者仍要保证随时将代用货币兑换成规定数量的贵金属，因此代用货币制度还没有完全摆脱贵金属数量对货币供给量的限制。而信用货币是由国家法律规定的，强制流通不以任何贵金属为基础的独立发挥货币职能的货币，其本身价值远远低于其货币价值，而且与贵金属完全脱钩，不再直接代表任何贵金属。

（二）信用货币的主要形态

信用货币的主要形态有以下几种。

1. 辅币

辅币多以贱金属（如铜、镍等）铸造，自身所含的金属价值低于其货币价值。辅币一般由政府独占发行，由专门的铸币厂铸造，其功能主要是承担小额或零星交易的媒介手段。

2. 纸币

纸币是指由政府发行并由国家（或地区）法令强制流通使用的、以纸张为基本材料的货币。可见，国家凭借公权力和公信力来发行纸币替代金属货币，纸币发行权一般为政府或政府的金融机关所垄断，发行机关多数是中央银行，也有的是财政部或货币管理局等政府机构。纸币的主要功能是承担人们日常生活用品的购买手段，促进贸易发展。

3. 期票

期票是指由债务人对债权人开出的，承诺到期支付一定款项的债务证书。在商品赊购交易中，期票到期时，持票人可按票面金额向出票人索取现款。尚未到期的期票，经债权人在其背面签字表示承担债务，持票人也可以把它用作购买手段或支付手段，去购买商品或偿还债务。此外，持票人还可以将尚未到期的期票向银行申请贴现。受票人可根据利息率从中扣除期票到期以前这段时间的利息。

4. 存款货币

银行为工商业者开立活期存款账户，存户可依据存款向银行签发支付命令

---

① 盛松成，蒋一乐．央行数字货币才是真正货币[J]．中国金融，2016(14)：12-14.

书——支票，或通过其他方式将存款转到收款人账户上，这些方式代替货币充当流通手段和支付手段，因此被称为存款货币。在第二次世界大战前，银行支票便已成为主要的信用货币。据统计，1937 年据以签发支票的活期存款在货币供给量中的比重，美国占 81%，英国占 73%，日本占 61%，法国占 41%。第二次世界大战后，银行支票仍然是西方国家主要的流通手段，约占一些国家货币供给量的 90%。20 世纪 60 年代以来，银行资本为了加强竞争地位，追逐高额利润，千方百计地改进银行业务，存款货币使用的范围更加扩大。

5. 银行券

银行券是由银行(尤指中央银行)发行的一种票据，俗称钞票。这是银行发行的可以发挥货币功能的信用工具。早期银行券由商业银行分散发行，代替金属货币流通，通过与金属货币的兑现维持其价值。中央银行产生以后，银行券由中央银行垄断发行，金属货币制度崩溃后，银行券就成为了不兑现的纸制信用货币。

6. 电子货币

电子货币是现代商品经济高度发达和银行转账结算技术不断进步的产物，同时，也反映了支付手段的进化。然而，由于电子货币出现的历史较短，目前还没有在全社会范围内形成统一规范的具体形式。因此，关于电子货币的概念，目前还没有任何一个国家的法律做过比较完整的定义。

不过，巴塞尔银行监管委员会，亦称巴塞尔委员会，曾于 1988 年发布了关于电子货币的定义。电子货币，是指在零售支付机制中，通过销售终端、不同的电子设备之间以及在互联网上执行支付的“储值”和“预付支付机制”。所谓“储值”，是指保存在物理介质(硬件或卡介质)中可用来支付的价值。这种介质亦被称为“电子钱包”，当其储存的价值被使用后，可以通过特定设备向其续储价值。所谓“预付支付机制”，则是指存在于特定软件或网络中的一组可以用于支付的电子数据，通常被称为“数字现金”(digital cash)。作为支付手段，大多数电子货币不能脱离现金或存款，只是用电子化方法传递、转移，以清偿债务，实现款项收付或结算。

电子货币形式有多种。这里主要从载体表现和发行机构两方面进行分类①。从载体表现来看，一种是“卡基”(card-based)电子货币，其载体是各种物理卡片(介质)，包括银行卡、借记卡、信用卡、电话卡、礼金卡、商场购物卡等；另一种是“数基”(soft-based)电子货币，它是基于计算机网络并用软件将其联系起来的电子货币，如电子钱包、第三方支付平台等。从电子货币的发行机构角度分类，一类是传统银行的电子货币。以前，人们将现金存入银行后，拿到的凭证是存折，但存折只能用

---

① 蒋海曦. 当代货币形式的演变：基于马克思货币理论视角[J]. 政治经济学评论，2018(5)：3-19.

来存取现金;现在将现金存入银行后,拿到的是银行卡,它不仅代表着人们存储了一定数额的现金,也能代替现金直接进行消费,这就使得现金和活期存款几乎没有区别。因此,电子货币可以看作是中央银行发行的法定货币(如现金等)通过商业银行的电子信息技术将其处理后,以电子化的形式表现出来的货币。另一种是非银行机构的电子货币。客户将手中的纸币(现金)存入相关机构,再由这些机构发放统一的代表纸币数额的电子化凭证,也就是这些机构对客户的债务凭证。但这一类电子货币最为突出的特点是风险大,电子货币发行机构的信用缺乏保障,居民的财产存在安全隐患。

电子货币区别于纸币之处在于:它的流通不需要借助于实实在在的货币材料,而是依靠数据终端、光波、电波进行信息传递和处理。电子货币具有货币的基本职能,且具备转移迅速、安全和节约费用等优点,虽与存款货币并无本质区别,但却代表着现代信用货币形式的发展方向。

此外,国家发行的短期债券(即国库券)、银行签发的承兑汇票,以及其他特殊种类的短期证券等,可在货币市场上随时通过转让、贴现、抵押等多种形式变现,转化成现实的购买手段和支付手段,我们一般称其为"准货币(quasi-money)"或"近似货币(near money)",这是目前发展中的信用货币形式之一。

【阅读拓展 1.2】 电子货币、虚拟货币、数字货币和法定数字货币

随着第四次科技革命的迅猛发展,货币形式的变化十分迅速,令人目不暇接。电子货币通过不断地衍生,形成货币的虚拟化、数字化,更形成了货币形式的多样化。

(1) 电子货币是法定货币的范畴。如前所述,电子货币是一种以电子化技术为支持,以电子设备为载体,以电子流为存储形式,能将一定量现金或存款转化为无形信息流,从而用于支付或清偿债务的一种货币符号。从本质上来看,电子货币实际上就是运用电子技术储存在电子设备里的现实法定货币(legal tender)①,是法定货币的虚拟化。诚然,电子货币与补充性货币②(如虚拟货币、数字货币等)有一些共同点;然而,两者之间有着本质的差异。电子货币并不具有独立的货币价格标准,虽然是以电子信息流的形式记录实际的货币金额,但是必须依附于现实法定

---

① 法定货币,又称菲亚特货币(Fiat money),是以国家信用为支持、国家法令强制赋予其价值、具有在一国范围内合法流通和使用权利的通货(如纸币、铸币等)。法定货币本身并不一定有价值,其价值来源于国家信用传递给货币持有者对货币的信心和积极预期。

② 补充性货币是指多由非国家的地方政府机构、团体、私营企业或私人发行的(少数由国家政府发行),具有补充或替代法定货币部分职能的交易媒介。与法定货币相比,补充性货币最大的特点就是其发行主体的非唯一性。

货币的价值体系才能实施其货币职能。

(2) 虚拟货币是补充性货币的范畴。根据欧洲银行管理局(EBA)2014年所给出的定义，即"虚拟货币是价值的一种数字表达，它不是由中央银行或某个公共权威机构发行，也不一定与某一法定货币挂钩，但被自然人或法人接受用于支付手段，可以进行电子化转移、贮藏或交易"。虚拟货币可分为两大类：一类是去中心化虚拟货币，如比特币(Bit Coin)等。其主要特点：一是在发行方面，没有一个中心化的机构(如央行或私人机构)控制和管理，也不是任何机构的负债；二是可以与法定货币双向兑换，可用于购买某些商品和服务；三是采用以加密算法为核心的区块链技术，使素不相识的人们在网络上可以建立信任机制，使点对点直接交易成为可能。另一类是中心化虚拟货币，如Q币、U币等。其主要特点：一是由某一私营机构进行集中发行和管理；二是可以通过用法定货币购买或花费时间赚取等方式获得，但不能将虚拟货币兑换成法定货币；三是虚拟货币被限定在特定的平台中使用，一般只能用于兑换发行者提供的虚拟商品和服务，其价值完全取决于发行者的意愿。

根据上述相关定义及分类，虚拟货币与电子货币的相同点是都需要以电子技术和网络为实现载体。但两者绝不能等同。其一，电子货币虽是法定货币的虚拟化，但这种虚拟化的货币信息最终要以实体(电子设备)储存和存在；虚拟货币则是真正意义上的无形货币，它被储存在用户的虚拟账户中，只限于网络平台传递给用户的一种"观念货币"，并不需要实体的存在。其二，电子货币的本质是法定货币，而虚拟货币则是独立于法定货币存在的"另类网络货币"。虚拟货币可以通过网络平台实现与法定货币的兑换与回购，但本质上却属于完全不同于法定货币的存在。因此，电子货币和虚拟货币是完全不同的，前者属于法定货币的范畴，后者属于补充性货币的范畴。

(3) 数字货币属于虚拟货币的范畴。数字货币通常指加密(数字)货币，国际清算银行(BIS)采取了这一界定，我国央行也基本上采取了这一界定。数字货币与游戏币等虚拟货币，都是网络世界使用的一种价值的数字表达，由私人机构或网络社区发行或管理，一定程度上承担了网络世界计价单位、交换媒介或价值贮藏的职能。按照前述虚拟货币的定义，数字货币属于虚拟货币，也应该属于补充性货币的范畴，由非央行或公共权威机构发行，本质上与比特币、Q币等虚拟货币处于同等地位。它们虽然冠以"货币"或各种"币"的名称，但与传统意义上的货币存在本质区别。数字货币是虚拟形态补充性货币发展到较高阶段的产物，是当前虚拟形态补充性货币的重要组成部分。补充性货币也必然会朝着更先进的虚拟形态发展，数字货币包含的密码学理论、区块链技术、电子货币技术将在补充性货币的未来发展中起到至关重要的作用。

(4) 法定数字货币是电子货币的高级形式。法定数字货币是由国家强制发行的法定货币，其货币的本质没有改变，具有无限法偿能力，在被用于市场支付和流通时，交易双方不得拒绝。它是国家(通过央行)发行的加密数字货币，兼具两方面特点，既具备货币的价值尺度和流通功能，同时也可以实现点对点支付，不需要第三方作为中介。央行发行的数字货币本身不是物理实体，也不以物理实体为载体，而是用于网络投资、交易和存储，代表一定价值量的数字化信息①。从持有者的角度来说，法定数字货币就是纸质钞票的数字化，不同之处在于采用了更先进的诸如区块链和分布式记账等手段，更加安全，防伪性能更高。可见，法定数字货币是电子货币的高级形式，是在流通的货币本身加入了大量的特定数字化信息，依靠广泛设立的互联网系统识别和追踪，用超级计算机的巨大数据库进行前置管理，把全社会无序流动的货币用数字技术全程有效地监管起来②。简言之，比特币等虚拟货币是对货币发行规则的改变，而央行发行的法定数字货币则是对货币支付方式的改变。

2017 年 1 月 29 日，中国人民银行正式成立数字货币研究所。2017 年 2 月 9 日，中国人民银行推动的基于区块链的数字票据交易平台测试成功，由中国人民银行发行的法定数字货币已在该平台试运行。这或许意味着，中国人民银行将成为在全球范围内首个发行数字货币并开展真实应用的中央银行。

第三节　货币的本质与职能

当代美国经济学家保罗·萨缪尔森(Paul A. Samuelson)在其名著《经济学》有关货币的章节中，引用了金·哈伯特的一句名言："在一万人中只有一人懂得通货问题。"可见，货币貌似简单，实际上却极其复杂。现实也确实如此，直至今日，关于货币的本质问题仍然存在着大量的争论。

一、货币的本质

对于货币本质的认识，在西方货币学说史上历来存在着两种不同且相互对立的观点，即"货币金属论"和"货币名目论"。货币金属论强调货币的内在价值，将货币与贵金属混为一谈；而货币名目论则否定货币具有内在价值，认为货币只是一种符号或票券。

---

① 刘向民. 央行发行数字货币的法律问题[J]. 中国金融，2016(17)：17-19.

② 李慧勇. 数字货币在我国的发展趋势及政策建议[J]. 黑龙江金融，2016(3)：13.

（一）货币金属论

货币金属论(Metallic Theory of Money)，又称“金属主义的货币学说”。该学说认为货币是一种商品，它必须有实质价值；进而又认为货币必须是贵金属，货币的价值由金属的价值决定。

货币金属论是最古老的货币理论，理论渊源可追溯到古希腊的亚里士多德和重商主义者。

亚里士多德认为，货币之所以能够成为衡量一切财物价值的尺度，并成为交换的媒介，是因为货币本身具有价值。同时，他又认为货币不是自发产生的，而是由人们的协议或由国家法律所规定的，因而其价值是可以随意变更的，这却属于货币名目论的观点。可以说，亚里士多德的货币理论包含着货币金属论和货币名目论的萌芽。

重商主义者认为，财富就是货币，货币也就是财富，生产只是创造财富的前提，国际间的流通才是财富的直接来源。因此，只有对外贸易才能增加一国的货币数量。以威廉・斯塔福(William Stafford，1554～1662)为代表的早期重商主义者，仅强调货币是财富；而以托马斯・孟(Thomas Mun，1571～1641)为代表的晚期重商主义者，则进一步强调只有贵金属才是一国的真正财富。

后来英国古典经济学家亚当・斯密和大卫・李嘉图(David Ricardo，1772～1823)等，也都是货币金属论的倡导者。他们竭力主张货币是一种商品，必须具有十足的价值，只有金属货币才是真正的货币，金本位制特别是金币本位制才是最理想的货币制度。他们认为，铸币的价值并不取决于面值，而是决定于铸币本身的含金量，因而他们反对用纸币和银行券代替金属货币流通，也反对用降低铸币重量或成色的办法而人为地提高铸币的名义价值。

（二）货币名目论

货币名目论(Nominal Theory of Money)，又称“名目主义的货币学说”。与货币金属论相反，货币名目论只强调了货币的一部分职能，而忽视了货币的另一部分职能，完全否定货币的商品性和货币的实质价值，而仅从观念形态上分析货币的本质，主张货币只是一种符号、一种名目上的存在，能够充当货币完全是由于国家授予其权力。

主张货币名目论的主要有巴本(Nicholas Barbon，1640～1698)、布阿吉尔贝尔(P Pierre Le Pesant，sieur de Boisguillebert，1646～1714)、贝克莱(George Berkeley，1685～1753)、孟德斯鸠(Charles Montesquieu，1689～1755)和斯图亚特(James Denham Steuart，1712～1780)等。他们从不同角度论述了名目主义的货

币学说。

1. 货币国定论

货币国定论，又称货币法定论，是从国家法律和行政力量角度来阐述货币本质的一种理论。早期货币国定论的代表人物是英国经济学家巴本。他在《铸币论》(1696)中认为货币是国家创造的，"由于国家的权威，才赋予铸币以价值。"他否认货币具有实质价值，认为铸币上的印鉴并非铸币重量或成色的证明，而只是"铸币价值的指令"。现代货币国定论的倡导者是德国经济学家克纳普(G. F. Knapp，1842～1926)。他在《货币国定论》(1905)一书中，主张"货币是法制的创造物"。他认为，货币金属论只能说明足值的金属货币，而不能说明纸币等其他货币。他声称货币的本质就在于它是一种支付手段，而支付手段具有多少价值单位，则由国家的法制决定。

货币国定论将货币这一经济范畴转化为法律范畴，犯了概念性错误。货币的产生及其价值决定受经济规律支配，绝不是国家法制的创造物。

2. 货币职能论

货币职能论是从货币的交换过程所具有的流通与支付等职能的角度来说明货币本质的一种理论。该理论认为货币是从商品发展而来的，但货币产生后已逐渐从商品中、从币材的价值中独立出来。货币的价值不在币材实体的价值，而在其发挥作用的职能价值。并不是因为货币有价值才能够流通和支付，而是因为其流通与支付才具有价值。货币之所以成其为货币，就在于货币的职能，货币就是发挥着货币职能的东西。货币职能说的先驱是法国古典学派的创始人布阿吉尔贝尔，他从否定金属货币的使用价值开始，进一步否定金属货币自身内在价值的存在，否定货币是一种独立的财富。认为货币唯一的意义并不在于它本身，而在于它作为商品流通的媒介时所执行的那个职能。

上述观点在现代颇有影响，但它们是不正确的。因为，货币的职能是货币本质在商品经济中的具体表现。不能充当一般等价物的商品不能成为货币，也就无所谓执行货币的职能。此外，货币职能论的代表人物还有法国的海尔弗里希(K. T. Helfrich，1872～1924)、门格尔(Carl Menger，1840～1921)和瓦格纳(A. H. G. Wagner，1835～1917)等。

3. 货币符号论

货币符号论又称货币票券论，该理论认为货币只是代表商品价值的一种符号。货币符号说的先驱是早期货币名目论者乔治·贝克莱(George Berkeley，1685～1753)和孟德斯鸠(Montesquieu，1689～1755)。18世纪30年代中期，贝克莱出版《质问者》一书，他把货币的计算职能作为货币的专门职能，认为货币只是一种简单的符号与清算的标记，因而无内在价值存在。货币单位的名目意义比其内在价值更重要，因而金属货币与纸币本质上并没有什么区别。而且由于纸币的制造成本与流通费用都低于金属货币，因而纸币还优于金属货币。孟德斯鸠也曾倡导货币符号论，他指出，货币为表示一切商品价值的符号，如同银币为商品价值的符号一样，纸币则为银币价值的符号。

此外，早期货币符号论的代表人物还有英国的洛克（John Locke，1632～1704）、休谟（David Hume，1711～1776）等；20世纪的代表人物主要有奥地利经济学家熊彼特（J. A. Schumpeter，1883～1950）、德国学者彭迪生（Bendixen，1864～1920）以及瑞典经济学家卡塞尔（K. G. Cassel，1866～1945）等。

4. 货币观念论

货币观念论，又称货币抽象论，是从观念的角度来分析货币的本质，认为货币只是一个观念的计量单位。孟德斯鸠曾把货币分为真实货币与观念货币，真实货币具有一定的重量与成色，观念货币则为货币单位的名称。詹姆斯·斯图亚特（Jame Stuart，1712～1780）把观念货币论发挥得更完全。当他着眼于货币的价值尺度说明货币的本质时，认为货币是一个观念的计量单位。他说，货币单位不能同任何一部分价值有固定不变的比例，也就是说，它不能固定在任何一定量的金、银或任何其他商品上……货币只是具有等分的观念标准。德国经济学家罗伯特·李夫曼（R. Liefmann）也主张货币观念论。他认为，货币不是任何实体，从本质上看，它只是一种无形的计算单位，仅存在于人们的观念中。

显然，这种观点是错误的。因为，货币之所以能够成为计量单位，首先在于它是客观存在的人类劳动的产品，而不是存在于人们头脑中的观念的东西。此外，货币观念论只强调了货币的价值尺度，而忽略了其他职能，并且混淆了价值尺度与价值标准两个不同的概念。

值得指出，货币金属论是货币金、银本位制的产物，随着20世纪初金本位制度的崩溃，其影响力正日益减弱。进入21世纪，在西方货币中，占统治地位的是货币名目论，这从西方经济学教科书对货币的定义中可见一斑。当代经济学家弗雷德里克·S. 米什金（Frederic S. Mishkin）的《货币金融学》将货币定义为："货币或货币供给是任何在商品或劳务的支付或在偿还债务时被普遍接受的东西。"①

以上这些关于货币本质的论述都受到货币形式的干扰，并企图从货币的形式出发来认识货币的本质。事实上，货币就其内在商品价值而言，并不是有或无两个断裂的选择，而是一个逐渐量变的过程，电子货币的商品价值几乎为零，纸币接近于零，硬币、铜板的商品价值略高，金、银等贵金属货币的商品价值更高，这种量变的过程揭示了不同形式货币本质的统一性，即货币作为契约的产物，其交换价值是

① 米什金. 货币金融学[M]. 北京：中国人民大学出版社，1998:47.

契约约定的，当市场稳定，信任度高时，人们接受纸币等名目货币，当市场不稳定，信任度低时，人们更倾向于接受金属货币。

以上关于货币本质的论述是从经济学角度展开认识，其实还应考察货币的政治学前提和政治学背景。从政治学角度来说，货币为政权服务受制于权力。历史常识指出：一个政权的垮台往往伴随其发行货币的失效，一个政权的建立往往伴随其发行货币的成立，一个政权的形象往往伴随其发行货币的流通。由此可以认定，货币的本质是主权信用。

（三）马克思的货币本质理论

马克思在对价值形态发展的历史长河的研究中揭示了货币的本质，把货币定义为：货币是从商品世界中分离出来的、固定充当一般等价物的特殊商品，并能反映一定的生产关系。

1. 货币是商品

货币是商品，它与商品世界的其他商品一样，都是人类劳动的产物，是价值和使用价值的统一体。正因为货币和其他一切商品具有共同的特性，即都是用于交换的人类劳动产品，它才能在交换发展的长期过程中被逐渐分离出来，成为不同于一般商品的特殊商品，即货币。

2. 货币是一般等价物

货币是商品，但却不是普通的、一般的商品，它是从商品世界中分离出来的、与其他一切商品相对立的特殊商品。货币商品不同于其他商品的特殊性在于它具有一般等价物的特性，发挥着一般等价物的作用，这是货币最重要的本质特征。货币商品作为一般等价物的特性，具体表现在两个方面：一是表现和衡量一切商品价值的材料或工具；二是它具有与其他一切商品直接相交换的能力，成为一般的交换手段。

货币商品不同于一般商品，还在于其使用价值的两重性特点。一方面，货币商品与其他商品一样，按其自然属性而具有特殊的使用价值，如金可作为饰物的材料等；另一方面，更重要的是，货币商品还具有其他商品所没有的一般使用价值，这就是发挥一般等价物的作用。

3. 货币是固定充当一般等价物的商品

人类社会价值形态自发发展的历史长河，包括由简单的、偶然的价值形态到总和的、扩大的价值形态，再到一般价值形态。在一般价值形态充当一般等价物的商品很多，但它们不是货币，因为它们只是在局部范围内临时性地发挥一般等价物的作用；货币则是固定充当一般等价物的商品，是在一个国家或民族市场范围内长期发挥一般等价物作用的特殊商品。

4. 货币是生产关系的反映

固定充当一般等价物的货币是商品经济社会中生产关系的体现,即反映产品由不同所有者所生产、所占有,并通过等价交换实现人与人之间社会联系的生产关系。因此,货币体现一定的社会生产关系,这是马克思货币本质学说的核心。

【阅读拓展 1.3】 货币与其他有关概念的区别

在日常生活里,货币一词常常用来表示许多不同的概念。为了避免混淆,必须澄清货币的经济学定义与人们日常生活中的习惯用法之间的区别。

1. 货币与通货

比如说"你带钱了吗?"这句话里的钱指的是通货或现金。把货币仅仅定义为现金,对于经济分析而言显得过于狭窄。因为可开列支票的存款在流通领域中与现金一样,都可用以支付所购买的商品与劳务。如果把货币定义为现金,那么就难以把货币与人们所进行的全部购买活动联系起来。事实上,正是因为货币与购买相关联,才使货币问题引起人们极大的兴趣。因此,在现代经济学中应该把可开列支票的存款与现金一起包括在货币的定义之中。

2. 货币与财富

比如说"他很有钱"。这句话意思是他很富有,他不仅有现金和存款,还有债券、股票、珠宝、字画、房子、汽车等。把货币定义为财富,从而把货币与股票、债券、不动产等相混同,那么在经济分析中就无法界定货币的基本特性。事实上,货币作为一般等价物,是社会财富的一般性代表,但货币并不等同于社会财富本身,它只是社会财富的一部分。在美国,货币大约只相当于财富总量的2%,即使是最广义的货币也不超过财富总量的10%①。可见,把货币定义为财富显然太宽泛了。

3. 货币与收入

比如说"他的工作很好,能赚很多钱"。这句话里的钱就是指收入。收入包括货币收入和实物收入两大类。收入是一定期限内的流量,而货币既可能是某一时点上的存量,也能是一定期限内的流量。当然,现实中常常说的货币指的是存量。

二、货币的职能

货币的职能是指货币作为一般等价物所发挥的作用与功能,它是由货币本质决定的,是货币本质的具体体现。关于货币的职能,马克思的货币理论认为,货币在与商品的交换发展过程中,逐渐形成了价值尺度、流通手段、贮藏手段、支付手段

① 小劳埃德·B. 托马斯. 货币、银行与经济活动[M]. 北京:中国财政经济出版社,1992:6.

和世界货币五种职能，其中价值尺度和流通手段是货币的最基本职能。

（一）价值尺度

货币在表现商品的价值并衡量商品价值量的大小时，发挥价值尺度的职能。这是货币最基本、最重要的职能。作为价值尺度，货币把一切商品的价值表现为同名的量，使它们在质的方面相同，在量的方面可以比较。

根据马克思的观点，货币之所以能执行这种职能，是因为：① 各种商品和劳务本身都包含有价值，它们之间客观上存在着价值的可比较关系，即“比价关系”。② 货币本身只是充当一般等价物的商品，它也有自己的价值。

货币执行价值尺度职能，具有如下特点：① 它是商品的内在价值尺度，即劳动时间的外在表现。商品价值的大小，是由凝结在该商品中的劳动时间来决定的。所以，劳动时间是商品的内在价值尺度。但商品价值不可能由各单个商品生产者耗费的劳动时间来表现，只能借助于货币外化出来，所以货币也是商品的外在价值尺度。② 它可以是观念上的货币，但必须具有十足的价值。因为货币执行价值尺度，即商品生产者在给商品规定价格时，只要想象中的或者是观念上的货币就行了，并不需要有现实的货币。所以，货币作为价值尺度是抽象或观念的，因为价值本身就是抽象和观念的。但是在抽象的或观念的价值尺度背后，执行价值尺度的货币本身必须具有十足的价值，如果它没有价值，就不可能用来衡量价值，这就像本身没有尺度的东西不可能用来衡量尺度一样。③ 它具有完全的排他性、独占性。因为充当价值尺度的只能是一种商品，只有这样，商品价值才能得到真正统一的表现。④ 货币执行价值尺度职能要通过价格标准这个中间环节来完成。因为不同的商品有不同的价值量，这就要求借助于价格标准来表现为数量不等的单位货币。

所谓价格标准，是指包含一定重量的贵金属的货币单位。在历史上，价格标准和货币单位曾经是一致的，如我国过去长期使用“两”①为价格标准，即货币单位；英国用“镑”作为价格标准，也是货币单位。但随着商品经济的发展，货币单位名称和货币本身重量单位名称分离了。其主要原因是：① 外国货币的输入。如清代外国货币输入中国，促使中国货币单位名称脱离了金属重量单位名称，改“两”为“圆”。② 随着财富的增长，贱金属币材由贵金属代替。③ 国家铸造不足值的货币。

价值尺度和价格标准是两个既有严格区别又有密切联系的概念。其区别是：

---

① 本书中用到的两、斤均为我国旧时的计量单位。1984 年 2 月 2 日，我国国务院颁布了《关于在我国统一实行法定计量单位的命令》，从 1986 年起，一律采用法定计量单位（古籍除外）。以下不再说明。

① 价值尺度是在商品交换中自发地形成的;而价格标准则是由国家法律规定的。② 金充当价值尺度职能,是为了衡量商品价值;规定一定量的金作为价格标准,是为了比较各个商品价值的不同金量,并以此去衡量不同商品的不同价值量。③ 作为价值尺度,货币商品的价值量将随着劳动生产率的变化而变化;而作为价格标准,是货币单位本身的重量,与劳动生产率无关。其联系表现在,价格标准是为货币发挥价值尺度职能而做出的技术规定。有了它,货币的价值尺度职能作用才得以发挥。因而价格标准是为价值尺度职能服务的。

(二)流通手段

货币充当商品流通的媒介,就执行流通手段职能。作为价值尺度,货币证明商品有没有价值,有多大价值;而作为流通手段,货币实现这种价值。因为与物物交换不同,商品生产者先以自己的商品换成货币,然后再以货币换得自己所需要的商品。

货币执行流通手段职能,具有以下特点:① 必须是现实的货币。因为商品生产者出卖商品所得到的货币是现实的货币,才证明他的私人劳动获得社会承认,成为社会劳动的一部分。这里,货币充当商品交换的媒介不能是观念上的,必须是现实的货币。② 不需要有足值的货币本体,可以用货币符号来代替。因为货币流通是指货币作为购买手段,不断地离开起点,从一个商品所有者手里转到另一个商品所有者手里的运动。这里,货币在商品生产者手中只是转瞬即逝的要素,它马上又会被别的商品所代替。货币作为流通手段只是一种媒介,所以单有货币的象征存在就够了。③ 包含有危机的可能性。在货币发挥流通手段职能的条件下,交换过程分裂为两个内部相互联系而外部又相互独立的行为,即买和卖。这两个过程在时间上和空间上分开了,货币流通手段的职能“包含着危机的可能性”。

货币执行流通手段职能,必须满足以下三个条件:① 作为货币的物品是每个商品或劳务持有者都愿意接受的。这样,就使得持有了货币也就具有了充分的选择能力,可以选择自己认为最为有利的物品或劳务,可在最有利的时机进行购买,用最有利的方式来处置货币。② 货币的购买力必须相对稳定。如果同一货币单位的购买力在一段时间内波动不定,那么交换活动就会陷入混乱或不公开之中。在多种货币并存的条件下,人们就会用稳值货币“驱赶”贬值货币。③ 货币单位的分割和重组不会导致货币本身的质变。例如,把一头牛分为 10 块,那么其中的每一块都不再是牛了;即使把这 10 块再合在一起,它也不再是一头牛了。在这种情形下,牛(以及其他动物,如羊、马等)就不宜作为货币。但如果是黄金,则情形就不同了,它可任意划小或重组。

（三）贮藏手段

当货币由于各种原因退出流通领域，被持有者当作独立的价值形态和社会财富的绝对化身而保存起来时，货币就停止流通，开始发挥贮藏手段职能。马克思把这种现象称之为货币的“暂歇”，现代西方学者则称之为“购买力的暂栖处”。

执行贮藏手段的货币有两个显著特点：① 既是现实的货币，又是足值的货币。作为价值尺度的货币，可以是观念的货币；作为流通手段的货币，可以是价值符号；而作为贮藏货币必须是实实在在的货币，最典型的形态是贮藏具有内在价值的货币商品，如黄金或铸币。② 必须退出流通领域，处于静止状态。处在流通领域中的货币发挥流通手段和支付手段职能，退出流通领域的货币才是执行贮藏手段职能。

货币执行贮藏手段职能时，必须满足下列三个条件：① 货币的价值或购买力稳定。② 便于存入和取用(这是货币的灵活性的要求)。③ 安全可靠。在市场经济条件下，纸币流通与通货膨胀紧密相连，谁也不愿意贮藏不断贬值的纸币。因此，马克思认为纸币不能作为贮藏手段。但他在分析可以兑换黄金的银行券时指出：“危机一旦爆发，……将会发生对市场上现有的支付手段即银行券的全面追逐。每一个人都想尽量多地把自己能够获得的货币贮藏起来，因此银行券将会在人们最需要它的那一天从流通中消失。”[①]可见，纸币能不能发挥贮藏手段职能的关键在于它能否稳定地代表一定的价值量。如果货币币值不稳定，便丧失了价值贮藏职能，而贵金属和实物则成为保值工具。

贮藏货币具有自发地调节货币量的特殊作用。当流通中需要的货币量减少时，多余的货币便自动退出流通进入贮藏；当商品流通需要货币量增加时，部分贮藏货币会加入流通以满足其需要。所以，贮藏手段既是流通中的排水沟，又是引水渠。

随着商品经济的发展，货币贮藏除了作为社会财富的绝对化身外，其作用进一步加强，具体表现在：① 作为流通手段准备金的贮藏。即商品生产经营者为了保持再生产的连续性，能够在不卖的时候也能买，就必须在平时只卖不买，并贮藏货币。② 作为支付手段准备金的贮藏。即为了履行在某一时期支付货币的义务，必须事前积累货币。③ 作为世界货币准备金的贮藏。即作为平衡国际收支差额而用。

同时还应看到，货币并非唯一的价值贮藏形式，甚至不是最有利的价值贮藏形式。在现代经济中，人们可以通过持有短期期票、债券、抵押凭证、股票、家具、房

---

① 马克思，恩格斯. 马克思恩格斯全集：第 24 卷[M]. 北京：人民出版社，1975：598-599.

屋、土地以及其他物品来贮藏价值。这种贮藏价值的多元形式为后续的银行业和信用制度的形成和扩张提供了客观条件。

（四）支付手段

支付手段的职能，又称为延期支付的标准，是指当货币作为价值的独立形态进行单方面转移时所执行职能。如货币用于清偿债务，以及支付赋税、租金、工资等所执行的职能。

由于商品经济的不断发展，商品生产和商品交换在时空上出现了差异，这就产生了商品使用价值的让渡与商品价值的实现在时间上分离开来的客观必然性。某些商品生产者在需要购买时没有货币，只有到将来某一时间才有支付能力。同时，某些商品生产者又急需出售其商品，于是就产生了赊购赊销。这种赊账买卖的商业信用就是货币支付手段产生的起源。

一般地说，货币执行支付职能作用，必须满足下列三个条件：① 货币的购买力不降低。② 购买者(债务人)应支付一定数量的利息。③ 确保到期偿还债务。

与流通手段相比较，货币执行支付手段职能有以下特点：① 作为流通手段的货币，是商品交换的媒介物；而作为支付手段的货币，则不是流通过程的媒介，成为补足交换的一个环节。② 流通手段只服务于商品流通，而支付手段除了服务于商品流通外，还服务于其他经济行为。③ 就媒介商品流通而言，二者虽都是一般的购买手段，但流通手段职能是即期购买，支付手段职能是跨期购买。④ 流通手段是在没有债权债务关系的条件下发挥作用，而支付手段是在存在债权债务关系下发挥作用。⑤ 商品赊销的发展，使商品生产者之间形成了一个很长的支付链条，一旦某个商品生产者不能按期还债，就会引起连锁反应，严重时会引起大批企业破产。所以，支付手段职能的出现与扩展为经济危机的可能性变为现实性创造了客观条件。

（五）世界货币

随着国际贸易交往的发展，货币超越国界，在世界市场上发挥一般等价物作用时，执行世界货币职能。

理论上说，世界货币只能是以重量直接计算的贵金属。而铸币和纸币是国家依靠法律强制发行，只能在国内流通的货币，不能真实地反映货币具有的内在价值。按照马克思对典型金本位条件下的科学论述，货币充当世界货币必须脱掉自己原有的“民族服装”，还原成金银本来面目。马克思指出：“货币一越出国内流通领域，便失去了在这一领域内获得的价格标准、铸币、辅币和价值符号等地方形式，又恢复原来的贵金属块的形式。"①

但在当代，一些西方主要发达国家的信用货币，如美元、欧元、日元、英镑等，成为世界上普遍接受的硬通货，在国际间发挥着作为世界货币的三种效能，即支付手段、购买手段和财富转移的作用。这一方面是因为发行这些硬通货的国家经济发达，国力强大，国际经济地位较高，因此其货币也较坚挺；另一方面也是国际金融发展的结果，近几十年来，欧洲美元市场、离岸金融业务发展，也促使了这些信用货币的全球化。我国人民币具有一定的稳定性，在一定范围内已被用作对外计价支付的工具，1996 年底实现了在国际收支经常项目(账户)下的可兑换。2016 年 10 月 1 日人民币加入特别提款权(SDR)货币篮子，成为组成新的货币篮子五种货币中的一员。

与此同时，黄金仍没有完全退出历史舞台，它仍然是国际间最后的支付手段、购买手段和社会财富的贮藏和转移形式。

需要指出的是，货币的五种职能有机地联系在一起，它们都体现货币作为一般等价物的本质。因为一般等价物区别于普通商品的两个基本特点是：货币能表现一切商品的价值；具有和一切商品直接交换的能力。正是因为货币能表现一切商品的价值，因此它具有价值尺度职能；正因为货币能与一切商品相交换，因此它具有流通手段职能。因此价值尺度和流通手段是货币最先出现的两个基本职能。当货币的这两个基本职能进一步发展以后，才会出现贮藏手段职能。货币的支付手段职能，既与货币两个基本职能有密切的关系，又是以贮藏手段职能为前提的。世界货币职能是货币前四个职能的继续和延伸。从历史和逻辑上讲，货币的各个职能都是按顺序随着商品流通及其内在矛盾的发展而逐渐形成的，从而反映了商品生产和商品流通的历史发展进程。货币五大职能也决非孤立存在，而是具有内在联系的。

【阅读拓展 1.4】　人民币正式纳入 SDR 货币篮子

2015 年 11 月 30 日，国际货币基金组织(IMF)决定将人民币纳入特别提款权(SDR)货币篮子。这是历史上第一次增加 SDR 篮子货币。2016 年 10 月 1 日，人民币加入 SDR 货币篮子正式生效，SDR 货币篮子的币种和权重相应调整，美元、欧元、人民币、日元、英镑 5 种货币，权重分别为 41.73%、30.93%、10.92%、8.33%和 8.09%，对应的货币数量分别为 0.58252、0.38671、1.0174、11.900、0.085946。同时，SDR 汇率和利率也进行了相应调整，人民币汇率和 3 个月国债利率分别进入 SDR 汇率和利率的计算。

---

①　马克思，恩格斯. 马克思恩格斯全集：第 23 卷[M]. 北京：人民出版社，1975：163.

人民币正式入篮 SDR 后，各国央行持有的人民币资产被 IMF 承认为外汇储备。人民币还成为 IMF 的交易货币，向 IMF 缴纳份额、IMF 向成员国提供贷款、成员国向 IMF 还款以及 IMF 向成员国支付利息等在内的 IMF 官方交易均可使用人民币进行。

人民币加入 SDR 货币篮子对国际货币体系的演进意义重大。人民币加入 SDR 货币篮子后，有助于促进国际货币体系的多元化，改变以往单纯以发达经济体货币作为储备货币的格局，使 SDR 货币篮子的构成更能代表国际交易的主要货币，增强 SDR 本身的代表性和吸引力，也有助于提高 SDR 的稳定性，有助于实现全球风险的分散化和更有效的管理，提高国际货币体系的稳定性和韧性。

人民币加入 SDR 货币篮子对中国经济具有积极影响。首先，进一步促进了企业和个人在跨境贸易和投资中使用人民币。人民币加入 SDR 增强了市场对人民币的信心，降低了境外使用人民币的阻力，国外企业和个人对人民币的接受程度也会提高。随着跨境交易越来越多使用人民币进行计价和结算，国内企业和居民进行跨境交易会更加方便，结算、购汇和套期保值等交易的成本也将降低。其次，有助于进一步推动中国与相关央行或货币当局开展货币合作，人民币作为互换资金的主要用途也将从便利双边贸易与投资扩展到提供流动性支持和弥补国际收支缺口。再次，有助于改善外汇市场供求，促进人民币汇率保持稳定。最后，国际市场增持人民币资产的需求将有所增加。

摘自：中国人民银行货币政策分析小组. 2016 年第三季度中国货币政策执行报告[R/OL]. http://www.pbc.gov.cn/zhengcehuobisi/125207/125227/125957/3066656/3183204/index.html.

第四节 货币制度

一、货币制度的构成要素

货币制度（monetary system）也称货币本位制度，简称“币制”，是指一个国家或地区为了适应经济发展的需要，以法律或法令形式对货币发行和流通所做的一系列规定的总称。完善的货币制度能够保证货币和货币流通的稳定，保障货币正常发挥各项职能。

货币制度是随着商品经济的发展而逐步产生和发展的，直到近代才形成比较规范的制度。在数百年的发展过程中，尽管货币制度几经变迁，各国的货币制度也各有特色，但其构成要素或内容是基本一致的。一般而言，货币制度的构成要素包括以下一些基本内容。

（一）规定本位货币材料

规定一国本位货币用什么材料制作，是建立货币制度的首要步骤。一般而言，确定不同的货币材料就形成不同的货币制度。如用黄金作为本位货币材料的金本位制度，用白银作为本位货币材料的银本位制度；如果同时用黄金和白银作为本位货币材料，那就是金银复本位制度；如果不用金属而是用纸作为主要货币材料，那就是纸币制度。

当然，使用哪种材料制作本位币不是国家随心所欲或任意规定的，而是由客观经济条件所决定的。在资本主义初期，商品经济还不发达，商品交易规模也不大，用白银作为货币材料已能满足流通的需要。而当商品经济发展了，商品交易规模扩大了以后，白银因其价值含量较低并且价值不够稳定而不能适应流通需要，此时黄金开始进入流通，成为本位币材料。到20世纪初，由于商品经济进一步发展，商品交易的规模已远远超过了黄金存量规模。如果再坚持用黄金作为货币材料，必然会阻碍商品经济的发展，所以黄金不再流通，取而代之的是纸币制度。目前，由于各国都实行不兑现的信用货币制度，因而对货币材料不再做明确规定。

（二）规定货币种类

规定流通中的货币的种类是一国货币制度的重要内容①。流通中的货币即通货一般包括本位币与辅币两种。

本位币，也称主币，是一个国家的基本通货和法定的计价结算货币。在金属货币流通的条件下，本位币是指货币金属按照国家规定的货币单位所铸成的铸币，这时的本位币具有足值的特点；而在信用货币阶段，各国的本位币则表现为不可兑换的银行券和纸币。

辅币，即辅助货币，是本位币单位以下的小额货币，主要用来辅助大面额货币的流通，供日常零星交易或找零之用。无论是在金属货币流通时期还是在信用货币阶段，辅币一般都是由贱金属制造的不足值货币。值得注意的是，有些国家的货币没有辅币，或者虽然有辅币，但是由于币值太小而只是理论上的换算单位，而没有发行实际的货币，比如日元、韩元等。

---

① 通常，每个国家都只使用唯一的一种货币，并由中央银行发行和控制。不过也存在例外，亦即多个国家可以使用同一种货币。如在欧元区国家通用的欧元，在西非经济共同体通用的法郎，以及在19世纪的拉丁货币同盟，名称不同但能在联盟内部自由流通的等值货币。此外，一个国家或地区也可以选择别国的货币作为法定流通货币，如巴拿马选择美元作为法定货币。不同国家的货币还可能使用相同的名字，如在法国和比利时使用欧元之前，它们和瑞士的货币都叫法郎。

（三）规定货币单位

这包括两个方面：货币单位的名称和货币单位的“值”，即每一货币单位的价值，在1973年“黄金非货币化”协议产生之前，货币单位的价值就是指每一货币单位所含的货币金属的重量。

一般而言，一国货币单位的名称往往就是该国货币的名称。如里拉①，是意大利货币单位的名称，也是货币的名称。若几个国家同用一个单位名称，则在前面加上国家名。如法郎，是很多国家采用的货币单位名称，前面加上国名，就成了这个国家的货币名称，如法国法郎②、瑞士法郎等。中国有些特殊，货币名称是人民币，货币单位的名称是元，两者不一致。

货币单位的确立更重要的是确定币值。在铸币流通的时候，就是确定单位货币包含的金属重量和成色；在代用货币流通的时期，就是确定本国货币单位代表的金属量。如英镑按1870年铸币条例，其含金量为7.97克；美元按1934年法令，所含货币金属黄金的量为0.888671克；中国在1914年曾规定货币单位的名称为“圆”，并规定1个银元的含银量为0.648两。在黄金非货币化后，流通中只有不可兑换的信用货币，如何确定货币单位的值就成了一个有争议的问题。显然，货币单位的值已不能通过规定含金量来表示，货币单位的“值”变成了其实际能购买的流通中的商品价值，因为这本身较难测算，所以有的学者就认为，确定货币单位的值则转变为如何维持本国物价体系的稳定和本国货币与外国货币的比价的稳定，也就是货币对内价值和对外价值的双稳定。至于何为稳定，这与政府的货币政策有关，可能要求波动幅度不超过一定范围，也可能要求自己的币值偏低或偏高。

（四）规定各种通货的铸造、发行和流通程序

通货是指流通中的现金，一般包括本位币和辅币。其具体形式在金属货币制度下，表现为金属货币、纸币和银行券；在信用货币制度下，表现为纸币、辅币和银行券。不同种类的通货有不同的铸造、发行和流通程序。

1. 金属货币制度下本位币的铸造与发行

金属货币制度下的本位币是一种足值的铸币，可以自由铸造。这里的自由铸造有两层含义：一是每个公民都有权把货币金属送到国家造币厂请求铸成本位币；二是造币厂代公民铸造本位币，不收费用或只收很低的造币费。

---

① 意大利里拉(Lina)，诞生于1861年，是意大利、梵蒂冈、圣马力诺等国的货币单位，2002年起被欧元取代。

② 法国法郎(Franc)诞生于1360年，在欧元于2002年1月1日正式上市后，法国官方决定，从2002年2月17日午夜起，法国法郎停止合法流通，由欧元取代。

本位币的自由铸造具有十分重要的经济意义。首先，自由铸造可以使铸币的名目价值和实际价值（即铸币本身的金属价值）保持一致。由于公民可以随时把金属块送到国家造币厂请求铸成铸币，所以铸币的名目价值不能高于其实际价值，否则就必须用法律手段来规定其名义价值；由于持有铸币的人可以随时将它熔化为金属块，铸币的名目价值又不能低于铸币的实际价值，否则人们就会将铸币熔毁，退出流通领域。其次，本位币的自由铸造可以自发地调节货币流通量，使流通中的货币量与货币需要量保持一致。当流通中的货币量不足时，公民会把金属块请求造币厂铸成铸币，投入流通；当流通中的货币量过多时，公民又会自发地将铸币熔化成金属块，退出流通。此外，金属货币流通时期各国往往规定本位币有磨损公差。为了保证本位币的名目价值与实际价值相一致，保证其无限法偿能力，各国货币制度中通常都规定有每枚铸币的实际重量低于法定重量的最大限度，即铸币的磨损公差。

2. 金属货币制度下辅币的铸造与发行

辅币在铸造、发行与流通程序上具有以下特点：

（1）可用贱金属铸造。这是因为辅币流通频繁，磨损迅速，如果用贵金属铸造，损耗太大，而这种损耗属于流通费用，对社会资源来说是一种虚耗。

（2）是不足值的铸币。之所以辅币可铸成不足值货币，是因为辅币只是本位币的一个可分部分，如果辅币按其包含金属的价值流通，随着生产力的提高，主币和辅币两种不同金属的价值发生变化，主币和辅币的固定兑换比例就不能保证，辅币就失去了其作为辅助货币的作用；同时，如果辅币铸成足值货币，当辅币币材价格上升时，大量辅币就会被私自熔化，这将造成辅币不足。因此，辅币按面额流通，不能依靠其所含金属的价值，而只能依靠法律规定的与主币的固定兑换比率。

（3）可以与本位币自由兑换。辅币的价值虽然低于名目价值，但法律规定，辅币可以按固定比例与本位币自由兑换，这样就保证了辅币可以按名目价值流通。

（4）实行限制铸造。所谓限制铸造，即只能由国家铸造。由于辅币的实际价值低于其名目价值，铸造辅币就会得到一部分铸造收入（即铸币税），所以铸造权由国家垄断，其收入归国家所有。同时，因为辅币是不足值的，限制铸造也可以防止辅币排挤本位币。

3. 信用货币制度下纸币的发行和流通程序

在信用货币流通阶段，贵金属铸币退出流通，本位币的自由铸造制度也就不存在了，但本位币的无限法偿规定以及辅币的铸造流通制度却保留了下来。纸币和不可兑换的银行券由政府或中央银行印制，是通过银行信贷程序而进入流通的。一般是中央银行贷款给商业银行或其他金融机构，后者又贷款给企业和个人。企业和个人从银行得到一笔贷款后，首先是在其账户上增加同样数额的存款。由于有了存款，即可以开出现金支票提取现金，这样铸币、纸币和不可兑换的银行券通过贷款投入流通；由于有了存款，就可以开出转账支票，由银行把一个存款账户上的存款转移到另一个存款账户上去，这样就出现了存款货币的流通。可见，无论是现金还是存款货币，都是通过银行贷款程序投入流通的，这与金属铸币通过自由铸造投入流通有着根本区别。

（五）规定货币的支付能力

用法律规定货币的支付能力是现代货币制度的重要内容，其具体形式表现为无限法偿和有限法偿。

无限法偿，即法律规定某种货币具有无限制的支付能力，无论每次支付的数量有多大，也无论是属于何种性质的支付，支付的对方均不能拒绝接受，否则被视为违法。具有这种资格的货币，是各国的本位币。

有限法偿，即法律规定在每一次支付行为中使用某种货币的数量受到限制，在一定的金额内其支付能力受到法律保护，超过一定的限额，其支付能力不受法律保护，受款人可以拒绝接受超过限额的部分。有限法偿主要是针对辅币规定的，这主要是为了防止辅币充斥市场。如美国规定，10 分以上的银辅币每次支付限额为 10 元；铜、镍所铸造的分币，每次支付限额为 25 分。但为了使过多的辅币能自动流回国家手中，有限法偿货币在向国家纳税或向银行兑换时不受此数量限制。

（六）规定货币发行准备制度

货币发行准备制度，又称准备金制度或金准备制度等。准备金制度分为两种情况：一是在金属货币与银行券同时流通条件下，为了避免银行券过多发行、保证银行券信誉，发行机构按照银行券的实际规模保持一定数量的黄金；二是纸币流通条件下，发行纸币的金融机构（中央银行或者商业银行）维持一定规模的黄金。发行货币机构按照一定要求与规则持有黄金就是黄金储备制度，是货币制度的一项重要内容，也是一国货币稳定的基础。多数国家的黄金储备都集中由中央银行或财政部管理。

在金属货币流通的条件下，黄金储备主要有三项用途：第一，作为国际支付手段的准备金，也就是作为世界货币的准备金；第二，作为时而扩大时而收缩的国内金属流通的准备金；第三，作为支付存款和兑换银行券的准备金。在当代世界各国已无金属本位货币流通的情况下，纸币不再兑换黄金，黄金准备的后两项用途已经消失，但黄金作为国际支付的准备金这一作用仍继续存在，当一个国家出现国际收支逆差时，可以在国际市场上抛售黄金，换取自由外汇，以平衡国际收支。

目前，各国中央银行发行的信用货币虽然不能兑换黄金，但为了稳定货币的对内、对外价值，仍然普遍保留着发行准备制度。各国准备制度不一致，但归纳起来，作为发行准备金的一般有三类：黄金，外汇，国家债券、商业票据等有价证券。当货币价值出现背离时，一国政府可以动用此类准备金作为稳定币值的工具。

二、货币制度的演变与发展

货币制度有不同的分类。依据货币制度作用的范围不同，货币制度包括国家货币制度、国际货币制度和区域性货币制度；根据货币的不同特性，货币制度分为金属货币制度（以贵金属作为本位货币）和不兑现的信用货币制度（不是以有价值的商品作为本位货币）。从历史上看，货币制度自产生以来，先后经历了由银本位制、金银复本位制、金本位制到现在的不兑现信用货币制度四个发展阶段。

（一）银本位制

银本位制（silver standard），又称银单本位制，是指以白银作为本位币币材的一种金属货币制度。它是历史上出现最早、实施时间最长的一种货币制度。

银本位制又分为银两本位和银币本位两种形式。银两本位是以白银的重量单位——“两”作为价格标准，实行银块流通的货币制度。银币本位则是以一定重量和成色的白银，铸成一定形状的本位币，实行银币流通的货币制度。在银本位制度下，银币可以自由铸造和自由熔化，并具有无限法偿能力；白银或银币可以自由输出和输入；银行券可以自由兑换成银币或等量的白银。

在纪元前及公元纪年之初期，欧洲许多国家，如英国、法国、意大利等，均曾有银币流通。在货币制度萌芽的中世纪，部分国家开始实行银本位制。16世纪到19世纪，银本位制在世界许多国家盛行。

银本位制的主要缺陷是白银的价值相对较小，白银价值不稳定。由于白银贮藏量相对丰富，白银的开采技术提高较快，使白银的产量较多，导致白银价值不断下降。例如，在1870～1935年间，白银价格就有四次大的波动，其总的趋势是黄金需求大量增加，供不应求；白银需求减少，而供应却在增加，结果使得金银比价差距愈来愈大（参见表1.1）。而作为一种货币金属，只有当其价值能保持相对稳定的时候，才适合于作货币材料，才能保证货币价值的稳定性。随着商品交易规模日益扩大，大宗商品交易日益增多，用白银这种价值相对较低的货币进行支付，存在许多不便。为此，需要有价值含量更高、更稳定，携带更方便的货币，于是一些国家开始将黄金作为货币材料。到20世纪初，除了中国、印度、墨西哥等少数经济落后的国家仍实行银本位制外，主要西方发达国家都早已放弃了这种货币制度。

表 1.1 伦敦金银市场上金银比价的变化情况

年 份	1860	1870	1880	1890	1900	1910	1920	1930	1932
金银比价	1∶15	1∶15.5	1∶18	1∶19.7	1∶33	1∶39	1∶45	1∶53	1∶73.5

资料来源:何泽荣.现代货币银行学教程[M].成都:西南财经大学出版社,1990:26.

(二) 金银复本位制

金银复本位制(gold and silver bimetallic standard),是指以黄金和白银同时充当本位币币材的一种货币制度。其主要特征是:金银两种货币都可以自由融化和自由铸造;金银两种货币都具有无限法偿的能力;金银两种货币都可以自由输出输入;金银两种货币都可以与代用货币(如银行券等)自由兑换。

金银复本位制由于黄金和白银同时使用,因而货币材料充足,不会出现通货紧缩的现象;金币和银币在交易中可以相互补充,即大宗交易使用金币,小额交易使用银币,大大便利了商品流通,因而这种货币制度曾对经济发展起过一定的促进作用。

从发展看,金银复本位制又经历了三个发展阶段,最终被金本位制所代替。

1. 平行本位制

平行本位制是金银两种金属货币均按各自所含的实际价值流通的货币制度。即金银两种货币的比价由市场上这两种货币金属的比价决定。其特点是,国家对两种货币的交换比率不加规定,由市场自由确定,因而比价波动频繁,从而造成交易混乱。例如,英国 1663 年铸造的金基尼和原来流通的银先令并用,两者按它们所含有的生金、生银的市场比价进行交换。这种货币制度必然使商品交易遇到很多麻烦,阻碍经济的发展。

2. 双本位制

为了克服平行本位制带来的问题,国家便以法律规定金币和银币之间的比价,即金币和银币是按法定比价进行流通和交换。例如,法国曾规定:1 金法郎=15.5 银法郎。这样做虽然可以避免金银实际价值波动所带来的金币和银币交换比例的波动,能克服平行本位制下“双重价格”所产生的弊病,但这种做法又违背了价值规律。当金银的法定比价与市场比价不一致时,就产生了“劣币驱逐良币”(bad money drives out good)的现象。由于这一现象是由 16 世纪英国伊丽莎白女王一世的顾问托马斯·格雷欣(Thomas Gresham)所发现,故称之为“格雷欣法则”(Gresham's Law)。

劣币驱逐良币的现象,是指在金属货币流通条件下,当一国同时流通两种实际价值不同,但法定比价不变的货币时,实际价值高的货币(亦称良币)必然被人们熔化、收藏或输出而退出流通,而实际价值低的货币(亦称劣币)反而充斥市场。比如，国家规定金和银的兑换比率是 1∶15，当银由于银的开采成本降低而最后其价值降低时，人们就按上述比率用银兑换金，将其贮藏，最后使银充斥于货币流通领域，排斥了金。如果相反，即银的价值上升而金的价值降低，人们就会用金按上述比例兑换银，将银贮藏，流通中就只会是金币。这就是说，实际价值较高的“良币”渐渐为人们所贮存离开流通市场，使得实际价值较低的“劣币”充斥市场。这一规律亦曾在美国建国初期的货币史上也有所表现。这告诉人们：一个国家在同一时期内只能流通一种货币，如果同时使用两种货币，在金属货币流通条件下就会出现“劣币驱逐良币”的现象。

【阅读拓展 1.5】 生活中神奇的“劣币驱逐良币”现象

有兴趣的读者可以登录“简书”，获取相关知识，具体网址为：
https://www.jianshu.com/p/b47042cd2973.

3. 跛行本位制

在金银复本位制向金本位制过渡时，曾在一些国家出现过一种“跛行本位制”(limping standard)。在这种制度下，法律规定金币和银币都可以成为本位币，两者之间有兑换比率，但金币可以自由铸造，而银币却不能自由铸造。由于银币实行限制铸造，遂使银币的实际价值与其名义价值无法保持一致，银币的名义价值唯有取决于银币和金币的法定兑换比率。实际上，此时的银币已经起着辅币的作用，演变为金币的价值符号。19 世纪 70 年代，一些欧洲国家，如法国、比利时、瑞士、意大利等都曾采用过这种货币制度。然而，跛行本位制事实上已不是典型的复本位制，是由复本位制向金本位制过渡时期的一种特殊的货币制度。

（三）金本位制

金本位制(gold standard)就是以黄金作为本位币币材的金属货币制度。英国率先实行金本位制①。之后，德国、法国、比利时等欧洲国家相继实行金本位制度。1897 年俄国和日本也宣布实行金本位制度，1900 年美国也宣告黄金为唯一的本位币金属。

在历史上，曾有过三种形式的金本位制：

1. 金币本位制

金币本位制(gold specie standard)是金本位货币制度的最早形式，亦称为古典的或纯粹的金本位制，盛行于 1880～1914 年间。在这种制度下，国家法律规定以

---

① 当时的英国经济力量强大，在国际贸易中占较大优势，它需要有一种稳定的、价值较高的货币行使流通职能。1816 年英国颁布法令，宣布实行金本位制度。

黄金作为货币金属，即以一定重量和成色的金铸币充当本位币的货币制度。金币本位制具有以下三个特征：

(1) 金币可以自由铸造、自由熔化，而其他金属货币包括银币则限制铸造。这既保证了货币的实际价值和其所代表的名义价值相符，也保证了金币的价值能自发地适应流通中的需要。

(2) 金币可以自由流通，价值符号(辅币和银行券)可以自由兑换为金币。规定各种价值符号能够按其面额价值兑换成金币。这就使价值符号能稳定地代表一定数量的黄金流通，从而保证货币价值稳定。

(3) 黄金在各国之间可以自由地输出输入。由于黄金在国际上可以自由流动，就可以充分发挥黄金的世界货币职能，也有利于保持各国货币汇率的稳定，从而促进国际贸易的发展。

总体而言，金币本位制是一种相对稳定的货币制度。这种相对稳定性主要表现在如下两个方面：一是在实行金币本位制的国家内，货币数量能自发地适应商品流通的需要，货币一般不会发生贬值；二是在实行金币本位制的国家内，其货币的对外汇率相对稳定。基于此，在实行金币本位制的约一百年时间里，经济社会有了较快的发展。首先，稳定的币值保证了商品流通顺利开展，也有助于厂商准确地核算成本、价格和利润，从而有利于生产的发展；其次，稳定的币值使债权债务的契约关系保持正常，促进了信用关系及信用制度的发展；第三，相对稳定的汇率有利于国际贸易和资本流动的顺利开展，促进了国际经济关系的相对稳定。

但是，随着经济的发展，各国之间矛盾的日益加剧，加之金币本位制自身也并非完美无缺，从而导致这种货币制度的稳定性日益削弱。这是因为：

(1) 黄金生产量的增长幅度远远低于商品生产增长的幅度，黄金不能满足日益扩大的商品流通需要，这就极大地削弱了金铸币流通的基础，这是金币本位制重要的内在缺陷。

(2) 世界黄金存量的分配极不平衡。如1913年末，美、英、法、德、俄五国占有世界货币黄金存量的三分之二，这种现象严重削弱了其他国家铸币流通的基础。

(3) 人为的对于金币本位制的破坏。自由兑换和黄金的自由输出输入是金币本位制存在的重要基础，而在第一次世界大战爆发后，少数强国为了准备瓜分殖民地的战争，一面用黄金购买了军火，另一面发行大量纸币弥补财政赤字，这就不能保证价值符号的自由兑现，从而削弱了价值符号与金币自由兑换的基础。同时一些国家从本国利益出发，用关税壁垒限制贸易往来，包括限制黄金在国际间的自由输出输入，从而影响了黄金在国际间流通。

1914年第一次世界大战爆发后，各国纷纷发行不兑现的纸币，禁止黄金自由输出，金本位制随之告终。

2. 金块本位制

金块本位制(gold bullion standard),也称“生金本位制”,是指在国内不铸造、不流通金币,只发行代表一定黄金量的银行券(或纸币)来流通,而银行券(或纸币)只能达到一定数量后才能兑换金块的货币制度。金块本位制虽然没有金币流通,但在名义上仍然为金本位制,并对货币规定有含金量。如法国 1928 年的《货币法》规定,法郎的含金量为 0.065 克纯金,并规定有官价。在金块本位制的条件下,虽然不允许自由铸造金币,但允许黄金自由输出输入,或进行外汇自由交易。银行券是流通中的主要通货,但不能直接兑换金币,只能有限度地兑换金块。如英国在 1925 年规定,银行券每次兑换金块的最低数量为 1700 英镑;法国 1928 年规定至少须 21.5 万法郎才能兑换黄金。这么高的兑换起点,实质上等于剥夺了绝大多数人的兑换权利,从而限制了黄金的兑换范围。

实行金块本位制可节省黄金的使用,减少了对黄金履行准备量的要求,暂时缓解了黄金短缺与商品经济发展之间的矛盾,但并未从根本上解决问题。金块本位制实行的条件是保持国际收支平衡和拥有大量的平衡国际收支的黄金储备。一旦国际收支出现巨额逆差,大量黄金外流或黄金储备不敷支付时,这种虚弱的黄金本位制就难以维持。1930 年以后,英国、法国、比利时、荷兰、瑞士等国在世界性经济危机袭击下,先后放弃了这一制度。

3. 金汇兑本位制

金汇兑本位制(gold exchange standard),又称“虚金本位制”,是指国内不再铸造、流通和使用金币,流通中的货币(即银行券)只与另一实行金币或金块本位制国家的货币保持固定比价,只能兑换成此种外汇而不能直接兑换成黄金的制度。

实行金汇兑本位制的国家,对货币只规定法定含金量,禁止金币的铸造和流通。国内实行银行券或纸币流通,纸币不能与黄金兑换,而只能兑换外汇,外汇可以在国外兑换黄金。本国货币与某一实行金块本位制或金本位制国家的货币保持固定汇价,以存放外汇资产作为准备金,并通过无限制地买卖外汇来维持本国货币币值的稳定。实行这种制度的国家在对外贸易和财政金融方面,必然受到与其相联系的国家控制。可见,金汇兑本位制实际上是一种附庸性质的货币制度,一般为殖民地和附属国所采用。第一次世界大战之前殖民地国家如印度、菲律宾等实行这种制度。第一次世界大战以后,意大利、奥地利、中国、波兰等都曾实行过这种制度。

第二次世界大战(以下简称“二战”)后建立的“布雷顿森林体系”,实际上是一种全球范围的国际金汇兑本位制度。这一体系规定的“各国货币与美元挂钩,美元与黄金挂钩”以美元为中心的货币制度,把各国货币都变成了美国货币的依附货币。直到 1973 年,由于美国宣布美元与黄金脱钩,二战后这一国际金汇兑本位制才正式停止。

金块本位制和金汇兑本位都是削弱了的、残缺不全的金本位制。这是因为，第一，这两种货币本位制都没有金币流通，金币本位制中金币自由铸造所形成的自发调节货币流通量并保持币值相对稳定的机制已不复存在。第二，银行券虽仍规定有含金量，但其兑换能力大为下降，因而从根本上动摇了银行券的基础。在金块本位制下银行券兑换黄金有一定限制；在金汇兑本位制下银行券兑换黄金要通过外汇才能进行。第三，实行金汇兑本位制的国家，一般把本国货币依附于美元，并把黄金或外汇存储于美国，一旦美国经济动荡不定，依附国的货币也将发生波动。这两种脆弱的金本位制，经 1929～1933 年世界性经济危机的冲击，很快就瓦解了。各国在 20 世纪 30 年代纷纷放弃金本位制转而实行信用本位制。

（四）不兑现的信用货币制度

不兑现的信用货币制度，又称不兑现本位制和不兑现的纸币流通制度，是以中央银行或国家指定机构发行的信用货币作为本位币的货币制度。流通中的信用货币主要由现金和存款货币构成，并通过金融机构的业务投入到流通中去，国家通过种种方式对信用货币进行管理调控。不兑现的信用货币制度是当今世界各国普遍实行的一种货币制度。

1. 信用货币制度产生的原因

信用货币制度的产生是由货币的性质决定的。究其原因，主要有两个：

（1）金属货币制度本身具有难以克服的缺陷。首先，金属货币制度需要有足够的贵金属作为货币发行准备金和货币流通基础。随着经济的发展，贵金属贮藏量和产量的有限性与商品生产和流通规模不断扩大的矛盾日益尖锐。尽管实行部分准备制度可在一定程度上缓和这一矛盾，但不能从根本上消除这一矛盾。人类社会的商品生产及流通规模远远大于贵金属的存量总和，因而在客观上要求有一种不受自然资源限制，并可以调节其数量的货币。纸币等信用货币因其材料来源充足而成为人们选择的对象。其次，在金属货币制度下，一国经济受国外影响太大。在金银可以自由输出输入的时候，各国经济都紧密相关；在实行金汇兑本位制时，各国为了维持汇率稳定，须被迫调整其国内的经济政策和经济目标。这些都不利于一国实行独立的经济政策，因而也是各国放弃金属货币制度的重要原因之一。

（2）不兑现的纸币流通制度有其天然的优势。纸币流通制度的主要优势，一是纸币发行不受黄金供给的限制，可以根据经济发展的实际需要调整货币供给量；二是纸币是用纸作为货币材料，纸的价值含量很低，即使有了磨损，也不会造成社会财富的巨大浪费；三是纸币还具有易于携带、保管、支付准确等好处。这些都是金属货币所不及的。①

2. 信用货币制度的主要特点

信用货币制度是一种以信用为基础的货币制度，其基本特点：

(1) 不兑现的信用货币一般是由各国中央银行发行的，并由国家法律赋予无限法偿能力。

(2) 货币不与任何金属保持等价关系，也不能兑换黄金，货币发行一般不以金银为保证，也不受金银数量的限制。

(3) 货币是通过信用程序投入流通领域，货币流通是通过银行的信用活动进行调节，而不是像金属货币制度那样，由铸币自身进行自发的调节。银行信用的扩张，意味着货币流通量增加；银行信用的紧缩，则意味着货币流通量减少。

(4) 这种货币制度是一种管理货币制度。一国中央银行或货币管理当局通过公开市场操作、存款准备金政策、再贴现政策等手段，调节货币供给量，以保持货币稳定；通过公开买卖黄金、外汇，设置外汇平准基金，管理外汇市场等手段，保持汇率稳定。

(5) 这种货币制度存在发生通货膨胀和信用膨胀的可能性。货币流通的调节是国家对宏观经济进行调控的一个重要方面，但流通领域究竟能够容纳多少货币量，则取决于货币流通规律。当国家通过信用程序所投放的货币超过了货币需要量，就会引起通货膨胀，这是不兑现的信用货币流通所特有的经济现象。

(6) 信用货币制度下流通中的货币不仅指现钞，存款货币也是通货。随着银行转账结算制度的发展，存款货币的数量越来越大，现钞流通数量越来越小。

在不兑现的信用货币制度下，货币、信用领域出现了一系列的新现象。一方面，由于流通的是不与任何金属保持等价关系的纸币，银行系统的放款成为增减货币流通量的主要渠道，使得对银行信用的调节成为国家调控宏观经济的重要手段；另一方面，由于信用货币不受金准备的约束，也不存在黄金对货币流通的自动调节机制，所以极易出现货币失衡现象，从而导致通货膨胀或通货紧缩，对经济增长造成危害。

三、中国现行的货币制度

中国现行的货币制度是一种“一国多币”的特殊货币制度，即在大陆实行人民币制度，而在香港特别行政区、澳门特别行政区、台湾省实行不同的货币制度。表现为不同地区各有自己的法定货币；各种货币各限于本地区流通；各种货币之间可

---

① 当然，纸币与存款货币和电子货币相比，在支付速度、交易成本等方面也处于劣势，因此纸币也将终究被淘汰。

以兑换，人民币与港元、澳门元之间按以市场供求为基础决定的汇价进行兑换，港元与美元挂钩(采取联系汇率制度)，澳门元与港元直接挂钩，新台币主要与美元挂钩。

(一) 人民币货币制度

1948年12月1日中国人民银行成立时发行人民币，这标志着新中国货币制度的建立。人民币发行以后，中国人民银行迅速收兑了旧经济制度下的法币、金圆券、银圆券，同时通过收兑原解放区自行发行的货币，统一了货币市场，形成了新中国货币制度。

现行人民币货币制度的基本内容主要包括以下几个方面：

(1) 人民币是中国(不含港澳台地区，下同)的法定货币，具有无限法偿能力。人民币是由中国人民银行发行的信用货币，是中国无限法偿货币。人民币的单位为“元”，元是本位币(即主币)。辅币的名称为“角”和“分”。人民币的票券、铸币种类由国务院决定。人民币以“¥”为符号，取“元”字的汉语拼音首字母“Y”加两横而成。

(2) 人民币是代表一定价值的货币符号，是不兑现的信用货币。人民币天生不与任何金属保持等价关系，人民币既不规定法定金属含量，也不能自由兑换黄金。在1948年12月5日，新华社在关于发行人民币的社论中明确申明：“解放区的货币，从它诞生之日开始，即与金银完全脱离关系。”①

(3) 人民币是中国唯一的合法通货，金银和外汇不得在国内商品市场计价、结算和流通。《中华人民共和国中国人民银行法》(1995年颁布，2003年修订)第十五条规定：“中华人民共和国的法定货币是人民币。以人民币支付中华人民共和国境内的一切公共和私人的债务，任何单位和个人不得拒收。”同时，国家规定了人民币限额出入国境的制度，金银和外汇不得在国内商品市场计价结算和流通。人民币的汇率，实行以市场供求为基础、参考一篮子货币进行调节、有管理的浮动汇率制度。人民币在经常项目下可兑换外汇，在国家统一规定下的国内外汇市场可买卖外汇。

(4) 人民币的发行实行高度集中统一管理，货币的发行权集中于中央政府，由中央政府授权中国人民银行统一掌管。中国人民银行是货币发行的唯一的机关，并集中管理货币发行基金。中国人民银行根据经济发展的需要，在由国务院批准的额度内，组织年度的货币发行和货币回笼。并由中国人民银行集中统一管理国家的金银、外汇储备，负有保持人民币对内价值和对外价值稳定的艰巨

---

① 新华社. 中国人民银行发行新币[N]. 人民日报，1948-12-7(1).

重任。

(5) 人民币的发行具有多重保证。人民币是信用货币，是根据商品生产的发展和流通的扩大对货币的需要而发行的，这种发行有商品物资作基础，可以稳定币值，这是人民币发行的首要保证；其次，人民币的发行还有诸多的信用保证，包括政府债券、商业票据、银行票据等；再次，黄金、外汇储备也是人民币发行的一种保证。中国建立的黄金和外汇储备，主要用于平衡国际收支。进口需要大量外汇，这就需要用人民币购买，出口收入必须向外汇指定银行出售，银行在购买外汇的同时也就发行了人民币，因此对人民币的发行也起着保证作用。

(6) 人民币实行有管理的货币制度。作为中国市场经济体制构成部分的货币体制，必须是国家宏观调节和管理下的体制，包括货币发行、货币流通、外汇价格等都不是自发的而是有管理的。有管理的货币制度形式，是在总结历史经验和逐步认识客观经济规律的基础上，用市场这只无形的手和计划这只有形的手来灵活有效地引导、组织货币运行。

【阅读拓展 1.6】 新中国成立前的中国货币制度

中国是货币历史发展悠久的国家。早在新石器时代，距今近 5000 年的黄帝时代，就有了交易媒介物。到了殷商时代，逐渐产生了货币。最初使用的货币是牲畜，随后主要采用贝壳。到了春秋战国时期，出现了布币(公元前 8 世纪)、刀币(公元前 7 世纪)、圆钱等货币体系，最后统一于秦"半两"(圆形方孔铜钱，这种圆钱在中国流通了 2000 多年)，主要流通的是铜铸币。

中国的纸币最早产生的是北宋的"交子"(1023 年于成都发行，主要流通于四川省境内，以铁钱为现金准备)，而汉武帝时期发行的白鹿皮币就具备了纸币雏形。南宋发行的主要纸币为"会子"(流通较广)，金代发行的"金交钞"(1154 年仿宋"交子"而发行，与辽、宋铜钱并行)，元朝发行的主要纸币是"中统元宝宝钞"(1260 年发行)和"至元通行宝钞"(1287 年发行)，明朝发行的纸币主要是"大明通行宝钞"(明代唯一的纸币，1375 年开始发行，之后 200 多年一直用之)，清代的纸币主要是"户部官票"和"大清宝钞"(两者均于 1853 年发行，并于 1861 年清理停用)。

总之，在 2000 多年的中国封建社会里，曾先后出现过多样化的货币形态，其中以铜铸币为主干，杂用金、银、珠、玉、谷、帛及纸币。但从严格意义上讲，这期间我国一直没有形成完备的货币制度，直到清末才产生了正式的货币制度。

清政府在 1910 年(即宣统二年)决定对货币制度进行改革，颁布了《币制则例》，正式采用银本位制的货币制度，从此我国有了正式的、较为完善的货币制度。《币制则例》的主要内容有：本位币的货币材料为白银；货币单位为"圆"，并对货币的重量和成色作了规定;铸币由中央统一发行。但由于辛亥革命,《币制则例》没有付诸实施。

北洋政府于1914年2月颁布了《国币条例》,虽然规定银元为本位币,实行银元流通,但多年形成的银两制度依然继续存在,实际上是银元和银两并行流通的双重币制,即计价结算用银两,支付流通用银元。

国民党政府在1933年3月1日发布了《废两改元令》,对货币制度进行了"废两改元"的改革。规定所有收付、交易,一律改用银元,以银币为本位币,银币的单位是"元",单位银元含纯银23.493448克,1元等于100分,1分等于10厘,从而在我国实行了统一的银币本位制。但由于中国白银产量很少,不得不依靠外国白银维持银币本位制,这使得英法等国可通过操纵国际市场金银比价的变化,控制中国的货币制度。1934年,美国实行白银政策,提高银价,中国白银大量外流,银根紧缺,国内银价暴涨,物价暴跌,国内货币流通极度混乱。

1935年11月,在英美操纵下,国民党政府实行了"法币改革"。其内容主要有:① 放弃银本位制,实行纸币流通制度。② 集中纸币发行权,规定中央银行、中国银行、交通银行三家银行(后增加中国农民银行)发行的纸币为"法币",具有无限法偿的能力,限期收回其他纸币。③ 禁止银元在市面上流通,以一法币换银元一元,强制将白银收归国有,充作法币准备金。④ 1元法币与14.5便士或0.2975美元等值,并可以无限制地买卖英镑和美元,以保持法币的稳定。法币改革不久抗日战争爆发,接着又是3年的解放战争,由于国民党政府实行通货膨胀政策,到1948年法币已贬值到无法流通的程度。有人曾这样描述:100元法币的购买力,1937年值两头黄牛,1939年值1头猪,1943年值1只鸡,1945年值2个鸡蛋,1947年只值一个煤球了。①

1948年8月19日,国民党政府不得不再次宣布币制改革,发行"金圆券",废止法币。其主要内容为:① 金圆券每元法定纯金0.22217克,由中央银行发行,发行总额以20亿为限。② 发行采取十足准备制,以40%的黄金、白银及外汇做准备,其余以有价证券及政府指定的国有事业资产补充。③ 金圆券1元折合法币300万元,折合东北流通券30万元。④ 私人不得持有黄金、外汇。⑤ 冻结物价、工资于1948年8月19日的水平。国民党政府发行金圆券的真正用意,无非是变换手法进一步加紧对人民的掠夺,其最终结果是金圆券和法币一样迅速贬值。1949年5月21日上海大米每石金圆券4.4亿元,若以每石米320万粒计,买一粒米就要金圆券130余元。金圆券已几乎无任何币值可言,人们纷纷拒绝使用。

1949年4月和5月,南京、上海相继解放,人民政府在6月起宣布停止金圆券

① 曹凤岐. 货币金融学[M]. 北京:北京大学出版社,1989:17.

流通，以金圆券10万元兑换人民币1元的比率，收回后销毁。国民党政府迁到广州后曾继续发行金圆券，但其价值已接近废纸。1949年7月4日，国民党政府宣布停止发行金圆券，改以银圆券（"银圆兑换券"的简称）取代，从而结束了金圆券的历史。国民党广州政府宣称恢复银本位制，规定银圆1元含纯银23.493448克，并规定银圆券1元兑换5亿元金圆券。当时的国民党统治区只剩下华南、西南几个省，故所发银圆券只指定了少数几个兑换点，并限量兑现，实质上银圆券仍不兑现，不能取信于民。加之共产党领导的人民政权，在银圆券一出笼时便宣布不收兑华南、西南伪币的声明，使银圆券遭到致命的打击。大陆地区全部解放后，银圆券也被彻底废除。

值得注意的是，人民币制度形成之前，与国民党政府货币制度同时存在的是共产党领导的革命根据地货币制度。早在第一次国内革命战争时期，中国共产党领导下的农民协会就建立了一些银行机构，并发行过货币。第二次国内革命战争时期，各苏维埃区也发行过各种货币，以支持战争，发展生产。例如，1928年海丰劳动银行发行过银票，1931年中华苏维埃共和国国家银行发行了钞票、银元和铜币。这种钞票注明凭票即付相应的银元。抗日战争时期，各抗日根据地都发行了自己的货币，其中很多货币也成为解放战争时期各解放区流通的货币。解放区的货币大多是以银行券形式发行的，除个别地区曾实行过短暂的兑换外，其余地区都是不可兑换的银行券。由于那时的根据地和解放区处在被包围、被分割状态，因而各根据区和解放区的货币具有分散性和非统一性。

（二）香港、澳门及台湾地区的货币制度

港元或称港币，是香港地区的法定流通货币。按照香港基本法和中英联合声明，香港的自治权包括自行发行货币的权力。

香港实行的是商业银行发钞制度。港元的纸币绝大部分是在香港金融管理局监管下由汇丰银行、渣打银行和中国银行发行的，另有部分十元钞票，由香港金融管理局（简称金管局）自行发行；硬币则由金管局负责发行。

自1983年10月17日起，香港施行港元发行与美元挂钩的联系汇率制度，并维持1美元兑换7.80港元的固定汇率。发钞银行在发行任何数量的港币时，必须按7.80港元兑1美元的兑换汇率向金管局提交等值美元，并记入外汇基金，作为所发钞纸币的支持。相反，如果回收港元纸币，银行则自外汇基金收回等值美元。换句话说，每一港元的基础货币，有100％对应的美元作为准备金。

为了更好的保证机制顺利运行，2005年，香港的联系汇率制度增加了强方兑换保证（1美元兑7.75港元）和弱方兑换保证（1美元兑7.85港元）。若市场对港元需求大于供给，汇率到达7.75港元兑1美元，金管局就会向银行卖出港元买入

美元，使港币基础货币增加、港元利率下跌，降低其吸引力，进而令港元减弱回到7.75到7.85的兑换范围；相反，若港元供过于求，市场汇率转弱至7.85港元兑1美元，金管局会用美元向银行买入港元，市场上的港元总量减少、港币利率上升，港元吸引力增加，汇率会逐步增强到7.75～7.85的兑换范围。

澳门币，又称澳门元，是澳门地区的法定货币。目前，澳元纸币由澳门金融管理局授权大西洋银行与中国银行澳门分行发行，硬币则由澳门金融管理局负责发行。

澳门币的发行有100%的外汇储备支持。发钞银行必须按以1港元兑1.03元澳门币的固定汇率，向澳门金融管理局交付等值的港元换取无息负债证明书，作为发钞的法定储备。在100%的储备支持下，澳门金融管理局保证澳门币对储备货币（港元）的完全兑换，澳门币与港元的联系汇率也因此而确立。由于港元与美元实行联系汇率，所以澳门币也间接与美元挂钩，汇率约为1美元兑8元澳门币。

台币是我国台湾地区流通的区域货币，分为旧台币和新台币。1946年国民党政府授权委托台湾银行在台湾地区发行"台币兑换券"，称为旧台币。1949年6月15日起开始发行流通新台币，新旧台币兑换比为1∶40000（即四万圆旧台币兑换一圆新台币）。台币的基本单位为圆，简作元。其硬币单位有5角、1圆、5圆、10圆、20圆及50圆；纸币单位则有100圆、200圆、500圆、1000圆与2000圆。其中，500圆及1000圆于2005年7月20日进行了改版。新台币在2000年发行1000圆之前，都是委托台湾银行发行的。2000年1月，台湾地区规定从2000年7月1日起，从台湾银行手中收回新台币发行权，不再委托台湾银行发行新台币，但仍由台湾银行经营管理。2002年6月30日原委托台湾银行发行的新台币停止流通。

在汇率制度上，1949年6月，台湾地区建立了法定汇率制度，即新台币与美元挂钩，每5圆新台币兑换1美元，并实施结汇证制度。此制度一直延续到1978年7月，期间虽有调整，但基本上都是在基本汇率制度不变的基础上进行的局部调整。1978年12月，台湾地区开始实施有管理的浮动汇率制度，外汇交易中心负责外汇市场定价和中介外汇业务。1989年4月，台湾地区开始实施汇率的自由浮动，汇率完全自由化，货币管理部门只能通过在银行外汇市场买卖外汇的方式来影响外汇走势。

本章小结

货币的产生与发展是一个社会历史现象。货币的形态随着社会生产的不断扩大也不断改变着其形式，货币形态的演进大体经历了三个主要的阶段：足值货币（含实物货币与金属货币）、代用货币（即表征货币）和信用货币（含电子货币）。

货币有价值尺度、流通手段、贮藏手段、支付手段四大职能。其中价值尺度和流通手段是最主要的两大职能。此外,货币流通如果越出国界,一国的主权货币还将承担世界货币的职能。

货币的本质是固定地充当一般等价物的特殊商品。它是一个历史的经济范畴,不以人的意志为转移,体现商品经济社会中的生产关系。

货币制度是指一个国家或地区以法律的形式确立的货币流通结构及其组织形式。货币制度的主要内容包括:货币材料的确定;货币种类和单位的确定;各种通货的铸造、发行和流通程序;货币的支付能力的确定;准备金制度。

货币制度经历了银本位、金银复本位、金本位、纸币本位四个主要阶段。其中,银本位制又分为银两本位和银币本位两种形式;金银复本位制先后经历了平行本为、双本位和跛行本位三种形态;金本位制则先后经历了金铸币本位、金块本位和金汇兑本位三个阶段;纸币本位制,又称不兑现的信用货币制度,它是当今世界各国和地区普遍实行的一种货币制度。

中国是货币历史发展悠久的国家。我国现行的货币制度是一种"一国多币"的特殊货币制度,即在大陆实行人民币制度,而在香港、澳门、台湾实行不同的货币制度。其中,人民币是1948年12月1日中国人民银行成立时发行的,是我国(大陆)无限法偿货币。

【关键术语】

货币　信用货币　本位币　价值尺度　货币制度　银本位制　金银复本位制　格雷欣法则　金本位制　纸币本位制

【思考题】

1. 马克思是如何分析货币起源的?
2. 货币形态的演变经历了哪几个阶段?
3. 货币的本质是什么?
4. 货币的职能主要有哪些?各有何特征及作用?
5. 什么是货币?西方经济学家是从哪些角度定义货币的?
6. 什么是货币制度?它由哪些主要因素构成?
7. 货币制度的历史演变可以划分为哪几个主要阶段?
8. 为什么说金币本位制是比较稳定的货币制度?
9. 什么是格雷欣法则?有何意义?
10. 请简述人民币制度的主要内容。
11. 试述香港联系汇率制度。

【延伸阅读】

1. 中国货币. https://baike. so. com/doc/6959248-7181759. html.

2. 姚会元,肖冬华. 董必武与新中国货币制度的建立[J]. 福建论坛(人文社会科学版),2009(12):62-66.

3. 人民币自由兑换. https://baike. baidu. com/item/%E4%BA%BA%E6%B0%91%E5%B8%81%E8%87%AA%E7%94%B1%E5%85%91%E6%8D%A2/7883981.

第二章　信用与信用工具

⊙ **导言**

1596年,荷兰的一个船长带着17名水手,被冰封的海面困在了北极圈的一个地方。8个月漫长的冬季,他们中有8个人死去了。其间荷兰商人做了一件令人难以想象的事情:在饥寒交迫,面对死亡威胁的极度困境中,他们却丝毫未动别人委托给他们运输的货物,这些货物中就有可以挽救他们生命的衣物和药品。冰冻时节结束了,幸存的商人终于把货物几乎完好无损地带回荷兰,送到委托人手中。其实荷兰人可以先打开托运箱,把能吃的东西吃了,等到了目的地,可以加倍偿还托运者,任何人都会同意这种人道的做法。但是,荷兰人没有这样做,他们把商业信用看得比自己的生命更重要。他们用生命作代价,守住信用,创造了传之后世的经商法则。在当时,荷兰本来只是个100多万人口的小国,却因为商誉卓著,而成为海运贸易的强国,福荫世世代代的荷兰人。这是一个关于诚信的真实故事,正是由于诚信产生了信任,而信任也是信用的基础。

本章将从金融学的角度解读信用,主要介绍信用的产生与发展、现代信用的主要形式、信用工具的主要类型以及信用在一国经济发展中的重要作用等内容。

第一节　信用的产生与发展

一、信用的概念

人类历史发展到今天,“信用”这个词已经包含着极其丰富的内涵。它可能是人类认识中最为复杂、最难以捉摸的概念之一。

“信用”一词,源于拉丁文credo,原意为信任、相信、声誉等;英语为credit,也有

“相信”“信任”之意，均包含诚实守信、遵守诺言的内容。从经济的角度理解“信用”，它实际上是指“借”和“贷”的关系，是指在商品交换或者其他经济活动中授信人在充分信任受信人能够实现其承诺的基础上，用契约关系向受信人放贷，并保障自己的本金能够回流和增值的价值运动。

可见，经济学中，信用是指以偿还本息为条件的暂时让渡商品或货币的借贷行为。这种经济行为有两个基本特征：一是以偿还为前提条件，到期必须偿还。二是偿还时必须有一定的增加额——利息。信用与债权债务是同时发生的，任何信用活动均涉及两方面的当事人：一方为债权人，他将商品或货币借出，称为授信；另一方为债务人，他接受债权人的商品或货币，称为受信。债务人遵守承诺按期偿还商品或货币并支付利息，称为守信。

由于具有到期归还和支付利息这两个基本特征，使信用这种行为既区别于一般商品交换，又区别于财政分配等其他特殊的价值运动形式，是不发生所有权变化的价值单方面的暂时让渡或转移，货币在其中执行的是支付手段的职能。同时，信用与信贷又是有区别的。信贷虽然包含着授受信用两方面内容，但它更强调授信人贷出款项并预期收回的权利；而信用则全面体现授信双方的权利和义务。所以，信用关系的外延远比信贷宽泛得多，信贷只是信用普遍和典型的形式。

二、信用的产生

信用在物物交换时代即已存在，初期的信用主要采取商品形式。但是，在货币被广泛地作为支付手段的现代经济中，货币形态的借贷是信用的主要方式。

私有制出现以后，社会分工不断发展，大量剩余产品不断出现。私有制和社会分工使得劳动者各自占有不同劳动产品，剩余产品的出现则使交换行为成为可能。随着商品生产和交换的发展，商品流通出现了矛盾——“一手交钱、一手交货”的方式由于受到客观条件的限制经常发生困难。例如，一些商品生产者出售商品时，购买者却可能因自己的商品尚未卖出而无钱购买。于是，赊销即延期支付的方式应运而生。赊销意味着卖方对买方未来付款承诺的信任，意味着商品的让渡和价值实现发生时间上的分离。这样，买卖双方除了商品交换关系之外，又形成了一种债权债务关系，即信用关系。当赊销到期、支付货款时，货币不再发挥其流通手段的职能而只充当支付手段。这种支付是价值的单方面转移。正是由于货币作为支付手段的职能，使得商品能够在早已让渡之后独立地完成价值的实现，从而确保了信用的兑现。整个过程实质上就是一种区别于实物交易和现金交易的交易形式，即信用交易。

后来，信用交易超出了商品买卖的范围。作为支付手段的货币本身也加入了交易过程，出现了借贷活动。从此，货币的运动和信用关系连结在一起，并由此形成了新的范畴——金融。现代金融业正是信用关系发展的产物。在市场经济发展初期，市场行为的主体大多以延期付款的形式相互提供信用，即商业信用；在市场经济较发达时期，随着现代银行的出现和发展，银行信用逐步取代了商业信用，成为现代经济活动中最重要的信用形式。总之，信用交易和信用制度是随着商品货币经济的不断发展而建立起来的；进而，信用交易的产生和信用制度的建立促进了商品交换和金融工具的发展；最终，现代市场经济发展成为建立在错综复杂的信用关系之上的信用经济。

三、信用的发展

（一）信用工具的发展

信用在发展过程中根据信用工具的特点经历了以下三种形式。

（1）尚未工具化的信用。指借贷活动虽已发生，但尚未具体化为工具，即借贷的书面凭证。这种信用形式即为口头性借贷，这种信用完全根据当事人双方的记忆与诚实，口说无凭，缺乏法律保证，容易引起纠纷。随着社会经济的发展迫切需要把借贷关系以书面形式记录下来。

（2）尚未流通化的信用。指信用虽已发生，且已具体化为工具，但还没有供信用工具流通转让的市场。具体工具化的信用可以解决口头性信用的混乱局面，但是在信用到期前，债权人有可能面临资金需求，需要尽快融到资金，问题是债权债务关系还没有到期，债务人没有提前还款的义务，所以迫切需要信用工具的流通化。

（3）流通化的信用。借贷活动已经发生，并具体化为工具，而且这些信用工具可以在市场上转让、流通，从而使得资金得以灵活运用。它是信用逐渐发展的结果，是信用发展的高级阶段。

（二）信用形式的发展

信用在其发展过程中，出现过高利贷信用、现代信用两种形式。

1. 高利贷信用

高利贷信用是以收取高额利息为特征的借贷活动。它产生于原始社会末期，在奴隶社会和封建社会，它是信用的基本形式。

高利贷信用最初出现于原始公社末期。第一次社会大分工促进了生产力的迅速发展和商品经济的发展，并使原始公社内部出现了私有制和贫富之分。穷人缺乏必要的生产资料和生活资料，他们不得不向富人借贷，并被迫接受支付高额利息的要求，这样就产生了高利贷。最初，高利贷是部分地以实物形式出现的。随着商品货币关系的发展，货币借贷逐渐变为高利贷的主要形式，并出现了专门以货币为借贷物从事贷款的高利贷者。

原始社会末期产生的高利贷信用，在奴隶社会和封建社会得到了广泛的发展，成为占统治地位的信用形式。高利贷信用的贷者主要是大商人、奴隶主、大地主、大寺院的僧侣等;高利贷的借入者主要是小生产者、贫苦农民,此外,奴隶主和地主为了享受荒淫奢侈的生活或者为了政治斗争的需要,有时也利用高利贷。小生产者的广泛存在和商品货币经济不发达是高利贷赖以存在的经济基础。

高利贷主要有两个特点:① 利率高。从历史上看,高利贷的利率无最高限度,在不同国家,不同历史时期,利率水平相差很大。一般年利率在四成以上,高的达到 200%~300%,旧中国高利贷十分活跃,名目繁多,如华北盛行“驴打滚”,江浙一带有“印子钱”,广东则有“九扣十三归”等等。② 主要用于非生产性用途。奴隶主和地主借高利贷是为了补充剥削收入之不足,用来满足奢侈的生活;小生产者借高利贷则主要是为了应付意外事件,如天灾人祸等,以维持生产和生活,都不是为了生产才去进行借贷。

无论是在东方还是在西方,高利贷总是存在的。就我国来说,在实行高度集中的计划经济条件下,高利贷曾一度销声匿迹。改革开放以来,随着经济生活的日渐活跃,很多地方高利贷又死灰复燃。当前,全国各地农村均存在不同形式、不同手段的“高利贷”现象。当然,城市的高利贷也没有灭绝。究其原因,主要在于:第一,要从银行贷到款,一般都要有抵押物,银行的高门槛拦住不少人;第二,部分中小微企业缺乏诚信,一些银行担心贷款会变成坏账,所以不敢轻易与其合作;第三,中小微企业对银行贷款需求所表现的“急、小、多”给银行业带来的是业务量大、风险大、管理成本大;第四,银行繁琐的贷款手续,贷款申请→对借款人的信用等级评估→贷前调查→贷款审批→签订借款合同→贷款发放,办理贷款需要一段时间和精力,急用的个人或为不错失商机的企业会敬而远之;第五,民间存在大量闲置资金,但缺乏投资渠道、银行存款利率走低。

【拓展阅读 2.1】 聊城于欢案(辱母案)

聊城女企业主苏银霞借了高利贷,一团伙十余人到企业讨债肆意妄为,甚至在其儿子于欢面前对苏施加言语侮辱和极端的性侮辱,最终于欢拔刀致使逼债人一死数伤。辱母案激起公众愤慨,舆论矛头直指高利贷;也使银行“躺枪”,一些舆论指责银行没有承担社会责任,给高利贷可乘之机。

有兴趣的读者可以登录“百度百科”,了解具体案件的具体情况,具体网址为:

https://baike.baidu.com/item/4%C2%B714%E8%81%8A%E5%9F%8E%E4%BA%8E%E6%AC%A2%E6%A1%88/20583854?share_fr=pc_qr-code.

以何种利率作为衡量高利贷的标准,在不同国家或同一国家不同时期也不相同。例如,在美国,各州都规定了利率的上限,超过这一上限的,则被视为高利贷,而这一上限在美国各州分别为年息6%～30%不等。在旧中国，借贷习惯按月息计算，而月息3分，即3‰，是“最公道”水平。月息3‰，按单利计算也相当于年息36%，比现在的银行利率水平高若干倍。我国曾经做出这样的规定，高于银行同期贷款利率4倍，就被视为高利贷，放高利贷者的超额利息甚至全部本金都将予以没收。随着利率市场化改革进程的推进，以基准贷款利率的4倍作为利率保护上限的司法政策的变革势在必行。2015年8月6日，最高法院公布了《最高人民法院关于审理民间借贷案件适用法律若干问题的规定》。该规定废弃了长期以来依据“四倍利率”上限划分合法利息与非法高利的二分法，采用了新的三分法，规定不超过年利率24%的利息受司法强制力保护，超过24%但不超过36%年利率的利息为自然债务，超过36%年利率的利息属于非法高利，债务人支付后可请求不当得利返还。

2. 现代信用

现代信用是以生产性为基本特点的信用方式。在产业资金以及社会总资金的周转过程中，存在有大量的闲置资金。比如，在固定资产更新之前，企业分次收回的折旧费就会被暂时闲置起来；投入到社会再生产中去的货币资金必须在数量上达到一定的规模，这就需要积累，在积累期间，这部分货币资金是闲置的；居民的收入有规则性和集中性的特点，而支出则是分散的，在收支交替变换过程中，也总有部分闲置货币存在；财政部门将集中的资金拨给机关、团体、部队等事业单位后，这些单位在使用之前也表现为货币的闲置。

在大量货币资金因各种原因而被闲置起来的同时，社会再生产过程中又产生了对货币资金临时性的要求，如企业在固定资产折旧完毕之前因突然事故的发生需要更新固定资产，需要进行技术改造；商品生产和商品流通过程中因某些特殊原因(如原材料集中到货、遇到节假日、碰上抢购风潮等)，而需要借入资金。为了充分发挥资金的效益与作用，保证社会再生产正常进行和不断扩大，客观上要求对货币资金的余缺进行调剂。再说，在现代经济生活中，各经济主体都具有独立或相对独立的经济利益，因此，这种货币资金余缺的调剂只能采取信用形式。

现代信用的基础主要包括四个方面：一是信用形式全面规范，各经济主体都可以通过相应的信用形式授受信用，信用关系成为全社会最普遍、最基本的经济关系；二是社会成员具有明确的信用价值理念和是非价值评判，整个社会普遍具有良好的守信习惯与自觉意愿，宏观信用氛围良好；三是各种信用活动都在具有强大约束力和制衡力的信用规则下运行，信用秩序井然，信用自动维护机制严密、先进；四是社会信用体系完备，动作规范高效，覆盖面宽广且富有权威性。

其实，不仅在发达的工业化国家，就是在发展中国家，借贷关系、债权债务关系的存在，也都是一种极为普遍的现象。

最后需要注意高利贷信用与现代信用的区别。两者区别主要表现在:① 从存在的基础看,高利贷信用存在的基础是小生产占优势的旧生产方式;现代信用存在的基础是社会化的大生产方式,经济中广泛存在盈余或赤字单位。② 从借贷的目的看,高利贷主要用于生活性消费,与生产没有密切联系;现代信用主要用于生产,可以促进经济的发展。③ 从对经济的作用看,高利贷具有资本的剥削方式,它的主要借贷对象——小生产者仅用于维持简单生产活动,导致生产力发展缓慢;现代信用可以优化资源配置,调整经济结构,节约了流通费用,保证了社会化大生产的顺利进行。

第二节 信 用 形 式

信用活动是通过具体的信用形式表现出来的。现代信用形式繁多,分析的角度不同,信用形式的类型也不一样。按信用主体的不同,可分为商业信用、银行信用、国家信用、消费信用和国际信用等五种主要形式。其中,商业信用和银行信用是现代市场经济中与企业的经营活动直接联系的最主要的两种形式。

一、商业信用

商业信用(commercial credit)是指企业之间相互提供的,与商品交易直接相联系的信用。商业信用的具体形式包括企业间的商品赊销、分期付款、预付货款、委托代销等等。由于这种信用与商品流通紧密结合在一起,故称为商业信用。

商业信用的结构图如图 2.1。

0 时:企业 A ⟶ 企业 B

T 时:企业 A ⟵ 企业 B

图 2.1 商业信用结构图

需要注意的是商业信用的主体是两个企业,并且企业 A 和企业 B 是经济业务上的上下游关系,企业 A 生产的商品正好是企业 B 所需要的,反之不然。

(一) 商业信用的产生与发展

商业信用最典型的形式是商品赊销。在现代商品经济中,一个企业要获得成功首先要有足够的资金。然而,商品生产者仅仅依靠自身的积累是远远不够的,并且积累的过程也会很长,从而使商品生产者丧失了许多优势和机会,在竞争中处于不利地位。因而,信用在调剂资金余缺、聚集资金等方面能够发挥巨大作用,已成为现代经济发展的最基本条件。

商业信用是现代经济中最基本的信用形式,构成了现代信用制度的基础。首先，因为社会化大生产使各生产部门和各企业之间存在着密切的联系，而它们在生产时间和流通时间上又往往存在不一致的现象。有些企业的商品积压待售，而需要这些商品的买主却因自己的商品尚未生产出来或未售出，一时缺乏现金购买。为了克服这种矛盾，就出现了卖方把商品赊销给买方的行为，买方可用延期付款或分期付款的方法提前取得商品。可见，通过企业之间相互提供商业信用，可使整个社会的再生产能正常进行，这是商业信用迅速发展的主要原因。其次，由于商业资本和产业资本相分离，如果要求所有商业企业用自己的资本金购买全部商品，则会发生商业资本奇缺的困难。因为商家是不可能拥有那么多资本的，因此厂家向商家提供商业信用，既有利于商家减少资本持有量，也有利于加快其商品价值的实现，加快商品流通速度，从而促进社会经济的发展。

（二）商业信用的特点

商业信用具有以下一些特点：

（1）商业信用的借贷行为与商品交易相联系，商品买卖行为与货币借贷相结合。商业信用实际上同时包含着两个经济行为，即买卖与借贷。商业信用所提供的不是暂时闲置的货币资本，而是处于再生产过程中的商品资本，是产业资本的一部分。在这里卖者把商品赊销给买者，商品买卖完成，商品的所有权发生了转移，由卖者转移到买者手中，但由于商品的货款没有立即支付，提供商业信用的卖者变成了债权人，而接受商业信用的买者变成了债务人，买卖双方形成了债权与债务关系，买卖行为同借贷行为相结合。

（2）商业信用是企业之间发生的最简单的直接信用形式。商业信用是企业之间以商品形态提供的信用，其借贷双方或债权人与债务人都是商品的生产者或经营者。他们之间所发生的借贷关系是一种最简单的直接信用形式。

（3）商业信用状况与经济景气状况一致。在经济繁荣时期，生产规模扩大，商品增加，从而以信用形式出售的商品就增多，对商业信用的需求也增加了；相反，在危机或萧条时期，企业的生产缩减，市场商品滞销，需求不足，这时企业对商业信用的需求也就减少了。这是因为企业以信用形式购入的商品是用于生产的继续进行的。

（三）商业信用的局限性

由于商业信用是直接以商品生产和流通为基础，并为商品生产和流通服务，所以商业信用的主要优点是方便、及时，这对加速资本的循环和周转，最大限度地利用产业资本和节约商业资本，对促进生产和流通的发展具有重大的推动作用。但由于商业信用受其本身特点影响，因而又具有一定的局限性。

(1) 规模和数量上的局限性。商业信用是企业间买卖商品时发生的信用，是以商品交易为基础的。因此，信用的规模受商品交易量的限制，生产企业不可能超出自己所拥有的商品量向对方提供商业信用。可见，商业信用无法满足由于经济高速发展所产生的巨额的资金需求。

(2) 方向上的局限性。因为商业信用的需求者也就是商品的购买者，这就决定了企业只能与自己的经济业务有联系的企业发生信用关系，通常只能由卖方提供给买方，即只能是企业 A 向企业 B 提供，而且只限于企业 A 生产的商品。

(3) 信用能力上的局限性。商业信用的借贷行为之所以能成立，不仅是因为买卖关系的成立，重要的是出卖商品的人比较确切了解需求者的支付能力。也只有商品出售者相信购买者到期后能如数偿付货款，这种信用关系才能成立。因此，在相互不甚了解信用能力的企业之间就不容易发生商业信用。

(4) 信用期限的局限性。企业在向对方提供信用时，一般受企业生产周转时间的限制，期限较短。所以，商业信用只能解决短期资金融通的需要。

(5) 商业信用在管理上具有一定的局限性。商业信用是企业之间自愿发生的，有其盲目、自发、无序的一面。对商业信用如果不正确地加以引导和管理，其中也潜伏着危机，容易掩盖企业经营管理中的问题，可能引起虚假的繁荣以及信用规模的膨胀，造成微观或宏观效益低下，比如每年春节前很多行业如建筑、装修行业，基本都是在向下游企业要钱。加强对商业信用的管理，需要银行信用来支持，国家可以通过信贷政策合理控制和引导商业信用。

综上所述，商业信用不可能从根本上改变社会资金和资源的配置与布局，广泛满足经济资源的市场配置和合理布局的需求。因此它虽然是商品经济社会的信用基础，但它终究不能成为现代市场经济信用的中心和主导，破解商业信用的局限性需要银行信用的出现。

二、银行信用

银行信用(bank credit)是指以银行为中介，以吸收存款等方式筹集货币资金，以发放贷款等方式对国民经济各部门、各企业及个人提供资金的一种信用形式。银行信用的表现形式主要有吸收存款、发放贷款和证券投资等。

银行信用的结构图如图 2.2。

0 时:金融机构——→各部门

T 时:金融机构←——各部门

图 2.2 银行信用结构图

需要注意的是，银行信用授信主体是银行机构，受信主体是社会各部门，包括政府、企业或者个人。

(一)银行信用的特征

与商业信用相比,银行信用具有以下一些特征:

(1)银行信用是间接融资信用,信用规模巨大。在银行信用中,银行机构是信用活动的中心环节,是媒介。银行通过吸收全社会各方面的暂时闲置的货币资本,不仅有工商企业暂时闲置的货币资本,还有社会各阶层居民个人的货币储蓄,然后以贷款等方式把集中起来的这部分货币资本投放给企业,投入到社会再生产过程中去,间接地对全社会的货币资金余缺进行合理地调剂。在当前不兑现的信用货币制度下,商业银行具有创造、派生存款的能力,能够多倍地扩大货币供给量和信贷供应量。因此,银行信用不仅对工商企业现有资本进行再分配,还向工商企业提供大量的追加资本,使信用规模大为增加,这就在规模和数量上克服了商业信用的局限性。

(2)银行信用提供的是单一形态的货币资本,这使银行信用可以不受商品流转方向的限制。银行信用以货币形态提供,货币具有一般的购买力,谁拥有它,谁就拥有选择任何商品的权利。因此,任何部门、企业和个人暂时闲置的货币或资本都可以被各种信用机构动员起来,投向任何部门、企业和个人,以满足任何方面的需要,从而克服了商业信用在提供方向上的局限性。

(3)银行信用的债权人主要是银行;债务人主要是从事商品生产和流通的工商企业和个人。当然,银行在筹集资金时又作为债务人承担经济责任。这与商业信用的主体是厂商明显不同,从而克服了商业信用受制于产业资本规模的局限性。

(4)银行信用与商业信用的需求时期不同。在产业周期的各个阶段,对银行信用与商业信用的需求不同。在繁荣时期,对商业信用的需求增加,对银行信用的需求也增加。而在危机时期,由于商品生产过剩,对商业信用的需求会减少,但对银行信用的需求却有可能会增加。因为此时,企业为了支付债务、避免破产而有可能加大对银行信用的需求。

(5)银行信用所提供的借贷资金是从产业循环中独立出来的货币,它可以不受个别企业资金数量的限制,聚集小额的可贷资金能够满足大额资金借贷的需求。银行吸收的存款短、中、长期均有,短期存款可用于向工商企业发放短期贷款,以满足企业季节性和临时性的流动资本需要;中长期存款可用于向工商企业发放中长期贷款,以满足企业在扩大投资上的固定资本需要。不仅如此,银行还可以把短期的借贷资本转换为长期的借贷资本,满足对较长时期的货币需求,不再受资金流转方向的约束。可见,银行信用在规模、范围、期限和资金使用的方向上都大大优越于商业信用。

(6) 银行信用的能力和作用范围大大提高和扩大。由于银行和社会发生比较广泛的信用关系,利用的是社会资金、资金实力强、机构多,而且其本身有了解企业生产经营活动的方便条件。特别是中央银行出现以后,银行制度具有较高稳定性信誉,所以,银行信用不仅能力大大提高,而且其作用范围也扩大了,克服了商业信用在信用能力和作用范围上的局限性。

(二) 银行信用的地位

如前所述,银行信用是间接信用,是存、贷款人的中介。从直接信用和间接信用的关系来看,直接信用是基础,间接信用是后盾。没有银行信用的支持,商业票据就不能转化为银行信用,商业信用等直接信用的运用和发展就会受到极大削弱。换言之,商业信用的发展越来越依赖银行信用,银行的商业票据贴现将分散的商业信用集中统一为银行信用,为商业信用的进一步发展提供了条件。同时银行在商业票据贴现过程中发行或创造了稳定性强、信誉性高、流通性大的银行券,创造了适应全社会经济发展的流通工具。基于上述银行信用的特征及优点,使它在整个经济社会信用体系中占据核心地位,发挥着主导作用。尽管如此,银行信用并不能完全替代商业信用和其他信用形式。这不仅因为商业信用是银行信用产生的基础,更因为商业信用具有银行信用所没有的直接、及时等优势,在商业信用能够解决的范围内,企业总是首先利用商业信用来满足其对资本的需求。

三、国家信用

国家信用是指国家及其附属机构作为债务人,依据信用原则向国内外社会公众、机构团体等举债的一种信用形式,即以国家(或政府)为需求主体的借贷活动。国家信用结构图见图 2.3。

0 时:国家←————各部门

T 时:国家————→各部门

图 2.3 国家信用结构图

国家信用包括国内信用和国外信用两种。国内信用是国家以债务人身份向国内居民、企业、团体取得的信用,这实际是政府先向企业和居民借到一笔钱,然后进行财政支出或投资活动,并在到期时偿以本息,它形成一国的内债;国外信用是国家以债务人身份向国外居民、企业、团体和政府取得的信用,它形成一国的外债。其中国家和国家之间的借贷关系,被称为主权债务,如著名的布雷迪债券、美国 20 世纪 80 年代对拉美国家的贷款、我国对亚洲和非洲一些国家和地区的低息贷款、日本的海外协力基金贷款、世界银行贷款等。国内信用的基本形式是短期的国库券和长期的政府债券。国库券是偿还期在一年以内的主要用于弥补财政赤字,解决国库短期亏空的短期债券。政府债券是偿还期在一年以上的用于解决国家重点建设公共工程或指明特殊用途所需资金的中长期债券。国外信用的主要形式是发行国际债券和向外国政府借款。发行国际债券来筹集资金是国际金融市场上的普遍形式。

国家信用的特点有：

(1) 国家信用的主体是政府。政府为了弥补财政赤字、解决财政困难发行债券，债务人是政府。

(2) 国家信用的信誉度高。在各主体中，信誉度由高到低的顺序是政府、金融机构、公司企业和个人。国家信用的主体是政府，信誉度最高。政府债券的本息偿付以政府财政收入作为保障，有"金边债券"的美称。

(3) 政府债券的流动性和安全性强。政府债券的高信誉度降低了它的信用风险，增强了它的流动性，所以政府债券相对最为安全，变现能力也最强。

(4) 国家信用的利息由纳税人承担。利息来自国家预算的债务支出，由纳税人承担。

【拓展阅读 2.2】 我国国家信用的发展

1950 年，为了迅速医治战争创伤，克服当时的财政经济困难，我国中央人民政府发行了为期 5 年的人民胜利折实公债，发行金额折合人民币 3 亿元。发行对象主要是城市工商业家，未经土改的新区之地主。为了经济建设的资金需要，自 1954～1958 年，我国又连续 5 年发行了国家经济建设公债，共筹措到 62.17 亿元。发行对象主要为城市私营工商业者、公私合营企业的私方人员、机关团体职工等。

1981～1986 年，国家信用恢复的初始阶段。1981 年开始恢复发行国库券，主要是向个人和单位发行，期限 10 年。当时发行国库券的出发点在于弥补财政赤字。1981～1984 年间，我国每年国债发行总规模约 40 亿元。为了满足日益扩大的社会基础设施、基干产业和大型重点建设项目投资需要，1987 年我国决定由财政部发行国家重点建设债券，当年实际发行收入为 54 亿元。国家重点建设债券是中国第一次发行的明确项目和用途的政府国内债券。1987 年以后没有再发行。进入 20 世纪 90 年代中后期，我国国债的发行量与 GDP 的比重稳步提升。1997 年，财政部共发行国债 530 亿元，占当年 GDP 的比重为 0.67%。2015 年我国全市场发行国债 2 万亿元，占当年 GDP 的 2.96%。从市场规模上看，2018 年底国债存量约 14.36 万亿元人民币。

按债券形式分类，我国目前发行的国债可分为储蓄国债和记账式国债。储蓄国债是政府面向个人投资者发行、以吸收个人储蓄资金为目的、满足长期投资需求、不可流通且记名的国债品种。在持有期内,持券人如遇特殊情况需要提取现金,可以到购买网点提前兑取。按照记录债权形式的不同又可分为凭证式国债和电子式储蓄国债。凭证式国债以“凭证式国债收款凭证”记录债权,电子储蓄国债以电子方式记录债权。记账式国债是以电子记账形式记录债权,由财政部面向全社会各类投资者发行,可以记名、挂失、上市和流通转让的国债品种。由于记账式国债的发行和交易均采用无纸化形式,所以效率高,成本低,交易安全性好。按付息方式分类,我国目前发行的国债可分为贴现国债和附息国债。所谓贴现国债,是指在票面上不规定利率,并以低于债券面值的价格发行的到期按面值偿付的债券。附息国债是指利息一般按年或半年支付、到期归还本金并支付最后一期利息的国债。

相对国债而言,在中国还有所谓的地方政府债券,其以地方政府为发债主体。20 世纪 80 年代末至 90 年代初,许多地方政府为了筹集资金修路建桥,都曾经发行过地方债券。1993 年地方国债被国务院明确“叫停”,原因是“怀疑地方政府承付的兑现能力”。“地方政府债券”的禁令一直保持至 2009 年。

为应对美国次贷危机,2009 年 2 月,十一届全国人大常委会第十八次委员长会议听取了《国务院关于安排发行 2009 年地方政府债券的报告》有关情况的汇报。首期地方政府债券——新疆维吾尔自治区政府债券于 2009 年 3 月 30 日至 2009 年 4 月 1 日在上海证券交易所发行。从此,地方政府信用在我国发展可谓轰轰烈烈。据 2013 年政府债务审计结果,2013 年 6 月底地方政府负有偿还责任的债务 10.9 万亿元,负有担保责任的债务 2.7 万亿元,可能承担一定救助责任的债务 4.3 万亿元。为防范地方政府债务风险,2014 年 9 月国务院发布的《关于加强地方政府性债务管理的意见》规定,经国务院批准,省、自治区、直辖市政府可以适度举借债务;市县级政府确需举借债务的由省、自治区、直辖市政府代为举借。政府债务只能通过政府及其部门举借,不得通过企事业单位等举借。财政部也多次发文,提出要严控地方政府债务规模,规范举债程序。

四、民间信用

民间信用是一种历史悠久、在世界范围内广泛存在的民间金融活动。民间信用,又称民间借贷。在西方国家,民间信用是指国家信用之外的一切信用形式。在我国,民间信用是一种古老的信用形式,主要是适应个人之间为解决生活或生产的临时需要而产生的。因此,传统的民间信用,是指个人之间发生的以货币或实物形式所提供的信用形式,故又称个人信用。

2015 年 8 月最高人民法院发布的《关于审理民间借贷案件适用法律若干问题的规定》指出,民间借贷,是指自然人、法人、其他组织之间及其相互之间,而非经金融监管部门批准设立的从事贷款业务的金融机构及其分支机构进行资金融通的行为。比如，两个家庭之间所发生的借贷关系；法人之间、其他组织之间以及它们相互之间为生产、经营需要而订立的民间借贷合同；法人或者其他组织在本单位内部通过借款形式向职工筹集资金用于本单位生产、经营而建立的借贷关系。

中国目前的民间信用与历史上的民间借贷比较，具有如下特点：① 规模范围扩大。借贷范围从本村本乡发展到跨乡、跨县甚至跨省；交易额从几十元、几百元发展到几千元甚至上万元；借贷双方关系从亲朋好友发展到非亲非故，只要信用可靠，即可发生借贷关系；借贷期限从春借秋还或 2～3 个月，发展到长达 1～2 年，最长 5～10 年。② 借贷方式由繁到简。从借钱还物、借物还钱、借物还物、借钱还钱发展到以货币借贷为主。③ 借款用途从解决温饱、婚丧嫁娶或天灾人祸等生活费用和临时短缺需要，发展到以解决生产经营不足为主，主要用于购买生产资料、运输工具、扩大再生产，一部分大额借贷用于建房。城市居民之间发生借贷主要用于购买耐用消费品或个体户用于生产经营。

总体来看，民间借贷利率杠杆灵敏度高，随行就市，灵活浮动，资金滞留现象少，借贷手续简便，减去诸多中间环节，提高资金使用率；民间借贷出于自愿，借贷双方较为熟悉，信用程度较高，对社会游资有较大吸引力，可吸收大量社会闲置资金，充分发挥资金效用；民间借贷把社会闲散资金吸引过来贷放到生产流通领域成为生产流通资金，在一定程度上缓解了银行信贷资金不足，对消费扩大亦起了一定作用；民间借贷向现存的金融体制提出了有力的挑战，与现有的银行、信用社等信贷方式展开激烈竞争，迫其加快改革创新。当然，民间信用毕竟是一种自发的、盲目的、分散的信用活动，是一种较为落后的信用形式，因此，在充分发挥民间信用积极作用的同时，也应防止其消极的一面，主要有：存在干扰银行和信用社正常信用活动、扰乱资金市场的可能性；具有一定的自发性和盲目性；存在金融投机、高利盘剥的倾向；容易发生违约，造成经济纠纷，影响社会安定。

【阅读拓展 2.3】 民 间 借 贷

有兴趣的读者可以登录“百度百科”，获取相关知识，具体网址为：

https://baike.baidu.com/item/%E6%B0%91%E9%97%B4%E5%80%9F%E8%B4%B7.

五、消费信用

消费信用(consumer credit)是工商企业、银行和其他金融机构提供给消费者用于消费支出的信用。消费信用主要有两种类型：第一类是工商企业以赊销商品、分期付款的方式向消费者提供的信用。赊销一般是指工商企业对消费者提供的短期信用,即延期付款方式销售,到期一次付清货款。分期付款是指购买消费品或取得劳务时,消费者只支付一部分货款,然后按合同分期加息支付其余货款,多用于购买高档耐用消费品或房屋、汽车等,属中长期消费信用。第二类是银行及其他金融机构采用信用放款或抵押放款方式,对消费者发放贷款,按规定期限偿还本息,有的时间可长达 20～30 年,属长期消费信用。消费信用结构图见图 2.4、图 2.5。

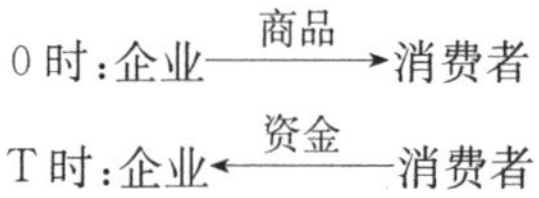

0 时:企业 —商品→ 消费者

T 时:企业 ←资金— 消费者

图 2.4 消费信用结构图

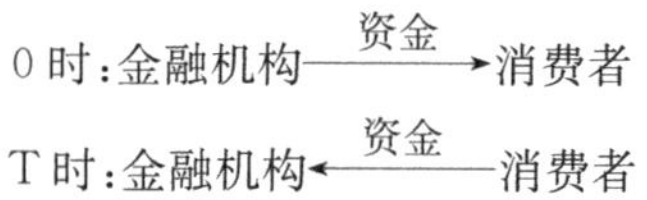

0 时:金融机构 —资金→ 消费者

T 时:金融机构 ←资金— 消费者

图 2.5 消费信用结构图

消费信用的作用主要表现在:① 在一定程度上缓和消费者的购买力需求与现代化生活需求的矛盾,有助于提高消费水平。② 可发挥消费对生产的促进作用。消费信用的存在和发展有效地扩大了消费品的需求,加速了商品价值的实现,从而导致商品生产规模的进一步扩大,刺激经济不断发展。然而,消费信用的盲目发展,也会对正常经济生活带来不利影响:一是消费信用过分发展,掩盖消费品供求之间的矛盾,造成一时的虚假需求,给生产传递错误信息,使一些消费品生产盲目发展;二是过量发展消费信用会导致信用膨胀;三是由于消费信用是对未来购买力的预支,在延期付款的诱惑下,对未来收入预算过大使消费者债务负担过重,最终迫使生活水平下降,增加社会不稳定因素。但在一国经济发展达到一定水平后,发展消费信用一方面可扩大商品销售,减少商品积压,促进社会再生产;另一方面也可以为大量银行资本找到出路,提高资本的使用效率,改善社会消费结构。

消费信用在前资本主义社会已有萌芽,如古老的高利贷中有一部分就是为了满足消费需求的,具有部分消费信用的性质。从 20 世纪 40 年代后半期起,消费信用开始发展。20 世纪 60 年代是消费信用快速发展的时期。当前在世界大多国家和地区,一般消费信用多采用信用卡方式,即由银行或其他金融机构发给其客户信用卡,消费者可凭卡在约定单位购买商品或作其他支付,可以向发卡银行或其代理行透支小额现金。工商企业、公司、旅馆等每天营业终了时向发卡机构索偿款项,发卡机构与持卡人定期结算清偿。消费信用在现代经济中发展很快,它已经成为西方国家居民消费的重要方式。中华人民共和国成立初期,1955～1956 年曾运用消费信用形式解决某些商品的销售问题,其后中断多年。1979 年经济体制改革以来,消费信用逐渐恢复和发展起来,尤其是商业企业,一些消费品采取赊销或分期付款方式推销,对刺激产品生产,改善人民生活,都起到一定的作用。

六、国际信用

国际信用(international credit)是指国际间的借贷关系。国际信用与国内信用不同,债权人与债务人是不同国家的法人。国际信用体现的是国与国之间的债权债务关系,直接表现资本与国际间的流动。当前,国际贸易与国际经济交易日益频繁,从而使国际信用成为进行国际结算、扩大进出口贸易的主要手段之一。

国际信用有国际商业信用和国际银行信用两种形式。前者是发生在国际商品交易过程中,以远期支付方式由卖方提供的信用;后者是银行以货币形式向另一国借款人提供的信用。但国际商业信用往往要借助于国际银行信用,这种信用方式又称国际信贷。国际信贷的方式有银行信贷、出口信贷、项目贷款、政府贷款、国际金融机构贷款、国际债券发行等货币形态的信贷和补偿贸易、国际租赁等商品资本形态的信贷。其中的主要类型:

(1) 出口信贷。出口信贷是国际贸易中的一种中长期贷款形式,是一国政府为了促进本国出口,增强国际竞争能力,而对本国出口企业提供优惠贷款,或对商业银行提供的贷款给予利息补贴和提供信用担保的信用形式。根据贷款的对象不同,也可分为卖方信贷和买方信贷两种。卖方信贷是出口方银行向出口商提供的中长期贷款。买方信贷是出口方银行直接向进口商或进口方银行提供的贷款。出口信贷的特点是:① 附有采购限制,只能用于购买贷款国的产品,而且都与具体的出口项目相联系;② 贷款利率低于国际资本市场利率,利息差额由贷款国政府补贴;③ 属于中长期信贷,期限一般为 5～8.5 年,最长不超过 10 年。

(2) 银行信贷。国际间的银行信贷是进口企业或进口方银行直接从外国金融机构借入资金的一种信用形式。这种信用形式一般采用货币贷款方式,并事先指定了贷款货币的用途。它不享受出口信贷优惠,所以贷款利率要比出口信贷高。另外,这种信用形式与发行国际债券的性质不同,它不是债权人与债务人直接发生债权债务关系,而是双重的债权债务关系。在遇到大宗贷款时节,国际金融市场往往采取银团贷款方式以分散风险。

(3) 国际债券发行。国际债券发行是指一国政府、金融机构、工商企业在国际金融市场上通过发行中长期债券或大额定期存单来筹措资金的信用方式。随着国际金融市场的一体化,这种方式愈来愈普遍。

(4) 国际租赁。国际租赁是国际间以实物租赁方式提供信用的新型融资形式。根据租赁目的和融资方式的不同,可将其分为金融租赁和经营租赁两种基本形式。金融租赁是出租人应承租人的要求,出资购买其所需要的设备,并一次性出租给承租人,租约期满后回收全部投资的租赁方式。这里的出租人一般是银行或其他金融机构,主要为承租人融通资金。经营租赁是出租人将自己的设备和用品向承租人反复多次出租的租赁方式。这里的出租人多为工商企业,出租设备多为自己的闲置或利用率不高的设备。这种租赁方式一般要多次出租才能收回全部设备投资。

(5) 补偿贸易。补偿贸易是指外国企业向进口企业提供机器设备、专利技术、员工培训等,待项目投产后进口企业以该项目的产品或按合同规定的收入分配比例清偿债务的信用方式。实质上,它是一种国际间的商业信用,在发展中国家得到广泛使用,具体可分为回购、互购和劳务补偿三种主要类型。

(6) 国际金融机构贷款。主要是指包括国际货币基金组织、世界银行等在内的国际性金融机构向其成员国提供的贷款,其条件通常较为优惠,期限较长。

第三节 信用工具

一、信用工具概述

(一) 信用工具的含义与特征

信用工具的产生与发展是伴随着信用活动的需要而逐渐演进和发展的。最初的信用是口头信用(oral credit),即借贷双方以口头约定的方式,议定债务人到期偿付承诺。然而这种信用完全根据当事人双方的记忆与诚实,口说无凭,缺乏法律保证,容易引起纠纷。信用也仅限于相互熟悉的人之间进行,因而极大地限制了信用的发展。后来发展成账簿信用(book credit)的方式,即借贷双方互相在对方账簿上开立户头,记载彼此之间的信用交易。这种交易因缺乏债权债务的正式凭证,易发生坏账或损失;双方账簿上的信用条件,如有不同的记载,则易引起争议。最后,书面信用(written credit)成为主要形式。书面信用指借贷双方以书面文件证明其债权债务的信用方式。这种书面文件不仅是债务金额和条件的法律证明,而且还可以在市场上流通,克服了口头信用和账簿信用的弱点,使信用活动更加规范化,使经济体系中的信用关系得以深化和扩大,从而推动了信用经济的有效发展。这种记载债权人权利及债务人义务的凭证,即所谓的信用工具。

信用工具亦称融资工具、金融工具等,是指资金供应者和需求者之间进行资金融通时所签发的、证明债权或所有权的各种具有法律效用的凭证。信用工具①的

① 在现代经济中,人们融通资金往往要借助于信用工具,因此信用工具往往又被称为金融工具。严格意义上讲,金融工具和信用工具并非完全一致。因为金融工具中所有权凭证——股票,并不具备信用的还本付息的特征,因而股票不属于信用工具的范畴。虽然这样,但是我们大多数人都把金融工具理解为信用工具。金融工具对其买进或持有者来说就是金融资产。

结构图如图 2.6 所示。

资金供应者 ⇄ 资金需求者（上：资金；下：资金）

图 2.6 信用工具结构图

尽管现代的信用工具品种繁多，但各种信用工具一般都具有以下特征：

1. 偿还性

偿还性是指信用工具的发行主体或债务人按期还本付息的特征。信用工具一般均载明期限，债务人到期必须偿还信用凭证上记载的债务。但也存在着例外，如普通股票未载明期限，其偿还期是永久的。

2. 收益性

信用工具能定期或不定期带来收益。信用工具的收益性通过收益率来反映，收益率是年净收益与本金的比率，通常有三种表示方法(均从购买者的角度考虑)：

(1) 名义收益率。即规定的利息与票面金额的比率。如某种债券面值 100 元，10 年还本，年息 8 元，每年年末支付，则其名义收益率＝8÷100＝8%。

(2) 即期收益率。即规定的利息与信用工具市场价格的比率。如上述债券某日的市场价格为 95 元，则即期收益率＝8÷95＝8.42%；若市场价格为 105 元，则即期收益率＝8÷105＝7.62%。

(3) 实际收益率。即实际收益与买入价格(也即买者的实际支出)的比率，实际收益包括每年的利息和年化的资本利得，资本利得为卖出价格减去买入价格。特别指出，如果持有到期，卖出价格可以理解为债券面值。

仍以前例为例，若某人在第一年年末(利息支付后)以 95 元市价买进面值 100 元的该债券，一直持有到期，求该投资者的实际收益率。该投资者现金流图如图 2.7 所示。

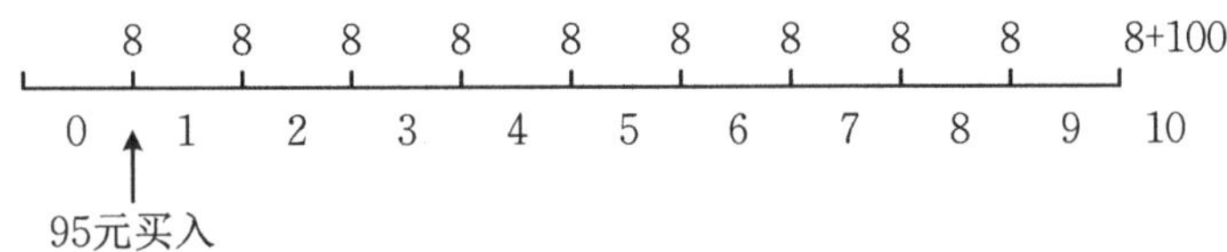

图 2.7 该投资者现金流图

对该投资者而言，偿还期为 9 年，则 9 年间除每年获利息 8 元外，还有每年获资本利得＝(100－95)÷9＝0.56 元，故该买者的实际年收益率＝(8＋0.56)÷95＝9.01%。

3. 流动性

流动性是指信用工具在不受或少受经济损失的条件下随时变现的能力。短期内，在不遭受损失的情况下，能够迅速出卖并换回货币，称为流动性强，反之则称为流动性差。不同信用工具的变现能力或流动性各不相同，活期存款具有完全的流动性，它可以在不受任何损失的前提下随时变现。其他信用工具或在短期内不易脱手，或脱手时要承受损失。通常，信用工具的流动性与其偿还期成负相关，同债务人的信誉成正相关。

4. 风险性

为了获得收益提供信用，同时必须承担风险。风险是相对于安全而言的，所以风险性从另一个角度讲也就是安全性。信用工具的风险性是指投资者投入的本金和利息收入遭到损失的可能性。任何信用工具都有风险，程度不同而已。其风险主要有违约风险、市场风险、政治风险及购买力风险。违约风险一般称为信用风险，是指发行者不按合同履约或是公司破产等因素造成信用凭证持有者遭受损失的可能性。市场风险是指由于市场各种经济因素发生变化，例如市场利率变动、汇率变动、物价波动等各种情况造成信用凭证价格下跌，遭受损失的可能性。政治风险是指由于政策变化、战争、社会环境变化等各种政治情况直接引起或间接引起的信用凭证遭受损失的可能性。购买力风险，是指由于货币购买力下降所带来的风险。一般来说，信用工具的偿还期与风险性成正比，即偿还期越长，其风险性越大；而信用工具的流动性与风险性则成反比，即流动性强的信用工具，其风险性就小。

（二）信用工具的种类

由于信用工具的种类很多，按不同的划分标准就有不同的分类。

(1) 以偿还期限为标准，信用工具可分为短期信用工具和长期信用工具。短期与长期的划分一般以一年为限，一年以下期限的信用工具称为短期信用工具，一年以上期限的信用工具称为长期信用工具。在金融市场上，长期信用工具也称为资本市场信用工具，如公债券、股票等；短期信用工具也称为货币市场信用工具，如国库券、商业票据、可转让存单等。

(2) 按发行者的性质划分，信用工具可分为直接信用工具和间接信用工具。直接信用工具是指非金融机构如工商企业、个人和政府所发行和签署的商业票据、股票、公司债券、国库券等等。间接信用工具是指金融机构所发行的银行票据、大额可转让存单、人寿保险单等。

(3) 按是否与实际信用活动直接相关，信用工具可分为基础性信用工具和衍生性信用工具。基础性信用工具也称为原生性信用工具，指在实际信用活动中出具的、能证明信用关系的合法凭证，如商业票据、股票、债券等；衍生性信用工具则是在基础性金融工具之上派生出来的可交易凭证，如各种远期合约、期货合约、期权合约、掉期合约等。

(4) 按金融工具不同的性质来分，可分为债务凭证和所有权凭证。债务凭证是指投入资金取得债权，表明有权按时收回本金和规定利息的有价凭证，如债券、可转让存单等；所有权凭证是指记载投入资金取得所有权，但不可索回本金，只能转让的凭证，如股票等。

二、短期信用工具

短期信用工具属于在货币市场交易的主要品种，又称货币市场工具。其类型常见的可分为以下几种：

（一）国库券

国库券（treasury securities）是国家财政当局为弥补国库收支不平衡而发行的一种短期政府债券。因国库券的债务人是国家，其还款保证是国家财政收入，所以它几乎不存在信用违约风险，是金融市场风险最小的信用工具。在西方国家，国库券品种较多，一般可分为3个月、6个月、9个月、1年期四种，其面额起点各国不一。国库券采用不记名形式，无须经过背书就可以转让流通。

国库券起源于英国，1877年由英国经济学家沃尔特·巴佐特（Walter Baghot）发明并首次在英国发行，满足了政府对短期资金的需要，之后在世界各国推广。由于国库券期限短、风险小、流动性强，因此国库券利率比较低。美国国库券利率仅仅高于通知放款利率。西方有些国家国库券发行频繁，具有连续性，如美国每周均有国库券发行，每周亦有到期的，便于投资者根据投资需要选择。① 国库券最小票面金额为1万美元。国库券发行通常采用贴现方式，即发行价格低于国库券券面值，票面不记明利率，国库券到期时，由财政按票面值偿还。发行价格采用招标方法，由投标者公开竞争而定，故国库券利率代表了合理的市场利率，灵敏地反映出货币市场资金供求状况。由于国库券以政府财政资金为保障，信誉高，流通性强，收益率也较高②，因而是证券投资的主要对象，也是中央银行介入市场进行公开操作业务的重要手段，在证券交易中占有很大的比重。在美国，国库券已成为货币市场上最重要的信用工具。我国于1981年开始发行国库券，但与西方国家国库券期限上有很大的不同，主要是2～5年，属中期债券性质。

（二）票据

1. 支票

支票是出票人签发的，委托办理支票存款业务的银行或者其他金融机构在见

---

① 在美国，国库券的期限为3个月、6个月的按周发行，9个月和1年期的按月发行。

② 国库券的利率一般虽低于银行存款或其他债券，但由于国库券的利息可免交所得税，故投资国库券可获得较高收益。

票时无条件支付确定的金额给收款人或者持票人的票据。签发支票的人需要为银行的存款账户、存款账户有余额并且签发的金额不能超过存款余额。支票适用于同城各单位之间的商品交易、劳务供应及其他款项的结算。由于支票结算方式手续简便,因而是目前同城结算中使用比较广泛的一种结算方式。

支票的种类有很多,按照支付期限分为即期支票和定期支票。按照是否记载收款人姓名分为记名支票(又叫抬头支票)和不记名支票(又叫来人支票)。支票上印有“现金”字样的为现金支票,现金支票只能用于支取现金;支票上印有“转账”字样的为转账支票,转账支票只能用于转账;支票上未印有“现金”或“转账”字样的为普通支票,普通支票可以用于支取现金,也可以用于转账,但是如果在普通支票的左上角划了两条平行线,则该支票为划线支票,划线支票只能用于转账,不得支取现金。签发银行支票必须记载以下事项:表明“支票”的字样;无条件支付的委托;确定的金额;付款人名称;出票日期;出票人签章。缺少以上事项之一的,支票无效。

银行支票可以背书转让。所谓背书,是指票据的持有人在票据背面作转让签字的一种票据行为。背书必须连续,即转让支票的背书人与受让支票的被背书人在支票上的签章依次前后衔接。背书的动作有两个,即写成背书和交付。经过背书,支票的权利即由背书人转给被背书人。背书的程序如图 2.8 所示。

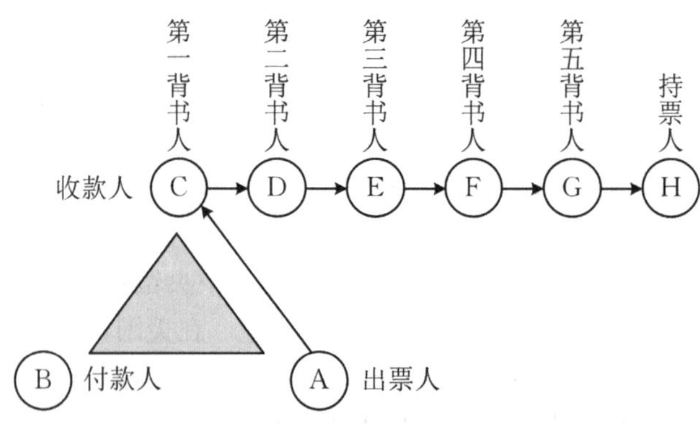

图 2.8 背书程序

2. 本票

本票是指债务人向债权人开出的,承诺到期无条件支付一定款项的支付承诺书。本票有两个当事人:出票人(债务人)和收款人(债权人)。

本票有多种分类。按票面是否记载收款人姓名分为记名本票和不记名本票。按票面有无到期日分为定期本票和即期本票。按照是否记载收款人姓名分为记名本票和不记名本票。根据出票人的不同，本票分为商业本票和银行本票。[①]

商业本票是商业信用的一种工具，由工商企业签发，承诺到期付款的票据。商业本票必须记载下列事项：表明“本票”的字样；无条件支付的承诺；确定的金额；收款人的名称；出票日期；出票人的签章。本票上未记载上述规定事项之一的，本票无效。

银行本票是申请人将款项交存银行，由银行签发的承诺自己在见票时无条件支付确定的金额给收款人或者持票人的票据。银行本票分定额和不定额两种。定额银行本票是指凭证上预先印有固定面额的银行本票；不定额银行本票是指凭证上金额栏是空白的，签发时根据实际需要填写金额的银行本票。单位和个人在同一票据交换区域（通常说的同城）需要支付各种款项时，均可以使用银行本票。本票上“转账/现金”选择其中之一，要划去另一个。

商业本票和银行本票均可以背书转让。

3. 汇票

汇票是出票人签发的，委托付款人在见票时或者在指定日期无条件支付确定的金额给收款人或者持票人的票据。根据出票人不同，汇票分为商业汇票和银行汇票。

商业汇票是由债权人签发的，要求债务人在指定日期支付确定款项给指定收款人或持票人的支付命令书。它一般有三个当事人：一是出票人（即债权人），二是受票人或付款人（即债务人），三是收款人或持票人（即债权人或债权人的债权人）。

由于商业汇票是由债权人发出的，所以必须经过票据的承兑手续才具有法律效力。承兑是指在票据到期前，由付款人在票据上做出表示承认付款的文字记载及签名的一种手续。承兑后，付款人就成了承兑人，在法律上承担到期付款的义务，同时，汇票即成为承兑汇票。在信用买卖中，由购货人（债务人）承兑的汇票，称商业承兑汇票；由银行受购货人委托承兑的汇票，称银行承兑汇票。为此，签发商业汇票必须记载以下事项：表明“商业承兑汇票”或“银行承兑汇票”的字样；无条件支付的委托；确定的金额；付款人的名称；收款人的名称；出票日期；出票人签章。缺少以上事项之一的，商业汇票无效。

银行汇票是由出票银行签发的，由其在见票时，按照实际结算金额无条件支付给持票人或收款人的票据。银行汇票只有两个当事人，即出票银行和收款人，银行既是出票人又是付款人。签发银行汇票必须记载以下事项：表明“银行汇票”的字样；无条件支付的承诺；出票金额；付款人名称；收款人名称；出票日期；出票人签章。欠缺记载上列事项之一的，银行汇票无效。

---

① 我国票据法只承认银行本票。

需要指出的是，商业汇票和商业本票统称为商业票据。商业票据经过背书可以进行转让流通。未到期的商业票据可以向银行申请贴现，申请贴现的票据必须是经过承兑的票据。

（三）大额可转让定期存单

大额可转让定期存单(large-denomination negotiable certificate of deposit，简称 CD_s)是银行发行的记载一定存款金额、期限、利率，并可以转让流通的定期存款凭证。简言之，CD_s是一种固定面额、固定期限、可以转让的大额存款凭证。它由普通的银行存单发展而来。CD_s是 20 世纪 60 年代以后金融环境变革的产物。当时，由于市场利率上升而美国商业银行受 Q 条例的存款利率上限限制，不能支付较高的市场利率，各大公司财务主管为了增加临时闲散资金的利息收益，开始减少在商业银行的存款，投资于国库券、商业票据和其他较高利率的货币市场工具。针对存款资金来源的减少，美国花旗银行设计了 CD_s，主动吸收大公司、富裕个人和政府的闲散资金，并取得政府证券经销商的支持，为 CD_s提供二级交易市场。持有存单的投资者，在需要资金时，可以随时在市场上转让流通。以后英国、日本等国家的商业银行也先后开办了这种业务，而且发行额增加极快，甚至经常超过银行承兑票据及商业票据的流通数额，成为货币市场中优良的信用工具。

CD_s是银行存款的证券化的具体体现，其主要特点是：① 期限短而且灵活。大部分存单期限在 1 年以内，最短的只有 14 天，一般可分为 30 天、60 天、90 天、120 天、150 天、180 天、1 年等。② 按标准单位发行，面额较大。在美国最小面额为 10 万美元，而二级市场交易的存单面额通常为 100 万美元。③ 种类多样化。如美国有四种形式的 CD_s：美国银行在美国境内发行的国内存单；美国境外银行发行的，以美元为面值的欧洲美元存单；外国银行在美国的分支机构发行的扬基存单；非银行金融机构（储蓄贷款协会、互助储蓄银行、信用合作社等）发行的储蓄存单。④ 利率较一般存款利率略高，并且分为固定利率存单和浮动利率存单。⑤ 通常不记名，不能提前支取，可以在二级市场上转让。

（四）信用证

信用证(letter of credit，L/C)是银行根据其存款客户的请求，对第三者发出的、授权第三者签发以银行或存款人为付款人的凭证。信用证包括商业信用证和旅行信用证两种。

(1) 商业信用证(commercial letter of credit)。是指商业银行接受买方要求，按其所提条件向卖方开具的付款保证书。客户申请开立信用证时，必须预先向开证银行缴纳一定的保证金。在国内商业中，购货商申请银行开发商业信用证后送交卖方,卖方可按信用证写明的条款向银行开发汇票收取货款。在国际贸易中,商业信用证是开证行有条件付款的凭证,从而确保受益人的安全收汇,是国际贸易中的一种主要支付方式。

(2) 旅行信用证(traveller's letter of credit)。又称货币信用证。是一种由银行开立的,以旅行者自己为受益人的信用证。这种信用证的受益人在旅行期间直到信用证的有效期满为止,并且在信用证规定的金额范围内可以开立汇票提交给银行议付。旅行信用证的特点是开证申请人与受益人为同一人,旅行者携带旅行信用证出国旅行,当需要现款时可向开证行在当地经办兑现(议付)的代理行或分支机构出示信用证及附有本人签字样式的印鉴核对书,并签发以开证行为付款人的汇票,经上述经办行将汇票上签字与印鉴核对书上的签字样式核对相符后即可取得所需之款项。它的好处是使旅行者免受携带大量现金外出之不便和风险。客户在申请开证时一般需缴足开证金额的现金,信誉好且在开证行有存款的客户可免缴押金。旅行信用证是一种流通性的信用证,不限定由某一指定银行议付,以适应旅行者的需要。

(五) 信用卡

在国外,信用卡(credit card),又称贷记卡,是银行或专业公司对具有一定信用的顾客(消费者)所发行的一种赋予信用的证书。其特点是:先消费后还款,享有免息还款期。但在中国大陆,除了贷记卡外,信用卡还包括准贷记卡。准贷记卡是指持卡人先按银行或专业公司要求交存一定金额的备用金,当备用金不足支付时,可在规定的信用额度内透支的一种证书。准贷记卡不存在免息还款期。

免息还款期是指银行或专业公司针对贷记卡的持卡人所给予的免息待遇,免息时间从记账日起至到期还款日止。免息期的设置一般有两种,一种由银行或专业公司明确规定每月某一天为免息还款截止日,免息期就是记账日至截止日之间的日期,中国工商银行、中国农业银行均采用此种方法;另外一种是由持卡人根据需要自行选择一个账单日,再根据账单日设定最迟还款日,那么免息期就是记账日到最迟还款日之间的日期,如中国建设银行和中国民生银行。

以中国工商银行贷记卡为例,其免息期最长有 56 天,中国工商银行还款日是账单日后第 25 天。假如说账单日是每月 1 日,而还款日是每月 25 日,如果在 8 月 1 日消费了 5000 元,那么这笔消费肯定是来不及出现在 1 日的账单上的,所以 8 月 1 日当天的消费最有可能出现在 9 月 1 日的账单上,最迟可以 9 月 25 日还,这样就有 56 多天的免息期;可是如果是在 7 月 31 日刷了 5000 元,那么这笔消费记录将出现在 8 月 1 日的账单上,最迟 8 月 25 日就要还,仅仅是早刷了 1 天,但免息期就只有 25 天了。

【阅读拓展 2.4】 信用卡

有兴趣的读者可以登录“百度百科”，获取相关知识，具体网址为：

https://baike.baidu.com/item/%E4%BF%A1%E7%94%A8%E5%8D%A1?share_fr=pc_qrcode.

（六）回购协议

回购协议（repurchase agreement）是指证券卖方在出售证券的同时，与证券的购买商达成协议，约定在一定期限后按预定的价格购回所卖证券，从而获取即时可用资金的一种交易行为。回购协议结构图如图 2.9 所示。

0 时：A ⇄ B（A→B：证券；B→A：资金）

T 时：A ⇄ B（A→B：资金；B→A：证券）

图 2.9 回购协议结构图

回购协议实质上是一种短期抵押融资方式，那笔被借款方先售出后又购回的金融资产即是融资抵押品或担保品。回购协议分为债券回购和股票回购两种。两种形式都是融资的手段，而且一贯都被认为是比较安全且回报高而快的方式。

每一笔回购交易都是由一方的回购协议和另一方的反向回购协议组成。反向回购协议（reverse repurchases agreement）是从买方角度来看的同一笔回购协议交易，又称逆回购协议，是指买入证券一方同意按照约定期限和价格再卖出证券的协议。回购协议的期限一般很短，最常见的是隔夜拆借，但也有期限长的。此外，还有一种“连续合同”的形式，这种形式的回购协议没有固定期限，只在双方都没有表示终止的意图时，合同每天自动展期，直至一方提出终止为止。

三、长期信用工具

长期信用工具是指主要在资本市场交易的品种，又称资本市场工具，包括两个主要种类：债券和股票。

（一）债券

债券（bonds）是政府、金融机构、工商企业等机构直接向社会借债筹措资金时，向投资者发行，承诺按一定利率支付利息并按约定条件偿还本金的债权债务凭证。债券的本质是债的证明书，具有法律效力，是有价证券的重要组成部分。债券购买者与发行者之间是一种债权债务关系，债券发行人即债务人，投资者（或债券持有人)即债权人。由于债券的偿还具有明确的期限性,加之债券的发行人一般是政府或有关的公用事业单位、银行和信用较高的大企业,具有较高的安全性,同时利率一般高于储蓄存款利率,因而债券是一种受到普遍欢迎的主要证券品种之一。

债券的种类很多,可以从不同角度进行划分。

(1) 根据发行单位不同,债券一般可分为政府债券、金融债券和公司债券。

政府债券(government bonds)是政府为筹集资金而发行的债务凭证。各国政府发行债券的目的通常是为了满足弥补国家财政赤字、进行大型工程项目建设、偿还旧债本息等方面的资金需要。政府债券可以分为中央政府债券和地方政府债券。中央政府债券又称国家债券或国家公债券(national debt,简称“国债”),是中央政府为筹集财政资金而发行的一种政府债券,是中央政府向投资者出具的、承诺在一定时期支付利息和到期偿还本金的债权债务凭证,由于国债的发行主体是国家,所以它具有最高的信用度,被公认为是信用等级最高的、最安全的投资工具,通常称为“金边债券”。国家债券按照偿还期限的长短可分为短期国家债券(即国库券)、中期国家债券和长期国家债券,但各国的划分标准不尽一致。美国和日本等国家以 1 年以下的债券为短期国家债券,1 年以上 10 年以下的债券为中期国家债券,10 年以上的债券为长期国家债券。美国和英国发行国库券,均为弥补国库暂时性资金不足。美国国库券的偿还期限通常为 3 个月或 6 个月,最长不超过 1 年。英国国库券的偿还期限通常为 90 天。国家债券可以在证券交易所上市,也可以在到期前用作抵押贷款的担保品,而且政府不征收债券收益所得税。因而,它的信誉好、风险小、流动性强、抵押代用率高,是最受投资者欢迎的金融资产之一。国家债券的发行量和交易量在证券市场一般都占有相当大的比重,不仅在金融市场上起着重要的融资作用,而且是各国中央银行进行公开市场业务的重要手段。地方政府债券又称地方债券,是由市、县、镇等地方政府发行的债券。发行这类债券的目的,是为了筹措一定数量的资金用于满足市政建设、文化进步、公共安全、自然资源保护等方面的资金需要。

金融债券是银行等金融机构作为筹资主体为筹措资金而面向个人发行的一种有价证券,是表明债务、债权关系的一种凭证。债券按法定发行手续,承诺按约定利率定期支付利息并到期偿还本金。它属于银行等金融机构的主动负债。在英、美等欧美国家,金融机构发行的债券归类于公司债券。在我国及日本等国家,金融机构发行的债券称为金融债券。金融债券的安全性、流动性较好,利率略高于同等期限的定期存款,是颇受公众青睐的信用工具。但其发行额度一般须经中央银行批准。因为作为信用组织的金额机构经营的是特殊商品,其风险性一般意义上要大大小于普通商品。

公司债券(corporate bonds),又称企业债券[1],是指公司依照法定程序发行的,约定在一定期限还本付息的有价证券。公司债券是公司债的表现形式,基于公司债券的发行,在债券的持有人和发行人之间形成了以还本付息为内容的债权债务法律关系。因此,公司债券是公司向债券持有人出具的债务凭证。主要用于长期投资和扩大生产规模。发行者多为一流的大公司,但其信用度仍不可与政府债券相比,因此风险较大,利率一般高于其他债券。公司债券又可以分为很多种,如抵押债券、无抵押债券、资产支持债券(asset-backed securities,ABS)、转换公司债券(convertoble bond)、无息债券等。

(2) 按照支付利息的方式可以分为附息债券、一次性还本付息债券、贴现债券。

附息债券是每固定期限支付利息,到期支付本金的债券。假设某一附息债券,面值 100 元,期限 10 年,票面利率为 8%,每年年末支付一次利息,则现金流如图 2.10 所示。

一次性还本付息债券是指债券到期前不支付利息,到期时把所有利息和本金一次性支付的债券。假设某一一次性还本付息债券,面值 100 元,期限 10 年,票面利率为 8%,则现金流如图 2.11 所示。

0	1	2	3	4	5	6	7	8	9	10
	8	8	8	8	8	8	8	8	8	8+100

图 2.10 附息债券现金流

贴现债券是发行时低于面值发行,中间不支付利息,到期时支付面值的债券。[2] 假设某一贴现债券,面值 100 元,期限 10 年,发行价格为 90 元,则现金流如

① 企业债券诞生于中国,是中国存在的一种特殊法律规定的债券形式。按照国务院 1993 年 8 月颁布实施的《企业债券管理条例》规定,"企业债券是指企业依照法定程序发行、约定在一定期限内还本付息的有价证券"。从企业债券定义本身而言,与公司债券定义相比,除发行人有企业与公司的区别之外,其他都是一样的。对企业债券可以这样理解:① 企业债券是中国特殊法律框架和特定体制基础下的一种制度安排,特指中国国有企业发行的债券,在理论和实践上都不具有一般性。② 按照我国有关法律法规,企业债券与公司债券有着密切关系:企业债券包含公司债券,公司债券是企业债券一种特殊形式,公司债券首先遵循企业债券的有关法律法规,必须进一步接受关于公司债券的规范管理。③ 企业债券在理论上与公司债券理论是一致的,企业债券运作遵循的基本规律与公司债券相同。④ 企业债券是中国经济体制改革发展过程中的历史产物,随着中国逐步完善市场经济体制和现代企业制度,随着国有企业按照现代公司制度逐步规范,企业债券概念的内涵将发生变化。

② 贴现债券的期限可以在一年以内,也可以多于一年。

图 2.12 所示。

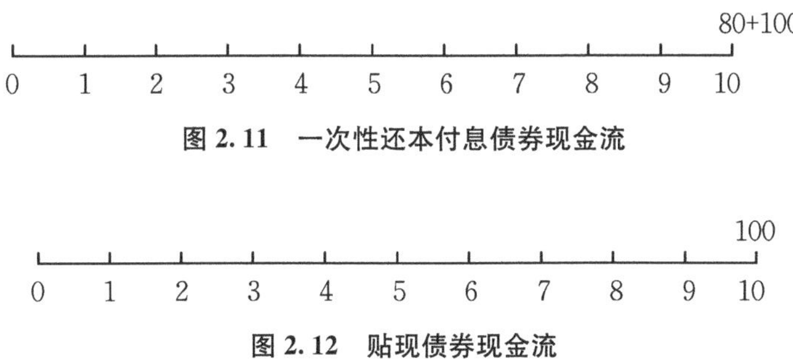

图 2.11 一次性还本付息债券现金流

图 2.12 贴现债券现金流

(3) 根据债券是否有担保,可分为担保债券和信用债券。

担保债券也称抵押债券,是以某种抵押品(土地、房屋建筑、设备等)为担保而发行的。若债务人不能按期支付利息和本金,则债券持有人可以将抵押品出售。信用债券则完全是凭发行者的信用发行的。通常,信用债券的发行人要拥有较高的资信。

(4) 根据债券的利率是否固定,可分为固定利率债券和浮动利率债券。

固定利率债券在债券的整个期限内,利率固定不变。浮动利率债券的利率定期随市场利率的变化而进行调整。

(二) 股票

1. 股票的含义与特征

股票(stock)是股份证书的简称,是股份公司为筹集资金而发行给股东作为持股凭证并借以取得股息和红利的一种有价证券。每股股票都代表股东对企业拥有一个基本单位的所有权。这种所有权是一种综合权利,如参加股东大会、投票表决、参与公司的重大决策、收取股息或分享红利等。同一类别的每一份股票所代表的公司所有权是相等的。每个股东所拥有的公司所有权份额的大小,取决于其持有的股票数量占公司总股本的比重。股票是股份公司资本的构成部分,可以转让、买卖或作价抵押,是资本市场的主要长期信用工具,但不能要求公司返还其出资。股东与公司之间的关系不是债权债务关系。股东是公司的所有者,以其出资份额为限对公司负有限责任,承担风险,分享收益。

股票作为一种有价证券具有以下特征。

(1) 不可偿还性。股票是一种无偿还期限的有价证券,投资者认购了股票后,就不能再要求退股,只能到二级市场卖给第三者。股票的转让只意味着公司股东的改变,并不减少公司资本。从期限上看,只要公司存在,它所发行的股票就存在,股票的期限等于公司存续的期限。对于股份公司破产的情况,股东得到的清偿也不一定大于其投入的本金。

(2) 参与性。股票是代表股份资本所有权的证书,是投资入股的凭证,因此股票持有者享有相应的对公司决策的参与权。如一般普通股股票的股东有参加股东大会、投票表决权、盈余分配权、剩余资产分配权、股票转让权、新股承购权等权利。股东参与公司决策的权利大小,取决于其所持有的股份的多少。从实践中看,只要股东持有的股票数量达到左右决策结果所需的实际多数时,就能掌握公司的决策控制权。

(3) 流动性。股票可以在不同的投资者之间自由买卖和转让。流动性通常以可流通的股票数量、股票成交量以及股价对交易量的敏感程度来衡量。可流通股数越多,成交量越大,价格对成交量越不敏感(价格不会随着成交量一同变化),股票的流动性就越好,反之就越差。股票的流通,使投资者可以在市场上卖出所持有的股票,取得现金。通过股票的流通和股价的变动,可以看出人们对于相关行业和上市公司的发展前景和盈利潜力的判断。

(4) 风险性。股票持有者能否获取收益,主要取决于公司经营效益和股票的市场价格。如果公司经营不善,或由于其他意外原因使公司利润减少,股票的收益就会下降。而股票的市场价格更易受到公司经营状况及相关的经济、政治、社会、心理等诸多因素的影响,经常处于波动之中,具有较强的风险性。

(5) 收益性。与股票的风险性相伴的是股票的收益性。即股票持有者在承担较大投资风险的同时,也拥有获得较高投资收益的机会。股东凭其持有的股票,有权从公司领取股息或红利,获取投资的收益。股息或红利的大小,主要取决于公司的盈利水平和公司的盈利分配政策。股票的收益性,还表现在股票投资者可以获得价差收入或实现资产保值增值。通过低价买入和高价卖出股票,投资者可以赚取价差利润。

(6) 投机性。由于股票价格的波动性大,其盈利性和风险性也比其他证券都大,股票持有者可以利用股票市价的波动,低价买入高价卖出,获得差价收益,进行投机。当然合理的投机可以活跃市场,可以使社会资金得以合理、有效的配置;而不合理的投机,甚至以欺诈等手段操纵股市,则会加剧股市波动,扰乱市场秩序。

2. 股票的分类

股票种类繁多,可以按不同的标准来划分不同的种类,最常见的种类包括:

1) 按股东权益分为普通股和优先股

普通股是最普遍的股票形式,是股份公司最重要的股份,是构成公司资本的基础。

普通股股东的权利主要包括:① 公司决策参与权。普通股股东有权参与股东大会,并有建议权、表决权和选举权,也可以委托他人代表其行使其股东权利。

② 利润分配权。普通股股东有权从公司利润分配中得到股息。普通股的股息是不固定的，由公司盈利状况及其分配政策决定。普通股股东必须在优先股股东取得固定股息之后才有权享受股息分配权。③ 优先认股权。如果公司需要扩张而增发普通股股票时，现有普通股股东有权按其持股比例，以低于市价的某一特定价格优先购买一定数量的新发行股票，从而保持其对企业所有权的原有比例。④ 剩余资产分配权。当公司破产或清算时，若公司的资产在偿还欠债后还有剩余，其剩余部分按先优先股股东、后普通股股东的顺序进行分配。

优先股是公司在筹集资本时，给予投资者某些优惠特权的股票。一般在公司利润分配和公司解散或破产时的剩余财产分配等方面，优先股要优先于普通股。但优先股的股息是事先预定的，不随公司经营业绩的变化而变化，因此不能享受公司利润增长带来的额外收益。此外，优先股股东一般不能参加公司的经营决策，在公司董事会的选举中，没有选举权和被选举权。

2) 依据股票的上市地点及投资者分为 A 股、B 股、H 股、S 股、L 股、T 股、N 股

A 股的正式名称是人民币普通股票。A 股是指由我国境内的公司发行，供境内机构、组织或个人(不含港、澳、台投资者)以人民币认购和交易的普通股股票。

B 股的正式名称是人民币特种股票。它是以人民币标明面值，以外币认购和买卖，在境内(上海、深圳)证券交易所上市交易的。B 股公司的注册地和上市地都在境内。1991 年 11 月，上海真空电子器件股份有限公司向海外投资者发行面值为 100 元人民币、总共 100 万股的人民币特种股票，并于 1992 年 2 月在上海证券交易所上市，这是中国证券市场的第一只 B 股。

H 股，即以港元计价在香港发行并上市的境内企业的股票。1993 年 6 月，青岛啤酒股份有限公司在香港(Hong Kong)发行上市，成为中国内地首家在香港上市的 H 股。

此外，中国企业在新加坡、英国(伦敦)、日本(东京)、美国(纽约)等地上市的股票，分别称为 S 股、L 股、T 股和 N 股。1997 年 5 月，天津中新药业在新加坡(Singapore)证券交易所上行上市，成为中国内地首家在新加坡上市的 S 股；1997 年 3 月，北京大唐发电股份有限公司在伦敦(London)证券交易所挂牌上市，成为中国内地首家在伦敦上市的 L 股；2007 年 8 月，中国博奇环保科技(控股)有限公司在日本东京(Tokyo)证券交易所一部成功上市，成为 60 年来第一个直接在东证主板上市的非日本企业，也是中国内地首家在东京上市的 T 股；1994 年 8 月，山东华能发电股份有限公司在纽约(New York)证券交易所发行上市，成为中国内地首家在纽约上市的 N 股。

此外，N 股还有一层含义，指的是上市首日股票。在我国股市中，当股票名称前出现了 N 字，表示这只股是当日新上市的股票，字母 N 是英语 New(新)的缩写。

3）蓝筹股、权重股和绩优股

蓝筹股指长期稳定增长的、大型的、传统工业股及金融股。此类上市公司的特点是有着优良的业绩、收益稳定、股本规模大、红利优厚、股价走势稳健、市场形象良好。蓝筹股并非一成不变，它会随着公司经营状况的改变及经济地位的升降而发生变化。

权重股就是总股本巨大的上市公司股票，它的股票总数占股票市场股票总数的比重很大，权重就很大，权重股的涨跌对股票指数的影响很大。如中石油、贵州茅台、工商银行等，其涨跌对股票指数影响较大，这就是权重股。

4）绩优股和绩差股

绩优股就是业绩优良公司的股票，但对于绩优股的定义国内外却有所不同。在我国，投资者衡量绩优股的主要指标是每股税后利润和净资产收益率。一般而言，每股税后利润在全体上市公司中处于中上地位，公司上市后净资产收益率连续三年显著超过10%的股票当属绩优股之列。在国外，绩优股主要指的是业绩优良且比较稳定的大公司股票。这些大公司经过长时间的努力，在行业内达到了较高的市场占有率，形成了经营规模优势，利润稳步增长，市场知名度很高。绩优股具有较高的投资回报和投资价值。其公司拥有资金、市场、信誉等方面的优势，对各种市场变化具有较强的承受和适应能力，绩优股的股价一般相对稳定且呈长期上升趋势。因此，绩优股总是受到投资者，尤其是从事长期投资的稳健型投资者的青睐。

绩差股指的是业绩较差的公司的股票。这类上市公司或者由于行业前景不好，或者由于经营不善等，有的甚至进入亏损行列。其股票在市场上的表现萎靡不振，股价走低，交投不活跃，年终分红也差。

绩优股和绩差股不是天生的和绝对的。绩优股公司决策失误，经营不当，其股票可能沦落为绩差股；而绩差股公司经过资产重组和经营管理水平的提高，抓住市场热点，打开市场局面，也有可能将其股票变为绩优股。股票市场中绩优股和绩差股并存的格局警示着上市公司，上市并不意味着公司从此高枕无忧，股票市场容不得滥竽充数，是绩优股，还是绩差股，依赖于上市公司本身的努力。

（三）债券和股票的比较

股票和债券都是重要的融资工具，但它们既有相同之处又有区别。

相同之处主要表现在三个方面：第一，都能定期地给所有者带来收益，且可转让；第二，对于发行者来说，都是筹资的手段，通过股票和债券可获得所需的资金，并为此付出一定代价；第三，对投资者来说，都是投资工具，并可获得一定的报酬。

区别也主要表现在三点:第一,从投资性质上看,股票表示对公司的所有权,其持有者即股东拥有股票权,可出席股东大会,参与公司的经营管理决策,实行对企业的控制。而债券持有者所表示的只是一种债权,没有股东的这种权力。第二,从获得报酬的先后次序看,公司支付股息之前必须首先偿还债券的利息;当公司破产清算时,也必须首先偿还债务,如有剩余财产,再分配给股东。第三,从投资的风险和报酬看,股票的风险大于债券,但其报酬却也可能大大高于债券。

四、金融衍生工具

金融衍生工具(financial derivatives)在形式上均表现为一种合约,在合约上载明买卖双方同意的交易品种、价格、数量、交割时间及地点等。金融衍生工具可以从不同的角度进行分类,但按照交易方式和特点进行分类是金融衍生工具最基本和普遍的分类方式。按此分类,金融衍生工具主要有远期、期货、期权和互换这四种类型。

(1) 金融远期(forwards)。它是相对最简单的一种金融衍生工具。金融远期是指规定合约双方同意在指定的未来日期按约定的价格买卖约定数量的相关资产或金融工具的合约。目前主要有远期外汇合同、远期利率协议等。金融远期合约通常在两个金融机构之间或金融机构与其客户之间签署,其交易一般也不在规范的交易所内进行。所以,金融远期合约的交易一般规模较小、较为灵活、交易双方易于按各自的愿望对合约条件进行磋商。

在远期合约的有效期内,合约的价值随相关资产市场价格或相关金融价值的波动而变化,合约的交割期越长,其投机性越强,风险也就越大。若合约到期时以现金结清的话,当市场价格高于执行价格(合约约定价格)时,应由卖方向买方按价差支付结算金额;当市场价格低于执行价格时,则由买方向卖方支付金额。

(2) 金融期货(futures)。与远期合约十分相似,实质上是一种标准化的远期合约。金融期货是指期货交易所统一制订的、规定在将来某一特定的时间和地点交割一定数量和质量实物商品或金融商品的标准化合约。期货交易是反映买卖双方约定在将来某个日期以成交时约定的价格,交割一定数量某种商品的交易方式。期货合约交易与远期合约交易的区别在于:远期合约交易一般规模较小,较为灵活,交易双方易于按各自的愿望对合约条件进行磋商;而期货合约的交易是在有组织的交易所内完成的,合约的内容,如相关资产种类、数量、价格、交割时间、交割地点等,都有标准化的特点,这使得期货交易更规范化,也便于管理。无论是远期合约还是期货合约,都为交易人提供了一种避免因一段时期内价格波动带来风险的工具,也为投机人利用价格波动取得投机收入提供了手段。17 世纪以后,标准化的合约开始出现,也逐渐形成了完整的结算系统,期货交易得以发展。进入 20 世纪 70 年代，金融市场的动荡和风险催生出金融期货，如利率期货、外汇期货、债券期货、股票价格指数期货等。

根据交易品种，期货交易可分为两大类：商品期货和金融期货。以实物商品，如玉米、小麦、铜、铝等作为期货品种的属于商品期货。以金融产品，如汇率、利率、股票指数等作为期货品种的属于金融期货。金融期货品种一般不存在质量问题，交割也大都采用差价结算的现金交割方式。

(3) 金融期权(options)。所谓金融期权是指规定期权的买方有权在约定的时间或约定的时期内，按照约定价格买进或卖出一定数量的某种相关资产或金融工具的权利，也可以根据需要放弃行使这一权利的合约。目前主要有外汇期权、外汇期货期权、利率期权、利率期货期权、债券期权、股票期权、股票价格指数期权等。为了取得这样一种权利，期权合约的买方必须向卖方支付一定数额的费用，即期权费。

期权分看涨期权(call options)和看跌期权(put options)两个基本类型。看涨期权的买方有权在某一确定的时间以确定的价格购买相关资产；看跌期权的买方则有权在某一确定时间以确定的价格出售相关资产。此外，期权又分美式期权和欧式期权。按照美式期权，买方可以以期权的有效期内任何时间行使权利或者放弃权利；按照欧式期权，期权买方只可以在合约到期时行使权利。由于美式期权买方有更大的选择空间，因此被较多的交易所采用。

(4) 金融互换(swaps)。也译为“金融掉期”或“金融调期”，是指交易双方约定在合约有效期内，以事先确定的名义本金额为依据，按约定的支付率(利率、股票指数收益率等)相互交换支付的合约。目前主要有外汇互换、利率互换、货币互换、债券互换、抵押贷款互换等。以最常见的利率互换为例，设确定的名义本金额为 1 亿元，约定：一方按期根据以本金额和某一固定利率计算的金额向对方支付，另一方按期根据本金额和浮动利率计算的金额向对方支付——当然实际只支付差额。

第四节　信用的经济功能

一、现代经济是信用经济

认识现代经济是信用经济，可以从以下三个方面来分析：

一是现代经济运作的特点。首先，现代经济是一种具有扩张性质的经济，需要借助于负债去扩大生产规模、更新设备，需要借助于各种信用形式去筹措资金，改进工艺、推销产品。其次，现代经济中债权债务关系是最基本、最普遍的经济关系。经济活动中的每一个部门、每一个环节都渗透着债权债务关系。经济越发展，债权债务关系越紧密,越成为经济正常运转的必要条件。另外,现代经济中信用货币是最基本的货币形式。各种经济活动形成各种各样的货币收支,而这些货币收支最终都是银行的资产和负债,都体现了银行与其他经济部门之间的信用关系。所以信用就成为一个无所不在的最普遍经济关系。

二是从信用关系中的各部门来分析。信用关系中的个人、企业、政府、金融机构乃至国外部门等的任何经济活动都离不开信用关系。表现在:个人通过在银行储蓄或取得消费贷款与银行形成了信用关系,个人购买国债、企业债券与政府、企业形成了债权债务关系;企业在信用关系中既是货币资金的主要供给者,又是货币资金的主要需求者;政府通过举债、放贷形成与居民、企业、金融机构或其他机构之间的信用关系;金融机构作为信用中介从社会各方面吸收和积聚资金,同时通过贷款等活动将其运用出去;国外部门与本国各类经济主体之间的经济交往活动也离不开信用。这说明信用关系已成为现代经济中最基本、最普遍的经济关系。

三是从信用对现代经济的作用来分析。信用对现代经济发展虽然有时会有副作用,但主要还是发挥了积极的推动作用。这主要表现在:信用保证现代化大生产的顺利进行,即信用活动从资金上为现代化大生产提供条件;在利润率引导下,信用使资本在不同部门之间自由转移,导致各部门利润率趋向相同水平,从而自然调节各部门的发展比例;在信用制度基础上产生的信用流通工具代替金属货币流通,节约流通费用,加速资本周转;信用为股份公司的建立和发展创造了条件,同时,信用聚集资本,扩大投资规模的作用通过股份公司的形式也得到了充分发挥。这些作用由于其不可替代性,使信用成为现代经济发展的原动力。

二、信用的经济功能

信用既是一个流通范畴,也是一个分配范畴,但从本质上说,信用在再生产过程中属于分配环节,其作用主要表现在以下诸多方面。

1. 集中和积累社会资金

在国民经济运行过程中,客观上会同时出现货币资金的暂时闲置和临时需要两种情况。两者之间相互联系,相互衔接。通过信用活动就可以把社会经济运行中暂时闲置的资金聚集起来,投入需要补充资金的单位,从而使国民经济更有效地运行。此外,通过信用方式还可以把分散在城乡居民手中的货币积聚起来,并贷放到生产经营单位中去,从而实现变货币为资金,变消费基金为积累基金,促进经济的更快发展。在这一过程中,信用首先发挥的就是集中和积累社会资金的职能。从而加快资本集中,推动经济增长。

2. 分配和再分配社会资金

信用一方面把社会资金积累和集中起来,另一方面又通过特有的资金运动形式把这些资金分配出去，这里信用的分配职能主要是指生产要素的分配，特别是对社会暂时闲置的生产要素的分配。如果信用的标的是实物，则它直接地是对生产要素的分配；如果信用的标的是货币，则它间接地是对生产要素的分配。因为货币是一般等价物，谁取得货币，谁就取得购买商品的权力。所以，调剂货币资金的余缺实际上就是对社会生产要素进行再分配。

除了对生产要素进行分配外，信用还能对生产成果进行分配。这主要是指在信用关系中所产生的利息范畴。由于信用具有有偿性这一特点，因此，闲置资金和货币收入的让渡者有权索取利息，而其使用者则有义务支付利息，这种利息的支与收就改变了国民收入原有的分配格局，从而也就改变了社会总产品的既定分配结构。

3. 加速资金周转，节约流通费用

由于信用能使各种闲置资金集中起来，并且投放出去，使大量原本处于相对静止状态的资金运动起来，这对于加速整个社会资金周转，无疑起到了重要的作用。此外，利用各种信用形式，还能节约大量的流通费用，增加生产资金投入。这是因为，第一，利用信用工具代替现金，节省了与现金流通有关的费用；第二，在发达的信用制度下，资金集中于银行和其他金融机构，可以减少整个社会的现金保管、现金出纳以及簿记登录等流通费用；第三，信用能加速商品价值的实现，有助于减少商品储存以及与此有关的商品保管费用的支出。第四，各种债权债务关系还可以利用非现金结算方式来处理，不仅节约了流通费用，还可以缩短流通时间。增加资金在生产领域发挥作用的时间，有利于扩大生产和利润。

4. 将社会资金利润平均化

信用通过积累、集中和再分配社会资金，调剂社会资金的余缺分配，这种分配不是简单的行政分配或平均分配，而是按照经济利益诱导规律，将资金从使用效益差、利润率低的项目、企业、行业、地区调往使用效益好、利润率高的项目、企业、行业、地区，从而使前者资金减少，后者资金大量增加，结果使得前者的资金利润率有所上升，后者的资金利润率有所下降，有利于使全社会资金利润率的平均化。信用的这种职能在传统的计划经济体制下和转轨初期的双轨体制中，尚难以有效地发挥出来(因为资金是计划分配，不能根据利润的高低而自由流动)，但在市场经济体制建立过程之中和建立起来之后，这种职能将会有效地发挥出来，全社会资金利润率的平均化趋势也将愈来愈明显。

5. 调节经济运行

信用作为一个经济杠杆，不仅能够准确、及时地反映国内经济的运行状况，而且能够对国民经济的运行进行积极地干预，对宏观经济与微观经济进行适时、适度的调节。如在宏观上，通过信用活动调节货币流通，在银根吃紧时放松信用，在通货膨胀时则收缩信用；通过信用活动调整产业结构，对国民经济发展中的瓶颈部门、短线行业和紧俏产品多供给资金，对长线部门、衰退行业和滞销产品则少供应资金甚至收回原已供应的资金，迫使其压缩生产或转产；通过信用活动还可调整国民经济的重大比例关系。在微观上，通过信用的供与不供、供多供少、供长供短、早供晚供、急供缓供等来促进或限制某些企业、某些产品的生产与销售，扶持某些企业的发展。

6. 调节经济结构

随着经济的发展，信用在调整经济结构方面的职能变得越来越重要。信用调节经济的职能主要表现为国家利用货币和信用制度来制定各项金融政策和金融法规，利用各种信用杠杆来改变信用的规模及其运动趋势。国家借助于信用的调节职能既能抑制通货膨胀，又能用于防止经济衰退和通货紧缩，刺激有效需求，促进资本市场平稳发展。国家利用信用杠杆还能引导资金的流向，通过资金流向的变化来实现经济结构的调整，使国民经济结构更合理，经济发展的持续性更好。

7. 提供和创造信用流通工具

信用关系发生时总要出具一定的证明，这些证明经过一定的手续处理即可流通（指规范的信用而言），这些在流通中的信用证明是主要的信用流通工具，如汇票、本票、支票等。在各种信用活动中，以银行信用提供的信用流通工具为最多，使用也最广泛。从大类上看，银行信用为商品流通提供两种类型的流通工具，即一种是现金，一种是表现为各种银行存款的非现金货币。这些货币都是由银行信用提供的，都是一种信用货币，它反映一定的信用关系。现金表现为中央银行（代表国家）对现金持有者（个人和单位）的负债，银行存款则表现为银行对各存款者的负债。

8. 综合反映国民经济运行状况

信用活动，特别是银行信用活动，同国民经济各部门、各单位有着非常密切的联系。无论是一个企业的生产经营活动还是一个部门的经济状况，都在银行得到准确、及时的反映。在微观上，它可反映出企业的产供销是否能衔接、资金配置是否合理、工资支出是否符合有关规定、企业盈利状况如何等。在宏观上，它可以反映出基本建设投资与当前生产的比例关系、简单再生产与扩大再生产的关系、生产资料生产与消费资料生产的比例关系、商品生产与商品流通的关系、商品流通与货币流通的关系、货币供给量与货币需要量的关系、国民收入产出额与使用额之间的关系等。根据银行反映出来的这些情况，国家可以采取相应的措施，调整不尽合理的经济结构。

信用在现代经济中的作用既有积极的一面也有消极的一面。信用对经济的消极作用主要表现在信用风险和经济泡沫的出现。信用风险是指债务人无法按照承诺偿还债权人本息的风险。在现代社会，信用关系已经成为最普遍、最基本的经济关系，社会各个主体之间债权债务交错，形成了错综复杂的债权债务链条，这个链条上有一个环节断裂，就会引发连锁反应，对整个社会的信用联系造成很大的危害。经济泡沫是指某种资产或商品的价格大大地偏离其基本价值，经济泡沫的开始是资产或商品的价格暴涨，价格暴涨是供求不均衡的结果，即这些资产或商品的需求急剧膨胀，极大地超出了供给，而信用对膨胀的需求给予了现实的购买和支付能力的支撑，使经济泡沫的出现成为可能。

第五节 信用体系建设

信用是市场经济的“基石”，信用是市场主体安身立命之本。

社会信用体系也称国家信用管理体系或国家信用体系。社会信用体系的建立和完善是市场经济不断走向成熟的重要标志之一。社会信用体系是以相对完善的法律、法规体系为基础，以建立和完善信用信息共享机制为核心，以信用服务市场的培育和形成为动力，以信用服务行业主体竞争力的不断提高为支撑，以政府强有力的监管体系作保障的国家社会治理机制。它的核心作用在于，记录社会主体信用状况，揭示社会主体信用优劣，警示社会主体信用风险，并整合全社会力量褒扬诚信，惩戒失信。

当前，我国的社会信用体系建设已经进入快车道。党的十九大报告从多个方面强调了诚信、公信力和信用建设的重要性，体现了党中央对信用体系建设的重视。2016 年 11 月 1 日召开的中央全面深化改革领导小组第二十九次会议就曾强调：“加强政务诚信、个人诚信体系和电子商务领域诚信建设，是社会信用体系建设的重要内容”。在习近平新时代中国特色社会主义经济思想的指导下，我国的信用体系建设也将走向新征程。

新形势下建设我国的社会信用体系，关键是要遵循社会信用发展的客观规律，从顶层设计上充分认识征信、信用、诚信的不同属性，分层构建社会信用体系。首先，社会诚信是信用体系建设的基础层，决定了征信机制发挥作用的空间。需要在全社会加强诚信教育和宣传，树立诚信意识，建立居民诚信档案，培养诚实守信的行为规范。其次，经济信用是社会信用体系建设的核心层，要做到法律与道德约束相结合，对违法的欺诈、造假行为要严厉打击。同时要加快行业信用信息共享体系建设，建立相应的失信惩戒机制，全方位提高失信成本，让守信者处处受益、失信者寸步难行。最后，金融征信是社会信用体系建设的重点应用层，应进一步完善目前的征信机制，扩大信息共享的范围，预防系统性金融风险的发生。

党的十九大报告和2017年中央经济工作会议均强调"守住不发生系统性金融风险的底线"。要达到这一目标,征信系统目前的建设边界仍有一定的局限性。世界银行将征信系统的边界定义为:征信数据必须与广义的信贷发放和信贷管理有关。如果按照这个定义提供征信服务,只能实现分析债务人总体债务水平、历史偿债能力等有限功能,无法进行债务人总体风险评估,更不要说实现防范金融风险的功能。信用历史的发展规律已经表明,商业信用是信贷信用的基础,没有商业交易的信用保障,信贷信用是无法实现的,社会信用也就无从谈起。因此,全覆盖的征信系统应从信贷信用拓展到金融信用、经济信用乃至社会信用。其次,随着互联网金融体量的日益增大,应尽快将互联网金融纳入宏观监管框架,实现相关信用信息接入征信系统,这一方面有助于提高金融体系的稳定性,另一方面也有助于互联网金融平台进行全面准确的风险评估①。

【阅读拓展2.5】 铁路诚信体系启动大快人心

从2018年5月1日起,在动车上吸烟或者在其他列车的禁烟区域吸烟等严重影响铁路运行安全和生产安全的行为,将被限制乘坐火车,180天内,各铁路运输企业将限制责任人购买火车票。近日,国家发改委网站发出《关于在一定期限内适当限制特定严重失信人乘坐火车,推动社会信用体系建设的意见》(以下简称《意见》)中对部分严重失信人乘坐火车作出了上述规定。《意见》中对在动车组列车上吸烟或者在其他列车的禁烟区域吸烟的,冒用优惠(待)身份证件、使用伪造或无效优惠(待)身份证件购票乘车的;持伪造、过期等无效车票或冒用挂失补车票乘车的;无票乘车、越站(席)乘车且拒不补票的等扰乱站车运输秩序,危机铁路安全,造成严重社会不良影响等行为的旅客限制乘坐火车。此规定一出,引起了广大网友的热议,人们拍手称快,这对于推进铁路信用体系建设,弘扬守信行为,规范铁路旅客信用信息记录和使用管理,更好地维护铁路站车秩序起到了决定性作用,让诚信走进了铁路。

资料来源:铁路诚信体系启动大快人心. http://news.gaotie.cn/pinglun/2018-03-22/451840.html.

本章小结

信用是商品货币经济发展到一定阶段的产物,是指以偿还本金和支付利息为条件的暂时让渡商品或货币的借贷行为。信用的产生与存在同市场经济的产生、发展以及有关特征密切相关。信用在其发展过程中,经历了高利贷信用、资本主义

① 节选自:胡乃红.加强信用体系建设[N].光明日报,2018-06-12(15).

信用和社会主义信用几个主要阶段。

信用活动是通过具体的信用形式表现出来的,现代信用形式繁多,从不同的角度,可分为不同的类型。其中,按信用主体的不同,可分为商业信用、银行信用、国家信用、消费信用和国际信用等五种主要形式。其中,商业信用和银行信用是现代市场经济中与企业的经营活动直接联系的最主要的两种形式。

信用工具是指资金供应者和需求者之间进行资金融通时所签发的、证明债权或所有权的各种具有法律效用的凭证。信用工具的产生与发展是伴随着信用活动的需要而逐渐演进和发展的。现代信用工具一般具有偿还性、收益性、流动性以及风险性等特征。

信用工具种类繁多,按不同的划分标准就有不同的分类。其中以偿还期限为标准,信用工具可分为短期信用工具、长期信用工具。

金融衍生工具在形式上均表现为一种合约,在合约上载明买卖双方同意的交易品种、价格、数量、交割时间及地点等。按照交易方式和特点进行分类,金融衍生工具主要有远期、期货、期权和互换这四种类型。

现代经济是信用经济,信用在现代经济中的作用既有积极的一面也有消极的一面。当前,我国的社会信用体系建设已经进入快车道。

【关键术语】

信用　信用形式　信用工具　票据　大额可转让存单　债券　股票　衍生金融工具　信用体系

【思考题】

1. 什么是信用？它有哪些主要特征？
2. 试述信用的主要形式。
3. 什么是商业信用和银行信用？各有何特点？
4. 什么是国家信用和消费信用？
5. 什么是信用工具？它有哪些基本特征？
6. 哪些是短期信用工具？哪些是长期信用工具？
7. 金融衍生工具包括哪些？
8. 试分析信用在经济发展中的作用。
9. 试分析信用系统建设的必要性。

【延伸阅读】

1. 股票频道:东方财富网. http://stock. eastmoney. com.

2. 信用. https://baike. so. com/doc/422354-447309. html.

3. 信用工具. https://baike. so. com/doc/6623818-6837615. html.

4. 中国加强社会信用体系建设 严重失信者将终身禁入市场. https://news. hexun. com/2019-07-29/198012114. html.

5. 社会信用体系. https://baike. so. com/doc/5967529-6180485. html.

第三章 利息与利息率

◉ 导言

利息(interest)和利息率(interest rate)是研究货币问题的重要内容,是伴随信用与信用工具出现的非常重要的理论概念,也是现代社会的重要经济变量。从理论的侧重点和分析的角度来看,两者的研究是有区别的。利息的研究主要是讨论利息的本质与来源,其关键在于"质"的分析,回答"是什么"之类的问题;而利率的研究则侧重于探讨利率水平的决定,分析利率的决定因素及主要影响因素,其重点在于"量"的分析,回答"是多少"之类的问题。

利息和利息率作为资金和金融产品的价格,在市场经济体系中具有重要的基础性地位。利息率既是国家用来调控经济的主要工具之一,同时由于市场经济中利息率的高低受一国(或地区)经济运行诸多因素的影响,因而也是可以用来观测经济运行的"晴雨表"。

本章将重点介绍利息与利率的概念、利率体系和利率的决定、变动与利率的作用,以及有关利率管理体制的基本内容。

第一节 利息及其本质

一、利息的含义

从狭义上讲,利息是借款人(债务人)支付给贷款人(债权人)的使用货币资金(或实物)的代价,或是贷款人由于借出货币资金(或实物)而从借款人那里获得的报酬。广义的利息还包括人们购买非货币金融资产的收益。通常我们所指的狭义利息,它随着信用关系的产生而产生,并随着信用关系的发展而发展。在一定意义上,利息还是信用存在和发展的必要条件,构成信用的基础。

从历史上看,利息是作为信用的伴随物而出现的。在商品经济发展的初期,实物借贷是信用活动发展的主要形式,利息也多以实物形式出现。随着货币借贷作为信用活动的主要形式,利息也随之以货币形式计量和结算。利息构成信用的基础,这是由信用的特征决定的。还本付息是信用的主要特征,因此,货币的借贷是以支付利息为前提条件的。在商品经济中,推动货币经营者进行借贷活动的主要动力就是赚取利息收入。对货币贷出者而言,利息是其让渡货币使用权而应当获得的补偿;对货币使用者而言,利息则是其取得货币使用权应当付出的代价。货币所有者让渡货币使用权获得的补偿包括对机会成本的补偿和对风险的补偿。机会成本是指由于贷出者将货币的使用权让渡给借入者而损失的潜在收入,风险则是指贷出者在让渡货币使用权后所获得的未来收益的不确定。

二、利息的本质

对于利息的研究,是经济学研究的重要领域之一。利息的本质是什么的问题,已经争论了几百年。对利息本质的解释,各个学派均有着自己的理论观点。根据这些理论分析的出发点的不同,我们把利息本质理论分为两类:一类是西方经济学派的利息本质理论;一类是马克思的利息理论。

(一) 西方经济学家的利息本质理论

西方的利息本质理论,主要是建立在主观效用理论基础上的利息本质论。这些理论,在很大程度上有助于我们理解为什么会存在利息,但是,由于其是从主观效用的角度来分析的,因此需要辩证地看待。

1. 古典经济学派的利息理论

古典政治经济学派对利息的认识有两个角度。其中,一些人认为利息是与借贷资本相联系的一个经济范畴,并且从借贷货币资本的表面运动来分析利息的来源和性质。例如,威廉·配第认为利息是暂时放弃货币的使用权而获得的报酬。① 约翰·洛克认为利息是贷款人承担了风险而得到的报酬,且报酬多少与风险大小相适应。但是自约瑟·马西开始,利息的研究开始倾向于对利息来源的分析,认为利息是与分配理论相联系的一个经济范畴,利息是社会总收入的一部分,是资本所有者的报酬。例如,马西认为利息是货币作为资本的使用价值的报酬,它来源于资本使用后所产生的利润。亚当·斯密在此基础上更进一步指出利息是剩余价值的

---

① 威廉·配第在《赋税论》中写道:“假如一个人在不论自己如何需要,在到期之前也不得要求偿还的条件下,出借自己的货币,则对自己所受到的不方便可以索取补偿,这是不成问题的。这种补偿我们通常称之为利息。”

转化形式。① 在古典政治经济学派当中，对利息尽管提出了一些正确的看法，但他们都没有深入地分析利息产生的真正原因，没有把利息和利润区别开来，没有阐明利息与地租、企业主收入等之间的关系等等。

2. 近现代西方学者的利息理论

(1) 节欲论(abstinence theory)。节欲论是19世纪英国经济学家西尼尔(N. W. Senior，1790～1864)在其著作《政治经济学大纲》(1836)中提出的利润理论。节欲是西尼尔提出的术语，用来指资本家放弃眼前的享乐，即节制眼前消费的欲望。而资本则是节欲的结果，是人类意志上最艰苦的努力之一。他认为，价值的生产有劳动、资本和自然(土地)三种要素，其中劳动者的劳动是对于安乐和自由的牺牲，资本家的资本是对眼前消费的牺牲。产品的价值就是由这两种牺牲生产出来的。劳动牺牲的报酬是工资，资本牺牲的报酬是利润，二者也构成生产的成本。根据这种理论，节欲是利润的来源，资本家和工人都为产品的生产作出了牺牲，不存在剥削与被剥削的关系。因此，节欲论掩盖了资本主义社会利润的真正来源，掩盖了资本家剥削工人的事实。

综上所述，节欲论将利息看成是货币所有者为积累资本放弃当前消费而"节欲"的报酬。西尼尔认为，"利润的定义是节制的报酬"。由于资本来自储蓄，要进行储蓄就必须节制当前的消费和享受，利息就来源于对未来享受的等待，是对为积累资本而牺牲现在享受的消费者的一种报酬。

(2) 时间偏好论(time preference theory)。又称"时差论"，代表人物是奥地利经济学家庞巴维克(E. V. Bohm-Bawerk，1851～1914)。他认为，一切利息均来自于商品在不同时期内由于人们评价不同而产生的价值差异，也即"价值时差"。当物品所有者延缓对物品的现在消费而转借给他人消费时，就要求对方支付相当于价值时差的贴水。以货币形态表示，这种贴水就是利息。所以利息是对价值时差的一种补偿。为了分析的需要，庞巴维克把物品分为两类：一类是现在就能满足人们消费欲望的"现在(时)物品"(present products)；另一类是只有将来才能满足人们欲望的"未来物品"(future products)。他指出，人们对于等量的同一物品，在现在和将来两个不同时期内，主观评价是不一样的。由于人类生命的有限性，而未来情况又具有不可预测性，因此，一般人都忽视将来而重视现在，对现在物品的评价要高于等量的未来物品，即"现在物品通常比同一种类和同一数量的未来物品更有价值"。② 这种价值上的差别就是一切利息的来源。收取利息就是为了保证资金在将来收回本金时的价值至少等于现在的价值。只有这样，借贷行为才能

① 亚当·斯密提出了利息剩余价值说，他认为利息具有双重来源：其一，当借贷的资本用于生产时，利息来源于利润；其二，当借贷的资本用于消费时，利息来源于别的收入，比如地租。

② 庞巴维克. 资本实证论[M]. 上海：商务印书馆，1983：243.

发生。

(3) 流动偏好论(liquidity preference theory)。流动偏好又称灵活偏好，指人们愿意以货币形式或存款形式保持某一部分财富，而不愿以股票、债券等资本形式保持财富的一种心理动机。流动偏好这一概念是凯恩斯最先提出来的，是其三大心理规律(边际消费倾向、资本边际效率、货币的流动偏好)之一。凯恩斯认为货币是唯一具有完全流动性的资产，人们出于交易动机、预防动机和投机动机的需要，偏好以货币形式保存已有资产。人们贷出货币资金，或者购买生息证券，都意味着放弃了自己的流动偏好，但同时有一定的收益，这个收益就是利息。所以利息就是对人们在一定时期放弃流动偏好的报酬。

(二) 马克思的利息本质理论

马克思(Karl Marx，1818～1883)利息理论继承发展了斯密的利息剩余价值学说，其核心内容是利息性质的理论。马克思的主要观点是：

(1) 利息以货币转化为货币资本和货币资本所有权与使用权的分离为前提条件。这里前者为充分条件，后者为必要条件。货币如果不是参加资本的运动，而是被贮藏或用于购买生活消费品，就不可能有货币的增值；没有货币资本所有权与使用权的分离，也就无所谓利息的支付和利率水平的决定。

(2) 利息直接来源于利润。借贷资本家把货币作为资本贷放出去后，由职能资本家使用。职能资本家要么将它作为产业资本从事生产，要么将它作为商业资本从事流通。两种方式运动的结果，都能生产出利润(平均利润)。生产或流通过程结束后，职能资本家归还所借资本，并把利润的一部分支付给借贷资本家，作为使用借贷资本的报酬。当然，利息只是利润的一部分而不是全部。对于借入者来说，借贷资本的使用价值，就在于它会替他生产利润。不然的话，贷出者就没有必要让渡使用价值。但利润也不能全部归借入者，因为同一货币额作为资本对双方来说取得了双重的存在，这并不会使利润增加一倍。它所以能对双方都作为资本来执行职能，只是由于利润的分割。

(3) 利息的本质是同利润一样为剩余价值的转化形态。利润和剩余价值，实质上是同一物。所不同的是剩余价值是相对于可变资本而言的，而利润则是相对于全部预付资本而言的。剩余价值是利润的本质，利润则是剩余价值的表现形式。利息对利润的分割也就是对剩余价值的分割。很明显，这里体现出一种剥削关系。

可见，马克思对利息本质的解释与其他许多学者有明显的不同。他认为，从形式上看，利息是借贷资本的价格；从本质上看，利息是利润的一部分，是剩余价值的转化形态。依据马克思的科学理论，我们分析利息本质时，在方法上也应从利息的源泉着手，社会主义国家的利息不属于剩余价值的性质，而是对国民收入的再分配的一种补充形式。

马克思认为，在资本主义制度下，一定量的货币如果被作为资本来使用，就能够为它的所有者带来剩余价值或平均利润。这样，作为资本的货币，就有一种特殊的使用价值，即作为资本来执行职能取得平均利润的使用价值。货币资本家把它的货币，按一定的期限贷给职能资本家，实际上，就是把货币这种作为资本的使用价值，即生产利润的能力，让渡给职能资本家。这样，职能资本家向货币资本家借入货币资本，就必须把借入的货币资本执行职能所获得的平均利润的一部分，作为利息交给货币资本家。因此，利息是伴随货币资本家和职能资本家的分离，借贷资本的形成而出现的经济范畴，是职能资本家使用借贷资本所支付的代价，是借贷资本家出让资本使用权的报酬。

第二节　利率及其种类

利率是经济学中一个重要的金融变量，几乎所有的金融现象、金融资产均与利率有着或多或少的联系。当前，世界各国频繁运用利率杠杆实施宏观调控，利率政策已成为各国中央银行调控货币供求，进而调控经济的主要手段，利率政策在中央银行货币政策中的地位越来越重要。合理的利率，对发挥社会信用和利率的经济杠杆作用有着重要的意义。

一、利率定义及其计算

（一）利率的定义

利率即利息率，就其表现形式来说，是指在借贷期内所获得的利息额与借贷资本金的比率。利率是单位货币在单位时间内的利息水平，表明利息的多少。由于在通常情况下利息额不能超过生产者使用该笔资金而获得的利润额，因此，利率的高低必然受平均利润率的制约。在一般情况下，利率的最高界限为平均利润率，最低界限为零。利率的计算公式为：

$$利息率=\frac{利息}{借本金}\times 100\%$$

【例 3.1】 某借贷资本金为 10000 元，一年的利息额为 1000 元，则年利息率为：

$$\frac{1000}{10000}\times 100\% = 10\%$$

（二）利率的表示与计算

1. 利率的表示

习惯上按照计算利息的时间把利率划分为年利率、月利率、日利率。年利率一般以本金的百分之几表示，通常称为年息几厘。例如，年息 5 厘，就是指本金 100 元，每年利息 5 元。月利率一般以本金的千分之几表示，通常称为月息几厘。例如，月息 5 厘，就是指本金 1000 元，每月利息 5 元。日利率一般以本金的万分之几表示，通常称为日息几厘。例如，日息 5 厘，就是指本金 10000 元，每天利息 5 元。此外，有时也有用“分”作为利率的单位。分是厘的十倍，例如，月息 5 分，就是月利率为 50‰；年息 5 分，就是年利率为 50％。年利率与月利率互相换算，每年按 12 个月计算；月利率与日利率互相换算，每月按 30 天计算；年利率与日利率互相换算，每年按 360 天计算。如果不加特别说明，我们平时看到的利率均为年利率。

2. 利率的计算

利息的计算有两种基本方法：单利法和复利法。

单利是指在计算利息时，不论借贷期限的长短，仅按本金计算利息，所生利息不再计算下期利息。单利计算公式为：

$$I = P \cdot r \cdot n$$

$$S = P \cdot (1 + n \cdot r)$$

式中，I 为利息额，P 为本金，r 为利息率，n 为借贷期限，S 为本金和利息之和，简称本利和。

【例 3.2】 一笔借贷期限为 3 年，年利息率为 5％的 10 万元贷款，若单利计息，则利息总额为 100000×3×5％＝15000(元)，本利和为 100000×(1＋3×5％)＝115000(元)。

在银行存款业务里，定期存款的本利和是按照单利计息的。

【例 3.3】 客户 2019 年 9 月 20 日将 10000 元存入银行，某银行当日存款利率表如表 3.1，期限为 3 个月整存整取，请问到期日为哪天？到期时本利和为多少？

2019 年 9 月 20 日将 10000 元存入银行，期限为 3 个月整存整取，所以到期日为 2019 年 12 月 20 日。在表 3.1 中找到定期存款，再找到 3 个月，利率为 2.50％，到期时的本利和为：10000×(1＋2.50％×3/12)＝10062.5(元)。

表 3.1　某银行 2019 年 9 月 20 日存款利率表

项目	年利率(％)
一、城乡居民及单位存款	
（一）活期	0.35

续表

项目	年利率(%)
(二)定期	
1. 整存整取	
三个月	2.50
半年	2.70
一年	2.90
二年	3.25
三年	3.75
五年	4.00

复利作为单利的对称,是指计算利息时,按一定期限将上一期所生利息计入本金一并计算利息的方法。例如,按此种方式计息,第一年按本金计息,第二年则须将第一年的利息计入本金,然后再按这一本金计息,即第二年要按第一年末的本利和计息,第三年、第四年都如此类推。复利的计算公式为:

$$S = P \cdot (1 + r)^n$$

$$I = S - P$$

【例 3.4】 若将例 3.2 实例按复利计算,则:

$$S = 100000 \times (1 + 5\%)^3 = 115762.5(\text{元})$$

$$I = 115762.5 - 100000 = 15762.5(\text{元})$$

可见,按复利计息,可多得利息 762.5 元。

单利计算法计算简单、方便,通常适用于短期借贷。复利计算法更符合市场经济条件下的资本特性,即资本在运动中不断增值,而且已经增值的部分作为资本使用,也要增值。因此用复利计算利息,可以正确地反映资金的时间价值(现值和终值)。长期借贷应以复利方法计算利息。上述复利计算公式表示现在一定量的货币(P)在未来一定时间(n)后的价值(S),即资本的终值,其换算过程称为"积累"。若把将来某一时期(或时点)的资本值(S)换算成与现在时期(或时点)等值的资本,即通常所讲的贴现,其换算结果称为"现值"(P),具体见图 3.1。

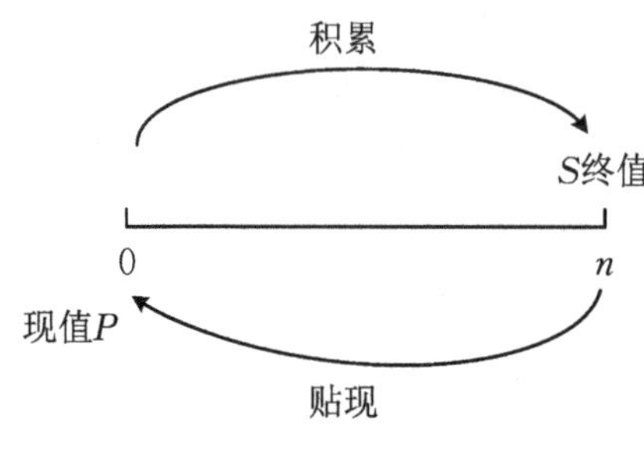

图 3.1 贴现、积累过程图

现值和终值可以按公式(3.1)换算。现值计算在测算投资效益和选择投资项目时有广泛的应用。

$$P = S \cdot \frac{1}{(1+r)^n} \tag{3.1}$$

【例 3.5】 假设某一附息债券,面值 100 元,期限 10 年,票面利率为 8%,每年年末支付一次利息,若贴现率为 k,求该附息债券当前时刻的内在价值。

该附息债券现金流如图 3.2 所示。

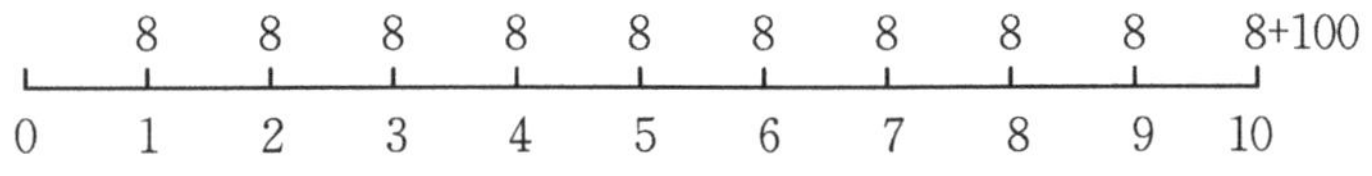

图 3.2　附息债券现金流

该附息债券当前时刻的内在价值

$$V = 8 \cdot \sum_{i=1}^{10} \frac{1}{(1+k)^i} + \frac{100}{(1+k)^{10}}$$

【例 3.6】 假设某一次性还本付息债券,面值 100 元,期限 10 年,票面利率为 8%,若贴现率为 k,求该一次性还本付息债券当前时刻的内在价值。

该一次性还本付息债券现金流如图 3.3 所示。

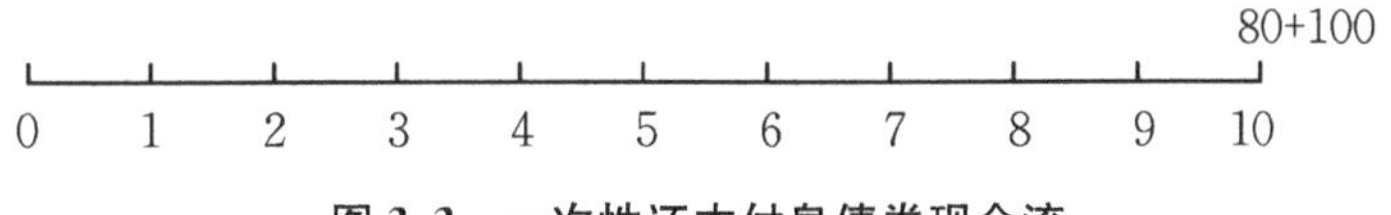

图 3.3　一次性还本付息债券现金流

该一次性还本付息债券当前时刻的内在价值

$$V = \frac{80+100}{(1+k)^{10}}$$

【例 3.7】 假设某一贴现债券,面值 100 元,期限 10 年,发行价格为 90 元,若贴现率为 k,求该贴现债券当前时刻的内在价值。

该贴现债券现金流如图 3.4 所示。

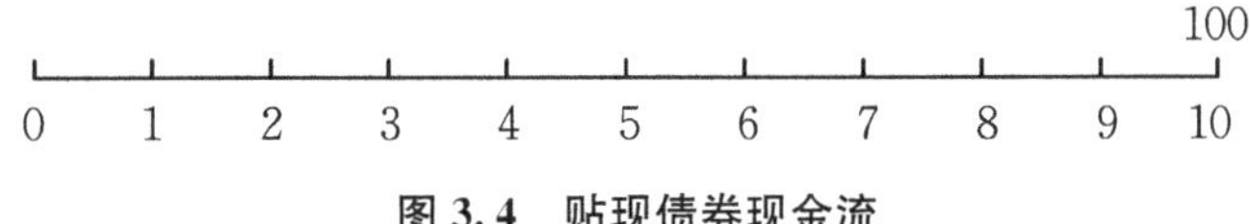

图 3.4　贴现债券现金流

该贴现债券当前时刻的内在价值

$$V = \frac{100}{(1+k)^{10}}$$

二、利率的种类

现实生活中的利率均是以某种具体形式存在的。如 3 个月期贷款利率、1 年期储蓄存款利率、6 个月期国债利率、大额可转让定期存单利率、贴现利率、再贷款利率、存款准备金利率、同业拆借利率等。随着金融活动的日益发展，活动方式的日益多样化，利息率的种类也日益繁多。而经济学家在著述中谈及的利率理论，通常是就形形色色的、种类繁多的利率综合而言的。有时用“市场平均利率”这类的概念，也是一个理论概念，而非指哪一种具体的统计意义上的数量。与之相同，通常有一个“基准利率”的概念。

基准利率（benchmark interest rate）是金融市场上具有普遍参照作用的利率，其他利率水平或金融资产价格均可根据这一基准利率水平来确定。基准利率在西方国家传统上是中央银行的再贴现利率，不过也不尽然，英国的基准利率是伦敦银行间同业拆借利率。著名的基准利率有伦敦同业拆放利率（London inter-bank offered rate，LIBOR）和美国联邦基准利率（Federal funds rate）。在中国，以中国人民银行对商业银行等金融机构规定的存贷款利率为基准利率。此外，一般普通民众把银行一年定期存款利率作为市场基准利率指标，银行则是把隔夜拆借利率作为市场基准利率。

一般而言，基准利率是在整个利率体系中起核心作用并能制约其他利率的基本利率。换言之，基准利率是在多种利率并存的条件下起决定作用的利率，这种利率的变动，其他众多利率也会作相应调整或变动。基准利率是官方利率或法定利率的一种。基准利率通常具备这样几个基本特征：① 市场化——基准利率必须是由市场供求关系决定，而且不仅反映实际市场供求状况，还要反映市场对未来的预期；② 基础性——基准利率在利率体系、金融产品价格体系中处于基础性地位，它与其他金融市场的利率或金融资产的价格具有较强的关联性；③ 传递性——基准利率所反映的市场信号，或者中央银行通过基准利率所发出的调控信号，能有效地传递到其他金融市场和金融产品价格上。

在我国，利率可分为三种或三个层次：第一，中国人民银行对商业银行及其他金融机构的存、贷款利率，即基准利率；第二，商业银行对企业和个人的存、贷款利率，称为商业银行利率；第三，金融市场的利率，称为市场利率。其中，基准利率是核心，它在整个金融市场和利率体系中处于关键地位，起决定作用，它的变化决定了其他各种利率的变化。有鉴于此，基准利率已成为我国中央银行实现货币政策目标的重要手段之一。当政策目标重点发生变化时，利率作为政策工具也应随之变化。不同的利率水平体现不同的政策要求，当政策重点放在稳定货币时，中央银行贷款利率就应该适时调高，以抑制过热的需求；相反，则应该适时调低。2007 年

1月4日，中国基准利率雏形亮相，这个由全国银行间同业拆借中心发布的“上海银行间同业拆放利率”(Shanghai interbank offered rate，Shibor)正式运行。Shibor的形成机制与在国际市场上普遍作为基准利率的Libor的形成机制非常接近。[①] 2006年12月10日时任中国人民银行副行长的吴晓灵指出，中国人民银行将不断完善货币市场制度，把Shibor培育成为我国的基准利率，为我国金融调控从数量型转向价格型调控创造条件。

在利率这个大系统中，按照不同的标准，可以划分出多种多样不同的类别。以下就几种主要的利率类别作简要介绍。

(一) 长期利率和短期利率

这是按照资金借贷期限的长短划分的。长期利率是指借贷时间在一年以上的利率；短期利率是指借贷时间在一年以内的利率。利率的高低与期限长短、风险大小有着直接的联系。一般来说，借贷期限越长，风险越大，预期利率越高，反之则预期利率越低。

(二) 市场利率、官定利率和公定利率

市场利率(market interest rate)是指在金融市场上由借贷资金供求关系直接决定并由借贷双方自由议定的利息率。包括借贷双方直接融资时协商的利率和金融市场买卖各种有价证券时的利率。市场利率是借贷资金供求状况变化的指示器。当资金供给大于需求时，利率呈下降趋势；相反，当资金供给小于需求时，利率则呈上升趋势。由于影响资金供求状况的因素十分复杂，因而市场利率的变动非常频繁、灵敏。

官定利率(official interest rate)又称官方利率、法定利率，是指由一国(或地区)政府金融管理部门或中央银行确定的利率。它是国家调节经济的重要经济杠杆，官定利率水平的高低已不再是完全由借贷资金的供求状况所决定，而是由政府金融管理部门或中央银行视宏观经济运行状况而定。在整个利率体系中，官定利率处于主导地位，对市场利率会产生一定影响。例如中央银行的再贴现率就是典型的官方利率。同时，中央银行在确定官方利率时，一般以市场利率作为重要依据。

公定利率(pact interest rate)又称行业公定利率，是指由一国(地区)非政府部

---

① Shibor以位于上海的全国银行间同业拆借中心为技术平台计算、发布并命名，是由信用等级较高的银行组成报价团(现由18家商业银行组成)自主报出的人民币同业拆出利率计算确定的算术平均利率，是单利、无担保、批发性利率。目前，对社会公布的Shibor品种包括隔夜、1周、2周、1个月、3个月、6个月、9个月及1年。

门的民间金融组织,如银行公会等所确定的利息率。这种利率对其成员银行也有一定的约束性。如香港的银行公会就定期调整并公布各种存贷款利率,各会员银行必须执行。

官定利率和行业公定利率都不同程度地反映了非市场的强制力量对利率形成的干预。

(三) 固定利率和浮动利率

固定利率(fixed interest rate)是指在整个借贷期限内不作调整的利率。它具有简便易行、易于计算借款成本等优点。在借贷期限较短或市场利率变化不大的条件下,可采用固定利率。但是,当借贷期限较长或市场利率波动较为剧烈时,其变化趋势很难预测,借款人或贷款人可能就要承担利率变化的风险。

浮动利率(floating interest rate)是指在借贷期限内随市场利率、物价或其他因素变化而作相应调整的利率。调整期限的长短以及以何种利率作为调整时的参照利率都由借贷双方在借款时议定。例如,欧洲货币市场上的浮动利率,一般每隔3～6个月调整一次,调整时大多以伦敦银行间同业拆借利率(London inter-bank offered rate,LIBOR)为主要参照。实行浮动利率,借款人在计算借款成本时的难度要大一些,利率负担也可能加重,但是借贷双方承担的利率风险较小,利率的高低同资金供求状况密切相关。因此,对于中长期贷款,一般都倾向于选择浮动利率。

(四) 名义利率和实际利率

名义利率(nominal interest rate)就是提供资金借贷的机构所公布的利率。比如,商业银行与借款者签订的借款合同中所载明的利率;债券的票面利率。实际利率(effective/real interest rate)是在名义利率基础上考虑通货膨胀因素后得到的利率。

名义利率和实际利率的关系:

(1) 物价变动对本金和利息均有影响,则有

$$\left.\begin{aligned} &\frac{P\cdot(1+R_b)}{1+R_p}=P\cdot(1+R_e)\\ &R_e=\frac{1+R_b}{1+R_p}-1\\ &R_e=\frac{R_b-R_p}{1+R_p}\end{aligned}\right\}\tag{3.2}$$

式中,P 为本金,R_e为实际利率,R_b为名义利率,R_p通货膨胀率。

(2) 物价变动仅对本金有影响,则有

$$R_e = R_b - R_p \tag{3.3}$$

公式(3.3)基本上反映了名义利率和实际利率之间的关系，而且在实践中用得更为广泛。

区别名义利率和实际利率有重要的实践意义。在通货膨胀条件下，市场各种利率都是名义利率，实际利率不易直接观察到，而反映借款成本和贷款收益的是实际利率而不是名义利率。

根据名义利率与实际利率的比较，实际利率会出现三种情况：实际利率为正利率；实际利率为零；实际利率为负利率。一般而言，正利率与零利率和负利率对经济的调节作用是互逆，只有正利率才符合价值规律的要求。所以当一个国家(或地区)通货膨胀率持续大于名义利率，即实际利率持续小于零时，往往会让公众产生加息的预期。

(五) 存款利率和贷款利率

存款利率是指客户在银行或其他金融机构存款所取得的利息额与存款本金的比率。存款利率的高低直接影响存款者的收益和金融机构的融资成本，对金融机构所能集中的资金数量有着重要影响。

贷款利率是指银行和其他金融机构发放贷款所收取的利息额与贷款本金的比率。贷款利率的高低决定着产业利润在企业和银行之间的分配，从而决定着金融机构的利息收入和借款人的筹资成本，影响着借贷双方的经济利益。贷款利率也因贷款种类和期限不同而不同。贷款利率一般高于存款利率，贷款利率与存款利率的差额即为存贷利差。存贷利差是银行利润的主要来源，它直接决定着银行的经济效益。

表3.1为某银行2019年存款利率表，同期贷款利率表见表3.2。

表3.2　某银行2019年贷款利率表

项目	年利率(%)
一、短期贷款	
一年以内(含一年)	4.35
二、中长期贷款	
一年至五年(含五年)	4.75
五年以上	4.90
三、个人住房公积金贷款	
五年以下(含五年)	2.75
五年以上	3.25

从表 3.1 和 3.2 可以看出，同期限的存款利率小于贷款利率，利差是银行的利息收益。存款利率和贷款利率之间存在着较大的差异。但差额的大小随银行垄断程度的不同而有所不同。银行众多而且同业竞争激烈的，存贷利差趋小；反之，存贷利差较大。当存贷利差过大时，企业会抛开银行去直接融资。存贷利差过小，又使银行收益下降。因此存贷利差的合理确定对银行、企业都有着不可忽视的影响。

（六）一般利率与优惠利率

这是按金融机构对同类存贷款利率是否制定优惠标准来划分的。一般利率是指不带任何优惠性质的利率。优惠利率是指国家通过金融机构或金融机构自身对需要重点扶持的项目、企业、行业或者部门所提供的低于一般贷款利率水平的利率。比如，为了减少刚需买房人的压力，中国人民银行规定我国城市居民购买第一套住房享有按揭贷款利率优惠。

由于划分标准是可以交叉的，一种利率可以同时具备几种性质。例如，3 年期的居民储蓄存款利率为 3.75％，这一利率既是年利率，又是固定利率、差别利率、长期利率与名义利率。各种利率之间以及内部都有相应的联系，彼此间保持相对结构，共同构成一个有机整体，从而形成一国的利率体系。

（七）即期利率与远期利率

即期利率就是目前市场上所通行的利率，或者说在当前市场上进行借款所必需的利率。远期利率则是指从未来某个时点开始借款所必需的利率，也就是未来某个时点上的即期利率。由于远期利率是发生在未来的、目前尚不可知的利率，实际中远期利率通常是从即期利率中推导出的，是一个理论值。所谓远期利率，是指隐含在给定的即期利率中从未来的某一时点到另一时点的利率水平。

以储蓄利率为例：

假设现行银行储蓄一年期利率为 2.25％，二年期利率为 2.79％，本金 10000 元，复利计息。这样，

存一年，本利和为(不考虑所得税等)：$10000\times(1+2.25\%)^1=10225$ 元。

直接存两年，本利和为(不考虑所得税等)：$10000\times(1+2.79\%)^2=10565.8$ 元。

如果储户先存一年，到期后立即将本利和再行存一年，假设利率不变，则到期后，本利和为：$10000\times(1+2.25\%)^2=10455.1$ 元。

很明显，直接存两年的做法较先存一年到期后再立即将本利和续存一年的做法，本利和多得：$10565.8-10455.1=110.7$ 元。之所以可以多得 110.7 元，是因为直接存两年的做法放弃了第二年期间对第一年本利和 10225 元的自由处置权。

这就是说，较大的效益是产于第二年，如果说第一年应取 2.25％的利率，那么第二年的利率则是：

(10565.8－10225)/10225×100％＝3.33％，这个 3.33％便是第二年的远期利率。

即期利率和远期利率的区别在于计息日起点不同，即期利率的起点在当前时刻，而远期利率的起点在未来某一时刻。例如，当前时刻为 2019 年 8 月 25 日，这一天债券市场上不同剩余期限的几个债券品种的收益率就是即期利率。

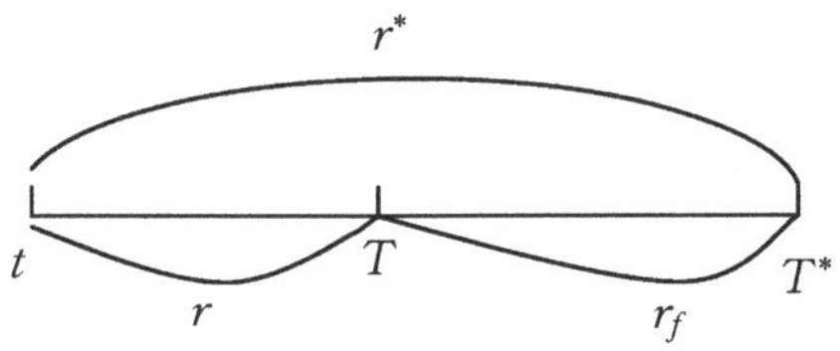

图 3.5　即期利率和远期利率的关系

即期利率和远期利率的关系可以通过图 3.5 来表示。

其中，当前时刻为 t，t 时刻到 T 时期限上的即期利率为 r，t 时刻到 T^* 时期限上的即期利率为 r^*，T 时刻到 T^* 时期限上的远期利率为 r_f，则它们之间的均衡关系为：

$$(1+r)^{T-t}(1+r_f)^{T-T^*}=(1+r^*)^{T^*-t}$$

在现代金融分析中，远期利率有着非常广泛的应用。它们可以预示市场对未来利率走势的期望，一直是中央银行制定和执行货币政策的参考工具。更重要的是，在成熟市场中几乎所有利率衍生品的定价都依赖于远期利率。

第三节　利率的决定及其作用

一、利率的决定因素

（一）平均利润率

由于利息是利润的一部分，因此，利润率是决定利率水平高低的基本因素。在市场竞争环境中，等额资本要获得等量利润，通过竞争和资源的流动配置，社会在一定时期内会形成一个平均利润率水平。社会平均利润率是确定各种利率的主要依据，平均利润率越高，则利润总额越大，当借贷资本一定时，利息额越大，从而利率越高。另一方面，平均利润率越高，投资的积极性增加，对借贷资本的需求也会增大，引起利率上升，当利润总额一定时，贷款人获得的利息就越多，而借款人得到的利润则越少。如果利率等于平均利润率，则借款人就无利可图了。因此，社会平均利润率构成了利率的最高限制。当然，利率也不会低于零，否则就不会有人贷放资金。所以，利率只能在平均利润率和零之间波动。

（二）资金供求关系及竞争状况

马克思曾指出："生息资本虽然是和商品绝对不同的范畴，但却变成特殊商品，因而利息就成了它的价格，这种价格就像普通商品市场价格一样，任何时候都由供求决定"。因而，一般情况下，借贷资本供不应求，信用紧缩，利率上升；借贷资本供过于求，信用松动，利率下降，利率的波动受借贷资本供求状况的影响。在此基础上，马克思进而分析了资本主义产业周期各个阶段中借贷资本的供求状况及其对利率的影响。在危机时期，商品滞销，物价暴跌，工厂倒闭，资本家为了清偿债务，需要借入大量的货币资本，但是由于处在危机时期，存款人大量提取存款，因而可借贷资本的供给会大大减少，造成借贷资本供不应求，利息率猛涨，甚至会高于利润率。在萧条时期，物价下降到最低点，生产和流通萎缩，借贷资本大量闲置，企业投资信心不足，对借贷资本的需求量减少，借贷资本供大于求，导致利率下降到最低水平。在复苏时期，工厂开始复工，投资逐渐增加，但此时借贷资本仍处于相对过剩的状况，借贷资本的供给仍大于需求，利率水平仍较低。在繁荣时期，生产迅速发展，物价上涨，利润增加，企业对借贷资本的需求进一步增大，利率迅速上升。在资本主义社会，利率就这样随经济周期不同阶段的生产状况而发生变化。

（三）预期通货膨胀率

在预期通货膨胀率上升期间，利率水平有很强的上升趋势；在预期通货膨胀率下降时，利率水平也趋于下降。这是因为：第一，通货膨胀，必然会引起货币贬值从而使借贷资金的本金和利息遭受损失，为了弥补这种损失，贷款人必须提高利率水平。第二，简单来说，实际利率等于名义利率与通货膨胀率之差，为了使实际利率不至于下降，所以在预期通货膨胀率上升的时候，名义利率也应随之上升。第三，预期通货膨胀率上升，将会使本金预期的实际价值减少而遭受损失，资金供给者往往会选择股票、不动产等其他更能抵御通货膨胀损失的资产形式保存资金，而使借贷市场的资金供给减少。同时，预期通货膨胀的上升会刺激借款的意愿和投资的增加而使对资金的需求增加，两方面的同时作用，造成了利率水平上升，这也是著名的"费雪效应"，即预期通货膨胀率变化引起利率水平发生变动的效应。

（四）社会再生产周期

利率一般会随着社会再生产周期变动而变动，从而表现出很强的周期性。具体来说，经济周期一般分为四个阶段，即危机、萧条、复苏、繁荣。危机阶段：商品滞销，物价暴跌，生产下降，工厂倒闭，工人失业；支付手段极端缺乏，对借贷资本需求增大，而借贷资本供给减少，利率急剧上升到最高限度。萧条阶段：危机刚过，物价下降到最低点，产业资本不再收缩，借贷资本大量闲置，由于企业信心不足，不愿增加投资，货币需求减少；物价虽低，但交易减少，对借贷资本的需求量也减少；借贷资本供大于求，导致利率下降到最低程度。复苏阶段：投资逐渐增大，交易逐渐增加，工厂开始复工，对借贷资本的需求开始增长。由于信用周转灵活，支付环节畅通，借贷资本充足，因此，借贷资本的需求是在低利率情况下得到满足的。借贷资本的供给大于需求，没有导致利率上升。繁荣阶段：在初期，生产迅速发展，物价上涨，利润增加，对借贷资本需求增大。但是，由于这时信用周转灵活，资本回流加快，商业信用扩大，对借贷资本需求的增长被这些因素所抵消。因此，利率还维持在较低水平上。但随着生产规模继续扩大，对借贷资本的需求继续增加，特别是信用投机出现，使借贷资本需求大增，利率迅速上升。此时，利率虽已提高到平均利润率水平，但由于对借贷资本的需求还在扩大，利率会再度上升。经济周期各阶段利率变动情况见表 3.3。

表 3.3　经济周期各阶段利率变动情况

产业阶段	借贷资本供求状况	利率变动状况
危机阶段	供<求，物价暴跌	利率最高
萧条阶段	供>求，物价最低	利率最低
复苏阶段	供略大于求	高于最低限度，但仍很低
繁荣阶段	供=求	利率达至平均水平

（五）中央银行货币政策

中央银行通过运用货币政策工具改变货币供给量，来影响可贷资金的数量。当中央银行想要刺激经济时，会增加货币投入量，使可贷资金的供给增加，造成利率下降，同时会刺激对利率敏感项目，如房地产、企业厂房和设备的支出。当中央银行想要限制经济过度膨胀时，会减少货币供给，使可贷资金的供给减少影响，从而利率上升，家庭和企业的支出受抑制。随着政府对社会经济运行干预的不断加强，在西方一些发达国家，货币当局往往通过改变再贴现率和利率管理等政策来调节利息率，带动整个市场利率水平的变动，以此来调节经济，使经济运行能达到他们的预期目的是一种普遍现象。

（六）国际市场利率水平

在现代经济中，世界各国的经济联系越来越密切，国际利率水平对一国国内利率水平具有很强的范围作用，从而使世界各国的利率水平出现“趋同”现象。这种影响是通过资金在国际间的流动来实现的。当国际市场利率高于国内利率时，国内货币资本流向国外;反之,当国际市场利率低于国内利率时,则国外货币资本流进国内。不论国内利率水平是高于还是低于国际利率,在资本自由流动的条件下,都会引起国内货币市场上资金供求状况的变动,从而引起国内利率的变动。此外,由于资金在国际间的流动,必然影响国际收支状况,进而又会影响本国通货的对外价值,直接影响本国的对外贸易。因此,一国政府在调整国内利率时必须考虑国际利率水平。

此外,银行的经营成本、借款的期限和风险、汇率、政府的预算赤字等因素都会影响一国利率水平的变动。实际上,影响利率变动的因素是非常复杂且难以完全预期,因而市场经济中利率的变动是经常发生的现象。

二、利率决定理论

现代经济中,利率作为资金的价格,不仅受到经济社会中许多因素的制约,而且利率的变动对整个经济也会产生重大的影响,因此,现代经济学家在研究利率的决定问题时,特别重视各种变量的关系以及整个经济的平衡问题,利率决定理论有马克思的利率决定理论、古典利率理论、凯恩斯利率理论、可贷资金利率理论以及IS-LM 利率模型。

(一) 马克思的利率决定理论

马克思认为利息是贷出资本的资本家从借入资本的资本家那里分割出来的一部分剩余价值,而利润是剩余价值的转化形式。利息的这种质的规定性决定了它的量的规定性(利息的这种质的规定性决定了它的量的规定性),利息量的多少取决于利润总额,利息率取决于平均利润率。换言之,利润本身就构成了利息的最高界限,平均利润率就构成了利息率的最高界限(即上限)。因为若利息率超过平均利润率,职能资本家就不会借入资本。而利息率为零时,借贷资本家无利可图,就不会贷出资本。因此利息率总是在零与平均利润率之间波动。

利息率取决于平均利润率,使得利息率有以下特点:第一,随着技术发展,资本有机构成的提高,平均利润率具有下降趋势,因此,平均利息率也有下降的趋势。第二,在某一阶段考察利息率时,每个地区的平均利润率是一个稳定的量,所以平均利息率也是个相对稳定的量。第三,利息率不仅受到利润率的决定,还受供求竞争、传统习惯和法律规定等因素的作用,它的决定具有偶然性。

现实生活中面对的都是易变的市场利率,平均利息率只是一个理论概念,不过它从总体上反映在一定时期利率水平的高低,是一个相对稳定的量。

(二) 古典利率理论

古典利率理论又称实物利率理论,是指从 19 世纪末到 20 世纪 30 年代的西方利率理论，这是一种认为利率为储蓄与投资决定的理论。以庞巴维克、费雪及马歇尔为代表的西方古典经济学家认为，利率决定于资本的供给与需求，这两种力量的均衡决定了利率水平。资本的供给来源于储蓄，储蓄取决于“时间偏好”“节欲”“等待”等因素。在这些因素既定的条件下，储蓄是利率的增函数，即利率上升，储蓄量会增加，反之则会减少。资本的需求取决于资本的边际生产力与利率的比较。只有当资本的边际生产力大于利率时，才能导致净投资。在资本的边际生产力一定的条件下，投资是利率的减函数，即利率越高，投资越少，反之则越多。用公式表示则为：

投资函数：

$$I = I(r)$$

储蓄函数：

$$S = S(r)$$

当 $S>I$ 时，促使利率下降；反之，当 $S<I$ 时，利率水平便上升。当储蓄者所愿意提供的资金与投资者所愿意借入的资金相等时，利率便达到均衡水平，此时的利率即为均衡利率。古典学派的利率决定理论的核心是储蓄＝投资。即 $S(r)=I(r)$。如图 3.6 所示。

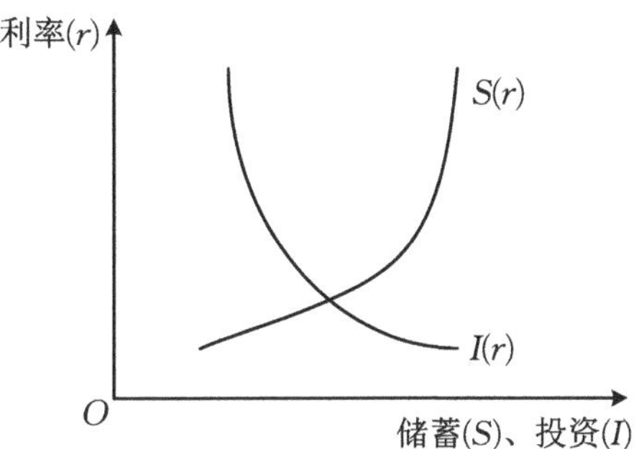

图 3.6　古典学派的利率决定曲线

古典学派利率决定理论有两个特点：

(1) 古典利率理论是一种局部均衡理论。该理论认为储蓄与投资的数量都是利率的函数，而与收入无关。利率的变动仅仅影响储蓄与投资，并促使两者达到均衡，而不影响其他变量。

(2) 古典利率理论是非货币性理论。该理论认为储蓄由“时间偏好”等因素决定，投资则由资本边际生产率等决定，利率与货币因素无关，利率不受任何货币政策的影响。因此，在古典利率学派看来，货币政策是无效的。

（三）流动性偏好理论

20 世纪 30 年代，西方国家爆发了经济大危机，以利率具有自动调节机制为核心的古典利率理论不能对该现象做出令人信服的解释。1936 年，凯恩斯在他的主要著作《就业、利息和货币通论》中阐述了他的流动性偏好理论。

凯恩斯认为，利率是放弃流动偏好的报酬，是一种纯货币现象，利率与实质因素、忍欲及生产率无关。因此利率不是由借贷资本的供求关系来决定，而是由货币市场的货币供求关系来决定，利率的变动是货币的供给和需求变动的结果。他抨击古典利率理论，认为尽管储蓄与投资有着密切的关系，但不能把它们看作是两个可以决定利率水平的相互独立的变动因素。因为储蓄主要取决于收入，而收入一般又取决于投资。储蓄与投资是两个相互依赖的变量，并且储蓄与投资之中只要有一个因素变动，收入必定会变动。

凯恩斯认为利率决定于货币供求关系，货币供给为外生变量，由中央银行直接控制。货币需求则是一个内生变量，由人们的流动性偏好决定。所谓“流动性偏好”（或称“灵活偏好”）是指公众愿意持有货币资产的一种心理倾向。货币作为一种特殊形式的资产，具有完全的流动性和最小的风险性，能随时转化为其他商品，因此当人们考虑持有财富的形式时，对货币资产具有流动性偏好。而人们的流动性偏好的动机有三个：交易动机、谨慎动机和投机动机。其中，交易动机和谨慎动机与利率没有直接关系，而与收入成正比关系；投机动机则与利率成反比关系。如果以 L_1 表示为交易动机和谨慎动机而保有货币的货币需求，以 L_2 表示为投机而保有货币的货币需求，则 $L_1(Y)$ 为收入 Y 的递增函数，$L_2(r)$ 为利率 r 的递减函数。货币总需求 $L=L_1(Y)+L_2(r)$。再以 M_1 表示满足 L_1 的货币供给量，以 M_2 表示满足 L_2 的货币供给量，则货币供给量为 M 即为 $M=M_1+M_2$。凯恩斯认为均衡利率决定于货币需求与货币供给的相互作用。如果人们的流动性偏好加强，货币需求大于货币供给，利率便上升；相反，当人们的流动性偏好减弱，货币需求量小于货币的供给量时，利率便下降。当人们的流动性偏好所决定的货币需求量与货币管理当局所决定的货币供给量相等时，利率便达到了均衡水平。这种利率决定过程可用图 3.7 表示。

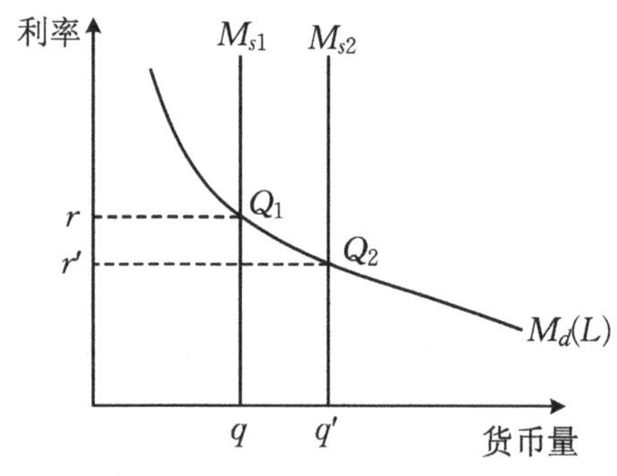

图 3.7 凯恩斯的利率决定曲线

图 3.7 中，货币需求曲线向右下方倾斜。货币供给由货币当局控制，可视为常数，所以货币供给曲线为一条垂直线，利率决定于 $M_d(L)$ 与 M_s 的均衡点 Q。在未充分就业的情况下，政府如果采取扩张性货币政策，增加货币供给量，可以压低利率，促使经济迅速增长。如图 3.7，货币供给从 q 增加到 q' 时，利率便从 r 下降到 r'。但是，如果货币的供应量继续增大到一定限度时，这时货币需求曲线呈水平状，表明货币需求无限大，即处于“流动性陷阱（liquidity trap）”①，即使货币供给不

① 流动性陷阱是凯恩斯提出的一种假说，指当一定时期的利率水平降低到不能再低时，人们就会产生利率上升而债券价格下降的预期，货币需求弹性就会变得无限大，即无论增加多少货币，都会被人们储存起来。发生流动性陷阱时，再宽松的货币政策也无法改变市场利率，使得货币政策失效。

断增加，利率也不会再降低，因为人们都预期利率将上升，因而都会抛出有价证券而持有货币，使得流动性偏好变成绝对的。

在市场经济条件下，人们一般是从利率下调刺激经济增长的效果来认识流动性陷阱的。按照货币-经济增长（包括负增长）原理，一个国家的中央银行可以通过增加货币供给量来改变利率。当货币供给量增加时（假定货币需求不变），资金的价格即利率就必然会下降，而利率下降可以刺激出口、国内投资和消费，由此带动整个经济的增长。如果利率已经降到最低水平，此时中央银行靠增加货币供给量再降低利率，人们也不会增加投资和消费，那么单靠货币政策就达不到刺激经济的目的，国民总支出水平已不再受利率下调的影响。

根据凯恩斯的理论，人们对货币的需求由交易需求和投机需求组成。在流动性陷阱下，人们在低利率水平时仍愿意选择储蓄，而不愿投资和消费。此时，仅靠增加货币供给量就无法影响利率。如果当利率为零时，即便中央银行增加多少货币供给量，利率也不能降为负数，由此就必然出现流动性陷阱。另一方面，当利率为零时，货币和债券利率都为零时，由于持有货币比持有债券更便于交易，人们不愿意持有任何债券。在这种情况下，即便增加多少货币数量，也不能把人们手中的货币转换为债券，从而也就无法将债券的利率降低到零利率以下。因此，靠增加货币供给量不再能影响利率或收入，货币政策就处于对经济不起作用状态。从宏观上看，一个国家的经济陷入流动性陷阱主要有三个特点：一是整个宏观经济陷入严重的萧条之中，需求严重不足，居民个人自发性投资和消费大为减少，失业情况严重，单凭市场的调节显得力不从心。二是利率已经达到最低水平，名义利率水平大幅度下降，甚至为零或负利率，在极低的利率水平下，投资者对经济前景预期不佳，消费者对未来持悲观态度，这使得利率刺激投资和消费的杠杆作用失效。货币政策对名义利率的下调已经不能启动经济复苏，只能依靠财政政策，通过扩大政府支出、减税等手段来摆脱经济的萧条。三是货币需求利率弹性趋向无限大。

（四）可贷资金理论

凯恩斯在阐述其流动性偏好利率理论时，将利率完全视为一种货币现象，其大小由货币供求关系所决定，而完全忽视储蓄、投资等实质因素对利率的影响。这一理论一经提出就遭到了许多经济学家的批评。1937 年，凯恩斯的学生罗伯逊（D. H. Robertson，1890～1963）在古典利率理论的基础上提出了所谓的可贷资金利率理论（loanable-funds theory of interest）。这一理论受到了瑞典学派（又称斯德哥尔摩学派）的重要代表俄林（B. Ohlin，1899～1979）等人的支持，并成为一种较为流行的利率理论。

可贷资金利率理论认为，既然利息产生于资金的贷放过程，则考察利率的决定就应该着眼于可用于贷放资金的供给与需求。流动性偏好利率理论认为对可贷资金的需求完全来自于投资，可贷资金的供给量也是一个完全由中央银行所控制的外生变量。这在可贷资金利率理论看来是完全错误的。该理论认为，对可贷资金的需求并非一定完全来自于投资，还可能来自于窖藏。因为现实生活中，储蓄者很有可能窖藏一部分货币而不借出，借款者也可能窖藏一部分货币而不用于投资。结果，就会有一部分储蓄不能用于投资。所以，对可贷资金的需求由投资 $I(i)$ 和窖藏货币 $\Delta H(i)$ 两部分组成。其中，投资 $I(i)$ 部分为利率的递减函数，并构成可贷资金需求的主体；窖藏货币 $\Delta H(i)$ 部分也为利率的递减函数，因为窖藏货币会牺牲利息收入，利率越高，窖藏货币所牺牲的利息收入就越多，利率越低，窖藏货币所牺牲的利息收入就越少。可贷资金的需求 $M_d = I(i) + \Delta H(i)$。同时，可贷资金的供应不仅限于储蓄，除储蓄以外，中央银行和商业银行等可以分别通过货币供给和创造信用来提供可贷资金。可贷资金的供给由储蓄 $S(i)$、反窖藏 $D_{Hd}(i)$ 和由中央银行增发的货币以及商业银行所创造的信用形成的货币供应增量 $\Delta M(i)$ 三部分组成。其中，储蓄部分 $S(i)$ 为利率的递增函数，反窖藏部分 $D_{Hd}(i)$ 为利率的递增函数，货币供应增量部分 $\Delta M(i)$ 为利率的递增函数，即可贷资金的供给 $M_s = S(i) + \Delta M(i) + D_{Hd}(i)$。可贷资金利率理论认为，利率取决于可贷资金的供给与需求的均衡点，当二者达到均衡时，则有：

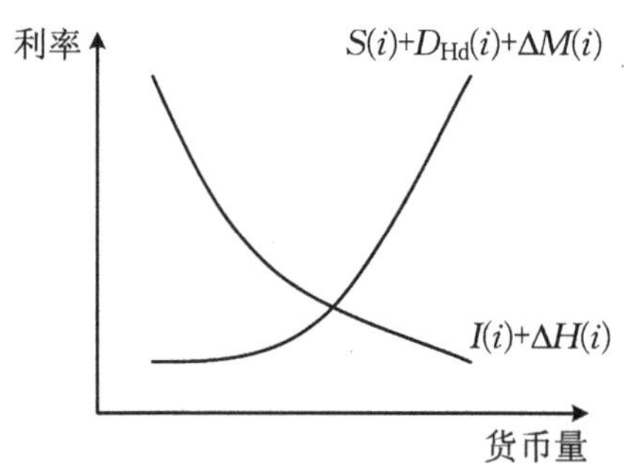

图 3.8 可贷资金利率决定曲线

$$S(i) + D_{Hd}(i) + \Delta M(i) = I(i) + \Delta H(i)$$

式中，等式右边两项因素均为利率的函数，当可贷资金的供给等于需求时，可贷资金市场达到均衡，此时的利率便是均衡利率，具体见图 3.8。

由于可贷资金利率理论实际上是试图在古典利率理论的基础上，将货币供求的变动等货币因素对利率的影响综合考虑，以弥补古典利率理论只关注储蓄、投资等实物因素的不足，所以它被称为新古典利率理论。经常被经济学家和金融分析家用来预测利率水平。

（五）IS-LM 模型

IS-LM 模型是反映在产品市场和货币市场同时均衡条件下，国民收入和利率关系的模型。该模型是由英国现代著名的经济学家约翰·希克斯（John Richard Hicks，1904～1989）和美国凯恩斯学派的创始人阿尔文·汉森（Alvin Hansen，1887～1975），在凯恩斯宏观经济理论基础上概括出的一个经济分析模式，即“希克斯-汉森模型”,也称“希克斯-汉森综合”或“希克斯-汉森图形”。

希克斯认为,凯恩斯的流动性偏好利率理论和古典利率一样,都忽略了收入因素,都不能确定利率水平。对于古典利率理论而言,因为储蓄取决于收入,不知道收入,也就不知道储蓄,从而利率也就无法确定;利率不能确定,投资也就无法确定,从而收入也不能确定。对凯恩斯的流动性偏好利率理论而言,利率取决于货币需求与货币供应的均衡点,那么货币需求就无法确定,从而利率也无法确定。为了弥补这一缺陷,希克斯认为应把货币因素和实物因素综合起来进行分析,并把收入作为一个与利率相关的变量加以考虑。在此基础上,希克斯吸收了凯恩斯流动性偏好利率理论的核心内容,修正了古典利率理论,建立了 IS-LL 模型。按照这一利率决定理论,利率决定于储蓄与投资相等、货币需求与货币供给相等的一般均衡状态。

IS-LL 模型的提出在利率理论研究上是一大飞跃,但是,由于 IS-LL 模型的结构比较粗糙,缺乏内在的逻辑性,特别是对两条曲线的形状的解释含糊不清,致使人们对该模型难以理解和接受,因而在提出后的很长时间内得不到人们的重视。1949 年,美国经济学家汉森通过对新古典借贷资金利率理论和凯恩斯流动性偏好利率理论的综合理解,重新推导出 IS-LL 模型,并将其易名为 IS-LM 曲线模型。

汉森认为,利率受制于投资函数、储蓄函数、流动性偏好函数(即货币需求函数)和货币供给量等四大要素,所以利率决定理论应包括对这些要素的分析。运用一般均衡的方法来探索利率的决定。

一般均衡分析法中有两个市场:实物市场和货币市场。在实物市场上,由于投资是利率的递减函数,储蓄是收入的递增函数。根据投资与储蓄的恒等关系,可以得出一条向下倾斜的 IS 曲线。曲线上任何一点代表实物市场上投资与储蓄相等条件下的局部均衡点。在货币市场上,由于货币需求 L 是收入 Y 和利率 r 的函数,货币需求与利率负相关,而与收入水平正相关,在货币供给量由中央银行决定时,可以导出一条向上倾斜的 LM 曲线。LM 曲线上任何一点意味着货币市场上货币供需相等情况下的局部均衡。IS 和 LM 两曲线相交,形成货币市场和实物市场同时均衡时的一般均衡利率和均衡所得水平。见图 3.9。

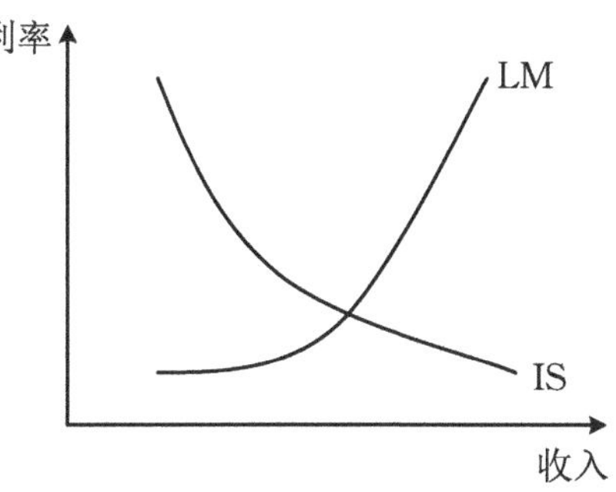

图 3.9　IS-LM 曲线

在图 3.9 中,IS 曲线向下倾斜,是因为在所得增加时也相应增加,为了使储蓄与投资相等,利率必须下降。LM 曲线向上倾斜,是因为在所得增加时货币需求量也会增加，而货币供给量又是既定的，为了使货币供求均衡，利率必须上升，以减少各经济单位对剩余货币或闲散资金的需求。

三、利率的作用

利率是一个重要的经济杠杆，对宏观经济运行与微观经济运行都有着极其重要的调节作用。抽象而论，利率杠杆的功能及作用可以从宏观与微观两个方面去考察。

（一）宏观调节作用

从宏观角度来看，利率的功能及作用主要表现在如下几个方面：

(1) 积累资金。在市场经济条件下，制约一国经济发展的一个重要因素是资金短缺。虽然有少数国家在个别时期出现过资金过剩，但对于绝大多数国家来说，资金总是一大短缺要素。这在发展中国家尤为明显。另一方面，市场经济在运行过程中，由于资金本身的活动规律、生产的季节性变化、相对于收入来源的个人消费滞后等原因，虽然个别企业和个人在某些时候会出现资金紧张的局面，有时甚至是严重的资金短缺，但从全社会来看，在任何时候都存在有一定数量的闲置资金和个人收入。由于资金的闲置与资金要求增值的本性不符，个人收入的闲置也意味着遭受机会成本损失，因此二者都有重新投入流通的要求。但是，由于市场经济条件下资金闲置者和资金短缺者经济利益不一致性，对闲置资金的运用就不能无偿取得而必须有偿进行。这种有偿的手段就是利息。有了利息的存在，就有了收息的可能。利息收入的引诱，就可以迫使资金闲置者主动让渡闲置资金，从而使社会能够聚集更多的资金。而利息的多少，一个极其重要的影响因素就是利率。利率愈高，存款人获得的利息收入愈多，社会聚积的资金规模就会越大。我国的机关、团体、部队、学校、企业事业单位的闲散资金，除依靠现金管理督促存入银行外，利率的存在和逐步调高发挥了很大的引力作用。个人储蓄存款的迅速增长也与利率的调高从而利息收入的不断增加息息相关。通过利率杠杆来聚集资金就可以获得即使在中央银行不扩大货币供给的条件下，全社会的可用货币资金总量也可以增加的效应。

(2) 调节宏观经济。利息与利率对经济的制约关系相当强烈。利率调高，一方面是拥有闲置货币资金的所有者利益诱导将其存入银行等金融机构，使全社会的资金来源增加；另一方面，借款人因利率调高而需多付利息，成本也相应增加，而成本对于利润总是一个抵消因素，由此而产生的利益约束将迫使那些经济效益较差的借款人减少借款，使有限的资金流向效益高的行业、企业和产品，从而促使全社会的生产要素产生优化配置效应。国家利用利率杠杆，在资金供求缺口比较大时(资金供给小于资金需求),为促使二者平衡,就采取调高存贷款利率的措施,在增加资金供给的同时抑制资金需求。其传递机制是:当资金供给小于资金需求时,中央银行就要调高再贷款利率(再贴现率),商业银行的借入成本就要增加,在这种情况下,商业银行为保持其既得利润,它就必须同时调高存贷款利率。而贷款利率的调高就会使借款人减少,借款规模压缩;存款利率的调高又会使存款人增加和存款来源增加。这样,在资金供给增加的同时,资金需求又在减少,从而资金供求就会趋于均衡。反之,当资金供给大于资金需求时,还可以推出另一个方向相反的传递机制。在通货膨胀率比较高的情况下,也可以动用利率杠杆进行有效地抑制。运用银行利率杠杆,还可以调节国民经济结构,促进国民经济更加协调健康的发展。例如,对国家急需发展的农业、能源、交通运输等行业,适当降低利率,支持其大力发展;对需要限制的某些加工行业,则适当提高利率,从资金上限制其发展。

(3) 优化资源配置。利率的变动会引起投资成本的变化进而影响企业的投资行为。企业投资的预期收益率大于利率是企业增加投资的前提条件,预期收益率大于利率的幅度越大,企业的投资兴趣就会越浓。因此,利率会自发地引导资金流向利润率较高的部门,使社会资源得到优化配置。同时国家还可以自觉地运用利率杠杆来调节国民经济结构,主要是采取差别利率和优惠利率。对于国家重点发展的产业、企业、项目或产品采用低利率予以支持;对于国家要压缩的产业、企业、项目或产品采用高利率予以限制。这样,在利率机制的驱动下,企业投资就会纷纷转向低利率和高收益的产业、部门或产品,从而优化产业结构,实现经济结构合理化和社会资源的优化配置。

(4) 调节货币流通和稳定物价。利息与利率从两个方面影响货币流通,一方面是影响储蓄者对货币的需求,另一方面是影响银行对货币的供给。一般而言,提高利率是一种紧缩措施,降低利率是一种膨胀措施。当流通中的货币量超过了货币需求量,出现通货膨胀时,往往通过调高利率、紧缩银根①来稳定物价。

(5) 调节国际收支。当国际收支失衡时,可通过调整利率加以平衡。一是调节利率水平。如在国际收支逆差严重时,可将本国利率调到高于外国利率,一方面

① 银根(monetary situation)是指金融市场上资金的供应情况,或指市场上货币流转的情况。市场需要货币量多而流通量少时称银根紧,反之称银根松。现代经济生活中,银根一词也往往被用来借喻中央银行的货币政策。一国中央银行或货币当局为减少信贷供给,提高利率,消除因需求过旺而带来的通货膨胀压力所采取的货币政策,称为紧缩银根。反之,为阻止经济衰退,通过增加信贷供给,降低利率,促使投资增加,带动经济增长而采取的货币政策,称为放松银根。紧缩银根和放松银根都是通过一定的货币政策工具来实现的,如公开市场业务、调整法定准备金率和再贴现率等。银根过紧或过松,都会对经济运行带来不利影响,因此,适时适量调整银根是十分必要的。

可阻止本国资金流向原利率较高的外国，另一方面也可以吸引外国的短期资金流向本国。二是调节利率结构。例如当国际收支逆差发生在国内经济衰退时期，面对经济衰退，应刺激投资，发展生产，合理的利率政策是降低利率。而面对国际收支逆差，则应提高利率。这时就不能简单地调整利率水平，而应调整利率结构。由于投资主要受长期利率的影响，而国际间的资本移动主要受短期利率的影响，所以在国内经济衰退和国际收支逆差（失衡）并发时，中央银行可以一方面降低长期利率，鼓励投资，发展经济；另一方面提高短期利率，阻止本国资本外流，并吸引外资流入，从而达到预期目的。

此外，利率也是影响汇率最重要的因素之一。我们知道，汇率是两种货币之间的相对价格。和其他商品的定价机制一样，它由外汇市场上的供求关系所决定。外汇是一种金融资产，人们持有它，是因为它能带来资本的收益。人们在选择是持有本国货币，还是持有某一种外国货币时，首先也是考虑持有哪一种货币能够给他带来较大的收益，而各国货币的收益率首先是由其金融市场的利率来衡量的。某种货币的利率上升，则持有该种货币的利息收益增加，吸引投资者买入该种货币，因此，对该货币有利好（行情看好）支持；如果利率下降，持有该种货币的收益便会减少，该种货币的吸引力也就减弱了。因此，可以说“利率升，货币强；利率跌，货币弱”。

（二）微观调节作用

从微观角度考察，利率杠杆的功能及作用主要表现在如下两个方面：

(1) 激励功能。利息对存款人来说，是一种增加收入的渠道，高的存款利率往往是吸收社会资金的诱惑。当然，利息对于借款人来说，始终是一个减利因素，是一种经济负担。企业借款的金额愈大，借款时间愈长，利率水平愈高，企业需要支付的利息就愈多，生产或业务经营的成本就愈高，利润就愈少。因此，为减轻利息负担，增加利润，企业就会尽可能地减少借款，通过加速资金周转，提高资金使用效益等途径，按期或提前归还借款。

(2) 约束功能。利率调高会使企业成本增大，从而使那些处于盈亏边沿的企业走进亏损行列，这样，企业可能会作出不再借款的选择，另一些企业也会压缩资金需求，减少借款规模，并且会更谨慎地使用资金。

综上所述，调高利率在客观上会对企业产生约束和激励作用，促使它们努力提高经济效益和劳动生产率，同时又影响着企业投资行为，是影响企业经营的重要客观因素。

第四节　利率的结构

不同期限和不同用途的资金具有不同的利率水平，即使期限相同的资金，其利率水平也不相同，这就是利率的结构问题。利率结构主要有利率的风险结构和期限结构。利率风险结构指的是期限相同的债券由于风险、流动性和税收安排不同往往具有不同的利率水平。利率期限结构指的是即使风险、流动性和税收安排相同，期限不同的债券也往往具有不同的利率水平。本节将考察各种利率之间相互波动的来源和原因，并考察解释这些波动。

一、利率的风险结构

利率的风险结构反映的是期限相同的各种金融工具利率之间的关系。利率的风险结构主要由金融工具的违约风险、流动性和税收等因素决定。

（一）违约风险

投资者购买某种金融工具后往往要面临发行人可能到期无法还本付息的风险，即违约风险或信用风险。这是由于发行人经营业绩不佳、信用意识差等原因造成的。没有任何违约风险的证券称为无风险证券。严格而言，没有任何违约风险的证券是不存在的，但是由于中央政府发行的债券总可以通过税收甚至可以增发货币来偿付本息，所以一般认为中央政府发行的国债是无风险证券，而国债的利率称为无违约风险利率。有违约风险的证券称为风险证券，不同风险证券的违约风险是不一样的。一般认为金融机构的信用等级高于公司企业，所以金融机构发行的证券的违约风险往往小于公司企业发行的同一类型证券的违约风险。对于企业或经济主体发行的有价债券需要进行信用评级。

【阅读拓展 3.1】　债券信用等级

债券信用等级是由某些权威机构通过对债券发行者的财务状况及经营状况全面调查后对其所发债券、按一定标准所评定出的级别。可作为投资者衡量债券投资风险的重要指标和债券管理机构对债券进行管理的依据。债券信用评级大多是企业债券信用评级，是对具有独立法人资格企业所发行某一特定债券，按期还本付息的可靠程度进行评估，并标示其信用程度的等级。这种信用评级，是为投资者购买债券和证券市场债券的流通转让活动提供信息服务。国家财政发行的国库券和国家银行发行的金融债券，由于有政府的保证，因此不参加债券信用评级。地方政府或非国家银行金融机构发行的某些有价证券，则有必要进行评级。

债券信用等级通常分为九个级别:"AAA"级是最高等级,表示安全度最高、风险最少;"AA"级表示安全度相当高,风险较小,能保证偿付本息,"A"级表示安全度在平均水平之上,有一定能力保证还本付息。"BBB"级表示安全度处于平均水平,目前状况较安全,但从稍长时期看,缺少一些保护性因素;"BB"级表示将来可能会出现一些影响还本付息的不利因素;"B"级表示收益力极低,将来安全性无保障;"CCC"级表示债务过多,有可能不履行偿还义务;"CC"级表示有高度投机色彩,经常不支付或延付利息;"C"级是最低级,表示前途无望,根本不能还本付息。在债券发行市场上,只有被评为前四个等级的债券才准予发行。目前世界上著名的债券评级机构有:美国的摩迪投资服务公司、标准普尔公司;英国的艾克斯特尔统计服务公司;日本的债券研究所,日本评级研究所等。

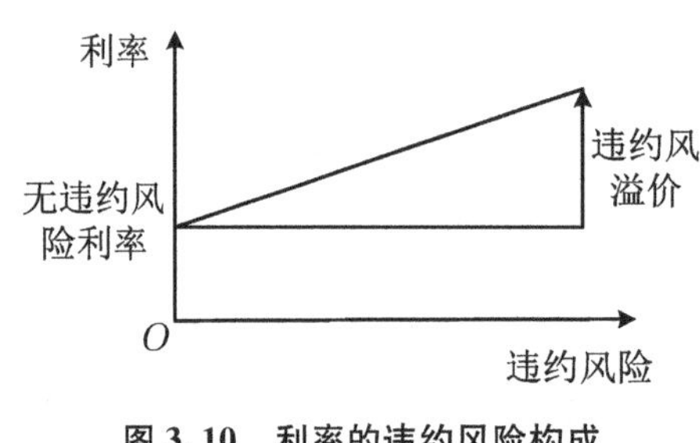

图 3.10 利率的违约风险构成

违约风险的存在使得投资者在购买了金融工具时,要求发行人支付比无风险证券利率更高的利率作为承受更高违约风险的代价,风险证券和无风险证券之间的利率差称为风险补偿,也称为违约风险溢价。金融工具的违约风险越大,风险溢价也越高,其利率也就越高。利率的违约风险构成如图 3.10 所示。

(二)流动性

流动性指的是金融工具变现的能力。金融工具在面临违约风险的同时,还会面临流动性的问题,即金融工具的持有者在金融工具到期前有可能很难在不遭受损失的情况下将其转让出去而获得现款。流动性是投资者重点考虑的问题。金融工具的流动性可以用变现成本来衡量,主要包括佣金和资本利得,佣金是买卖金融工具支付给经纪人的手续费,资本利得是金融工具的卖出价减去买入价,它可能为正,可能为负,也可能为零。

投资者总是偏好流动性更强的金融工具。如果让投资者接受流动性较差的金融工具必须给予一定的补偿,即流动性溢价。在其他条件相同时,流动性越高的金融工具,其流动性溢价就越少,利率也就越低。反之,流动性越低的金融工具,其流动性溢价就越大,利率也就越高。

(三)税收因素

美国市政债券并非非违约债券,具有违约风险,而且市政债券的流动性显然低于国库券,然而其利率水平除了在 20 世纪 30 年代末高于国库券之外,此后一直低于任何一种债券的利率。这是因为市政债券的利息收入免缴联邦所得税。所以投资者真正关注的是投资的税后收益。

【案例 3.1】

假定某人适用 28%的所得税率，他拥有面值为 1000 美元的国库券，息票率为 10%，购买价格为 1000 美元。尽管债券利率高达 10%，实际税后收益率大约只有 7.2%；如果他持有面值为 1000 美元的市政债券，息票率为 8%，购买价格为 1000 美元，实际税后收益率为 8%。所以即使市政债券的利率低于国库券，该投资者也愿意持有风险稍高、流动性稍低的市政债券。

在其他条件相同的情况下，金融工具的利息税率越高，利率也会越高，否则持有人的税后收入将减少。

二、利率的期限结构

（一）利率期限结构曲线

利率期限结构反映的是在违约风险、流动性、税收因素相同的条件下利率与期限的相关关系。

收益率曲线是在以期限长短为横坐标，以收益率为纵坐标的直角坐标系上显示出来。一般而言收益率曲线形状主要有三种情形：第一种是正收益曲线（或称上升收益曲线），其显示的期限结构特征是短期金融工具收益率较低，而长期金融工具收益率较高。第二种是反收益曲线（或称下降收益曲线），其显示的期限结构特征是短期金融工具收益率较高，而长期金融工具收益率较低。这两种收益率曲线转换过程中会出现第三种情形的收益曲线，称水平收益曲线，其特征是长短期金融工具收益率基本相等。金融工具收益率曲线图见图 3.11。

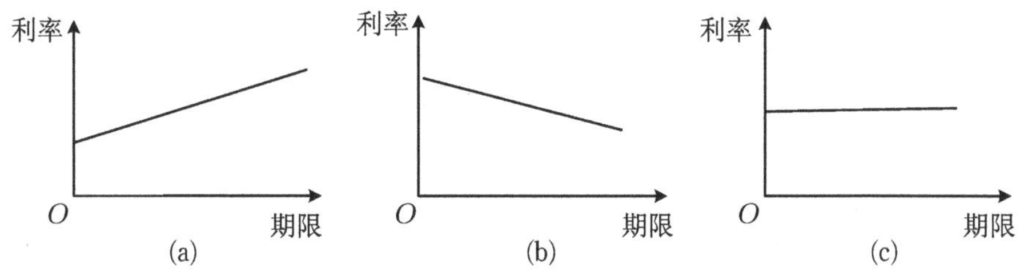

图 3.11　金融工具收益率曲线图

从表 3.1 某银行 2019 年 9 月 20 日存款利率表可以看出我国存款利率的期限结构是上升的。

（二）利率期限结构理论

解释利率期限结构的理论有三种：市场预期理论、流动偏好理论和市场分割理论。

1. 市场预期理论

市场预期理论也叫无偏预期理论，其假设前提是：① 债券没有违约风险，且不受税收、成本影响。② 人们对短期利率变动具有完全预期。③ 市场完善且债券市场中不同期限的债券之间可以完成替代，短期与长期资金市场的资金转移完全自由。④ 投资者追求收益最大化。因此，对未来的预期是收益——期限关系的唯一决定因素，长期投资与短期投资所得的本利和应相等，长期利率等于在其有效期内人们所预期的短期利率的平均值。

例如：某投资者有一笔资金准备投资两年，他可以有两种投资选择：购买一年期债券，到期后用本息再购买一年期的债券；或现在就购买两年期债券。如果当前一年期的债券利率为 9%，预期第二年的利率为 11%，那么只有当债券供求变化使得两年期长期债券利率至少等于两个一年期的短期债券利率的平均水平，即 10%，投资者才可能选择直接投资两年期债券。

预期理论的基本结论是：长期利率是短期利率的函数。长期利率同当前短期利率之间的关系依赖于当前短期利率与预期短期利率之间的关系。而且未来的短期利率是决定收益率曲线的唯一因素。若未来短期利率不变，则当期长期利率等于当期短期利率，收益率曲线为一水平线；若预期未来短期利率上升，现期长期利率将高于现期短期利率，收益率曲线向上倾斜；反之，现期长期利率将低于现期短期利率，收益率曲线向下倾斜。

2. 市场分割理论

市场分割理论假设各种期限证券之间毫无替代性，它们的市场是相互分割、彼此独立的，因而每种证券的利率都只是由各自市场的供求状况决定的，彼此之间无交叉影响。市场分割理论认为市场分割的原因有：① 投资者可能对某种证券具有特殊偏好或投资习惯。② 投资者不能掌握足够知识，只能对某些证券感兴趣。③ 不同借款人也只对某些证券感兴趣，因为其资金的使用性质决定了他们只会对某些期限的证券感兴趣。④ 机构投资者的负债结构决定了他们在长期和短期证券之间的选择。⑤ 缺少易于在国内市场上销售的统一的债务工具。

根据市场分割理论，收益率曲线的不同形状是由不同期限证券的市场供求决定的，而各种期限证券的供求又受到投资者期限偏好的影响。如果较多的投资者偏好期限较短的证券，则对短期证券的大量需求将导致较低的短期利率，收益率曲线向上倾斜；相反，如果更多的投资者偏好长期证券，那么收益率曲线将向下倾斜。

市场分割理论为利率期限结构的第一种情形提供了最直接的解释，即人们会更加偏好期限较短、利率风险较低的证券。但是该理论却无法解释另外两种情形。它将不同期限的证券市场割裂开来，各种证券的预期收益率相互独立，因此根本无从解释为什么不同期限证券的利率会同向波动；它不认为短期利率的变动会影响长期利率，因此也无法解释为什么短期利率较低时收益率曲线向上倾斜，而短期利率较高时收益率曲线向下倾斜。

3. 期限选择和流动性溢价理论

期限选择和流动性溢价理论综合了市场预期理论与市场分割理论的特点，认为长期证券的利率应等于该种证券到期前短期利率预期的平均值加上该种证券的流动性溢价。

该理论的关键假设是：不同期限证券之间是可以相互替代的，这就意味着一种证券的预期收益率会影响其他期限证券的预期收益率。但另一方面，该理论又强调这种替代性并不是完全的，因为长短期证券收益率相同时，投资者更愿意持有短期证券(因为喜好流动性)。由于长期证券越容易遭受利率风险，在给定利率下，长期证券价格变动幅度要大于短期证券价格变化幅度。在其他条件相同时，这种资本损失的风险就产生了对持有更短期证券的偏好，这种偏好使得投资者聚集到他们所期望购买的证券市场中(即优先聚集地)，所以长期证券与短期证券之间是不完全替代的。同时这种偏好导致了对长期证券需求的“结构缺陷”，这种缺陷只有当长期证券的投资者能够得到“流动性溢价”时才能被消除。因此，长期证券利率不是当前利率与未来一年期利率的简单平均值，而是在这个平均值之上再加上流动性溢价。这是长期投资者所得到的风险补偿。只有这样，他们才肯购买非偏好的长期证券。

该理论的贡献在于：① 既弥补了市场分割理论的缺陷，解释了短期投资者为何不愿意去投资长期证券，长短期证券之间为什么不能替代的情况，也克服了预期理论的不足之处，这两种证券之间存在着不完全的替代，而不是完全的替代。② 能够合理的解释利率期限结构的第一种情形。投资者偏好短期证券，因此随着证券期限的延长，流动性溢价将会增大。在这种情况下：如果对未来短期利率预期的平均值提高，长期利率将高于短期利率，从而使收益率曲线向上倾斜，并且由于正的流动性溢价的存在，收益率曲线将更加陡峭；如果对未来短期利率预期的平均值不变，由于流动性溢价的存在，长期利率也将高于短期利率，从而收益率曲线向上平缓倾斜；对未来短期利率预期的平均值下降可能会根据下降的程度导致三种不同结果，即如果预期下降不足以完全抵消流动性溢价则收益率曲线微微向上倾斜，如果预期下降恰好抵消流动性溢价则收益率曲线保持水平，如果预期下降程度较大则收益率曲线向下倾斜。

第五节 利率管理体制

一、利率管理体制及其类型

利率管理体制(interest rate regulation system)是利率政策的一个重要内容。利率的作用能否发挥出来,发挥到什么程度,与利率管理体制是否合适密切相关。利率管理体制,简单地说就是国家对利率进行管理的一种组织制度。它规定了金融管理当局或中央银行的利率管理权限、范围和程度。

利率管理体制的主要内容包括:① 利率的管理原则是根据经济规律和国家货币政策的要求,按照一定的原则、程序和方法对利率水平、体系和管理方法进行的组织与控制。其主要任务是确立合理的利率体系,理顺各种利率的比例关系,完善利率的管理办法。② 利率管理权限的划分,主要指利率制定权、执行权、管理权和浮动权在各级利率管理组织之间的划分,它是利率管理组织内部各级机构之间相互联系的一种方式。③ 利率管理的形式,是指对利率管理形式的分类。一种常用方法是根据利率管理权力的分散程度划分为集中管理型、分散管理型和综合型三种。

从世界范围看,各国采取的利率管理体制大致可分为三类:① 国家集中管理。即实行利率管制,国家对直接融资和间接融资活动中的利率实行统一的管理,由管理机构根据宏观经济发展的要求和对金融形势的判断,制定各种利率,各金融机构都必须遵照执行。② 市场自由决定。即利率市场化,国家只控制基准利率,其他利率基本放开,由市场的资金供求关系确定。从 20 世纪 70 年代开始,许多国家逐步放松了利率管制,呈现出利率自由化的趋势。③ 国家管理与市场决定相结合。大多数国家在相当长的时间内采取了此种做法,只是国家管理的程度和方式各有不同。

二、我国利率市场化①

自 1993 年党的十四届三种全会提出利率市场化改革的基本设想以来,利率市场化本着"货币市场利率——债券市场利率——外币利率——人民币存贷款利率"的基本顺序逐步推进。

---

① 节选自:任泽平,甘源.中国利率市场现状:七大利率如何传导?——利率市场化专题(上)[BE/OL].http://www.sohu.com/a/240993312_467568.

(一)存贷款利率市场化

从1983年确定利率“双轨制”到基本实现存贷款利率放开,共经历三十多年。其中,存贷款利率市场化一直是最难啃的“硬骨头”,不仅受到国际环境的影响,还遭到来自实体经济的重重阻力。

1997年亚洲金融危机爆发,国内经济受到一定程度的影响,由政府代替银行进行风险定价的管制利率弊端日益凸显,突出问题在于中小企业融资难。为了支持中小企业,中国人民银行试图调高商业性贷款上限利率至30%,但来自实体经济、尤其是大企业的反对意见过大,最终多轮妥协结果是1998年对中小企业贷款利率上线放宽至20%,大中型企业贷款利率最高上浮10%不变。此后,谨慎推进,2004年放开上限,管理下限。2013年基本取消贷款利率下限,至此,基本实现贷款利率市场化。

1999年中央银行从风险相对可控的机构间批发市场进行存款利率市场化的初步尝试,允许商业银行对保险公司试办长期大额协议存款,利率水平由双方协商确定。此后逐步扩大上浮幅度,在2012年、2014年和2015年分别将存款利率上限扩大至1.1倍、1.2倍和1.5倍。2015年10月,放开存款利率上限条件已经成熟,银行资产端和负债端基本实现市场化定价。放开对商业银行、农村合作信用机构的利率浮动上限,标志着利率市场化步入新阶段。

存款利率下限于2004年已放开,相隔11年上限才基本放开,之所以如此谨慎,是因为存款利率上限的放开会导致商业银行为了吸引客户,非理性提高利率,引发恶性竞争。此外,在2013年前,贷款利率下限仍未放开,如果此时再放开存款上限的话,银行利润不可避免的面临急剧收缩的风险。

2000年9月,外币贷款利率完全放开,300万美元以上大额外币存款利率放开。2003年,小额外币存款利率下限放开、小额外币存款利率管制币种由7种减少为4种。2004年11月,1年期以上小额外币存款利率全部放开。2014年3月,上海自贸区试点放开300万美元以下小额外币存款利率上限。经过3个多月的试点,市场总体平稳,区内区外小额外币存款利率没有出现明显价差,区内外币存款挂牌价格基本稳定,没有出现大规模跨区跨行的存款搬家现象。为此,从2014年6月27日起,小额外币存款利率上限放开的改革试点由上海自贸试验区扩大到上海市。

(二)构建市场利率体系

中国融资市场以间接融资为主,资金批发市场利率市场化不会影响商业银行对企业的贷款利率,因此,资金批发市场的利率市场化进展顺利,共经历了银行间同业拆借利率市场化、债券市场利率市场化和 Shibor 作为货币市场基准利率的设立。

银行同业业务的天然职能是通过银行间调剂资金余缺，从而实现减震、稳定的功能。在 1980 年前后，拨改贷[①]推进后，机构间调剂资金余额的需求推动同业拆借市场迅速发展。商业银行在投资需求的刺激下，出现高风险拆借乱象，中央银行为此实行拆借利率上限管理。之后，中央银行将各地分散的拆借市场统一为全国银行间拆借市场，专业银行商业化改革取得阶段性进展，1996 年 6 月中央银行取消拆借利率上限管理，实现了拆借利率完全市场化。

目前债券发行市场基本实现市场化。资金批发市场利率还包括债券市场利率，主要放开思路是国债、金融债、企业债逐步放开。首先是国债创新发行。1996 年，财政部开创性地运用交易所平台实现利率招标、收益率招标、划款期招标等的市场化发行。此后，1997 年 6 月，银行间同业市场开办债券回购业务，债券回购利率和现券交易价格均由交易双方协商决定，同步实现了市场化。1998 年 9 月，两家政策性银行首先发行金融债券，1999 年财政部首次在银行间债券市场以利率招标的方式发行国债。目前，除了企业债、短期融资券和中期票据有一定上下限管制外，其他债券发行基本实现市场化。

2007 年 1 月 4 日，上海银行间拆借利率正式上线。此后，3 个月内的短期 Shibor 能够基本体现市场资金供求变化，与回购利率、隔夜、7 天等相关系数分别为 0.8、0.99、0.99。随后，以 Shibor 为基准的市场交易规模不断扩大，基本确立了 Shibor 利率基准的地位。

2019 年 8 月 17 日中国人民银行决定改革完善贷款市场报价利率（LPR）形成机制。即由各报价行于每月 20 日（遇节假日顺延）9 时前，以 0.05 个百分点为步长，向全国银行间同业拆借中心提交报价，银行间同业拆借中心按去掉最高和最低报价后算术平均，向 0.05%的整数倍就近取整计算得出 LPR，于当日 9 时 30 分公布。2019 年 8 月 20 日新 LPR 首次报价出炉，1 年期贷款市场报价利率为 4.25%，5 年期以上 LPR 为 4.85%。贷款市场报价利率（LPR）的推出，可以提高 LPR 的市场化程度，发挥好 LPR 对贷款利率的引导作用，促进贷款利率“两轨合一轨”，提高利率传导效率，推动降低实体经济融资成本。

（三）中央银行利率体系改进

中央银行逐步将利率调控由直接变为间接，具体措施为：实行再贷款浮息、超

---

① 拨改贷是指国家为提高财政资金使用效益，将国家预算内基本建设投资由拨款改为银行贷款。该政策从 1979 年开始试行至 1989 年止。

额准备金存款利率作为货币市场利率下限、取消邮政储蓄补贴。

2004 年中央银行实行再贷款浮息制度，再贴现、再贷款利率以市场利率为基础。中央银行在再贷款（再贴现）基准利率基础上，适时确定并公布中央银行对金融机构贷款利率加点幅度，主要作用是理顺中央银行和借款人之间的资金利率关系，约束借款人行为，减少中央银行资产业务的财政补贴政策，避免流动性的被动投放。

2003 年超额准备金存款利率作为货币市场下限。中央银行存款利率包括法定存款准备金率和存款便利利率。2003 年中央银行实行"一个账户、两种利率"的方式分别计提利息，超额准备金存款利率从客观上充当货币市场利率的下限。中央银行于 2003～2005 年间频繁搭配使用超额准备金利率与再贴现浮息政策，拉大中美货币市场利率利差，增大人民币投机成本。同时能够有效控制基础货币投放，积极应对汇率冲击。

2003 年邮储转存款改为法定准备金存款利率计息。2003 年，中央银行对邮储业务进行补贴，邮储吸收存款转存中央银行的利差为无风险收益，导致 2003 年前邮储吸收存款规模迅速扩张，分流部分农村资金。2003 年新老划断①改为和金融机构一样的法定准备金存款利率。

在利率市场化改革过程中，动力与阻力并存，本着"货币市场利率——债券市场利率——外币利率——人民币存贷款利率"的基本顺序逐步改革，2015 年彻底放开存款名义利率上限成为我国基本完成利率市场化的标志。目前，我国利率市场化进程进入了新的阶段，加速培育 Shibor 或其他市场基准利率成为深入推进的必要条件，同时，货币政策调控需要跟上利率市场化改革的步伐，政策利率和市场基准利率的传导方式需要厘清，中介目标由数量型转变为利率型，操作目标需进一步完善。

随着互联网金融的发展，利率市场化进程出现加速，我们现在面临着全新的利率市场化背景。《"十三五"现代金融体系规划》提到："深化利率市场化改革。完善金融机构公司治理，健全内控制度，增强自主合理定价能力和风险管理水平，培育市场基准利率和收益率曲线，健全市场化的利率形成机制，充分发挥市场竞争性利率体系在资源配置中的决定性作用。"为什么在探讨利率市场化时要提及公司治理呢？利率由资金的融出方与融入方共同决定，只有当双方都是市场化约束的主体时，利率才是市场化的价格，因此利率市场化离不开完善的金融机构公司治理，也与国有企业的改革紧密相关。

---

①　自 2003 年 8 月 1 日起，邮政储蓄新增存款转存人民银行的部分，按金融机构准备金存款利率计息；2003 年 8 月 1 日以前的邮政储蓄老转存款按当时转存款利率计息。

易纲在2018年4月博鳌论坛上表示:“目前中国仍存在一些利率‘双轨制’:一是在存贷款方面仍有基准利率,二是货币市场利率是完全由市场决定的。其实我们的最佳策略是让这两个轨道的利率逐渐统一,这就是我们要做的市场改革。”对此货币政策执行报告也以专栏的形式进行了探讨,指出:“利率市场化改革还有一些‘硬骨头’。目前存贷款基准利率和市场利率‘两轨’并存,存在存款‘搬家’现象,一定程度上推动了银行负债短期化、同业化,资金稳定性下降,成本上升。此外,市场基准利率体系培育、利率调控体系建设、金融机构定价能力培育也有待进一步推进。”“两轨”并存使银行存款收益率较低,而货币基金收益率较高,导致居民存款流向货币基金。但货币基金在银行存放的存款却属于同业存款。此外,大型企业直接在银行存款会形成一般性存款,而如果大型企业通过财务公司管理存款,财务公司再将企业存款转存至商业银行,则属于同业存款。这种现象导致部分国有商业银行同业负债占比和股份制银行一样高。走向“两率并轨”,要求未来存贷款利率浮动更为自由,最终和市场利率的走势一致。

【阅读拓展3.2】 我国利率市场化进程

近年来,我国在维护金融市场整体稳定的前提之下,逐步推动利率市场化,使得资源进行更有效配置,并充分激发金融机构的自由竞争和创新能力。总体而言,我国的利率市场化路径大致为从放开同业拆借及银行间回购利率,到放开贷款利率管制,再到近年来加速推进的存款利率市场化,可以说我国已经处在利率市场化的最后阶段。具体来看,自1996年至今的一些重要利率市场化改革事件如下:

1996年1月3日,启动全国银行间同业拆借市场;同年6月1日,中央银行放开银行间同业拆借市场利率,实现拆借双方根据供求自行确定拆借利率。

1998年3月21日,中央银行放开贴现利率和转贴现利率;同年9月,放开政策性银行发行金融债券的利率,实现银行间债券市场利率全面放开。

2000年9月21日,中央银行改革我国外币贷款利率,大额外币存款(300万美元及以上)的利率由交易双方协商决定。

2004年1月1日,中央银行在此前已两次扩大金融机构贷款利率浮动区间的基础上,第三次扩大贷款利率浮动区间。同年10月,贷款上浮取消封顶,下浮的幅度为基准利率的0.9倍。

2006年8月,扩大商业性个人住房贷款利率浮动范围至基准利率的0.85倍。

2008年5月汶川特大地震发生后,为支持灾后重建,中央银行于当年10月进一步提升金融机构住房抵押贷款的自主定价权,将商业性个人住房贷款利率下限扩大至基准利率的0.7倍。

2013年7月,全面放开金融机构贷款利率管制,取消金融机构贷款利率0.7倍下限;同年10月,贷款基础利率集中报价和发布机制正式实行。

2015年5月,在2014年和2015年3月将金融机构存贷款利率浮动区间的上限由1.1、1.2、1.3倍进一步上调为1.5倍;同年6月,推出大额存单业务;同年8月,放开一年期以上定期存款的利率浮动上限;同年10月,对商业银行和农村合作金融机构等不再设置存款利率浮动上限。

三、利率政策与利率杠杆

利率政策(interest rate policy)是指中央银行控制和调节市场利率以影响社会资金供求的方针和各种措施。它是中央银行间接控制信用规模的一项重要的手段。就我国而言,中国人民银行根据货币政策实施的需要,适时的运用利率工具,对利率水平和利率结构进行调整,进而影响社会资金供求状况,实现货币政策的既定目标。随着我国信用经济的发展,经济货币化程度的加深,利率已成为我国宏观经济调节的重要杠杆,对宏观经济调节起到了重要作用。在中国特色的社会主义市场经济条件下,通过控制利率水平及其弹性限度,加快利率市场化改革,完善利率传导机制,最大限度地发挥利率杠杆的宏观调节作用,无疑是利率理论的核心问题。

要完善利率传导体制,可以从以下方面入手:① 科学的利率水平设计;② 利率传导主体(商业银行、企业、个人)对利率水平和变动能够做出灵敏的反应;③ 传导的方式不是直接传导而是间接传导,或者说不是靠行政手段,而是通过市场传导;④ 传导的渠道,不是单一的而是纵横渠道结合。为此,要完善利率杠杆传导机制就必须实行商业银行的企业化经营,发展金融市场,建立多元化的金融资产结构,利用消费贷款方式扩大利率杠杆的调节范围,建立与健全保证利率杠杆传导的良性循环机制。

(一) 主要利率工具

目前,中国人民银行采用的利率工具主要有:① 调整中央银行基准利率。包括:再贷款利率、再贴现利率、存款准备金利率和超额存款准备金利率。② 调整金融机构法定存贷款利率。③ 制定金融机构存贷款利率的浮动范围。④ 制定相关政策对各类利率结构和档次进行调整等。

(二) 提高利率杠杆有效性的主要手段

1. 确定合理的利率水平

合理的利率水平设计是充分发挥利率杠杆的宏观调控作用的前提。设计利率水平时除了要充分考虑物价水平、资金供求变动因素、银行经营成本以外,更重要的是要充分考虑社会平均利润率。当社会平均利润率上升时需要及时提高贷款利率。只有这样才能抑制企业的投资冲动，淘汰低效益的企业；否则，当社会平均利润率上升时仍保持低利率，那么由于较大的利益驱动，企业和个人就会不断的扩大投资并最终导致经济过热。在提高贷款利率的同时也应提高存款利率以保持合理的存贷利差水平。可见，要避免经济的大起大落，实现经济可持续发展，就必须根据当时的社会平均利润率水平确定合理的利率水平。

目前，中国人民银行在确定利率水平时，主要综合考虑以下几个因素：

（1）物价总水平。这是维护存款人利益的重要依据。利率高于同期物价上涨率，就可以保证存款人的实际利息收益为正值；相反，如果利率低于物价上涨率，存款人的实际利息收益就会变成负值。因此，看利率水平的高低不仅要看名义利率的水平，更重要的是还要看是正利率还是负利率。

（2）国有大中型企业的利息负担。长期以来，国有大中型企业生产发展的资金大部分依赖银行贷款，利率水平的变动对企业成本和利润有着直接的重要的影响，因此，利率水平的确定，必须考虑企业的承受能力。

（3）国家财政和银行的利益。利率调整对财政收支的影响，主要是通过影响企业和银行上交财政税收的增加或减少而间接产生的。因此，在调整利率水平时，必须综合考虑国家财政的收支状况。银行是经营货币资金的特殊企业，存贷款利差仍是银行收入的主要来源，利率水平的确定还要保持合适的存贷款利差，以保证银行正常经营。

（4）国家政策和社会资金供求状况。利率政策要服从国家经济政策的大局，并体现不同时期国家政策的要求。与其他商品的价格一样，利率水平的确定也要考虑社会资金的供求状况，受资金供求规律的制约。

（5）期限、风险等其他因素也是确定利率水平的重要依据。一般来讲，期限越长，利率越高；风险越大，利率越高。反之，则利率越低。

（6）国际上的利率水平。随着我国经济开放程度的提高，国际金融市场利率水平的变动对我国利率水平的影响将越来越大，在研究国内利率问题时，还要参考国际上的利率水平。

2. 完善商业银行体制，逐步推进利率市场化改革

只要企业产权明晰，经营机制健全，就能减少企业在资金运用上的风险性。企业往往在借款时就会更多顾及因利率变化而引起的经营风险以及自身的实际偿还能力，考虑企业的长远利益和债权人——银行的利益，这也将有助于银行的商业化改革，一定程度上强化银行信贷风险，增强其经营积极性和开拓性，从而使全社会的信用程度得到提高，这才能为利率市场化的全面改革提供前提条件与基本保障。通过完善商业银行内部管理，消除货币政策传导在商业银行层面的障碍，充分发挥利率政策的作用。从经营管理角度讲,只有完善激励约束机制,才可提高基层分支银行的经营管理水平和盈利能力。要尽快促使经营策略向“效益立行”转变,在强化信贷约束机制的同时,尤其要注意建立和完善信贷激励机制,推行以市场和效益为中心的新经营理念,把贷款营销与商业银行经营管理紧密结合起来,通过提高经济效益,壮大资本金实力来化解和稀释信贷风险。在信贷策略上,不能盲目遵循“大城市、大企业”的策略,要结合自身的特点搞好市场定位,完成从“争夺客户”向“培育客户”的转变,加强对企业、对市场、对产品的调查研究,加大对有发展潜力的中小企业的支持力度,帮助企业发展壮大,努力培育自己的基本客户群,培育新的、稳定的利润增长点。

从我国实际情况看,为适应市场经济体制改革要求,保证中央银行货币政策的有效性,利率市场化将是我国金融体制改革的方向。我国利率市场化的最终目标就是形成在社会资金供求关系中,以基准利率为中心,市场利率为主体,既有国家宏观调控功能,又具有市场自我调节功能的一种利率管理系统。当前应积极创造实施利率市场化的条件,促进市场利率体系的形成和完善。要大力推进货币市场的发展,促进整个利率市场化改革中的基准利率的形成。市场化的利率信号是在货币市场上形成的,发展货币市场有利于使这一信号能够准确地反映市场资金的供求变化,形成可靠的基准性利率,以此为导向,及时调整贷款利率,最终放开存款利率,才能真正实行基准利率引导下的市场利率体系。发展货币市场,其重点应是尽快完善同业拆借市场业务。在货币市场的各个子市场中拆借市场的利率最能及时体现资金供求变动状况,对整个货币市场的利率结构具有导向性,因而发展拆借市场是利率市场化改革的突破口。

3. 利率调整应具有前瞻性

由于货币政策从制定到发挥作用有一定的时滞,最短也要 3 个月,所以一定要提前采取调控措施,才能发挥应有的作用。在这方面中央银行已有所认识,2006 年的第一次利率调整就反映了中央银行利率政策的前瞻性,根据金融指标的先行变化提早采取政策行动,以达到稳定币值和物价水平的目的。这次与 2004 年 10 月底的加息明显不同。2004 年 10 月的加息是在物价指数连续三个月超过了 5%,达到周期波动的最高点、货币供应与信贷增长率出现了下降趋势的背景下展开的,结果导致了 2005 年的 CPI 和银行信贷增长率更大幅度地下降,以至于 2005 年底还引发了人们对通货紧缩的担忧和对那一次加息的诟病。2006 年第一次利率的调整是在信贷高涨的苗头初露、而且物价指数处于较低水平的背景下进行的,毕竟 2006 年 3 月份的 CPI 仅为 0.8%,在价格水平上并没有表现出明显的通货膨胀迹象,因此,若按照以往的利率操作,以稳定币值为己任的货币政策似乎没有必要在此时采取紧缩性的行动。但金融指标的先行高涨,尤其是商业银行信贷扩张的冲动及流动性更强的狭义货币 M_1 的增长率的大幅回升，表明经济在短期内存在物价上涨的压力，因此，及时小幅提高利率，在社会上造成紧缩的心理预期，迫使借款者谨慎地行动，对避免信贷的过度扩张和物价水平的上涨是有益的。但由于中央银行对物价上涨的趋势估计不足，利率调整的幅度明显不够。因此，在利率政策强调预见性的同时，必须根据物价上涨趋势，加大调控力度。

4. 遏制通货膨胀，避免泡沫经济

在通胀膨胀下，尤其是实际利率为负值时，会引起人们储蓄行为的改变，储蓄存款搬家，手持货币冲击市场，引起房地产市场与资本市场的剧烈动荡，严重时还会引起抢购和挤兑风潮的发生，影响到经济稳定，政治稳定。与此同时，在实际利率为负值的情况下，企业也会活跃起来，到处伸手寻找贷款，因为只要能贷到款，即使不生产也可以坐收涨价的好处。利率杠杆完全失去作用。因此，我们应大力遏制通货膨胀，同时将利率提高到一个合理的水平。随着通货膨胀的消除，利率必然会有负变正，从而利率的杠杆作用也会逐渐变大起来。否则，若利率过低，企业投资冲动难以遏制，通货膨胀就不能从根本上得到控制，当全面通货膨胀一旦形成，此时利率上调就会和通货膨胀交互攀高，给经济造成不堪设想的后果。因此，我们应当始终把遏制通货膨胀作为一项重要任务来抓。没有稳定的通货，就没有利率杠杆的有效作用。

近年来，中国人民银行进一步加强了对利率工具的运用。利率调整比较频繁，利率调控方式更为灵活，调控机制日趋完善。随着利率市场化改革的逐步推进，作为货币政策主要手段之一的利率政策将逐步从对利率的直接调控向间接调控转化。利率作为重要的经济杠杆，在国家宏观调控体系中将发挥更加重要的作用。

本章小结

利息一般是指借款人（债务人）支付给贷款人（债权人）的使用贷款的代价，或是贷款人由于借出货币资金（或实物）而从借款人那里获得的报酬。

利率是指一定时期内利息额同借贷资本总额的比率。计息方法有单利和复利两种。从不同的角度划分，利率可分为不同的类型。这其中，基准利率是金融市场上具有普遍参照作用的利率，其他利率水平或金融资产价格均可根据这一基准利率水平来确定。

马克思利率决定理论认为，平均利润率是决定利息率的基本因素，资金供求关系及竞争状况决定着具体的利率水平。此外，影响利率的因素还有通货膨胀率、社会再生产周期、中央银行的货币政策和国际市场的利率水平等。西方利率决定理论经历了古典利率理论、凯恩斯利率理论、可贷资金利率理论以及 IS-LM 利率模型等的演变、发展过程。

利率是一个重要的经济杠杆，对宏观经济运行与微观经济运行都有着极其重要的调节作用。

利率结构主要包括风险结构和期限结构。

利率管理体制是指国家对利率进行管理的一种组织制度。各国采取的利率管理体制大致可分为三类：国家集中管理、市场自由决定、国家管理与市场决定相结合。

当前，世界各国频繁运用利率杠杆对经济实施宏观调控，利率政策已成为各国中央银行调控货币供求，进而调控经济的主要手段，利率政策在中央银行货币政策中的地位越来越重要。我国应逐步实现利率的市场化，让利率杠杆在经济调节中发挥更重要的作用。

【关键术语】

利息　利息率　单利与复利　现值和终值　基准利率　名义利率与实际利率　凯恩斯陷阱　利率管理体制　利率市场化

【思考题】

1. 什么是利息？简述马克思关于利息本质的主要观点。
2. 什么是利率？主要计息方式有哪些？
3. 利率有哪些主要种类？
4. 决定和影响利率的主要因素有哪些？
5. 简述利率的主要功能及作用。
6. 何为利率的风险结构和期限结构？
7. 什么是利率管理体制？试述我国利率市场化改革的前景。
8. 如何完善我国的利率传导机制？

【延伸阅读】

1. 利率并轨 打通利率市场化改革“最后一公里”. http://finance.eastmoney.com/a/201907181181331640.html.

2. 上海银行间拆放利率. http://www.shibor.org/https://www.sohu.com/a/195676325_667855.

3. 任泽平，甘源. 中国利率市场现状：七大利率如何传导？——利率市场化专题(上)http://www.sohu.com/a/240993312_467568.

4. 利率市场化. https://baike.baidu.com.

第四章　金融市场

⊙ 导言

2008 年 9 月 15 日，美国第四大投资银行雷曼兄弟公司申请破产保护，这大大打击了市场的信心，导致欧美股市出现大幅下跌。雷曼兄弟倒闭是一个转折点，标志着美国次贷危机的进一步恶化，次贷危机也迅速演变为一场波及全球的金融危机。危机从信贷市场蔓延到利率市场、股票市场、商品市场，从美国蔓延到世界各地，全球经济陷入第二次世界大战以来最严重的衰竭之中。大量金融机构的经营活动陷入困境。

在现代金融体系中，金融市场是极其重要的组成部分。它像一台巨大的输送机，通过它所提供的各种金融工具，源源不断地将社会上的闲散资金，输送到资金的需求者手中，在此过程中，储蓄转化成投资，大大推动了经济发展。所以，金融市场是否健全，既是一国金融体系是否健全的重要衡量，同时又是关系到一国经济发展的重要条件。

本章将在简要介绍资金融通及其主要形式的基础上，重点介绍金融市场及其功能、金融市场的主要种类，并对我国金融市场的发展情况做出一般介绍。

第一节　金融市场概述

一、金融市场的概念

（一）资金融通及其意义

现代市场经济中，存在着众多的经济行为主体，其大致可以分为居民、企业、金融机构、政府四大类。在经济货币化程度越来越高的当今社会中，各经济行为主体的每一次经济活动最终都会反映为货币的收支运动。

在经历一系列货币收支过程之后，各经济主体的收支状况就不外乎会有以下三种情况：收支相抵、收大于支和收不抵支。在现实社会中，收支正好相抵的经济主体为数不多，而最常见的现象就是同时存在着一部分收大于支的经济主体和一部分收不抵支的经济主体。我们分别将这两部分经济主体称为资金盈余单位和资金赤字单位。如果资金盈余单位无法从盈余资金中获利，而资金赤字单位没有资金运转，都会阻碍经济发展，导致资源浪费。为了经济活动能顺利进行，为了更有效地利用资金，社会需要将盈余单位的资金通过信用的方式调剂给资金赤字单位使用，这就是资金融通，即在经济运行过程中，资金供求双方运用各种金融工具调节资金盈余的活动。

资金融通是现代金融的核心。如果我们将资金盈余单位的盈余称为广义的储蓄，将赤字单位对资金的需要称为广义的投资需求，则前述的资金转移过程就是我们所常见到的储蓄-投资转化机制。如何有效地将资金由盈余方转移到赤字方，或者说如何提高储蓄-投资转化机制的效率是金融领域最重要的问题之一，它将直接影响到整个经济运行的效率。

在早期，由于信息传导机制不完善，所以资金余缺的调剂主要是靠双方的不断搜寻和试探。这种搜寻，代价相当大。第一，使一些小额资金盈余者因搜寻花费的成本过高，而使他们参与资金融通变得无利可图，从而被排除在金融市场之外，从宏观角度来讲，这就使得一部分储蓄资金无法转化为投资。第二，这种通过不断试探达到的交易，是一种偶然交易，必须恰好双方在资金的期限、规模、价格（指利率）等各方面的意见一致，而融资意愿方向恰好相反时，这笔交易才可能实现。实践证明，这种类似物物交换的交易方式的成交率非常低，远远无法满足社会资金融通的要求。于是就逐渐出现以各种金融工具作为交易媒介的交易。

这样，盈余单位与赤字单位之间的融资活动又可根据融资工具的不同而分为间接融资与直接融资两类。

直接融资又称直接金融，是指通过最终贷款人（资金供给者）和最终借款人（资金需求者）直接结合来融通资金，中间不存在任何金融中介机构的融资方式。在直接融资中，资金供求双方是通过买卖直接证券来实现融资目的。所谓直接证券，是指非金融机构如政府、工商企业乃至个人所发行或签署的公债、国库券、债券、股票、抵押契约、借款合同以及其他各种形式的票据。直接融资的过程就是资金供求双方通过直接协议或在公开市场上买卖直接证券的过程。资金供给方支付货币购入直接证券，资金需求方提取直接证券获得资金。

间接融资又称间接金融，是指最终贷款人通过金融中介机构来完成向最终借款人融出资金的过程。在这一过程中，金融中介机构发挥了重要的作用，它通过发行间接证券来从盈余单位融入资金，再通过购买赤字单位发行的直接证券来提供资金。所谓间接证券是指金融机构所发行的银行券、银行票据、可转让存单、人寿保单、金融债券和各种借据等金融证券。

【阅读拓展 4.1】 直接融资与间接融资有什么区别？

有兴趣的读者可以登录“搜狐网”，获取相关知识，具体网址为：
https://www.sohu.com/a/339692515_120145558.

（二）金融市场的基本含义

所谓金融市场是指通过金融工具的交易实现资金融通的场所或机制。在金融市场上，资金赤字单位，也称资金需求者，发行和销售金融工具；资金盈余单位，也称资金供应者，则用资金交换或购买金融工具。资金需求者通过卖出金融工具取得盈余单位的资金，为此他承担了一定的金融债务。资金供应者通过买进金融工具把资金转给资金赤字单位，为此他获得了相应的金融资产。金融市场通过金融工具的这种交换行为使资金供应者和资金需求者的资金得以融通。

金融市场有广义和狭义之分。广义的金融市场包括两种金融市场，一种叫做协议贷款市场（negotiated-loan markets），一种叫做公开金融市场（open financial markets）。协议贷款市场主要包括存款市场、贷款市场、信托市场。其主要特点是：交易价格（即利率）和交易条件由双方协商决定，且该决定不适于下次交易以及与他人的交易；交易的工具不具备标准化的转让条件，无法转让流通。公开金融市场即狭义的金融市场包括货币市场、债券市场、股票市场、期货市场、期权市场等。其交易价格和交易条件是通过为数众多的交易者的公开竞争来决定的，且该决定适用于任何个人和机构；交易的工具，其期限、交易单位一般都有一个被普遍接受的标准，即具备标准化的转让条件，可以自由买卖。我们主要阐述狭义的金融市场。

市场经济是一个由金融市场、商品市场和服务市场等诸多市场所构成的庞大的市场统一体。在这个统一体中，金融市场同其他各类市场既相互联系又相互区别。

（1）金融市场同其他市场之间的联系具体表现在：一是金融市场为商品市场提供交易的媒介，使商品交换能够顺利进行；二是金融市场可以有力地推动商品市场的发展，在外延的广度上促进商品市场的发展；三是通过金融市场的带动和调节，使商品市场进行流动和组合，从而引起对资源的重新配置。

（2）金融市场同其他市场的区别表现在：一是交易场所的区别。一般商品交易有其固定的场所，以有形市场为主；而金融市场既是有形市场，在更大的范围内也有通过电话、电报、电传、电脑等工具进行交易的无形市场，这种公开广泛的市场体系，可以将供求双方最大限度地结合起来。二是交易对象的特殊性。一般商品的交易是普通商品或劳务，其本身含有一定的价值和使用价值，一经交易就进入消费；金融市场的交易对象是金融商品，其价值和使用价值有着不同的决定方式：使用价值表现为其所有者带来收益的功能，价值具有多重的决定方式。三是交易方式的特殊性。一般商品的交易，遵循等价交换的原则，通过议价、成交付款、交货而使交易结束，双方不再发生任何关系；金融市场的交易则是信用、投资关系的建立和转移过程，交易完成之后，信用双方、投融资双方的关系并未结束，还存在本息的偿付和收益分配等行为。可见，金融市场上的交易，作为金融商品的买卖关系虽然已经结束，但作为信用或者投资关系却没有结束。四是交易动机不同。一般商品交易的卖者为实现价值取得货币，买者则为取得使用价值满足消费的需求；金融市场上交易的目的，卖者为取得筹资运用的权利，买者则取得投融资利息、控股等权利，此外，还派生出保值、投机等种种动机。

（三）金融市场形成的基本条件

金融市场是商品经济发展到一定阶段的产物，其形成必须具备一定的条件，这些条件总结起来主要有：

(1) 发达的商品经济。只能在商品生产和商品流通十分活跃的情况下，由于商品运动和资金运动在时间上和空间上的不一致，才可能在社会化大生产过程中同时出现两种情况：一方面有些企业和部门拥有大量暂时闲置的资金；另一方面又有一些企业和部门急需补充资金。而且也只有商品经济的高度发达导致国民收入不断增长，整个社会才会拥有大量的储蓄资金。在这种情况下，企业、个人、金融机构之间才有进行资金融通的必要和可能。因此要建立金融市场并使其能有效运行，商品经济的高度发达是必不可少的基本条件。

(2) 金融机构健全有效。金融机构是金融市场的主体，担负着沟通资金供应者和资金需求者的任务。如果金融机构不健全或缺乏效能，就不可能有畅通的融资渠道，社会闲置资金就不能得以充分的聚集和运用。因此，以中央银行为核心，商业银行为主体，专业银行和非银行金融机构同时并存且能有效运行，是金融市场形成的必要条件。

(3) 存在种类众多、规范可行的金融工具和健全的金融立法。因为只有种类众多的金融工具才能满足各类投资者的需求，充分调动社会闲置的资金；只有健全的金融立法，才能保障债权人或交易双方的正当权益，保证金融工具的信用。如果金融工具的使用经常受背信或欺诈行为的影响，金融活动就会遇到困难，金融市场的正常秩序也会受到干扰。

以上三个方面是金融市场形成的基本条件，只有这些条件基本具备时，金融市场才可能形成。

（四）金融市场的构成要素

同任何市场一样，一个完备的金融市场也应该具备市场四要素，即交易主体、交易对象、交易工具和交易价格。

1. 交易主体

金融市场的交易主体，就是金融市场的参与者，它可以分为资金的供应者、需求者、中介者和管理者。资金的供给者参与金融市场是为了获得利息、股息等投资回报；资金的需求者参与金融市场是为了筹集资金并加以运用，从而取得更大的收益；中介者参与金融市场的目的主要是为了获取中介费用；至于管理者，其参与金融市场除了收取一定的管理费之外，还体现着国家或行业的监管职能。交易主体之间的双向竞争，推动着资金在交易主体间的流动，也促进着各主体运行效益的提高，他们的活动引导着资金的流向、流速和流量。具体而言，金融市场的交易主体又可以分为个人、企业、政府、金融机构以及海外投资者。

2. 交易对象

很显然，金融市场的交易对象或交易载体是货币资金。但在不同的场合，这种交易对象的表现是不同的。在信贷市场，货币资金作为交易对象是明显的，它表现了借贷资金的交易和转让。而在证券市场，似乎直接交易的是股票或债券，交易对象转换了。但从根本上讲，所交易的仍然是货币资金，因为有价证券是虚拟资本，本身不具有价值和使用价值，人们取得这些金融工具不具备实质性意义；而只有货币才具有价值和一般的使用价值，人们通过交易取得货币才能投入再生产。所以，通过有价证券的交易，从另一方面反映了货币资金的交易。货币资金的运动除了在发行市场会投向再生产外，在流通市场，体现它本身在金融市场的周转流动。

3. 交易工具

只有交易主体和交易对象，还不能形成资金在市场的有效运动。因为货币资金具有一定的价值，不能无偿转让，也不能空口无凭地出借。需要有一种契据、凭证，以其为载体，才能推动资金安全运转。所以以书面形式发行和流通的、借以保证债权债务双方权利和责任的信用凭证，称为信用工具或金融工具。它是证明金融交易金额、期限、价格的书面文件，它对债权债务双方的权利和义务具有法律约束意义。

作为金融市场构成要素的金融工具必须具备一定条件，才有可能成为金融市场上的交易对象：首先，金融工具必须明确载有各项主要条件，如金额、利率、偿付期限、发行方式等，既为了方便交易，同时也可以避免在法律上引起纠纷和争议。

其次,金融工具的发行者应具有较高的声誉,如财务健全、实力雄厚、守信用等,这样的发行者所发行的金融工具才会被广大投资者普遍接受。第三,应具有很强的流动性。只有具有较强流动性的金融工具,才可以方便转让,才会受到融资双方的欢迎。第四,应具有合理的收益性,并应根据期限、风险、流动性及性质划分档次,使资金供求双方都有利可图。

常见的金融工具主要包括:票据(支票、汇票、本票)、可转让定期存单、债券、国库券、基金、股票及各种衍生金融工具等。

4. 交易价格

在金融市场上,交易对象的价格就是货币资金的价格。在借贷市场上,借贷资金的价格就是借贷利率。而在证券市场上,资金的价格较为隐蔽,直接表现出的是有价证券的价格,从这种价格反映出货币资金的价格。至于外汇市场,汇率反映了货币的价格。直接标价法反映了外币的价格,而间接标价法反映了本币的价格。

在黄金市场上,一般所表现的是黄金的货币价格,如每盎司多少美元,每克多少元等。但是,如果反过来,就显示出单位货币的黄金价格,如每 1 美元值若干盎司黄金,每元人民币值若干克黄金等。

二、金融市场的功能与作用

(一)聚集和分配资金功能

在经济运行中,由于各经济主体面临环境的不同,使他们分化为资金盈余单位和资金赤字单位两类。如何将资金盈余单位手中的资金转移到赤字单位的手中用于经济发展,是一国金融领域中最重要的问题,即我们所谓的储蓄投资转化机制的问题。金融市场在这一转化机制中起到了重要的作用。在金融市场中,资金供给方用资金购买金融工具,既保持了较高的流动性,又能为其带来收益;而资金需求方则可以根据自身经营状况,有选择地在金融市场上筹措各类资金,降低筹资成本,提高筹资效益。各类经济主体以金融市场为媒介,使资金流向最需要的地方,从而实现了资金的合理配置。

(二)资金期限转换功能

在现实生活中,资金盈余者提供的资金与资金赤字者所需要的资金在期限上往往难以达到恰好匹配,客观上需要一种机制来实现部分资金期限的转化。金融市场的存在为这种长期、短期资金之间的相互转化,以及资金的横向融通提供了可能。通过股票、长期债券等长期投资工具可以将公众手中的短期资金转化为长期资金,同时,也可以通过在二级市场上将长期证券出售,转化为现金或短期证券等高流动性的资金。从而既可以满足人们的流动性要求，又可以为生产发展筹集到足够的资金。

（三）分散与转移风险功能

由于金融市场中有各种在收益、风险及流动性方面存在差异的金融工具可供选择，使投资者很容易采用各种证券组合的方式来分散风险，从而提高投资的安全性和盈利性。同时，金融市场为长期资金提供了流动的机会，为投资者和筹资者进行对冲交易、期货交易、套期保值交易提供了便利，使他们可以利用金融市场来转移和规避风险。

（四）信息集散功能

金融市场是一个经济信息集散中心，是一国金融形势的“晴雨表”。金融市场的各种活动和态势可以为个人、企业和国家提供大量信息资料。首先，金融市场能够为资金供求双方提供信息。证券投资者和筹资者通过发行、转让证券等行为来了解各种证券的行情和投资机会，并通过上市企业公布的财务报表来了解企业的经营状况，从而为投资决策提供充分的依据。其次，金融市场为企业提供信息。公众对各产业、各企业的发展前景的预期可以从证券市场行情的涨跌中略见一斑。每个企业可以根据证券行市变动情况及预测信息及时调整本企业的经营战略。中央银行可以根据金融市场上的信息反馈，通过公开市场业务、调整贴现率、调整存款准备金率等手段来调节资金的供求关系，从而保持社会总需求与总供给的均衡。

（五）调节经济功能

在经济结构方面，人们对金融工具的选择，实际是对投融资方向的选择，由此对运用资金的部门加以划分。这种选择的结果，必然发生优胜劣汰的效应，从而达到调节经济结构的目的。在宏观调控方面，政府实施货币政策和财政政策也离不开金融市场。存款准备金、利率的调节要通过金融市场来进行；公开市场业务更是离不开金融市场。以增减国债方式实施的财政政策，同样要通过金融市场来实现。

第二节　金融市场体系

一、金融市场的分类

金融市场按照不同的标准可以划分为许多不同的种类。

1. 按交易对象分类

按交易对象的不同，金融市场可以分为货币市场、资本市场、外汇市场、黄金市场。

(1) 货币市场是短期资金融通的场所。它包括短期信贷、银行资金拆借、短期贴现、短期资金回购等交易形式。银行的大量贷款是以短期形式发放的，在银行同企业、个人和单位之间经常发生短期借贷活动；在银行与银行之间，由于头寸调度的需要，也经常发生相互之间的同业拆借活动；借助于票据、回购协议等金融工具，个人、单位和银行之间还发生着短期资金融通交易活动。

(2) 资本市场是长期资金交易的场所，包括长期资金借贷市场、证券市场等。它的活动为资本的积累和分配提供了条件。在证券市场，通过股票、债券、基金等信用工具的发行和流通，使社会资金进行新的配置和流动，同时，证券市场又成为投资和投机的场所，长短期资本互换的场所及投资变现的场所。

(3) 外汇市场是外汇交易的场所。由于国际政治、经济和文化的广泛联系，各国货币之间的兑换产生了外汇买卖的必要；此外，外汇交易的方式和领域扩大了，外汇交易也成为保值、投机、投资的手段。

(4) 黄金市场之所以成为金融市场的一个组成部分，是因为黄金所具有的独特性质。在黄金非货币化的影响下，尽管黄金作为货币金属的属性已大为下降，但它的保值功能依然存在。同时，由于金价的变动，黄金又用来作为投资和投机的工具，因而，黄金与各国货币尤其是储备货币之间的联系，始终未被割断，黄金市场也始终作为金融市场的一个有机组成部分而表现出顽强的生命力。

2. 按金融交易程序分类

按金融交易的程序分类，金融市场可以分为一级市场和二级市场。

(1) 一级市场又称发行市场，指的是证券、票据、存款凭证的最初发行的场所。通过银行、企业等发行主体，将这些金融工具投向社会，同时使资金出现第一次再分配，金融工具向其购买者转移，资金向金融工具的发行者转移。

(2) 二级市场又称流通市场，是已发行的金融工具流通转让的场所，是投资者之间进行的金融交易。金融工具一旦发行出来之后，它不会退出市场，而会像货币一样不息地运动，只不过它的流通速度不像货币流通得那样迅速，不同的金融工具周转速度也不尽相同。

3. 按成交后是否立即交割分类

按成交后是否立即交割分类，金融市场可以分为现货市场和期货市场。

(1) 现货市场是最为一般的、基本的金融工具交易市场，现货市场是当交易双方成交后，立即或在很短的时间(一般不超过 3 天)内进行钱货交割的交易形式。这是金融市场上最基本的一种交易形式，它的风险及投机性都比较小。

(2) 期货市场是交易双方达成交易后，不立即进行交割，而是在一定期限以后进行钱货交割的交易形式。现代经济中的期货市场往往是以标准化远期交易合约为交易对象的交易市场，主要是一些金融衍生工具的交易。主要交易形式包括期货、期权等，主要的交易对象包括外汇、证券(票据、库券、债券、存单)、股价指数、利率等。虽然期货市场具有保值、投机、价格发现的功能，但交易者交纳一定的保证金后，通过杠杆作用，就可以推动数倍的交易额，因而具有高风险的特征，需要在严格的金融监管之下进行，才不致造成消极的影响。

4. 按功能不同分类

按功能的不同可分为综合市场和单一市场。

综合市场是指比较齐全完备的市场，既有货币市场，也有资本市场、外汇市场和黄金市场；既有现货市场，也有期货市场；既是国内市场，又是国际市场。这样的市场一般是几个较为发达的国际金融市场。在欠发达的国家和地区，其金融市场往往是单一的金融市场，即仅有些交易功能和交易对象的市场。

5. 按交易的地理范围分类

按交易的地理范围的不同，金融市场可分为地方性金融市场、全国性金融市场和国际金融市场。

地方性金融市场是指在国内的某个经济区内进行的金融交易的市场；全国性金融市场是指在全国范围内进行金融交易的市场；国际金融市场是指超越国界在国际间进行资金融通的市场。一般说来，地方性金融市场和全国金融市场交易以本国货币为主，参与者也以本国居民为主。国际金融市场交易以外币尤其是国际上的“硬通货”为主，参与者既有本国居民也有外国居民。如欧洲货币市场、亚洲美元市场等离岸金融市场。

6. 按金融交易场所分类

按照金融交易的场所不同，金融市场可以分为有形市场和无形市场。

有形市场是指有固定的交易场地和统一规则的金融交易市场，如证券交易所、银行和证券公司等；无形市场是指没有固定的交易场所，也没有统一的规则和严格的程序，只是双方通过电话、电报、电传等现代通信手段达成交易的金融活动。随着现代化通信事业的飞速发展，尤其是互联网广泛运用，越来越多的金融交易是通过无形市场达成的。但作为传统的交易形式，有形市场的金融交易活动是不可替代的。两者相互连接、相互支撑。

此外还有其他一些分类方式，如按照金融工具的不同，金融市场又可以分为银行同业拆借市场、票据市场、股票市场和债券市场等。本节主要根据第一种分类标准，将金融市场分为四大类：货币市场、资本市场、外汇市场和黄金市场。以下逐一进行简要介绍。

二、货币市场

货币市场是指期限在一年以内、以短期金融工具为媒介进行资金融通和借贷的市场,是一年期以内的短期融资工具交易所形成的供求关系及其运行机制的总和。货币市场是典型的以机构投资者为主体的市场。其活动的主要目的是保持资金的流动性:一方面满足资金需求者的短期资金需要;另一方面为资金充裕者的闲置资金提供盈利机会。

货币市场的主要特征是:① 交易期限短。货币市场是提供短期借贷手段的市场,其交易的金融工具的偿还期一般为1年或1年以下,期限短的只有1天,以3~6个月者居多。② 交易的目的主要是短期资金周转的需要,一般是为弥补流动资本的临时不足。③ 交易工具的风险小,流动性强。货币市场金融工具期限短于1年,对购买者提供了价格稳定性和金融工具未来市场价格的可预测性,风险较小;而且持有者在资产到达偿还期以前可以随时出售兑现,从这个意义上说它们近似于货币,故将融通短期资金的市场称为货币市场。④ 一般收益也较资本市场低。因为期限短,价格波动范围较小,因此投资者受损失的可能性也较少,获益也就十分有限。

货币市场主要包括同业拆借市场、短期信贷市场、票据市场等。

(一)同业拆借市场

同业拆借市场是指除中央银行之外的金融机构之间进行短期资金融通的市场。同业拆借的资金主要用于银行暂时的存款票据清算的差额及其他临时性的资金短缺需要。同业拆借市场能够为准备金不足的非中央银行金融机构提供融资需求,还能及时反映资金供求和货币政策意图。该市场形成的同业拆借利率不仅影响其他货币市场,而且对资本市场和衍生品市场也会产生很大的影响。

同业拆借市场起源于西方国家存款准备金制度的实施。在存款准备金制度下,规定商业银行吸收的存款必须按一定比例提取准备金,缴存于中央银行,称为法定储备。而由于清算业务活动和日常收付数额的变化,总会出现有的银行存款准备金多余,有的银行存款准备金不足的情况。存款准备金多余的银行需要把多余部分运用起来,以获得利息收入,而存款准备金不足的银行又必须设法借入资金以弥补准备金缺口,否则就会因延缴或少缴准备金而受到中央银行的经济处罚。在这种情况下,存款准备金多余和不足的银行,在客观上需要互相调剂,由此逐渐形成了同为拆借市场。1921年在美国纽约形成了以调剂联邦储备银行会员银行的准备金头寸为内容的联邦基金市场,这是最早出现的正式同业拆借活动。

同业拆借市场的特点主要表现在:① 期限短。有一日拆借,一般是当日清算前拆入,次日清算之前偿还;在日本还有半日拆借,也有 2～30 天,或 3 个月的拆借。② 拆借资金的数量一般较大。③ 参与拆借机构一般都有中央银行的存款账户,其交易资金是该账户中的多余资金。④ 拆借可以通过中介机构进行,也可以由拆借双方直接联系洽谈成交。⑤ 同业拆借一般无须提供担保品,属于信用拆借,一般用于一日或几日内的拆借,拆出和收回都通过中央银行的电子资金转账系统直接转账完成。也有担保拆借,多采用购回协议的方式,即拆入方提供短期票据或政府债券作为担保,拆出方买进这些有价证券,当拆借期满还款时,以相反的方向进行证券的买卖,并加上利息。

(二) 短期信贷市场

短期信贷市场是指一年之内的短期资金的借贷市场,银行短期借贷市场是其主要方式。银行短期借贷市场指的是以商业银行为主要资金提供者的短期贷款市场。就银行而言,短期信贷的主要种类是对于工商业的流动资金贷款和一部分的消费信贷。对工商业的流动资金贷款是银行短期贷款的主要部分。

目前,我国将流动资金贷款分为三类:三个月以内的临时贷款,主要用于企业一次性进货的临时需要和弥补其他季节性支付资金不足;三个月至一年的短期贷款,主要用于企业正常生产经营周转的资金需求;一年到三年的中期贷款,主要用于企业正常生产经营中经常性的周转占用和铺底流动资金贷款。货币资金市场的交易对象为前两类。

由于这个市场资金周转期短,因此银行在提供短期信贷时,为了保证贷款能按时收回,发放贷款前特别注重了解客户的资信、财务状况(包括债务状况)、款项用途。

(三) 商业票据市场

商业票据是具有法定格式、表明债权债务关系的一种有价凭证,包括商业汇票和商业本票(期票)两种主要形式。它们是最早产生的商业信用活动,是建立在赊销、预付货款基础上的商业信用工具。后来随着票据市场的发展,商业票据已不局限在商业信用中使用,而是逐渐演变成为一种在金融市场上筹措资金的工具。商业票据市场可以分为商业期票市场、票据承兑市场和票据贴现市场。

1. 商业期票市场

又称商业本票市场。商业本票发源于商品交易,是一种买方由于资金短缺而开给卖方保证在约定的时期付款的支付承诺。在商业票据和商品交易分离后,现代商业本票已经成为金融机构和非金融机构融资的手段,是持有者拥有的债权凭证,即任何持票人均可以要求出票人付款的有效凭证。

商业票据的发行人主要是信誉优良的大型工商企业和金融公司，其购买者主要是商业银行、保险公司、地方政府、投资公司、工商企业。在美国是一种发行金额大，增长较快的货币市场工具。票据的偿还期通常在270天以下，面额差异较大，但大多数商业票据作为一种合格的货币市场工具必须具有面额较大的特征，如美国一般为10万美元以上，最低2.5万美元，最高可达200万美元。发行的目的是要筹集资金，解决生产资金、扩大信贷业务、扩大消费信用或其他现金需要等。

由于期限较短，商业本票几乎没有二级市场。持票人需要现金时，一般采取贴现办法，或向原发行人提前偿付，由其在扣除利息后予以支付，形同贴现。发行本票一般也需经过债券评级机构评级。级别不同，本票的利率也不同。

2. 票据承兑市场

商业汇票分为即期汇票和远期汇票。远期汇票需经债务人承兑后，才能成为金融市场上的合法票据，可以进行流通转让。承兑是远期汇票到期前，由汇票付款人或指定银行确认付款责任，并在票据上做出承诺付款的文字记载和签名的一种手续。在国外，票据承兑一般由商业银行或专门的金融机构办理。银行之所以愿意承兑票据，因为通过这种方式为客户提供融资，银行只需以自身的信誉作为担保，一般不会减少银行自身的存款总额，银行又能从中收取一定的费用，而且这类票据具有自动清偿性，风险较小。经过银行承兑过的商业汇票即成为银行承兑汇票，银行承兑汇票的转让、流通市场，即银行承兑汇票进行贴现、转贴现、再贴现和买卖的市场。银行承兑汇票是一种安全性、流动性、收益性都很强的短期投资工具，是货币市场的重要组成部分。

3. 票据贴现市场

票据贴现就是持票人在需要资金时，将其持有的未到期的商业票据，经过背书转让给商业银行并贴付利息，商业银行从票面金额中扣除利息后，将余款支付给持票人的票据行为。

对于商业银行而言，收取企业票据、扣除利息、支付票款、到期兑付，不仅可以及时满足企业的资金需求，促进生产和流通的发展，而且也可以增加商业银行收益，实现信贷资产的多样化，有利于商业银行的稳健经营，减少风险。具体来说又可分为贴现、转贴现和再贴现三种。

(1) 贴现。贴现是汇票的持票人将已承兑的未到期的汇票转让给商业银行，银行按贴现率扣除自贴现日起至到期日为止的贴息后付给持票人现款的一种行为。票据到期时，贴现银行凭票向债务人或背书人兑取现款。贴现是持票人与商业银行之间进行的交换关系。

(2) 转贴现。转贴现是贴现银行需要资金时，持未到期的票据向其他商业银行银行办理贴现的一种行为。转贴现的双方都是商业银行,是商业银行之间的票据转让行为,也是商业银行机构之间的一种资金融通方式。

(3) 再贴现。再贴现是中央银行对商业银行以贴现过的票据作抵押的一种放款行为,它体现了中央银行与商业银行之间的交换关系,同时再贴现也是中央银行调节货币供给量的重要手段之一。

此外,货币市场还包括其他子市场,如回购协议市场、CD_s市场、短期国库券市场等。这些内容前文已有所阐述,不再赘述。

三、资本市场

资本市场是指经营一年以上中长期资金借贷和证券业务的市场。其主要职能是筹集和运用中、长期资金。资本市场交易的对象主要是政府中长期公债、公司债券和股票等有价证券以及银行中长期贷款。

资本市场的主要特点是:① 交易工具期限长,至少超过 1 年,最长可达数十年,甚至没有到期日(如股票等)。② 交易的目的主要解决长期投资性资金供求矛盾,充实固定资产。③ 融资数量大,以满足长期投资项目需要。④ 资本市场金融工具不仅包括一定时期内对债权人特定金额承诺的债务工具,如政府债券、公司债券,还包括对一个企业拥有所有者权益的股票。⑤ 资本市场的主要交易工具与短期金融工具相比收益高,但流动性差,风险也较大。资本市场主要分为中长期信贷市场、证券市场等。

(一) 中长期信贷市场

中长期信贷市场是资本市场的重要组成部分。中长期信贷市场是银行提供中长期信贷资金的场所,中长期资金的供求双方通过这一市场得以资金融通。

这个市场的需求者主要是各国政府及其工商企业;资金期限 1～5 年一般称中期,5 年以上一般称长期;资金利率由多方面因素决定,一般包括经济形势、资金供求量、通货膨胀率、金融政策等;对大额借款多采取银团贷款方式;由于这个市场资金周转期长,风险就比较大,因此银行在考虑贷款时除了审核申请贷款者的资金用途外,还要着重分析其偿还债务的能力,评估其风险。

银行中长期信贷有很多种类。按照贷款的保证程度也可以分为抵押贷款、担保贷款和信用贷款;按照贷款的用途可以分为工商业贷款、不动产贷款、消费贷款、投资贷款;按照贷款的偿付方式可以分为一次性偿付贷款和分期偿还贷款等。

(二) 证券市场

证券市场是各类有价证券发行和交易的地方。证券市场是市场经济发展到一定阶段的产物，是为解决资本供求矛盾和流动性而产生的市场。证券市场一般由证券发行市场和证券交易市场组成。

1. 证券发行市场

证券发行市场又称初级市场、一级市场，是筹资者(发行者)以筹集资金为目的，按照一定的法律规定和发行程序，向投资者出售新证券所形成的市场。

(1) 证券发行方式。证券发行方式按其发行对象的不同可分为：公募发行和私募发行。公募发行又称公开发行，是指发行人通过中介机构面向市场上广泛的、不特定的投资者公开发行证券的行为。在公募发行情况下。所有合法的社会投资者都可以参加认购。

公募发行的优缺点是：以众多投资者为发行对象，证券发行的数量多，筹集资金的潜力大；投资者范围大，可避免发行的证券过于集中或被少数人操纵；可增强证券的流动性，有利于提高发行人的社会信誉。但公募发行的发行条件比较严格，发行程序比较复杂，登记核准的时间较长，发行费用较高。公募发行是证券发行中最常见、最基本的发行方式，适合于证券发行数量多、筹资额大、准备申请证券上市的发行人。

私募发行又称不公开发行或内部发行，是指面向少数特定的投资人发行证券的方式。私募发行的对象大致有两类：一类是个人投资者，例如公司老股东或发行人机构自己的员工；另一类是机构投资者，如大的金融机构或与发行人有密切往来关系的公司、企业等。

私募发行的优缺点是：有确定的投资者，发行手续简单，可以节省发行时间和发行费用。但私募发行投资者数量有限，证券流通性较差，不利于提高发行人的社会信誉。

(2) 证券承销方式。证券发行的最终目的是将证券推销给投资者。发行人推销证券的方法有两种：一是自行销售，被称为"自销"；二是委托他人代为销售，被称为"承销"。一般情况下，公开发行以承销为主。

承销是将证券销售业务委托给专门的证券经营机构(承销商)销售。按照发行风险的承担、所筹资金的划拨以及手续费的高低等因素划分，承销方式有包销和代销两种。

证券包销，是指证券承销商将发行人的证券按照协议全部购入，或者在承销期结束时将售后剩余证券全部自行购入的承销方式。包销可分为全额包销和余额包销两种。全额包销，是指由承销商先全额购买发行人该次发行的证券，再向投资者发售，由承销商承担全部风险的承销方式；余额包销，也称助销，是指承销商按照规定的发行额和发行条件，在约定的期限内向投资者发售证券，到销售截止日，如投资者实际认购总额低于预定发行总额，未售出的证券由承销商负责认购，并按约定时间向发行人支付全部证券款项的承销方式。

证券代销,是指发行者委托承销商为代理人,代为向社会按照协议的条件在一定的期限内尽最大努力来销售证券,发行期满时,证券未售出的部分仍退还给发行者,承销商不承担任何责任与风险的一种承销方式。

以上所说的承销方式,证券承销商都是按照双方协定价格来进行证券承销的。除此之外,还有一种价格不确定的承销方式——竞争性投标,在有多家承销商竞争的时候,发行者通过招标选出能对发行者提供最有利条件的投标者的承销方式,这种方式也有利于发行者降低发行费用。在西方,国债的发行一般多采用此类方式。

【阅读拓展 4.2】 证券发行程序

对于证券的发行,尽管不同时期各国有不同的规定或要求,但一般均须经过以下程序:

(1) 证券发行报批前的预备工作。主要内容包括:第一,聘请中介人。主要是证券承销商、律师事务所、会计审计机构、资产评估机构等其他中介人。第二,进行财产重估和资信评审。对外发行股票要进行财产重估,合理核定企业资产的价值;发行企业债券,则必须进行资信审查和评估,评定企业的资信等级。第三,围绕证券发行审核的要求预备好各项文件资料。

(2) 证券发行人向有关部门提交申请文件。发行人完成了各项文件资料的预备工作后,便可向有关政府部门递交发行证券申请报告及其他所要求的文件资料。

(3) 证券发行的审核。经过对申报资料的审核,有关部门会出具书面反馈意见,发行人和中介机构须按照反馈意见修改和补充资料。

(4) 实施发行。在获得审核部门同意批复后,发行人即可按批准的发行方案发行证券。大致可分为以下几步:第一,刊登发行公告。这是发行人向社会公布证券的正式发行,包括发行的时间、地点、对象、申购简称、申购代码、发行方式及数量、发行价格、上网申购日、申购数量的规定、资金冻结日期等内容。第二,披露招募说明书并备案。招募说明书是发行人向特定的或不特定的投资人发出销售某种证券的书面要约。第三,发行证券。发行人通过证券承销机构按照一定的发行方式向公众发行证券。第四,验资。发行的证券价款缴足后,须经法定的验资机构验资并出具证实。第五,证券托管。这是投资者将持有的证券委托给法定证券登记机构的结算公司及其代理机构保管,并由后者代为处理有关证券权益事务的行为。第六,发行结束。

至于"证券发行程序"更多的相关知识,有兴趣的读者可以登录"百度百科",具体网址为:

https://baike.baidu.com/item/%E8%AF%81%E5%88%B8%E5%8F%91%E8%A1%8C%E7%A8%8B%E5%BA%8F/12750342?share_fr=pc_qr-code.

2. 证券交易市场

证券交易市场又称为二级市场、次级市场,是已发行证券(亦称旧证券)通过买卖交易实现流通转让的市场。证券交易市场与证券发行市场存在紧密联系,两者相互依存,相互制约,互为条件,相辅相成。一方面证券发行市场是整个证券市场的基础环节,是证券交易市场的基础和来源,没有证券发行市场,就不可能有证券交易市场;发行市场上的证券发行种类、发行数量和发行方式等决定或影响着证券交易市场上证券的种类、流通量和整个市场规模。另一方面,证券交易市场的存在又是发行市场的重要保证,对证券发行市场具有积极的推动、促进和繁荣作用。如果发行的证券不能转让流通,投入资金在需要时候难以变现,将会极大影响投资者的购买,从而阻碍证券的发行工作。

这两个市场也存在着本质区别:一是发行市场反映了证券发行者和投资者之间对证券的供求关系;而交易市场反映了证券投资者之间的买卖关系。二是交易市场存在不可避免的投机性,相对于一级市场而言,二级市场的投机程度和范围都比较大。

证券交易市场通常可以分为有组织的交易所市场和场外交易市场。

(1) 交易所市场,又称场内交易市场。交易所市场是指由证券管理部门批准的,为证券交易提供固定场所和设施,具有一定规则的有组织的证券买卖场所,是证券流通市场的主体和核心。交易所市场中买卖的证券必须是在证券交易所登记、审查并符合一定条件的证券,即必须是经过申请获准后在交易所挂牌的上市证券。在交易所市场中进行交易的人员也必须是市场的会员经纪人和交易商。交易所市场并不制定证券交易的价格,交易的价格是通过买卖的双方公开竞价形成的。其所具有的功能主要表现在:

第一,提供买卖证券的交易席位和有关交易的各种设施。交易所市场是证券交易的中介机构,并不从事实际的证券买卖,只为交易双方创造交易条件,提供各种服务,对买卖双方进行监督管理,提供证券交易的必要手段:如电脑系统和其他现代通信工具,交易显示系统、清算、保管、信息分析、监管等设施。

第二,制定有关证券交易的上市、交易、清算、交割、过户等各项规则和程序,管理交易所的成员,执行场内交易的各项规则,对违纪现象做出相应的处理等。

第三,提供有关证券交易的资料和信息。交易所市场是一个完全公开的市场,为了使投资者能够做出正确的投资选择,交易所市场所有上市的公司都必须定期地、真实地将其财务状况和经营状况公布于众,交易所市场还编制各种上市证券的行情表和统计表，向买卖双方公布。而且交易所市场一般都随时公布有关市场的成交数量、成交金额等信息，可以为投资者进行投资决定提供参考。

(2) 场外交易市场。场外交易市场相对于证券交易所而言，是指在证券交易所外进行证券买卖的市场。传统的场内市场和场外市场在物理概念上的区分为：交易所市场的交易是集中在交易大厅内进行的；场外市场是分散在各个证券商柜台的市场，无集中交易场所和统一的交易制度。但是，随着信息技术的发展，证券交易的方式逐渐演变为通过网络系统将订单汇集起来，再由电子交易系统处理，场内市场和场外市场的物理界限逐渐模糊。

与交易所市场相比，场外交易市场具有三方面的特点：

第一，没有统一的组织和交易场所。在场外交易市场的早期，交易是通过交易商和经纪人通过面谈、电话、电报、书信等方式进行的，市场分散于全国各地，规模有大有小，由自营商来组织交易。因而存在多种价格，人们难以判断哪种价格更合理。随着电子技术的发展和运用，场外交易市场的组织状况不断完善，形成全国统一的电子报价系统。如美国的 NASDAQ 系统和日本的 JASDAQ 系统，证券的交易都在这个网络系统中进行，证券的成交价格通过网络终端显示，使场外交易市场的价格趋于一致，交易更加公平合理，但非集中的特点依然存在。

第二，开放式市场。与交易所市场只有会员才能进入场内交易不同，场外交易市场既没有资格限制，也无须公开财务状况，是任何投资者都能进入的市场。该类市场没有交易所市场那样的严格上市资格认证，这样就为那些尚未达到上市标准的企业提供了证券流通的场所和渠道，因而有助于这些企业的融资，也为投资者提供了购买在交易所市场所买不到的证券的机会。

第三，交易的证券种类繁多。由于上述特征，场外交易市场对挂牌证券的限制条件相对较少，因而种类众多。如美国在交易所市场上市的证券品种有 2000 多种，而在场外交易市场 NASDAQ 系统交易的证券品种达 7000 多种，交易品种已经大大超过交易所市场。

四、外汇市场与黄金市场

（一）外汇市场

1. 外汇与外汇市场概念

外汇这一概念有动态和静态之分。外汇的动态概念，是指货币在各国间的流动以及把一个国家的货币兑换成另一个国家的货币，借以清偿国际间债权债务关系的一种专门性的经营活动，是国际间汇兑(foreign exchange)的简称。而静态的外汇还有广义和狭义之分。狭义的静态外汇是指以外国货币表示的，为各国普遍接受的,可用于国际间债权债务结算的各种支付手段。广义的静态外汇是指一国拥有的一切以外币表示的资产。国际货币基金组织(IMF)对此的定义是:"外汇是货币行政当局(中央银行、货币管理机构、外汇平准基金及财政部)以银行存款、财政部库券、长短期政府证券等形式保有的在国际收支逆差时可以使用的债权。"

我国于2008年修正颁布的《外汇管理条例》规定:"外汇,是指下列以外币表示的可以用作国际清偿的支付手段和资产:外币现钞,包括纸币、铸币;外币支付凭证或者支付工具,包括票据、银行存款凭证、银行卡等;外币有价证券,包括债券、股票等、特别提款权和其他外汇资产。"

外汇市场是指在国际间从事外汇买卖,调剂外汇供求的交易场所,它是金融市场的重要组成部分。外汇市场不一定存在具体的交易场所,它往往是供求双方利用现代通信工具进行外汇买卖的无形市场。

外汇市场也有广义和狭义之分。广义外汇市场是指所有进行外汇交易的场所。由于不同国家货币制度不同,一个国家的商人,从另一个国家购进商品,支付本国货币一般是不被接受的,这个商人必须支付卖出商品者国家所能接受的货币。因此,为了进行贸易结算,这个商人须到市场上进行不同货币之间的交换,这种买卖不同国家货币的场所,就是广义的外汇市场。狭义的外汇市场是指外汇银行之间进行外汇交易的场所。外汇银行买卖外汇会产生差额从而形成外汇头寸的盈缺。由于市场上汇率千变万化,银行外汇头寸的余缺都会带来损失,因此外汇银行要对多余的头寸进行抛出,或对短缺的头寸进行补进。各外汇银行都进行头寸的抛补,就形成了银行间的外汇交易市场。

2. 外汇市场的参加者

从外汇交易的主体来看,外汇市场主要由下列参加者构成:

(1) 外汇银行。外汇银行是指由各国中央银行或货币当局指定或授权经营外汇业务的银行。外汇银行通常是商业银行,可以是专门经营外汇的本国银行,也可以是兼营外汇业务的本国银行或者是在本国的外国银行分行。外汇银行是外汇市场上最重要的参加者,其外汇交易构成外汇市场活动的主要部分。

(2) 外汇交易商。外汇交易商是指买卖外国汇票的交易公司或个人。外汇交易商利用自己的资金买卖外汇票据,从中取得买卖价差。外汇交易商多数是信托公司、银行等兼营机构,也有专门经营这种业务的公司和个人。

(3) 外汇经纪人。外汇经纪人是指促成外汇交易的中介人。它介于外汇银行之间、外汇银行和外汇市场其他参加者之间,代洽外汇买卖业务。其本身并不买卖外汇,只是联接外汇买卖双方,促成交易,并从中收取佣金。外汇经纪人必须经过所在国的中央银行批准才能营业。

(4) 中央银行。中央银行也是外汇市场的主要参加者,但其参加外汇市场的主要目的是为了维持汇率稳定和合理调节国际储备量，它通过直接参与外汇市场买卖，调整外汇市场资金的供求关系，使汇率维系在一定水平上或限制在一定水平上。中央银行通常设立外汇平准基金，当市场外汇求过于供，汇率上涨时，抛售外币，收回本币；当市场上供过于求，汇率下跌，就买进外币，投放本币。因此，从某种意义上讲，中央银行不仅是外汇市场的参加者，而且是外汇市场的实际操纵者。

(5) 外汇投机者。外汇投机者的外汇买卖不是出于国际收付的实际需要，而是利用各种金融工具，在汇率变动中付出一定的保证金进行预买预卖，赚取汇率差价。

(6) 外汇实际供应者和实际需求者。外汇市场上外汇的实际供应者和实际需求者是那些利用外汇市场完成国际贸易或投资交易的个人或公司。他们包括：进口商、出口商、国际投资者、跨国公司和旅游者等。

3. 外汇市场的组织形式

各国的外汇市场，由于各自长期的金融传统和商业习惯，其外汇交易方式不尽相同。

(1) 柜台市场的组织方式。这种组织方式无一定的开盘收盘时间，无具体交易场所，交易双方不必面对面地交易，只靠电传、电报、电话等通信设备相互接触和联系，协商达成交易。英国、美国、加拿大、瑞士等国的外汇市场均采取这种柜台市场的组织方式。因此，这种方式又称为英美体制。

(2) 交易所方式。这种方式有固定的交易场所，如德国、法国、荷兰、意大利等国的外汇交易所，这些外汇交易所有固定的营业日和开盘收盘时间，外汇交易的参加者于每个营业日规定的营业时间集中在交易所进行交易。由于欧洲大陆各国多采用这种方式组织外汇市场，故又称这种方式为大陆体制。

柜台交易方式是外汇市场的主要组织形式。这不仅是因为世界上两个最大的外汇市场伦敦外汇市场和纽约外汇市场是用这种方式组织运行的，还因为外汇交易本身具有国际性。由于外汇交易的参加者多来自各个不同的国家，交易范围极广，交易方式也日渐复杂，参加交易所交易的成本显然高于通过现代化通信设施进行交易的成本。因此，即便是欧洲大陆各国，其大部分当地的外汇交易和全部国际性交易也都是用柜台方式进行的。而交易所市场通常只办理一小部分当地的现货交易。

世界外汇市场是由各国际金融中心的外汇市场构成的，这是一个庞大的体系。目前世界上有 30 多个外汇市场，其中最重要的是伦敦、纽约、巴黎、法兰克福、东京、瑞士、新加坡、香港等外汇市场，它们各具特色并分别位于不同的国家和地区，并相互联系，形成全球的统一外汇市场。

4. 外汇市场的作用

外汇市场的作用主要体现在以下五个方面：

(1) 国际清算。因为外汇就是作为国际间经济往来的支付手段和清算手段的,所以清算是外汇市场的最基本作用。

(2) 兑换功能。在外汇市场买卖货币,把一种货币兑换成另一种货币作为支付手段,实现了不同货币在购买力方面的有效转换。国际外汇市场的主要功能就是通过完备的通信设备、先进的经营手段提供货币转换机制,将一国的购买力转移到另一国交付给特定的交易对象,实现国与国之间货币购买力或资金的转移。

(3) 授信。由于银行经营外汇业务,它就有可能利用外汇收支的时间差为进出口商提供贷款。

(4) 投机。预期价格变动而买卖外汇。在外汇期货市场上,投机者可以利用汇价的变动牟利,产生"多头"和"空头",对未来市场行情下赌注。"多头"是预计某种外汇的汇价将上涨,即按当时价格买进,而待远期交割时,该种外币汇价上涨,按即期价格立即出售,就可牟取汇价变动的差额。相反,"空头"是预计某种外币汇价将下跌,即按当时价格售出远期交割的外币,到期后,价格下降,按即期价格买进补上。这种投机活动,是利用不同时间外汇行市的波动进行的。在同一市场上,也可以在同一时间内利用不同市场上汇价的差别进行套汇活动。

(5) 套期保值。保值性的期货买卖。这与投机性期货买卖的目的不同,它不是为了从价格变动中牟利,而是为了使外汇收入不会因日后汇率的变动而遭受损失,这对进出口商来说非常重要。如果当出口商有一笔远期外汇收入,为了避开因汇率变化而可能导致的风险,可以将此笔外汇当作期货卖出;反之,进口商也可以在外汇市场上购入外汇期货,以应付将来支付的需要。

(二) 黄金市场

黄金市场是指集中进行黄金买卖和金币兑换的交易市场。按照区域,黄金市场分为国内黄金市场与国际黄金市场两种类型。前者只允许本国居民参加,不允许非居民参加并禁止黄金的输出输入。后者只允许非居民参加或居民与非居民均可参加,对黄金的输出输入不加限制或只有某种程度的限制,是国际金融市场的重要组成部分。黄金市场上的黄金交易具有两种性质:一是黄金作为商品而买卖,即国际贸易性质;二是黄金作为世界货币而买卖,用于国际支付结算,即国际金融性质。

进行黄金交易的有世界各国的公司、银行和私人以及各国官方机构。黄金交易的去向主要是工业用金、私人贮藏、官方储备、投机商牟利等。从国际经验看,黄金交易一般都有一个固定的交易场所,世界上有许多黄金市场,主要有英国伦敦黄金交易所、瑞士苏黎世黄金交易所、新加坡黄金交易所、香港黄金交易所和东京黄金交易所。中国上海黄金交易所于 2002 年 10 月成立,位于上海外滩的中国外汇交易中心内。黄金市场的运作与其他投资市场以及股票市场类似。买卖每天都在进行，而价格受市场内经济条件的影响。

黄金市场的发展不但为广大投资者增加了一种投资渠道，而且还为中央银行提供了一个新的货币政策操作的工具。第一，保值增值功能。因为黄金具有很好的保值、增值功能，这样黄金就可以作为一种规避风险的工具，这和贮藏货币的功能有些类似。黄金市场的发展使得广大投资者增加了一种投资渠道，从而可以在很大程度上分散了投资风险。第二，货币政策功能。黄金市场为中央银行提供了一个新的货币政策操作的工具，也就是说，中央银行可以通过在黄金市场上买卖黄金来调节国际储备构成以及数量，从而控制货币供给。虽然黄金市场的这个作用是有限的，但是由于其对利率和汇率的敏感性不同于其他手段，从而可以作为货币政策操作的一种对冲工具。随着黄金市场开放程度的逐步加深，它的这个功能也将慢慢显现出来。可以说，通过开放黄金市场来深化金融改革是中国的金融市场与国际接轨的一个客观要求。

黄金市场的交易主体主要包括买者、卖者和中介者。买者主要有中央银行、私人投资者，还有机构及个人。他们或用于国家官方储备，或用于投资、收藏，或用于制造首饰等其他用途。在黄金的供给方面，主要有每年新开采的黄金；各国政府和国际货币基金组织抛售的黄金；废旧黄金销售后用于再提炼；黄金投资者及投机者的抛出等。在买者和卖者之间，还有作为中间商的黄金交易商，它包括销售商、交易经纪商和结算公司。他们为交易商提供行情及其他信息与分析服务，同时也收取一定的手续费。

【阅读拓展 4.3】 上海黄金交易所

上海黄金交易所（以下简称“上金所”）是经国务院批准，由中国人民银行组建，专门从事黄金交易的金融要素市场，于 2002 年 10 月正式运行。目前，中国已逐步形成了以上金所集中统一的一级市场为核心，竞争有序的二级市场为主体，多元的衍生品市场为支撑的多层次、全功能的黄金市场体系，涵盖竞价、定价、询价、报价、金币、租借、黄金 ETF 等市场板块。2018 年，上金所黄金交易量居全球交易所市场第二位。

2014 年 9 月，上金所启动国际板，成为中国黄金市场对外开放的重要窗口；2016 年 1 月，推出“易金通”APP，实现黄金投资便利普惠；2016 年 4 月，发布全球首个以人民币计价的黄金基准价格“上海金”，有效提升了我国黄金市场的定价影响力；2018 年 9 月，正式挂牌中国熊猫金币，打通了我国黄金市场与金币市场的产品通道，向发挥我国黄金市场的价格发现功能、丰富黄金市场的投资品种迈出了坚实的一步。上海黄金交易所近年来还配合国家“一带一路”倡议，积极落实与相关省份和沿线国家、地区黄金市场的全方位对接以及战略合作，中国黄金市场的竞争力及影响力日益增强。

截至2018年底，上海黄金交易所会员总数260家，其中，普通会员共计157家，包括金融类会员28家，综合类会员129家；特别会员共计103家，包括外资金融类会员7家，国际会员74家和券商、信托、中小银行等机构类的特别会员22家。国内会员单位年产金、用金量占全国的90%，冶炼能力占全国的95%；国际会员均为国际知名银行、黄金集团及投资机构。截至2018年底，机构客户12272户，个人客户993万户。

上金所实行“集中、净额、分级”的结算原则，目前主板业务共有指定保证金存管银行18家，国际板业务共有指定保证金存管银行9家。上金所实物交割便捷，在全国36个城市使用65家指定仓库，满足了国内包括金融、生产、加工、批发、进出口贸易等各类黄金产业链企业的出入库需求。

资料来源：上海黄金交易所. https://www.sge.com.cn/jjsjs.

五、金融市场的国际化

金融市场的国际化已经成为当今国际金融领域的一种重要趋势。从历史上看，在第一次世界大战前后，随着生产和资本国际化的发展，少数老牌的资本主义国家，如英国国内的金融市场的业务就从单纯办理国内居民的金融业务，发展到经营所在国居民与非居民之间的国际金融业务，形成了国际金融市场。不过，真正意义上的金融市场的国际化是在离岸金融市场形成发展后，才变成一种大规模的趋势的。20世纪50年代的欧洲美元市场，随后的美国、亚太地区先后设立了离岸金融市场，它们主要是在市场所在国的非居民之间进行借贷，而且利率结构、存款准备金和借贷额度均不受任何一国的法令的约束，这构成了真正国际化的金融市场。

20世纪的70年代以来，随着西方国家金融自由化浪潮的兴起，以及生产国际化和经济全球化的蓬勃发展，为金融市场国际化的进一步发展提供了巨大的推动力。同时，由于现代电子技术和通信技术的突飞猛进，为金融市场国际化的发展提供了物质条件，无形金融市场极大地发展着。目前，在现代通信技术的帮助下，国际金融市场日益成为一个紧密联系的整体市场，在全球各地的任何一个主要市场上都可以进行相同品种的金融交易，伦敦、纽约、东京等国际金融中心可以实现24小时不间断的金融交易，世界上任何一个局部市场的波动都马上传递到全球的其他市场上。具体说来，金融市场的国际化主要包括以下内容：

(1) 市场交易的国际化。在金融全球化的背景下，实际上各个金融子市场的交易都已国际化。特别是国际投资的迅猛发展促进了外汇市场业务的国际化，不同的货币在各国之间的流动十分频繁。伦敦、纽约、东京、法兰克福、新加坡和香港等是当前主要的国际货币市场交易中心。

(2) 资金筹措的国际化。适应企业跨国经营和国外企业对外融资的需要，一些国家的政府和大企业纷纷进入国际资本市场融资。融资的方式主要采取发行国际债券和股票，这些融资方式也已实现了国际化。如欧洲债券市场发行的以多种货币计值的债券(欧洲货币债券)，是以政府名义在国外发行的以本币计值的债券，但发行地不一定局限于欧洲，也不受本国法规的约束。股票市场也出现了国际化的趋势，表现在两个方面：一是一些重要的股票市场纷纷向外国的公司开放，允许国外公司的股票到其国内交易所上市；二是一些国家允许外国投资者参与本国股票市场上的股票买卖，同时也允许本国投资者买卖在国外市场交易的股票。可见，当前各国筹资的方式和地区也出现了国际化的发展趋势。

(3) 市场参与者的国际化。本国的金融市场有了越来越多的外国参与者，一国境内的投资者的投资地区的选择，也越来越显示出“逐利性”的特征，即在世界范围内寻找最有利的投资地。一些大企业、投资银行、保险公司、投资基金，甚至私人投资者纷纷步入国际金融市场，参与国际投资组合，以分散风险，谋求利益。银行和非银行金融机构迅速向全球扩散，代理本国或国外的资金供求者的投资活动和从事盈利性的活动。特别是近几十年来，各国金融机构之间的并购重组风起云涌，各种各样的投资基金在全球金融市场上取得了空前的发展，大大促进了金融市场交易的国际化。

第三节　我国的金融市场

金融市场的发展既是我国市场经济体制改革的主要内容之一，同时又是我国市场经济发展的重要保证。自改革开放以来，随着市场经济的不断发展和完善，我国的金融市场取得了重要进步。

一、货币市场

我国的货币市场主要由同业拆借市场、票据贴现市场、大额可转让存单市场组成。

(一) 同业拆借市场

我国的同业拆借始于 1984 年。1984 年以前，我国实行的是高度集中统一的信贷资金管理体制。银行间的资金余缺只能通过行政手段纵向调剂，而不能自由地横向融通。1984 年 10 月，我国对信贷资金管理体制实行了重大改革，允许各专业银行互相拆借资金。由于当时实行严厉的紧缩性货币政策，同业拆借并没有真正广泛地开展起来。1986 年 1 月，国家体改委、中国人民银行在广州召开金融体制改革工作会议，会上正式提出开放和发展同业拆借市场。同年 3 月，国务院颁布的《中华人民共和国银行管理暂行条例》，对专业银行之间的资金拆借做出了具体规定。此后，同业拆借在全国各地迅速开展起来。1986 年 5 月，武汉市率先建立了只有城市信用社参加的资金拆借小市场，武汉市工商银行、农业银行和人民银行的拆借市场随之相继建立。不久，上海、沈阳、南昌、开封等大中城市都形成了辐射本地区或本经济区的同业拆借市场。截止 1987 年 6 月底，除西藏外，全国各省、市、自治区都建立了不同形式的拆借市场，初步形成了一个以大中城市为依托、多层次、纵横交错的同业拆借网络。

1988 年 9 月，面对储蓄存款严重滑坡，物价涨幅过猛的严峻的宏观经济和金融形势，国家实行了严厉的“双紧”政策，同业拆借市场的融资规模大幅度下降，某些地区的拆借市场甚至关门歇业。到 1992 年，宏观经济、金融形势趋于好转，全国各地掀起一轮新的投资热潮，同业拆借市场的交易活动也随之活跃起来。1993 年 7 月，针对拆借市场违章拆借行为频发的情况，国家开始对拆借市场进行清理，市场交易数额再度萎缩。1995 年，我国要求跨地区、跨系统的同业拆借必须经过中国人民银行融资中心办理，不允许非金融机构和个人进入同业拆借市场，从而使同业拆借市场得到了进一步规范和发展。1995 年 11 月，中国人民银行发出通知，要求商业银行在 1996 年 4 月 1 日前撤销其所办的拆借市场。1996 年 1 月 3 日，全国统一的银行间同业拆借市场正式建立。

1998 年年 10 月，保险公司进入同业拆借市场。1999 年 8 月，证券公司进入市场。2002 年 6 月，中国外币交易中心开始为金融机构办理外币拆借业务，统一的国内外币同业拆借市场正式启动。

为进一步规范同业拆借交易、防范同业拆借风险、维护同业拆借各方当事人的合法权益，中国人民银行制定了《同业拆借管理办法》，自 2007 年 8 月 6 日起施行。

数据显示，截至 2015 年末，同业拆借市场成员已达 1382 家，是市场建立之初的 28 倍，2015 年全年成交量达 64.2 万亿元，是市场建立之初的近 300 倍，基于同业拆借市场形成的 Shibor 利率已经成为我国金融市场重要的基准利率。

为落实国务院关于取消进入同业拆借市场行政许可的决定，全国银行间同业拆借中心于 2016 年 8 月 9 日发布《全国银行间同业拆借市场业务操作细则》，该细则进一步明确了金融机构进入全国银行间同业拆借市场相关流程和事中事后监管要求。

统计显示，2018 年，银行间市场同业拆借累计成交 139.3 万亿元，同比增长 76%，日均成交 5528 亿元。

（二）票据贴现市场

我国的票据业务起步于1981年，上海、重庆等地率先开始试行商业汇票承兑与贴现业务。1984年12月，中国人民银行根据近三年上海、重庆等地试办情况，下发了《商业汇票承兑、贴现暂行办法》，鼓励工商企业之间的商业信用实现票据化。1986年又颁布了《中国人民银行再贴现试行办法》。但在1994年以前票据贴现市场发展基本处于停滞状态。1994年底，中国人民银行会同有关部门提出在部分行业和品种的购销环节推广使用商业汇票，开办票据承兑授信和贴现、再贴现，至此票据业务才真正开始。

以1995年《中华人民共和国票据法》的颁布为标志，我国初步建立并逐步完善了有关票据业务的法规和制度，对再贴现政策作了比较大的调整。此间，大幅下调了再贴现利率，改进与完善了贴现利率的生成机制。1997年5月，为了进一步规范和发展商业汇票承兑、贴现与再贴现业务，中国人民银行又制定发布了《商业汇票承兑、贴现与再贴现管理暂行办法》。

1999年10月以后，我国的票据市场发展快速，业务总量成倍增长。但在业务发展过程中也存在一些不容忽视的问题，主要表现在：一是一些商业银行分支机构对承兑、贴现审查把关不严，甚至擅自放宽条件，对不具有贸易背景的商业汇票办理了承兑与贴现，有的甚至内外勾结，弄虚作假，违法违规使用信贷资金，引发新的金融风险；二是一些商业银行尚未真正把商业汇票作为调整资产结构和改善金融服务的手段，办理贴现过于依赖中央银行再贴现；三是有些承兑银行信用观念淡薄，结算纪律松弛，故意压票、拖延支付，扰乱票据流通秩序；四是银行承兑汇票比重过高，商业承兑汇票比重过低，票据市场工具单一。为此，2001年7月，中国人民银行下发关于切实加强商业汇票承兑贴现和再贴现业务管理的通知。

2008年之后，票据市场进一步迎来大发展，各种转贴现业务模式不断出现，包括信托模式、农信社模式和券商模式，票据业务规模快速增加，但2012年信托模式被叫停，农信社模式在获得快速发展之后也被监管，这时银证合作下的票据资管计划脱颖而出，成为市场的主流。2016年，各种票据大案频出，票据风险集中爆发，监管开始接连出手，加强对票据市场的监管。2016年4月，针对部分票据业务发展不规范，部分银行有章不循、内控失效等问题，为落实金融支持实体经济发展的要求，有效防范和控制票据业务风险，促进票据市场健康有序发展，中国人民银行和中国银行业监督管理委员会（以下简称“中国银监会”下发《关于加强票据业务监管 促进票据市场健康发展的通知》。为充分发挥电子商业汇票系统和电票业务优势，防范纸质商业汇票业务风险，加快票据市场电子化进程，2016年9月，中国人民银行发布了《关于规范和促进电子商业汇票业务发展的通知》。2016年12月，为规范票据市场交易行为，维护交易各方合法权益，促进票据市场健康发展，中国人民银行制定并发布了《票据交易管理办法》。

2016年12月8日，全国统一的票据交易平台上海票据交易所开业运营。2018年12月，上海票据交易所发布了票据供应链创新产品“票付通”。“票付通”填补了线上票据支付空白。2019年5月，上海票据交易所正式上线“贴现通”业务。所谓“贴现通”业务，是指票据经纪机构受贴现申请人委托，在中国票据交易系统进行贴现信息登记、询价发布、交易撮合后，由贴现申请人与贴现机构通过电子商业汇票系统办理完成票据贴现的服务机制安排。截止2019年9月底，票据经纪机构试点范围包括工商银行、招商银行、浦发银行、浙商银行和江苏银行。

据统计，2018年，商业汇票承兑发生额为18.27万亿元，较上年增加3.63万亿元，增长24.84%。其中，电票承兑发生额为17.19万亿元，纸票承兑发生额为1.08万亿元。分机构类型看，股份制商业银行承兑占比较高。2018年股份制商业银行承兑7.7万亿元，占全市场的比重为42.15%；城市商业银行承兑4.66万亿元，占比25.5%；大型商业银行承兑3.3万亿元，占比18.07%；农村金融机构承兑1.07万亿元，占比5.86%。从期限结构看，签发期限主要集中于中长端，其中，承兑期限在6个月以上的占76.8%。2018年，商业汇票贴现发生额为9.94万亿元，较上年增加2.78万亿元，增长38.83%。其中，电票贴现发生额为9.73万亿元，纸票贴现发生额为2123.63亿元。分机构类型看，股份制商业银行票据贴现增加最多，而农村金融机构贴现有所减少。2018年，股份制商业银行贴现3.8万亿元，较上年增加1.48万亿元，增长64.03%；大型商业银行贴现2.31万亿元，较上年增加3549.18亿元，增长18.17%；城市商业银行贴现2.05万亿元，较上年增加7937.15亿元，增长63.1%；农村金融机构贴现1.16万亿元，较上年减少490.83亿元。

（三）大额可转让定期存单市场

早在1986年交通银行即首先引进和发行大额存单，1987年中国银行和工商银行相继发行大额存单，当时大额存单的利率比同期存款上浮10%。由于全国缺乏统一的管理办法，在期限、面额、利率、计息、转让等方面的制度建设曾一度出现混乱，因此中国人民银行于1989年5月下发了《大额可转让定期存单管理办法》，对大额存单市场的管理进行完善和规范。

但是，鉴于当时对高息揽存的担心，1990年5月，中国人民银行下达通知规定，向企事业单位发行的大额存单，其利率与同期存款利率持平，向个人发行的大额存单利率比同期存款上浮5%。由此导致大额存单的利率优势尽失，大额存单市场开始陷于停滞状态。1996年，中国人民银行重新修改了《大额可转让定期存单管理办法》，对大额存单的审批、发行面额、发行期限、发行利率和发行方式进行了明确。

然而，由于没有给大额存单提供一个统一的交易市场，同时由于大额存单出现了很多问题，特别是盗开和伪造银行存单进行诈骗等犯罪活动十分猖獗，中国人民银行于1997年暂停审批银行的大额存单发行申请，大额存单业务因而实际上被完全暂停。其后，大额存单再次淡出人们的视野。

2015年6月，中国人民银行制定了《大额存单管理暂行办法》，重新推出了大额存单，政策性银行、商业银行、农村合作金融机构等可面向非金融机构投资人发行标准期限的记账式大额存款凭证，并以市场化的方式确定利率；大额存单发行采用电子化的方式；个人投资人认购大额存单起点金额不低于30万元，机构投资人认购大额存单起点金额不低于1000万元；大额存单期限包括1个月、3个月、6个月、9个月、1年、18个月、2年、3年和5年共9个品种。然后，工商银行、农业银行、中国银行、建设银行、交通银行、中信银行、浦发银行、招商银行、兴业银行成为试点银行。时隔一年，2016年6月，中国人民银行决定将《大额存单管理暂行办法》第六条"个人投资人认购大额存单起点金额不低于30万元"的内容修改为"个人投资人认购大额存单起点金额不低于20万元"。根据中国外汇交易中心网站的最新资料(2019年7月)，截止2018年8月6日，大额存单发行主体名单已调整为自律机制核心成员与基础成员，机构个数扩大至1197家。

二、债券市场

债券市场是中国金融体系当中的基础市场、核心市场和基准市场。

1950年，我国发行了人民胜利折实公债，发行金额折合人民币3亿元。1954～1958年又连续5年发行了国家经济建设公债，共计人民币35.44亿元。1981年，中国政府为加大财政驱动经济的力度而启动了国债发行。进入20世纪90年代中后期，国债发行规模扩大最为迅速，国债的期限品种正趋多样化。

伴随着中国经济的逐步市场化进程，持续的国债发行也渐渐引进了市场化机制。1991年，我国首次进行了以承购包销方式发行国债的试验，并获得成功。这标志着我国国债一级市场机制开始形成。1993年，在承购包销方式的基础上，我国推出了国债一级自营商制度。1994年，我国进行国债无纸化发行的尝试，借助上海证券交易所的交易与结算网络系统，通过国债一级自营商承购包销的方式成功地发行了半年期和一年期的国债。1995年，在无纸化发行取得成功的基础上，引进招标发行方式，以记账形式，由国债一级自营商采取基数包销、余额招标的方式成功地发行了一年期国债。1996年，我国国债市场的发展以全面走向市场化为基本特色，"发行市场化、品种多样化、券面无纸化、交易电脑化"的目标基本得到实现。

从1981年恢复发行国债到1988年的7年期间，我国没有国债二级市场，债券主要是以柜台交易模式为主，特别是银行的柜台交易。国库券是这个时期一个非常主要的债券品种，这使持券人感到不方便。因此，解决居民手中债券的变现问题，就成为当务之急。1985年曾经搞过一个贴现办法，但是实行起来效果并不好。从1988年开始，我国首先允许7个城市随后又批准了54个城市进行国库券流通转让的试点工作。允许1985～1986年的国库券上市，试点地区的财政部门和银行部门设立了证券公司参与流通转让工作；试点主要在证券中介机构进行。1991年又进一步扩大了国债流通市场的开放范围，允许全国400个地区市一级以上的城市进行国债流通转让。另外，1991年我国兴起了国债回购市场。所谓国债回购，是指国债持有人在卖出一笔国债的同时，与买方签订协议，承诺在约定期限后以约定购回同笔国债的交易活动。国债回购是在国债交易形式下的一种融券兼融资活动，具有金融衍生工具的性质。国债回购为国债持有者、投资者提供融资，是投资者获得短期资金的主要渠道，也为公开市场操作提供工具。因而国债回购业务对国债市场的发展有重要的推动作用。我国于1992年10月还曾一度推出国债期货市场。但是，由于我国发展国债期货市场的条件还不成熟，又加上法规建设滞后，于1994年下半年至1995年上半年之间曾发生多起严重违规事件，在监管部门采取提高保证金比率、实行涨停板制度、规定最高持仓量等措施后，仍难以走上正轨，于是我国在1995年5月宣布暂停国债期货试点。到了1997年以后，以银行间债券交易市场设立作为一个标志，中国的债券市场进入了一个高速发展的时期。

今天的中国债券市场已是一个庞大而不再简单的市场。根据相关统计，中国债市的规模已经排名全球第三大债券市场。截至2018年底，各类债券余额86万亿元，占该年末社会融资规模存量200.75万亿元的42.8%，占金融机构本外币贷款余额141.8万亿元的60.6%，相当于当年90万亿元GDP的95.6%。2018年，银行间债券市场现券交易规模为150.7万亿元，日均成交5982亿元；债券回购累计成交722.7万亿元，日均成交2.9万亿元。正因为这一市场体量庞大的效应，以及全球范围内相关机构对人民币资产配置的需求，一些发达市场上的机构所编制的债券指数，纷纷将人民币债券纳入。比如，自2019年4月起，人民币计价的中国国债和政策性银行债券将被纳入彭博巴克莱全球综合指数。

【阅读拓展4.4】 2018年中国债券市场发行统计分析报告

有兴趣的读者可以登录“和讯网”，进入“债券”频道，获取相关资料，具体网址为：

https://bond.hexun.com/2019-01-03/195754270.html.

三、证券市场

证券市场是金融市场的重要组成部分，具有融通资本、资本定价与资源配置等功能。证券市场的发展过程始终与实体经济紧密依存，对引导储蓄转化为社会投资和促进实体经济发展具有不可替代的重要作用。

实行改革开放以来，我国证券市场历经了40年的发展历程，主要经历了如下五个阶段：

第一阶段：中国证券市场的建立(1978～1992年)。

20世纪80年代，中国证券市场活动仅局限于国库券的发行和分销。1984年7月，北京天桥股份有限公司和上海飞乐音响股份有限公司经中国人民银行批准向社会公开发行股票。1986年9月26日，上海建立了第一个证券柜台交易点，这是新中国证券正规化交易市场的开端。1990年，上海证券交易所(以下简称"上交所")和深圳证券交易所(以下简称"深交所")的成立是中国证券市场的重要里程碑，标志着中国证券市场开始其发展历程。两家证券交易所为上市股票提供了必要的交易平台和流动性，而中国投资银行业也随之出现。

第二阶段：全国统一监管市场的形成(1993～1998年)。

1992年中国证监会成立，标志着中国证券市场统一监管环境的形成。1993年国务院先后颁布了《股票发行与交易管理暂行条例》和《企业债券管理条例》，此后又陆续出台若干法规和行政规章，初步构建了基本的证券法律法规体系。1993年以后，B股、H股发行出台，债券市场品种呈现多样化，发债规模逐年递增，证券中介机构在种类、数量和规模上也迅速扩大。1998年，国务院证券委撤销，中国证券业监督管理委员会(以下简称"中国证监会")成为中国证券期货市场的监管部门，并在全国设立了派出机构，建立了集中统一的证券期货市场监管框架，证券市场由局部地区试点试验转向全国性市场发展阶段。

第三阶段：依法治市和市场结构改革(1999～2008年)。

1999年《中华人民共和国证券法》的颁布和2006年《中华人民共和国证券法》《中华人民共和国公司法》的修订奠定了我国证券市场的基本法律框架，进一步改善了市场监管环境。在此期间，我国政府执行了一系列市场化改革措施，其中以券商综合治理和股权分置改革为代表事件。为了贯彻落实国务院相关政策，2004年8月，中国证监会在证券监管系统内全面部署和启动了综合治理工作，包括证券公司综合治理、上市公司股权分置改革、发展机构投资者在内的一系列重大变革由此展开。2004年2月，国务院发布《关于推进资本市场改革开放和稳定发展的若干意见》，明确了证券市场的发展目标、任务和工作要求，成为资本市场定位发展的纲领性文件。2004年5月起，深交所在主板市场内设立中小企业板块，为中小企业提供了融资和股票交易的平台。2005 年 4 月，经国务院批准，中国证监会发布了《关于上市公司股权分置改革试点有关问题的通知》，启动股权分置改革试点工作。2006 年 9 月，中国金融期货交易所批准成立，有力推进了中国金融衍生产品的发展，完善了中国资本市场体系结构。

第四阶段：多层次资本市场的建立和完善发展(2009～至今)。

2009 年 10 月，创业板的推出标志着多层次资本市场体系框架基本建成。进入 2010 年，证券市场制度创新取得新的突破，2010 年 3 月融资融券的推出、4 月股指期货的推出为资本市场提供了双向交易机制，这是中国证券市场金融创新的又一重大举措。2012 年 8 月、2013 年 2 月转融资、转融券业务陆续推出，有效地扩大了融资融券发展所需资金和证券的来源。

2013 年 11 月，中国证监会发布《关于进一步推进新股发行体制改革的意见》，新一轮新股发行制度改革正式启动。2013 年 12 月，新三板准入条件进一步放开，新三板市场正式扩容至全国。随着多层次资本市场体系的建立和完善，新股发行体制改革的深化，新三板、股指期权等制度创新和产品创新的推进，中国证券市场逐步走向成熟。2015 年 10 月 29 日，中国共产党第十八届中央委员会第五次全体会议审议通过了《中共中央关于制定国民经济和社会发展第十三个五年规划的建议》，明确了要加快金融体制改革，提高金融服务实体经济效率，积极培育公开透明、健康发展的资本市场，推进股票和债券发行交易制度改革，提高直接融资比重。

2016 年 3 月 31 日，国务院批转国家发展改革委员会(以下简称“发改委”)《关于 2016 年深化经济体制改革重点工作的意见》，提出要深化资本市场改革，推进股票、债券市场改革和法治化建设，促进多层次资本市场健康发展，提高直接融资比重。2017 年 1 月 26 日，国务院办公厅出台《关于规范发展区域性股权市场的通知》，指出规范发展区域性股权市场是完善多层次资本市场体系的重要举措，并从市场定位、监管体制、运营机构、监管底线、合格投资者、信息系统、区域管理、支持措施等八个方面对区域性股权市场作出专门的制度安排。

2018 年的 11 月 5 日，国家主席习近平在首届中国国际进口博览会上提出，在上交所设立科创板并试点注册制。2019 年 7 月 22 日 9 点 30 分许，科创板首批 25 家公司在上海证券交易所挂牌上市交易，标志着设立科创板并试点注册制这一重大改革任务正式落地。

经过几十年的发展，从上市公司的数量、融资金额、投资者数量等各方面，中国资本市场均已具备了相当的规模，其在中国经济的发展中正发挥着越来越重要的作用。

【阅读拓展4.5】 科创板发展历程

2019年7月22日,科创板正式步入"交易时间",首批25家科创企业当天集中上市。

设立科创板并试点注册制,是深化资本市场改革开放的基础制度安排,是推进金融供给侧结构性改革、促进科技与资本深度融合、引领经济发展向创新驱动转型的重大举措。

2018年11月5日,国家主席习近平在上海举行的首届中国国际进口博览会开幕式上宣布,将在上海证券交易所设立科创板并试点注册制,支持上海国际金融中心和科技创新中心建设,不断完善资本市场基础制度。

2019年1月30日,证监会发布《关于在上海证券交易所设立科创板并试点注册制的实施意见》,科创板精准定位于"面向世界科技前沿、面向经济主战场、面向国家重大需求",主要服务于符合国家战略、突破关键核心技术、市场认可度高的科技创新企业,重点支持新一代信息技术、高端装备、新材料、新能源、节能环保以及生物医药等高新技术产业和战略性新兴产业。

2019年3月1日,首次公开发行股票注册管理办法、上市公司持续监管办法,以及上市审核规则、发行与承销实施办法、股票上市规则、股票交易特别规定等一系列制度规则正式"落地",科创板制度框架确立。

2019年3月18日,发行上市审核系统正式"开工",标志着科创板向科创企业敞开大门,同月22日首批获受理企业亮相。

2019年6月5日,上交所召开科创板上市委员会2019年第一次审议会议,3家上会企业深圳微芯生物科技股份有限公司、安集微电子科技(上海)股份有限公司、苏州天准科技股份有限公司全部获得审议通过。

2019年6月13日,在上海举行的第十一届陆家嘴论坛现场,科创板正式开板。

2019年6月14日,证监会同意苏州华兴源创科技股份有限公司、烟台睿创微纳技术股份有限公司科创板IPO注册,意味着这2家企业率先"过关"。

目前,上交所共披露149家科创板申请公司,28家在证监会注册生效。

资料来源:科创板发展历程. http://m.xinhuanet.com/2019-07/22/c_1124784791.htm.

本章小结

1. 资金融通是现代金融的核心。盈余单位与赤字单位之间的融资活动可根据融资工具的不同而分为间接融资与直接融资两类。

2. 金融市场是指通过金融工具的交易实现资金融通的场所或机制。在金融市场上,资金需求者发行和销售金融工具;资金供应者则用资金交换或购买金融工具。金融市场通过金融工具的交换行为使资金供应者资金需求者的资金得以融通。

3. 同任何市场一样,金融市场也具备市场四要素,即交易主体、交易对象、交易工具和交易价格。

4. 金融市场的功能主要有聚集和分配资金功能、资金期限转换功能、分散与转移风险功能、信息集散功能、调节经济功能。

5. 金融市场可按照不同的标准进行分类,按交易对象的不同可分为货币市场、资本市场、外汇市场、黄金市场;按金融交易的程序可分为一级市场和二级市场;按成交后是否立即交割可分为现货市场和期货市场;按功能的不同可分为综合市场和单一市场;按交易的地理范围的不同可分为地方性金融市场、全国性金融市场和国际金融市场;按照金融交易的场所不同可分为有形市场和无形市场。

6. 改革开放以来,我国的金融市场取得了重要进步,建立和拓展了证券市场,发展了多种类型的货币市场,外汇市场和黄金市场也已起步且有了一定的发展。

【关键术语】

资金融通　间接融资　直接融资　金融市场　货币市场　资本市场　外汇市场　黄金市场　一级市场　二级市场

【思考题】

1. 何为金融市场?金融市场的形成有哪些主要条件?
2. 金融市场有哪些构成要素?其中交易主体包括哪些?
3. 货币市场有哪些主要特征?包括哪些主要子市场?
4. 资本市场有哪些主要特征?包括哪些主要子市场?
5. 何为外汇市场?请阐述外汇市场的构成。
6. 简述金融市场国际化及其主要表现。
7. 试述我国目前资本市场发展的基本状况。
8. 试述现代金融市场的发展趋势。

【延伸阅读】

1. 一个小故事,告诉你金融市场是怎么形成的. https://baijiahao. baidu. com/s? id=1598690506731749400.

1. 2019 年 6 月份金融市场运行情况. http://www. pbc. gov. cn/goutongjiaoliu/113456/113469/3861125/index. html.

2. 中国债券市场发展回顾. http://www.360doc.com/content/19/0213/22/1014784_814780414.shtml.

3. 张婧熠. 多层次资本市场稳步推进 实体经济注入新动能[N]. 第一财经日报,2017-08-09.

4. 袁东. 正确认识和把握中国债券市场的发展与运行[N]. 上海证券报,2019-3-28.

5. 直接融资就一定优于间接融资? http://finance.eastmoney.com/a/201905301138620445.html.

第五章　金融机构

⊙ 导言

亚洲基础设施投资银行，简称"亚投行"，是中国倡仪并主导的世界性银行，总部设在北京。亚投行的设立，对于中国来说，具有深远意义，体现了中国尝试在外交战略中发挥资本在国际金融中的力量，同时也是人民币国际化的制度保障，方便人民币"出海"，是对美国和日本主导的亚洲开发银行(ADB)和世界银行(WB)为主的国际金融基金秩序发出的挑战。

现代金融体系通常可分为金融机构体系、金融运行体系和金融监管体系三个部分，其中金融机构是一国金融体系的骨骼和载体，是金融运行和金融监管的组织和保证，是金融体系的核心。

本章将在简要介绍金融机构的概念、分类及其产生与发展的基础上，重点介绍国际金融机构的形成与发展、全球性国际金融机构、区域性金融机构，以及西方几个主要国家的金融机构，并在最后对我国金融机构的形成与发展情况做一些介绍。

第一节　金融机构概述

一、金融机构概念及其分类

金融机构(financial institution)是指专门从事货币信用活动的中介组织。具体包括银行、证券公司、保险公司、信托投资公司和基金管理公司等。

按照不同的标准，金融机构可划分为不同的类型。

(一) 地位和功能

按地位和功能标准，金融机构可分为四大类：第一类，中央银行。比如，我国的中国人民银行;第二类,银行。包括政策性银行、商业银行、村镇银行;第三类,非银行金融机构。主要包括保险公司、农村信用合作社、证券公司(投资银行)、财务公司、第三方理财公司等;第四类,在一国境内开办的外资、合资、合作金融机构。

(二) 影响程度

按对金融体系和经济活动的影响程度,金融机构可分为系统重要性金融机构和非系统重要性金融机构。

根据金融稳定理事会(FSB)的定义,系统重要性金融机构是指"由于规模、复杂度和系统关联性,其发生危机或无序倒闭将会对更广范围的金融体系和经济活动造成严重干扰的金融机构"。在我国,2018 年 11 月,中国人民银行、中国银行保险监督管理委员会(以下简称"中国银保监会")、中国证监会联合印发《关于完善系统重要性金融机构监管的指导意见》中指出,系统重要性金融机构是指因规模较大、结构和业务复杂度较高、与其他金融机构关联性较强,在金融体系中提供难以替代的关键服务,一旦发生重大风险事件而无法持续经营,将对金融体系和实体经济产生重大不利影响、可能引发系统性风险的金融机构。具体包括系统重要性银行业机构、系统重要性证券业机构、系统重要性保险业机构,以及国务院金融稳定发展委员会认定的其他具有系统重要性、从事金融业务的机构。这里所称的"银行业机构"指依法设立的商业银行、开发性银行和政策性银行,"证券业机构"指依法设立的从事证券、期货、基金业务的法人机构,"保险业机构"指依法设立的从事保险业务的法人机构。

关于全球系统重要性银行的认定。2011 年 11 月,巴塞尔银行监管委员会(BCBS)发布认定全球系统重要性银行的评估方法。该方法通过规模、跨境活动、关联性、复杂性和可替代性等 5 个维度的 12 项指标进行认定和评估。2013 年 7 月,BCBS 进一步修订完善评估方法,包括增加确定样本银行的方法、确定界限分数和分组门槛、增加披露要求、调整相关指标等。

关于全球系统重要性保险机构的认定。2013 年 7 月,国际保险监督官协会(IAIS)制定了认定全球系统重要性保险机构的评估方法,从规模、跨境活动、关联性、非传统/非保险业务和可替代性等 5 个维度评估系统重要性。2016 年 6 月,IAIS 更新评估方法,优化定量和定性指标,完善包括年度数据收集、评分、调查分析、与潜在全球系统重要性保险机构交流、向金融稳定理事会(FSB)推荐等五个阶段评估流程。

对于我国系统重要性金融机构名单的确定,主要是采用定量评估指标计算金融机构的系统重要性得分。评估指标主要衡量系统重要性金融机构经营失败对金融体系和实体经济的潜在影响,包括机构规模、关联度、复杂性、可替代性、资产变现等一级指标。中国人民银行会同中国银保监会、中国证监会根据各行业特点和发展状况设置二级指标及相应权重。

（三）管理地位

按照此标准，金融机构可划分为金融监管机构与接受监管的金融企业。例如，中国人民银行、中国银保监会、中国证监会等是代表国家行使金融监管权力的机构，其他的所有银行、证券公司和保险公司等金融企业都必须接受其监督和管理。

（四）能否接受公众存款

按照此标准，金融机构可划分为存款性金融机构与非存款性金融机构。存款性金融机构主要通过存款形式向公众举债而获得其资金来源，如商业银行、储蓄贷款协会、合作储蓄银行和信用合作社等；非存款性金融机构则不得吸收公众的储蓄存款，如保险公司、信托金融机构、政策性银行以及各类证券公司、财务公司等。

（五）是否担负国家政策性融资任务

按照此标准，金融机构可划分为政策性金融机构和非政策性金融机构。政策性金融机构是指由政府投资创办、按照政府意图与计划从事金融活动的机构。非政策性金融机构则不承担国家的政策性融资任务。

（六）是否属于银行系统

按照此标准，金融机构可划分为银行金融机构和非银行金融机构。

银行和非银行金融机构都是金融媒介体，都起着金融中介的作用。从这个意义上说，这两类金融机构并无本质上的区别。它们之间的区别除了资金来源有所不同外，主要是职能作用的程度不同，具体表现在以下两个方面：

(1) 银行（主要是商业银行）具有信用创造功能。由于商业银行可以吸收活期存款，因此，在现代准备金制度下，商业银行用吸收的原始存款，以转账方式发放贷款会使得商业银行体系存款成倍增加，形成派生存款，从而扩大信用规模。而非银行金融机构一般不具备这项功能，它们一般仅仅是起着传递资金的作用。

(2) 银行的业务范围广泛，服务对象众多，业务方式多样化。尤其是商业银行可以办理综合性金融业务，俗称“金融百货公司”；而非银行金融机构由于受资金来源的限制，业务范围和服务对象相对较窄。近年来，随着市场经济的发展，信用化、货币化程度的提高，金融机构分业经营模式被不断打破。市场竞争日趋激烈，金融创新不断涌现，技术进步以及新技术在金融业的广泛运用等，使得许多非银行金融机构逐步渗透某些银行业务，增加银行职能，而银行也开始兼办某些原来属于非银行金融机构经营的业务，两类金融机构之间业务交叉逐渐增多。其结果是原有各类金融机构之间的差异逐步缩小，相互间的界限越来越模糊，形成由专业化经营向多元化、综合化经营的总趋势，而且进程日趋加速。

（七）金融机构编码规范

2010年，中国人民银行发布了《金融机构编码规范》（以下简称《规范》），从宏观层面统一了中国金融机构分类标准，首次明确了中国金融机构涵盖范围，界定了各类金融机构具体组成。该《规范》对金融机构的分类为：

（1）货币当局：中国人民银行、国家外汇管理局。

（2）监管当局：中国银行保险监督管理委员会、中国证券监督管理委员会。

（3）银行业存款类金融机构：银行、城市信用合作社（含联社）、农村信用合作社（含联社）、农村资金互助社、财务公司。

（4）银行业非存款类金融机构：信托公司、金融资产管理公司、金融租赁公司、汽车金融公司、贷款公司、货币经纪公司。

（5）证券业金融机构：证券公司、证券投资基金管理公司、期货公司、投资咨询公司。

（6）保险业金融机构：财产保险公司、人身保险公司、再保险公司、保险资产管理公司、保险经纪公司、保险代理公司、保险公估公司、企业年金。

（7）交易及结算类金融机构：交易所、登记结算类机构。

（8）金融控股公司：中央金融控股公司、其他金融控股公司。

（9）新兴金融企业：小额贷款公司、第三方理财公司、综合理财服务公司。

此外，按照出资的国别属性，金融机构又可划分为内资金融机构、外资金融机构和合资金融机构；按照所属的国家，还可划分为本国金融机构、外国金融机构和国际金融机构。

二、金融机构的产生与演进

以银行为代表的金融业是商品货币经济高度发展的产物①，是从货币经营业发展而来的。随着社会生产力的发展，社会制度的变革，银行的演进经历了从货币经营业到早期银行、近现代银行的漫长发展过程。

（一）金融机构起源于货币经营业

银行是经营货币和信用业务的金融机构。它以吸收存款作为主要的资金来

---

① 金融业一般是指把货币和有价证券等货币资产当作经营对象的服务行业。广义的金融业不仅包括银行业，也包括保险、证券和信托等相关行业。

源,而且这种负债可以被存款的持有人当作货币使用。银行性金融机构在金融机构体系中居于支配地位,构成现代银行制度。银行通过吸收存款、发放贷款、办理结算、汇兑等业务,在整个社会范围内融通资金。

银行业是一个非常古老的行业。早在公元前2000年的巴比伦寺庙、公元前400年的希腊寺庙等已有了经营保管金银、发放贷款和收取利息的活动;公元前400年在雅典、公元前200年在罗马帝国等地出现了银钱商和类似银行的商业性机构。

在资本主义社会的初期阶段,由于封建割据,货币铸造分散,铸币的重量、成色不统一,为适应贸易发展的需要,商人们必须进行不同铸币的兑换。因此,逐渐从商人中分离出一些专门从事铸币兑换业务的兑换商,形成了货币兑换业。最初,他们只是办理货币兑换的技术性业务,从中收取一定的手续费。随着商品交换的扩大,经常往来于各地的商人为了避免长途携带和保管货币的风险,就把货币交给兑换商代为保管,并委托他们办理支付、结算和汇款。随着业务范围的逐步扩大,货币兑换业逐步发展演变为货币经营业。但纯粹形式的货币经营业仍然主要从事货币的兑换、保管、收付、结算、汇兑等货币流通的技术业务,并不经营货币贷放业务。

随着商品经济的进一步发展,促进了货币经营业务的扩大,货币经营业者手中聚集的货币资金也逐渐增多。为牟取更多的利润,他们就利用这些资金办理放款业务;同时,用支付存款利息的办法,广泛吸收社会上暂时闲置资金,经营起信贷业务。这样,货币经营业就发展成为经营存款、贷款结算业务的早期银行。

(二) 近代资本主义金融机构的产生

近代银行业起源于文艺复兴时期的意大利。当时的意大利处于欧洲各国国际贸易的中心地位,当时的银行除了买卖外汇以外,还经营活期存款和定期存款业务。"银行"一词,始于意大利语"banca",意为"长凳、桌子",是最早市场上货币兑换商营业用的;古法语词"banque",也有这个意思。英语转化为"bank",原意为"存钱的柜子"。在中国,过去曾以银为通用货币,经商的店铺也称"行",故译作"银行"。

早在1272年,意大利的佛罗伦萨就已出现一个巴尔迪银行,稍后于1310年又有佩鲁齐银行设立。后因债务问题,这两家银行于1348年倒闭。1397年,意大利又设立了麦迪西银行(Medici Bank)。10年后在热那亚又成立了圣乔治银行(Bank of St. George),该银行被称为第一个国家存款银行。

进入16世纪,西欧出现了最早的近代银行,如在世界商业中心意大利出现了威尼斯银行(1587年);此后,相继出现了米兰银行(1593年)、阿姆斯特丹银行(1609年)、汉堡银行(1619年)、鹿特丹银行(1635年)、瑞典银行(1656年)、斯德哥尔摩银行(1688 年)和维也纳银行(1703 年)等。这些银行当时放款的主要对象是政府,又带有高利贷性质,而且贷款规模小,不能满足资本主义生产发展对信贷资金的需求,于是产生了新兴的资产阶级反对高利贷的斗争。斗争的结果是新兴资产阶级建立了符合资本主义经济发展需要的近代银行。近代银行是资本主义生产方式的产物,其产生的途径:一是按资本主义的原则,以股份企业的形式组建起来的股份制银行;二是高利贷性质的早期银行逐渐适应新的条件转化为资本主义银行。

1694 年,英国英格兰银行(Bank of England)的建立,标志着现代资本主义银行的诞生。英格兰银行的贴现率一开始就定为年率 4.5%～6%,大大低于早期银行业的贷款利率。继英格兰银行之后,欧洲其他国家也先后建立了不少股份制银行。股份制银行资本雄厚、规模大、发展快,逐渐成为资本主义银行的主要形式。

与早期银行相比,现代银行主要具有三个特点:一是利率水平适当。现代银行的贷款利率一般均低于平均利润率,能够适应资本主义发展的需要。二是信用功能扩大。早期银行只是简单的信用中介,现代银行还发行银行券,代客办理信托、信用证、购销有价证券等业务。三是具有信用创造功能。现代银行,特别是商业银行具有创造信用流通工具、创造派生存款的能力。

19 世纪末,资本主义从自由竞争阶段发展到垄断阶段。在资本主义垄断阶段,银行业在生产集中和垄断的基础上也逐渐形成了集中和垄断银行,垄断资本与工业资本相互渗透,形成了金融资本。掌握着金融资本的少数大资本家集团称为金融寡头。金融寡头凭借其强大的实力,以银行为统治工具和控制中心,操纵生产和流通,控制整个国家的经济命脉。这时,银行的地位和作用又发生了根本的变化,由吸收资金和分配资金的普通中介变成了“万能的垄断者”。现代银行能以借贷为武器,调节企业的经营方向和经营规模,最后达到完全决定企业的命运。

三、现代金融机构的发展

随着现代商品经济的发展,金融机构的职能作用、业务范围、业务形式也在不断发展。现代金融机构朝着组织集团化、业务多样化、机构全球化、资本国际化的方向发展。

(一) 金融机构间的吞并,形成金融机构组织集团化

第二次世界大战以后,在已形成的银行垄断的基础上,银行间的吞并愈演愈烈,除了公开兼并以外,更多的是采取购买其他银行股票建立银行持股公司的方式进行兼并。银行持股公司就是控制银行股权的公司。这种公司同时拥有几家银行的控股权,能决定银行的重要人事、营业政策和往来关系。实际上,持股公司是大

银行控制其他银行的重要工具。通过持股公司形成的银行集团资本雄厚，竞争力强。

（二）金融工具不断创新，促使金融机构业务多样化

银行垄断的形成和银行的集团化，使得大银行之间的竞争更加激烈。各种银行和非银行金融机构的业务活动突破了过去分工的界限，形成了在业务经营方面的相互交错。商业银行与投资银行的界限日益消失，商业银行同储蓄银行、消费信用机构之间的界限也日益模糊。为了争取更多的资金来源和扩大业务，从 20 世纪 70 年代起西方国家掀起金融工具创新浪潮。新的金融商品不断涌现，使得银行和其他金融机构趋向业务多样化、机构全能化。为适应金融创新的需要，许多西方国家陆续放宽金融管制，这又进一步推动了金融创新，银行和非银行金融机构之间业务相互渗透，形成更为庞大的金融机构网。

（三）跨国金融机构兴起，使得金融机构资本国际化

跨国银行是指业务范围国际化，同时在一些不同的国家或地区经营银行业务的超级商业银行。跨国银行是资本主义发展到帝国主义阶段垄断资本加强对外经济扩张的产物。一方面，由于帝国主义的殖民掠夺，国际贸易不断发展，国内银行在外汇交易和出口信贷中获得巨大利润，从而使跨国银行的产生具有可能性；另一方面，帝国主义对外经济扩张，促进了生产的国际化和资本化，不仅使产业资本在国际范围内的循环和周转中游离出大量过剩资本，需要在国际市场寻找出路，而且跨国公司对中期资金的需求增加，数额越来越大，只有经营国际业务的跨国银行才能满足这样巨大的需求，从而使跨国银行的产生具有客观必要性。为适应生产国际化和资本国际化的发展趋势，一些大商业银行也加速向国际化方向发展，从而促进了跨国银行的形成和发展。

跨国银行通过其广泛的国际网络开展经营活动，例如，外贸融资、存款、对公司或国家的贷款业务、外汇业务、投资业务及信托业务等。跨国银行作为当代世界经济生活中的一个重要因素，其形成和发展与世界经济、国际金融的发展和变化有着密切的联系。目前，世界经济正处在深刻变化时期，新技术革命的浪潮以及银行业务电子化、世界各国经济相互依赖性的日益增长和金融市场的国际一体化，必将使跨国银行的发展成为银行资本国际化的主要趋向。

（四）金融科技的不断发展，使得金融机构服务智能化

随着大数据、区块链、人工智能等金融科技的发展，金融机构的智能化进程不断加快。在金融机构发展过程中，大型金融机构由于具备规模经济特性，在发展上

具备了强大的竞争优势，而中小金融机构在风险控制能力、获客成本、融资成本、定价能力等诸多方面都处于劣势，这使中小金融机构发展面临着巨大的竞争压力。而智能金融的兴起，为解决中小金融机构发展所面临的问题提供了一个可能的解决方案。所谓的智能金融，是指人工智能与金融全面融合而产生的金融服务新模式，它以人工智能、大数据、云计算等科技为核心要素，在提升金融机构服务效率的同时，实现金融服务的智能化、个性化、定制化。

人工智能技术应用于金融领域，还能够更好地开发出满足多样化需求的产品，提升中小金融机构的竞争力。中小金融机构由于规模较小，业务较为单一，开发多元化产品往往得不偿失。而依托人工智能技术，可以根据客户的需求，利用计算机开发出更多符合客户需求的产品，更好地满足客户个性化需求。

第二节　国际金融机构

国际金融机构是多国共同建立的金融机构的总称，分为地区性和全球性国际金融机构。第二次世界大战前的 1930 年 5 月，为处理德国战争赔款问题，曾在欧洲的瑞士巴塞尔建立了国际清算银行，这是第一个国际金融机构，是地区性的国际金融机构。第二次世界大战后，形成了以美元为中心的国际货币体系，并成立了国际货币基金组织、世界银行等国际金融机构，这是全球性的国际金融机构。从 1957 年到 20 世纪 70 年代，欧洲、亚洲、非洲、拉丁美洲、中东地区的国家由于发展本地区经济的需要，通过互助合作方式，先后建立起区域性的国际金融机构，例如，泛美开发银行、非洲开发银行、亚洲开发银行等。

一、全球性国际金融机构

（一）国际货币基金组织

国际货币基金组织（international monetary fund，简称：IMF）是根据 1944 年 7 月在布雷顿森林会议签订的《国际货币基金协定》于 1945 年 12 月 27 日在华盛顿成立的。其与世界银行同时成立、并列为世界两大金融机构之一，其职责是监察货币汇率和各国贸易情况，提供技术和资金协助，确保全球金融制度运作正常。其总部设在华盛顿。我们常听到的“特别提款权”就是该组织于 1969 年创设的。

国际货币基金组织成立的宗旨是帮助会员国平衡国际收支，稳定汇率，促进国际贸易的发展。其主要任务是通过向会员国提供短期资金，解决会员国国际收支暂时不平衡和外汇资金需要，以促进汇率的稳定和国际贸易的扩大。

按照《国际货币基金协定》，凡是参加 1944 年布雷顿森林会议，并在协定上签字的国家,称为创始会员国。我国是创始会员国之一。在此以后参加基金组织的国家称为其他会员国。两种会员国在法律上的权利和义务并无区别。国际货币基金组织成立之初,只有 44 个会员国,至 1997 年底,已发展到 184 个会员国。

参加基金组织的每一个会员国都要认缴一定的基金份额。基金份额的确定与会员国利益密切相关,因为会员国投票权的多寡和向基金组织取得贷款权利的多少取决于一国认缴基金份额的大小。

国际货币基金组织的最高权力机构是理事会,由各会员国委派理事和副理事各 1 人组成。执行董事会是负责处理基金组织日常业务的机构,共由 23 人组成。

国际货币基金组织的资金来源,除会员国缴纳的基金份额外,还有向会员国借入的款项和出售黄金所获得的收益。国际货币基金组织的主要业务是:发放各类贷款;商讨国际货币问题;提供技术援助;收集货币金融情报;与其他国际机构的往来等。

国际货币基金组织于 1980 年 4 月 17 日正式恢复我国的合法席位。我国向基金组织委派理事、副理事和正、副执行董事。当时,我国在基金组织的份额为 12 亿特别提款权,后增至 33.85 亿特别提款权。

2015 年 10 月 1 日,中国首次向国际货币基金组织申报其外汇储备。

国际货币基金组织 2010 年份额和治理改革方案在拖延多年后,终于在 2015 年行将结束时获得美国国会通过,迎来生效的曙光。根据该方案,IMF 的份额将增加一倍,约 6%的份额将向有活力的新兴市场和代表性不足的发展中国家转移。由此,中国跻身 IMF 第三大成员国,印度、俄罗斯和巴西也进入了前十位。2016 年 1 月 27 日,国际货币基金组织宣布其 2010 年份额和治理改革方案正式生效,这意味着中国正式成为 IMF 第三大股东。中国份额占比从 3.996%升至 6.394%,排名从第六位跃居第三位,仅次于美国和日本。

2016 年 3 月 4 日,国际货币基金组织表示,将从 2016 年 10 月 1 日起在其官方外汇储备数据库中单独列出人民币资产,以反映 IMF 成员人民币计价储备的持有情况。

(二) 世界银行

世界银行(World Bank,WB),原名国际复兴开发银行(the international bank for reconstruction and development)),是为发展中国家资本项目提供贷款的国际金融机构。它是联合国属下的一个专门机构,是负责长期贷款的国际金融机构。

世界银行的官方目标为消除贫困,根据其有关协定规定,其所有决定都必须旨在推动外商直接投资和国际贸易,以及为资本投资提供便利。

世界银行由两个机构组成:国际复兴开发银行(IBRD)与国际开发协会

(IDA)。世界银行与世界银行集团并不一样,后者包括世界银行、国际金融公司(IFC)、多边投资担保机构(MIGA)以及国际投资争端解决中心(ICSID)。

世界银行成立于1945年,1946年6月开始营业,1947年11月成为联合国的专门机构。

1980年,中国的世界银行成员国地位得到恢复,次年接受了世界银行的第一笔贷款。

2010年4月,世界银行对投票权进行改革,这次改革使中国在世界银行的投票权从2.77%提高到4.42%,成为世界银行第三大股东国,仅次于美国和日本。2018年4月,世界银行实施增资计划。此次增资之后,中国在世界银行的投票权升至5.71%,美国和日本则分别降至15.87%和6.83%。中国仍是第三大股东国,位于美国和日本之后。投票权反映成员国对世界银行运营的影响力。根据世界银行的规则,任何重要的决议必须由85%以上的表决权决定,美国的投票权虽然有所下降但仍超过15%,有一票否决权。

(三)国际开发协会

国际开发协会(IDA)是世界银行的一个附属机构,成立于1960年9月,总部设在美国首都华盛顿。凡是世界银行会员国均可参加该机构。

国际开发协会的宗旨是,为对低收入的国家提供条件优惠的长期贷款,以促进其经济的发展。贷款对象仅限于成员国政府,主要用于发展农业、交通运输、电子、教育等方面。贷款不收利息,只对已支付额每年收取一定的手续费。自1982年1月起,对未支付部分每年征收一定的承诺费。

国际开发协会的资金来源除会员国认缴的股本外,还有各国政府向协会提供的补充资金、世界银行拨款和协会的业务收入。

1980年,中国恢复了在世界银行集团的合法席位,并同时成为国际开发协会的成员国。

(四)国际金融公司

国际金融公司(IFC)也是世界银行的一个附属机构,1956年7月成立。1957年,它同联合国签订协定,成为联合国的一个专门机构。参加国际金融公司的会员国必须是世界银行的会员国。

国际金融公司的宗旨是,辅助世界银行,通过贷款或投资入股的方式,向成员国特别是发展中国家的私人企业提供资金,以促进成员国经济的发展,从而补充世界银行的活动。

国际金融公司的资金来源主要是会员国缴纳的股金,其次是向世界银行和国际金融市场借款。其主要业务活动是对会员国的私人企业贷款,不需政府担保。

我国在恢复世界银行合法席位的同时,也成为国际金融公司的会员国。20世纪90年代以来,我国与国际金融公司的业务联系不断密切,其资金已成为我国引进外资的一条重要渠道。

(五) 多边投资担保机构

多边投资担保机构(multilateral investment guarantee agency,MIGA)成立于1988年6月,是世界银行集团里成立时间最短的机构。

多边投资担保机构的宗旨是,向外国私人投资者提供政治风险担保,包括征收风险、货币转移限制、违约、战争和内乱风险担保,并向成员国政府提供投资促进服务,加强成员国吸引外资的能力,从而推动外商直接投资流入发展中国家。作为担保业务的一部分,多边投资担保机构也帮助投资者和政府解决可能对其担保的投资项目造成不利影响的争端,防止潜在索赔要求升级,使项目得以继续。多边投资担保机构还帮助各国制定和实施吸引和保持外国直接投资的战略,并以在线服务的形式免费提供有关投资商机、商业运营环境和政治风险担保的信息。

MIGA作为世界银行集团的下属机构,拥有完全的法人地位,有权缔结合同,取得并处理不动产和动产及进行法律诉讼。理事会是MIGA的最高权力机关,由每一成员国指派一名理事和一名副理事组成;董事会至少有12人组成,负责本机构的一般业务;董事会主席由世界银行总裁兼任;MIGA的总裁由董事会主席提名任命,负责处理本机构的日常事务及职员的任免,依据惯例,总裁也由作为MIGA董事会主席的世界银行总裁兼任;职员由总裁负责组织、任命和辞退。

中国是MIGA的创始会员国。中国虽然是发展中国家,但在MIGA里,中国是十大股东之一,次于美国、日本、德国、法国和英国,位列第六。

(六) 国际投资争端解决中心

国际投资争端解决中心(international centre for settlement of investment disputes, ICSID)又称为解决投资争端国际中心,是世界银行集团的一个投资促进机构。它是依据《解决国家与他国国民间投资争端公约》而建立的世界上第一个专门解决国际投资争议的仲裁机构。成立于1966年10月,总部设在美国华盛顿。

国际投资争端解决中心的宗旨和任务是,制定调解或仲裁投资争端规则,受理调解或仲裁投资纠纷的请求,处理投资争端等问题,为解决会员国和外国投资者之间争端提供便利,促进投资者与东道国之间的互相信任,从而鼓励国际私人资本向发展中国家流动。

我国于1993年正式成为公约的缔约国。

二、区域性金融机构

（一）国际清算银行

国际清算银行是根据1930年1月20日在荷兰海牙签订的海牙国际协定，于同年5月，由英国、法国、意大利、德国、比利时和日本6国的中央银行，以及代表美国银行界利益的摩根银行、纽约花旗银行和芝加哥花旗银行三大银行组成的银团共同创立，行址设在瑞士的巴塞尔。刚建立时只有7个成员国，截至2019年1月，成员国已发展至60家中央银行或货币当局。2019年7月，国际清算银行宣布将分阶段在不同城市设立创新中心，首先设立的两个中心位于瑞士巴塞尔和香港，第三个位于新加坡。

国际清算银行成立之初的宗旨是，处理第一次世界大战后德国赔款的支付和解决对德国的国际清算问题。1944年，根据布雷顿森林会议决议，该行应当关闭，但美国仍将它保留下来，作为国际货币基金组织和世界银行的附属机构。此后，该行的宗旨转变为促进各国中央银行之间的合作并为国际金融业务提供便利，同时充当国际清算的代理人或受托人。国际清算银行是中央银行行长和官员的会晤场所。

国际清算银行的资金来源主要是会员国缴纳的股金，自2003年4月1日起，国际清算银行使用国际货币基金组织特别提款权（SDR）计算股本，共有面值相等的60万股（每股面值5000SDR），由成员国认缴。另外，还有向会员国中央银行的借款以及大量吸收客户的存款。

中国于1984年与国际清算银行建立了业务联系。1996年9月9日，国际清算银行通过一项协议，接纳中国、巴西、印度、韩国、墨西哥、俄罗斯、沙特阿拉伯、新加坡和香港地区的中央银行或货币当局为该行的新成员。香港回归之后，其在国际清算银行的地位保持不变，继续享有独立的股份与投票权。中国人民银行于1996年11月正式加入国际清算银行。

（二）欧洲投资银行

欧洲投资银行（european investment bank，EIB）是欧洲经济共同体成员国合资经营的金融机构。根据1957年《建立欧洲经济共同体条约》（《罗马条约》）的规定，于1958年1月1日成立，1959年正式开业，总行设在卢森堡。

欧洲投资银行的宗旨是，利用国际资本市场和共同体内部资金，促进共同体的平衡和稳定发展。为此，该行的主要贷款对象是成员国不发达地区的经济开发项目。从1964年起，贷款对象扩大到与欧共体有较密切联系或有合作协定的共同体外的国家。

欧洲投资银行的资金主要来源于成员国分摊，也从共同体内外资本市场筹措，还有成员国提供的特别贷款。通过发行债券在国际金融市场上筹资，是该行主要的资金来源。

（三）亚洲开发银行

亚洲开发银行（asian development bank，ADB，简称“亚行”）是一个致力于促进亚洲及太平洋地区发展中成员国（或地区）经济和社会发展的区域性政府间金融开发机构。亚行创建于1966年11月24日，总部位于菲律宾首都马尼拉。

亚洲开发银行的宗旨是，为亚太地区的发展计划筹集资金，提供技术援助，帮助协调成员国在经济、贸易和发展方面的政策，与联合国及其专门机构进行合作，以促进区域内经济的发展。其资金来源主要是会员国缴纳的股金、亚洲开发基金和在国际金融市场上发行债券。自1999年以来，亚行特别强调扶贫为其首要战略目标。它不是联合国下属机构，但它是联合国亚洲及太平洋经济社会委员会（简称“联合国亚太经社会”）赞助建立的机构，同联合国及其区域和专门机构有密切的联系。

中国于1986年3月10日加入亚行。无论按认股份额还是投票权，中国居第三位，日本和美国并列第一，拥有一票否决权。因此，美国和日本共同主导了亚洲开发银行。

无论是世界银行还是亚洲银行，要获得贷款，都要在政府透明度、意识形态等方面通过考核，还有环保、雇佣、招投标等方面的多种要求。

（四）非洲开发银行

非洲开发银行是在联合国“非洲经济委员会”支持下由非洲国家合办的互助性、区域性国际金融机构。1964年9月正式成立，1966年7月开始营业，行址设在科特迪瓦首都阿比让。2002年，因科政局不稳，临时搬迁至突尼斯至今。

非洲开发银行的宗旨是，为会员国的经济和社会发展提供资金，协调各国发展计划，促进非洲经济一体化。其资金来源主要是会员国认缴的股本以及向国际金融市场借款。

非洲开发银行贷款的对象是非洲地区成员国，主要用于农业、交通和通信、工业、供水等公共事业，也包括卫生、教育和私营领域的投资项目。自1986年后，该行还支持了一些非项目计划，如结构调整和改革贷款，技术援助和政策咨询方面的投资等。该行贷款的期限一般是在12～20年，包括展延还款期5年。

中国于1985年5月加入非洲开发银行。

（五）泛美开发银行

泛美开发银行也叫美洲开发银行（inter-american development bank，IDB），1959 年 12 月 30 日正式成立，1960 年 11 月 1 日开始营业，行址设在美国首都华盛顿。泛美开发银行是世界上成立最早和最大的区域性、多边开发银行。

泛美开发银行的宗旨是动员美洲内外资金，为拉丁美洲国家的经济和社会发展提供项目贷款和技术援助，以促进拉美经济的发展。该行的一般资金主要用于向拉美国家公、私企业提供贷款，年息通常为 8%，贷款期 10～25 年。特别业务基金主要用于拉美国家的经济发展项目，年息 1%～4%，贷款期 20～40 年。

泛美开发银行资金来源主要是会员国认缴的股金、向国际金融市场借款和较发达会员国的存款。

中国自 1991 年起连续 18 年应邀派团以观察员身份参加了泛美开发银行年会。1993 年 9 月，中国人民银行正式向泛美开发银行提出加入申请。2009 年 1 月，中国人民银行代表中国正式加入泛美开发银行集团。

（六）亚洲基础设施投资银行

亚洲基础设施投资银行（asian infrastructure investment bank，AIIB 简称“亚投行”），是一个政府间性质的亚洲区域多边开发机构。这是首个由中国倡议设立的多边金融机构，2015 年 12 月 25 日正式成立，2016 年 1 月 16 日正式开业，总部设在北京，法定资本 1000 亿美元。2019 年 7 月 13 日，亚投行成员达到 100 个。

亚投行成立宗旨是通过在基础设施及其他生产性领域的投资，促进亚洲经济可持续发展、创造财富并改善基础设施互联互通；与其他多边和双边开发机构紧密合作，推进区域合作和伙伴关系，应对发展挑战。

亚投行的治理结构分理事会、董事会、管理层三层。理事会是最高决策机构，每个成员在亚投行有正副理事各一名。董事会有 12 名董事，其中域内 9 名，域外 3 名。管理层由行长和 5 位副行长组成。

【阅读拓展 5.1】 亚洲基础设施投资银行

有兴趣的读者可以登录“百度百科”，获取相关知识，具体网址为：

https://baike.baidu.com/item/%E4%BA%9A%E6%B4%B2%E5%9F%BA%E7%A1%80%E8%AE%BE%E6%96%BD%E6%8A%95%E8%B5%84%E9%93%B6%E8%A1%8C/12007022?share_fr=pc_qrcode.

第三节　西方金融机构体系

西方发达国家的金融机构体系，虽然总的来说可以分为银行类金融机构和非银行类金融机构两大类，但在具体金融机构的设置等方面，各国因各自选择的银行制度的不同而有所差别。下面就几个主要西方发达国家的金融机构体系进行介绍。

一、美国金融机构体系

美国是银行体制最为发达的国家，也是当今全球银行及金融体制中最具影响力和竞争力的国家。美国的金融机构体系是以联邦储备体系为核心，以商业银行为主体，以私人和政府专业性信贷机构与其他各类非银行金融机构为两翼，再加上在美国的外国金融机构和国际金融机构而形成的一个庞大而复杂的体系。

（一）联邦储备体系

联邦储备体系是根据1913年12月23日美国国会通过的《联邦储备法案》于1914年组建的。该法案后经多次修改，联邦储备体系也因此不断完善，最终确立了如今的各种制度安排。

联邦储备理事会是联邦储备体系的核心管理决策机构，负责统筹领导该体系的运作。其核心地位主要体现在两方面：一是其对12家地方联储的监督和控制，具体表现为：监督各地方联储银行的运营，负责任命各地方联储银行董事会（共9名）中的三分之一的董事（3名），并确定董事会主席和副主席，批准任命各地方联储银行行长；审查和批准各地方联储银行关于再贴现率的意见，并做出指导。二是其对联邦公开市场委员会（FOMC）会议的控制。FOMC是联邦储备体系中的货币政策制定机构，以召开会议形式存在。FOMC是依据1933年和1935年修订版的《联邦储备法案》而设立的。FOMC会议每年在华盛顿召开八次，每次会议都将对公开市场操作做出决策，设定联邦基金利率目标，另外，还负责指导外汇市场操作。

联邦储备银行。根据《联邦储备法》，按美国地理范围，将全国划分为12个联储区，每个联储区分别设有一家地方联邦储备银行。12家地方联储银行及其分支机构，共同构成联邦储备体系的运行实体，是该体系的运行基础，具体执行该体系大部分日常业务，包括开展清算、再贷款、再贴现等。

会员银行。加入各联邦储备银行并成为其会员的主要是商业银行，包括本地全部国民银行（在联邦政府注册）和部分州银行（在非政府注册）。联邦储备银行并不归国家所有，其资本由会员认购，会员是其股东，每年按6%的固定利率获得股息。

(二) 商业银行

商业银行是美国金融机构体系的骨干力量。但与欧洲国家相比,美国银行业的产生和发展几乎晚了两个世纪。直到1782年1月北美银行(Bank of North America)正式成立,美国才出现了第一家由私人经营管理的现代意义上的商业银行。

美国的商业银行制度在世界各国中别具一格。由于受历史上国民银行制度和"单一州原则"形成的"双线银行管理体制"①的影响,美国商业银行包括国民银行和州立银行两套不同的体系。因而,曾一度造成美国商业银行家数众多、竞争激烈的混乱局面。到1914年美国联邦储备体系建立时,国民银行和州银行的数量已经分别达到了7518家和20000余家,到1920年,美国共有商业银行30291家。在20世纪20年代的短期经济繁荣时期,美国商业银行总数曾一度达到30456家的历史最高纪录。此后,由于经济金融危机(引发大量银行破产)和不断的银行并购,1990年美国商业银行数量为1.23万家,而截至2017年已下降至4969家,下降比例达59.7%。商业银行数量减少,原因莫过于破产倒闭和合并整合。美国银行业历史是一部并购史。

(三) 专业性银行

美国的专业银行可分为两类:一是各类专业性商业银行,如投资银行、互助储蓄银行和信用协会等;二是自成体系的政策性金融机构,如美国农业信贷体系②、联邦住房贷款银行、美国进出口银行、小企业管理局等。

(四) 非银行金融机构

由于美国的单一州、单一银行原则,造成了非银行金融机构的地方化、分散化和多样化的格局。目前,美国全国有两万多家非银行金融机构。主要包括:人寿保险公司、财产与灾害保险公司、退休养老基金、投资公司、信用社、货币市场基金、共同基金、对冲基金、资产管理公司、"金融超级市场"等。这其中的共同基金、货币市场基金、对冲基金等一批新兴的非银行金融机构的发展尤其引人注目。

---

① 所谓双线银行管理体制,是指美国联邦政府和各州政府有关当局同时都有权接受银行注册并监督管理银行的制度。

② 美国的农业信贷体系由农业信贷署负责监督和协调的三个不同的银行系统组成。这三个银行系统是分布在全国12个农业信贷区的12家联邦土地银行、12家联邦中期信贷银行、12家合作银行和1家中央合作银行。

（五）国际金融机构和外国金融机构

国际金融机构在美国的大规模建立和运行出现在第二次世界大战之后。随着布雷顿森林体系的建立和运行，国际货币基金组织（IMF）、世界银行（WB）、国际清算银行（BIS）等国际金融机构或总部、或将其重要的分支机构建立在美国。美国已经成为当前真正的国际金融中心。20 世纪 70 年代布雷顿森林体系解体后，外国金融机构开始大规模进入美国金融市场。1965 年，外国银行在美国的分支机构还只有 45 个，到 1980 年猛增到 342 个。1996 年，外国银行在美国的分支机构则进一步达到了 619 家。

二、日本金融机构体系

日本的金融机构体系由中央银行、民间金融机构、政府政策性金融机构等组成，形成了以中央银行为领导，民间金融机构为主体，政府政策性金融机构为补充的模式。

（一）日本银行

日本银行是日本的中央银行，成立于 1882 年 10 月，1942 年 2 月进行了改组，成为特殊的法人。总行设在东京，在全国主要城市设立了 33 个分行。日本银行的全部资本中，政府资金占 55%，民间资金占 45%。日本银行作为中央银行，其业务活动是在大藏省（Ministry of Finance，2001 年 4 月更名为“财务省”）的领导和监督下开展的，其最高决策机构是日本银行政策委员会。作为中央银行，日本银行的主要任务与其他发达国家一样，负责贯彻执行国家的金融政策，保持货币价值的稳定，维护信用与金融秩序等。

（二）民间金融机构

日本的民间金融机构是日本金融机构的主体。民间金融机构是指民间的财团企业等所经办的各种城市银行、地方银行、外国银行和专业金融机构等。另外还包括一些民营的生命、财产保险公司。

城市银行又称为都市银行，以六大都市为中心，分支机构遍布全国，是商业银行最主要的部分，在日本金融体制中具有非常重要的地位，它们的贷款对象主要是大企业。地方银行，一般以各行总行所在地为中心，其业务原则上限于该地区的中小企业，带有地方性。专业金融机构主要是从事某一方面银行业务的金融机构，比如，专门从事外汇业务的银行，主要从事长期贷款的长期信用银行和信托银行。

（三）政府金融机构

政府金融机构是指由政府设立的政策性专业金融机构，它直接服从于和服务于实现政府某项政策目标。按其运作的形式和特点可分为：政府银行、政府公库和其他金融机构。其中，政府银行是由日本政府设立的政策性银行，共有两家，即日本进出口银行和日本开发银行；政府公库是由政府投资设立的用于调节各方面资金需要的金融机构，其业务对象是中小企业、农林渔业、住宅建设等。此外，属于政府金融机构的还有专门从事融资的事业团、海外经济协力基金、资金运用部等。

三、英国金融机构体系

英国是世界上最早建立比较完备的金融制度的国家，其金融业发展至今已有600多年的历史。经过几百年的发展和完善，英国的金融机构形成了以英格兰银行为中心，包括“英国的银行”和其他金融机构组成的完整体系。

（一）英格兰银行

英格兰银行是英国的中央银行，成立于1694年7月，是由当时伦敦城1268家商人出资合股建立的英国第一家股份制银行。尽管英格兰银行成立之初就得到了英国皇室的支持，但其作为英国中央银行的地位却是经过漫长的历史演变逐步形成的。1844年通过的《银行特许法》（又称“皮尔条例”），结束了279家银行分散发行银行券的局面，英格兰银行逐渐成为英格兰和威尔士两地唯一的发行银行；同时，该法也加速了英格兰银行退出商业银行业务的进程。到19世纪末，英格兰银行终于成为一家名副其实的中央银行。1946年3月1日，英格兰银行被收归国有，成为一家政府所有的机构。英格兰银行在法律地位上属于财政部，最高决策机构是理事会。现总行设在伦敦，在全国各地拥有8家分行。

（二）英国的银行

“英国的银行”是英格兰银行在1987年《银行法》颁布后，在对英国金融体制进行划分时，对“英国货币部门”所使用的一个新名词。从银行性质上分类，“英国的银行”应该属于追求商业利润的商业银行。“英国的银行”主要包括零售性银行、商人银行、贴现行、海外银行（包括国际财团银行）和其他英国银行。

1. 零售性银行

零售性银行是指那些在英国境内设有广泛的分行网络或直接参加英国清算系统的银行，是英国银行系统的主体，其客户主要是个人和中小企业，主要提供现金存款、小额贷款和资金转账等服务。零售性银行又包括清算银行、英格兰银行银行部①、划拨银行和信托储蓄银行等。英国著名的零售性银行有巴克莱银行、国民西敏斯银行、劳埃德银行和米德兰银行等。

2. 商人银行

商人银行又称承兑行，是英国和其他西欧国家特有的一种银行。主要办理存款、证券、咨询、代理等业务。由于它起初是由从事国际贸易并兼营承兑业务的商人发展起来的，所以称之为“商人银行”。这种银行于18世纪末叶开始出现，是一种由私人银行业者设立的家庭企业。20世纪70年代初，商人银行从家庭企业转变为股份公司，几经兼并，规模也逐渐变大，与清算银行间的差别已经缩小。商人银行办理长短期业务，除承兑票据外，还组织和认购新发行证券等，同时也经营世界某一地区的贸易金融业务，有广泛的国际联系。

3. 海外银行

英国的海外银行既包括外国银行在英国设立的分行和国际财团银行，也包括总部设在英国，但主要业务是在海外的英国银行。从业务范围看，海外银行主要是从事批发性业务，其存贷款的绝大部分为外国货币。这些银行不但吸收当地和国外的存款，而且也进行各种投资活动。

4. 贴现行

贴现行曾经被称为贴现公司或贴现事务所，是英国特有的经营国库券和商业票据的金融机构。它的资金来源不是靠吸收存款，而是从存款银行、英格兰银行以及外国银行等金融机构借入短期资金，然后用这些借入的资金去购买商业票据、国库券、中央和地方政府债券和英镑存款证等。实际上，贴现行是起着英格兰银行与存款银行之间、存款银行与工商企业之间中介人的作用。当工商企业需要票据贴现时，可向贴现行贴现，贴现行用其借入的短期资金来满足工商企业的贴现需求；而当存款银行等金融机构要收回其贷款时，贴现行则向英格兰银行要求再贴现。这与其他国家是不同的。其他国家的工商企业是向商业银行贴现，而商业银行资金短缺时，则向中央银行再贴现。

（三）其他金融机构

英国的其他金融机构是指除了银行以外的各类金融中介机构，主要包括房屋互助协会、金融行、国家储蓄银行、保险公司、养老基金、投资公司（包括投资信托公

---

① 根据1844年的“皮尔条例”，英格兰银行的业务机构划分为银行部和发行部。从此，英格兰银行银行部便作为一个银行金融机构，专门行使除货币发行以外的职能。它不仅接受政府和银行的存款，并且拥有私人客户，还从事各种证券投资、票据贴现以及抵押贷款业务。正由于它参与着英国的支付机制，所以人们习惯于将它归于零售性银行部门。

司和单位信托公司两种)等。

与美国相同,英国银行金融机构与其他金融机构的相对地位也发生了变化。英国银行部门在金融机构中的传统地位相对减弱,而其他金融机构则后来居上,在英国金融体系中的地位显著提高。20 世纪 50 年代,银行金融机构与非银行金融机构的英镑负债规模相当。但是自 20 世纪 60 年代以来,非银行金融机构的英镑负债大大超过了银行金融机构,处于优势地位。

第四节 我国的金融机构体系

一、旧中国金融机构体系

中国的金融机构始于唐代。商业发达的唐代,不仅开办了称为“飞钱”的汇兑业务,还出现了“质库”,即当铺。后来,宋朝设置的“便钱务”,金代的“质典库”,元代的“解典库”,明代的“钱庄”和清朝的“票号”等,都是从事货币经营业务的机构。这些机构虽然不是真正意义上的银行,但已具备银行的一些性质。

中国出现真正意义上的银行是在鸦片战争和外国资本侵入之后的近代。1845 年和 1848 年,英国丽如银行(后改称东方银行)先后在香港与上海设立分行,从而在我国出现了第一家资本主义银行。之后许多国家都来华设立银行,到 1935 年,外国在华银行多达 53 家 153 个机构。这些外国银行曾长期控制着中国的金融市场,一度把持着当时中国的财政命脉。

1897 年 5 月 27 日,中国通商银行成立,这是中国人自办的第一家银行,由清政府督办全国铁路大臣盛宣怀创办,总行在上海。此后,在中国相继出现了一些民族资本或半官半商的银行,如历史上曾有“北四行”(中国盐业、金城、中南和大陆四家银行)、“南四行”(浙江兴业、上海商业储蓄、浙江实业和兴华信托储蓄四家银行)和“小四行”(中国通商、四明商业储蓄、中国实业和中国国货四家银行)等。

中华人民共和国成立前夕,中国存在着两个并行、对立的金融机构体系:国民党统治区的金融机构体系和共产党领导下的解放区的金融机构体系。

在国民党统治区的金融机构体系中,属于官僚资本的“四行二局一库”占有垄断地位。其中,“四行”是指中央银行(1928 年)、中国银行(1912 年)、交通银行(1908 年)和农民银行(1935 年);“二局”是指邮政储金汇业局(1930 年)和中央信托局(1935 年);“一库”是指中央合作金库(1946 年)。此外,官僚资本的银行还有由地方官办的“地方银行”等,据 1946 年的统计,国统区的银行共 3489 家,其中官营的占 2446 家。

解放区的金融机构体系,主要是一些在革命根据地设立的银行和信用合作组织。最早是 1931 年 11 月,中央苏区在瑞金成立的苏维埃共和国国家银行。在抗日战争时期，在各主要抗日根据地，都建立了自己的银行。如陕甘宁边区银行(1937年)、晋察冀边区银行(1938年)、西北农民银行(1940年)、晋冀鲁豫边区银行(1941年)、北海银行(1941)、江淮银行(1941年)、盐阜银行(1942年)、大江银行(1943年)和浙东银行(1945年)等，这些银行都发行了各自的货币。抗日战争胜利后，华东解放区连成一片，原来各解放区的银行于1945年8月合并为华中银行，发行华中银行券。此外，江西、湖南、湖北、广东等根据地也都建立了银行。在解放战争期间，一些新解放区又建立了银行，如中原解放区的中州农民银行、华南解放区的南方人民银行、冀察热辽解放区的长城银行、内蒙古解放区的内蒙银行、旅大解放区的关东银行、东北解放区的东北银行。随着解放战争的胜利，原来分隔的解放区连成一片，原来各地分设的银行也开始逐步合并。

二、新中国金融机构体系

(一) 新中国金融机构体系的建立

新中国金融机构体系的建立是通过组建中国人民银行，合并解放区银行，没收官僚资本银行，改造私人银行与钱庄，以及建立农村信用社等途径实现的。

1947年秋，华北人民政府成立，决定把冀南银行和晋察冀边区银行合并，组成华北银行。1948年12月1日，中国人民银行在石家庄成立，标志着新中国金融机构体系的开始。1949年2月，中国人民银行迁往北京。

中国人民银行建立之后，随着解放战争在全国的胜利推进，原来各解放区的银行都逐步改组为中国人民银行的分支机构，形成了大区分行体制。包括西北(设在西安)、东北(设在沈阳)、中原(后又改为中南，设在武汉)、华东(设在上海)、华北(设在北京)和西南(设在重庆)6个大区分行。

根据对官僚资本实行剥夺的总政策，官僚资本的银行及其他金融机构采取了由中国人民银行接管的措施，包括接管国民党政府的中央银行、省市地方银行和资本全部属于官僚资产阶级的商业银行。其中的交通银行和中国银行根据它们过去的业务特点分别改组为专业银行，交通银行改组为长期投资银行，中国银行改组为外汇专业银行。

根据对民族资产阶级实行利用、限制、改造的总政策，对民族资本银行和私人钱庄采用了保存、监督和逐步改造的办法，所有私人银行与钱庄于1952年12月组成了统一的公私合营银行，完成了私人金融业的社会主义改造。

根据对农业实行社会主义改造的总政策，在打击农村高利贷活动和改造农村旧的信用关系的基础上，按照农民自愿互利和平等的原则，逐步建立起农村信用合作社，这意味着社会主义的金融体系在中国广大农村开始扎根。

这样，到1953年前后，我国基本上建立了以中国人民银行为核心和骨干，少数专业银行和其他金融机构为辅助与补充的金融机构体系。

（二）“大一统”模式的金融机构体系

从1953年起，我国开始大规模、有计划地发展国民经济以后，按照苏联模式实行高度集中的计划管理体制及相应的管理办法。与此相适应，金融机构也按照当时苏联的银行模式进行了改造，并建立起一个高度集中的国家银行体系，即“大一统”银行体系模式，该体系一直延续20世纪70年代末。

1955年3月成立的中国农业银行于1957年撤销，1963年10月再次成立，1965年又重新并入中国人民银行，直至20世纪70年代末，1997年2月再次恢复。1954年9月成立中国人民建设银行，其任务是在财政部领导下专门对基本建设的财政拨款进行管理和监督。1949年接管的中国银行，虽然一直保持独立存在形式，但它实际上只不过经办中国人民银行所划出的范围及其确定的对外业务，有一段时间则直接成为中国人民银行办理国际金融业务的一个部门。

1952年12月在对私人金融业改造的基础上建立的公私合营银行，于1955年与中国人民银行有关机构合并。1949年成立的中国人民保险公司，最初隶属中国人民银行，1952年划归财政部，1959年转交中国人民银行国外局，全面停办国内业务，专营少量国外业务。至于农村信用合作社，实际上是中国人民银行在农村的基层机构，且许多地方直接与银行在农村的营业所合二为一。

对“大一统”银行体系模式可作这样的概括：中国人民银行实际上成为当时我国唯一的一家银行，其分支机构按行政区划逐级普遍设于全国各地，各级分支机构按总行统一的计划办事；它既是金融行政管理机关，又是具体经营银行业务的金融机构；它的信贷、结算、现金出纳等业务活动的开展，都服从于实现国家统一计划任务与目标。

（三）现行的金融机构体系

经过四十多年的改革开放，我国现已基本形成了以中国人民银行为领导、大型商业银行为主体、多种金融机构并存和分工协作的多层次、多形式、多功能的金融机构体系。

1. 中国人民银行

中国人民银行简称“央行”或“人行”，是中华人民共和国的中央银行，中华人民共和国国务院组成部门之一。中国人民银行总行设在北京。从1984年1月1日起，中国人民银行专司中央银行职能，另设中国工商银行办理中国人民银行原来办理的全部工商信贷业务和城镇储蓄业务。2005年8月，中国人民银行上海总部正式成立,这是完善中央银行决策与操作体系、更好地发挥中央银行的宏观调控职能的一项重要制度安排,同时也是推进上海国际金融中心建设的一项重要举措。

根据《中华人民共和国中国人民银行法》的规定,中国人民银行在国务院的领导下,依法独立执行货币政策,履行职责,开展业务,不受地方政府、各级政府部门、社会团体和个人的干涉。

2. 政策性银行

政策性银行是指由政府创立、以贯彻政府的经济政策为目标、在特定领域开展金融业务的不以盈利为目的的专业性金融机构。

与其他金融机构相比,政策性银行具有独特的特征:一是特定的融资途径。财政拨款、发行政策性金融债券是其主要资金来源,一般不面向公众吸收存款。二是资本金多由政府拨款。三是经营目标与行为独特。经营时主要考虑国家的整体利益、社会利益,不以盈利为目标,一旦出现亏损,一般由财政弥补;但不能把政策性银行的资金当作财政资金使用,政策性银行也必须考虑盈亏,坚持银行管理的基本原则,力争保本微利。四是特定的服务领域,不与商业银行竞争。五是一般不普遍设立分支机构,其业务一般由商业银行代理。

1994 年以前,我国没有专门的政策性金融机构,国家的政策性金融业务分别由 4 家国有专业银行承担。1994 年,为了适应经济发展的需要,根据把政策性金融与商业性金融相分离的原则,相继建立了国家开发银行、中国进出口银行和中国农业发展银行 3 家政策性金融机构。

1) 国家开发银行

国家开发银行,简称“国开行”,成立于 1994 年 3 月 17 日,是直属国务院领导的政策性金融机构,总行设在北京。2008 年 12 月改制为国家开发银行股份有限公司。2015 年 3 月,国务院明确国开行定位为开发性金融机构。

国开行注册资本 4212.48 亿元,中华人民共和国财政部、中央汇金投资有限责任公司、梧桐树投资平台有限公司和全国社会保障基金理事会,分别持股 36.54%、34.68%、27.19%、1.59%。

国开行主要通过开展中长期信贷与投资等金融业务,为国民经济重大中长期发展战略服务。国开行是全球最大的开发性金融机构,中国最大的中长期信贷银行和债券银行。

截止 2019 年 7 月,国开行在内地设有 37 家一级分行和 3 家二级分行,在香港设有香港分行,在境外设有开罗、莫斯科、里约热内卢、加拉加斯、伦敦、万象、阿斯塔纳、明斯克、雅加达、悉尼等 10 家代表处。其旗下拥有国开金融、国开证券、国银租赁、中非基金和国开发展基金等子公司。

2) 中国进出口银行

中国进出口银行简称“进出口银行”,于 1994 年 7 月 1 日成立,是由国家出资设立、直属国务院领导、支持中国对外经济贸易投资发展与国际经济合作、具有独立法人地位的国有政策性银行。总行设在北京。

进出口银行的经营宗旨是紧紧围绕服务国家战略，建设定位明确、业务清晰、功能突出、资本充足、治理规范、内控严密、运营安全、服务良好、具备可持续发展能力的政策性银行。进出口银行支持领域主要包括外经贸发展和跨境投资，"一带一路"建设、国际产能和装备制造合作，科技、文化以及中小企业"走出去"和开放型经济建设等。

进出口银行通过资本金的运用，境内外发行金融债券及其他有价证券，同业拆借、同业存款、回购业务，吸收授信客户项下存款等方式筹集资金。

截至2019年7月，进出口银行在国内设有32家营业性分支机构和香港代表处；在海外设有巴黎分行、东南非代表处、圣彼得堡代表处、西北非代表处等。

3）中国农业发展银行

中国农业发展银行简称"农发行"，于1994年11月18日正式成立，直属国务院领导，是我国唯一一家农业政策性银行。农发行主要任务是以国家信用为基础，以市场为依托，筹集支农资金，支持"三农"事业发展，发挥国家战略支撑作用。农发行经营宗旨是紧紧围绕服务国家战略，建设定位明确、功能突出、业务清晰、资本充足、治理规范、内控严密、运营安全、服务良好、具备可持续发展能力的农业政策性银行。

与国家开发银行和中国进出口银行不同，中国农业发展银行的业务经办则是以自营为主、代理为辅，所以，除在北京设总行外，还在各省、自治区、直辖市设立分行，在计划单列市和农业大省的地（市）设立分行的派出机构，在农业政策性金融业务量大的县（市）设立支行。截至2019年7月，农发行共有31个省级分行、339个二级分行和1816个县域营业机构，服务网络遍布除港澳台外我国的所有地区。

【阅读拓展5.2】 国开行七年两度"变身" 重回政策性银行定位

有兴趣的读者可以登录"金融界"，进入"财经"频道，获取相关知识，具体网址为：

https://finance.jrj.com.cn/2015/04/13071519089303.shtml.

3. 商业银行

1）国有大型商业银行

国有大型商业银行包括中国工商银行、中国农业银行、中国银行、中国建设银行、交通银行和中国邮政储蓄银行。其中，中国工商银行、中国农业银行、中国银行和中国建设银行是政策性银行组建前的国家四大专业银行。

(1) 中国工商银行简称“工商银行”、“工行”，总行设在北京。2005 年，中国工商银行完成了股份制改造。2006 年 10 月 27 日，工商银行上海证券交易所和香港联合交易所 A＋H 同步上市。作为中国资产规模最大的商业银行，工商银行从 2013 年起，连续 6 年蝉联英国《银行家》全球银行 1000 强、美国《福布斯》全球企业 2000 强及美国《财富》(FORTUNE)500 强商业银行榜首；从 2016 年起，连续 3 年位列英国 Brand Finance 全球银行品牌价值 500 强榜单榜首。2013 年，工商银行入选全球系统重要性银行。

(2) 中国农业银行简称“农业银行”、“农行”，总行设在北京。1979 年 2 月，我国再次恢复农业银行，中国人民银行的农村金融业务全部移交农业银行。2009 年 1 月 15 日，农业银行整体改制为股份有限公司，完成了从国有独资银行向现代化股份制商业银行的历史性跨越。2010 年 7 月，农业银行股份有限公司在上海、香港两地挂牌上市。农业银行向广大客户提供各种公司银行和零售银行产品和服务，同时开展金融市场业务及资产管理业务，业务范围还涵盖投资银行、基金管理、金融租赁、人寿保险等领域。2015 年，中国农业银行在中国品牌价值研究院主办的中国品牌 500 强中排名第 23 位。2016 年，中国农业银行在中国企业 500 强中，排名第 7 位。2017 年，英国 Brand Finance 发布 2017 年度全球银行品牌价值 500 强榜单，中国农业银行排名第 34 位。2017 年，《财富》(FORTUNE)发布世界 500 强排行榜，中国农业银行排名第 38 位。2014 年，农业银行纳入全球系统重要性银行名单。

(3) 中国银行简称“中行”，是中国持续经营时间最久的银行，总行设在北京。从 1912 年至 1949 年，中国银行先后行使中央银行、国际汇兑银行和国际贸易专业银行职能。1949 年以后，中国银行长期作为国家外汇外贸专业银行，统一经营管理国家外汇，开展国际贸易结算、侨汇和其他非贸易外汇业务。1979 年 3 月，专营外汇业务的中国银行从中国人民银行中分设出来，完全独立经营。2004 年 8 月，中国银行股份有限公司挂牌成立。2006 年 6 月、7 月，中国银行先后在香港联交所和上海证券交易所成功挂牌上市，成为国内首家“A＋H”发行上市的中国商业银行。2018 年，中国银行再次入选全球系统重要性银行，成为新兴市场经济体中唯一连续 8 年入选的金融机构。中国银行是中国全球化和综合化程度最高的银行，在中国内地及 57 个国家和地区设有机构，形成了以公司金融、个人金融和金融市场等商业银行业务为主体，涵盖投资银行、直接投资、证券、保险、基金、飞机租赁等多个领域的综合服务平台。中行香港、澳门分行担任当地的发钞行。

(4) 中国建设银行简称“建设银行”、“建行”，原名中国人民建设银行，总行设在北京。1979 年上半年中国人民建设银行从财政部分设出来，1983 年被明确为全国性金融实体，除执行拨款任务外，大量开展一般银行业务。1996 年 3 月 26 日行名变更为中国建设银行。2004 年 9 月 15 日，建设银行由国有独资商业银行改制为国家控股的股份制商业银行。2005 年 10 月 27 日和 2007 年 9 月 25 日建设银行分别在香港联合交易所和上海证券交易所成功上市。建设银行为客户提供个人银行业务、公司银行业务、投资理财等全面的金融服务，在基金、租赁、信托、保险、期货、养老金、投行等多个行业拥有子公司。2016 年 6 月 30 日，英国《银行家》杂志发布《全球 1000 家大银行排行榜》，中国建设银行排名第 2 位。2017 年 2 月，英国 Brand Finance 发布 2017 年度全球银行品牌价值 500 强榜单，中国建设银行排名第 14 位。2018 年《财富》(FORTUNE)世界 500 强行榜，中国建设银行排名第 31 位。2015 年，建设银行入选全球系统重要性银行。

(5) 交通银行简称“交行”，是中国第一家全国性的国有股份制商业银行，总行设在上海。1986 年 7 月重建交通银行，这是我国按照商业银行要求建立的第一家商业银行。2005 年 6 月在香港联合交易所挂牌上市，成为首家在香港上市的中国内地商业银行。2007 年 5 月在上海证券交易所挂牌上市，其业务范围涵盖商业银行、证券、信托、金融租赁、基金管理、保险、离岸金融服务等，其旗下拥有 7 家非银子公司，包括全资子公司交银租赁、交银保险、交银投资，控股子公司交银基金、交银国信、交银人寿、交银国际。2017 年，交通银行连续 9 年跻身《财富》(FORTUNE)世界 500 强，营业收入排名第 171 位；位列《银行家》(The Banker)杂志全球 1000 家大银行一级资本排名第 11 位，较 2016 年排名上升 2 位。

(6) 中国邮政储蓄银行简称“邮储银行”，于 2007 年 3 月 20 日正式挂牌成立，是在改革邮政储蓄管理体制的基础上组建的国有商业银行，总行设在北京。邮储银行承继原国家邮政局、中国邮政集团公司经营的邮政金融业务及因此而形成的资产和负债，并将继续从事原经营范围和业务许可文件批准、核准的业务。2012 年 1 月 21 日，邮储银行依法整体变更为中国邮政储蓄银行股份有限公司。2016 年 9 月 28 日，邮储银行在香港联交所主板成功上市。邮储银行是中国领先的大型零售银行，定位于服务“三农”、城乡居民和中小企业。2019 年 2 月，中国银保监会办公厅发布《银行业金融机构法人名单》，在机构类型中，中国邮政储蓄银行被列入国有大型商业银行。

2) 股份制商业银行

1986 年后，我国在 4 家国有独资大型商业银行之外，先后建立了一批股份制商业银行。我国现有 12 家全国性股份制商业银行：招商银行、浦发银行、中信银行、中国光大银行、华夏银行、中国民生银行、广发银行、兴业银行、平安银行、浙商银行、恒丰银行、渤海银行。这些商业银行在筹建之初，绝大多数是由中央政府、地方政府、国有企业集团或公司、集团或合作组织等出资创建，后来实行了股份制改造。

股份制商业银行已经成为我国商业银行体系中一支富有活力的生力军，成为银行业乃至国民经济发展不可缺少的重要组成部分。

【阅读拓展5.3】 股份制商业银行的发展历程

1987年4月8日，招商银行在深圳特区成立，成为第一家由国有企业兴办的银行。2002年3月，招商银行正式在A股挂牌上市，2006年9月22日招商银行登陆H股市场。

1987年4月14日，中信集团银行部改组成中信实业银行，总部设于北京，成为第二家由国有企业兴办的银行。2005年8月，中信实业银行更名中信银行。

1987年，深圳特区6家信用社联合改制，成立深圳发展银行，5月10日以自由认购形式首次向社会公开发售人民币普通股，并于1987年12月22日正式宣告成立，成为国内第一家上市的银行。2010～2012年，中国平安保险集团控股的平安银行吸收合并深圳发展银行，2012年8月2日，深圳发展银行正式更名为平安银行。

1988年8月20日，福建兴业银行在福兴财务公司的基础上改组成立，总行设在福州，2003年3月，福建兴业银行更名为兴业银行，2007年2月5日正式在上海挂牌上市。

1988年9月，广东发展银行成立，总部设于广东省广州市。1993年11月8日，广东发展银行在澳门开设分行，成为第一家在境外开设分行的股份制商业银行。2011年4月8日，广东发展银行正式更名"广发银行"。

1992年8月，中国光大银行在北京宣告成立，成为第三家由国有企业兴办的银行。1997年1月，光大银行完成股份制改造，2010年8月19日，光大银行在A股上市交易。

1992年10月18日，华夏银行在北京成立，成为第一家由工业企业负责兴办的银行，也是国内第四家由国有企业兴办的银行。12月22日，华夏银行正式开门营业。1996年4月10日，华夏银行完成股份制改造。2003年7月21日，华夏银行正式在A股挂牌上市，成为国内第五家上市银行。

1992年8月28日，中国人民银行批准设立上海浦东发展银行股份有限公司（简称"浦发银行"），1993年1月9日，浦发银行正式开业。1999年9月23日，浦发银行正式在A股挂牌上市，是第二家上市交易的银行。

1996年1月12日，由全国工商联牵头，数家民营机构参股组建的中国民生银行（简称"民生银行"）正式成立，突破了商业银行原有的股权构成，成为我国第一家由非国有企业为主出资设立的股份制商业银行。2000年12月19日，民生银行正式在A股挂牌上市，2009年11月26日，民生银行登陆H股市场。

1987 年 10 月 29 日，烟台住房储蓄银行获批成立，同年 12 月 1 日正式营业。2003 年，经过整体股份制改造，烟台住房储蓄银行更名恒丰银行，成为一家全国性股份制商业银行。

1993 年，浙江商业银行在宁波成立，是一家中外合资银行，2004 年 6 月 30 日，经重组、更名、迁址，改制为浙商银行。2004 年 8 月 18 日，浙商银行正式成立，总部设于杭州。浙商银行现有股东 22 家，其中 21 家是民营企业，民营资本占 85.71%。

2005 年 12 月 31 日，渤海银行股份有限公司在天津举行成立大会暨揭牌仪式。2006 年 2 月 16 日，渤海银行正式对外营业。渤海银行总部设于天津，是第一家在发起设立阶段就引入境外战略投资者的中资商业银行。

至于"股份制商业银行"更多的相关知识，有兴趣的读者可以登录"百度百科"，具体网址为：

https://baike.baidu.com/item/%E8%82%A1%E4%BB%BD%E5%88%B6%E5%95%86%E4%B8%9A%E9%93%B6%E8%A1%8C?share_fr=pc_qr-code.

资料来源：股份制商业银行. https://baike.so.com/doc/1980954-2096437.html.

3）城市商业银行

城市商业银行是中国银行业的重要组成和特殊群体，其前身是 20 世纪 80 年代设立的城市信用社，当时的业务定位是：为中小企业提供金融支持，为地方经济搭桥铺路。

从 20 世纪 80 年代初到 20 世纪 90 年代，全国各地的城市信用社发展到了 5000 多家。然而，随着中国金融事业的发展，城市信用社在发展过程中逐渐暴露出许多风险管理方面的问题。为此，1995 年开始，部分城市的信用社合并改组为城市合作银行，1998 年后又纷纷改建为城市商业银行。截至 2018 年底，全国共有的城市商业银行 134 家，营业网点近万个，遍及全国各个省（市、自治区）。经过二十几年的发展，城市商业银行已经逐渐发展成熟，尽管其发展程度良莠不齐，但有相当多的城市的商业银行已经完成了股份制改革，开始转变经营模式，其中，更是出现了北京银行、宁波银行、南京银行和上海银行这样发展迅速，已经跻身于全球银行 500 强行列的优秀银行。

4）农村商业银行

农村商业银行简称"农商行"，是由辖内农民、农村工商户、企业法人和其他经济组织共同入股组成的股份制的地方性金融机构。

根据我国相关政策，农村合作银行要全部改制为农村商业银行，鼓励符合条件的农村信用社改制组建为农村商业银行。成立于 2001 年 11 月 27 日的张家港农村商业银行是全国首家由农村信用社改制组建的农村股份制商业银行，截至 2018

年底，全国共有农村商业银行 1427 家。

5）村镇银行

村镇银行是指经批准，由境内外金融机构、境内非金融机构企业法人、境内自然人出资，在农村地区设立的主要为当地农民、农业和农村经济发展提供金融服务的银行业金融机构。

2006 年 12 月 20 日，我国出台了《关于调整放宽农村地区银行业金融机构准入政策，更好支持社会主义新农村建设的若干意见》，提出在湖北、四川、吉林等 6 个省（区）的农村地区设立村镇银行试点，全国的村镇银行试点工作从此启动。

村镇银行的重要特点就是机构设置在县、乡镇。村镇银行的市场定位：一是满足农户的小额贷款需求；二是服务当地中小型企业。村镇银行不得发放异地贷款，在缴纳存款准备金后其可用资金应全部投入当地农村发展建设，然后才可将富余资金投入其他方面。

截至 2018 年末，村镇银行机构组建数量已达 1616 家，遍及全国 31 个省份。

6）民营银行

民营银行是由民营资本控股，并采用市场化机制来经营的银行。建立和发展民营银行对于启动民间资本，降低政府负担，化解金融风险，完善中国的金融机构体系，具有非常重要的意义。

2013 年 9 月 29 日，中国银监会发布通知，表示支持符合条件的民营资本在上海自贸区内设立自担风险的民营银行。2014 年 3 月，中国银监会正式启动民营银行试点工作。截至 2015 年 5 月末，第一批试点的 5 家民营银行，即深圳前海微众银行、上海华瑞银行、温州民商银行、天津金城银行、浙江网商银行已全部获批开业。2015 年 6 月 22 日，中国银监会又发布《关于促进民营银行发展的指导意见》，旨在进一步鼓励和引导民间资本进入银行业，促进民营银行持续健康发展。

截至 2018 年底，国内已有 17 家民营银行开业运营。

4. 非银行金融机构

1）保险公司

保险公司是指依保险法和公司法设立的公司法人。保险公司收取保费，将保费所得资本投资于债券、股票、贷款等资产，运用这些资产所得收入支付保单所确定的保险赔偿。保险公司通过上述业务，能够在投资中获得高额回报并以较低的保费向客户提供适当的保险服务，从而盈利。

1980 年以后，中国人民保险公司逐步恢复停办多年的国内保险业务。1996 年 7 月，中国人民保险公司改建为中国人民保险（集团）公司（简称“中保集团”）。中保集团下设三个专业子公司，其中，中保财产保险有限公司专门经营各类财产保险业务，中保人寿保险有限公司专门经营长期寿险和短期人身保险业务，中保再保险有限公司经营系统内部的再保险业务以及集团对外的分出、分入业务，并代理国家法定再保险职能。1998 年 10 月，中保集团宣告撤销，其下属的三个子公司成为三家独立的国有保险公司，即中国人民保险有限公司(财产)、中国人寿保险有限公司和中国再保险有限公司。此外，1988 年，第一家股份制保险公司平安保险公司正式开业。1992 年，首家外资寿险公司美国友邦保险上海分公司成立。1996 年，首家中外合资寿险公司中宏保险在上海成立。1998 年 11 月，中国保险监督管理委员会(简称“中国保监会”)成立，负责对保险业的监管。2018 年 3 月，十三届全国人大一次会议审议通过，将中国银监会和中国保监会的职责整合，组建中国银保监会，作为国务院直属事业单位。

改革开放以来，随着我国保险业迅速发展，市场主体也不断增加。根据中国银保监会提供的数据，截止 2019 年 7 月，我国主要有保险集团控股公司 12 家，人身险保险公司 97 家，财产险保险公司 87 家，再保险公司 12 家，保险资产管理公司 24 家，外资保险公司代表处 190 个。

【阅读拓展 5.4】 新中国保险业演进史

有兴趣的读者可以登录“360 个人图书馆”，获取相关资料，具体网址为：

http://www.360doc.com/content/18/0716/22/57832746_770897038.shtml.

2) 证券公司

证券公司是指依照《中华人民共和国公司法》和《中华人民共和国证券法》规定设立的经营证券业务的有限责任公司或者股份有限公司。

初设时的我国证券公司，或是由某一家金融机构全资设立的独资公司，或是由若干金融机构、非金融机构以入股形式组建的股份制公司。1984 年，工商银行上海信托投资公司代理发行公司股票。1986 年，沈阳信托投资公司和工商银行上海信托投资公司率先开始办理柜台交易业务。1987 年 9 月，深圳市 12 家金融机构出资组成了全国第一家证券公司——深圳经济特区证券公司(后更名巨田证券)。1988 年，国债柜台交易正式启动。1990 年 12 月 19 日和 1991 年 7 月 3 日，上海、深圳证券交易所先后正式营业，各证券经营机构的业务开始转入集中交易市场；1991 年 8 月，中国证券业协会成立。1992 年 10 月，中国证券委员会和中国证券监督管理委员会相继成立。

20 世纪 90 年代中期以来，随着分业经营、分业管理原则的贯彻及规范证券公司发展工作的落实，银行、城市信用合作社、企业集团财务公司、融资租赁公司、典当行以及原各地融资中心下设的证券公司或营业机构，陆续予以撤销或转让。在要求证券机构彻底完成与其他种类的金融机构脱钩的同时，鼓励经营状况良好和实力雄厚的证券公司收购、兼并业务量不足的证券公司。

《中华人民共和国证券法》(2014年修订)明确:① 证券公司经营证券经纪、证券投资咨询、与证券交易和证券投资活动有关的财务顾问业务的,其注册资本最低限额为人民币5千万元;证券公司经营证券承销与保荐、证券自营、证券资产管理、其他证券业务之一的,其注册资本最低限额为人民币1亿元;证券公司经营证券承销与保荐、证券自营、证券资产管理、其他证券业务中两项以上的,其注册资本最低限额为人民币5亿元。② 证券业和银行业、信托业、保险业实行分业经营、分业管理,证券公司与银行、信托、保险业务机构分别设立。③ 证券公司应当建立健全内部控制制度,采取有效隔离措施,必须将其证券经纪业务、证券承销业务、证券自营业务和证券资产管理业务分开办理,不得混合操作。④ 证券公司必须在其名称中标明证券有限责任公司或者证券股份有限公司字样。

随着我国现代企业制度建立的推进,尤其是随着国有企业股份制改造及更多公司上市的需要,证券公司迎来了蓬勃发展的新时期。据中国证券业协会统计,截止2019年7月,我国现有证券公司130家(不含港澳台地区)。

3) 基金管理公司

基金管理公司是证券投资基金管理公司的简称,是指经中国证监会批准,在中华人民共和国境内设立,从事证券投资基金管理业务和中国证监会许可的其他业务的企业法人。

根据《证券投资基金管理公司管理办法(2012)》,设立基金管理公司,应当具备下列条件:一是注册资本不低于1亿元人民币;二者有符合法律、行政法规和中国证监会规定的拟任高级管理人员以及从事研究、投资、估值、营销等业务的人员,拟任高级管理人员、业务人员不少于15人,并应当取得基金从业资格;三是有符合要求的营业场所、安全防范设施和与业务有关的其他设施;四是设置了分工合理、职责清晰的组织机构和工作岗位;五是有符合规定的监察稽核、风险控制等内部监控制度。

我国基金发展的历史起源于1992年,规范的基金业起源于1998年3月。1998年3月,国泰基金管理有限公司、南方基金管理有限公司相继成立;1998年4月,华夏基金管理有限公司成立,这是国内首批规范的基金管理公司,成为中国新基金业的起始标志。2003年10月28日,由全国人大常委会通过的《中华人民共和国证券投资基金法》的颁布与实施,是中国基金业和资本市场发展历史上的一个重要的里程碑,标志着我国基金业进入了一个崭新的发展阶段。截止2019年7月,我国现有公募基金管理公司124家(不含港澳台地区),其中,中外合资基金管理公司44家。

4) 信托投资公司

信托投资公司也称信托公司,是一种以受托人的身份,代人理财的金融机构。

它与银行信贷、保险并称为现代金融业的三大支柱。我国信托投资公司的主要业务:经营资金和财产委托、代理资产保管、金融租赁、经济咨询、证券发行以及投资等。根据国务院关于进一步清理整顿金融性公司的要求,我国信托投资公司的业务范围主要限于信托、投资和其他代理业务,少数确属需要的经监管部门批准可以兼营租赁、证券业务和发行一年以上的专项信托受益债券,用于进行有特定对象的贷款和投资,但不准办理银行存款业务。

1978 年,改革初期,百废待兴,许多地区和部门对建设资金产生极大的需求,为适应全社会对融资方式和资金需求多样化的需要,1979 年 10 月,我国第一家信托机构——中国国际信托投资公司(现为中国中信集团公司)诞生。与此同时,中国银行总行成立信托咨询部,随后又在此基础上成立中国银行信托咨询公司。以后,又陆续设立了一批全国性信托投资公司,如中国光大国际信托投资公司、中国民族国际信托投资公司、中国经济开发信托投资公司等,以及为数众多的地方性信托投资公司与国际信托投资公司。到 1988 年,我国的信托投资公司达到历史最高峰时共有 1000 多家。

从我国信托投资公司的初创归属看,大部分曾属于银行系统所办。此外,则或是由国务院,或是由各主管部委,更多地则是由各级地方政府以及计委、财政等部门出面组建的。1998 年前,国家曾开展了三次全国范围的清理整顿,根据分业经营与规范管理的要求,陆续铺开了对信托投资公司的调整改组、脱钩及重新登记工作,但始终未能从根本上解决信托业的功能定位不清、发展方向不明等问题,信托业长期形成和积累下来的问题和风险日趋严重。1998 年,中国人民银行对信托投资公司进行了全面的清理整顿。这次清理整顿就是要彻底解决信托业的功能定位,重新规范信托业的业务,明确发展方向。根据信托的基本属性以及我国资本市场发展的需要,把信托投资公司规范为真正从事受托理财业务的金融机构,实现信托业与银行业、证券业严格的分业经营、分业管理。这是改革信托业经营和管理体制、规范信托业健康发展的重大举措。规范后的信托投资公司主要经营资金、动产、不动产信托,基金管理及兼并重组,企业财务顾问等业务。规范后的信托投资公司以手续费、佣金等为主要收入来源,使信托业真正成为受人之托、代人理财的无风险金融机构。1999 年 3 月,我国对信托业进行规模最大、措施最严厉、最有历史意义的清理整顿,国务院下发国发第 12 号文件,宣布中国信托业的第五次清理整顿开始,国家先后颁布《信托法》《信托投资公司管理办法》《信托投资公司资金信托管理暂行办法》三个事关信托业生存、发展的重要法律、法规。这次清理整顿的重要成果是第一次通过法律规制的方式,引导信托公司走上以真正的信托业务为经营主业的发展道路,标志着我国彻底改变了多年来对信托业的抑制政策和监管模式。到 2002 年 3 月,原有的 239 家信托投资公司中,只有 80 多家得到保留。另从中国信托业协会获悉，截至 2019 年 7 月，通过重新登记获得新的金融牌照的信托公司共有 68 家。

5）企业集团财务公司

财务公司是指以加强企业集团资金集中管理和提高企业集团资金使用效率为目的，为企业集团成员单位提供财务管理服务的非银行金融机构。

中国的财务公司不是商业银行的附属机构，是隶属于大型集团的非银行金融机构。财务公司是金融业与工商企业相互结合的产物。我国的财务公司产生于 1984 年，一般是由企业集团内部集资组建的，其宗旨和任务是为本企业集团内部各企业筹资和融通资金，促进其技术改造和技术进步，如华能集团财务公司、中国化工进出口公司财务公司、中国有色金属工业总公司财务公司等。

《企业集团财务公司管理办法》明确：第一，设立财务公司，应当具备下列条件：确属集中管理企业集团资金的需要，经合理预测能够达到一定的业务规模；注册资本金最低为 1 亿元人民币；有符合规定的任职资格的董事、高级管理人员和规定比例的从业人员，在风险管理、资金集约管理等关键岗位上有合格的专门人才；在法人治理、内部控制、业务操作、风险防范等方面具有完善的制度；有符合要求的营业场所、安全防范措施和其他设施。第二，申请设立财务公司的企业集团应当具备下列条件：符合国家的产业政策；申请前一年，母公司的注册资本金不低于 8 亿元人民币；申请前一年，按规定并表核算的成员单位资产总额不低于 50 亿元人民币，净资产率不低于 30％；申请前连续两年，按规定并表核算的成员单位营业收入总额每年不低于 40 亿元人民币，税前利润总额每年不低于 2 亿元人民币；现金流量稳定并具有较大规模；母公司成立 2 年以上并且具有企业集团内部财务管理和资金管理经验；母公司具有健全的公司法人治理结构，未发生违法违规行为，近 3 年无不良诚信记录；母公司拥有核心主业；母公司无不当关联交易。第三，财务公司可以经营下列部分或者全部业务：对成员单位办理财务和融资顾问、信用鉴证及相关的咨询、代理业务；协助成员单位实现交易款项的收付；经批准的保险代理业务；对成员单位提供担保；办理成员单位之间的委托贷款及委托投资；对成员单位办理票据承兑与贴现；办理成员单位之间的内部转账结算及相应的结算、清算方案设计；吸收成员单位的存款；对成员单位办理贷款及融资租赁；从事同业拆借。第四，符合条件的财务公司，可以向监管部门申请从事下列业务：经批准发行财务公司债券；承销成员单位的企业债券；对金融机构的股权投资；有价证券投资；成员单位产品的消费信贷、买方信贷及融资租赁。

中国的财务公司由于发展历史短，尽管这些财务公司在支持与促进有关企业集团，特别是大型企业集团的改革发展中发挥了特定的作用，但财务公司作为非银行金融机构，在国家金融体系中还没有占到应有的位置。

截止 2019 年 7 月，我国现有企业集团财务公司 254 家（不含港澳台地区）。

6）金融租赁公司

金融租赁公司亦称融资租赁公司，是指主要办理融资性租赁业务的专业金融机构。我国《金融租赁公司管理办法（2017 年修订）》规定，金融租赁公司，是指经监管部门批准，以经营融资租赁业务为主的非银行金融机构。金融租赁公司名称中应当标明“金融租赁”字样。未经监管部门批准，任何单位不得在其名称中使用“金融租赁”字样。金融租赁公司根据业务发展的需要，经监管部门批准，可以设立分公司、子公司。

申请设立金融租赁公司，应当具备以下主要条件：有符合规定条件的发起人；注册资本为一次性实缴货币资本，最低限额为 1 亿元人民币或等值的可自由兑换货币；有符合任职资格条件的董事、高级管理人员，并且从业人员中具有金融或融资租赁工作经历 3 年以上的人员应当不低于总人数的 50%；建立了有效的公司治理、内部控制和风险管理体系；建立了与业务经营和监管要求相适应的信息科技架构，具有支撑业务经营的必要、安全且合规的信息系统，具备保障业务持续运营的技术与措施；有与业务经营相适应的营业场所、安全防范措施和其他设施。

金融租赁公司可以经营下列部分或全部本外币业务：融资租赁业务；转让和受让融资租赁资产；固定收益类证券投资业务；接受承租人的租赁保证金；吸收非银行股东 3 个月（含）以上定期存款；同业拆借；向金融机构借款；境外借款；租赁物变卖及处理业务经济咨询。经营状况良好、符合条件的金融租赁公司可以开办下列部分或全部本外币业务：发行债券；在境内保税地区设立项目公司开展融资租赁业务；资产证券化；为控股子公司、项目公司对外融资提供担保。

截止 2019 年 7 月，我国现有金融租赁公司 69 家（不含港澳台地区）。

7）农村信用合作社

农村信用合作社简称“农村信用社”、“农信社”，是指经监管部门批准设立、由社员入股组成、实行民主管理、主要为社员提供金融服务的农村合作金融机构。其服务对象是农民，服务区域在农村，服务目标是为了促进地方经济的发展和社会的稳定。

普遍建立于 20 世纪 50 年代的农信社，在其几十年的发展过程中，一度是作为国家银行的基层机构存在的，并由农业银行管理，在相当大程度上丧失了它原来应有的合作制性质。1996 年下半年，进行了以下改革：一是农信社与农业银行脱离行政隶属关系，农业银行不再领导、管理农信社，而由县联社负责农信社的业务管理。农信社与农业银行可在平等自愿基础上，继续发展业务往来。二是按合作制原则重新规范农信社，使其绝大部分恢复为合作制性质，还其在股权设置、民主管理、服务对象、财务管理及运行机制上的合作制面貌。从 2000 年，我国开始在江苏省实行组建省联社试点工作，农村信用社的深化改革拉开了新的历史序幕。2001年11月，江苏省江阴、张家港、常熟市3家农村商业银行挂牌成立，这不仅标志着我国农村金融体制的重大突破，而且意味着我国金融体制改革的重大突破。按照现行的政策，我国今后将不再组建新的农村合作银行，现有农村合作银行要全部改制为农村商业银行；鼓励符合条件的农村信用社改制组建为农村商业银行。

截止2018年底，我国现有农村信用社812家(不含港澳台地区)。

8）金融资产管理公司

20世纪80年代以来，世界上许多国家的银行体系都曾经或正在面临不良资产的困扰，这些国家都积极地采取各种方式与措施予以处理，成立专门的机构处理银行不良资产是最流行的方式之一。

1999年，我国相继成立了信达、华融、东方、长城四家金融资产管理公司(assets management corporation，简称AMC)，分别负责管理和处置中国建设银行、中国工商银行、中国银行、中国农业银行四家国有商业银行的不良贷款。

2000年11月10日，我国在《金融资产管理公司条例》中明确规定：第一，金融资产管理公司，是指国务院决定设立的收购国有银行不良贷款，管理和处置因收购国有银行不良贷款形成的资产的国有独资非银行金融机构。第二，金融资产管理公司的注册资本为人民币100亿元，由财政部核拨。

自2007年，四大金融资产管理公司开始商业化运作，均整体改制为股份有限公司，不再局限于只对应收购上述几家银行的不良资产。2010年6月29日，中国信达资产管理公司率先完成商业化转型，并于2013年12月12日在香港联合交易所主板上市，成为首家登陆国际资本市场的中国金融资产管理公司。2012年9月28日，中国华融资产管理公司整体改制为股份有限公司，并于2015年10月30日在香港联交所主板上市；2016年8月30日，中国东方资产管理公司改制为股份有限公司；2016年12月11日中国长城资产管理股份有限公司成立。

9）中投公司

中投公司为中国投资有限责任公司的简称，2007年9月29日在北京成立，是经国务院批准设立的国有大型投资公司。该公司的资金来源于中国的国家外汇储备。成立初期的注册资本金为2000亿美元，来源于中国财政部通过发行特别国债的方式筹集的15500亿元人民币，是全球最大主权财富基金之一。公司实行政企分开、自主经营、商业化运作的模式。目前业务以境外金融组合产品的投资为主，并在可接受的风险范围内，争取长期投资收益最大化。中投公司成立后，中央汇金投资有限责任公司作为中投公司的全资子公司整体并入，该公司自设董事会和监事会。中投公司的投资是基于经济和财务目的，在风险可接受的范围内进行资产的稳健和有效配置，努力实现股东利益最大化。以被动投资、财务投资为主，追求长期的、稳定的和可持续的风险调整后回报。合理的资产配置框架是中投公司获得风险调整后长期回报的基础。中投公司在境外主要投资于股权、固定收益和另类资产。另类资产投资主要包括对冲基金、私募市场、大宗商品和房地产投资等。投资区域涵盖发达国家市场和新兴国家市场。

10) 汇金公司

汇金公司是中央汇金投资有限责任公司的简称,2003 年 12 月 16 日注册成立,总部设在北京。它是依据《中华人民共和国公司法》由国家出资设立的国有独资投资控股公司,是中国目前最大的金融投资公司。汇金公司的主要职能是根据国务院授权,对国有重点金融企业进行股权投资,以出资额为限代表国家依法对国有重点金融企业行使出资人权利和履行出资人义务,实现国有金融资产保值增值。汇金公司不开展其他任何商业性经营活动,不干预其控股的国有重点金融企业的日常经营活动。

2007 年 9 月,财政部发行特别国债,从中国人民银行购买汇金公司的全部股权,并将上述股权作为对中投公司出资的一部分,注入中投公司,从而使得汇金公司变为中投公司的全资子公司。

11) 证金公司

证金公司是中国证券金融股份有限公司的简称,成立于 2011 年 10 月 28 日,是经国务院同意、中国证监会批准设立的全国性证券类金融机构,是中国境内唯一从事转融通业务的金融机构,旨在为证券公司融资融券业务提供配套服务。其股东单位有上海证券交易所、深圳证券交易所、上海期货交易所、中国证券登记结算有限责任公司、中国金融期货交易所、大连商品交易所和郑州商品交易所。证金公司的经营范围主要包括:为证券公司融资融券业务提供转融资和转融券服务;运用市场化手段调节证券市场资金和证券的供给;管理证券公司提交的转融通担保品;统计监控证券公司融资融券业务运行情况,监测分析融资融券交易情况,防控市场风险和信用风险。

12) 梧桐树投资平台

梧桐树投资平台是梧桐树投资平台有限责任公司的简称,成立于 2014 年 11 月 5 日,注册资本为 1 亿元,是国家外汇管理局全额出资的子公司,总部设在北京。梧桐树投资平台的经营范围包括境内外项目、股权、债权、基金、贷款投资;资产受托管理、投资管理。

梧桐树投资平台设立于国家级“丝路基金”成立前夕,而在丝路基金成立时,具有外管局背景的梧桐树平台与国开金融、赛里斯投资有限责任公司、中国进出口银行同时成为丝路基金的发起人,前三家单位分别代表国家外汇管理局、国家开发银行和中投公司。目前,梧桐树投资平台对外投资的公司有:丝路基金有限责任公司、中拉产能合作投资基金有限责任公司、中非产能合作基金有限责任公司、中非发展基金有限公司、北京凤山投资有限责任公司、北京坤藤投资有限责任公司等。

国家外汇管理局曾于2015年7月通过梧桐树平台完成对国家开发银行和中国进出口银行480亿美元和450亿美元的注资工作，以保证两家政策性银行顺利完成改革方案要求的资本金补充工作。

5. 外资金融机构

外资金融机构是指外国金融机构在中国境内投资设立的从事金融业务的分支机构和具有中国法人地位的外商独资金融机构、中外合资金融机构。

目前，在我国境内设立的外资金融机构有以下两类：第一，外资金融机构在华代表处。在华代表处的工作范围是：进行工作洽谈、联络、咨询、服务，而不得从事任何直接盈利的业务活动。第二，外资金融机构在华设立的营业性分支机构。

中国金融业的对外开放，是我国对外开放基本国策的重要组成部分。实际上，自1978年改革开放以来，我国银行、保险业对外开放的步伐从未停止，从严格限制外资机构的经营地域和经营范围到给予外资全面国民待遇。

1979年，我国允许外资银行在华设立代表处。1981年，允许外资银行在深圳等5个经济特区设立营业性机构，从事外汇金融业务，并逐步扩大到沿海开放城市和所有中心城市。1996年12月和1998年8月，先后允许符合条件的外资银行在上海浦东和深圳经济特区试点办理人民币业务。1999年7月，将上海、深圳外资银行试点办理人民币业务的范围扩大到所在地的临近省（区）。随着开放程度的不断加深，外资银行业、保险机构在华机构数量正在不断增长。截至2019年4月，共有来自54个国家和地区的215家外国银行在中国境内设立了41家外资银行法人机构、115家外资银行的分行和153家代表处，外资银行的营业机构已经达到982家。同时，共有来自16个国家和地区的境外保险机构在中国境内设立了59家外资保险机构和14家外资保险中介机构，下设分支机构达到1800多家。共有来自22个国家和地区的境外保险机构在中国境内设立了132家代表处。

6. 互联网金融

互联网金融（ITFIN）是指传统金融机构与互联网企业利用互联网技术和信息通信技术实现资金融通、支付、投资和信息中介服务的新型金融业务模式。

互联网金融不是互联网和金融业的简单结合，而是在实现安全、移动等网络技术水平上，被用户熟悉接受后（尤其是对电子商务的接受），自然而然为适应新的需求而产生的新模式及新业务。它是传统金融行业与互联网技术相结合的新兴领域。

目前来看，互联网金融主要包括第三方支付、P2P小额信贷、众筹融资。

所谓第三方支付就是一些和产品所在国家以及国外各大银行签约、并具备一定实力和信誉保障的第三方独立机构提供的交易支持平台。比如，支付宝、财付通、拉卡拉、网银在线、快钱等。在通过第三方支付平台的交易中，买方选购商品后，使用第三方平台提供账户进行货款支付，由第三方通知卖家货款到达、进行发货；买方检验物品后，就可以通知付款给卖家，第三方再将款项转至卖家。

P2P小额信贷是一种将互联网、小额信贷等紧密联系的个人对个人的直接信贷模式。目前国内的P2P融资平台有宜信网、人人贷、拍拍贷等。通过P2P网络融资平台，借款人直接发布借款信息，出借人了解对方的身份信息、信用信息后，可以直接与借款人签署借贷合同，提供小额贷款，并能及时获知借款人的还款进度，获得投资回报。

众筹融资是通过社交网络募集资金的互联网金融模式。众筹，就是集中大家的资金、能力和渠道，为小企业、艺术家或个人进行某项活动等提供必要的资金援助。众筹模式的兴起打破了传统的融资模式，人人均能通过该种众筹模式获得从事某项创作或活动的资金。

【阅读拓展5.5】 互联网金融的特点

成本低。互联网金融模式下，资金供求双方可以通过网络平台自行完成信息甄别、匹配、定价和交易，无传统中介、无交易成本、无垄断利润。一方面，金融机构可以避免开设营业网点的资金投入和运营成本；另一方面，消费者可以在开放透明的平台上快速找到适合自己的金融产品，削弱了信息不对称程度，更省时省力。

效率高。互联网金融业务主要由计算机处理，操作流程完全标准化，客户不需要排队等候，业务处理速度更快，用户体验更好。如阿里小贷依托电商积累的信用数据库，经过数据挖掘和分析，引入风险分析和资信调查模型，商户从申请贷款到发放只需要几秒钟，日均可以完成贷款1万笔。

覆盖广。互联网金融模式下，客户能够突破时间和地域的约束，在互联网上寻找需要的金融资源，金融服务更直接，客户基础更广泛。此外，互联网金融的客户以小微企业为主，覆盖了部分传统金融业的金融服务盲区，有利于提升资源配置效率，促进实体经济发展。

发展快。依托于大数据和电子商务的发展，互联网金融得到了快速增长。以余额宝为例，余额宝上线18天，累计用户数达到250多万，累计转入资金达到66亿元。

管理弱。一是风险控制能力弱。目前互联网金融尚不具备类似银行的风险控制、合规和清收机制，容易发生各类风险问题，近年来发生了许多P2P平台跑路、停业或提现困难的现象。二是监管弱。互联网金融在我国处于起步阶段，还没有监管和法律约束，缺乏准入门槛和行业规范，整个行业面临诸多政策和法律风险。

风险大。一是信用风险大。目前我国信用体系尚不完善，互联网金融的相关法律还有待配套，互联网金融违约成本较低，容易诱发恶意骗贷、卷款跑路等风险问题。特别是P2P网贷平台由于准入门槛低和缺乏监管，成为不法分子从事非法集资和诈骗等犯罪活动的温床。二是网络安全风险大。我国互联网安全问题突出，网络金融犯罪问题不容忽视。一旦遭遇黑客攻击，互联网金融的正常运作会受到影响，危及消费者的资金安全和个人信息安全。

7. 普惠金融

普惠金融(inclusive finance)这一概念由联合国在2005年提出，是指以可负担的成本为有金融服务需求的社会各阶层和群体提供适当、有效的金融服务，小微企业、农民、城镇低收入人群等弱势群体是其重点服务对象。

2012年6月19日，时任国家主席胡锦涛在墨西哥举办的二十国集团峰会上指出："普惠金融问题本质上是发展问题，希望各国加强沟通和合作，提高各国消费者保护水平，共同建立一个惠及所有国家和民众的金融体系，确保各国特别是发展中国家民众享有现代、安全、便捷的金融服务。"这是中国国家领导人第一次在公开场合正式使用普惠金融概念。

2013年11月12日，中国共产党第十八届中央委员会第三次全体会议通过的《中共中央关于全面深化改革若干重大问题的决定》正式提出"发展普惠金融。鼓励金融创新，丰富金融市场层次和产品"。

《推进普惠金融发展规划(2016～2020年)》指出，普惠金融是指立足机会平等要求和商业可持续原则，以可负担的成本为有金融服务需求的社会各阶层和群体提供适当、有效的金融服务。小微企业、农民、城镇低收入人群、贫困人群和残疾人、老年人等特殊群体是当前我国普惠金融重点服务对象。大力发展普惠金融，是我国全面建成小康社会的必然要求，有利于促进金融业可持续均衡发展，推动大众创业、万众创新，助推经济发展方式转型升级，增进社会公平和社会和谐。

2018年8月5日，由国家金融与发展实验室与全国党媒信息公共平台、微众银行合作编写的《中国普惠金融创新报告》(2018)显示，截至2017年年底，全国有5家国有控股大型商业银行、6家股份制商业银行、1600多家村镇银行、17家民营银行设立普惠金融事业部，银行业金融机构营业网点达到22.86万个，个人银行结算账户数量达91.69亿户；普惠金融涉农贷款余额30.95万亿元，小微企业贷款余额30.74万亿元，保障性安居工程贷款4.48万亿元。国家金融与发展实验室副主任曾刚解读《中国普惠金融创新报告(2018)》时表示，中国普惠金融创新呈现出四个方面新特征：一是产品和服务日益丰富，不仅包括信贷，还应包括储蓄、投资理财、保险、支付、汇兑、租赁、养老金等全功能、多层次的金融服务；二是参与主体更加多元化，近年来参与主体已逐步发展成为囊括了商业银行、政策性金融、非银行金融以及金融科技企业等在内的多层次、多元化的普惠金融机构体系；三是数字普惠金融发展迅速，并有可能成为未来发展的主流；四是普惠金融商业模式不断创新。

【阅读拓展5.6】 科技让普惠金融更有个性和温度

有兴趣的读者可以登录“新华网”，进入“金融”频道，获取相关知识，具体网址为：

http://www.xinhuanet.com/money/2019-07/29/c_1124809668.htm.

本章小结

金融机构一般是指经营货币与信用业务，从事各种金融活动的组织机构。对于金融机构的分类，各国根据需要采用不同的标准按照不同的方法进行划分。按照负债的性质以及可能的用途，一般将金融机构划分为银行和非银行金融机构。

银行和非银行金融机构都是金融媒介体，都起着金融中介的作用。从这个意义上说，这两类金融机构并无本质上的区别。它们之间的区别除了资金来源有所不同外，主要是职能作用的程度不同。

为适应高度发达的市场经济的要求，西方国家各自都有一个规模庞大、职能齐全的金融机构体系。其金融机构体系主要由银行体系和非银行金融机构体系构成。

经过四十年的改革开放，我国现已基本形成了以中国人民银行为领导、大型商业银行为主体、多种金融机构并存和分工协作的多层次、多形式、多功能，具有中国特色的社会主义金融机构体系。

互联网金融(ITFIN)是指传统金融机构与互联网企业利用互联网技术和信息通信技术实现资金融通、支付、投资和信息中介服务的新型金融业务模式，是互联网技术和金融功能的有机结合，是依托大数据和云计算在开放的互联网平台上形成的功能化金融业态及其服务体系。

普惠金融是指以可负担的成本为有金融服务需求的社会各阶层和群体提供适当、有效的金融服务，小微企业、农民、城镇低收入人群等弱势群体是其重点服务对象。

【关键术语】

金融机构　国际金融机构　区域性金融机构　中国人民银行　商业银行　政策性银行　非银行金融机构　资产管理公司　互联网金融　普惠金融

【思考题】

1. 现代市场经济国家金融机构体系的构成是怎样的？
2. 简述现代金融机构的发展特点与趋势。
3. 简述美国金融机构体系的构成和特点。
4. 改革开放前，我国传统体制下的"大一统"银行模式有何特点？
5. 目前我国金融机构体系的基本构成与特点是怎样的？
6. 简述我国设立政策性银行及金融资产管理公司的各自背景与目的。
7. 中国为什么要主导成立亚洲基础设施投资银行？
8. 简述我国现代金融机构的构成。
9. 什么是普惠金融？如何加快普惠金融的发展？
10. 请阐述互联网金融及其主要模式。

【延伸阅读】

1. 漫话西方国家的金融机构体系. http://xuewen. cnki. net/CJFD-FBSF199410019. html.

2. 第一财经研究院和国家金融与发展实验室.《中国金融风险与稳定报告2018》：在改革和波动中实现金融稳定[M]，北京：中国金融出版社，2018年.

3. 中国资本市场二十年. http://stock. hexun. com/20year_event_jtzq/.

4. 人民银行等十部门发布《关于促进互联网金融健康发展的指导意见》. http://www. gov. cn/xinwen/2015-07/18/content_2899360. htm).

5. 中国经济网：金融机构导航. http://finance. ce. cn/jrjg/index. shtml.

6. 影子银行. https://baike. so. com/doc/1446651-1529231. html.

7. 任泽平. 影子银行创造货币的机制、规模和利弊. https://finance. sina. com. cn/stock/report/2019-05-28/doc-ihvhiews5058257. shtml.

第六章 商业银行

⊙ 导言

商业银行是金融市场上的中坚力量。在间接融资市场上,商业银行扮演着重要角色。在充满信息不对称问题的金融市场上,商业银行生产信息并从中获利。

一方面由于商业银行与企业具有长期的合作关系,因此对企业的资信、财务状况及其所投资项目的风险和收益等信息都可以非常方便地了解,他们生产信息的成本较低;另一方面,由于商业银行贷款是不可交易的,或者更准确地说,商业银行对客户的贷款外部人是看不到的,这在相当程度上减弱了商业银行生产信息的外部性,从而使其生产信息的积极性得到有效保护。正因为商业银行生产信息的成本较低和贷款的不可交易性等特点的存在,使商业银行成为金融市场上最为重要的力量。几百年来,商业银行作为金融体系的主体组成部分,在市场经济的成长和发展过程中,发挥了重要作用。

本章主要阐述商业银行产生和发展、商业银行的性质、职能和组织形式等基本知识,介绍商业银行的各项业务、经营原则和管理理论。

第一节 商业银行概述

一、商业银行的产生和发展

(一) 商业银行的产生

商业银行是商品经济发展到一定阶段的产物,它是为适应市场经济发展和社会化大生产而形成的一种金融组织。几个世纪以来,商业银行作为金融体系的主体组成部分，在市场经济的成长和发展过程中，发挥了重要作用。

一般认为，近代商业银行的产生起源于欧洲。

14～15世纪的欧洲，由于优越的地理环境和社会生产力的较大发展，各国与各地之间的商业往来也渐渐扩大起来。然而，由于当时的封建割据，不同国家或地区间所使用的货币名称以及币材的质地、成色、分量等方面存在着很大差异。要实现商品的顺利交换，就必须把各自携带的各种货币进行兑换，于是就出现了专门的货币兑换商，从事货币兑换业务。随着商品经济的迅速发展，货币兑换和收付的规模也不断扩大，各地商人为了避免长途携带大量金属货币带来的不便和风险，货币兑换商在经营兑换业务的同时，又出现了货币保管业务，后来又发展到委托货币兑换商办理支付和汇兑。由于货币保管业务的不断发展，货币兑换商集中了大量货币资金，当货币兑换商将这些长期大量积存的、相当稳定的货币余额用来发放贷款获取高额利息收入时，货币兑换商便开始了授信业务。当货币兑换商由原来被动接受客户委托保管货币转而变为积极主动揽取货币保管业务，并且通过降低保管费或不收保管费，后来还给委托保管货币的客户一定好处时，货币保管业务便逐步演变成了存款业务。由此，货币兑换商逐渐开始从事信用活动，商业银行的萌芽开始出现。

17世纪以后，随着资本主义经济的发展和国际贸易规模的进一步扩大，近代商业银行雏形逐渐形成。随着资产阶级工业革命的兴起，工业发展对资金的巨大需求，客观上要求有商业银行发挥中介作用。在这种形势下，西方现代商业银行开始建立。1694年英格兰银行的成立，标志着现代商业银行的诞生。

我国的银行与西方银行相比出现较晚。尽管早在几百年前的钱庄、票号以及当铺等，就有类似近代银行的业务，但直到1897年5月清政府为了摆脱外国银行的支配，才在上海成立了中国通商银行，这标志着中国现代银行信用事业的创始。

（二）商业银行的发展模式

经过几个世纪的演变，商业银行经营业务和服务领域也发生巨大变化，但综观世界商业银行发展过程，归纳起来大致可以分为两种模式：

(1) 英国式融通短期商业资金的模式，即职能分工型模式。此模式的资金融通有明显的商业性质，因此主要业务集中于短期的自偿性贷款。银行通过贴现票据和对储备资产发放短期、周期性贷款，一旦票据到期、承销完成或对储备资产进行合理处置，贷款就可收回。该模式的优点是能较好地保持银行清偿能力，银行经营的安全性较好；缺点是银行业务的发展受到一定限制。

(2) 德国式综合银行模式，即全能型模式。此模式的商业银行除了提供短期商业性贷款以外，还提供长期贷款，甚至可直接投资股票和债券，帮助公司包销证券，参与企业的决策与发展，并为企业提供必要的财务支持和咨询服务。该模式的优点是有利于商业银行开展全面的业务，为企业提供全方位服务；缺点是加大了商业银行的经营风险。

【阅读拓展 6.1】 混 业 经 营

有兴趣的读者可以登录“百度百科”，获取相关知识，具体网址为：

https://baike.baidu.com/item/%E6%B7%B7%E4%B8%9A%E7%BB%8F%E8%90%A5?share_fr=pc_qrcode.

二、商业银行及其性质

（一）商业银行的概念

从历史轨迹来看，早期的商业银行，其资金来源主要是短期存款，资金的运用主要是短期商业性贷款，正由于此，被称为“商业银行”。

不过，现代商业银行已经与早期的商业银行完全不一样了。现代商业银行是以获取利润为经营目标、以金融资产和金融负债为主要经营对象、业务广泛、综合性、多功能的货币经营企业。这里包括了三个层次的含义：

(1) 商业银行是企业。商业银行具有现代企业的基本特征，其经营目标和经营原则与一般企业相同，实行自主经营、自负盈亏、自担风险、自我发展。

(2) 商业银行是经营货币的特殊企业。商业银行的主要经营对象是金融资产和金融负债，经营的是特殊的商品——货币和货币资金。而一般企业经营的是普通商品。

(3) 商业银行是金融体系的主体。商业银行经营的业务范围极其广泛，具有综合性、多功能的经营特点；其他银行和非银行金融机构，相比之下，业务范围较为狭窄，业务方式较为单一。在当今，商业银行是历史最为悠久、业务最为广泛、对社会经济生活影响最大的一种金融机构，是现代金融体系的主体，国民经济的命脉。

在我国，商业银行是指依照《中华人民共和国商业银行法》和《中华人民共和国公司法》设立的吸收公众存款、发放贷款、办理结算等业务的企业法人。它是经营货币和资金的金融企业。

要注意的是，商业银行是人们长期沿袭下来的习惯用语，此习惯用语的内涵已与商业银行当今实际含义存在很大区别。首先，早期商业银行主要是经营短期商业性融资的机构，这在历史上是基本名副其实的，但从现代商业银行业务范围来看，其业务已完全突破了短期商业性融资，业务的触角已深入到当代经济生活的各个领域；其次，这一称谓容易使人产生误解，尤其是"商业"这个词，很容易使人误将商业银行看作是一种专业银行，从而掩盖了其综合性的特征。不过，由于约定俗成的原因，商业银行的概念至今仍被大家所采用。

（二）商业银行的基本性质

商业银行的基本性质，也就是商业银行经营的商业性，表现为追求利润的最大化。商业银行的这种基本属性，是由其经营的内容、经营的目标所决定的。

【阅读拓展 6.2】 商业银行为何要追求利润的最大化？

1. 追求盈利是商业银行创立经营的根本目标

现代商业银行基本上都是股份制企业，银行的发起人与股东投资组建商业银行的根本原因是银行的经营活动能够给他们带来收益。如果商业银行的经营不仅不能给发起人与股东带来利润甚至反而使他们亏损，那么，股东就会把资金转移到其他利润或收益比较丰厚的银行、其他金融机构，甚至转向投资于工商企业。因此，商业银行如果不以盈利为其根本目标，那么它本身就无法产生，即使产生了也无法维持生存。

2. 盈利性是商业银行进行业务选择的首要标准

商业银行是自主经营、自负盈亏、自求平衡、自担风险、自我约束、自我发展的金融企业。正由于此，商业银行对业务的开拓、业务的发展所抱的态度是绝对审慎的，要经过严格的成本与效益的论证，从而来决定业务的取舍。如果一项新业务，不能给商业银行的经营产生收益，那么该项业务就不可能被商业银行所接受，至少要被暂时搁置。就算是传统业务，只要它的开展不能使商业银行实现利润，商业银行也会予以放弃，或至少暂时要被中止。不管怎样，盈利与否、盈利大小始终是商业银行进行业务选择的首要标准。

3. 盈利性是商业银行操作具体业务的基本准则

业务是商业银行经营的基础。如果商业银行对每一项具体业务不注重盈利、不以效益为中心，那么其整体的盈利目标就如空中楼阁，追求利润的目标就不可能得到保证。因此商业银行与其他银行、金融机构相比，更重视资产负债的综合管理，尤其是对风险的防范与管理更是万分的小心谨慎，它们对每一资产业务都要经过严格、规范的多方面审查，旨在真正实现资产的流动性、安全性和盈利性的协调统一。

4. 利润是商业银行发展的基础

商业银行盈利的大小，不仅决定其资本的扩张与收缩，而且还会对其发展产生多方面的非资金影响。首先，盈利能力的大小标志着银行经营管理水平的高低，从而对股东的信心与股票的市场价格产生影响。其次，盈利能力的大小直接表现为银行利润的增减，关系到商业银行员工的薪水和福利水平，是现代金融业间争夺人才的重要手段和有力武器。再次，盈利能力的大小象征着银行资金实力、象征着银行的声誉，这会对其存款的吸收、贷款的发放和投资经营产生影响。

在我国，商业银行除了具备商业银行的一般特征之外，还有以下几个特点和要求：

(1) 在现阶段，依照我国的法律，商业银行不得在境内从事信托投资和股票业务，不得对非银行金融机构和企业投资，不得投资于非自用不动产。

(2) 实行稳健经营的方针，在严格执行金融法规和国家产业政策、保证资产安全和流动性的前提下，通过增收节支，争取最好的效益水平，壮大自身经营实力。

(3) 商业银行依法开展业务，不受任何单位和个人的干涉。

(4) 实行风险管理。银行必须遵守有关法律、法规，接受金融监管部门的监督管理。

三、商业银行的职能

商业银行的职能是由它的性质所决定的，主要有四个基本职能：

(一) 信用中介职能

信用中介职能是商业银行最基本、最能反映其经营活动特点的职能。这一职能的实质，是指商业银行在资金的融通过程中充当中介人，起媒介作用，即一方面商业银行通过吸收存款，把社会上闲置的资金集中起来；另一方面，又以贷款的形式把集中起来的资金借给资金需求者。

(二) 支付中介职能

在办理负债业务的基础上，商业银行通过代理客户支付货款、费用、兑付现金等，逐步成为企业、社会团体和个人的货币保管者、出纳者和支付代理人。商业银行充当支付中介，为收付款双方提供资金转账服务，大大减少了现金的使用，节约了社会流通费用，缩短了结算过程，加速了货币资金的周转，从而促进了现代经济的发展。

(三) 信用创造职能

这是商业银行区别于其他金融机构最显著的特征。信用创造职能主要表现为创造信用流通工具和创造存款货币。

商业银行创造的信用流通工具主要是支票,类似于纸币的货币符号,在当代,西方发达国家90%以上的经济交易是以支票进行支付的。

创造存款货币是商业银行的重要职能。商业银行利用其所吸收的存款发放贷款,在支票流通和转账结算的基础上,贷款又转化为存款,在这种存款不提取现金或不完全提现的情况下,就增加了商业银行的存款来源,在整个商业银行体系,形成数倍于原始存款的派生存款。

(四) 金融服务职能

就商业银行本身而言,随着经济和金融业的发展,各金融机构间的业务竞争日趋激烈。为了站稳脚跟,商业银行在经营传统的资产业务之外,不断开拓业务领域,广泛开办了一系列服务性业务,如代收代付业务、咨询业务、工程审价业务、资信调查、充当投资顾问等等。就经济本身而言,现代化的社会经济生活,从各方面向商业银行提出了金融服务的要求,如代发工资、代付水电费、代付电话费、代付煤气费、提供投资咨询、资信调查等等。再说,现代经济与社会的发展、高新电子技术的应用都为商业银行拓展服务空间提供了可能。现在,商业银行的触角已经深入到千家万户,其服务正在向高效率、高水平方向迈进。

此外,在现代社会,商业银行还具有调节经济的职能。商业银行在国家宏观经济政策的影响下,通过信贷政策的实施,利率、信贷规模及资金投向的调节,实现调节经济结构、投资消费比率及产业结构等目的,为国家经济稳定发挥重要作用。

四、商业银行的组织形式

一个国家商业银行的组织形式对其经济、金融和社会的发展具有相当重要的意义。一方面,由于一国商业银行的组织形式要受制于该国的社会经济环境与经济发展程度,而各国的经济与金融发展是不平衡的,其政治体制、经济体制、文化传统、历史演变等也存在相当的差异,因此各国商业银行的组织形式具有各自的特点;另一方面,从历史发展来看,由于银行业的发展都遵循一定的规律,因此各国商业银行的组织形式又存在较多的相似之处。目前世界上商业银行的组织形式基本的有单元制和分支行制两种。但为了适应经济发展的客观要求,也发展着其他多样化形式。

(一) 商业银行的基本组织形式

1. 单元制

单元制又称独家银行制或单一银行制,是指银行业务由各自独立的商业银行经营，不设立或不许设立分支机构的一种组织形式。这种组织形式以美国为代表。

是否设立分支机构一直是美国历史上争论的问题。许多州出于对金融权力过分集中的担心，曾纷纷立法禁止或限制银行开设分支机构，特别是严厉禁止跨州设立分支机构。不过，随着经济的发展，地区经济联系的加强，金融业竞争的加剧，以单元制为特色的美国，逐步冲破束缚，银行的组织形式发生了巨大的变化。1994年9月美国国会通过《瑞格-尼尔跨州银行与分支机构有效性法案》，允许商业银行跨州设立分支机构，宣告单元银行制在美国被废除。

【阅读拓展 6.3】 单一银行制

有兴趣的读者可以登录"百度百科"，获取相关知识，具体网址为：

https://baike.baidu.com/item/%E5%8D%95%E4%B8%80%E9%93%B6%E8%A1%8C%E5%88%B6/10837984?share_fr=pc_qrcode.

2. 分支行制

分支行制，又称总分行制，是指法律允许在总行之下设立分支机构的一种组织形式。在这种组织形式下，一般在经济与金融中心城市或一国的首都设立总行，在本市或国内与国外的其他城市普遍设立分支行。由于分支行制更符合经济发展的客观要求，所以，目前世界上大多数国家的商业银行都采用这种组织形式。尤以英国最为典型。

按照管理方式，分支行制又可分为总行制与总管理处制两种。总行制，是指总行除了管理、控制各分支机构以外，本身也对外营业，办理业务。总管理处制，则是指总行只负责管理、控制各分支机构，本身不对外营业，不办理业务，总行在其所在地另设分支机构对外营业。

【阅读拓展 6.4】 分支行制

有关更多的相关知识，有兴趣的读者可以登录"百度百科"进行查阅，具体网址为：

https://baike.baidu.com/item/%E6%80%BB%E5%88%86%E8%A1%8C%E5%88%B6/10838113?share_fr=pc_qrcode&fromtitle=%E5%88%86%E6%94%AF%E8%A1%8C%E5%88%B6&fromid=10296344.

我国商业银行实行的就是分支行制。采用分支行制的商业银行，对外是一个独立的法人，一律不得设置具有独立法人资格的分支行。我国对商业银行设立分支机构有比较严格的规定，主要有三点：一是必须经金融监管部门的批准；二是商业银行境内分支机构不按行政区划设立；三是商业银行总行应当按照规定拨付与其经营规模相适应的营运资金。

（二）商业银行的其他组织形式

1. 连锁银行制

连锁银行制又称联合银行制，是指一家银行通过购买拥有决定性表决权的股份，控制或收购一家或多家股份制银行，并形成连锁关系。在连锁关系中，这家银行居于中心地位，并为其他有连锁关系的银行制定经营模式，其他独立的连锁银行环绕在其周围形成内部联合，从而实现大银行对中小银行的控制。连锁银行制曾在美国的中西部地区比较流行。其原因主要在于连锁银行制可弥补单元制的不足，且能够避开法律对设立分支机构的限制。

由于连锁银行制容易受个人或个别集团的控制，而且要控制两家或两家以上的银行往往需要巨额的资金，所以，连锁银行制相继转变成了分支行制或持股公司制。

2. 持股公司制

持股公司制，又称为集团银行制，是指由一个集团成立股权公司，再由该公司控制或收购若干银行的一种组织形式。持股公司制是在连锁银行制的基础上发展而来的。这种组织形式在美国曾最为盛行。

在持股公司制下，股权公司可以由非银行的大型企业组建，也可以由大银行来组建。与连锁银行制一样，在法律上，被控股银行仍然保持着其独立的地位，但其业务经营权则都由同一股权公司所控制。

按照所控制的银行家数的多少，银行持股公司可以分为单一银行持股公司和多银行持股公司两种。单一银行持股公司仅控制一家银行；多银行持股公司至少控制了两家银行，所以又可以称之为“集团银行”，多银行持股公司的主要目的是为了进入不同的区域市场，实现经营上的规模效应。

3. 代理行制

代理行制是指一家商业银行在其他银行有存款，且在清算与托收、证券和外汇的买卖、大额贷款的参与等业务上以后者为代理人的一种组织形式。

一些国家的银行由于分支机构遍布国内外，通过这些分支机构来办理异地间的各种业务，就无需高度民主发达的代理行控制。而美国由于主要实行的是单元银行制，许多商业银行只有一个或较少的营业机构，所以代理行制就显得很为重要。美国代理银行的中心是纽约市，几乎全国每家重要的银行都与纽约市至少一家大银行保持着代理关系。

代理行制不限于国内银行机构，还包括外国银行。许多在国外没有分支机构的商业银行与外国有实力的银行建立了代理制。

4. 跨国联合制

跨国联合制，又称国际财团制，是指由不同国家的大型商业银行合资组建银行财团的一种商业银行组织形式。

跨国联合制的商业银行专门经营国际资金存贷业务，进行大规模的投资活动。随着世界经济一体化时代的到来，随着跨国公司的发展，这种组织形式的商业银行正在日益增加。

第二节 商业银行的主要业务

按资金来源和运用，商业银行的业务主要划分为三大块，即资本及负债业务、资产业务和中间业务。

一、资本及负债业务

资本及负债业务是商业银行筹措资金、借以形成资金来源的各种经营活动。这类业务的开展决定了商业银行资金来源的规模及其构成情况。资本及负债业务是商业银行资产业务和中间业务的基础。

（一）自有资本

银行自有资本，又称为银行资本金，或所有者权益。国际上的商业银行大多数是股份制的，其自有资本金指银行股东的投资和税后留存的利润。自有资本是商业银行经营各项业务的本钱，是商业银行存在和发展的前提与基础。

对于银行资本的概念，西方金融界一直存在着争论。但比较常见的是将资本分为核心资本和附属资本。核心资本由普通股、优先股、盈余、未分配利润、可转换债券、呆账准备金及其他资本储备组成；附属资本包括有偿还期限的优先股、资本期票和债券等。可见，银行资本的来源渠道较多，主要有以下几个方面：

1. 股东投资

发行股票，吸收股东投资，是现代商业银行重要的筹集资本的渠道。由于商业银行多采取股份有限公司的企业组织形式，所以可以通过发行股票的方式筹集资金，以此作为商业银行自有资本的一部分。

商业银行所发行的股票主要有普通股和优先股两种。发行普通股，是商业银行最为主要的筹集资本的形式。普通股股东，不仅对股票发行银行具有盈余分配权和控制权，而且又是股票发行银行利益的主要代表者。商业银行也可通过发行优先股来筹集资本。这有三个好处：一是既可以筹集到所需的资本，又不会削弱控制权；二是不会增加银行的债务负担，而且一旦银行破产，清算时，可先清偿银行存款户存款和其他债务，减轻银行的偿债压力；三是当银行的收益增加时，就可以使普通股的收益增加幅度高于银行利润的增长幅度，从而给原有普通股股东带来较大的收益。

2. 盈余

盈余又叫公积或公积金，是指银行资产总额超过其负债总额的余额。分为资本盈余与营业盈余。

资本盈余是指股票发行价格超出股票面额的溢价部分。比如，长沙银行于2018年9月发行了股票34215.5万股，每股面额1.00元，发行价为每股7.99元，则其资本盈余为：7.99×34215.5万－1.00×34215.5万＝239166.345万元。资本盈余在形式上没有直接的所有者，但实际上这部分盈余的权益归普通股股东，普通股股东有权要求将这部分盈余以股利或红股的方式分掉，或以未分配利润或准备金的形式保留在银行中。

营业盈余是指银行从税后利润中按照比例留存的盈余。采用留存利润增加银行资本的好处：一是不需发行新股，而只要从税后利润中直接提取即可达到增加资本的目的；二是对股东来说，实质上是将这部分收益又重新投入到银行而不必缴纳个人所得税；三是可以节省股票发行所需的费用，降低银行筹集资金的成本；四是不会削弱原有股东对银行的投票权和控制权。

3. 未分配利润

未分配利润又称留存利润，是指商业银行税后净利分配给股东后的剩余部分。这是商业银行，特别是那些进入证券市场比较困难的商业银行，增加自有资金的主要来源。

未分配利润的来源与作用类似于盈余，区别在于未分配利润不是按照比例提取的，而是本应分配给股东，但未能即期分配的一部分利润。

4. 资本性票据与资本性债券

商业银行亦可以通过发行长期资本性票据或资本性债券来筹集资金。从本质上看，长期资本性票据、资本性债券与一般债券没有什么差别，都是规定有固定利息率与期限的金融工具。从性质上来讲，资本性票据或资本性债券只是商业银行的债务，由于其期限很长，往往在10年以上，而且如果商业银行经营状况不佳，还可以拖延对其本息的偿还，因而与存款、借款等一般银行债务又有所不同。正因为这样，许多国家金融管理机构便将资本性票据和资本性债券也列入商业银行资本构成中，同时，又鉴于其要求还本付息的债务性质，有些国家规定应对其打一定折扣后方可计入商业银行的资本之中。不过，任何一个国家为了防止发生金融危机都会对商业银行资本总额中这些资本性票据或资本性债券所占的比例有严格的限制，商业银行不能随意无限量发行。

5. 可转换证券

可转换证券是指商业银行所发行的、可在一定时期内按一定比例或价格转换成一定数量的另一种证券的一种证券。比如，可转换债券、可转换优先股。可转换证券的要素有多个，其中最主要的是转换比例、转换期限和转换价格。转换比例是指每一份可转换证券可以换取多少份另一种证券。从实质上看，转换比例也是转换价格的另一种表现。转换期限是指可转换证券持有者有权将证券转换成另一种证券的有效时间区域。转换价格是指将可转换证券转换为另一种证券的价格。

6. 补偿性准备金

补偿性准备金是指商业银行为应付意外损失而从收益中预先提留的资金。主要包括资本准备金和资产业务损失准备金。资本准备金是银行为了应付股本损失而保持的准备；资产业务损失准备金是银行为了弥补资产放款业务、证券投资业务所造成的损失而保持的准备。

这些准备金保留在银行账户上作为银行资本的补充，在一定程度上起着与股本资本相同的作用。同时，它们所具有的优点：一是由于这些准备金是在银行税前收益中提取的，可以免交所得税；二是提取的准备金是以未分配利润的方式来增加银行资本的，筹资成本几乎为零。正由于这些优点，西方商业银行都倾向于保留较多的准备金，准备金在银行的总自有资本中所占的比重不断上升。为了限制这种趋势的进一步发展，一些国家的金融管理当局都规定了这种提留的比例和数额，所以用这种方式来增加资本也是要受到限制的。

7. 其他来源

除了上述的几种来源渠道以外，西方商业银行的自有资本还有一些其他来源。如银行持股公司债务、售后回租等。

一个商业银行为了增加自有资本，该银行的持股公司可以以自己的名义发行债券，或者将自己的中长期贷款出售出去，这种获取资金的方式称为银行持股公司债务。而售后回租，则是指当商业银行需要资本时，先将自己的房地产或其他固定资产出售出去，由此而获得资金，作为资本使用，然后，又把出售出去的资产从购买者手中租回来，继续使用，银行向出租人定期支付租金。这种方式可以使同样数量的资本发挥更大的作用。

就我国的商业银行而言，也要求有一定的自有资本。根据规定，目前我国商业银行的资本总体上也由核心资本与附属资本所构成，其补充渠道也分别有多种。

【阅读拓展 6.5】 永续债是银行补充资本的较好渠道

增强银行资本实力是提升金融支持实体经济能力的重要方面和基本条件。银行做生意也要“本钱”，资本金是银行经营的基础。银行资本补充可分为内源性与外源性两大渠道。内源性渠道主要是每年的留存收益以及部分的超额拨备；外源性渠道主要有上市融资，增资扩股，发行可转债、优先股、永续债、二级资本债等。

当前，永续债是银行补充资本的一个较好渠道。永续债没有固定期限，或是到期日为机构存续期，具有一定损失吸收能力，可计入银行其他一级资本。永续债是国际上银行补充其他一级资本比较常用的一种工具，有比较成熟的模式。

我国的银行资本补充中，优先股和二级资本债券发行已经常态化，但此前没有使用永续债。这次由中国人民银行牵头，在我国引入银行永续债这种产品，既可以拓宽银行资本补充渠道，又可以深化和丰富债券市场的产品序列。

2019 年 1 月 25 日，中国银行成功发行首单银行永续债。一次性完成 400 亿元上限发行，实现 2 倍以上认购，发行利率处于预测发行区间的下限，获得市场的充分认可。

通过永续债的形式补充银行资本在我国刚开始进入实践阶段，为了引导和培育市场，需要有一定的政策支持。中国银保监会扩大了保险机构投资范围，允许其投资永续债等资本工具。中国人民银行创设了央行票据互换工具(CBS)，并将合格的银行永续债纳入央行担保品范围，以促进提升永续债的流动性和市场接受度。

有关更多的相关知识，有兴趣的读者可以登录“中国政府网”进行查阅，具体网址为：

http://www.gov.cn/xinwen/2019-02/19/content_5366761.htm? gs_ws=weixin_637003351108177240.

资料来源：http://www.gov.cn/xinwen/2019-02/19/content_5366761.htm

（二）负债业务

商业银行的负债业务主要包括吸收存款和市场融资两种。当然，对商业银行来说，最为重要的始终是存款的吸收。

1. 吸收存款

吸收存款是商业银行的头等大事。如果没有存款，商业银行根本就不可能成为银行，也就无从去扩大贷款。吸收存款是商业银行对存款客户的一种负债，这种负债的多少与期限长短，在某种程度上都取决于客户本身，而不以商业银行的主观意志为转移。为此，吸收存款是商业银行被动型的负债业务。

1) 存款来源

从总体上来看，目前，我国商业银行所吸收的存款，主要来源于以下三个方面：

(1) 企业在生产经营过程中暂时闲置的货币资金。企业在生产经营过程中，由于各种各样的原因必然会出现一部分暂时闲置的资金。比如，为补偿固定资本消耗所累提的折旧基金在固定资产更新前所表现的形式；产品销售所得收入在没有立即购买原材料、燃料、支付职工工资之前的表现形式。这些闲置资金一般都要存入商业银行，以备随时支用。

(2) 贷款尚未支用部分。企业在向商业银行取得贷款后，往往会将所得贷款尚未支用部分存放在该行自己的存款账户上，这就构成了银行的一笔存款。此存款是通过“贷转存”形成的，在现实的经济生活中，往往被称为“水分存款”。由于这部分存款存放在银行的时间很短，因此在讨论银行资金实力时，要扣除这一因素。

(3) 社会其他闲置资金。除了企业的闲置资金以外，还有尚未进入产业界的游离资金或闲置资金。如数量过少不够经营企业的资金；投资对象尚未明确的资金；居民为养老、婚嫁、出国、防止失业、子女上学等目的而储蓄的资金以及其收入尚未支用的部分。这些资金往往都沉淀在商业银行，构成了商业银行存款的来源。

2) 存款分类

存款可依不同的标准进行不同的分类。常见的有：按期限可分为活期存款、定期存款和储蓄存款；按经济主体可分为财政性存款、企业性存款和居民储蓄存款；按行业可分为工业存款、商业存款、建筑业存款、交通运输业存款等等；按币种可分为本币存款和外币存款。这里主要介绍以下四种类型的存款。

(ⅰ) 活期存款

活期存款是指不规定存款期限、客户可以随时存取和支付的存款。这种存款主要是用于交易和支付的，支用时需要使用银行规定的支票，因而又称之为支票存款。

商业银行经营的活期存款流动性强、存取频繁、手续复杂，并且需要为存户提供存取、提现和转账等多种相应的服务，经营成本较高。正因为这样，所以商业银行对这类存款一般支付很低的利息甚至不支付任何利息。

尽管商业银行经营活期存款的成本较高，但各国商业银行仍然十分重视这项业务，将其作为自己的主要经营对象和主要负债。究其原因，主要在于通过吸收活期存款，银行不仅可以取得短期资金，用于短期贷款和投资，而且在客户此存彼取的过程中，会形成一个比较稳定的余额；此稳定余额，银行可以用于中长期贷款和投资，从而获得较大的收益。此外，活期存款的经营有利于建立良好的银企关系，从而为银行业务的发展奠定基础。

(ⅱ) 定期存款

定期存款是相对于活期存款而言的，是一种由存户预先约定期限的存款。期限一般为 3 个月、6 个月和 1 年不等，也有 1 年以上、3 年、5 年，甚至更长。其利率也随着期限的长短而高低不等，但总比活期存款利率来得高。

定期存款大多采用存单的方式进行存取，可一次存入，到期一次支取；也可以一次存入，分期支取；或分次存入，一次支取。定期存款存单并不能像支票那样可以随意转让流通，它只是提取存款的凭证，是存款所有权及获取利息的权力证书。不过，随着经济的发展，定期存单已可以用来作为质押品取得银行贷款。

由于定期存款期限固定且较长，利息较高，因此既有利于商业银行以此安排长期贷款与投资，又可以使客户获取较多的收益。从目前看，定期存款占商业银行负债的比重较高。

（ⅲ）储蓄存款

储蓄存款是指居民个人将节余待用的货币存入银行而形成的存款。其存户通常限于个人与非盈利组织。但在国外，也允许某些企业、公司开立储蓄账户。比如在美国，近90%的储蓄存款是由个人与非盈利组织所持有，不到10%的比例由盈利性公司持有。

储蓄存款的种类主要有定期储蓄、活期储蓄和定活两便储蓄等。

定期储蓄是指事先规定存款的期限，到期支取的储蓄存款，它又主要分为整存整取、零存整取、整存零取、存本取息等四种形式。整存整取，是由存户一次存入本金，到期支取全部本息的储蓄存款；零存整取，是指存户按日或按月存储一定金额，银行在到期日时一次付清本息的储蓄存款；整存零取，是指存户一次存入一定数额的款项，分期支取本金和利息的储蓄存款；存本取息，是指存户一次存入本金，在到期日前按照一定时间间隔支取利息，存款到期时再提取本金的一种储蓄存款。

活期储蓄是指不受存取期限限制，随时可以存取的储蓄存款。活期储蓄一般凭存折存取，不使用支票，每隔一定时间（一般以季度为单位），利息被加总到账户上并在存户向银行出示存折时记录到存折上。就商业银行来说，它是一种最不稳定的存款。

定活两便储蓄是指存款人在存款时和银行不定期限，该存款具有定期储蓄和活期储蓄两种性质，如支取时存期达到了定期储蓄的某个期限要求，则银行按照定期储蓄存款利率的一定比例折扣计付利息。定活两便储蓄存款的利率，一般高于活期储蓄存款，略低于同期定期存款利率。

多年来，我国商业银行吸收储蓄存款始终坚持“存款自愿、取款自由、存款有息、为储户保密”的原则。另外，根据有关规定，凡在我国境内金融机构开立存款账户的个人（包括中国公民、港澳台居民、外国公民）必须使用真实姓名，即个人存款账户实名制。实名是指符合法律、行政法规和国家有关规定的身份证上使用的姓名。

（ⅳ）外币存款

外币存款是指以本国货币以外的外国货币形式存入银行的存款。目前我国商业银行所吸收的外币存款，按照存款对象可分甲种外币存款、乙种外币存款和丙种外币存款三种。甲种外币存款，是指具有法人地位的居民和非居民以外币存入银行的存款；乙种外币存款，是指居住在中国境内外，港澳台地区的外国人、外籍华人、华侨、港澳台同胞个人的外币存款；丙种外币存款，是指持有外币的中国境内居民所存入的外币存款。

3）吸收存款的创新方式

随着金融竞争的日趋激烈以及金融制度的变革、高新技术的不断应用，现实经济生活中，出现了灵活多样的吸收存款方式。存款创新是为达到规避管制、增加同业竞争能力和开创新的资金来源为目的，不断推出新型类别的活动。其主要类型可分为：可转让支付命令账户、超级可转让支付命令账户、货币市场存款账户、大额可转让定期存单、电话转账服务账户、自动转账服务账户、协定账户和个人退休金账户等。

【阅读拓展 6.6】 存款创新

有兴趣的读者可以登录“百度百科”，获取相关知识，具体网址为：

https://baike.baidu.com/item/%E5%AD%98%E6%AC%BE%E5%88%9B%E6%96%B0/912110?share_fr=pc_qrcode.

2. 市场融资或借款

按融资对象，市场融资的渠道主要有四条，即向中央银行借款、向其他银行借款、回购协议和在国际金融市场上融资。

1）向中央银行借款

中央银行作为最后的贷款人，当商业银行的资金出现不足时，其可以为商业银行提供借款。方式主要有再贴现、再贷款两种。

再贴现是商业银行对票据债权的再转让，是指商业银行以未到期的已贴现票据，向中央银行办理的贴现。贴现期一般不超过 6 个月。再贴现是商业银行从中央银行取得资金融通的最重要、最普遍的形式。

再贷款是指商业银行从中央银行所取得的贷款。一般来讲，中央银行贷款增加，是“银根”将有所放松的信号之一；反之，是“银根”将可能紧缩的信号之一。再贷款一般用于解决商业银行临时头寸不足的问题，所以期限较短。在我国，再贷款的期限最长不得超过一年。依据贷款期限的不同，具体划分为 20 天内、3 个月、6 个月内、1 年期 4 个档次。

2）向其他银行借款

向其他银行借款分为两类：一是银行间相互拆借资金；二是转贴现与转抵押。

银行间相互拆借资金简称同业拆借，又称同业拆款、同业拆放、资金拆借。是指具有法人资格的金融机构及经法人授权的金融分支机构之间进行短期资金融通的行为。一些国家特指吸收公众存款的机构之间的短期资金融通。金融机构之间进行资金拆借活动的市场叫同业拆借市场，简称拆借市场。

拆借市场最早出现于美国，1921 年在美国纽约形成了以调剂联邦储备银行会员银行的准备金头寸为内容的联邦基金市场。我国于 1996 年 1 月 3 日建立了全国统一的银行间同业拆借市场。在此背景下，同业拆借，是指与全国银行间同业拆借中心联网的金融机构之间通过同业拆借中心的交易系统进行的无担保资金融通行为。拆借期限最短为1天，最长为1年。全国银行间同业拆借中心按1天、7天、14天、21天、1个月、2个月、3个月、4个月、6个月、9个月、1年共11个品种计算和公布加权平均利率。交易主体包括经中国人民银行批准、具有独立法人资格的商业银行及其授权分行、农村信用联社、城市信用社、财务公司和证券公司等有关金融机构，以及经中国人民银行认可经营人民币业务的外资金融机构。

转贴现是指商业银行在资金临时不足时，将已经贴现但仍未到期的票据，交给其他商业银行或贴现机构给予贴现，以取得资金融通的一种行为。

转抵押是指商业银行在资金临时不足时，将自己所办理的抵押贷款转让给其他商业银行的一种行为。转抵押贷款的程序与工商企业向商业银行申请抵押贷款的程序基本相同，只是转抵押的手续较复杂，技术性也较强。

3）回购协议

回购协议是由借贷双方签订协议，规定借款方通过向贷款方暂时售出一笔特定的金融资产而换取相应的即时可用资金，并承诺在一定期限后按预定价格购回这笔金融资产的安排。其中的回购价格为售价另加利息，这样就在事实上偿付融资本息。回购协议实质上是一种短期抵押融资方式，那笔被借款方先售出后又购回的金融资产即是融资抵押品或担保品。

4）在国际金融市场上融资

在国际金融市场上融资，通常是指商业银行在国际金融市场中的短期货币市场和中期资金市场上所取得的借款。主要方式有欧洲货币市场借款、国际债券等。

欧洲货币市场是指主要为非居民提供境外货币借贷服务的国际金融市场，亦称境外金融市场，其特点可简单概括为市场交易以非居民为主，基本不受所在国法规和税制限制。商业银行在欧洲货币市场筹集资金，主要是通过固定利率的定期存款、欧洲美元存单、浮动利率的欧洲美元存单和本票等。

国际债券是一国政府当局、金融机构、工商企业、地方社会团体以及国际组织机构等单位，为筹措资金而在国外金融市场发行的使用某种货币作为面值的债券。目前，国际债券可分为外国债券与欧洲债券。

二、资产业务

所谓资产业务是指商业银行通过不同的方式和渠道融出资金有关的各种经营活动。它表明了商业银行的资金运用的规模及其构成情况。

（一）现金资产业务

现金资产是指商业银行所持有、可以无风险地加以运用、最具有流动性的资源。虽然现金资产本身并不能产生收益，但它是商业银行满足日常经营的保证。因此，它是商业银行的一级准备。

现金资产包括在中央银行的存款、库存现金、存放同业款项及处于托收过程中的现金项目等。这四个项目构成了商业银行的资金头寸。

1. 在中央银行的存款

在中央银行的存款是指商业银行存放在中央银行的资金，即存款准备金。主要包括法定存款准备金和超额存款准备金两大类。法定存款准备金，是根据中央银行存款准备金系统的规定，商业银行必须按照客户存款的一定比例存入中央银行的款项。超额存款准备金是为支付商业银行间的日常交易而在中央银行存入的款项。

2. 库存现金

库存现金是商业银行持有的通货，主要作用是用来应付客户提取现金和银行本身的日常零星开支。从经营的角度上讲，由于库存现金是非盈利性资产，而且过多的现金准备本身就是一个不安全因素，因此，商业银行总是力图把库存现金压到最低水平。

3. 存放同业款项

存放同业款项是指商业银行存放在代理行和相关银行的资金。这样做的目的，主要是为了便于在同业之间开展代理业务和结算收付。存放同业款项属于非盈利性资产或低盈利资产。由于同业存款往往数额较大，且资金占用方能将其用于贷款或投资。因此，位于地区或全国性行政或经济中心的大型商业银行都在为吸引同业存款而进行激烈的竞争。

4. 托收中款项

托收中款项是指商业银行所收到的以其他银行为付款人的票据，已提出收账但尚未收回的款项。当个人、企业或者政府部门将其收到的票据存入银行时，他们不能立即调动该款项，而必须在银行经过一定时间确认之后方可提现使用。在发达国家，这个过程一般需要 1～4 天。托收中的现金是资产占用，其规模取决于托收票据的数量以及票据清算时间。

（二）贷款业务

贷款业务是商业银行的核心资产业务。在美国，贷款业务多占商业银行全部资产业务的 60%以上。在我国，全部商业银行的贷款业务一般要占到其运用资金总额的90%以上。就是在商业银行业务日趋综合化、全面化的今天，贷款业务仍然是其业务的主体。因此，商业银行如何使每笔贷款都能发挥出应有的经济效益，便成了它经营中的核心问题。

根据不同分类标准，可对商业银行贷款进行不同分类。

1. 按贷款条件分为信用贷款与担保贷款

(1) 信用贷款。信用贷款是指商业银行完全凭借借款人的信誉，不需要任何财产抵押或第三者保证而直接向借款人发放的贷款。信用贷款的手续比较简单，借款人首先提出借款申请，经贷款银行审查合格后，借款人按要求填写书面借款借据，并经借贷双方签名盖章后即可取得贷款。

(2) 担保贷款。担保贷款是指以保证、抵押和质押等方式所发放的贷款。

保证贷款是指以第三方承诺在借款人不能偿还所借的款时，按约定承担一般保证责任或者连带保证责任而发放的款项。这种贷款既要强调借款人的资信情况和偿债能力，也要强调保证人的保证资格和保证能力。

抵押贷款是指以借款人或第三方的财产作为抵押物所发放的款项。可作为放贷抵押物的有归抵押人所有或具有处分权的房屋及地上定着物、机器、交通运输工具、土地使用权等等。对于抵押贷款，如果借款人不能按期归还贷款本息，银行有权处置抵押品。

质押贷款是指以借款人或第三方的动产或权力作为质物所发放的款项。可用作质押的有各种动产(如商品物资)、各种权力(如汇票、支票、本票、债券、存款单、仓单、提单、可转让的股份、股票、可转让的商标专用权、专利权、著作权等)。对于质押贷款，如果借款人不能按期归还贷款本息，银行有权按规定将所质押的动产或权力进行处置。

2. 按贷款期限分为长期贷款、中期贷款、短期贷款与临时贷款

其具体划分标准在不同的国家和同一国家的不同时期，存在着差别。一般的划分标准是：5年以上为长期贷款，1年以上至5年以下(含5年)为中期贷款，3个月以上至1年以下(含1年)为短期贷款，3个月以内(含3个月)为临时贷款。从目前商业银行的实际运作看，一般以中短期贷款为主。

3. 按利息收取方式分为一般贷款与票据贴现

一般贷款是指直接将货币资金提供给客户，定期收取利息，到期收回本金的一种贷款方式。而票据贴现则是指银行买入客户所提供的未到期的票据，借以获取一定利息收入的一种业务。

一般来讲，用于贴现的商业汇票主要包括商业承兑汇票和银行承兑汇票两种。但按照现行规定，我国目前只限于银行承兑汇票可以向银行申请办理贴现业务。

银行在贴现票据时，贴现付款额的计算公式为：

贴现银行付款额＝票据面额×(1－年贴现率×未到期天数÷360天)

【阅读拓展6.7】 票据贴现和一般贷款的区别

有兴趣的读者可以登录“找法网”，获取相关知识，具体网址为：

http://m. findlaw. cn/info/minshang/zwzq/jrzw/pjtx/1256942. html #10006-weixin-1-52626-6b3bffd01fdde4900130bc5a2751b6d1.

4. 按贷款偿还期限分为活期贷款、定期贷款和透支

活期贷款是贷款期限未定，银行可以随时收回或借款人可以随时偿还的贷款。

定期贷款是指具有确定期限的贷款。又可分为临时贷款、短期贷款、中期贷款和长期贷款。

透支是银行允许存款户在约定的范围内，超过其存款余额签发支票予以兑现的一种贷款，分为信用透支、抵押透支和同业透支三种，透支贷款有随时偿还的义务，利息按天计算。

5. 按贷款资金来源分委托贷款与信贷资金贷款

委托贷款是指由政府部门、企事业单位和个人等委托人提供资金，按照委托人的要求向其规定的对象所作的贷款。在委托贷款中，金融机构不承担风险，对于本金和利息的收回，仅仅起协助作用；金融机构要按规定收取一定的手续费，俗称“代理费”。

信贷资金贷款是指银行利用自有资本金及吸收存款等合法方式筹集的资金自主发放的款项。信贷风险由金融机构自己承担，并由其收回本金和利息。从商业银行的实际运作情况看，信贷资金贷款占到其总资产业务的极大比例。

6. 按风险程度分为正常贷款，关注贷款，次级贷款，可疑贷款和损失贷款

从2004年起，我国商业银行全面推行贷款质量的五级分类制度，即按风险程度将贷款划分为正常、关注、次级、可疑和损失五大类，后三种为不良贷款。

正常贷款是指借款人能够履行合同，一直能正常还本付息，不存在任何影响贷款本息及时全额偿还的消极因素，银行对借款人按时足额偿还贷款本息有充分把握，贷款损失的概率为0。

关注贷款是指尽管借款人目前有能力偿还贷款本息，但存在一些可能对偿还产生不利影响的因素，如这些因素继续下去，借款人的偿还能力受到影响，贷款损失的概率不会超过5％。

次级贷款是指借款人的还款能力出现明显问题，完全依靠其正常营业收入无法足额偿还贷款本息，需要通过处分资产或对外融资乃至执行抵押担保来还款付息，贷款损失的概率在30％～50％。

可疑贷款是指借款人无法足额偿还贷款本息，即使执行抵押或担保，也肯定要造成一部分损失，只是因为存在借款人重组、兼并、合并、抵押物处理和未决诉讼等待定因素，损失金额的多少还不能确定，贷款损失的概率在50%～75%。

损失贷款是指借款人已无偿还本息的可能，无论采取什么措施和履行什么程序，贷款都注定要损失了，或者虽能收回极少部分，但其价值也是微乎其微，贷款损失的概率在75%～100%。

（三）证券投资业务

证券投资业务是指商业银行为实现其盈利性和流动性目的而买卖有价证券的业务。证券投资和贷款一样，也是商业银行的一种重要的资产业务，是商业银行收益的主要来源之一。在证券市场较为发达的国家，商业银行的证券投资总额一般要占其总资产的5%～40%。

商业银行投资的证券产品有政府债券、政府机构债券、市政债券、按揭抵押债券（MBS）、资产抵押债券（ABS）、股权投资等等。但是，商业银行对购买公司债券的投资一般持谨慎的态度，投资规模有限。

值得一提的是，许多国家禁止商业银行购买公司股票。在我国，商业银行证券投资主要是债券投资，其投资对象主要包括国债、地方政府债券、金融债券、中央银行票据、资产支持证券、企业债券和公司债券等。

三、中间业务

中间业务有广义和狭义之分。2001年7月，中国人民银行颁布的《商业银行中间业务暂行规定》指出：商业银行中间业务指不构成商业银行表内资产、表内负债，形成银行非利息收入的业务。它包括两大类：不形成或有资产、或有负债的中间业务（即一般意义上的金融服务类业务）和形成或有资产、或有负债的中间业务（即一般意义上的表外业务）。可见，我国的中间业务等同于广义上的表外业务。

本部分所阐述的中间业务，主要是指狭义的中间业务，即金融服务类业务，是指商业银行不需动用自己的营运资金，而是依托自身的机构、人才、技术、信誉、设备、信息、产品及业务等优势，为客户办理各种委托代理事项，并从中收取一定手续费或佣金的各种经营活动。狭义的中间业务种类也繁多。

（一）结算业务

结算业务是商业银行存款业务派生出来的一种业务，即通过提供各种支付结算的手段与工具，为购销双方或收付双方完成货币给付及其资金清算的业务。商业银行通过提供优质迅速的结算服务，可以吸收更多的存款，提高自身的资金实力，增加利润。

【阅读拓展6.8】 银行账户种类及管理办法

正确开立和使用银行账户是办好结算业务的基础。

根据我国现行的《企业银行结算账户管理办法》规定，单位结算账户按用途分为四类，即基本存款账户、一般存款账户、临时存款账户和专用存款账户。按照现行规定，第一，一个单位只能选择一家银行的一个营业机构开立一个基本存款账户，主要用于办理日常的转账结算和现金收付。单位的工资、奖金等现金的支取，只能通过该账户办理。第二，一般存款账户是存款人在基本存款账户以外的银行借款转存、与基本存款账户的存款人不在同一地点的附属非独立核算开立的账户。存款人可以通过本账户办理转账结算和现金缴存，但不能办理现金支取。第三，临时存款账户是存款人因临时经营活动需要开立的账户，比如企业进行异地产品展销、异地临时性采购就需要在展销地、采购地开设此类账户。存款人可以通过本账户办理转账结算和根据国家现金管理的规定办理现金收付。第四，专用存款账户是单位因特定用途需要开立的账户，如基本建设项目专项资金、社会保障基金、政策性房地产开发资金等，单位销货收入款项不得转入专用存款账户。第五，开立、变更、撤销基本存款账户、临时存款账户实行备案制；开立一般存款账户、专用存款账户的，银行应遵守《人民币银行结算账户管理办法》(人行令〔2003〕)规定：对企业应出具的开户证明文件进行严格要求和审查，并判断开户合理性，防止违规开立或随意开立账户。

2016年9月30日，中国人民银行发布《关于加强支付结算管理防范电信网络新型违法犯罪有关事项的通知》，规定自2016年12月1日起，银行业金融机构为个人开立银行结算账户的，同一个人在同一家银行(以法人为单位)只能开立一个Ⅰ类户，已开立Ⅰ类户，再新开户的，应当开立Ⅱ类户或Ⅲ类户。

Ⅰ类户是全功能账户，主要功能：存放工资、现金存取、大额转账、大额消费、购买投资理财产品、公用事业缴费等。一般采用借记卡及储蓄存折的形式。

Ⅱ类账户主要功能：日常刷卡消费、网络购物、网络缴费、购买银行理财产品等。其特点是便捷性、资金量相对小，适用于小额支付，其日累计限额为1万元，年累计限额为20万元，是电子账户也可配发实体卡片的形式。

Ⅲ类账户用于金额较小、频次较高的交易，移动支付业务，包括免密交易业务等。其特点和Ⅱ类账户差不多，主要是便捷性突出，资金量相对小，适用于小额支付、尤其适用于移动支付等新兴的支付方式。其账户余额不超过2000元，日累计限额2000元，年累计限额5万元，采用电子账户的形式。

另据现行规定，第一，同一银行法人为同一个人开立Ⅱ、Ⅲ类户的数量原则上分别不超过5个。第二，同一家银行通过电子渠道非面对面方式为同一个人只能开立一个允许非绑定账户入金的Ⅲ类户。第三，银行应实现柜面和电子渠道（网上银行、手机银行、直销银行、远程视频柜员机和智能柜员机）开立Ⅱ、Ⅲ类户。

1. 结算业务的分类及结算方式

1）按收付形式，结算业务可分为现金结算和转账结算

现金结算，是直接在各经济单位之间进行的、以现金为对象的货币收付行为。转账结算，是指各经济单位通过银行划拨转账所完成的货币收付行为。这里所讲的结算业务主要指转账结算。

2）按收付款双方所在地，结算业务可分为异地结算和同城结算

异地结算是指在不同地域的单位之间经济往来所发生的货币收付行为。其结算方式主要有：汇款、托收、信用证和电子划拨等四种。

（1）汇款是指付款人委托银行将款项汇给外地的收款人。根据汇款方式的不同，汇款又可以分为电汇、信汇、票汇三种。电汇是以电报或电传通知汇入行付款的一种结算方式；信汇是通过邮寄信汇委托书通知汇入行付款的一种结算方式；票汇是收款人凭汇出行开出的汇票到汇入行取款的一种结算方式。

（2）托收是指由收款人向银行提供收款依据，委托银行向异地付款人收取款项。它一般要涉及到四个当事人，即委托人、托收银行、代收银行和付款人。根据委托人是否提交货运单据，托收又可以分为跟单托收和光票托收两种。跟单托收，是委托人将附有货运单据的汇票交给托收银行代收款项的一种结算方式；光票托收，则是委托人将汇票交给托收银行代收款项的一种结算方式。

（3）信用证结算是指购货商委托其开户银行根据其所指定的条件向异地的销货商支付货款的一种结算方式。客户请求开立信用证时，要注明购买货物的品种、规格、数量以及发货的凭证等。销货方只需根据信用证规定的条件发货，并经销货方开户银行审查核对与信用证规定相吻合，销货方开户银行就立即支付货款，然后再由销货方开户银行向购货方开户银行结算货款。信用证结算，对购货方和销货方都有利，保护了双方的利益，在国际贸易中广泛采用。

（4）电子划拨是指通过建立各种地区性、全国性、国际性的大型电子网络来转移资金，实现资金快速收付的一种结算方式。目前电子资金划拨系统分为小额电子资金划拨系统与大额电子资金划拨系统。小额电子资金划拨主要涉及银行客户与银行之间的关系，是为广大消费者服务的电子资金划拨系统，所以又称为零售电子资金划拨系统，主要有自动柜员机（ATM）与销售点终端设备（POS）。大额电子资金划拨系统是为货币、黄金、外汇、商品市场的经纪商与交易商及商业银行服务的电子资金划拨系统，因此又称为批发电子资金划拨系统。

大额实时支付系统主要是为了给各银行和广大企业单位以及金融市场提供快速、高效、安全、可靠的支付清算服务。大额实时支付系统是金融基础设施的核心系统。

同城结算是指在同一票据交换区域的单位之间经济往来所发生的货币收付行为。其结算一般包括支票、汇款、托收、信用证和电子划拨等五种方式，其中尤以支票为主。支票结算是指银行客户根据其在银行的存款和透支限额开出支票，委托其开户银行从其账户中支付一定款项给收款人的一种过程。

2. 我国经济的支付结算方式

根据现行的《支付结算办法》，我国经济的支付结算方式主要有票据、信用卡、汇兑、托收承付和委托收款五种。

1）票据

支付结算方式中所使用的票据主要包括汇票、本票和支票三种①。需要指出的是，这三类票据中，汇票既适用于同城结算又适用于异地结算，而本票和支票仅适用于同城结算。但需要注意的是，区域性银行汇票仅限于出票人向本区域内的收款人出票，其背书转让也仅限于在本区域内进行；而本票和支票仅限于出票人向其票据交换区域内的收款人出票，其背书转让也仅限于在票据交换区域进行。

2）信用卡

信用卡是指商业银行向个人和单位发行的，凭以向特约单位购物、消费和向银行存取现金，且具有消费信用的特制载体卡片。信用卡按信誉等级分为金卡和普通卡；按使用对象分为单位卡和个人卡。

单位卡账户的资金一律从其基本存款账户转账存入，不得交存现金，不得将销货收入的款项存入其账户。个人卡账户的资金以其持有的现金存入或以其工资性款项及属于个人的劳务报酬收入转账存入。严禁将单位的款项存入个人卡账户。

持卡人可持信用卡在特约单位购物、消费。单位卡不得用于 10 万元以上的商品交易、劳务供应款项的结算。单位卡一律不得支取现金；个人卡持卡人在银行支取现金时，应将信用卡和身份证件一并交发卡银行或代理银行审验。信用卡透支额，金卡最高不得超过 1 万元，普通卡最高不得超过 5000 元。信用卡透支期限最长为 60 天。信用卡透支应按规定收取相应的利息。

持卡人不需要继续使用信用卡的，应持信用卡主动到发卡银行办理销户。销户时，单位卡账户余额转入其基本存款账户，不得提取现金；个人卡账户可以转账结清，也可以提取现金。

---

① 关于这三类票据的详细内容请参考第二章第三节“信用工具”之“短期信用工具”相关知识点。

3）汇兑

汇兑是汇款人委托银行将其款项支付给收款人的一种结算方式，分信汇和电汇两种。签发汇兑凭证必须记载下列事项：表明“信汇”或“电汇”的字样；无条件支付的委托；确定的金额；收款人名称；汇款人名称；汇入地点和汇入行名称；汇出地点和汇出行名称；委托日期汇款人签章。汇兑凭证上欠缺上述记载事项之一者，银行不予受理。汇款人和收款人均为个人，需要在汇入行支取现金的，应在信、电汇凭证的“汇款金额”大写栏先填写“现金”字样，后填写汇款金额。

4）托收承付

托收是指销货单位（即收款单位）委托其开户银行收取款项的行为。承付是指购货单位（即付款单位）在承付期限内，向银行承认付款的行为。托收承付是指根据购销合同由收款人发货后委托银行向异地付款人收取款项，由付款人向银行承认付款的一种结算方式。托收承付结算方式只适用于异地订有经济合同的商品交易及相关劳务款项的结算。代销、寄销、赊销商品的款项，不得办理异地托收承付结算。

5）委托收款

委托收款是指收款人委托银行向付款人收取款项的一种结算方式。委托收款分邮寄和电报划回两种，由收款人选用。前者是以邮寄方式由收款人开户银行向付款人开户银行转送委托收款凭证、提供收款依据的方式，后者则是以电报方式由收款人开户银行向付款人开户银行转送委托收款凭证，提供收款依据的方式。委托收款一般既适用于异地结算又适用于同城结算。

（二）信托类业务

信托业务是商业银行金融创新的重要选择。金融信托与保险、银行信贷并称现代金融业的三大支柱。

信托是指委托人为了自己或第三者的利益，将自己的财产或有关事务委托给所信任的人或组织代为管理、经营的经济行为。商业银行信托业务是指商业银行信托部门接受客户的委托，为了受益人或第三者的利益代为管理、营运、处理有关财产或有关事务，并从中收取手续费的业务活动。商业银行通过办理信托业务可以增加收益，扩大业务经营规模。在商业银行的信托业务中，客户是委托人，商业银行是受托人，享受信托财产利益的人为受益人。

在西方国家，商业银行的信托业务主要有：员工福利信托、证券投资信托、动产与不动产融资信托及公益信托。员工福利信托是企事业单位和机关团体为了安定员工生活，提高工作效率而设立的信托。它能使靠薪金生活的人在丧失了工作能力以后，获得一笔足够的生活费用，以安享晚年。证券投资信托是由信托部门将个人、企业或团体的资金集中起来代替投资者进行有价证券投资，最后将投资收益和本金偿还给收益人的一种业务活动。动产与不动产融资信托是由大型设备或财产的所有者提出的，以融通资金为目的的信托。公益信托是一种由个人或团体捐赠或募集基金，以用于公用事业为目的的信托。

信托业务好比一个巨大的容器，可以容纳十分丰富的金融商品，为商业银行的业务发展开辟了广阔的活动领域。另外，从商业银行本身看，商业银行办理信托业务具有得天独厚的条件，它不仅拥有各种专门的人才、丰富的经验和广泛的信息资源，而且还有遍布各地的分支机构和代理机构。通过这些机构，商业银行可以接触各种信托委托人，从而为社会不同阶层提供信托服务，开拓信托市场。

就我国当前而言，《中华人民共和国商业银行法》(2015 年修订)规定，在我国境内，商业银行不得从事信托投资业务。

（三）代理性业务

代理性业务是指商业银行接受客户的委托、代为办理客户指定的经济事务、提供金融服务并收取一定费用的业务。主要分为代理融通业务、代理行业务、代理发行有价证券业务、基金托管业务、代理保险业务。代理性业务是典型的中间业务。

(1) 代理融通业务又称代收账款或收买应收账款，是指由商业银行代顾客收取应收账款，并向顾客提供资金融通的一种业务方式。代理融通业务，按照合同内容，又分为权益转让和权益售与两种情况。权益转让是指代理融通的银行接受了应收账款转让之后，如果客户的欠款成了呆账，银行对收账的权益仍有追索权，损失仍归收账企业承担。权益售与是指企业将应收账款卖断给了代理融通的银行，如果发生坏账则由代理融通的银行来承担。

(2) 代理行业务是指商业银行代为办理其他银行部分业务的一种业务形式。代理行分为国内银行之间的代理、国际银行之间的代理两类。从代理行的形式来看也有两种：一是有账户关系的代理行；二是没有账户关系的代理行。

(3) 代理发行有价证券业务是指商业银行接受政府或公司的委托，代理销售公债、公司债、股票等有价证券的一种业务形式。商业银行在接受代募有价证券时，必须先调查委托人的信用，并请委托人出具委托书。商业银行开展代理发行有价证券的业务，可以使其赚取相当的手续费，从而为商业银行开辟了一条稳定的收益渠道。

(4) 基金托管业务是指商业银行接受基金管理公司的委托，代理投资基金的申购、赎回及剩余资金保管的一种业务形式。基金托管的收益有两部分：一是直接收益；二是间接收益。直接收益由托管年费与基金申购、赎回的手续费构成。间接收益包括资金由于闲置而使托管人得到数额可观的低息存款，以及提供部分附加服务项目(如代理现金余额管理服务、投资组合评估服务、代理开立证券买卖账户服务等)而从中所获收益。

(5) 代理保险业务是指保险公司依托银行的渠道优势,以及银行的客户群,由银行代为销售保险公司产品,银行从中提取手续费的一种合作形式。在利率走低,贷款不通畅时,银行代理保险是一种增加银行中间收入的好方式,对于保险公司来说,则可以利用银行良好的信誉,优质的客户群,迅速扩大保费规模,抢占市场。

(四) 租赁性业务

租赁业务的主要形式有融资性租赁、操作性租赁、回租租赁、转租赁和衡平租赁等五种。

(1) 融资性租赁是指以融通资金为目的的租赁。商业银行按照承租人与供货方谈妥的条件购进设备,然后按照租赁合约将设备租给承租人,并以租金的形式分期收回设备的成本、资金利息及应获得的利润,承租期满,货物所有权归属于承租人。这里,商业银行支付了全部资金,等于提供给承租人百分之百的信贷,且租赁的对象又都是资本品,因此这种租赁又称为资本性租赁。在这种形式的租赁中,商业银行只负责资金,至于设备的安装、保养、管理、维修、保险等均由承租人负责。

(2) 经营性租赁又称服务租赁、管理租赁或操作性租赁。它是一种以提供租赁物件的短期使用权为特点的租赁形式,通常适用于一些需要专门技术进行维修保养、技术更新较快的设备。在经营性租赁项下,租赁物件的保养、维修、管理等义务由出租人负责。国际海运中常用的租船合同形式——程租,船只、船员均由船东负责提供,一切管理、维修、保险等义务均由船东负责,从性质上看,程租就属于经营性租赁。我们日常生活中所见的出租车、游船等,也属于经营性租赁的范畴。

(3) 回租租赁是指财产所有人将其财产出售给商业银行,然后由商业银行租回使用的一种租赁方式。当一家企业既要使用自己原有的厂房设备,又急需资金周转时,可以将厂房设备出售给商业银行,然后再租回一部分或全部继续使用。

(4) 转租赁是指将设备或财产进行两次重复租赁的方式,又叫再租赁。此种租赁形式在国际租赁中通常用得较多。比如,A 国的某家商业银行从某租赁公司租赁了一台高性能数控机床,然后商业银行又将这一设备转租给了 B 国的一家公司,两个租约同时生效。

(5) 衡平租赁是指商业银行购买出租设备时,只支付部分价款,余下款项用该设备作抵押取得贷款,然后将设备租赁给承租人,并以租金来归还贷款的一种租赁方式。

2007年3月,我国修订和颁布了《金融租赁公司管理办法》,这是我国金融租赁行业发展的一个重大的转折点。为了促进租赁行业的健康发展,我国于2015年又发布了《关于促进金融租赁行业健康发展的指导意见》以及《关于加快融资租赁行业发展的指导意见》,这是我国租赁行业发展史中又一重大里程碑事件。这些文件的出台意味着国家层面对租赁业务发展的支持,极大地提高了租赁行业在我国经济发展中的战略性地位。

(五)银行卡业务

银行卡业务是指商业银行围绕银行卡所开展的业务,主要包括银行卡发行、开卡、换卡、销卡、存取款、收单等业务。在西方发达国家,银行卡业务是许多国际大银行的主要业务和主要利润的来源。我国已经被公认为全球银行卡业务增长最快、发展潜力最大的国家。目前,银行卡的收益有开卡工本费收入、年费收入、特约商户结算手续费收入、跨行取现手续费收入、换卡工本费及挂失费、短信提醒费收入、透支利息收入、通过银行卡所吸收存款的投资收益等等。

早在1999年1月,中国人民银行就颁布了《银行卡业务管理办法》。近年来,国内银行卡市场快速发展,但仍存在种种问题。为进一步规范银行卡业务管理,维护银行卡市场秩序,中国人民银行于2014年1月发布了《关于加强银行卡业务管理的通知》,要求:加强实名制审核,规范银行卡发卡业务;强化银行卡风险管理,保障持卡人合法权益;严格银行卡收单业务管理,维护收单市场秩序;加强监督管理,完善银行卡业务管理体系。2016年6月13日,中国人民银行又出台了《关于进一步加强银行卡风险管理的通知》,指出要进一步加强银行卡信息的安全管理,提升支付风险防控能力。

【阅读拓展6.9】 银行卡

银行卡是由银行或专业公司向社会发行的具有消费信用、转账结算、存取现金等全部或部分功能的信用支付工具。一般情况下,银行卡按是否给予持卡人授信额度分为信用卡和借记卡。借记卡是指发卡银行向持卡人签发的,没有信用额度,持卡人先存款、后使用的银行卡。

至于"银行卡"更多的相关知识,有兴趣的读者可以登录"百度百科",具体网址为:

https://baike.baidu.com/item/%E9%93%B6%E8%A1%8C%E5%8D%A1/2321159?share_fr=pc_qrcode.

（六）服务性业务

服务性业务是指商业银行以转让、出售信息和提供智力服务为主要内容的业务。具体可以分为：技术咨询业务和评估咨询业务两类。技术咨询业务主要有建设工程审价、建设工程监理、企业财务咨询、企业资信咨询、经济政策咨询、投资咨询、综合理财等等；评估咨询业务主要有企业资产评估、企业信用等级评定、贷款抵押物评估、投资项目评估、企业破产清算等。

（七）代保管业务

代保管业务是指商业银行设置保管箱库，接受单位和个人的委托，代其保管各种贵重物品和单证的一种业务形式。保管业务分为露封保管和密封保管两种。露封保管，是指客户将委托代保管物品交给商业银行时没有加封；密封保管，是指客户将委托代保管物品交给商业银行时自己外加包装物，并予以封闭，以包裹或箱柜形式入库寄存保管。

四、表外业务

商业银行的主要业务除了以上所述的自有资金与负债业务、资产业务和中间业务三大类外，实际上还有俗称的表外业务。20 世纪 80 年代以来，商业银行业务创新的一个重要标志就是表外业务的迅猛发展。

（一）表外业务的定义

表外业务中的“表”指的是资产负债表。之所以称其为表外，是由于这些业务按照传统的会计理论无法在资产负债表内核算。由于会计与法律制度不同，表外业务的定义和范围存在或大或小的差异。

1. 巴塞尔委员会对表外业务的定义

巴塞尔委员会认为，表外业务包括银行提供的各类担保、贷款或投资的承诺业务、外汇买卖及投资业务、利用银行的人力与技术设备等资源为客户提供服务。因此，按巴塞尔委员会所确定的标准，银行表外业务实际上分为广义和狭义两种：狭义的表外业务是指构成银行或有资产、或有负债，在一定条件下可以转化为表内资产或负债的业务；广义的表外业务泛指银行从事的所有不在资产负债表中反映的业务，包括狭义的表外业务及结算、代理等金融服务类表外业务。

2. 中国银监会对表外业务的定义

2016 年 11 月，中国银监会发布的《商业银行表外业务风险管理指引（征求意见稿）》指出，表外业务是指银行从事的、按现行的会计准则不计入资产负债表内，不形成现实资产负债，但能引起当期损益变动的业务。根据表外业务特征和法律关系，表外业务分为担保承诺类、代理投融资服务类、中介服务类、其他类等。

可见，中国银监会对表外业务的定义和巴塞尔委员会所指的广义的表外业务是基本一致的，只是文字更为简洁。当然，本部分所阐述的表外业务，是指一般意义上的表外业务——狭义的表外业务，即形成或有资产、或有负债的中间业务。

（二）表外业务的主要类型

一般意义上的表外业务的特点是银行服务与提供资金相分离。在多数情况下，商业银行只是充当中介人，为客户提供保证。只有当客户根据银行的承诺提取资金或当约定的或有事件发生时，潜在的或有资产与或有负债才会成为银行的实际资产与负债。可见，如果商业银行从事过多的一般意义上的表外业务，承担过多的或有义务，一旦客户违约，则商业银行将会面临巨大的由潜在风险转化而来的现实的风险。

最常见的一般意义上的表外业务是担保承诺类业务，包括承诺类、担保类等按照约定承担偿还责任的业务。

承诺类业务是指商业银行在未来某一日期按照事先约定的条件向客户提供约定的信用业务，包括但不限于贷款承诺等。贷款承诺是商业银行传统的表外业务，是保证在借款人需要时向其提供资金贷款的承诺。分为开口信用、备用承诺、循环信用以及票据保险。开口信用是银行与借款人达成的非正式协议，银行准备在一定时期内以规定的利率扩大信用额，但该协议不具有法律效力，银行可以履约，也可以拒绝履约。备用承诺指银行允许借款人可多次使用其所承诺之贷款金额，并且剩余承诺在承诺期内仍然有效。与开口信用相比，备用承诺对银行更具有约束力。循环信用属于中期贷款承诺，是银行向客户保证资金的借还和在一个展期后再借还，其时间跨度为3～5年。若此期间借款人财务状况恶化，银行将承担较大风险。票据保险业务也是一种中期贷款协议，在这种协议中，银行同意当借款人无法出售其票据时由银行购进。银行在为借款人承诺时，要依风险大小收取相应的承诺费。

担保类业务是指商业银行对第三方承担偿还责任的业务，包括但不限于银行承兑汇票、保函、信用证、信用风险仍在银行的销售与购买协议等。

最常见的是保函。保函又称保证书，是指银行应申请人的请求，向受益人开立的一种书面信用担保凭证。银行可提供的保函业务分为融资性保函和非融资性保函两大类。融资性保函包括融资保函、融资租赁保函、透支保函、延期付款保函等；非融资性保函包括投标保函、履约保函、预付款保函、进口付款保函、经营租赁保函、维修保函、预留金保函、税款保付反担保函、海关风险保证金保函等。

【阅读拓展 6.10】 保 函

有兴趣的读者可以登录“百度百科”，获取相关知识，具体网址为：

https：//baike.baidu.com/item/%E4%BF%9D%E5%87%BD?share_fr=pc_qrcode.

担保业务的开展，一方面可增加银行的可用资金量，这是因为，要使担保协议生效，委托方必须按照规定向受托银行交存一定的保证金，这个比例一般在30%以上，最高达到100%；另一方面可使银行获得比较丰厚的收入，这是因为银行既然出具了担保书，银行就要向委托人收取一定的承诺费和手续费。当然，担保业务是具有较大风险的授信业务，稍有不慎就会招致经济损失或损坏银行的信誉，因此，对担保业务商业银行应树立强烈的风险意识，要审慎地开展此项业务。

目前我国商业银行传统的存款、贷款市场已大部分瓜分完毕，而且存贷利差在日渐缩小，在这种情况下，表外业务的开发与拓展将成为各家银行在激烈竞争中生存发展的新武器。必须看到，与西方商业银行相比，我国商业银行的表外业务仍处于起步阶段，发展速度较慢，业务种类单一，许多业务领域在相当程度上还是一片空白，表外业务的种类、规模与我国银行现有的经营水平极不相称。目前我国商业银行表外业务主要是传统的保函、票据承兑、信用证等担保业务和贷款承诺、信用卡透支等承诺业务。需要指出的是，这些传统的表外业务，在国外银行表外业务中是占比很小的一部分。而各类理财业务、资产管理计划等表外业务在美国银行业已开展得如火如荼，且是各家银行经营业绩中非常重要的一部分。

第三节 商业银行经营管理

商业银行经营管理，是商业银行经营者为达到经营目标而对商业银行经营要素进行整合，实现资源优化配置的过程。提高经营管理水平是提高商业银行竞争力、实现利润最大化的关键环节。

一、商业银行经营目标与原则

商业银行业务经营方式的选择，取决于其特定的目标；业务经营活动的开展都要遵循一定的原则，以一定的经营理论为指导。

（一）经营目标

商业银行基本经营目标可以概括为追求利润最大化。这是商业银行生存的基础。

基本目标决定了经营的方向，但其对商业银行具体经营管理活动并不具有直接的意义，具有直接意义的是其具体目标，即商业银行根据整个经济形势、国内外情况、同业竞争情况、自身的资金实力和经营条件等所制定的细分目标。

具体目标可分为阶段目标、时期目标、部门目标和业务目标。阶段目标是商业银行根据不同历史阶段的经济特点和业务经营情况确定的战略目标和战略重点。时期目标是在具体的经营过程中，对阶段目标按照时期进行多层次的划分所确定的中长期目标和短期目标。部门目标是各职能部门所确定的、本部门应达到的、与一定阶段或一定时期商业银行经营活动目标相一致的目标。业务目标是在部门目标之下，针对各种具体业务活动所制定的目标。

需要指出的是，阶段目标、时期目标、部门目标和业务目标要通过协调达到一致。理想的目标体系是一个各项业务、各个部门的活动在效果上达到一致，在空间与时间上相互协调、先后衔接、环环相扣的网络式的目标体系。

（二）经营原则

商业银行是特殊的企业，为获得最大限度的利润，同时又能满足存款人提取存款的需要，其经营必须兼顾安全性、流动性和盈利性。这就是俗称的三项基本原则。

1. 安全性原则

安全性是指商业银行在业务经营中应尽量避免各种不确定因素的影响，保证稳健经营与健康发展。在经营过程中，商业银行经常遇到的不确定因素主要有：

(1) 信用风险又称违约风险。这对商业银行的存亡至关重要。主要源于两种情况：一是存款者挤兑而商业银行没有足够的资金可供应时，形成商业银行的倒闭；二是贷款户逾期不还，造成坏账，资金损失。

(2) 利率风险。这是一种因市场利率变化引起资产价格变动或商业银行业务协定利率跟不上市场利率变化所带来的风险。

(3) 汇率风险。这是因汇率变动而出现的风险。主要分为买卖风险、交易结算风险、评价风险和存货风险四种。

(4) 内部风险。这是由商业银行因为内部原因所造成的风险。通常表现为决策失误风险、新产品开发风险、营业差错风险和贪污盗窃风险等。

商业银行作为经营货币与货币资本的特殊企业，其存、贷、取、结算业务涉及国民经济各部门，牵涉千家万户，因此其经营好坏不仅影响到银行，而且影响到企业与存款人的利益。商业银行的倒闭将危及到社会公众，容易导致金融风暴乃至社会动荡。所以商业银行在经营的过程中，必须将安全性原则放在重要位置上。

2. 流动性原则

流动性是指商业银行在经营过程中要保证随时应付客户提取存款、满足必要贷款的能力。从保证支付来讲,流动性应包括两种含义:一是资产的流动性;二是负债的流动性。

资产的流动性是指商业银行在资产不发生损失的情况下迅速变现的能力;负债的流动性是指商业银行能以较低的成本随时获得所需要的资金。

在商业银行成立和发展初期,其流动性一般是指资产的流动性,随着商业银行业务的发展,相应地需加强负债管理,负债流动性的重要性就会显得越来越重要。

商业银行之所以要坚持流动性原则,在经营活动中十分注重保持良好的流动性,主要是因为一旦商业银行不能应付客户提取存款或满足客户贷款需求以及商业银行本身需求时,便会出现流动性危机。而流动性危机将严重损害商业银行的信誉,轻者影响商业银行业务的进一步发展并增加其经营成本,重者会造成商业银行无法继续生存,导致破产。

关于商业银行的流动性原则有“三道防线”之说。第一道防线为商业银行的库存现金,它可以随时满足客户的支付需要。第二道防线为商业银行所拥有的流动性极强的存款或债权,比如在中央银行的存款、存放同业的款项等等,这些资产商业银行也是能随时调度支配的。第三道防线为商业银行所持有的流动性很强的短期有价证券,如商业票据、银行承兑汇票、国库券、同业短期拆借等。这些资产在市场上一般能够迅速地出售、贴现、或者立即收回。通常,第一道防线与第二道防线为商业银行的一级准备,第三道防线为商业银行的二级准备。

3. 盈利性原则

盈利性是指商业银行获得利润的能力。盈利性是商业银行经营管理活动的主要动力。商业银行的一切经营活动,包括如何设立分支机构、开发何种新的金融产品、提供何种金融服务、建立何种资产组合等等都要服从盈利性原则。

商业银行之所以将盈利性作为其经营的一项重要原则,是因为追求利润最大化是商业银行经营的基本目标或总目标,是其经营发展的内在动力与源泉,也是其经营发展的基本保证。在现实的经济生活中,任何一个银行家所要考虑的第一件事情就是如何切实提高银行的盈利水平。

较高的盈利能力就意味着较多的留存盈余,从而为银行扩大经营规模、开拓业务提供了资金保证;较高的盈利能力意味着给银行股东的回报也较高,其股票市价应当有所上升,这就为资金的进一步筹集创造了条件;盈利能力强,银行在社会公众中的形象就好,这就有助于银行同社会各界保持良好的关系,从而有利于银行开拓其业务领域,增强其竞争力;较高的盈利能力也意味着能给员工良好的福利,这既可以切实提高员工的工作积极性,又有利于其吸引更多更好的人才,为今后发展铺平道路。

应当指出，对于盈利性、安全性和流动性三者，任何银行都希望同时达到最佳境地，但在现实中，未必能同时兼顾，因为这三者之间既统一又存在矛盾。使这三者能协调合理配合，是商业银行管理所面临的一个经常性问题。从一般意义上说，三项基本原则间的关系可以概括为：盈利性是商业银行经营管理的目标，安全性是商业银行经营管理的保障，流动性是商业银行经营管理的前提。

需要说明的是，我国现行的《中华人民共和国商业银行法》将安全性、流动性、效益性（盈利性）概括为商业银行的三项经营原则。

二、商业银行经营管理理论

（一）资产管理理论

商业银行自产生以来在相当长的一段时间内，由于负债主要是活期存款，形式比较单一，同时工商企业的需求也比较单调，加之金融市场发达程度有限，因而商业银行把管理的重点放在资产方面，即通过对资产结构的合理安排来满足商业银行盈利性、安全性和流动性的需要。商业银行的资产管理理论经历了真实票据理论、资产转换理论、预期收入理论和超货币供给理论等不同的发展阶段。

1. 真实票据理论（the Real-bill Theory）

真实票据理论又称商业贷款理论。源于亚当·斯密的《国富论》一书。该理论认为，由于商业银行的资金来源主要是同商业流通有关的闲散资金，都是临时性的存款，为了保证随时偿付提存，银行必须使资产保持较大的流动性，因而商业银行只宜发放短期的与商品周转相联系的商业贷款。根据这一理论，商业银行不能发放不动产贷款、消费贷款、长期性的设备贷款及农业贷款，更不用说进行证券投资了。

随着经济的发展，该理论越来越显示出其弱点。第一，该理论把贷款的范围简单地限定在所谓的商业行为上，没有充分考虑到经济发展对贷款需求不断扩大和贷款种类多样化的需求，这不利于经济的发展，特别是阻碍了整个社会的工业化进程，同时也使得商业银行作茧自缚，在市场竞争中处于不利地位。第二，该理论没有认识到商业银行存款的稳定性，特别是没有认识到随着经济发展而来的长期资金来源的不断增加。第三，该理论忽视了贷款清偿的外部条件，经济繁荣时期或企业生产经营正常时，即使是期限较长的贷款也能归还；反之，经济萧条或企业经营不善时，短期的贷款也未必能归还。

2. 资产转换理论（the Shiftibility Theory）

资产转换理论产生于20世纪30年代，是由美国经济学家莫尔顿在1918年的

《政治经济学杂志》上发表的《商业银行及资本形成》一文中提出的。该理论认为，银行保持流动性的关键不在于贷款期限与存款期限一致，而在于银行所持有的资产的变现能力，只要资产在需要时能够迅速地、不受损失地转换成现金，就可以保持充足的流动性。因此，商业银行可以安排一定数量资金，购买足够的易于转让的资产，就可以消除保持流动性的压力，其余资金可以追求较高的收益，而不一定非要局限于短期和自偿性投放范围。

资产转换理论扩大了银行的资产业务范围，使银行的业务经营活动出现了多样化。但是该理论也有其局限性。一是难于确定易于转让资产的持有量。商业银行所持有的易于转让资产过多，会影响其盈利性，因为易于转让资产的收益低于其他盈利资产；所持有的易于转让资产过少，会影响其流动性。二是易于转让资产的变现还要取决于市场状况。如果经济不景气，易于转让资产的变现就会大打折扣，即使勉强变现，也要以发生较大的损失为代价。

3. 预期收入理论(the Anticipated-income Theory)

预期收入理论产生于20世纪40年代，由美国经济学家普鲁克诺于1949年在《定期存款及银行流动性理论》一书中提出。该理论认为，银行资产的流动性取决于借款人的预期收入，而不是贷款的期限长短。借款人的预期收入有保障，期限较长的贷款可以安全收回，借款人的预期收入不稳定，期限短的贷款也会丧失流动性。

预期理论意味着商业银行可以不受期限和类型的影响，可以不考虑资产的自偿性和转换性，只需强调贷款与投资的预期收入，以预期收入来保证商业银行经营的安全性与流动性。预期收入理论扩大了银行的业务范围，使银行资产结构发生了较大的变化，从而为银行业务的综合化发展提供了理论基础。

这一理论的缺点是难于准确确定借款人的未来收入。预期收入理论是建立在对借款人未来收入的预测上的，而这种预测又不可能完全准确，尤其在长期贷款和投资中，借款人的经营情况很可能发生变化，因而到时并不一定具有偿还能力，这无疑会损害商业银行的流动性与安全性。

4. 超货币供给理论

超货币供给理论是20世纪60年代以后悄然兴起的一种新的银行资产理论，认为只有银行能够利用信贷方式提供货币的传统观念已经不符合实际，随着货币形式的多样化，非银行金融机构也提供货币，银行信贷市场面临着很大的竞争压力。因此，银行资产管理应超越货币的狭隘眼界，提供更多的服务。根据该理论，银行在购买易于转让资产、发放贷款以提供货币的同时，积极展开投资咨询、项目评估、市场调查、信息分析、管理顾问、电脑服务、委托代理等多方面配套业务。

超货币供给理论的产生使得银行资产管理达到了前所未有的广度和深度。这在当时非金融企业侵入金融领域的情况下，使银行获得了相抗衡的武器。但该理论并非十全十美，它容易产生两种偏向：一是诱使银行介入过于宽泛的业务范围，导致集中和垄断；二是加大了银行经营的风险，使银行很可能在自己不熟悉的领域遭受挫折。

（二）负债管理理论

负债管理理论产生于20世纪60年代，是银行把保证流动性的经营重点，由资产方转向负债方，通过不断调整负债结构来适应新形势。

该理论认为，商业银行在保持流动性方面，没有必要完全依赖建立分层次的流动性储备资产，因为资金来源也是一条重要的流动性来源渠道，如果银行需要资金，它可以向外筹集，借入资金可以满足存款的提取和增加贷款的需要，只要在资金市场上能借到资金，银行就可以大胆地放贷以争取高额收益。

实际上，商业银行的负债管理理论经历了存款理论、购买理论和销售理论等不同的发展阶段。

1. 存款理论

存款理论曾经是商业银行负债的主要正统理论。其基本观点是：第一，存款是商业银行最主要的资金来源，是其资产业务的基础；第二，银行在吸收存款过程中是被动的，为保证银行经营的安全性和流动性，银行的资金运用必须以其吸收存款沉淀的余额为限；第三，存款应当支付利息，作为对存款者放弃流动性的报酬，付出的利息构成银行的成本。

这一理论的主要特征是它的稳健性和保守性，强调应按照存款的流动性来组织贷款，将安全性原则摆在首位，反对盲目存款和贷款，反对冒险谋取利润。其缺陷在于它没有认识到银行在扩大存款或其他负债方面的能动性，也没有认识到负债结构、资产结构以及资产负债综合关系的改善对于保证银行资产的流动性、提高银行盈利性等方面的作用。

2. 购买理论

购买理论是继存款理论之后出现的另一种负债理论，它对存款理论作了很大的否定。其基本观点是：第一，商业银行对存款不是消极被动，而是可以主动出击，购买外界资金，除一般公众外，同业金融机构、中央银行、国际货币市场及财政机构等，都可以视为购买对象；第二，商业银行购买资金的基本目的是为了增强其流动性；第三，商业银行吸收资金的适宜时机是在通货膨胀的情况下。此时，实际利率较低甚至为负数，或实物投资不景气而金融资产投资较为繁荣，通过刺激信贷规模以弥补利差下降的银行利润。

购买理论产生于西方发达国家经济滞胀年代，它对于促进商业银行更加主动地吸收资金，刺激信用扩张和经济增长，以及增强商业银行的竞争能力，具有积极的意义。其缺陷在于助长了商业银行片面扩大负债，加重了债务危机，导致了银行业的恶性竞争，加重经济通货膨胀的负担。

3. 销售理论

销售理论是金融改革和金融创新的产物，产生于20世纪80年代。其基本观点是：银行是金融产品的制造企业，银行负债管理的中心任务就是迎合顾客的需要，努力推销金融产品，扩大商业银行的资金来源和收益水平。销售理论给银行负债管理注入现代企业的营销观念，即围绕客户的需要来设计金融产品，并通过不断改善金融产品的销售方式来完善服务。它反映了20世纪80年代以来金融业和非金融业相互竞争和渗透的情况，标志着金融机构正朝着多元化和综合化方向发展。

负债管理理论的盛行，一方面增强了商业银行的活力，充实了商业银行的资金来源，扩大了商业银行的经营规模；另一方面也大大加剧了银行间的竞争，提高了银行吸收资金的成本，利差缩小，银行经营状况日益恶化。同时，过多的通货转化为存款，使货币乘数增大，从而加剧了通货膨胀，这样，银行在资金的运用上更冒险了，经营风险加大了。在金融创新和存款的争夺战中，大银行处于优势地位，而小银行则处于劣势，这就加剧了银行业的倒闭与兼并。这种情况又进而导致了商业银行经营管理理论的新转变。

（三）资产负债管理理论

资产负债管理理论就是兼顾资产和负债两个方面的一种管理理论。该理论认为，只有根据政治、经济环境以及其他客观因素的变化，把资产和负债两个方面协调起来，运用各种手段对资产与负债进行混合式的计划、控制和管理，使它们在总量和结构上均衡，才能使商业银行在保证资产的流动性与安全性的前提下，实现其利润的最大化。

商业银行所追求的是利润的最大化，这是资产负债管理要达到的首要目标。商业银行的利润主要来源于利差，即各项利息收入与利息支出的差额。而影响商业银行利差的因素主要有：第一，利率水平，包括资产的平均利率水平和负债的平均利率水平，两者差额越大，利差就越大；第二，资产负债规模，在利率水平既定的情况下，资产负债规模越大，利差就越大；第三，资产负债结构，在利率上升时期，如果商业银行的利率敏感性资产超过利率敏感性负债，则正利差就扩大，反之，负利差扩大。可见，对利差的管理不仅是商业银行实现其利润目标的关键所在，而且几乎囊括了资产负债管理的全部内容。因此，利差管理实际上是商业银行资产负债管理的核心内容。

要实现商业银行利润的最大化，除了使利差达到最大以外，还需同时使其风险与费用达到最小，因为风险与费用都是对收益的直接扣减。商业银行的风险不仅来源于其所面对的客观环境，而且还来自于商业银行自己的主观行为。事实上，风险与收益是一对孪生兄弟，而且收益越高风险就越大。那些只顾追求收益而不防范风险的行为，无异于自杀。商业银行的费用包括在经营各项业务中的开支以及各种税赋等。费用越大，商业银行的盈利就越小。因此，对费用与风险的管理也是商业银行资产负债管理的重要内容。

资产负债管理理论的推行，从微观上看，缓和了银行资产与负债的矛盾，增强了银行的应变能力与抵御风险的能力，使银行的经营管理走上了科学化和现代化的轨道；从宏观上看，一定程度上缓和了通货膨胀的压力，使银行之间的竞争更加激烈，为金融当局对银行与货币的管理增加了难度。

总之，资产负债管理理论的出现，不仅反映了西方商业银行经营管理的工作越做越细、水平越来越高，而且表明了经济发展对商业银行所提的要求越来越高，同时也说明了商业银行对社会所承担的责任也越来越大。

三、我国商业银行的资产负债管理

（一）资产负债管理制度的建立

我国商业银行的资产负债管理制度，是随着经济体制改革的深化而演变发展的。改革开放以后，伴随着经济的发展，资金需求日益扩大，资产业务不断多元化地发展，客观上要求扩大负债业务，各种筹资、融资方式随之出台。为适应形势发展的需要，1984 年实行了“统一计划，划分资金、实贷实存、相互融通”的信贷资金管理制度。由于当时国家宏观调控，特别是中央银行的调控机制尚不健全，专业银行又缺乏自我约束能力，出现了负债规模一度过量扩大，资产规模也出现了盲目扩张的新问题，引发了 1993 年一些地方的乱集资、乱拆借、乱提高利率、任意扩大信贷规模、金融秩序混乱的情况。针对这种情况，1993 年下半年开展了全国性的金融秩序整顿工作。1994 年，国有商业银行以及城市、农村信用合作社，开始全面推行资产负债比例管理制度。即以比例加限额控制的办法，对商业银行资产负债实行综合管理，其基本要求是以负债的期限、数量结构相对应，提高资产的流动性，坚持效益性、安全性、流动性的统一。

为了确保这一制度的实施，1995 年国家先后颁布了《中华人民共和国中国人民银行法》和《中华人民共和国商业银行法》。

从 1998 年 1 月起，我国取消了对国有商业银行贷款增加量管理的指令性计划，改为指导性计划，在逐步推行资产比例管理和风险管理的基础上，实行“计划指导、自我平衡、比例管理、间接控制”的信贷资金管理体制。

(二) 资产负债比例管理的指标体系

我国商业银行资产负债比例管理指标是根据国际惯例和我国实际情况制定的,目的在于进行科学的考核和严格的监控,以利于宏观调控和“三性”原则的落实。主要指标如下:

(1) 资本充足率指标。该指标是监测商业银行资本充足情况的一个指标。一般说来,该指标不得低于8%。

(2) 存贷款比例指标。该指标为商业银行各项贷款与各项存款的比值。一般说来,该指标不要超过75%。

(3) 中长期贷款比例指标。该指标为商业银行一年期以上的贷款与一年期以上的存款的比值。该指标最好不要超过120%。

(4) 资产流动性比例指标。该指标为商业银行各项流动性资产与各项流动性负债的比例。该指标一般不得低于25%。

(5) 备付金比例指标。它是商业银行库存现金与在中央银行的备付金存款两项之和与其各项存款的比例。一般说来,该指标最好不要低于5%。

(6) 同一客户(最大10家客户)的贷款比例指标。它是商业银行对同一个客户(最大10家客户)所发放的贷款余额与商业银行资本总额的比例。一般地说,商业银行对同一客户的贷款不要超过其资本总额的10%;商业银行对最大10家客户发放的贷款最好不要超过其资本总额的50%。

(7) 拆借资金比例指标。该指标为商业银行拆入资金的余额与其各项存款余额的比例。一般说来,该指标最好不要高于4%。

各银行在执行上述规定的指标前提下,可根据自身资金营运的特点和强化管理的需要,制定一些补充指标,在报经监督管理部门同意后组织实施。

四、商业银行经营管理的发展趋势

随着世界经济的日益一体化、科学技术的不断进步及银行业竞争的白炽化,各国商业银行的经营管理在不断推陈出新,出现了一些新的特点。

(一) 银行经营全能化

近年来,西方各国金融机构的业务界限正在逐步打破,商业银行除了办理传统的存款、贷款、汇兑业务外,还办理信托、租赁、资产管理、证券买卖、代保管、外汇买卖、银行卡、代理保险、评估、工程审价、工程监理、信息咨询等业务,逐步走上了经营“全能化”的道路,日渐成为“金融百货公司”。究其原因,主要在于:第一,金融业的竞争日益加剧，从而造成了银行盈利水平的普遍下降，这就迫使银行锐意进取，不断开拓新的业务领域、发展新的金融品种。第二，金融管理当局不断顺应世界经济发展的潮流，通过立法放宽了对金融业业务领域的限制。第三，资产负债管理理论的不断发展对银行全能化的发展起了很大的推动作用。

（二）银行营运电子化

随着银行竞争的日趋激烈，加上电子技术的日益普及，银行普遍广泛地使用电子计算机技术来提高效率和改善经营管理。这主要包括三个方面：一是业务处理手段的自动化，以计算机取代人工。二是综合管理信息化。银行管理人员通过计算机可轻易地占有大量信息，在对大量信息进行综合分析、研究、预测的基础上，调整银行的经营管理；银行机构之间借助于计算机网络传递各种信息，可及时进行业务发展方向的调整、业务经营的管理与控制。三是客户服务全面化。银行营运的电子化把为客户的全方位服务落到实处。计算机网络的形成及 ATM 机、POS 机，甚至是多媒体的逐渐普及，银行之间、银行与客户之间、客户相互之间的各种交易与支付、转账更为准确与快捷。

（三）银行业务国际化

在世界经济一体化进程不断加快的大背景下，商业银行的业务正在不断国际化。主要原因有四点。一是跨国公司为了获得更多的利润，积极实行在国外的不断扩展战略，为适应这一客观形势的发展，商业银行也不得不在国外不断增设分支机构。二是许多国家的金融管理当局放宽了对金融，特别是外汇的管制。三是发展中国家的经济建设对资金的需求很迫切，这为发达国家与地区商业银行的业务扩展提供了极好的机会。四是电子计算机和现代通信技术的广泛运用，使各种金融活动可以突破国界且快速地进行。

（四）银行集团化

近年来，银行业是并购活动中最为频繁的行业之一。银行业并购频繁发生，有其内在的动力机制和深刻的现实背景：一是差别效率理论。即商业银行利用其过剩的管理资源对外收购扩张，发挥自身过剩的管理资源，提高商业银行的价值。二是规模经济效应。规模经济效应是指随商业银行业务规模、人员数量和机构网点的扩大而发生的单位运营成本下降，单位收益上升的现象。三是市场份额资产效应。商业银行的并购也是为了在激烈的竞争环境中追求更大的市场份额，拓宽经营业务范围，谋取更强的垄断地位。四是财务协同效应。这主要指并购给商业银行在财务上带来种种效益，从而提高商业银行的价值。银行业不断并购的结果是银行趋向集团化、帝国化，这些超大的商业银行将控制世界的金融业，改变国际金融格局。

【阅读拓展6.11】 网 上 银 行

网上银行又称网络银行、在线银行或电子银行，它是各银行在互联网中设立的虚拟柜台，银行利用网络技术，通过互联网向客户提供开户、销户、查询、对账、行内转账、跨行转账、信贷、网上证券、投资理财等传统服务项目，使客户足不出户就能够安全、便捷地管理活期和定期存款、支票、信用卡及个人投资等。

按照有无实体网点，网上银行分为两类：一类是完全依赖于互联网的无形的电子银行，也叫“虚拟银行”，所谓虚拟银行，就是指没有实际的物理柜台作为支持的网上银行，这种网上银行一般只有一个办公地址，没有分支机构，也没有营业网点，采用国际互联网等高科技服务手段与客户建立密切的联系，提供全方位的金融服务。另一类是在现有传统银行的基础上，利用互联网所开展传统的银行业务交易服务，即传统银行利用互联网作为新的服务手段为客户提供在线服务，实际上是传统银行服务在互联网上的延伸。这是网上银行存在的主要形式，也是绝大多数商业银行采取的网上银行发展模式。

1995年10月18日，全球首家以网络银行冠名的金融组织——安全第一网络银行(SecurityFirst Network Bank，SFNB)打开了其“虚拟之门”。我国国内第一家网上银行是由腾讯公司牵头发起设立，并于2014年12月12日开业的深圳前海微众银行。

与此类似的是直销银行。直销银行是金融科技(Financial Technology，Fintech)环境下的一种新型银行运作模式。这一经营模式下，银行没有营业网点，不发放实体银行卡，客户主要通过电脑、电子邮件、手机、电话等远程渠道获取银行产品和服务，因没有网点经营费用和管理费用，直销银行可以为客户提供更有竞争力的存贷款价格及更低的手续费率。降低运营成本，回馈客户是直销银行的核心价值。2013年7月，中国民生银行成立了直销银行部。2014年2月28日，国内首家直销银行中国民生银行直销银行正式上线。2017年11月21日，中信银行与百度公司联合发起的我国内地首家独立法人直销银行获批开业。

金融科技可以简单理解为Finance(金融)+Technology(科技)，但是又不是两者的简单组合，指通过利用各类科技手段创新传统金融行业所提供的产品和服务，提升效率并有效降低运营成本。根据金融稳定理事会(FSB)的定义，金融科技主要是指由大数据、区块链、云计算、人工智能等新兴前沿技术带动，对金融市场以及金融服务业务供给产生重大影响的新兴业务模式、新技术应用、新产品服务等。

2017 年，中国人民银行成立金融科技(Fin-tech)委员会，旨在加强金融科技工作的研究规划和统筹协调。

第四节 商业银行风险及管理

银行业是一个特殊的高风险行业，从某种意义上讲，一部银行发展史就是一部银行风险史。目前，商业银行所提供的金融服务已经渗透到社会经济生活的方方面面。因此，为了实现商业银行的稳健发展，确保社会的稳定，商业银行应加强风险的识别、防范与控制。

一、商业银行风险及其特性

所谓商业银行风险，是指商业银行在经营中由于主、客观因素影响使资金、财产、信誉有遭受影响的一种可能性。

商业银行风险具有以下两个特性：第一，商业银行所面临的各种风险均直接表现为货币资金的损失。这是因为，从商业银行经营的对象来看，其经营的是货币资金。第二，商业银行风险涉及面广、涉及金额大。在当今发达的市场经济和货币化程度较高的社会里，人人都离不开货币，商业银行业务渗透到社会经济生活的每一个角落。同时商业银行具有信用创造能力，这一能力可造成商业银行的风险被成倍扩大，并形成连锁反应，对整个经济体系形成潜在风险。

二、商业银行风险的分类

银行风险种类繁多，成因复杂。商业银行在经营过程中面临的风险，主要包括信用风险、市场风险、流动性风险、操作风险。

(一) 信用风险

信用风险是指由于信用活动中存在的不确定性而导致银行遭受损失的可能性，确切地说，是因客户违约而引起的风险。比如资产业务中借款人无法偿还债务引起的资产质量恶化；负债业务中的存款人大量提取现款形成挤兑等等。

(二) 市场风险

市场风险是最常见的风险之一，通常是由银行资产的价格变化而产生的。市场风险一般又可分为利率风险、汇率风险等。利率风险是指市场利率水平变化对银行的市场价值产生影响的风险。在我国，随着利率市场化的推进，利率风险对银行的影响将日益突出。汇率风险是指银行在进行国际业务中，其持有的外汇资产或负债因汇率波动而造成价值增减的不确定性。随着银行国际化的发展，其海外资产和负债比重增加，汇率风险将不断加大。

（三）流动性风险

流动性风险是指银行没有足够的现金来满足客户存款的提取而产生的支付风险或银行因资金来源不足而未能满足客户合理的信贷需求和其他即时现金需求而引起的风险。2008年，美国次贷危机表面上看是银行流动性缺乏所造成的，但实际上其根本原因却是银行资产配置失误，肆意发放信用等级低、质量差的贷款导致的。

（四）操作风险

根据巴塞尔委员会的定义，操作风险是指由于内部程序、人员、系统不充足或者运行失当，以及因为外部事件的冲击等导致直接或间接损失的可能性的风险。

操作风险受到银行业界的高度重视。这主要是因为，银行机构越来越庞大，它们的产品越来越多样化和复杂化，银行业务对以计算机为代表的IT技术的高度依赖，还有金融业和金融市场全球化的趋势，使得一些"操作"上的失误，可能带来很大的甚至是极其严重的后果。过去一二十年里，这方面已经有许多惨痛的教训。英国巴林银行倒闭的导火索就是由于其新加坡期货公司交易员里森的越权违规交易而形成的巨额亏损；2019年5月24日被中国银保监会接管的包商银行，就是因为其职员违规放贷造成了2亿元损失所致。

三、商业银行的风险管理

（一）风险管理的含义、原则及目标

风险管理是指商业银行通过风险识别、风险估价、风险评估和风险处理等环节，预防、回避、分散或转移经营中的风险，从而减少或避免损失，保证银行安全的行为过程。

简单地讲，风险管理的目标是，确保安全经营，获取最大利润。这与商业银行经营的总体目标是一致的，以尽量小的成本保证商业银行处于足够安全的经营状态，尽可能地追求最大的盈利。

（二）风险管理主要流程

商业银行风险管理部门承担了风险识别、风险计算、风险监测的重要职责，而

各级风险管理委员会承担风险控制、管理决策的最终责任。

1. 风险识别

适时、准确地识别风险是风险管理的最基本要求，风险识别应在银行未对发生的风险采取任何措施之前进行。

风险识别包括感知风险和分析风险两个环节。感知风险是通过系统化的方法发现商业银行所面临的风险种类、性质；分析风险是深入理解各种风险内在的风险因素。

制作风险清单是商业银行识别风险的最基本、最常用的方法。它是指采用类似于备忘录的形式，将商业银行所面临的风险逐一列举，并联系经营活动对这些风险进行深入理解和分析。此外，常用的风险识别方法还有：专家调查列举法、资产财务状况分析法、情景分析法、分解分析法和失误树分析方法。

2. 风险计量

风险被识别出来以后，就要对其进行计量。风险计量是全面风险管理、资本监管和经济资本配置得以有效实施的基础。

准确的风险计量结果是建立在卓越的风险模型基础上的，而开发一系列准确的、能够在未来一定时间限度内满足商业银行风险管理需要的数量模型，任务相当艰巨。商业银行应当根据不同的业务性质、规模和复杂程度，对不同类别的风险选择适当的计量方法，基于合理的假设前提和参数，计量承担的所有风险。

3. 风险监测

风险监测包括两个方面：一是监测各种可量化的关键风险指标以及不可量化的风险因素的变化和发展趋势；二是及时报告商业银行所有风险的定性和定量评估结果，并随时关注所采取的风险管理措施的实施效果。

4. 风险控制

风险控制就是对经过识别和计量的风险采取分散、对冲、转移、规避和补偿等措施，进行有效管理和控制的过程。风险控制措施应当实现以下目标：一是风险管理战略和策略符合经营目标的要求。二是所采取的具体措施符合风险管理战略和策略的要求，并在考虑成本与收益的基础上保持有效性。三是通过对风险诱因的分析，发现管理中存在的问题，以完善风险管理程序。

按照国际实践，在日常风险管理操作中，具体的风险控制措施可以采取从基层业务单位到业务领域风险管理委员会，最终到达高级管理层的三级管理方式。

四、我国商业银行的风险管理

我国银行业真正开始谈得上风险管理不到 20 年时间。在以完善公司治理机制为重点的股份制改革中，各家银行都高度重视建立健全风险管理体制，着力提升风险管理水平。主要采取了五方面措施：一是制定风险管理总体改革方案。如工商银行2004年制订了未来八年全面风险管理改革整体规划，建设银行2006年颁布了《风险管理体制改革方案》。二是再造风险管理组织架构。在董事会和管理层设立风险管理委员会，设置首席风险官和各级风险经理，前中后台分离，上收审批权限，设立地区授信审批中心和地区审计部。三是完善风险管理政策制度。建立双线监控报告、定期风险评估、责任认定追究、内部控制评价等制度，改造业务流程，制定标准化的信贷业务手册、风险管理手册。四是建设风险管理技术工具。实施数据大集中工程，实现全行业务电子化操作，加快管理信息系统建设，引入风险监控工具，开发内部评级模型。五是培育风险意识和风险文化。倡导风险无处不在、无时不在的意识，强调风险管理创造价值、风险管理人人有责、事在人为的观念。

近年来我国银行业风险管理面貌正在发生积极变化，具体可概括为"九个转变"：一是风险管理对象从境内对公不良贷款，向包括个人贷款、表外资产、非信贷资产、境外资产乃至过程监控转变。二是风险管理内容由传统的信用风险为主，向包括信用、市场、操作、流动性、合规等在内的全面风险管理转变。三是前移风险关口，风险管理方式由事后处置向事前预警、事中控制和事后处置相结合转变。四是风险管理对象由单笔贷款、单一行业、单纯的风险监测向客户或集团的整体风险、资产组合管理和风险收益的整体监测转变。五是风险管理重点由强调单一风险防范向构建集中的风险管理体系转变。六是风险管理技术由定性分析为主向定性、定量分析相结合转变。七是风险管理架构由条线分割、功能分散向垂直化、集中化、专业化转变。八是风险管理文化由风险管理与业务发展的对立割裂，向两者和谐统一转变。

【阅读拓展6.12】　商业银行内部控制

有兴趣的读者可以登录"百度百科"，获取相关知识，具体网址为：

https://baike.baidu.com/item/%E5%95%86%E4%B8%9A%E9%93%B6%E8%A1%8C%E5%86%85%E9%83%A8%E6%8E%A7%E5%88%B6/2114662?share_fr=pc_qrcode.

本章小结

商业银行发展过程归纳起来大致可以分为两种模式：一是以英国为代表的传统模式的商业银行；二是以德国为代表的综合式的商业银行。

现代商业银行是以获取利润为经营目标、以金融资产和金融负债为主要经营对象、业务广泛、综合性、多功能的货币经营企业。商业银行是企业，是经营货币的特殊企业，是金融机构的主体。

商业银行主要有四个基本职能：信用中介职能、支付中介职能、信用创造职能和金融服务职能。信用中介职能、支付中介职能是商业银行的基本职能；信用创造职能和金融服务职能是在前两个职能的基础上产生的。现代商业银行最本质的特征是在其信用创造方面。唯有其信用创造职能，才是现代银行与原始银行相区别开来的根本所在。

目前世界上商业银行的组织形式有单元制和分支行制两种。

商业银行的业务主要划分为负债业务、资产业务、中间业务和表外业务。负债业务是商业银行其他业务发展的基础。创新是金融业永恒的话题，而加快中间业务和表外业务的创新则是银行的必然选择。

商业银行的经营必须兼顾盈利性、安全性和流动性。盈利性是银行经营管理的目标，安全性是银行经营管理的保障，流动性是银行经营管理的前提。在我国，现行的《中华人民共和国商业银行法》将安全性、流动性、效益性概括为商业银行的三项经营原则。

多年来，围绕着如何处理盈利性、安全性和流动性三者间的关系，产生了一些商业银行经营管理理论，并发展出了一系列的经营管理方法。

银行业是一个特殊的高风险行业，从某种意义上讲，一部银行发展史就是一部银行风险史。银行风险种类繁多，成因复杂，危害深重，因此备受各国商业银行、金融管理当局的关注。从现实看，为了有效地防范与化解金融风险，商业银行应将工作的重点放在严密的内部控制体系的建立上。

【关键术语】

商业银行　信用中介　单元制　分支行制　支付中介　盈利性　安全性　流动性　同业拆借　负债业务　资产业务　中间业务　资产管理　负债管理　资产负债管理　银行风险　风险识别　内部控制

【思考题】

1. 如何理解现代商业银行的性质与职能？
2. 商业银行作为经营实体，其功能与一般工商企业有何异同？
3. 商业银行发展中的基本组织形式有哪些？
4. 商业银行的业务主要包括哪几类？各类业务之间的关系如何？
5. 银行资本如何构成？各构成部分包括什么内容？
6. 商业银行的中间业务与表外业务有何异同？
7. 简述商业银行经营管理的主要理论。

8. 商业银行是如何从早期的资产管理发展到资产负债综合管理的？

9. 商业银行风险的内涵及特性是什么？风险的主要表现有哪些？

10. 当前我国商业银行如何防范与化解风险？

【延伸阅读】

1. 一文读懂银行卡业务的未来. http://www.sohu.com/a/150569265_499067.

2. 商业银行存款类产品的规范与创新. http://www.financialnews.com.cn/ll/xs/201810/t20181029_148410.html.

3. 商业银行资本管理办法(试行). http://www.cbrc.gov.cn/chinese/home/docView/79B4B184117B47A59CB9C47D0C199341.html.

4. 银行行业专题研究：TLAC 规则带来多大银行资本压力?. http://data.eastmoney.com/report/20180402/hy,APPIPhk1M8NhIndustry.html.

第七章 中 央 银 行

⊙ 导言

当今世界，中央银行是一个国家金融体系中居于中心地位的金融机构或组织，是统率国家金融体系、控制全国货币供应、实施货币政策的最高金融机构。

目前，中央银行制度已经成为现代金融经济的重要组成部分，中央银行职责的发挥直接关系到一国国民经济的健康运行和发展。中央银行是一国现代经济、金融体系的心脏或中枢。著名经济学家萨缪尔森曾经说过，中央银行是人类的一大发明，这是因为缺少中央银行，人类就缺少对货币调节的机构，虽然这个机构是人造的，但除此之外又有谁来担当货币量的自动调节呢?

本章主要介绍中央银行的产生、性质及类型，阐述中央银行的职能及其资产负债业务，介绍我国的中央银行。

第一节 中央银行概述

一、中央银行的产生与发展

（一）中央银行产生的客观必然性

18 世纪后半期到 19 世纪前半期，由于社会生产力的迅速发展和商品流通的不断扩大，货币、信用业务日益扩大。与此相适应，西方国家银行业也随之迅速地建立了起来，具体表现为银行种类和数量增多、资本额增加、银行竞争日趋激烈。随之而来的是小银行的破产倒闭及信用的纠葛，这就给银行券的流通、金融市场的发展及经济的健康成长带来了一系列的问题。其中最主要的问题有：

1. 银行券发行问题

在银行业发展初期，差不多每个银行都有发行银行券的权力，许多商业银行除了办理存贷和汇兑等业务以外，都从事银行券的发行。银行券分散发行的弊病很大，一是在资本主义竞争加剧、危机四伏、银行林立的情况下，一些银行特别是小的商业银行，由于信用能力薄弱，经营不善或同业挤兑，无法保证自己所发银行券的兑现，从而无法保证银行券的信誉及其流通的稳定，由此还经常引起社会的混乱；二是一些银行限于实力、信用和分支机构等问题，其信用活动的领域受到限制，所发行的银行券只能在国内有限的地区流通，从而给生产和流通带来困难。由此，客观上要求有一个实力雄厚，并在全国范围内有权威的银行来统一发行银行券。

2. 票据交换问题

随着信用经济的发展，银行业务不断扩大，银行每天收受票据的数量也在一天天扩大，各银行间的债权债务关系复杂化，不仅异地清算矛盾突出，而且同城结算也存在问题，这就在客观上要求有一个统一的票据交换和债权债务的清算机构。因此，建立一个全国统一而有权威的、公正的清算中心已成为金融事业发展的必然要求。

3. 最后贷款人问题

随着生产的发展与流通的扩大，对贷款的要求不仅数量日益增多，而且期限延长了。在这种情况下，商业银行如果仅用自己吸收来的存款进行放款，就远远不能满足社会经济发展的需要，但如将吸收的存款过多地加以放贷，又会削弱商业银行的清偿能力，有使商业银行发生挤兑和破产的可能。于是，为了保护存款人的利益、银行以至整个金融业的稳定，客观上要求有一个信用卓著、实力强大并具有提供有效支付手段能力的机构，适当集中各家商业银行的一部分现金准备，充当商业银行的最后支持者。

4. 金融管理问题

同其他行业一样，银行业经营竞争也很激烈。而它们在竞争中的破产、倒闭给经济造成的动荡要大得多。因此，客观上需要有一个代表政府意志、凌驾于一般金融机构之上的专门机构从事金融业管理、监督、协调的工作。

中央银行制度的产生是商品信用经济发展过程的客观需要，也是银行业务发展的必然结果。中央银行的产生，标志着现代资本主义金融机构体系的形成。

（二）中央银行的形成与发展

世界各国中央银行的形成，大致有两种主要途径：一是由商业银行逐渐演变发展而来的，英国的英格兰银行就是最好的例证。一些老牌资本主义国家中央银行多以这种方式形成。综观西方国家中央银行产生发展史，多是按照这样一条线索演化的，即：一般的商业银行→较重要的发行银行→唯一的发行银行→“银行的银行”→“政府的银行”→职能健全的中央银行。[①] 二是通过立法，由法律规定建立一家银行为一国的中央银行以履行中央银行的职责。像美国的联邦储备体系，在成立之时就是中央银行。20 世纪以后建立的中央银行多为这种形式。我国走的也是第二条途径。

现代意义的中央银行的普遍建立是在 19 世纪以后、20 世纪之初完成的。资本主义各国由于其经济发展的历史不同，其中央银行的确立时间也不一样。最早可以追溯到瑞典国家银行和英格兰银行。瑞典国家银行，又称瑞典里克斯银行，被认为是最早设立的中央银行，被公认为中央银行的先驱。它最初是于 1656 年在斯德哥尔摩成立的私营的帕尔姆斯托洛克银行，后于 1668 年由政府改组为国家银行，但直到 1897 年才独占货币发行权，成为真正的中央银行。而 1694 年才诞生的英格兰银行，尽管其成立晚于瑞典国家银行，却比瑞典国家银行早 53 年于 1844 年由英国政府宣布其独占货币发行权，因此，一般公认英格兰银行是中央银行的鼻祖。到了 19 世纪末，几乎所有欧洲国家以及日本、埃及等国都设立了中央银行。

【阅读拓展 7.1】 美国中央银行制度的建立

美国是西方主要国家中建立中央银行制度比较晚的一个国家。在 1863 年以前，美国曾出现了自由银行制度时期(1833～1863 年)，各银行都可自由发行银行券，以致币制紊乱，货币贬值。1863 年，美国政府为了结束货币紊乱的局面和给南北战争筹措经费，公布了《国民银行法》，规定凡向联邦政府注册的国民银行可以根据其持有的政府公债发行银行券。国民银行制度的主要弊端，在于银行券的发行不具有弹性，它的发行是以政府债券为基础，而不能随着经济的发展调节发行，同时，存款准备金极端分散，不能应付经常出现的金融动乱，这给美国经济的发展和银行制度的稳定带来不利的影响。针对这一情况，1913 年，美国国会通过了《联邦储备法》，正式建立了中央银行制度，即联邦储备系统，其主要措施之一就是联邦储备系统统一发行联邦储备券，并把会员银行的存款准备金集中于 12 家联邦储备银行，使联邦储备系统执行中央银行的职能。

进入 20 世纪以后，尤其是 1920 年国际布鲁塞尔会议建议“凡是未设立中央银行的国家，应该尽快设立中央银行”以后，几乎所有独立的国家，都先后设立了中央银行，中央银行制度得到了极大的发展和完善。在 1921～1942 年间成立的中央银行就有 43 家之多。1929 年到 1933 年的世界经济危机使西方各国开始强调中央银行作为“最后贷款人”的职责，强化中央银行对金融体系的集中统一管理。1930

① 王松奇. 金融学[M]. 2 版. 北京：中国金融出版社，2000：312.

年，在瑞士巴塞尔成立了国际清算银行，各国的中央银行作为本国金融机构的代表，开始加强银行的国际间合作。从而使中央银行制度又进一步得到了强化与完善。从20世纪初到第二次世界大战结束，是中央银行发展最快的一个时期。

第二次世界大战以后，随着国家干预经济的加强，政府利用中央银行来推行财政金融政策，干预国民经济，稳定货币，各国纷纷开始了中央银行国有化的进程或加强了对中央银行的控制。1946年英国政府宣布英格兰银行收归国有；1957年联邦德国直接投资建立德意志联邦银行。同时，第二次世界大战后各国纷纷制定新的银行法，明确中央银行的职责是贯彻执行货币金融政策，维持货币金融的稳定。1946年美国国会通过《充分就业法》，规定联邦储备银行职责是促进经济增长、充分就业、稳定货币和平衡国际收支；日本的新银行法也规定中央银行必须“以谋求发挥全国的经济力量，适应国家政策的需要，调节货币、调整金融及保持并扶植信用制度为目的”。所有这些都表明，一国的中央银行已成为其国家机构的一部分。另外，第二次世界大战后还建立了布雷顿森林体系并相应建立了一系列国际金融机构，大多数国家的中央银行代表国家参加了这一机构，由此开展了更大范围内的中央银行的国际合作。虽然布雷顿森林体系现已解体，但是这些金融机构依然存在，而且各国中央银行的合作正在进一步加强。中央银行的发展已进入了一个新的阶段。

二、中央银行的性质与职能

中央银行，即中心银行，它是一国金融体系的核心，是一国货币信用制度的枢纽；它在金融体系中处于特殊的地位，发挥着特殊的作用。中央银行，虽然也称“银行”，但它是一个特殊的金融管理机关，是政府的一个部门。中央银行并不是企业，不以盈利为目的，而是处于一国金融业的主导和领导地位，是最高的、特殊的金融管理机构。

（一）中央银行的性质

中央银行的性质是由其业务活动的特点和所发挥的作用决定的。

从业务活动的特点看，中央银行是特殊的金融机构。一方面，其主要业务活动同样具有银行固有的办理“存、贷、汇”业务的特征；另一方面，其业务活动又与普通金融机构有所不同，主要表现在其业务对象不是一般的工商客户和居民个人，而是商业银行等金融机构。同时，国家还赋予中央银行一系列特有的业务权利，如垄断货币发行、管理货币流通、集中存款准备金、维护支付清算系统的正常运行、代理国库、管理国家黄金外汇储备等。

从所发挥的作用看，中央银行是保障金融稳健运行、调控宏观经济的国家行政机构。中央银行通过国家特殊授权，承担着监督管理普通金融机构和金融市场的重要使命。同时，由于中央银行处于整个社会资金运动的中心环节，是国民经济运行的枢纽，是货币供给的提供者和信用活动的调节者。因此，中央银行对金融业的监督管理和对货币、信用的调控对于宏观经济运行具有直接的影响，是宏观经济运行的调控中心。

与国家一般的行政机关相比，中央银行作为国家管理金融业和调控宏观经济的重要部门，自然具有一定的国家机关的性质，负有重要的公共责任。并且随着国家对金融和经济实施干预或调控的加强，中央银行的国家机关性质也趋于强化。但又有很大不同：第一，中央银行履行其职责主要是通过特定金融业务进行的，对金融和经济的管理调控基本上是采用经济手段如调整利率和准备金率、在公开市场上买卖有价证券等，这些手段的运用更多地具有银行业务操作的特征，这与主要依靠行政手段进行管理的国家机关有明显不同；第二，中央银行对宏观经济的调控是分层次实现的，即通过货币政策工具操作调节金融机构的行为和金融市场运作，然后再通过金融机构和金融市场影响到各经济部门，其作用比较平缓，市场的回旋空间较大，这与一般国家机关的行政决定直接作用于各微观主体而又缺乏弹性有较大不同；第三，中央银行在政策制定上有一定的独立性。

其实，从前述推动中央银行产生的客观经济原因可以看出，不论是某家商业银行逐步发展演变成为中央银行，还是政府出面直接组建成立中央银行，它都具有“发行的银行”、“银行的银行”和“政府的银行”这三个基本属性。

1. 发行的银行

中央银行是发行的银行，是指国家赋予中央银行集中与垄断货币发行的特权，是国家唯一的货币发行机构（在有些国家，硬辅币的铸造与发行由财政部门负责）。

中央银行集中与垄断货币发行权是其自身之所以成为中央银行最基本、最重要的标志；也是中央银行发挥其全部职能的基础。几乎在所有国家，垄断货币发行权多是与中央银行的产生与发展直接相连的。从商业银行逐步演变而成为中央银行的发展进程看，货币发行权的独占或垄断是其性质发生质变的基本标志；从国家直接设立的中央银行看，垄断货币发行权是国家赋予的最重要的特权之一，是所有授权中首要的也是最基本的特权。一部中央银行史，首先是一部货币发行权逐渐走向集中、垄断和独占的历史。就当代经济而言，货币犹如经济中的血液，掌握了血液的吞吐，就可以成为当代经济的心脏。

中央银行垄断货币发行权是统一货币发行与流通和稳定货币币值的基本保证。在信用货币流通情况下，中央银行凭借国家授权以国家信用为基础而成为垄断的货币发行机构，中央银行按照经济发展的客观需要和货币流通及其管理的要求发行货币。中央银行独占了货币的发行权，就可以通过掌握货币的发行，直接地影响整个社会的信贷规模和货币供给总量，通过货币供给量的变动，作用于经济过程，从而实现中央银行对国民经济的控制。

2. 银行的银行

中央银行不直接与工商企业和个人发生往来，只同商业银行及其他金融机构发生业务关系，集中它们的准备金，并对它们提供信用。中央银行作为银行的银行这一性质，主要体现在中央银行与商业银行及其他金融机构的相互关系上：

(1) 集中商业银行的准备金。这是中央银行制度形成的重要原因之一。金融机构既然吸收了存款，则势必要准备一部分现款，以备客户随时提取，这种准备金称为存款准备金。如果这种准备金存在本行则称为库存现金，但为了保证存款人的存款安全和能使国家利用信用杠杆调节经济，中央银行规定，商业银行必须按所吸收存款的一定比例向中央银行缴纳准备金，这使中央银行能够通过各种手段一定程度上影响商业银行的现金准备，从而控制全国的信贷规模与货币供给量。

(2) 充当商业银行等金融机构的“最后贷款人”。商业银行需要补充资金时，可将其持有的票据向中央银行申请再贴现，或申请日拆性借款，中央银行对商业银行的贷款，其资金来源主要是国库存款、依靠国家拨给行政经费的行政事业单位的存款以及商业银行交存的准备金。如果中央银行资金不足，则可发行银行券。中央银行是商业银行的最后贷款人，这是中央银行极为重要的一个性质。通过向商业银行提供信用，中央银行就可以加强对商业银行的监督与控制。

(3) 办理商业银行间的资金清算。这里所指的资金清算，是指对商业银行之间的资金往来而引起的资金存欠所进行的清偿。而这主要是以转账形式来了结债权债务的。企业之间因经济往来所发生的债权债务关系，一般要通过开户银行来办理转账结算，这样，这种企业之间的债权债务关系就转变成了银行之间的债权债务关系。而商业银行在中央银行开立了账户，并在中央银行拥有存款，这样，它们收付的票据就可以通过存款账户划拨款项，办理结算，从而清算彼此之间的债权债务关系。办理商业银行间的资金清算有利于中央银行通过清算系统，对商业银行的业务经营进行全面而又及时的了解、监督和控制。

3. 政府的银行

中央银行从产生之日起就与政府水乳交融，它通过办理业务为政府服务，如代理国家金库，在法律许可的范围内向政府提供信用、代理政府证券等等，从而通过业务的具体经营来满足政府的需要。特别重要的是，中央银行作为政府管理金融、调节经济的特殊金融机构，在国家授权之下，拥有制定金融方针、政策和法令的特权，对各金融机构贯彻执行各项方针政策的情况进行监督，并能以经济的、法律的、行政的手段对金融及经济活动进行必要的调控，以确保国家金融秩序的稳定和国民经济的健康发展。同时，中央银行还负有持有和管理国家黄金外汇储备的责任。

可见,中央银行是政府管理经济的一个重要的职能部门,是为政府管理金融、调节经济的银行。一言以蔽之,中央银行是政府的银行。

可见,中央银行是一个不同于其他金融机构的特殊金融机构,它不以盈利为目的,从属于政府。在业务经营中,它既要为各种金融机构开展活动制订"比赛规则",管理各种金融活动,又肩负着推动整个金融业健康发展的重任。在实际运行中,中央银行根据政府经济政策的要求,通过货币政策和信贷政策,对商业银行和非银行金融机构的业务,进行必要的管理和调节,以确保信用规模、货币供应能够适应经济发展的需要。因此,中央银行具有国家机关性质的一面,是国家管理金融业的国家机关,是国家机器的重要组成部分,其直接目标在于:调节宏观经济、稳定币值、促进经济增长。

(二) 中央银行的职能

中央银行的职能是指中央银行自身所具有的功能,是中央银行性质的具体体现或细化。中央银行作为一个寓管理于营业之中的特殊的金融机构的性质,是通过它的各种职能具体表现出来的。其职能主要包括:金融调控职能、公共服务职能和金融监管职能。

1. 金融调控职能

中央银行作为一个国家机关,是一国最高的金融管理机构,其首要职能是金融调控职能。这就是说,中央银行为实现货币政策目标,通过金融手段,对整个国家的货币、信用活动进行调节与控制,进而影响国民经济的运行。中央银行的金融调控活动是围绕货币供给量展开的。因此,货币政策的制订和执行应由中央银行来负责。中央银行不仅要确定货币政策的目的、方针,而且还要通过自己的日常活动,具体地运用各种金融策略,借助有关手段,来促成所定目标的实现。同时,中央银行必须独占货币的发行权,必须使中央银行所发行的货币成为支撑流通中各种货币的基础,中央银行一旦改变了其自身所提供的货币数量(基础货币量),就可以影响整个社会的货币总量(包括其他非中央银行所创造的各种可以发挥流通手段职能的"货币")。只有在确保这一机制存在的前提下,即在中央银行能够通过改变自己的货币供给量便能带动全社会的货币供给量作相应改变的条件下,中央银行才能从金融方面来确保社会总需求与总供给的某种协调或均衡。可见,中央银行是全国法偿通货的唯一供给者,其他各种"货币"的供给,必须受制于中央银行,这是一条原则,不能破坏。

中央银行为使货币供给量保持在适度的水平上,确保国民经济的健康发展,一方面要能把握国内外经济发展的动向;另一方面要运用好各种经济手段,如再贴现率、存款准备金率、公开市场操作等,使商业银行和非银行金融机构朝着自己既定的方向运行。

中央银行对货币供给量的控制是货币政策的核心所在。它所运用的各种金融策略无不与此密切相关,都会直接或间接地归结到这一点上。

2. 公共服务职能

这是中央银行以银行的身份向政府、向金融机构所提供的金融服务。从中央银行发展史可知,中央银行首先开始于为政府及商业银行所提供的服务。

中央银行服务职能的第一方面是以政府为对象所提供的种种金融服务。其具体表现在:

(1) 向政府融资。中央银行原则上不应向财政垫支,但当政府出现暂时性财政赤字时,中央银行亦不能坐视危难,拒绝支持,而应允许政府进行短期融资。融通资金的方式可以是向政府提供无息或低息短期贷款。

(2) 调整银根,在次级市场上买卖政府债券。这样做,一方面可以达到调节货币流通量的目的,另一方面也可以增强政府债券的流动性与市场性。这种买卖的结果,就某一时点上中央银行的资产负债表来看,表现为中央银行拥有相当数量的政府债券。这种政府债券的买卖也可以认为是对政府的一种融资。

(3) 代理国库、代管公债的发行及还本付息事宜。中央银行经办政府的财政收支,接受国库的存款,兑付国库签发的支票,代理收缴税款,替政府发行债券及还本付息,从而充当国库的出纳。这些服务无非是银行所经营的存款转账结算、代理收付、代保管等业务的具体化。对中央银行来说,这些业务中的顾客是政府,这是其他普通金融机构所没有的。

(4) 替国家管理黄金、保管外汇。中央银行代理政府买卖黄金、调剂外汇、筹措和运用外汇头寸,管理国家的外汇与黄金储备。

(5) 充当境外各种有关金融活动的政府代表。一个国家的国际金融活动,一般均由中央银行作为政府的金融代理人代为处理。例如,与别国金融机构或国际金融机构建立业务联系签订国际金融协定、参加国际金融活动等。

(6) 政府的金融顾问与参谋。中央银行是一国的最高金融机构,它既管理全国的所有金融机构,又直接参与金融活动,对金融机构的"一言一行"非常了解,同时它掌握全国的货币供应情况。因此,当政府制定与决定金融政策时,中央银行理所当然会成为政府金融政策的顾问和参谋,可以为政府制定金融政策提供可靠的资料、可供选择的方案及合理的建议。

中央银行的服务职能的第二方面是以各种金融机构为对象所提供的种种金融服务。这种服务,也是与一般银行营业中的存款、放款、划拨转账相同的,只是这里的营业对象是银行,而一般银行的营业对象则是公司、企业、个人。具体服务表现在:

(1) 保管各银行所交存的准备金。中央银行对在营业中所吸收的准备金存款往往不付或只付很低的利息。原因是这种准备金存款主要属于代保管性质,而不是借此去盈利的,但由于金融管理机构能利用准备金存款的缴存比例调节国民经济,因此,还是要支付一定利息的,但不是太多。

(2) 主持全国各金融机构间的票据交换和清算业务。这种交换和清算一般不收费,只是每年收取一定的场地费。

(3) 对各金融机构办理短期的资金融通。当金融机构出现临时资金头寸短缺或遭遇流动性困难时,中央银行为了维护金融业的稳定,可以结合货币政策的需要,通过票据再贴现、再贷款提供短期的资金融通。对于这种业务,中央银行按规定收取一定的利息。因为其他金融机构借以票据的再贴现及其他的短期资金融通,能取得一定的盈利或得到一定的好处。

3. 金融监管职能

金融监管即金融监督与管理的简称,是指金融主管当局依法对金融机构及其业务和金融市场实施规制与约束,促使其依法稳健运行的一系列活动的总称。

作为金融管理当局的中央银行,既要对一切金融机构的业务经营情况进行检查和监督,也要对金融市场进行管理和干预。主要内容如下:① 各金融机构的重要报表和重要经营报告,必须定期和不定期向中央银行报送。② 中央银行拥有定期或不定期对各金融机构(包括外资金融机构)的准备金、各种库存(含现金、金银、证券、外币等)、流动资产、贷款分布等进行检查的职责。③ 负责制订各种有关金融法规,督促各金融机构按章办事。④ 加强对金融市场的管理,以便为经济发展提供稳定的筹融资场所。

作为全国最高金融管理机构的这种管理职能,既包括着约束的一面,也包含着扶持的一面。对有害于金融稳定、有损于经济健康发展者,必须加以约束;对有益于金融扩展、有助于经济协调、能促进经济发展所需资金解决者,则加以疏导和扶持。这种扶持本身也是一种积极的管理。通过中央银行的管理和监督活动,商业银行和非银行金融机构的业务活动开展正常,金融市场的各种交易活动规范,合法投资者能公平竞争且利益能得到保护,违法金融活动得到有效打击,金融秩序得到有效维护。

三、中央银行的类型

由于世界各国的社会制度、政治体制、商品经济发展水平、金融业发展程度及各国国情等千差万别,因而各国的中央银行类型差异较大。

(一) 按资本结构进行分类

当前,各国的中央银行,按资本结构可划分为国有中央银行、半国有中央银行、私有中央银行、无资本金中央银行及多国共有中央银行五类。

1. 国有中央银行

就是资本全部属于国家所有的中央银行。这是目前世界上大多数国家的中央银行所采取的所有制形式。西方主要国家中，中央银行资本为国有的国家有英国、法国、德国、加拿大、澳大利亚、荷兰等国。中央银行国有化已成为一种发展趋势。我国中央银行的资本组成也属于国家所有的类型，现行的《中华人民共和国中国人民银行法》第八规定："中国人民银行的全部资本由国家出资，属于国家所有。"

2. 半国有中央银行

半国有中央银行，也称混合所有制中央银行，是由国家和私人共同投资组建的中央银行。其资本金一部分由国家持股，一般占资本总额的 50%以上；另一部分的股份由民间普通投资者持有。实施这种制度安排的国家主要有日本、瑞士、奥地利、比利时、厄瓜多尔、巴基斯坦、委内瑞拉、土耳其和墨西哥等。如日本银行，由政府认购资本的 55%，其余 45%由私人持有；瑞士中央银行的资本结构比较特殊，瑞士联邦政府本身不持有中央银行的股份，而是由各州政府和州银行持股约 58%，剩下 42%的股份由民间资本持有。

3. 私有中央银行

私有中央银行是属于私人股份资本的中央银行，其资本全部由私人股东投入，经政府授权，从而执行中央银行的职能。如意大利的中央银行就是由股份公司组织转变为按公法管理的机构，其资本分别由储蓄银行、公法信贷银行、国民利益银行和社会保险机构集体持有。美国的中央银行（联邦储备体系），其资本就是由参加联邦储备体系的各个会员银行所认购的，这实质上属于广义范畴的私人股份资本的中央银行。

4. 无资本金中央银行

无资本金中央银行是指设立时无法定资本金要求，而由国家授权执行中央银行的职能，是无资本的特殊法人。新西兰储备银行和韩国银行都是无资本的中央银行。韩国银行在 1950 年注册成立时，注册资本为 15 亿韩元，全部为政府出资，1962 年《韩国银行法》修订后，韩国银行就成为了"无资本的特殊法人"。

5. 多国共有中央银行

多国共有的中央银行是指跨国中央银行的资本不为某一国家所独有，而是由共同组建中央银行的各成员国按照一定比例认缴中央银行资本，各国以认缴比例拥有对中央银行的所有权。如欧洲中央银行的资本是由所有欧元成员国按照其人口和国内生产总值的大小向欧洲中央银行认缴的。

需要指出的是，无论中央银行是国有、半国有、还是私有，它都是制定和执行国家货币政策的机构，受国家的直接控制与监督。如果存在私人股东，则私人股东不能参加中央银行的管理，其只有收取股息的权利。换言之，中央银行的资本组成虽有多种类型，但有一点是共同的，即无论是哪种类型的中央银行，都是由国家通过法律（跨国中央银行是通过成员国之间的条约）赋予其执行中央银行的职能，资本所有权的归属已不对中央银行的性质、职能、地位和作用等发生实质性影响。

（二）按组织形式进行分类

当前世界各国的中央银行，按其组织形式可分为单一式的中央银行制度、复合式的中央银行制度、跨国式的中央银行制度及准中央银行制度四种类型。

1. 单一式的中央银行制度

它是指国家建立单独的中央银行机构，使之全面行使中央银行职能的中央银行制度。这种类型又可分为两种情况：

（1）一元式中央银行制度。这是指一国只设立一家统一的中央银行行使中央银行的权力和履行中央银行的全部职责，中央银行机构自身上下是统一的，机构设置一般采取总分行制，逐级垂直隶属。中央银行的总行或总部通常都设在首都，根据客观经济需要和本国有关规定在全国范围内设立若干分支机构。目前世界上80%以上的国家实行这种银行制度，比如英国、法国、日本、意大利、印度及瑞士等国，我国也实行这种中央银行制度。这类中央银行制度的特点是：权力集中、职能齐全、组织完善、机构健全。

（2）二元式中央银行制度。这是指中央银行体系由中央和地方两级相对独立的中央银行机构共同组成。中央级中央银行和地方级中央银行在货币政策方面是统一的，中央级的中央银行是最高权力管理机构和金融决策机构，地方级的中央银行虽也有其独立的权力，但其权力低于中央级的中央银行，接受中央级中央银行的监督和指导。采用这种中央银行制度的主要是一些联邦制国家，比如美国、德国等。美国的联邦储备体系是这一银行制度的典型代表。

2. 复合式的中央银行制度

这是指国家不单独设立专司中央银行职能的中央银行机构，而是由一家集中央银行与商业银行职能于一身的国家大银行兼行中央银行职能的中央银行制度。这种中央银行制度往往与中央银行初级发展阶段和国家实行计划经济体制相对应，前苏联和1990年前的多数东欧国家即实行这种制度。我国在1983年以前也实行这种制度。

3. 跨国式的中央银行制度

它是指由参加某一货币联盟的所有国家共同建立一家中央银行机构，且在联盟各国内部统一行使中央银行职能的一种中央银行制度。这种中央银行制度总与一定的货币联盟相联系，中央银行在货币联盟成员国内发行共同的货币，制定统一的金融政策。采用跨国式中央银行制的，主要是一些疆域相临、文化与民俗相近、国力相当的国家。建立跨国式的中央银行制度的宗旨是为了适应联盟内部经济一体化进程的要求，促进联盟各国经济的协调发展。跨国式中央银行主要有西非货币联盟（West African Monetary Union）的"西非国家中央银行"（1962 年设立）、中非货币联盟（Central African Monetary Area）的"中非国家银行"（1973 年设立）、东加勒比货币区的"东加勒比中央银行"（1983 年设立）[①]以及欧洲经济货币联盟（European Economic and Monetary Union）1998 年 7 月 1 日正式成立的"欧洲中央银行"（European Central Bank）。

4. 准中央银行制度

这是指国家或地区不设通常完整意义上的中央银行，而设立类似中央银行的金融管理机构执行部分中央银行的职能，并授权若干商业银行也执行部分中央银行职能的中央银行制度。采取这种中央银行组织形式的国家有新加坡、马尔代夫、斐济、沙特阿拉伯、阿拉伯联合酋长国、塞舌尔等。新加坡设立金融管理局，隶属财政部，该金融管理局不负责发行货币，货币发行权授予商业银行，并由国家货币委员会负责管理。但除此之外，金融管理局全面行使中央银行的其他各项职能，包括制定和实施货币政策、监督管理金融业、为金融机构和政府提供各项金融服务等；马尔代夫设立货币总局，负责货币发行和管理，制定和实施货币政策，同时授权商业银行行使某些中央银行职能。我国香港在回归祖国之前，基本上也是属于准中央银行制度类型。这类准中央银行制度通常与国家或地区较小而同时又有一家或几家银行在本国一直处于垄断地位相关。

（三）按独立性进行分类

由于各国的特殊环境，中央银行的独立性程度是不同的。按照其独立性程度不同，分为独立性较强的中央银行、独立性居中的中央银行及独立性较弱的中央银行三类。

1. 独立性较强的中央银行

这类中央银行的主要特点是中央银行直接对国会负责，它可以独立地制定货币政策并采取相应的措施，政府不得直接对中央银行发布命令、指示，不得干涉货币政策。如果中央银行所制定的政策与国家的希望不一致，那么解决的唯一办法只能是协商。美国与德国的中央银行就属于这一种。

2. 独立性居中的中央银行

这类中央银行的特点是中央银行名义上隶属于政府，而实际上保持着较大的

---

① 东加勒比中央银行（Eastern Caribbean Central Bank）的前身为东加勒比货币区各国于 1965 年成立的共同的货币管理局。

独立性。有些国家的法律规定财政部对中央银行拥有直接的管辖权，可以对中央银行发布各种指令，但实际上财政部从来没有这样做过。在事实上，中央银行可以独立地制定、执行货币政策。英格兰银行与日本银行就属于这一种。

3. 独立性较弱的中央银行

其主要特点是中央银行隶属于政府，无论在名义上还是在实际上，中央银行都必须接受政府的指令，其货币政策的制定以及所采取的各种措施都必须经过政府的批准，政府有权停止、推迟中央银行各种决定的执行。意大利银行、法兰西银行以及一些经济转轨国家的中央银行的独立性较弱。

第二节　中央银行的主要业务

一、中央银行业务活动的原则

从总体上看，最基本的业务活动原则是必须服从于履行职责的需要。因为中央银行的全部业务活动都是为其履行职责服务的，是其行使特定职权的必要手段。所以，中央银行的各种业务活动必须围绕着各项法定职责展开，必须以有利于履行职责为最高原则。

在具体的业务经营活动中，中央银行一般奉行非盈利性、流动性、主动性、公开性四个原则。

（一）非盈利性

非盈利性指中央银行的一切业务活动不是以盈利为目的。由于中央银行特殊的地位和作用，决定了中央银行以调控宏观经济、稳定货币、稳定金融、为银行和政府服务为己任，是宏观金融管理机构而非营业性金融机构，由此决定了中央银行的一切业务活动都要以此为目的，不能以追求盈利为目标，只要是宏观金融管理所必需的，即使不盈利甚至亏损的业务也要去做。因此，在中央银行的日常业务活动中，盈利与否不是其追逐和考虑的目的。当然，中央银行的业务活动不以盈利为目的，并不意味着不讲经济效益，在同等或可能的情况下，中央银行的业务活动应该获得应有的收益，尽量避免或减少亏损，以降低宏观金融管理的成本。在实际业务活动中，中央银行以其特殊的地位、政策和权力开展经营，其结果也往往能获得一定的利润，但这只是一种客观的经营结果，并不是中央银行主观追逐的业务活动目的。

（二）流动性

主要是指资产业务需要保持流动性。因为中央银行在充当金融机构的“最后贷款人”、进行货币政策操作和宏观经济调控时，必须拥有相当数量的可用资金，才能及时满足其调节货币供求、稳定币值和汇率、调节经济运行的需要。所以，为了保证中央银行资金可以灵活调度，及时运用，中央银行必须使自己的资产保持最大的流动性，不能形成不易变现的资产。以保持流动性为原则从事资产业务，就必须注意对金融机构融资的期限性，一般不发放长期贷款，许多国家的中央银行法明确规定贷款期限就是为了确保资产的流动性，如现行《中华人民共和国中国人民银行法》第二十八条规定对商业银行贷款的期限不得超过 1 年。同时，在公开市场买卖有价证券时，也要尽量避免购买期限长、流动性小的证券。

（三）主动性

主要指资产负债业务需要保持主动性。由于中央银行的资产负债业务直接与货币供应相联，例如货币发行业务直接形成流通中货币，存款准备金业务不仅导致基础货币的变化，还会引起货币乘数的变化。再贴现、公开市场业务是提供基础货币的主要渠道等，因此，中央银行必须使其资产负债业务保持主动性，这样才能根据履行职责的需要，通过资产负债业务实施货币政策和金融监管，有效控制货币供给量和信用总量。

（四）公开性

主要指中央银行的业务状况公开化，定期向社会公布业务与财务状况，并向社会提供有关的金融统计资料。中央银行的业务活动保持公开性，一是可以使中央银行的业务活动置于社会公众监督之下，有利于中央银行依法规范其业务活动，确保其业务活动的公平合理性，保持中央银行的信誉和权威；二是可以增强中央银行业务活动的透明度，使国内外有关方面及时了解中央银行的政策、意图及其操作力度，有利于增强实施货币政策的告示效应；三是可以及时对准确地向社会提供必要的金融信息，有利于各界分析研究金融和经济形势，也便于他们进行合理预期，调整经济决策和行为。正因为如此，目前各国大多以法律形式规定中央银行必须定期公布其业务财务状况和金融统计资料，中央银行在业务活动中也必须保持公开性，不能隐匿或欺瞒。

二、中央银行业务活动的分类

按中央银行的业务活动是否与货币资金的运动相关，一般可分为银行性业务和管理性业务两大类。

（一）银行性业务

银行性业务是中央银行作为发行的银行、银行的银行、政府的银行所从事的业务。这类业务都直接与货币资金相关，都将引起货币资金的运动或数量变化，具体又可分为两种：

(1) 形成中央银行资金来源和资金运用的资产负债业务。主要有货币发行业务、存款准备金业务、其他存款或发行中央银行债券、再贴现业务和贷款业务、公开市场证券买卖业务、黄金外汇业务、其他贷款或融资业务等。

(2) 与货币资金运动相关但不进入中央银行资产负债表的银行性业务。主要有清算业务、经理国库业务、代理政府向金融机构发行及兑付债券业务、会计业务等。

(二) 管理性业务

管理性业务是中央银行作为一国最高金融管理当局所从事的业务。这类业务主要服务于中央银行履行宏观金融管理的职责，其最大的特点是：一与货币资金的运动没有直接的关系，不会导致货币资金的数量或结构变化；二需要运用中央银行的法定特权。

管理性业务主要有金融调查统计业务，对金融机构的稽核、检查、审计业务等。

三、中央银行具体业务

中央银行的具体业务，是中央银行职能的表现。其业务的性质与商业银行业务截然不同。中央银行虽然也办理存款、贷款、贴现、买卖有价证券，但其活动的目的并不是为了追求利润，而是为了实现对金融活动的调节与控制，从而达到实现国民经济健康发展的目的。

(一) 负债业务

中央银行的负债业务，主要包括货币发行、代理国库以及集中存款准备金等。

1. 货币发行业务

当今世界各国中央银行均享有垄断货币发行的特权，货币发行业务是中央银行独有的中央的负债业务。货币发行业务是指货币的发行、回笼、调拨、销毁、保管和对各地货币流通调节的总称。

中央银行的货币是通过再贴现、贷款、购买证券、收购金银与外汇等而投入市场，形成流通中的货币，以满足国民经济发展对流通手段和支付手段的需要，促进商品生产的发展和商品流通的扩大。但是投入市场的每张货币都是中央银行对社会公众的负债，而现代中央银行对所发行的货币并不承担兑现义务，因此，这种负债在一般情况下，事实上成为长期的无需清偿的债务。

中央银行所发行的货币主要是银行券，即信用货币，此外还有一小部分为现钞纸币和用作辅币的金属铸币。这些货币之所以能流通，主要原因有两点：一是这些货币信用能力高，中央银行的支付能力、清偿能力是商业银行无可比拟的；二是国家行政力量的维护，国家强制人们接受这些支付与流通工具。

【阅读拓展7.2】 发行基金

有兴趣的读者可以登录“百度百科”，获取相关知识，具体网址为：

https://baike.baidu.com/item/%E4%BA%BA%E6%B0%91%E5%B8%81%E5%8F%91%E8%A1%8C%E5%9F%BA%E9%87%91/8610916?share_fr=pc_qrcode&fromtitle=%E5%8F%91%E8%A1%8C%E5%9F%BA%E9%87%91&fromid=6549628.

2. 代理国库业务

国库是国家金库的简称，是专门负责办理国家预算资金的收纳和支出的机关。国家的全部预算收入都由国库收纳入库，一切预算支出都由国库拨付。

国家财政预算收支保管一般有两种形式：一是国库制，又分为独立国库制和委托国库制。独立国库制是指国家专门设立相应的机构，办理国家财政预算收支的保管、出纳工作；委托国库制是指国家不单独设立机构，而是委托银行代理国库业务。二是银行制，是指国家不专门设立金库机构，由财政部门在银行开户，将国家预算收入作为存款存入银行的管理体制。世界上经济发达的国家多采用委托国库制。

中央银行作为政府的银行，一般都由政府赋予代理国库的职责，一国财政的收入与支出都由中央银行代理。由于财政支出一般总要集中到一定的数量再拨付使用，且一般使用单位也是逐渐使用的，因此，收支之间总存在一定的时间差，收大于支的数量形成了一个可观的余额。同时那些依靠国家拨给行政经费的行政事业单位的存款，也都由中央银行办理。这样，金库存款、行政事业单位存款就构成了中央银行的重要资金来源。

3. 存款业务

主要有集中存款准备金业务。集中存款准备金是中央银行制度形成的重要原因之一。存款准备金本来是各商业银行和其他金融机构为了应付客户随时提现，在其所吸收的存款中按照一定的比例提取的现款。这部分现款一开始是由各商业银行和其他金融机构分散保存的。在正常情况下，每家金融机构所保存的这些现款，数量显得较多，出现了资金的闲置，这与其追求最大盈利的初衷是相悖的。但在非正常的情况下，例如客户集中提现，保存再多的现款也显得不足。这样一来，由中央银行把各商业银行和其他金融机构分散保存的准备金集中起来就显得很有必要，这既可以在一定程度上节省准备金的数量，又可以在特殊的情况下满足客户挤提存款的需要,从而保证了银行业的清偿能力和金融业的稳定。

当然从现代意义上来讲,中央银行集中存款准备金,更为重要的一个目的是为了通过提高或降低存款准备比率达到调节商业银行放款的能力,以实现对整个国民经济货币供给的调节。目前,存款准备金制度已经发展成为中央银行执行货币政策的一种重要手段。

我国的存款准备金制度具体内容为:各商业银行在中国人民银行开设“准备金存款”账户,该账户包括准备金存款和备付金存款两部分;法定存款准备金由各商业银行总部存入总部所在地的中国人民银行;对各商业银行的法定存款准备金按法人统一考核;商业银行法定存款准备金一般按旬考核。

(二) 资产业务

资产业务即中央银行运用其货币资金的业务。中央银行的资产业务主要包括贷款、再贴现、证券买卖及金银外汇储备等。

1. 贷款业务

中央银行的贷款业务,主要是对商业银行和其他金融机构发放的贷款。其发放贷款的目的是为了解决金融机构短期资金周转的困难。一般这种贷款的利率较为优惠,为了抑制金融机构向中央银行的贷款,各国的中央银行都会就金融机构,特别是商业银行的贷款数量制定最高限额。中央银行对金融机构发放贷款要注意这种资产业务的流动性和安全性,注意期限的长短,以保证资金的灵活周转。

此外,中央银行依照法规向财政提供贷款与透支。不过,对中央银行的这一业务各国中央银行法都有较为严格的规定。我国的《中国人民银行法》规定:“中国人民银行不得对政府财政透支……”同时还规定“中国人民银行不得向地方政府、各级政府部门提供贷款。”

2. 再贴现业务

再贴现是商业银行由于业务上的需要,将其由贴现所取得的票据,请求中央银行予以贴现的一种经济行为。再贴现业务也叫重贴现业务,即买进商业银行业已贴现的票据。

中央银行办理再贴现业务时,要了解市场资金需求的真实情况,弄清是否有真实的生产与流通的需要,要保证票据的内容、款式与有关手续符合法律规定,要确保资金到期回收,以保持中央银行资金的流动性。

再贴现业务是中央银行调节资金供应,实现对国民经济宏观调控的一项重要业务。

3. 证券买卖业务

各国中央银行一般都经营证券业务,主要是买卖政府发行的长期或短期债券。

因在一些经济发达国家政府债券发行量大，市场交易量也大，仅以政府债券为对象进行买卖，中央银行即可达到调节金融的目的。一般说来，在金融市场不太发达的国家，中央政府债券在市场上流通量小，中央银行买卖证券的范围就要扩大到各种票据和债券，如汇票、地方政府债券等。我国的《中国人民银行法》规定，中国人民银行可以在公开市场上买卖国债和其他政府债券。

中央银行买卖有价证券的目的，不在于盈利，而是为了调剂资金供求，实现银根的松紧适度，确保国民经济的健康发展，买卖证券不是目的，而是调节宏观经济的一种手段。一般说来，当银根需要紧缩，减少市场货币供给时，则卖出证券；反之，当需要放松银根，增加市场货币供给时，则买进证券。

中央银行买卖证券会直接影响有价证券的价格和利率，影响商业银行现金准备的增减，从而影响信贷规模，影响货币供给量。但是中央银行经营这项业务，应当具备以下条件：一是中央银行处于领导地位，且有雄厚的资金力量；二是要赋予中央银行弹性操作的权力，即在买卖证券的数量、种类等方面有一定的机动权限；三是金融市场较发达，组织也较健全；四是证券的数量和种类要适当，长期、中期及短期各类具备，便于选择买卖；五是信用制度要相当发达。

各国中央银行买卖证券业务的做法基本上是一致的。在德国，法律规定德意志联邦银行为了调节货币，可以进入公开市场买卖汇票。20 世纪 90 年代初，中国人民银行开始进行公开市场业务以来，在不同的时期曾经使用过不同的操作工具。目前，从交易品种看，中国人民银行公开市场业务债券交易主要包括回购交易、现券交易和发行中央银行票据三种。

4. 金银外汇储备业务

目前各国政府都赋予中央银行掌管全国国际储备的职责。所谓国际储备，是指具有国际性购买能力的货币，主要有黄金，包括金币和金块；白银，包括银币和银块；外汇，包括外国货币、存放外国的存款余额和以外币计算的票据及其他流动资产。此外，还有特别提款权和在国际货币基金组织的头寸等。

金银、外汇不仅是稳定货币的重要储备，而且也是用于国际支付的国际储备，因而成为中央银行的一项重要资产业务。当代世界各国国内市场上并不流通和使用金银币，纸币也不兑换金银，而且多数国家实行不同程度的外汇管理，纸币一般也不与外汇自由兑换，在国际支付中发生逆差时一般也不直接支付黄金，而是采取出售黄金换取外汇来支付。这样，各国的金银、外汇自然要集中到中央银行储存。需要金银、外汇者，一般向中央银行申请购买，买卖金银、外汇是中央银行的一项业务。

中央银行的金银、外汇储备业务，各国都有明确的规定。在瑞典，允许国家银行收购和出售黄金、白银、外汇，在国会许可的条件下，可向国际金融机构贷款。在德国，规定联邦银行可以对信用机构从事买卖以外国货币支付的汇票、支票、有价证券，以及黄金、白银，可以从事所有与外国银行交往的业务。

就现代银行来讲，银行券已经停止兑现。在这种情况下，中央银行仍然要保留金银、外汇储备，其目的是将这些储备作为国际支付手段的准备金及一国对外经济交往实力的象征。

（三）中间业务

中央银行的中间业务，主要是指中央银行为商业银行和其他金融机构办理资金的划拨清算和资金转移。中央银行的这一业务与其集中存款准备金的业务是紧密相连的。既然中央银行集中了金融机构的存款准备金，则金融机构彼此之间由于交换各种支付凭证所产生的应收应付账款，就可以通过其在中央银行的存款账户进行划拨，从而使中央银行成为全国的资金清算中心。

各国的中央银行都设立专门的票据清算机构，来进行票据的清算。参加中央银行票据交换的金融机构，一方面要遵守票据交换的有关规定，另一方面要在中央银行开列有关账户；此外还要分摊一定的管理费。

中央银行不仅为金融机构办理票据交换与清算，而且还要在全国范围内办理异地资金的转移。至于异地资金的转移，各国的清算办法差异比较大。一般有两种类型：一是先由各金融机构内部自成联行系统，最后各金融机构的总行通过中央银行的总行办理转账结算；二是将异地票据统一集中传送到中央银行总行办理轧差转账。

中央银行替商业银行和其他金融机构办理资金的划拨清算和资金转移的目的与出发点不是为了盈利，而是为了维护国家货币与金融制度的稳定、实现国家宏观经济目标。

第三节 金融基础设施

金融体系包含了许多既相互独立又相互依存的要素。这些要素除了我们已经熟悉的金融机构和金融市场外，还包括金融基础设施（financial infrastructures）。金融机构、金融市场与金融基础设施密不可分。无论是金融机构，还是金融市场，都需要利用金融基础设施实现安全交易、风险对冲以及信息获取等。

与实体经济中的基础设施一样，金融基础设施连接着金融体系中的各个部分，并为它们的有效运行提供便利。金融基础设施是经济、金融运行的基础和管道，良好的金融基础设施有助于维护金融体系的安全和稳定。但如果缺乏恰当的管理，金融基础设施也可能成为系统性风险的源头及主要扩散渠道。

一、金融基础设施的内涵与外延

谈到基础设施，我们首先想到的是铁路、港口、机场、水电煤气等满足社会生产、居民生活及保证经济活动正常运行的公共设施，是社会赖以生存发展的一般物质条件。对于金融基础设施，目前还存在不同的理解。一般来说，狭义的金融基础设施主要集中在支付清算体系、征信系统、反洗钱监测系统等方面；在广义上，金融基础设施还涵盖金融法律环境、会计准则、信用环境、定价机制及由金融监管、中央银行最后贷款人职能、投资者保护制度组成的金融安全网等外延。一般而言，一国金融发展的历程中先期更加注重狭义的“硬件”系统建设，但如果想实现真正的金融强国梦，金融法律、定价机制、规则体系等“软实力”将至关重要。

国际货币基金组织(IMF)的调查结果显示，一国金融基础设施的发展与经济增长、技术创新、金融制度的变革息息相关。金融基础设施的一个重要功能是能够有效动员居民储蓄转化为生产资本，提升资本配置效率，从而推动经济的可持续增长。金融基础设施的建设与一国的金融稳定也息息相关。一般而言，一国金融基础设施越发达，金融体系的弹性越高，应对外部冲击的能力就越强；反之，金融基础设施薄弱不利于识别潜在的金融隐患，不利于及时化解金融风险点。纵观金融危机史，尽管危机爆发的原因各异，但金融基础设施建设滞后是共同的特性。1997年的东南亚金融危机和2008年的全球金融危机，都印证了金融基础设施存在缺陷的国家更容易受到金融冲击。

二、金融基础设施的关键要素①

（一）法律基础设施

法律基础设施是金融基础设施的核心，完善的金融法律是金融市场正常运转的保证。

金融法律基础设施的范围很广，其中主要是指金融领域中的法律法规，诸如银行法、保险法、外汇法、期货法、证券法等，还有实施这些法律的规章制度。在金融法规建设中，还应特别注意的是破产法。破产法是否完善、合理，是否执行得有力，对于一个国家金融事业的发展有着重要影响。当然，高效的法律基础设施要求法律应当始终如一地得到执行。为了实现这一目标，司法部门必须赢得公众的信任。一个国家若缺乏使法律得到执行的运行良好的司法系统，法规的效力将十

① 欧阳岚.关于新兴市场经济国家金融基础设施的思考[J].江汉大学学报(社会科学版)，2005(03):68-70。

分有限。总之，建立健全金融法律，强化金融执法，是搞好金融基础设施建设的重要因素。

（二）会计基础设施

会计是一种以价值运动为对象，通过收集处理和利用经济信息，对经济活动进行组织、控制、调节和指导，促使人们权衡利弊、比较得失和讲求效果的管理活动。在经济生活中，会计信息对于做出任何一个具有经济影响的判断和决策来说，都是十分有用的。如果对公司的经营状况没有充分的信息披露，市场约束就不可能产生。为确保市场的有效运行，应建立一个稳定而高效的金融体系，市场参与者需要获得准确、及时的信息。而建立在高质量的披露和透明度标准基础上的会计制度，就有可能使投资者对其投资对象的各种有关报告的可靠性充满信心。没有投资者的信心，市场是不可能繁荣的。因此，加强会计基础设施的建设是非常必要的。

一个国家，特别是发展中国家要使金融事业繁荣发达起来，使金融系统有序运转起来，会计基础设施的建设一定要从各方面加强。要建立起合理的、科学的会计制度和会计准则，搞好会计法律规范和道德规范，让会计工作在金融事业发展中充分发挥作用。

（三）监管基础设施

所谓监管，就是监督与管理的简称。现代金融监管旨在提高金融市场信息效率，保护消费者权益免受欺诈和渎职的侵害，保持系统稳定。这里关键是构筑高效的监管制度，从而最大限度地发挥监管基础设施的作用。

构筑高效的监管制度需要注意以下几点：第一，监管应独立于政治行为。可以通过立法为监管人员制定明确的、可实现的、统一的责任和目标框架，保证监管人员享有工作上的独立性，以便摆脱政治方面的压力。第二，要给予主动保护存款、保险资金和税收资金的监管者以激励。这经常意味着允许监管者通过调整资本结构或资本额要求、提出恢复计划或关闭形式，对那些资本不充足的金融机构采取迅速矫正行动，比如允许监管者当金融机构还有净价值时将其关闭。第三，监管者本身应是负责的。监管者应在充分考虑公众利益的前提下而审慎其行为。第四，监管者不仅要关注金融机构的风险形势，而且要关注其风险管理的过程。监管者应确保建立全面的风险管理程序，以识别、计量、监测和控制各项重大的风险，并在适当时候为此设立资本金。第五，应最大程度地利用市场来进行监管。市场信息可被用来加强监管。例如，芝加哥联邦储备银行的研究显示，银行发行的附属债券的收益能够提供一些关于银行经营状况的有价值的信息。

三、我国的金融基础设施建设[①]

自改革开放以来，我国十分重视金融基础设施建设。2008 年国际金融危机爆发后，国际社会对金融基础设施建设更加重视并达成广泛共识。2013 年 11 月党的十八届三中全会通过的《中共中央关于全面深化改革若干重大问题的决定》强调，加强金融基础设施建设，保障金融市场安全高效运行和整体稳定。

金融基础设施是指各金融市场主体对金融产品进行交易、清算、结算或记录支付的多边系统，包括重要支付系统（PS）、中央证券托管机构（CSD）、证券结算系统（SSS）、中央对手方（CCP）和交易数据库（TR）。

（一）支付系统

支付系统是我国的核心金融基础设施之一，是金融业乃至整个国民经济运行的基础。近几年来，我国支付清算系统建设以“一年建设一个系统”的速度快速推进，在较短时间内跻身世界先进水平。

目前，我国形成了以中国人民银行现代化支付系统为核心，银行业金融机构行内支付系统为基础，票据支付系统、银行卡支付系统、互联网支付等为重要组成部分的支付清算网络体系。中国人民银行建设和运行的大额实时支付系统和小额批量支付系统已经成为我国资金运动的大动脉，其功能和效率达到国际先进水平。此外，2015 年 10 月，人民币跨境支付系统（CIPS）投产上线，铺设起跨境资金流转的大动脉。截至 2016 年年末，人民币跨境支付系统一期共有 28 家境内外直接参与者、512 家境内外间接参与者，覆盖 78 个国家和地区，基本涵盖了全球开展人民币业务的国家和地区。

（二）中央证券存管（CSD）与证券结算系统（SSS）

债券方面，为改变债券托管的混乱局面，1996 年成立了中央国债登记结算有限责任公司（简称“中央结算公司”），实施债券集中托管。1997 年，银行间债券市场成立，中央结算公司为该市场提供所有种类债券交易的托管清算结算服务。2009 年 11 月，中国人民银行成立了银行间市场清算所股份有限公司（简称“上海清算所”），推进银行间市场集中清算。

股票方面，初创时期，股票代客买卖、自营买卖、实物股票过户等交易、结算业务均由证券公司完成。为提高证券托管结算效率，保证市场安全稳定，2001 年 3 月，上海证券登记结算公司和深圳证券登记结算公司合并为中国证券登记结算公

---

① 焦瑾璞，于洋慧．亟需加强金融市场基础设施建设及监管[N]．金融时报，2017-1-11(2)

司(简称“中证登”),该公司成为对境内证券交易所提供证券登记、存管和结算服务的唯一后台系统。

2016 年 12 月 8 日成立的上海票据交易所,是集票据交易、登记托管、清算结算、信息服务多功能于一体的全国统一票据交易平台,大幅提高了票据市场的透明度和交易效率,激发了市场活力,更好地防范了票据业务风险。

(三) 中央对手方(CCP)

我国中央对手方机构的发展以 2008 年金融危机为界分为两个阶段。金融危机前,中央对手方清算机制已在场内市场建立,中证登在交易所债券质押式回购中充当中央对手方;郑州商品交易所、大连商品交易所、上海期货交易所和中国金融期货交易所在相应的期货交易中充当中央对手方。目前,上海清算所已经初步建立了本外币、多产品、跨市场的中央对手清算业务体系,先后在债券现券、外汇、航运衍生品和利率互换等产品领域建立了集中清算机制。

(四) 交易报告库(TR)

目前,我国尚未建立交易报告库的法律或监管框架,也未指定或成立专门的机构作为交易报告库。但是,从金融稳定理事会发布的《场外衍生品市场改革第九次进展情况报告》来看,1994 年 4 月 18 日成立的中国外汇交易中心暨全国银行间同业拆借中心(简称“交易中心”)和 2013 年 2 月 27 日成立的中证机构间报价系统股份有限公司(简称“中证报价”)则被视为类交易报告库(TR-like Entity)。从目前情况看,我国各个金融子市场的交易数据较为完整,各类实体对数据的收集分工较为明确,已基本具备正式建立交易报告库的条件。

(五) 征信体系

2013 年,国务院颁布实施《征信业管理条例》,征信业发展步入了法制化轨道,这在保护信息主体合法权益、引导征信业规范发展、推进社会信用体系建设等方面具有里程碑意义。条例发布以来,中国人民银行出台了《征信机构管理办法》《征信机构监管指引》《企业征信机构备案管理办法》等一系列配套制度及行业标准。

与此同时,我国积极推动证券公司、保险公司、小额贷款公司和融资性担保公司等非银行金融机构接入国家金融信用信息基础数据库,有序推进非金融信息采集工作,并研究各种类型非金融机构接入数据库的可行性,不断扩大数据库的覆盖面。截至 2018 年底,征信系统已收录我国 9.8 亿自然人、2582.8 万户企业和其他组织的信息。

（六）金融信息科技

党的十八大以来，我国金融信息科技信息化建设加快转型，支付技术创新与应用不断规范，新技术、金融标准化创新研究深入推进。

2017年6月，中国人民银行印发了《中国金融业信息技术“十三五”发展规划》。规划强调，“十三五”时期金融业要全面支持深化改革，积极瞄准国际先进，推动创新普惠发展，坚持安全与发展并重，并围绕统筹监管系统重要性金融机构、统筹监管金融控股公司和重要金融基础设施、统筹负责金融业综合统计，推进信息技术发展各项工作。规划确立了“十三五”期间金融业信息技术工作的发展目标，包括金融信息基础设施达到国际领先水平、信息技术持续驱动金融创新、金融业标准化战略全面深化实施、金融网络安全保障体系更加完善、金融信息技术治理能力显著提升等。

2018年6月1日，中国人民银行党委指出，金融领域的关键信息基础设施是经济社会运行的神经中枢，金融业务高度依赖金融网络和信息系统。中国人民银行建设和运行着我国重要的金融基础设施，在充分利用和不断提升网络的便捷性、高效性的同时，更要高度重视网络和信息安全，坚决守住不发生重大风险和安全事件的底线。

（七）金融消费权益保护

从2011年开始，中国人民银行、中国银保监会、中国证监会就分别成立了金融消费权益保护局、消费者权益保护局和投资者保护局。中国人民银行在宏观层面上协调、促进整个金融行业的消费者保护机制的建立与完善；中国银保监会、中国证监会则分别从防范和化解行业风险、促进行业健康发展的角度出发，对各自行业的具体金融消费者投诉问题进行处理。

2015年，国务院出台了《关于加强金融消费者权益保护工作的指导意见》，提出建立健全金融消费者权益保护监管机制和保障机制。为进一步规范金融机构行为，切实保障金融消费者合法权益，2016年12月14日中国人民银行又出台了《中国人民银行金融消费者权益保护实施办法》。

“12363金融消费权益保护咨询投诉电话”运行平稳，金融消费者信息获取渠道、纠纷投诉渠道更加畅通。“金融消费权益保护信息管理系统”初步实现金融消费者投诉分办、转办的电子化和规范化。金融消费纠纷非诉解决合作机制正在逐步建立。

与此同时，中国人民银行推动将金融知识纳入国民教育体系，启动对《金融知识普及读本》的更新工作。近几年来，每年都开展金融知识普及月活动，让金融知识进万家,提升居民金融素养。

第四节 我国的中央银行

前面相关章节多次提到中国人民银行,其实,中国人民银行是我国的中央银行。自 1948 年 12 月 1 日成立以来,中国人民银行作为发行的银行、银行的银行、政府的银行的性质从未发生变化。

一、中国人民银行简介

(一) 历史沿革

中国人民银行的历史,可以追溯到第二次国内革命战争时期。1927 年大革命失败后,中国共产党在建立根据地以后,就成立了人民的银行,发行货币。如 1927 年冬,闽西上杭县蛟洋区农民协会创办了农民银行等。1931 年 11 月 7 日,在江西瑞金召开的"全国苏维埃第一次代表大会"上,通过决议成立"中共苏维埃共和国国家银行"(简称"苏维埃国家银行")。1932 年 2 月 1 日,苏维埃国家银行正式成立,并发行货币,苏维埃国家银行还在各地设分支机构,以带动根据地银行走向集中和统一。

从土地革命到抗日战争时期一直到中华人民共和国诞生前夕,人民政权被分割成彼此不能连接的区域。各根据地建立了相对独立、分散管理的根据地银行,并各自发行在本根据地内流通的货币。1948 年 12 月 1 日,以华北银行为基础,合并北海银行、西北农民银行,在河北省石家庄市组建了中国人民银行,并发行人民币,成为中华人民共和国成立后的中央银行和法定本位币。

中国人民银行成立至今的七十多年,特别是改革开放以来,在体制、职能、地位、作用等方面,都发生了巨大而深刻的变革。

1. 1948～1978 年的中国人民银行

正如前面所说,1948 年 12 月 1 日,中国人民银行在河北省石家庄市宣布成立;1949 年 2 月,中国人民银行随人民解放军从石家庄进入北京,将总行设在北京。1949 年 9 月,中国人民政治协商会议通过《中华人民共和国中央人民政府组织法》,把中国人民银行纳入政务院的直属单位系列,接受财政经济委员会指导,与财政部保持密切联系,赋予其国家银行职能,承担发行国家货币、经理国家金库、管理国家金融、稳定金融市场、支持经济恢复和国家重建的任务。

这一时期的中国人民银行,一方面集中了全国农业、工业、商业短期信贷业务和城乡人民储蓄业务;同时,既发行全国唯一合法的货币——人民币,又代理国家财政金库,并管理金融行政,这就是所谓的"大一统"的中央银行体制。

2. 1979~1983 年的中国人民银行

中国共产党十一届三中全会后,各专业银行和其他金融机构相继恢复和建立,对过去"大一统"的银行体制有所改良。但从根本上说,在中央银行的独立性、宏观调控能力和政企不分等方面并无实质性进展。同时,随着各专业银行的相继恢复和建立,"群龙无首"的问题也亟待解决。

3. 1984~1998 年的中国人民银行

1983 年 9 月 17 日,国务院做出决定,从 1984 年 1 月 1 日起,中国人民银行作为国家的中央银行,专门行使中央银行的职能,不再对企业、个人直接办理存贷款业务,同时成立中国工商银行,办理有关具体业务。国务院的这一决定,标志着我国中央银行的建立和我国现代中央银行制度的确立。1993 年 12 月,《国务院关于金融体制改革的决定》进一步明确了中国人民银行的主要职能是:制订和实施货币政策,保持货币的稳定;对金融机构实行严格的监管,维护金融体系安全、有效地运行。1995 年 3 月 18 日,第八届全国人民代表大会第三次会议通过了《中华人民共和国中国人民银行法》,至此,中国人民银行作为我国的中央银行以法律的形式被确定了下来。

4. 1998~2018 年的中国人民银行

1998 年 10 月始,按照中央金融工作会议的部署,中国人民银行及其分支机构在全国范围内进行改组,撤销中国人民银行省级分行,在全国设立 9 个跨省、自治区、直辖市的一级分行,重点加强对辖区内金融业的监督管理。一个以中央银行为领导,以商业银行为主体,多种金融机构并存、分工协作的具有中国特色的金融体系已经形成。

2003 年,按照党的十六届二中全会审议通过的《关于深化行政管理体制和机构改革的意见》和十届人大一次会议批准的国务院机构改革方案,将中国人民银行对银行、金融资产管理公司、信托投资公司及其他存款类金融机构的监管职能分离出来,并和中央金融工委的相关职能进行整合,成立中国银行业监督管理委员会。2003 年 12 月 27 日,十届全国人民代表大会常务委员会第六次会议审议通过了《中华人民共和国中国人民银行法(修正案)》。

2005 年 8 月 10 日,中国人民银行上海总部(简称"央行上海总部")正式挂牌成立。上海总部作为中国人民银行总行的有机组成部分,在总行的领导和授权下开展工作,将主要承担部分中央银行业务的具体操作职责,同时履行一定的管理职能。

2017 年 11 月,经党中央、国务院批准,国务院金融稳定发展委员会(简称"金融委")成立,其办公室设在中国人民银行。设立金融委,强化中国人民银行宏观审慎管理和系统性风险防范职责，落实金融监管部门监管职责，并强化监管问责。

2018 年 3 月，经十三届全国人大一次会议审议通过，将原中国银监会和中国保监会合并，组建中国银行保险监督管理委员会(简称“中国银保监会”)。

（二）组织机构

新中国成立以来，中国人民银行的总行一直设在北京，在全国设有众多分支机构。中国人民银行的分支机构是总行的派出机构，其主要职责是按照总行的授权，维护本辖区的金融稳定，承办有关业务。分支机构的设置，在 1998 年 11 月之前，一直是按行政区划进行的；1998 年 11 月，党中央、国务院做出决定，对中国人民银行管理体制实行改革，决定走按“经济区划”与“行政区划”相结合的建设分支机构的道路，撤消省级分行，跨省(自治区、直辖市)设置 9 家分行。这 9 家分行分别是：管辖辽宁、吉林、黑龙江的沈阳分行；管辖天津、河北、山西、内蒙古的天津分行；管辖山东、河南的济南分行；管辖上海、浙江、福建的上海分行；管辖江苏、安徽的南京分行；管辖江西、湖北、湖南的武汉分行；管辖广东、广西、海南的广州分行；管辖四川、贵州、云南、西藏的成都分行；管辖陕西、甘肃、青海、宁夏、新疆的西安分行。撤消北京分行和重庆分行，由总行营业部履行所在地中央银行职责。

在没有设立分行的省会城市同时设立中心支行和金融监管办事处，原地级市分行以及经济特区分行更名为中心支行，原县级支行名称不变、职责不变。

根据履行职责的需要，中国人民银行总行内设若干司局，设立了一些直属企事业单位，如印制总公司、清算中心、中国外汇交易中心等，这些直属单位主要为中央银行履行职责服务。此外，中国人民银行还在海外设立了东京代表处、欧洲代表处、北美洲代表处、非洲代表处、法兰克福代表处、南太平洋代表处和加勒比海开发银行联络处等机构。

二、中国人民银行的性质、地位与宗旨

我国现行的有关法律法规规定：中国人民银行为国务院组成部门，是中华人民共和国的中央银行；中国人民银行是在国务院领导下制定和执行货币政策、维护金融稳定、提供金融服务的宏观调控部门。

中国人民银行作为我国的中央银行，享有货币发行的垄断权，是“发行的银行”；它代表政府管理全国的金融机构和金融活动，经理国库，所以它是“政府的银行”；它是最后贷款人，在商业银行资金不足时，可向其发放贷款，它是“银行的银行”。

总之，中国人民银行是我国金融体系的领导力量，居主导地位，是国家机关，是政府的组成部分。

中国人民银行的性质决定了它的特殊地位。根据法律规定，中国人民银行在国务院领导下依法独立执行货币政策，履行职责，开展业务，不受地方政府、各级政府部门、社会团体和个人的干涉。

根据法律规定，中国人民银行具有相对独立性。主要体现在：中国人民银行不得对政府财政透支，不得直接认购、包销国债和其他政府债券；不得向地方政府、各级政府部门提供贷款，不得向非银行金融机构以及其他单位和个人提供贷款。

按照现行《中华人民共和国中国人民银行法》第一章总则第三条的规定，中国人民银行的宗旨为：保持货币币值的稳定，并以此促进经济增长。

三、我国中央银行的主要职责与业务

根据现行《中华人民共和国中国人民银行法》及 2019 年 1 月中央机构编制委员会办公室制定的《中国人民银行职能配置、内设机构和人员编制规定》，中国人民银行的主要职责是在国务院领导下，制定和实施货币政策，防范和化解金融风险，维护金融稳定。其具体职责与业务如下：

(1) 拟订金融业改革、开放和发展规划，承担综合研究并协调解决金融运行中的重大问题、促进金融业协调健康发展的责任。牵头国家金融安全工作协调机制，维护国家金融安全。

(2) 牵头建立宏观审慎管理框架，拟订金融业重大法律法规和其他有关法律法规草案，制定审慎监管基本制度，建立健全金融消费者保护基本制度。

(3) 制定和执行货币政策、信贷政策，完善货币政策调控体系，负责宏观审慎管理。

(4) 牵头负责系统性金融风险防范和应急处置，负责金融控股公司等金融集团和系统重要性金融机构基本规则制定、监测分析和并表监管，视情责成有关监管部门采取相应监管措施，并在必要时经国务院批准对金融机构进行检查监督，牵头组织制定、实施系统重要性金融机构恢复和处置计划。

(5) 承担最后贷款人责任，负责对因化解金融风险而使用中央银行资金机构的行为进行检查监督。

(6) 监督管理银行间债券市场、货币市场、外汇市场、票据市场、黄金市场及上述市场有关场外衍生产品；牵头负责跨市场、跨业态、跨区域金融风险的识别、预警和处置，负责交叉性金融业务的监测评估，会同有关部门制定统一的资产管理产品和公司信用类债券市场及其衍生产品市场基本规则。

（7）负责制定和实施人民币汇率政策，推动人民币跨境使用和国际使用，维护国际收支平衡，实施外汇管理，负责国际国内金融市场跟踪监测和风险预警，监测和管理跨境资本流动，持有、管理和经营国家外汇储备和黄金储备。

（8）牵头负责重要金融基础设施建设规划并统筹实施监管，推进金融基础设施改革与互联互通，统筹互联网金融监管工作。

（9）统筹金融业综合统计，牵头制定统一的金融业综合统计基础标准和工作机制，建设国家金融基础数据库，履行金融统计调查相关工作职责。

（10）组织制定金融业信息化发展规划，负责金融标准化组织管理协调和金融科技相关工作，指导金融业网络安全和信息化工作。

（11）发行人民币，管理人民币流通。

（12）统筹国家支付体系建设并实施监督管理。会同有关部门制定支付结算业务规则，负责全国支付、清算系统的安全稳定和高效运行。

（13）经理国库。

（14）承担全国反洗钱和反恐怖融资工作的组织协调和监督管理责任，负责涉嫌洗钱及恐怖活动的资金监测。

（15）管理征信业，推动建立社会信用体系。

（16）参与和中国人民银行业务有关的全球经济金融治理，开展国际金融合作。

（17）按照有关规定从事金融业务活动。

（18）管理国家外汇管理局。

（19）完成党中央、国务院交办的其他任务。

（20）职能转变。完善宏观调控体系，创新调控方式，构建发展规划、财政、金融等政策协调和工作协同机制，强化经济监测预测预警能力，建立健全重大问题研究和政策储备工作机制，增强宏观调控的前瞻性、针对性、协同性。围绕党和国家金融工作的指导方针和任务，加强和优化金融管理职能，增强货币政策、宏观审慎政策、金融监管政策的协调性，强化宏观审慎管理和系统性金融风险防范职责，守住不发生系统性金融风险的底线。按照简政放权、放管结合、优化服务、职能转变的工作要求，进一步深化行政审批制度改革和金融市场改革，着力规范和改进行政审批行为，提高行政审批效率。加快推进“互联网＋政务服务”，加强事中事后监管，切实提高政府服务质量和效果。继续完善金融法律制度体系，做好“放管服”改革的制度保障，为稳增长、促改革、调结构、惠民生提供有力支撑，促进经济社会持续、平稳、健康发展。

另外，国务院金融稳定发展委员会办公室设在中国人民银行，接受金融委直接领导，承担金融委日常工作，负责推动落实党中央、国务院关于金融工作的决策部署和金融委各项工作安排，组织起草金融业改革发展重大规划，提出系统性金融风险防范处置和维护金融稳定重大政策建议，协调建立中央与地方金融监管、风险处置、消费者保护、信息共享等协作机制，承担指导地方金融改革发展与监管具体工作，拟订金融管理部门和地方金融监管问责办法并承担督导问责工作等。

中国人民银行应同国家发展和改革委员会、财政部建立健全协调机制，各司其职，相互配合，发挥国家发展规划、计划、产业政策在宏观调控中的导向作用，综合运用财税、货币政策，形成更加完善的宏观调控体系，提高宏观调控水平。

在国务院领导下，中国人民银行会同中国银保监会、中国证监会建立金融监管协调机制，以部际联席会议制度的形式，加强货币政策与监管政策之间以及监管政策与法规之间的协调，建立金融信息共享制度，防范、化解金融风险，维护国家金融安全，重大问题提交国务院决定。

【阅读拓展 7.3】 中国人民银行职能配置、内设机构和人员编制规定

根据党的十九届三中全会审议通过的《中共中央关于深化党和国家机构改革的决定》《深化党和国家机构改革方案》和第十三届全国人民代表大会第一次会议批准的《国务院机构改革方案》，制定了中国人民银行职能配置、内设机构和人员编制规定。

有关更多的相关知识，有兴趣的读者可以登录“中国政府网”进行查阅，具体网址为：

http://www.gov.cn/zhengce/2019-02/02/content_5363338.htm.

为更好地发挥中央银行在宏观调控中作用，2005 年 8 月 10 日央行上海总部正式成立。其职能定位是总行的货币政策操作平台、金融市场监测管理平台、对外交往重要窗口。上海总部承担的具体职责主要有：

(1) 根据中国人民银行总行提出的操作目标，组织实施中央银行公开市场操作。

(2) 承办在上海的商业银行及票据专营机构再贴现业务。

(3) 分析市场工具对货币政策和金融稳定的影响，监测分析金融市场的发展，防范跨市场风险。

(4) 密切跟踪金融市场，承办有关金融市场数据的收集、汇总、分析，定时报送各类金融动态信息和研究报告。

(5) 研究并引导金融产品的创新，促进金融市场协调、健康、规范发展。

(6) 承办有关区域金融交流与合作工作等。

除以上几点职责外，上海总部根据总行授权，还承担对中国外汇交易中心暨全国银行间同业拆借中心等总行直属在沪单位的管理工作，以及上海黄金交易所、中国银联等有关机构的协调、管理工作。

四、中国人民银行与国家外汇管理局的关系

国家外汇管理局，即中华人民共和国国家外汇管理局，是专司我国外汇管理的行政机构。所谓外汇管理，是指一国政府授权国家货币金融管理当局或其他国家机关，对外汇收支、买卖、借贷、转移以及国际间的结算、外汇汇率和外汇市场等实行的管制措施。

国家外汇管理局成立于1979年3月13日，当时和中国银行是“一个机构两块牌子”，直属国务院领导，由中国人民银行代管。

1982年12月，根据全国人大常委会会议和国务院的决定，国家外汇管理局与中国银行分离并划归中国人民银行领导，改称中国人民银行外汇管理局；随着我国对外开放和综合国力的不断增强，外汇管理工作越来越重要，随后改称中国人民银行外汇管理局为国家外汇管理局。

1983年9月，国务院决定，中国人民银行专门行使中央银行职能，国家外汇管理局及其分局在中国人民银行的领导下，统一管理国家外汇。

1990年1月，国务院决定，国家外汇管理局为国务院直属、归口中国人民银行管理的副部级国家局，是实施国家外汇管理的职能机构。

1993年4月，根据八届人大一次会议批准的国务院机构改革方案和《国务院关于部委管理的国家局设置及其有关问题的通知》，国家外汇管理局为中国人民银行管理的国家局，是依法进行外汇管理的行政机构。

国家外汇管理局设若干职能司和直属单位。在中国人民银行分支行所在地设立国家外汇管理局分局，在北京、重庆设立国家外汇管理局北京、重庆外汇管理部，在其他省会城市设立国家外汇管理局分局，在非省会的副省级城市设立国家外汇管理局分局，在外汇业务量比较大的地市和县市设国家外汇管理局中心支局、支局。国家外汇管理局的分支机构与同级中国人民银行分支行合署办公。

【阅读拓展7.4】 国家外汇管理局

国家外汇管理局的主要职责是：

(1) 研究提出外汇管理体制改革和防范国际收支风险、促进国际收支平衡的政策建议；研究逐步推进人民币资本项目可兑换、培育和发展外汇市场的政策措施，向中国人民银行提供制订人民币汇率政策的建议和依据。

(2) 参与起草外汇管理有关法律法规和部门规章草案，发布与履行职责有关的规范性文件。

(3) 负责国际收支、对外债权债务的统计和监测，按规定发布相关信息，承担

跨境资金流动监测的有关工作。

（4）负责全国外汇市场的监督管理工作；承担结售汇业务监督管理的责任；培育和发展外汇市场。

（5）负责依法监督检查经常项目外汇收支的真实性、合法性；负责依法实施资本项目外汇管理，并根据人民币资本项目可兑换进程不断完善管理工作；规范境内外外汇账户管理。

（6）负责依法实施外汇监督检查，对违反外汇管理的行为进行处罚。

（7）承担国家外汇储备、黄金储备和其他外汇资产经营管理的责任。

（8）拟订外汇管理信息化发展规划和标准、规范并组织实施，依法与相关管理部门实施监管信息共享。

（9）参与有关国际金融活动。

（10）承办国务院及中国人民银行交办的其他事宜。

至于"国家外汇管理局"更多的相关知识，有兴趣的读者可以登录"百度百科"，具体网址为：

https://baike.baidu.com/item/%E5%9B%BD%E5%AE%B6%E5%A4%96%E6%B1%87%E7%AE%A1%E7%90%86%E5%B1%80/6237405?share_fr=pc_qrcode&fromtitle=%E4%B8%AD%E5%8D%8E%E4%BA%BA%E6%B0%91%E5%85%B1%E5%92%8C%E5%9B%BD%E5%9B%BD%E5%AE%B6%E5%A4%96%E6%B1%87%E7%AE%A1%E7%90%86%E5%B1%80&fromid=9192040.

资料来源：国家外汇管理局门户网站 http://www.safe.gov.cn/safe/jbzn/index.html.

本章小结

中央银行制度的产生是商品信用经济发展过程的客观需要，也是银行业务发展的必然结果。中央银行的产生，标志着现代资本主义金融机构体系的形成。

世界各国中央银行的形成，大致有两种主要途径：一是由商业银行逐渐演变发展而来的；二是通过立法，由法律规定建立一家银行为一国的中央银行以履行中央银行的职责。我国走的是第二条途径。

中央银行是一国金融体系的核心，它并不是企业，不以盈利为目的，而是处于一国金融业的主导和领导地位、最高的特殊的金融管理机构。中央银行是"发行的银行"、"政府的银行"、"银行的银行"，其职能主要包括：金融调控职能、公共服务职能和金融监管职能。

各国中央银行类型差异较大。按资本结构可划分为国有、半国有、私有、无资本金及多国共有中央银行五类；按组织形式可分为单一式、复合式、跨国式及准中央银行制度四类;按独立性程度不同,分为独立性较强、独立性居中及独立性较弱的中央银行三类。

在具体业务经营中,中央银行一般奉行非盈利性、流动性、主动性、公开性四个原则。中央银行业务活动按是否与货币资金的运动相关,一般可分为银行性业务和管理性业务两大类。具体主要包括负债业务、资产业务和中间业务三大类。

一国金融基础设施的发展与经济增长、技术创新、金融制度的变革息息相关。同时,金融基础设施的建设与一国的金融稳定也息息相关。

中国人民银行是我国的中央银行,自成立以来,作为发行的银行、银行的银行、政府的银行的性质从未发生变化。中国人民银行为国务院组成部门,是中华人民共和国的中央银行;中国人民银行是在国务院领导下制定和执行货币政策、维护金融稳定、提供金融服务的宏观调控部门,其宗旨为保持货币币值的稳定,并以此促进经济的增长。

【关键术语】

中央银行　英格兰银行　发行的银行　政府的银行　银行的银行　最后贷款人　金融调控　公共服务　金融监管　单一式中央银行制度　复合式的中央银行制度　准中央银行制度　发行基金　反洗钱　金融基础设施

【思考题】

1. 简述中央银行的产生与发展。
2. 怎样理解中央银行的性质和职能?
3. 在具体的业务经营活动中,中央银行一般奉行什么原则?
4. 中央银行有哪些资产负债业务?这些业务与商业银行有什么不同?
5. 我国中央银行的主要职责与业务是什么?
6. 按组织形式中央银行制度有哪些,我国的中央银行实行的是哪一种?
7. 什么是金融基础设施?如何建设和完善我国的金融基础设施?
8. 我国中央银行的分支机构是如何设置的,具体有哪些?
9. 如何理解中国人民银行的相对独立性?

【延伸阅读】

1. 中国人民银行历史沿革. https://www.cngold.org/baike/bank01/60227.html.

2. 中国中央银行制度的产生与发展历程. https://wenku.baidu.com/view/4912e9e9cfc789eb172dc8d3.html.

3. 央行去大区行改革，中编办开启调研. http://k. sina. com. cn/article_6192937794_17120bb4202000o8tj. html.

4. 三问央行存准金考核改革. http://finance. ce. cn/rolling/201606/06/t20160606_12536427. shtml.

5. 普惠金融与金融消费者权益保护. http://www. csrc. gov. cn/shanxi/xxfw/tzzsyd/jczs/201602/t20160224_293000. htm.

第八章　货币需求

⊙ 导言

货币理论是经济学中最古老的命题，也是经济学领域中最富于争论的理论之一。现代经济学更关注货币理论，是因为它构成了货币政策的基石，对货币市场的均衡及宏观经济均衡产生着十分重要的影响。

货币理论的基石是供求规律，即货币的需求、供给及其相互作用。在分析货币供求理论的基础上，学术界才逐渐展开对货币在整体经济中所占地位的论述，特别是货币对收入、就业、物价的影响，并建立了较为完整的货币理论体系。因此，为了全面了解货币理论，必须从货币需求理论开始。

货币需求理论是金融学理论中的精华，是比较晦涩艰深的理论。和其他经济学理论一样，最难掌握的就是从外生变量到内生变量的传递机制。对于初学者来说，尤其是这样。因此，我们首先从货币需求的一般性规定开始，由浅入深。

本章主要阐述货币需求的含义、货币需求理论的基本内容。

第一节　货币需求的诠释

什么是货币需求？这看似一个比较简单的概念，但事实上它却是不大容易全面理解和掌握的。实际上，货币需求理论主要论述货币持有者保持货币的动机、决定货币需求的因素及各种因素的相对重要性以及货币需求对物价和产出等实际经济变量的影响。要正确地理解具体的货币需求理论，有必要先弄清楚货币需求的相关概念。

一、货币需求与货币需求量

在现实的经济生活中，货币不仅为人们所熟知，而且也是各个经济主体从事正常经济活动所必不可少的东西。一定的经济活动内容必然伴随着对货币的一定需求。个人购买手提电脑需要货币,家庭购买住房和轿车需要货币,企业单位购进原材料、设备、支付员工工资均需要货币,政府机构购置办公设备、安排外交事务需要货币,如此等等。将所有这些方面的货币需求综合起来,就是一个社会的货币需求问题。因此,货币需求,是指在一定时期内,社会经济主体(如个人、企业单位、政府),为满足正常的生产、经营和各种经济活动需要所应该保留或占有一定货币的动机或行为。

要注意的是,经济学意义上的需求指的是有效需求,不单纯是一种心理上的欲望,而是一种能力和愿望的统一体。货币需求作为一种经济需求,理当是由货币需求能力和货币需求愿望共同决定的有效需求,这是一种客观需求。

为满足各种经济活动需要而保留或占有的货币量,就是货币需求量。货币需求量是一个存量的概念。货币需求以收入或财富为前提,现实中的货币需求包括现金和存款货币的需求,人们对货币的需求既包括了执行流通手段和支付手段职能的货币需求,也包括了执行价值贮藏手段职能的货币需求。

二、货币需求的理论结构

根据人们研究货币的视角不同,可将货币需求进行不同的分类。

(一) 主观性货币需求与客观性货币需求

主观性货币需求,是指人们在主观上所想要占用的货币。

客观性货币需求,是指人们在经济活动中由各种客观因素决定的所“不得不”占有的货币。客观性货币需求不像主观性货币需求那样属于一种纯粹的主观性欲望,而是一种由客观经济变量所决定的对货币的持有动机或要求,是人们在其所拥有的全部资产中,根据客观需要,认为应该以货币形式所持有的数量或份额。

很明显,在现实中,我们所要研究的货币需求理应是这种客观性的货币需求。因为只有客观性货币需求才具有经济学的研究价值。

(二) 名义货币需求与实际货币需求

名义货币需求,是指在没有考虑物价变动影响的情况下,各经济主体或整个国家所持有的货币数量,即按货币单位计量的货币需求量,一般记作 M_d。

在短期分析中,即价格不变的条件下,名义货币需求量有实际意义。在价格不变时,按票面额计量的单位货币购买力不变,经济主体可以按票面额计量的货币量安排生产和消费,即可以不考虑货币购买力的变化安排货币需求量。

一旦价格发生变动,名义货币量代表的购买力也就发生了变动。如果想要保持经济主体既有的生产和消费规模,名义货币需求量就必须发生变动。反之,如果名义货币需求量不变,生产和消费规模就必然发生变动。

实际货币需求,是指各经济主体或整个国家在考虑了物价变动因素以后根据经济的实际变量而确定的货币需求,即用商品衡量货币需求量,一般记作 M_d/P。

名义货币需求是按照现行价格计算的,其数量大小与物价成正比;而实际货币需求是按照不变价格计算的,其数量的变化与物价无关,反映的是一定数量的货币购买力,对应的是商品和劳务的实际产量或供应的变化,其计算最简单的方法是用名义货币需求除以物价。

实际上,就货币持有者来讲,重要的是货币所具有的购买力,而不是货币的数量。

(三) 微观货币需求与宏观货币需求

微观货币需求,是指个人、家庭或企业在一定时期内,因生活或生产经营活动的需要而保有一定量货币的动机或行为。

宏观货币需求,是指一个国家在一定时期内因经济发展和商品流通需要而引起的对货币供应的需求。

注意,微观货币需求的总和往往大于宏观货币需求。我们所要关注的是宏观的货币需求,宏观货币需求对国民经济的是否健康发展具有决定性的意义。

第二节 传统货币数量论

西方货币需求理论沿着货币持有动机和货币需求的决定因素这一脉络,经历了传统货币数量理论、凯恩斯学派货币需求理论和货币学派货币需求理论的主流沿革。

从货币需求理论的形成与发展来看,货币数量论对货币需求的影响因素和数量关系的解释,是货币需求理论最基本的思想和理论渊源。可以这么认为,货币数量论是经济学中流传最广、势力最大的一种解释物价与货币价值的学说。要探讨西方的货币需求理论,必须首先考察货币数量学说。

货币数量学说的主要思想是,货币的价值完全取决于货币与商品在交换中的数量关系,货币的价值与数量成反比,而与商品的数量成正比。传统的货币数量论主要有两种表述方法,即两个支派:一是现金交易说,二是现金余额说。

一、现金交易说(Cash Transaction Theory)

美国经济学家欧文·费雪(Irving Fisher,1867～1947)是第一个对货币数量论作出系统阐述的学者。他的代表作是1911年出版的《货币购买力:其决定因素及其与信贷、利息和危机的关系》一书,该书也是现金交易数量说的代表作。费雪在书中提出了著名的交易方程式:

$$MV = PT \quad 或 \quad M = PT/V$$

式中,M为一定时期内流通中的货币平均量;V为货币的平均流通速度,也就是在一定时期内货币被交易的一方支付给另一方的次数,P为代表交易中所有交易商品或劳务的平均价格水平,T为该时期内商品或劳务的交易总量,因此,PT代表的是该时期内按市场价格计算的商品或劳务交易的总市场价值。

费雪认为,在货币经济条件下,人们之所以持有货币,并不在于货币本身,而是因为货币可以用来交换商品与劳务,人们手中的货币,最终都将用来购买。因此,货币在一定时期内的支付总额与商品的交易总额一定相等。交易方程式右边为交易总额,左边为货币支付总额,双方必然相等。

从费雪交易方程式可知,为了使交易中商品的交易活动得以顺利进行,人们所需要持有的货币数量M,取决于V、T、P三个因素。

第一,就V而言,一定时间内每单位货币从事交易的次数必然会对货币的需求产生重大的影响。即如果其他因素不变,V与M成反方向变化的关系。费雪假定,货币的流通速度是由社会惯例(比如支付制度、金融制度)、支出习惯(比如节俭与窖藏的程度)、经济与社会的发展(比如工业的集中程度、运输与通信条件)等外生因素决定的,而不受M、P、T的影响,所以从短期看,V是基本稳定的。

第二,就T而言,T是非货币因素,它取决于资本、劳动力及自然资源的供给情况和生产技术水平等。T并不受货币的数量M的影响,因为正如费雪所说,物价的上涨,既不能使农场或工厂的产品增加,也不能使火车或轮船的速度加快。

第三,在V、T均为外生变量的情况下,与货币数量相关的只有一般的物价水平P了。费雪指出,这里的因果关系是货币的数量影响物价水平,而不是物价水平影响货币的数量。物价水平通常是交易方程式中一个绝对被动的因素,它完全受其他因素和先行原因所制约。从这里看,影响它的因素主要有货币数量、货币流通速度和交易的总量。具体而言,在一定状态下,价格水平,一方面与货币的数量成正比,另一方面与货币的流通速度成正比,再一方面与交易的总量成反比。其中最重要的也是构成货币数量说基础的是第一个关系,即在货币流通速度与商品交易不变的情况下,物价水平将随货币数量的变化而发生同方向的变化,也就是费雪的结论——“货币的数量决定着物价水平”。

但费雪的交易方程式也受到了不少的批评,因为它缺乏经验证明。实证结果表明,实际的价格水平变动与货币存量的变动方向有可能不一致,也不一定存在同比例的变化关系,而且其假定货币流通速度不变也不现实。在现实生活中,货币流通速度的稳定性较差，货币供给的变化为货币流通速度及实际产出的变化所抵消，并不会完全为价格变动所吸收。

二、现金余额说(Cash-balance Theory)

在费雪发展其货币数量论观点的同时，英国剑桥大学的一些经济学家也在研究同样的课题，这批经济学家提出了在货币需求理论探讨中具有转折意义的剑桥方程式。所谓的"转折意义"，是因为过去的经济学家主要是从整个经济的角度来考虑货币数量问题的，而剑桥的经济学家则着眼于个人对货币持有的需求。

现金余额说是以马歇尔(A. Marshall，1842～1924)和庇古(A. C. Pigou，1877～1959)为首的英国剑桥大学经济学家创立的。正由于此，该学说又被称为剑桥货币理论，简称剑桥学派。庇古根据马歇尔的观点，于 1917 年写了《货币的价值》一文，马歇尔则于 1923 年写了《货币、信用与商业》一书。他们都从另一角度研究货币数量和物价水平间的关系。

在马歇尔和庇古等剑桥学派经济学家看来，人们之所以持有货币是因为货币能给持有者带来交易上的便利。通常人们都将其收入的一部分以货币形式储存，但过多的这种储存会导致机会成本损失，所以应将储存货币的便利与用货币进行消费的效用或投资于生产所得的收益加以权衡，以确定其保有货币的数量。由于收入与支出之间的时差及其随机性、不可预见的偶发事件发生的可能性，加上货币与生息资产转换时的成本，人们总会持有一定数量的货币而不至于将其所有的现金都转换成生息资产。

在剑桥学派的现金余额数量说里，因上述动因而持有的货币需求量与商品交易或货币收入水平成正比。即剑桥方程式为：

$$M = KPY$$

其中，M 为货币的需求量；Y 为实际收入水平；P 为一般物价水平；K 为常数，是以货币形式保有的资产占总收入的比例，即货币需求主体的持币率。

剑桥方程式表明，一国公众对名义货币的需求取决于影响 T、P、K 的各种因素。在这里，剑桥学派认为：T 是外生的，而且在短期内是稳定的，它与 K、M 及 P 等无关。K 对货币需求具有重要的作用，而能对 K 造成影响的主要因素有三个：第一，持有货币所带来的便利及其能避免的风险；第二，将以货币形式持有的资产转用于生产所能带来的实际收入水平；第三，将货币用于消费所能得到的效用。具体说来，K 与第一个因素成正比，与第二、第三个因素成反比。这意味着，K 值的大小要确定在持有货币的边际效用与保有非货币资产的边际效用相等的那个水平上。由于这一点是经济主体在进行资产组合时反复权衡的结果，加上上面所述的三方面因素在短期内不易发生变化，因此，可以认为 K 值是既定的。于是，剑桥方

程式对货币量 M 与物价 P 之间的关系的理解与前面讨论的现金交易数量说在形式上便没有什么两样了。

【阅读拓展 8.1】 剑桥方程式与交易方程式比较

剑桥方程式与费雪的交易方程式在结论形式上虽然相同,但从其表达式来看,剑桥学派的突破在于,首次将分析重点集中在了货币持有的动机上。K 作为货币需求主体的持币率引入理论模型,是学术思想的一大突破,比起交易方程式中的货币流通速度,是一种伟大的角度转换。庇古本人也认为,剑桥方程式的优点在于考虑了人类意志——货币需求原动力——的作用。

但是,同剑桥方程式的优点一样,它的缺点也是显著的。被学界后来者称为"马歇尔的 K"的持币率,被剑桥的学者们视为常量而非变量。这不能不是一个很大的遗憾!毋庸置疑,"马歇尔的 K"为后来的经济学家们指明了研究方向,引导我们进一步探索货币需求的动机。除了便利之外,还有没有其他动机使得人们愿意持有货币?货币需求是否稳定?在什么情况下、哪些因素会引起货币需求的变动?这样按照这个思路思考下去,货币需求理论就有了全新的发展。可以这么认为,无论是凯恩斯还是费里德曼的货币需求理论,都受益于剑桥学派的这一重大贡献。

另外,要注意的是,剑桥方程式与交易方程式在理论上有着重要的区别。

第一,两者对货币需求分析的侧重点不一样。交易方程式强调的是货币的交易媒介的功能,着重分析支出流;而剑桥方程式强调的是货币的财富贮藏功能,着重分析的是存量,是货币的持有而不是支出。用剑桥大学罗伯逊(D. H. Robertson)的话来说,就是前者是"飞翔的货币"(money on the wings),后者则是"栖息的货币"(money sitting)。

第二,两者强调的货币需求决定因素不同。交易方程式强调的是货币流通速度对货币需求量的决定作用;而剑桥方程式则强调的是人们持有货币数量占其收入的份额是决定货币需求的重要因素。

现金余额数量说开创了四种分析货币需求的方法:一是从货币对其持有者提供效用的角度去分析货币需求;二是从持有货币的动机成本的角度去分析货币需求;三是从货币作为一种资产的角度去分析货币需求;四是从货币供给与货币需求相互关系的角度去分析货币需求。迄今为止,这四种方法仍然是西方货币需求分析最基本的方法。

尽管剑桥方程式与费雪的交易方程式存在一些重要区别,但现金交易说和现金余额说都是以传统的货币数量论为基础,因而都是属于传统的货币需求理论。

货币数量论已有数百年的历史,它能在西方经久不衰的根本原因在于:物价水平及与此相关的通货膨胀是最重要的经济现象之一,而货币数量学说则是对这一现象最直观且为人们所接受的诠释。

第三节　凯恩斯的货币需求理论及其发展

凯恩斯是对西方经济理论产生了深远影响的一位英国经济学家。他的代表作是1930年的《货币理论》和1936年的《就业、利息和货币通论》(简称“通论”),尤其是后者基本上是经济学者的必修课目。

凯恩斯在20世纪30年代之前,属于剑桥学派的一员,其经济思想基本上应归类于古典学派的理论体系。例如,在《货币改革论》一书中,他本质上是运用剑桥方程式来解释和分析通货膨胀与紧缩、汇率波动与购买力平价的。但是,即使在这部早期著作中,凯恩斯也对古典学派将K和V视为常数的观点表示了怀疑。

1936年,作为现代宏观经济学的奠基性巨著《就业、利息与货币通论》面世,凯恩斯彻底告别了古典学派阵营,提出了一套全新的货币需求理论,被后人称作“流动性偏好说”①。

一、凯恩斯的流动性偏好论

凯恩斯的货币需求理论又称流动性偏好理论。该理论最显著的特征是注重对货币需求的各种动机的分析,甚至远比剑桥学派现金余额说的分析更深入、更细致。在凯恩斯看来,人们之所以需要持有货币,是因为人们在心理上存在流动性偏好,人们愿意持有货币而不愿意持有其他缺乏流动性的资产。因此,货币需求的实质就是流动性偏好(liquidity preference)。

那么人们为什么会存在流动性偏好呢?或者说,人们对货币需求的动机是什么呢?凯恩斯认为,人们的货币需求动机有三种,即交易动机、预防动机和投机动机。

(一)交易动机

交易动机(transactions motive)是指人们为了应付日常交易活动而产生的持有货币的愿望。

在一个经济中,几乎所有的交易都是要通过货币来完成的。当居民向商店购买消费品时,需要支付货币;当商店从生产厂家进货时,需要货币进行支付;当生产

---

① 流动性,这里是指货币独有的便利性。货币可以在任何商品之间进行转换,而其他商品(如房产)在转换时都要受到限制或损失。所谓流动性偏好,是指人们宁愿持有流动性高但不能生利的货币,而不愿持有其他能生利但不易变现的资产这样一种心理倾向。这种流动性偏好实质上就是人们对货币的需求。

厂家购买生产资料时，也需要货币进行支付。尤其在当今的经济社会里，没钱可以说是寸步难行。因此，居民、商店和生产厂家均需要在手中持有一定的货币。这种出于交易的动机而对货币构成的需求称之为货币的交易需求。

一般说来，国民收入越高，交易的规模就越大，货币的交易性需求也就越大。所以可以简单地认为，货币的交易需求是国民收入的增函数。要注意的是，交易动机是建立在确认货币流通媒介职能基础上的货币需求理论，在这一点上，它与过去的货币需求理论是一脉相承的，是对剑桥传统的继承。

（二）预防动机

预防动机(precautionary motive)也称为谨慎动机，是指人们为应付紧急或意外情况而产生的持有货币的愿望。凯恩斯的这一分析超越了古典理论的分析框架。

如一个要到北京为业务而出差的推销员，必须携带一定的费用，若此人比较谨慎，他所带的费用一定比预计所需的数目来得大。否则，一旦发生突发事情，因没钱支付有关费用，他将有可能完不成任务，从而因此丢掉工作，或失去一次提升的机会。可见，由于未来的不确定性，居民为了预防未来意外事件(比如失业、生病等)的发生，总需要持有一定量的货币；商店和生产厂家为了应付未来收入和支出的不确定的变化，也总需要保有一部分货币。这种出于预防的动机而对货币构成的需求就称为货币的预防需求。

一般地说，国民收入水平越高，居民、商店和生产厂家的收支额便越大，而在考虑一定保险程度的情况下，所要求的货币的预防需求也就越大。所以可以简单地认为，货币的预防需求也是国民收入的增函数。

（三）投机动机

投机动机(speculative motive)是指人们为了在未来的某一适当时机进行投机活动而产生的持有货币的愿望。如果凯恩斯的理论仅停留在交易动机和预防动机上，则收入将是决定货币需求的唯一因素，那么他为剑桥学派的理论增添的内容将是有限的。而凯恩斯则进一步发展了古典经济学的观点，将人们为财富贮藏而持有货币的动机称为投机动机，从而极大地发展了剑桥前辈的理论。

所谓投机，就是投资者随时利用市场上可能出现的有利情况从事有关交易，以获取一定收益的一种行为。这样一部分人会因出于这种投资的动机而对货币产生需求，这种货币需求就称为货币的投机需求。一般认为，货币的投机需求主要与利率有关。当利率已达较高水平时，通常当时证券的价格较低。而利率已高，则其未来利率再度升高的可能性较小，但利率降低的可能性则较大，即未来证券价格更低的可能性较小但上涨的可能性则较大。于是人们更愿意保持证券，即货币的需求量较小，反之亦然。所以可以这么说，货币的投机需求是利率的减函数。投机需求理论是凯恩斯对货币理论的发展所作出的重大贡献之所在。

凯恩斯认为，交易动机和预防动机主要是和货币的流通手段的职能有关，他把这两个动机合二为一，由这两种动机产生的货币需求统称为交易性货币需求，记为 L_1，它是国民收入的增函数，可表示成 $L_1=L_1(Y)$。交易性货币需求有以下几个特征：

第一，货币主要充当交换媒介。货币的交易性需求主要用于商品交换。货币持有者将货币作为商品交换的媒介，货币发挥流通手段的职能，以满足商品交易的需要。

第二，交易性货币需求相对稳定且可以预计。出于交易动机的货币需求一般可事先确定，原因是在一定时期内用于交易的货币金额、用途、支出时间是完全可以事先预测的，因而这类货币需求是稳定的。出于预防或谨慎动机的货币需求虽难以事先确定，但由于它主要作为交易的备用金，所以受交易的规模、货币的收入影响，也受手持现金而损失的利息收入大小的影响。而这些因素在短期内是相对稳定的，因此出于预防动机的货币需求也是可以预计的。

第三，交易性货币需求是收入的递增函数。交易性货币需求的大小，主要取决于收入的多少和货币流通速度的大小。货币流通速度在短期内是相对稳定的，因此，交易性货币需求主要取决于人们的收入。收入增加会使得开支增加，从而交易数量增加，必然增加货币的交易需求。而预防性货币需求只有在一定收入水平上才会产生，并随收入的增加而上升，因而预防性货币需求也是收入的递增函数。

第四，交易性货币需求对利率不敏感。由于持有货币会丧失利息收入，所以利率变动会影响货币需求，但交易性货币需求主要用于必不可少的日常交易，利率再高、利息损失再大，也必须保持一定数额的现金，以保证正常的交易顺利进行，也必须保持起码的预防性货币以备不测。

由投机动机所引发的投机性货币需求，记为 L_2，它是利率的减函数，可表示成 $L_2=L_2(r)$。投机性货币需求的特征是：

第一，货币主要充当财富贮藏的职能。凯恩斯在复杂的经济中抽象出两种金融资产：货币和债券。债券包括各种缺乏流动性但能带来收益的生息资产。由于货币自身的特征，使其不仅具备极好的流动性，执行交换媒介的职能，还能作为积累而充当财富贮藏的职能。因此，人们在选择自己资产的形式时，需要对金融市场做出预测，权衡具有流动性且有贮藏作用的货币所带来的效用与有收益的债券所带来的效用，将二者进行比较之后，才能决定是持有货币还是购买债券。一般说来，持有货币的目的首先是使自己的资产价值至少得到保值，然后去投机，尽力实现增值。对于不确定的未来，保存货币本身就会带来灵活升值。

第二，投机性货币需求难以预期。由于人们出于投机动机产生的货币需求，注重的是货币的流动性，但人们的流动偏好随着人们对未来情况所作的估计而起变化，并且人们对未来的估计不尽相同。这种心理现象是变化莫测的，加上市场行情变化的影响，导致货币投机需求难以预测。

第三，投机性货币需求对利率极为敏感。债券价格是与市场利率反方向变化的。所以凡是预计未来利率下降，债券价格上涨的人，就会用货币买进债券，而此后他的投机性货币持有额为零。而预计未来利率上升，债券价格下跌的人就会出售所持债券，他的投机性货币需求会增加。可见，投机性货币需求主要取决于利率的高低。现行利率的微小变动都会引起人们预期的变更，从而引起投机性货币需求的较大波动。

第四，投机性货币需求是利率的递减函数。这是因为现行利率越高，未来下降的可能性越大，到那时，债券价格就会上升，因此人们宁愿购入债券而不愿持有货币。并且利率越高，手持货币的机会成本也越高。因此，利率与投机性货币需求是递减函数关系。

货币总需求就是交易性货币需求与投机性货币需求之和。如以 L 表示总的货币需求，则有 $L=L_1+L_2=L(Y,r)$。凯恩斯认为，在正常的经济发展过程中，货币需求的变动主要受收入水平和利率变动的影响。在特殊的情况下，则发生不规则的变动。例如，当利率水平降低到无法再低时，人们就会产生利率上升而债券价格下降的预期，货币需求弹性就会变得无限大，即无论有多少货币，都会被人们贮藏起来。凯恩斯认为，货币需求也对利率、收入发生作用，进而影响经济体系中其他变量。假定货币供给不变，货币需求减少将会使利率下降，货币需求增加会使利率上升。利率的波动会影响投资，从而影响就业和国民收入。

在图 8.1 中，L_1 与利率无关，因而是一条与利率纵轴平行的直线。L_2 则是一条向右下方倾斜的曲线，表明利率越低，货币的需求量越大。如果将 L_1 与 L_2 相加，货币需求总量就是图 8.2 所示的 L 曲线。由于 L_1 是随国民收入的变化而变化，所以 L 曲线要随国民收入的变化而移动。如图 8.3 所示，$L(Y_1)$ 是国民收入水平在 Y_1 时的货币需求，当国民收入增加到 Y_2 时，曲线便移动到 $L(Y_2)$，如此等等。从图 8.3 还可以看到，当利率已降至某一不能再降的低水平值的时候，货币需求曲线变为与横轴平行的一条直线。这表明，货币需求会变为无穷大。也就是说，没有人再愿意持有任何非货币形式的资产，统统宁愿持有货币，“流动性偏好”得以最充分的体现。用凯恩斯自己的话说，即“流动性偏好”绝对化。后人将该直线部分称为“流动性陷阱”，它能最大程度地吸收流通中增加的货币量。

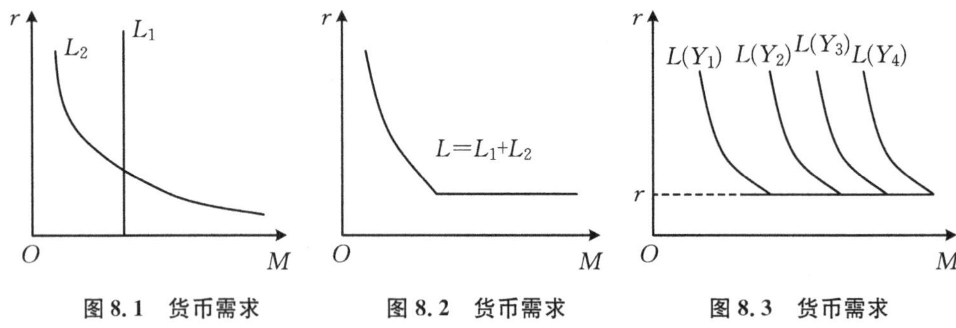

图 8.1 货币需求　　**图 8.2 货币需求**　　**图 8.3 货币需求**

凯恩斯提出“流动性陷阱”①假设的意图何在呢？其实，凯恩斯的用意在于宏观的政策层面：当利率处于“流动性陷阱”阱口的水平，如果实际投资仍不旺盛，从而 GDP 水平较低时，若货币当局用扩大货币供给量的手段企图进一步压低利率，从而使实际投资额上升，是不可能的。因为无论货币供给增加多少，统统会被无穷大的货币需求所吸收——全部落入陷阱之中，对利率没有任何影响。也就是说，这时的货币政策是无效的。

凯恩斯货币需求理论的一个关键是基于投机动机的流动性偏好 L_2，它和利率呈反方向关系，在货币需求分析中引入并强调了资产性的货币需求，进而强调了利率在货币需求中的重大作用。该理论的政策意义是，在社会有效需求不足的情况下，可通过扩大货币供给量来降低利率，通过利率的降低激活投资，进而增加就业，增加产出。

二、凯恩斯货币需求理论的发展

凯恩斯对货币需求理论的一个突出贡献是将货币需求作为函数来处理，这是与古典学派的本质性区别，后来的学者们都是沿着凯恩斯的道路走下去的，几乎无一例外。在凯恩斯的理论函数中，货币需求量是由交易货币需求和投机货币需求两部分组成的，而且两个自变量——收入和利率，分别决定货币需求量中的交易货币需求、投机货币需求。按照凯恩斯的分析，交易货币需求与利率无关，只与国民收入有关；而投机货币需求则主要取决于利率水平。

对于凯恩斯的货币需求理论，虽然没有出现像其本人对古典经济理论那样革命性的突破，但经过经济学家们的深入研究，也不断得到了丰富与发展。其中比较有影响的是：威廉·鲍莫尔（W. J. Baumol，1922～ ）等人对凯恩斯关于交易货币

① 凯恩斯自己也认为这只是一种可能性，经济中未必会出现这种现象。实际上，“流动性陷阱”一词为凯恩斯之后的学者所撰，并非凯恩斯提出的概念。但毫无疑问，“流动性陷阱”是凯恩斯理论体系中的重要特色。

需求理论的发展；惠伦（E. L. Whalen）等人对预防货币需求理论的发展；托宾（J. Tobin，1918～2002）等人对投机货币需求理论的发展。这些发展已成为当代西方货币需求理论的重要组成部分。

（一）鲍莫尔模型

早在20世纪40年代末，美国著名经济学家汉森（A. H. Hanson，1887～1975）就指出，当利率上升到相当高度时，货币的交易需求也会具有利率弹性。但首先将货币的交易需求与利率和规模经济的关系以数学公式形式表达出来的学者是鲍莫尔与托宾，因此，这一模型又称为鲍莫尔-托宾模型。

1952年，美国普林斯顿大学的威廉·鲍莫尔发表了题为《现金交易需求：存货理论分析方法》的论文，提出了“平方根定律”（Square-root Rule）；1956年，耶鲁大学的詹姆斯·托宾发表了论文《货币交易需求的利率弹性》①。两人分别在论文中证明，人们在确定交易货币需求量时，和厂商确定存货量时既考虑交易的便利又考虑存货的成本一样，也考虑持有大量货币时，利率变动所产生的机会成本。由于鲍莫尔和托宾的模型本质上是管理科学中“最适度存货控制”技术在货币理论中的应用，所以又被称为“货币需求的存货管理理论”。

鲍莫尔认为，如果企业或个人的经济行为都以收益最大化为目标，则在货币收入的取得和支出之间的时间间隔内，没有必要让所有用于交易的货币都以现金形式持有，因为现金不会给持有者带来收益。应将暂时不用的现金转化为生息资产的形式，到用时再变现。只要利息收入超过变现的手续费就有利可图。并且利率越高，收益越大，生息资产的吸引力就越强，人们就会把现金的持有额降到更低的限度。如果利率不够高，实现成本大于利息收入，人们就会全部持有现金。因此，货币的交易需求与利率有关。在鲍莫尔看来，凯恩斯贬低利率对货币交易需求的影响可能是错误的。

【阅读拓展8.2】 鲍莫尔的“平方根定律”

假设 Y 是某收入-支出期的进款总额（即交易总额）；r 为该期间内普遍实行的利率；b 是每次出售生息资产时所承担的手续费；M 是该经济单位在这一期间开始时所持有的现金。M 有三个特征：第一，M 的最大值是该期间的进款总额 Y，即 Y 全部以现金形式被持有；第二，M 也是整个期间内将要按照等量变卖的生息资产额度；第三，当 M 小于 Y 时，Y 代表了该经济单位在整个期间内买卖生息资产的

---

① W. Baumol. The Transactions Demand for Cash: an Inventory Theoretic Approach[J]. Quarterly Journal of Economics, Nov. 1952: 545-556. /J. Tobin. The Interest Elasticity of the Transactions Demand for Money[J]. Review of Economics and Statistics, Aug. 1956: 241-247.

次数。

按照管理科学中的库存理论，在货币和生息资产之和构成满足交易需求的总进款的前提下，该经济单位的平均进款额为其总进款额的一半，即 $Y/2$；它的现金平均持有额就是 $M/2$；平均进款额与现金平均持有额之差 $(Y-M)/2$ 即为生息资产的平均持有额；这些生息资产的收益为 $r\cdot(Y-M)/2$；这些生息资产转化成现金所承担的交易成本为 $b\cdot(Y/M)$。则该经济单位以生息资产形式持有其部分总进款的净收益 R 为

$$R=r\cdot(Y-M)/2-b\cdot(Y/M)$$

要使收益 R 达到最大值，只 $\mathrm{d}R/\mathrm{d}M=(-r/2)+b(Y/M^2)=0$，即

$$M=(2bY/r)^{1/2}$$

可见，该经济单位最适度的每次变现量为 $(2bY/r)^{1/2}$，适度现金平均持有额为：$(1/2)(2bY/r)^{1/2}$。如果将物价因素考虑在内，则实际适度现金平均持有额应为

$$M/P=(1/2)(2bY/r)^{1/2}$$

或

$$M=\alpha b^{0.5}Y^{0.5}r^{-0.5}P\quad(\alpha=2^{-0.5})$$

上式就是著名的“平方根定律”。它表明，在交易额或手续费增加时，最适度现金平均持有额将增加；而当利率上升时，这一数额将下降。这就将利率与货币的交易性余额联结了起来。从上式还可以看到，最适度现金平均持有额与交易量、手续费及利率水平的变化不是成比例的关系，其对这些变量的弹性（系数）分别为 0.5、0.5、－0.5。

要注意的是，在鲍莫尔的上述分析中，其所作的假设有三个：一是经济单位取得进款 Y 的时间间隔是相等的，进款的支出是连续的和均匀的；二是生息资产一律采取短期政府债券的形式；三是经济单位出售生息资产的时间间隔与数额相等。可见，鲍莫尔的三个假设是很粗糙、很简单的，正由于此，鲍莫尔所作的定量分析有着相当的局限性，其所得出的货币交易需求对交易量和利率水平的弹性分别为 0.5 和－0.5 的结论是不太科学的，或者说是站不住脚的。其他经济学家从理论和实证两个方面对此作出了批评。米勒（M. H. Miller）和奥尔（D. Orr）根据他们的计量模型指出，货币需求对交易量的弹性可以在 $\frac{1}{3}\sim\frac{2}{3}$ 间，甚至可以在更大的范围内变动。布鲁纳（K. Brunner）和梅尔什（A. Miltzer）经过研究也发现货币需求对交易量的弹性是一个变数，当交易量减小时，弹性变小；当交易量增大时，弹性也变大。不过，话又讲回来，鲍莫尔对影响货币交易需求诸因素所作的定量分析对后人是具有相当启发意义的。

（二）惠伦模型

1966 年，惠伦、米勒和奥尔先后发表文章，阐述了货币的预防需求也同样为利率减函数的观点。比较有代表性的要数惠伦模型。

惠伦认为影响货币预防需求的因素有非流动性成本、持有现金的机会成本及收入与支出的平均和变化情况等。非流动性成本，是指因低估在某一支付期内现金需要而造成的损失。当人们因缺乏现金而无法履行付款义务时，一是因无助而陷于经济困境甚至破产，此时非流动性成本是非常高的；二是为避免经济困境而及时从银行取得贷款，此时非流动性成本就是向银行贷款所付的一切费用；三是将手中持有的非现金资产转换成现金，此时非流动性成本就是转换中所发生的手续费。从一般的情况来看，鉴于不能保证随时可从银行取得贷款，为了避免经营上的麻烦，人们通常在手中持有一定的非现金资产。正因为如此，我们可以将持有预防性现金量的机会成本看成是持有这些现金而需放弃的一定的利息收益。

【阅读拓展 8.3】　惠伦模型

如果一定时期内的净支出 N 大于预防性现金持有量 M，则公司就要将其所拥有的其他资产进行变现，变现费用为 b；由于长期内收入等于支出，净支出等于零，因此净支出的概率分布以 0 为中心；净支出大于预防性现金持有量的概率为 p。这样，持有预防性现金的机会成本为 $r \cdot M$，预期的非流动性成本为 $b \cdot p$。则预期总成本为：$C=r \cdot M+b \cdot p$。

假如企业与居民家庭均为风险厌恶者，那么净支出超过预防性现金持有量可能性的估计时应是最保守的。根据车比雪夫（Tchebycheff）不等式可知

$$p(\mid N \mid > M) \leqslant 1/(M/Q)^2 = (Q/M)^2$$

取 $p=(Q/M)^2$，其中 Q 为净支出的标准差，则可得

$$C = r \cdot M + b \cdot (Q/M)^2$$

根据微积分知识，C 的最小值在其一阶导数为 0 处取得，即

$$\mathrm{d}C/\mathrm{d}M = r - 2bQ^2/M^3 = 0$$

解得

$$M = (2bQ^2/r)^{1/3}$$

或写为

$$M = \alpha Q^{2/3} b^{1/3} r^{-1/3} \quad (\alpha = 2^{1/3})$$

可见，最适度的预防性现金持有量不仅同净支出方差 Q^2、非流动性成本 b 成正相关，而且还与利率水平 r 成负相关。这一结论与鲍莫尔模型是基本一致的，不同的是惠伦模型中预防性现金持有量对手续费和利率水平的弹性分别为 $\frac{1}{3}$ 和

$-\frac{1}{3}$。而鲍莫尔模型中相应的弹性分别为$\frac{1}{2}$与$-\frac{1}{2}$。

应该注意的是,交易额或者说收入在惠伦模型中也起作用。因为收入与支出的数额与次数都会对净支出的方差Q^2产生影响。假设净支出服从正态分布,且每笔收入的价值不变,而收入与支出的次数增加,则有$Q^2=K_1Y$,其中K_1为常数,Y为总交易额或者说收入;如果每笔收入的价值增加,而交易次数不变,则有$Q^2=K_2Y^2$,其中K_2也为常数。分别将这两式代入惠伦模型中,可得预防性现金持有量的交易额弹性为1/3(价值不变,次数增加)和2/3(价值增加,次数不变)。

鲍莫尔模型、惠伦模型均论证了即使是纯粹作为交易工具的货币,也对利率水平具有相当的敏感性。据此,凯恩斯的货币需求函数应修正为

$$L=L_1+L_2=L_1(Y,r)+L_2(r)$$

(三)托宾模型

如果人们将其资产在货币和债券之间进行配置,那么凯恩斯在其货币投机需求理论中认为,人们对未来利率变化的预计是自信的,并在自信的基础上决定自己持有货币还是保持债券,由于各人预计不同,因此总是有一部分人持有货币,另一部分人保持债券,二择其一而不是两者兼有。然而现实情况却与凯恩斯的理论不相吻合,投资者对自己预计往往是犹豫不定的。一般人都是既持有货币,同时又持有债券,于是许多学者对凯恩斯的理论发表了新的见解,其中最有代表性的就是"托宾模型"。

【阅读拓展8.4】 托宾模型的图解

托宾认为,资产的保存形式不外乎两种,即货币和债券。债券称为风险性资产,货币被称作安全性资产。

按照凯恩斯的观点,债券的预期收益率为利率与预期的资本增值(亏损)率之和。设利率水平为r,预期的资本增值(亏损)率为g,人们所能持有的债券数量的上、下限分别为全部资产与0,全部资产的数量Q是既定,预期总收益为T,风险总额为σ,每单位债券所蕴涵的风险为δ。则可得

$$T=Q\cdot(r+g)$$

又$\sigma=Q\cdot\delta$,这样我们可得$T=[(r+g)/\delta]\cdot\sigma$。这表明预期收益与风险之间成正相关关系,它代表了适用于人们选择的市场投资机会线。几何表示如图8.4所示。

在图8.4中,我们仅给出了三条市场投资机会线。实际上我们可以画出许多条。

需要说明的有两点：第一，所有市场投资机会线均起始于原点，此时债券持有量为0，风险与收益也均为0，人们采取了全额货币的资产组合形式；第二，越靠近纵轴的市场投资机会线对人们的吸引力越大，因为在同等风险的情况下其收益相比之下为大，在同等收益的情况下其冒的风险为小。

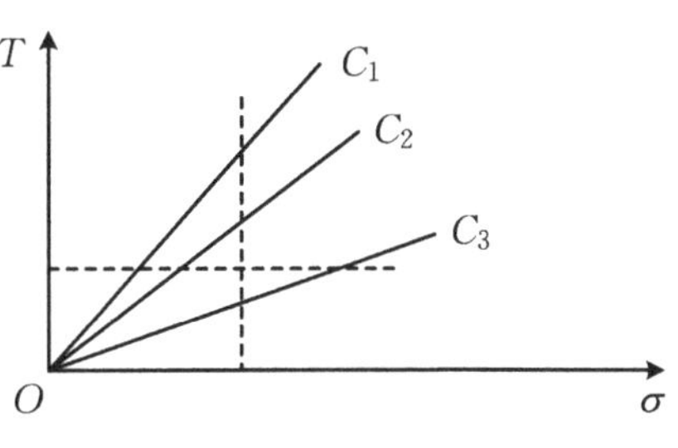

图 8.4 市场投资机会线

托宾认为，一般说来人们都是风险回避者，当资产的风险增加时，其相对的预期收益率必须得到相应的增加，以作为补偿，否则人们会放弃持有这样的资产。人们所要求的资产收益与风险的关系可以用人们的无差异曲线来表示。

将市场投资机会线与人们的无差异曲线结合起来，就可以得到人们的资产组合决策：持有多大比例的债券和多大比例的货币。在图 8.5 中，上半部分纵轴表示预期收益，横轴表示风险总额；下半部分左纵轴表示债券的构成率 S，右纵轴表示无风险资产货币的构成率 B。图中，I_1、I_2、I_3 分别为人们的无差异曲线，OC_1、OC_2、OC_3 分别为对应于不同收益的市场投资机会线，OO_1 为资产组合率的轨迹线。

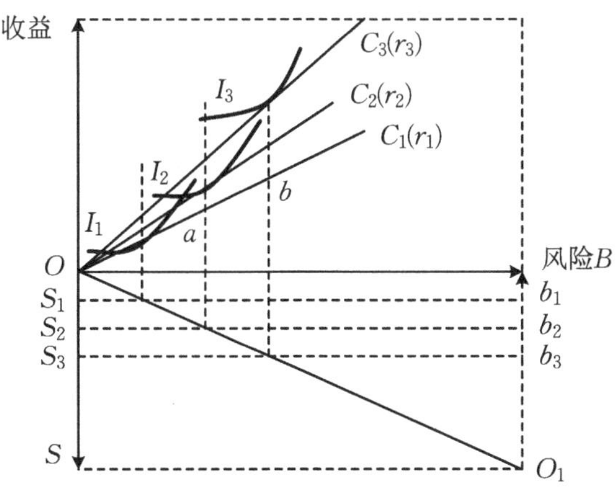

图 8.5 多个投资机会条件下的资产组合

当无差异曲线 I_1 与投资机会线 OC_1 相切于 a 点时，由于预期收益率较低，故资产组合为 S_1 与 b_1，即持有相对较多的现金和较少的债券。如果预期收益利率由 r_1 增至 r_2，则将导致现金构成率由 b_1 降至 b_2、债券持有率将由 S_1 升至 S_2。可见，债券的预期收益率与现金持有比率间存在一种反向变动的关系，将这种关系用几何图形表示出来，就可得到一条向右下方倾斜的曲线（如图 8.6 所示）。有些学者

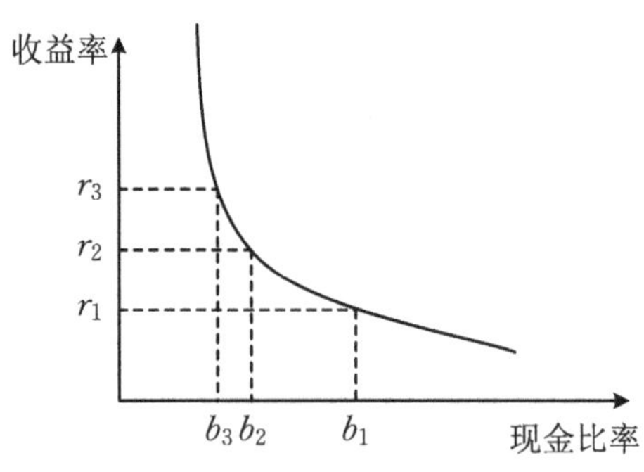

图 8.6 预期收益率与现金持有比率的关系

将这条曲线称为“托宾曲线”。该曲线证明了利率水平与货币投机需求之间所存在的反向变动关系。

托宾在强调预期不定，风险存在的基础上，将凯恩斯的流动偏好理论进行了推广并修正为资产偏好理论，用投资者规避风险的行为动机来解释对闲置货币余额的需求。通过这个理论，托宾论证了在未来不确定的情况下，人们依据总效用最大化原则在货币与债券间进行组合，货币的投机需求与利率呈反方向变动。

20 世纪 50 年代以后，西方金融业高速发展，金融工具不断创新，各种风险低、有收益、流动性高的短期金融资产相继出现。面对这些种类繁多的金融资产，货币需求能否再用规避风险的动机来解释顿生疑问。希克斯(J. R. Hicks)运用微观经济理论中的等边际原理，探讨了包括货币在内的各种金融资产的分布及其效用均等过程。

如图 8.7 所示。假设人们将财富按照不同比例配置于债券、股票和现金。B 表示债券，债券的相对比重由原点 O_B 向右计算；S 表示股票，股票的相对比重由原点 O_S 向左计算。在衡量风险收益以后，债券、股票对人们的边际效用都随比重的增加而降低。现金无收益、无风险，因此其边际效用为零且不会递减，这就是说，现金的边际效用线就是横轴。据传统的等边际原理，在资产结构的最佳配置点上，人们持有的每一种资产的边际效用应该相等。换句话说，最理想的持有比例是债券 $O_B C$、股票 $O_S A$ 与现金 AC。但如果人们对风险的估计或态度发生变化，则上述组合也将随之发生改变。如果人们的态度比以前更加乐观，较愿意承担风险，则 MU_B 向右旋转，MU_S 向左旋转，两者相交于 I。最理想的持有比例变为债券 $O_B F$、股票 $O_S F$、现金则减为零。

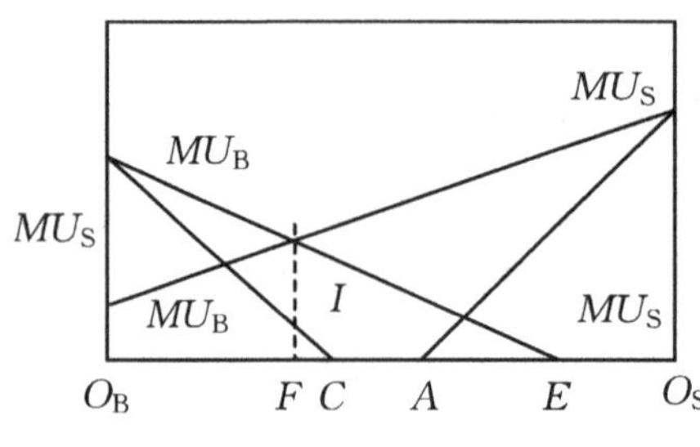

图 8.7 多种资产的组合

如果引入另一种无风险但有一定收益的资产(比如国库券、大额可转让定期存单等等),其边际效用线为 MU_C 将高于横轴。最佳持有比例为债券 $O_B F$、股票 $O_S E$、无风险资产 EF。即在持有对象中增加了一种无风险的有息证券以后,人们对现金的投资需求可能降为零。因此,人们经常持有现金的现象,只能通过交易动机或预防动机来进行解释。在此,机会成本是货币需求的必要条件,当然,人们所得信息的不完整性及达不到规定的投资规模等市场因素,也会造成人们只能以货币形式持有资产。

从上面的论述可以看出,“托宾模型”较凯恩斯货币投机需要理论更切合实际。但是,许多西方学者也指出该模型存在着许多不足之处。例如模型忽略了物价波动的因素;托宾模型只包括两种资产,即货币和债券,而不包括其他金融资产,这显然与当代金融业发展的实际情况不符。

第四节 弗里德曼的货币需求理论

弗里德曼(M. Friedman,1912～2006)是美国芝加哥大学著名的经济学教授,现代货币主义(monetarism)的倡导者,1976 年获诺贝尔经济学奖。在凯恩斯理论风行西方世界时,其货币需求理论正在悄然兴起,到 20 世纪 60 年代,他的理论政策主张已经发展为一个完整的体系。弗里德曼的货币需求理论也叫货币学派,它是以对抗凯恩斯的面目出现的。

弗里德曼的货币需求理论是当代西方经济学的主流学派,其理论及其政策主张被称之为“新货币数量说”或“货币主义”。他的代表作是 1956 年发表的《货币数量论——重新表述》。弗里德曼的货币需求理论是他的新货币数量说的重要组成部分。

一、弗里德曼的货币需求函数

与传统货币数量学说不同的是,弗里德曼使用了全新的逻辑推理和实证分析方法。弗里德曼的理论特色有两个:一是采纳了凯恩斯视货币为一种资产的核心思想,利用这一思想把货币数量说改造成货币需求函数;另一方面又基本上肯定货币数量说的长期结论,即长期中,货币量变化只能影响物价、名义利率、名义收入等,不能影响就业、实际收入、实际利率、生产率等。

弗里德曼认为,货币是一种商品,甚至说是一种奢侈的商品,因而人们对货币的需求就同对商品和服务的需求是一样的。按此思路,对货币需求的分析就可以用“消费者选择理论”进行逻辑推理了。

消费者选择理论认为,消费者在诸多商品之间进行选择时,一般要考虑以下三个因素：

第一，效用。人们之所以要买某种商品，是因为它能给自己带来某种效用。值得注意的是，效用是一种主观评价，因人而异，因此偏好对效用的影响很大。

第二，收入。收入决定人们获得货币的能力，收入水平作为一条预算线，将有限的需求从无限的欲望中分离出来。在收入一定时，人们只能在目不暇接的商品中选择有限的一部分。

第三，机会成本。由于受收入的限制，人们只能购买一部分商品。假定只有两种商品，购买一定数量的 A 就必须放弃相应数量的 B，被放弃的 B 的效用，就是购买 A 的机会成本。在收入一定时，人们必须在效用最大、机会成本最小的 A、B 组合问题上有所考虑。

由于货币是一种特殊的"商品"，所以弗里德曼认为，人们持有货币的数量主要受两类因素的影响：一是持有货币的成本。该成本包括直接成本和间接成本两种。直接成本分为预期损失（比如物价上涨时货币的贬值）和贮藏费用两个方面。间接成本就是机会成本。二是持有货币的收益。该收益包括直接收益和间接的收益两个方面。直接收益，如定期存款所获得的以货币支付的利息、价格下降时货币实际价值的上升等。间接的收益，即持有货币带来的交易便利和享受的优惠。一般来说，在持有货币的收益中，间接收益是主要的。这与凯恩斯的"流动性偏好"有些相似。

1956 年，弗里德曼发表了著名论文《货币数量论——重新表述》。在该文中，弗里德曼将货币需求理论函数表述如下：

$$M_{\mathrm{d}} = f\left(P, r_{\mathrm{b}} - \frac{1}{r_{\mathrm{b}}}\frac{\mathrm{d}r_{\mathrm{b}}}{\mathrm{d}t}, r_{\mathrm{e}} + \frac{1}{P_{\mathrm{e}}}\frac{\mathrm{d}P_{\mathrm{e}}}{\mathrm{d}t} - \frac{1}{r_{\mathrm{e}}}\frac{\mathrm{d}r_{\mathrm{e}}}{\mathrm{d}t}, \frac{1}{P}\frac{\mathrm{d}P}{\mathrm{d}t}, w, Y, u\right) \tag{8.1}$$

式(8.1)中的符号意义、函数与自变量的相关关系如下：

(1) M_{d} 为名义货币需求，它是因变量，是受自变量决定的。

(2) P 为物价水平。它决定人们为购买商品和劳务所要持有货币的多少，价格水平越高，购买商品和劳务所需要的名义货币量就应该越多，二者为正相关关系。

(3) $r_{\mathrm{b}} - \frac{1}{r_{\mathrm{b}}}\frac{\mathrm{d}r_{\mathrm{b}}}{\mathrm{d}t}$ 为债券的预期名义收益率；其中，r_{b} 为当期债券利率，$\frac{1}{r_{\mathrm{b}}}\frac{\mathrm{d}r_{\mathrm{b}}}{\mathrm{d}t}$ 是债券利率的预期变动率。债券的预期收益率上升，意味着持有货币的机会成本加大，理性的经济主体必然要尽可能地减少货币需求量，用有较大预期收益的债券替代。反之则反是。显然，债券的预期收益率与货币需求量二者为负相关关系。

(4) $r_{\mathrm{e}} + \frac{1}{P_{\mathrm{e}}}\frac{\mathrm{d}P_{\mathrm{e}}}{\mathrm{d}t} - \frac{1}{r_{\mathrm{e}}}\frac{\mathrm{d}r_{\mathrm{e}}}{\mathrm{d}t}$ 为股票的预期名义收益率；其中，r_{e} 为当期股票收益

率；$\frac{1}{P_e}\frac{\mathrm{d}P_e}{\mathrm{d}t}$为预期资本损益率，即股票价格变化率，$\frac{1}{r_e}\frac{\mathrm{d}r_e}{\mathrm{d}t}$为股票收益率的预期变化率。变量 $r_e+\frac{1}{P_e}\frac{\mathrm{d}P_e}{\mathrm{d}t}-\frac{1}{r_e}\frac{\mathrm{d}r_e}{\mathrm{d}t}$ 与函数 M_d 也是负相关的。

(5) $\frac{1}{P}\frac{\mathrm{d}P}{\mathrm{d}t}$为预期价格变动率。如果预期物价上升，就意味着下一期货币的购买力将降低。于是，人们势必会减少货币持有量，以其他能保值的资产保值。反之则反是。

(6) w 为非人力财富与人力财富的比率。这一比率制约着人们所得收入的状况。在费里德曼的财富概念里，除了货币、金融资产等财富形式外，还有“人力财富”，即人们赚钱的能力。但是，人力财富向非人力财富的转化，会由于制度方面的约束而受到很大的限制。比如在经济不景气时，人力财富就难于转化为收入。因此，为了应付可能发生的人力财富的滞销，人力财富占总财富的比例越大，对货币的需求也就越大。可见，在一定的总财富水平下，w 值越大，货币的需求量越小；w 值越小，货币的需求量越大。

(7) Y 代表以货币表示的“恒久收入”，即一个较长时期的平均收入水平。费里德曼拒绝把当前收入作为财富的代表，而坚持采用他在消费理论中提出的“恒久收入”的概念来代替。对此，我们可以这样理解：在长期中，假定一个人的平均收入水平是月薪 6000 元，他就基本上形成了一个较为稳定的消费支出习惯，因而决定了货币需求量。他不会因某一个月收入偶然的提高或降低而改变自己的消费支出习惯，从而改变货币需求量。譬如，增加了 1000 元，他可能用其购买公债；减少 1000 元，他可能卖出一部分手中的公债，以保证消费支付习惯不变。如果他确信平均收入从此就提高(降低)到了某一新的水平上，他将调整自己的消费支出习惯，从而决定新的货币需求量。这里所说的“平均收入”，大致就是“恒久收入”的含义。

恒久收入与 M_d 的相关关系如同凯恩斯的收入与货币需求一样，是正向相关的。

(8) u 代表反映主观偏好与风尚以及客观技术与制度因素的综合变数。比如人们的兴趣、嗜好、习惯等等。节俭守财的人与注重享受的人所持有的货币数量就相差悬殊，因而具有不同的货币需求；交通运输、通信设施、金融机构等技术条件越好，就越能方便货币的周转，从而减少货币的需求量。

【阅读拓展 8.4】 弗里德曼货币需求函数与剑桥方程式和交易方程式的比较

弗里德曼在《美国和英国的货币趋势》一书中，将单个财富持有者的货币需求理论函数简化为

$$\frac{M_d}{P}=f(Y_r,w,R_m,R_b,R_e,gP,u) \tag{8.2}$$

式(8.2)中,$\frac{M_d}{P}$为实际货币需求①,即为剔除物价水平影响后的实际货币需求量,也就是能实际支配财富的货币需求;Y_r 为实际恒久收入,即 $Y_r=\frac{Y}{P}$;R_m 为货币的预期名义收益率,在其他条件不变时,可以理解为定期存款的预期收益率,它与货币需求正相关;R_b 相当于式(8.1)的 $r_b-\frac{1}{r_b}\frac{dr_b}{dt}$; R_e 相当于式(8.1)的 $r_e+\frac{1}{P_e}\frac{dP_e}{dt}-\frac{1}{r_e}\frac{dr_e}{dt}$; gP 相当于式(8.1)的$\frac{1}{P}\frac{dP}{dt}$。

式(8.2)与式(8.1)的显著区别是:函数用实际货币需求$\frac{M_d}{P}$取代了名义货币需求 M_d。这是怎么转换的呢?

弗里德曼进一步假定,函数由实际变量决定,即与衡量货币变量的名义单位完全独立。如果衡量物价、名义收入的单位发生变化,则货币需求也作同比例变化。用数学语言描述,即式(8.1)对 P 和 Y 是一阶齐次(微分方程)的。

这样,式(8.1)可写成

$$\begin{aligned}\lambda M_d&=f\left(\lambda P,r_b-\frac{1}{r_b}\frac{dr_b}{dt},r_e+\frac{1}{P_e}\frac{dP_e}{dt}-\frac{1}{r_e}\frac{dr_e}{dt},\frac{1}{P}\frac{dP}{dt},w,\lambda Y,u\right)\\&=\lambda f\left(P,r_b-\frac{1}{r_b}\frac{dr_b}{dt},r_e+\frac{1}{P_e}\frac{dP_e}{dt}-\frac{1}{r_e}\frac{dr_e}{dt},\frac{1}{P}\frac{dP}{dt},w,Y,u\right)\end{aligned}$$

令 $\lambda=\frac{1}{P}$,则有

$$\frac{M_d}{P}=f\left(r_b-\frac{1}{r_b}\frac{dr_b}{dt},r_e+\frac{1}{P_e}\frac{dP_e}{dt}-\frac{1}{r_e}\frac{dr_e}{dt},\frac{1}{P}\frac{dP}{dt},w,\frac{Y}{P},u\right)$$

加入货币预期收益率并按式(8.2)的符号简化,可得

$$\frac{M_d}{P}=f(Y_r,w,R_m,R_b,R_e,gP,u)$$

弗里德曼进一步假定:$\lambda=\frac{1}{Y}$,则有

$$\frac{M_d}{Y}=f\left(\frac{P}{Y},w,R_m,R_b,R_e,gP,u\right)$$

① 费里德曼强调的正是这种实际的货币需求,因为它反映了国民经济对货币的客观需求量。

即

$$M_d = f\left(\frac{1}{Y_r}, w, R_m, R_b, R_e, gP, u\right)Y$$

令 $K=f\left(\frac{1}{Y_r}, w, R_m, R_b, R_e, gP, u\right)$，将名义收入写成 PY_r，代入上式，得

$$M_d = KPY_r \quad 或 \quad \frac{M_d}{P} = KY_r \tag{8.3}$$

再令 $V=\frac{1}{K}$，则有

$$M_d = \frac{1}{V}PY_r \quad 或 \quad M_dV = PY_r \tag{8.4}$$

式(8.3)与剑桥方程式几乎没有差异，式(8.4)与交易方程式几无二致。不过，弗里德曼“新货币数量论”的持币率 K 或货币流通速度 V 已不再是常数，而是一个比较复杂的函数。从 $K=f\left(\frac{1}{Y_r}, w, R_m, R_b, R_e, gP, u\right)$ 可以看出 K、V 与各变量之间的相关关系。

弗里德曼的货币需求理论函数虽然在形式上反映了凯恩斯的影响，但函数的内容则比凯恩斯的流动性偏好理论精密。就货币需求函数的一般形式(8.1)、(8.2)两式而言，基本上被学术界接受，没有什么争论了。但是弗里德曼运用齐次公式，将货币需求函数转换为式(8.3)或(8.4)，无疑是对古典货币数量说的重建。

二、新货币数量论

费里德曼在其代表作《货币数量论——重新表述》(见《最适货币量及其他论文集》英文版，1969 年)中指出：货币数量说首先是对货币需求的理论，它既不是产出量与货币收入的理论，也不是价格水平的理论。解释这些变量需要将数量说与货币供应情况和其他变量状况的设定结合起来。

新货币数量论的基本内容是：物价水平乃至名义收入的水平是由货币供应与货币需求共同作用的结果，在决定实际产量的生产条件不变的情况下，当货币供应大于货币需求时，物价上涨，名义收入增加；当货币供应小于货币需求时，物价下跌，名义收入减少。至于货币供求对实际产量的影响，则取决于供求失衡的程度及持续的时间。由于货币供应是取决于货币制度的外生变量，即货币供应是由货币当局和有关立法来控制的，其变化独立于经济体系的内部运转。因此，问题的关键在于了解货币需求的状况。理论分析和统计资料显示，货币需求函数是极为稳定的。货币需求函数的稳定性，使货币供给量的人为变化不能为货币需求所抵消，从而作用于物价乃至名义收入，进而对经济生活产生影响。因此，货币供给量的不规

则变动是经济波动的根本原因。

新货币数量论的关键在于证明货币需求函数的稳定性。他对上述影响货币需求因素的分析结果表明：

第一，实际货币需求不受物价水平 P 的影响。

第二，实际货币需求主要取决于作为财富代表的恒久收入。由于恒久收入在长期内取决于生产技术水平、人口、物质资源及其利用情况等，其变动是相对平稳的，这就从根本上决定了货币需求也是相对稳定的。

第三，持有货币的机会成本对货币需求的影响很小。R_m，R_b，R_e决定于市场利率，而经验研究表明，货币需求对利率变化的敏感性很弱；统计资料还表明，物价变动率$\frac{1}{P_e}\frac{dP_e}{dt}$只有在幅度很大、持续时间很长的情况下，才会对货币需求产生实质性的影响。

可见，尽管货币需求是多种复杂变量的函数，但由于起决定作用的变量受社会生产力水平和制度等因素制约，从长期看，其不会发生大的变动，尤其是具有高度稳定性的恒久收入这一因素对货币需求起主导作用。再加上一些易变因素，比如利率、物价变动率等对货币需求的影响十分有限。因此从总体上说，货币的需求函数是稳定的。

【阅读拓展 8.5】 费里德曼新货币数量论与古典货币数量论的比较

第一，古典货币数量论将 K 或 V 看作是不变的常数；而费里德曼则将 K 或 V 看作是少数几个变量的一个函数，它基本上是一个稳定的、可测的函数，甚至“比消费函数或其他主要函数更为稳定”。

第二，古典货币数量论既假定 K 或 V 为常数，又假定国民收入 T 是充分就业条件下的固定的常数，于是货币需求量 M 与物价水平 P 两者就必须构成同比例的变动关系；而新货币数量论则认为货币量的变动先是直接影响国民收入水平的变动，通过后者的变动在短期内既可体现在物价水平方面也可体现在国民收入方面，只有在长期内货币供给量的变动才完全体现在物价水平方面。

第三，古典货币数量论中的 T 是代表现期的真实收入，而新货币数量论中的 Y 却是代表一种所谓的“恒久收入”(permanent income)，即人们在很长时期内的收入的平均数，且是比较稳定的。

此外，费里德曼新货币数量论的另一个特点是他吸收并扩展了凯恩斯的流动性偏好理论。凯恩斯只论及人们在货币与证券两者间的流动性偏好并强调利率的作用。费里德曼不仅将证券再区分为有固定收益的债券和一般的股票，并将耐用消费财富、房地产等等也包括在内，把它们均看作是人们持有财富的一种形式。他将此类财富称之为非人力财富，以与人力财富相区别。因此费里德曼货币需求函数式中的财富的内容甚为广泛，他自认为把收入作为财富的代表，而不是把它作为货币发挥作用后的结果，这是费里德曼在货币数量论上的新见解。

第五节　西方货币需求理论的总结与启发

一、西方货币需求理论的总结

通过以上对于几种主要的货币需求理论的介绍和研究，我们可以得出如下几点结论：

第一，西方货币需求理论的分析中，无论是古典学派、凯恩斯学派，还是货币学派，他们分析的货币需求实际上是对现金的需求，且有扩大的趋势（如货币学派用的货币定义是 M_2）；都是从个人或微观经济主体出发，基本上注重分析货币持有者对真实货币的需求量及其动机和行为。

第二，西方货币需求理论都认为影响货币需求的因素是复杂的。货币需求可以是多种变量的函数。归纳起来，货币需求函数主要由三类变量即规模变量、机会成本变量和其他变量所组成。

规模变量也称为规模经济变量，包括收入和财富，它与货币需求同向变化。

机会成本变量包括货币自身收益率、货币以外的其他资产的收益率和预期通货膨胀率，它们与利率有关。货币自身收益率与货币需求量同向变化，而其他资产（包括实物资产）的收益率与货币需求呈反向变化。由于各种资产的收益率最终都要通过利率或利用利率来反映，所以利率在货币需求函数中就成为各种资产收益的代表。利率与货币需求反向变化。

其他变量包括：① 技术与制度因素。这是指社会的通信、交通运输条件、业务人员的技术熟练程度、金融机构网点的设置等。一般地说，这些条件越好，货币支付所需时间越短，货币周转速度越快，对货币的需求就越少。② 心理与习惯的因素。包括人们的消费心理、储蓄心理、预期心理以及人们的支付习惯等。一般而言，消费倾向越高，货币需求会因产出的增加而扩大；当预期物价上升或下降时，货币需求就会扩张或减少；若习惯使用支票存款等货币形式，通过银行进行转账结算，则会提高货币周转速度，减少对货币的需求。③ 结构性因素。这是指一个国家不同生产周期的产业部门间的比例、生产分工的程度，企业组织的集中和垄断程度等。一般而言，生产周期较长的部门占整个产业部门的比重越大，资金周转越慢，对货币的需求就越大；社会分工越细，货币需求越大；作为经营与收入的单位个数越多，货币需求也越多。④ 金融市场的发达程度。当金融市场十分发达、金融交易规模很大时，意味着用于金融资产交易的货币量增加，对货币的需求也增大。尽管影响货币需求的因素众多，但西方经济学家们认为，其中起主要作用的只是收入和利率。这说明，他们不仅注意了再生产对货币需求的决定性影响，而且也注意了追求物质利益极大化的行为对货币需求量的重要影响。

第三，当代西方货币需求理论实际上只有两大派别，即凯恩斯学派和货币学派。鲍莫尔-托宾模型、托宾的资产选择理论以及凯恩斯学派代表人物的实证分析，都只是作为凯恩斯的追随者对凯恩斯本人的理论进行的修正、补充和验证，在基本理论上并没有重大的突破。而弗里德曼的理论在本质上只是对传统货币数量说的重述而已。

这两个学派的货币需求理论存在着很大差异，其分歧主要集中在利率对货币需求的作用上。货币学派认为利率的变化对人们持有货币量的影响微不足道；而凯恩斯学派则强调货币需求有较大的利率弹性，尤其是在凯恩斯的流动性陷阱情况下，货币需求的利率弹性为无穷大。

这种分歧导致对货币需求的稳定性看法不同，进而影响到他们所求助的政策也不一样。在凯恩斯学派看来，由于货币需求的利率弹性无限大，货币供给量增加对降低利率的作用很小。新增的货币大部分表现为银行体系超额准备和人们手持现金的增加。货币的增加被货币流通速度的减慢所抵消，GNP 不会发生较大变化，加上投资利率弹性很小，所以“货币不起作用”，只有财政政策才管用。而在货币学派看来，由于货币需求的利率弹性微不足道，货币量的变化就不会引起货币流通速度的较大波动，故能根据货币量的变化预测国民收入的变化，所以，“只有货币才起作用”，只要实施稳定的货币政策即可。

第四，当代西方货币需求理论的分析方法已呈现出多姿多彩的局面，不仅运用了一般理论方法进行定性分析，而且还注意运用精巧的数学分析工具进行定量的实证分析，以检验理论分析结果的正确性。这些方法既有助于经济理论和经济分析方法的发展，丰富了货币理论本身，也有助于在纷繁的经济系统中，寻找出各种经济变量之间的正确的因果关系，为货币理论的运用、制定货币政策提供手段。也正是这种新的分析方法，促使经济学家的某些观点发生变化，使之更符合实际。比如多年的实证研究和货币管制表明，货币需求的利率弹性虽不像有些凯恩斯主义者想象的那么大，但确实是存在的，以弗里德曼为首的货币学派不得不承认这一点。后来的研究还表明，即使考虑到恒久性收入效应，货币需求对利率通常也是敏感的；同时，利率变动对企业投资和居民住宅建筑都具有重大影响。现在，货币学派已不再坚持“只有货币起作用”的观点，凯恩斯学派也不再持有“货币不起作用”的观点。

第五，当代西方货币需求理论都重视货币需求的变动对经济的影响及其实证研究。这是当代西方货币需求理论的基本特征，也是整个西方货币理论的基本特征。正是因为这一点，当代西方货币需求理论已由抽象的经济理论发展为直接或间接地为制定货币政策服务的理论，具有鲜明的政策倾向，成为当局制定和选择货币政策的理论依据。本书后面的有关章节还会更清楚地说明这一点。

第六，当代西方货币需求理论对货币需求的分析为我们提供了思考问题和分析问题的方法。我们对当代西方货币需求理论进行认真研究，目的在于借鉴这些理论，探索我国货币需求量的决定问题。当代西方货币需求理论虽然存在这样那样的缺陷，并非尽善尽美，但有一点是不可否认的，那就是它勾画出了在发达的市场经济条件下，货币需求量主要决定因素的一般理论。亦即它反映了在商品货币经济条件下，实物经济运动对货币的数量需求，以及在物质利益规律的作用下，作为经济主体的个人和企业如何为获取最大效用而使货币需求量发生变化。

西方货币需求理论对人的心理和行为的分析、对货币需求量与恒久性收入和利率的关系分析、各派理论中的核心观点、实证分析方法等等，都是值得我们借鉴的。尤其是我国建立了市场经济体制，货币需求已不再为计划所左右。个人、企业，甚至地方政府，都增加了对货币的主动需求并且呈扩张趋势。随着经济金融改革的不断深化，诸如资产选择行为之类的影响也将出现，各经济主体的货币需求的因素将变得愈来愈复杂。这些都直接影响了货币需求，从而对真实的经济运行也会产生重要影响。需要我们更深入地去研究、去探讨，为中央银行对货币供求的调控提供正确的理论依据。

二、西方货币需求理论的启发

研究货币需求理论的目的是为了准确地测算货币需求量，为中央银行管理货币供给、调节货币流通创造条件。

西方经济学家提出应用货币需求函数来测算货币需求量是一个有益的探索。所谓货币需求函数，就是把货币需求量作为因变量，把影响货币需求量的因素作为自变量而表示的一种函数。从传统的货币数量论到凯恩斯的货币需求理论，再到以费里德曼为代表的现代货币主义学派的货币需求理论的发展过程，是一个影响货币需求的自变量不断增加，使货币需求函数不断接近现实生活，从而也更趋适用的过程。货币需求函数中涉及的自变量越多，对货币需求量的测算就越准确。

运用货币需求函数测算货币需求量，表面上看起来似乎货币需求量是一个在若干个自变量既定的条件下唯一的量，其几何图形可以用一个点来表示。而事实上，在现实的经济生活中，货币需求是由许多复杂因素共同决定的，影响货币需求量的各个自变量在现实中是不可能既定的，它们处在不断的变化之中。货币需求量与这些变量间有一种不断变动的对应关系。可见，在现实中，货币需求量应该是一个有一定弹性的动态区间。

本章小结

传统的货币数量学说理论注重人们的货币需求对交易的重要性，因此将研究重点放在货币的交易需求与价格变化之间的关系上。但凯恩斯认为，人们的货币需求取决于人们心理上的“流动性偏好”，货币需求是由三个动机所决定的：一是交易动机，二是预防动机，三是投机动机。交易动机与预防动机是收入的函数，而投机动机则是利率的函数。

凯恩斯以后的经济学家对凯恩斯的货币需求理论进行了进一步的研究，鲍莫尔证明了货币的交易需求也与利率有关；托宾则通过建立多样化选择理论发展了凯恩斯关于投机性货币需求的理论。

弗里德曼的货币需求理论认为，影响人们对货币的需求不仅包括需求、预期和投机，还包括债券、股票收益率等多种因素。

【关键术语】

货币需求　名义货币需求　实际货币需求　货币需求量　现金交易说　现金余额说　流动性陷阱　平方根公式　流动性偏好　货币的交易需求　货币的预防需求　货币的投机需求　恒久收入　流动性陷阱

【思考题】

1. 试说明货币需求理论的发展过程。
2. 什么是现金余额数量说，其与现金交易数量说相比有何重要的进步?
3. 凯恩斯货币需求理论和费里德曼货币需求理论的基本内容是什么?
4. 简述威廉·鲍莫尔、惠伦、托宾等人对凯恩斯货币需求理论的发展。
5. 货币主义者的货币需求函数有什么特点，与凯恩斯主义有什么区别?
6. 西方货币需求理论对我们有什么启发?

【延伸阅读】

1. 刘河北，葛浩阳，蔡超. 马克思货币需求理论与弗里德曼货币需求理论的比较[J].财经科学，2016(1):56-66.

2. 伍戈.中国的货币需求与资产替代:1994～2008[J].经济研究，2009(3):53-67.

第九章 货币供给

⊙ 导言

货币供给是一个与货币需求相对应的经济变量，它通常是指在一定时点上经济活动中货币的存量。研究货币供给的主要目的，就是要探讨一定时期内，经济活动中的货币是如何被创造出来的。

通过学习货币供给理论可以帮助我们理解大萧条时期的货币收缩。1930 年，美国大批银行倒闭，特别是在密苏里州、印第安纳州、伊利诺伊州、阿肯色州等州，引起了广泛的将支票存款和定期存款转换为现金的行为。恐惧情绪在储户之间迅速传播。由于当时美国还没有存款保险制度，如果一家银行倒闭，储户只能收回部分存款，因此存款外流剧增(即 c 开始攀升)，存款外流增加会导致银行大幅增加超额准备金比率(e)以保护自己。银行业危机在 1931～1933 年间持续发生，c 和 e 持续上升。货币供给理论告诉我们，c 和 e 上升会导致货币供给的减少。到 1933 年银行业危机的尾声，货币供给(M_1)减少了 25%以上，这是美国历史上下降幅度最大的一段时期，同时国家出现了最严重的经济收缩。更加值得注意的是，虽然基础货币增长了 20%，货币供给仍然在减少，这说明了银行恐慌期间，c 和 e 的变动导致货币乘数发生变动，进而对货币供给的决定产生了重要的影响。

通过以上案例可知，货币供给的变动会影响利率和经济的健康发展，进而影响到经济活动中的每个人。由于货币供给对经济活动的深远影响，因此学习货币供给的过程，弄清货币供给的变化机制，明晰货币供给量的决定因素，具有重要的意义。本章将对货币供给问题作全面的分析。

第一节 货币供给的一般理论

货币供给理论是研究货币供给量的形成机制、运行机制和调控机制的理论,它所研究的问题主要包括货币的涵盖范围、货币的供给方式、影响货币供给量的主要因素以及货币管理当局对货币的控制等。

一、货币供给与货币供给量

(一) 货币供给

货币供给是一个与货币需求相对应的经济行为。它的变化对一个经济体经济的总量及其运行状况有着直接的影响。研究货币供给的目的是为了使银行体系实际提供的货币量能够与社会经济主体对货币的需要量保持一致,以保持经济的稳定增长。

货币供给是指在一定时期内一个经济体银行系统通过其业务活动向经济中投入、创造、扩张(或收缩)货币的行为,是一个动态概念。这里的银行系统主要是指中央银行和商业银行,它们是一个经济体的货币供给主体。一般来说,中央银行根据社会需要发行现金货币,而商业银行则根据社会需要提供货币。从货币供给过程看,现金货币供给与存款货币供给是两个既相互区别又相互联系的过程,货币供给是以中央银行供给基础货币为起点,以商业银行运用基础货币为中间环节,以非银行部门转移、结算货币为终点,形成一个复杂的货币供给系统。

需要注意的是,其一,货币供给有别于货币发行。货币发行是货币供给的一种连续的行为,前者主要从数量上来把握,后者则主要从性质上来考察。其二,货币供给也不同于货币流通。货币供给是由货币创造者创造货币开始到货币持有者持有货币为止。至于货币持有者在这之后的货币收支行为则应是属于货币流通范畴的了。比如,个人对其名义货币收入所做出的选择:存入银行或购买证券或放在手边或购买商品,等等,就应是货币流通了,不再属于货币供给了。

(二) 货币供给量

货币供给会形成一定的货币数量,即货币供给量。货币供给量亦称货币存量,指某一时点全社会承担流通手段和支付手段职能的货币总称,反映全社会总的购买力,是一个存量概念。它由包括中央银行在内的金融机构供应的存款货币和现金货币两部分构成。货币供给量是研究宏观经济走势和政策动向的核心指标之一,常常被称作为经济先行指标,用来分析判断经济景气状况。

二、货币层次的划分

（一）现代货币层次划分的标准

由于货币在现代经济中扮演着极其重要的角色，如何定义货币，不仅具有理论意义，更具有现实意义。在前面，我们曾给货币下过一个定义，即货币是一切商品的一般等价物，这是从货币的本质来下的定义，是抽出货币区别于其他东西的最重要特征，然后根据这个特征来下的定义。现代经济中，各种信用工具和流动资产纷纷涌现，种类繁多，比如通货、活期存款、定期存款、存单等等，各自都有一定程度的“货币性”，究竟哪一类或哪一组合信用工具，才应视作货币呢？

目前，大多数经济学家都认为应根据金融资产的流动性来定义货币，确定货币供给量的范围。所谓金融资产的流动性也称“货币性”，它取决于买卖的便利程度和买卖时的交易成本。它是指一种金融资产能迅速转换成现金而对持有人不造成损失的能力，也就是变为现实的流通手段和支付手段的能力，也称变现力。流动性程度不同的货币在流通中转手的次数不同，形成的购买力不同，从而对商品流通和其他经济活动的影响程度也就不同。比如现金和活期存款，直接作为流通手段和支付手段使用，直接引起市场商品供求变化，因而具有完全的流动性，其货币性最强。比如定期存款和储蓄存款则流动性较低，也会形成一定购买力，但因需要转化为现金才能变为现实的购买手段，提前支取要受一定程度的损失，所以其流通次数较少，对市场的影响力就不如现金。

（二）狭义货币、广义货币和准货币

1. 狭义货币

根据金融资产的流动性来划分不同层次的货币供给量，但究竟流动性多大才算货币，多小又不算货币，经济学家们则有不同的观点。

一种主张认为，货币的主要职能是交换媒介和支付手段，主张把货币的外延（范围）只限于流通中现金和商业银行体系的支票存款的总和，这就是狭义的货币供给量 M_1，即

$$M_1 = \text{流通中现金} + \text{商业银行体系的支票存款}$$

这种观点的理论基础是，只有流通中现金和支票存款才是普遍为人们所接受的交换媒介或支付手段，即交易成本最低的交换媒介。

2. 广义货币

另一种看法认为，货币也具有贮藏手段的职能，是“购买力的临时储存”，很容易变成现金。这样，商业银行体系中的储蓄存款和定期存款，当然也是货币，应计

算在货币供给范围内，从而得到了广义的货币供给量 M_2，即

$$M_2 = M_1 + \text{商业银行的定期存款和储蓄存款}$$

第三种观点认为，现代货币经济社会中，商业银行之外还存在着各种专业银行和接受存款的金融机构，如信用合作社、邮政储蓄系统等。这些非银行性金融机构不能接受支票存款，但能接受储蓄存款和定期存款，这些金融机构的存款与商业银行的定朗存款及储蓄存款没有本质区别，都具有较高的货币性，从而货币供给量扩大为 M_3，即

$$M_3 = M_2 + \text{其他金融机构的储蓄存款和定期存款}$$

第四种观点认为，在金融市场高度发达的情况下，各种短期的流动资产，如国库券、人寿保险公司保单、承兑票据等等，它们在金融市场上贴现和变现的机会很多，都具有相当程度的流动性。与 M_1 只有程度上有区别，但并无本质上的差异。因此，应把它们也纳入货币供给量中，由此得到 M_4，即

$$M_4 = M_3 + \text{其他短期流动资产（如国库券、银行承兑汇票、商业票据等）}$$

3. 准货币

准货币(quasi-money)，又叫近似货币，是一种以货币计值，虽不能直接用于流通但可以随时转换成通货的资产。准货币虽不是真正意义上的货币，但因可随时转化为现实的货币，故对货币流通有很大影响，是一种潜在货币。

准货币主要由银行定期存款、储蓄存款以及各种短期信用流通工具等构成，如国库券、储蓄存单、承兑票据等。它们在金融市场上贴现和变现的机会很多，都具有相当程度的流动性，与 M_1 在程度上并无本质区别。

从货币层次上看，准货币$=M_2-M_1$，即广义货币与狭义货币之差为准货币。

各国具体的货币层次划分是不断变化的，没有一个货币量定义能符合整个时期或为所有人同意。

国际货币基金组织有其划分货币层次的方法；美国也在不同经济发展时期公布货币及计算指标。

三、我国货币层次划分的历史演变

中国人民银行为保证“保持货币稳定，并以此促进经济增长”这一货币政策最终目标的实现，决定把货币供给量作为我国货币政策中介目标之一。

1994 年 10 月中国人民银行印发的《中国人民银行货币供给量统计和公布暂行办法》，正式确定货币供给量统计指标，并规定了货币供给量统计的层次划分、机构范围、统计形式、公布方式等；明确了货币供给量的定义，指出货币供给量是指金融机构和政府之外，企业、居民、机关团体等经济主体的金融资产；根据国际通用原则，以货币流动性差别为标准，将货币供给量划分为四个层次，即

$M_0=$ 流通中现金

$M_1=M_0+$ 企业存款(企业存款扣除单位定期出口和自筹基建存款) $+$ 机关团体部队存款 $+$ 农村存款 $+$ 信用卡类存款(个人持有)

$M_2=M_1+$ 城乡居民储蓄存款 $+$ 企业存款中具有定期性质的存款(单位定期存款和自筹基建存款) $+$ 外币存款 $+$ 信托类存款

$M_3=M_2+$ 金融债券 $+$ 商业票据 $+$ 大额可转让定期存单等

需要指出的是,M_3 系出于金融创新不断出现的考虑而设,至今未做编制。

2001 年 6 月,货币供给量统计口径做了第一次调整。在这次调整中,中国人民银行将证券公司客户保证金计入广义货币供给量 M_2,M_0 和 M_1 固定不变。因此,第一次修正后的货币层次划分为

$M_0=$ 流通中现金

$M_1=M_0+$ 可开支票进行支付的单位活期存款

$M_2=M_1+$ 居民储蓄存款 $+$ 单位定期存款 $+$ 单位其他存款 $+$ 证券公司客户保证金

本次调整的背景是,1999 年末,证券公司存放银行同业存款项(其中绝大部分是证券公司客户保证金)为 1643 亿元,到 2001 年 4 月末达到 4669 亿元。由于证券公司客户保证金主要来自于居民储蓄和企业存款,加上新股认购时,大量的居民活期储蓄和企业活期存款转为客户保证金,新股发行结束后,未中签资金又大量流向上述存款账户,造成货币供给量的统计数据被低估,影响对货币供给量的监测。因此,中国人民银行决定将证券公司客户保证金纳入货币供给量统计口径。

2002 年初,货币供给量统计口径进行第二次调整。将在中国的外资银行、合资银行、外国银行分行、外资财务公司及外资企业集团财务公司有关的人民币存款业务,分别计入到不同层次的货币供给量。第二次调整的背景则是,2001 年底,正式加入 WTO 后,我国根据加入 WTO 的承诺,对外资金融机构的管理和业务许可进一步扩大,致使外资银行人民币存款规模显著上升。在此背景下进行货币供给量的相应调整是顺应市场环境变化的结果,提高了货币供给量监测的准确性。

2011 年 10 月,货币供给量进行第三次调整。考虑到非存款类金融机构在存款类金融机构的存款和住房公积金存款规模已较大,对货币供给量的影响较大,因此,将非存款类金融机构在存款类金融机构的存款和住房公积金存款纳入 M_2 中进行核算。至此,我国现行货币供给量统计的核心内容为 M_2。

2018 年 1 月,货币供给量统计口径第四次调整。中央银行将余额宝等货币基金纳入广义货币(M_2)统计口径,这是货币供给量统计口径的第四次调整。2018 年 1 月,中国人民银行完善货币供给量中货币市场基金部分的统计方法,用非存款机构部门持有的货币市场基金取代货币市场基金存款(含存单)。本次调整,调入非存款类机构持有的货币市场基金份额,调出货币市场基金存款(含存单)。本次调

整实质上是将货币市场基金视作货币，因为虽然货币市场基金不是存款，但具有支付功能。这反映中央银行在金融去杠杆、货币市场基金规模持续扩大的背景下，更加重视货币市场基金监管的宏观审慎考虑。

第二节　货币供给行为及其控制

一、存款货币创造与消减过程

社会成员将货币存入银行后，不但定期存款不会马上提取使用，活期存款也由于“此取彼存”而不会提尽。而且有的提取是采用签发支票的方式进行，而活期存款人签发的支票，有些是转账性质的，只需转到收款人户头上；有些可以和同业清算，相互抵消，无需支付实质性的货币。因此，银行总拥有一个相对稳定的存款余额。

商业银行，一般都以盈利为主要经营目的。它除了保留一部分现金以应付存款人的日常提存之外，如果对于停留在其内的相对稳定的那部分存款余额不加以利用，听任其窖藏在库中，显然是不明智的。金融机构必然会利用这部分稳定的存款，把它们贷放出去或投资出去，以达到保值或增殖的目的。

无论放款还是投资，由于金融机构往往都不需要直接支付现金，而是把贷款额和投资额转入客户在本金融机构所开立的存款账户，以供使用。这时金融机构可以一举两得：一方面增加贷款和投资，一方面又增加了存款。贷款愈多，存款也愈多，这样货币流不出金融机构体系之外，而在账户上进行流转，金融机构就能因放款或投资而创造出一笔笔新的存款货币。

那么金融机构到底需要保留多少现金，一方面以应付存款人的日常提存，另一方面又能使金融机构获得最大利益呢？这可以根据金融机构自身的经营经验来测算出一个百分比。此百分比通常称为存款准备率；此百分比所构成的准备，称为部分准备制。在现代世界各国，这一存款准备率则多由中央银行规定，故又称为法定存款准备率。金融机构只要按照法律所规定的准备率保持一定的准备金，其余的部分均可以用于放款或投资。

（一）存款货币创造的前提条件

商业银行创造存款货币是有条件的，一般而论，需要两个条件：一是部分准备金制度；二是非现金结算制度。

部分准备金制度又称存款法定准备金制度，是指国家以法律形式规定存款机构的存款必须按一定比例，以现金和在中央银行存款形式留有准备的制度。与部分准备金制度相对的是全额准备金制度。在全额准备金制度下，银行必须保持

100%的现金准备。每增加一元的存款,银行必须增加一元的现金准备,这样银行就没有吸收存款去发放贷款的可能性。而在部分准备金制度下,银行每增加一元的存款,不再需要增加一元的现金准备,此时银行可以通过保留部分现金准备,而将吸收的存款的一部分用于发放贷款和进行投资。比如,部分准备率为20%,那么银行可以将存款的80%通过资产业务运用出去。对一定数量的存款来说,准备比例越大,银行可用于贷款的资金就越少;准备比例越小,银行可用于贷款的资金就越多。所以部分准备金制度是银行创造存款货币的基本前提条件。

非现金结算是相对于现金结算而言的。非现金结算,是在银行存款的基础上,通过信用经营,借助于存款的转移或同业清算抵消部分债权债务的办法,来完成货币的支付。在这种结算制度下,货币的运动最多只是存款从一个存款户转到另一个存款户,只是银行的债权人发生了变化,而作用于支付的货币仍然停留在银行体系内。以存款货币为存在形式,在非现金结算的制度下,银行可以通过记账来发放贷款,从而可以通过创造存款来提供信用。而现金结算则是指直接的现金收付,债权债务关系只能经由现金流通得以消除,这样往往会造成货币沉淀在银行体系之外,从而使得银行信用创造的机能失效。

(二)存款货币的创造过程

为说明存款货币的创造过程,先作如下假定:第一,暂时不考虑现金流出银行系统外的情况,即所有的借款人、所有的收款人都在银行开有户头,都通过转账来了结它们之间的债权债务关系,而不使用现金;第二,各银行只保留法定准备金,当其存在超额准备金的时候都会将其悉数贷出,超额准备金为零。

现假定甲企业将100万元资金以活期存款的形式存入A银行,中央银行规定的法定准备金率为20%。A银行在提留20万元(100万元×20%)法定准备金后,其余的80万元[100万元×(1−20%)]可全部贷放出去。经过接受存款和发放贷款两次交易以后,A银行的T字形账户如下所示:

A银行的T字形账户

资产		负债	
准备金	200000	活期存款	1000000
贷款	800000		

假定A银行将80万元贷给乙企业,乙企业以借到的这80万元全部用于支付货款给了丙企业,丙企业将收到的80万元存入了其开户银行B,B银行在接受了丙企业的80万元活期存款后,按照20%的比例提留了16万元的法定准备金后,可将余下的64万元全部贷放出去。B银行的T字形账户如下所示:

B银行的T字形账户

资产		负债	
准备金	160000	活期存款	800000
贷款	640000		

假定B银行将64万元贷给丁企业，而丁企业用于支付购房款将64万元给了戊企业，戊企业将收到的64万元存入其开户银行C，C银行按照20%的比例提留12.8万元的法定准备金后，可将余下的51.2万元全部贷放出去。C银行此时的T字形账户如下所示：

C银行的T字形账户

资产		负债	
法定准备金	128000	活期存款	640000
贷款	512000		

这样，如果各银行始终能不受阻碍的按照法定准备金率的要求，存款在扣除准备金后放贷，贷而又存；存款在扣除准备金再贷，又存，如此循环下去，直至存款在扣除法定准备金后的余额递减至零而无法再继续其循环为止。整个商业银行体系的活期存款派生如表9.1所示。

表9.1　存款货币创造过程表　　单位：万元

银 行	活期存款	法定准备金	贷 款
A	100	20	80
B	80	16	64
C	64	12.8	51.2
D	51.2	10.24	40.96
…	…	…	…
—	500	100	400

表9.1表明，各轮(或各银行)派生出的存款的数量成递减趋势。显然，从各家银行来看，各银行吸收的存款数量是一个无穷递减等比数列。其初始值为100，公比为0.8。这样各银行的存款总数可采用等比数列的求和公式来求得。

等比数列的求和公式为

$$S_n = \frac{a_1(1-q^n)}{1-q} \tag{9.1}$$

式中，a_1 为初始值，当 $|q|<1$。当 $n\to\infty$ 时，$q^n\to 0$，这样就有

$$S_n = \frac{a_1}{1-q} \tag{9.2}$$

将上例有关数据代入式(9.2),可得银行体系因上述循环运动而形成的存款总额 S_n

$$S_n = \frac{100}{1-0.8} = 500(\text{万元})$$

如果将法定准备金率记为 r,银行体系准备金的变动记为 ΔR,由银行体系准备金增加所引起的上述循环运动而形成的活期存款总额的变动记为 ΔD,则存款货币多倍扩张的公式为

$$\Delta D = \frac{1}{r} \times \Delta R \tag{9.3}$$

将前面例子的有关数据代入上式可得

$$\Delta D = \frac{100}{20\%} = 100 \times 5 = 500(\text{万元})$$

这样因上述循环而多出来的存款为 400 万元(500 万元－100 万元)。这 400 万元就是由初始存款 100 万元经过上述无限的循环而创造出来的存款,我们通常称之为派生存款;初始的 100 万元存款我们通常称之为原始存款,从更为一般的意义上说,这 100 万元可称为银行实有的初始的准备金。法定准备金率的倒数,即 $1/r$,被称为简单存款乘数。

上例表明,在部分准备金制度下,一笔初始准备金由整个银行体系通过信用扩张,可产生大于初始准备金若干倍的存款货币。由公式(9.3)可知,这一扩张的数额取决于初始准备金额度的大小和法定准备金率的高低。初始准备金越多,能够创造的存款货币就越多;反之,越少。法定准备金率越高,能够扩张的数额越小;反之,则越大。

(三) 存款货币的消减过程

现在考虑相反的情况。假设法定准备金率还是 20%,并假设银行系统没有超额准备。

假设 A 银行最初是处于均衡状态,即无超额准备金,法定准备金符合规定,此时 A 银行的 T 字形账户为

A 银行的 T 字形账户

资产		负债	
准备金	200000	活期存款	1000000
贷款	800000		

现在假设A银行的一客户要求提取10万元现金，则A银行T字形账户变为

A银行的T字形账户

资产		负债	
准备金	100000	活期存款	900000
贷款	800000		

此时，由于存款人提现10万元，使得A银行的活期存款和准备金同时减少了10万元，准备率下降到11.1%(计算式：100000/900000×100%)，低于法定准备金率。按照规定A银行的准备金应有18万元(计算式：90万元×20%)，差额为8万元(计算式：18万元－10万元)。为了遵守金融管理法规，A银行要使其准备金达到法定准备金要求的限额，如果A银行的即时融资能力较弱，则必须设法收缩放款。

假设A银行向客户追收贷款40万元，则其T字形账户变为

A银行的T字形账户

资产		负债	
准备金	100000	活期存款	500000
贷款	400000		

A银行由于调整了资产结构，即贷款和存款同时减少了40万元，使得准备金10万元正好符合金融法令规定，即准备率为20%$\left(\text{计算式：}\frac{100000}{500000}\times 100\%\right)$。如果A银行收回的贷款是来自于其他银行，而该银行并无超额准备金，则势必也要紧缩贷款和投资来达到法定准备金率的要求。这样，与存款扩张的过程相对称，经过各银行的辗转提存后，存款将以几何级数减少。这样，最初存款和准备金的减少额10万元，将最终导致存款减少50万元，相当于最初减少额的$1/r=1/20\%=5$倍。

（四）存款乘数

但事实并非如此简单，在上面的举例分析中，我们作了两个基本假定：一是每家银行在吸收存款后，除了上缴法定存款准备金之外，其余的全部贷出；二是得到银行贷款的客户都会将贷款全部转存银行，以存款划拨方式支付，不提取现金。而这些假设在现实中很难成立，因此，存款乘数也并非是$1/r$这么简单。实际上还有其他漏出因素，现叙述如下：

1. 现金漏损

前述的$\Delta D=\frac{1}{r}\times\Delta R$这一结论，是假定借款者的收付都是通过转账方式进行

的。但是在实际经济生活中，借款人以及作为借款人支付对象的收款人，终究有提现的行为。只要在前述的存款货币创造过程中的任何一轮循环上有人提现，则作为准备金的现金就会流出银行系统，整个银行系统内的准备金数额也会因此而减少，存款货币创造的倍数也必然会缩小。这种现金流出银行系统的情况，我们称之为现金漏损。要测定这一漏损量的大小，可以利用统计方法求取一个“现金漏损率”。因为从银行的统计资料中可以发现在活期存款中，总有一个或大或小的比例部分被要求提取现金。因此，这个活期存款中的平均提现比例(用%表示)，就是现金漏损率，又称为现金比率，一般用“c”表示，$c=C/D$(C 为流通中的现金，D 为活期存款)。

“现金漏损率”的存在，其对货币乘数的影响可以视同为法定准备金 r 的存在。因为存款中的现金漏损部分不能再用去进一步创造存款，也正如存款中那部分依法定准备金率而留存下来的准备金不能再用去进一步创造存款一样，它们的影响是相同的。这样存款乘数会因多一个参数而降低。此时，考虑到 c 的存在，则 d(存款乘数)应为

$$d=\frac{1}{r_d+c} \tag{9.4}$$

假定银行的法定准备金率为 20%，在不存在现金漏损的情况下，则存款乘数为 $d=1/0.2=5$。

如果假定现金漏损率为 5%，银行除了提取 20%的法定准备金外，还要保留 5%的现金以应付客户提现，则存款乘数为 $d=1/(0.2+0.05)=4$。

如果社会公众通货持有比率提高，存款扩张过程中的漏出越多，而 c 越大，货币乘数越小。影响通货和活期存款比率的因素有以下两个：

1) 公众的流动性偏好程度

通货是流动性最高的财富形式，如果人们的收入水平或对将来的预期发生变化，对通货的需求量就会发生改变，从而使 c 上升或下降。

2) 持有通货的机会成本

通货和活期存款及其他有关证券是替代程度很高的财富储存形式。持有通货的机会成本也就是存款的隐含收益和外在收益，以及有关证券支付的利率。如果后者利率提高，社会公众将倾向于增加证券持有量。但很可能发生的情况是，人们把持有证券作为持有存款的替代物，而不是作为持有通货的替代物，结果当人们购买证券时，存款减少，通货对活期存款的比率上升。

有些经济学家认为，通货对活期存款的比率还会随着税率的改变而变化，因为对可能逃税的交易来说，由于使用支票会留下记录，所以对这些人来说，使用通货比使用可开支票的活期存款更为方便。如果地下非法经济活动增长(比如毒品、走私交易)，通货比率也会增长，因为这些交易中要以通货而不是支票进行支付。相

反，在正常的交易中，人们更多地使用方便灵活的支票结算代替现金支付，通货比率则会下降。

2. 超额准备金

在前述的存款货币创造过程中，我们假定任何一家商业银行都要把所有的超额准备金全部贷出，即超额准备金为零。但事实上，银行通常或多或少有一些尚未贷放出去、或不想立即贷放出去的超额准备金保留在自己的手中。一般说来，这种经常为商业银行所持有的超额准备金数额总是其活期存款总额中的一个具有某种稳定性的比例部分（用%表示），我们常常把它记为"e"，$e=ER/D$（ER 为超额准备金）。

因为"e"的存在，也必然使银行存款创造的能力受到削弱。这样存款乘数可以修正为

$$d=\frac{1}{r_d+c+e} \tag{9.5}$$

如前述，假定银行的法定准备金率为 20%，现金漏损率为 5%，再假定超额准备金率为 15%，则 $d=1/(0.2+0.05+0.15)=2.5$。

商业银行持有一定量的超额准备金，意味着用于创造信用货币的准备金数量相对减少，是存款扩张过程中的一项漏出。所以 e 上升会降低整个银行体系创造存款的能力，使货币乘数减小。作为特殊企业的商业银行，其持有的超额准备金数额，理论上应取决于成本与收益的对比关系，数量应维持在闲置准备金的边际机会成本与边际收益恰好相等的点上。机会成本是商业银行因保留超额储备而丧失的可能获得的利润；收益是银行避免因准备金短缺而要获取更多准备金时所花费的成本。影响超额准备金比率的因素很多，主要有以下三个因素：

1）利率

市场利率是持有超额准备金的机会成本。市场利率上升，表明银行运用闲置资金能够获取更高收益，这倾向于降低超额准备金比率。在利率降低时，银行不愿意贷出所有超额准备，因为利率的收益可能弥补不了发放贷款和管理贷款的成本费用；或银行预期利率水平在不久的将来会回升，而持观望态度，因此，e 就比高利率时期大。

2）贷款的投资机会

当经济处于周期中的上升阶段时，企业资金需求量上升，投资机会增多，从而促使银行减少超额储备，增加贷款发放。相反，投资机会减少，企业的资金需求下降，超额准备金比率上升。

3）借入资金的难易程度以及成本大小

如果银行能随时向中央银行或其他机构方便地借入资金，并且成本不会出现意外的大幅度波动，银行可以依赖外部获得流动性融通，保留超额准备金的收益不

显著，那么超额准备金比率会降低。反之，如果中央银行的贷款条件苛刻，同业拆借资金利率波动剧烈，银行就会倾向于保留较多的准备金以应付突然的资金需求。

3. 活期存款转变为定期存款的比率

在现实经济生活中，企业等经济行为主体收入的款项不一定都存入其活期存款户，一部分还会以定期存款的形式存在。当存款以定期形式存在时，尽管银行的存款总数不变以及银行所拥有的全部准备金额不变，但准备金的结构却因此发生了变化，从而对银行的存款货币创造产生影响。

由于银行要按照定期存款（常常记为 D_t）的法定准备率（常常记为 r_t）来提留准备金，而且定期存款的法定准备率通常低于活期存款的法定准备金率，所以定期存款比例越大，要求的法定准备金越低，则对存款总额的加权平均的法定准备金比率就降低，存款的扩张倍数将会更大。

但仅就活期存款而言，假定定期存款占活期存款的百分比为 t，由于按照 $t \cdot r_t$ 所提存的准备金是用于支持定期存款所需要的，它不能用于支持活期存款的进一步创造，故提存的这部分定期存款的准备金对存款乘数 d 会产生一定影响，可视为法定准备金率的进一步提高，应在 d 的分母中加入此项数值，以作进一步修正，即

$$d = \frac{1}{r_d + c + e + t \cdot r_t} \tag{9.6}$$

在法定准备金比例不变的情况下，如果人们改变各种存款之间的比率，实际的平均法定准备金比率也会改变。如果定期存款对活期存款的比率 t 上升，在其他因素不变的情况下，以通货（C）与活期存款（D）之和度量的 M_1 就会下降。影响比率 t 的因素有以下两个：

1）定期存款的利率

如果该利率上升，将诱使人们更多地以定期存款方式保留财富，t 趋于上升。反之，则趋于下降。即使在定期存款利率不变的情况下，如果活期存款的隐含收益上升，定期存款比例也会下降。比如许多银行将企业的贷款和活期支票存款联系起来，甚至明确要求一定比例的活期存款余额。

2）收入和财富

因为定期存款是持有财富的一种方法，一般说来，收入或财富增长，将导致各项资产同时增加，但如果生息资产的增长幅度高于支付工具的增长幅度，比率 t 将上升。

所以收入、财富、利率都影响 e、c、t，从而影响货币乘数。因此，货币乘数部分是内生的，主要受收人影响。也就是说，即使中央银行保持货币政策不变，货币存量也会随收入增加而增加，或者随收入减少而下降。换句话说，它是顺周期变动的。

如前述的假定不变，即银行的法定准备金率为 20%，现金漏损率为 5%，超额

准备金率为15%。另外，中央银行对定期存款规定的准备率为3%，活期存款转变为定期存款的比例为50%，则 $d=1/(0.2+0.05+0.15+0.5\times0.03)=2.41$。

上述三个因素均限制了存款货币扩张乘数 d，由于它们在 d 上施加的影响，d 从原先的5下降至2.41。

由此可见，商业银行虽然具有创造存款货币的重要功能，在货币供给机制中发挥巨大作用。但是，商业银行的这种创造存款，进而创造货币供给的能力并不是无限的。其创造能力除了受到中央银行所规定的法定存款准备金率的限制外，还受到现金漏损率、超额准备金率、活期存款转变为定期存款的比率等诸因素的限制。充分考虑各种因素，对观察和控制商业银行信用扩张的能力，控制货币供给量具有十分重要的意义。

二、货币供给的决定因素

决定货币供给量及其增减变化的因素可以概括为基础货币和货币乘数两大类。下面着重就这两大类决定因素进行分析。

（一）基础货币

前面我们考察的倍数关系，仅针对一定的原始存款探讨活期存款的扩张机制，如果要从中央银行调控货币供给量的角度去分析，则需要进一步考察货币供给量同中央银行自身负债之间的关系。中央银行提供的负债，并非全部表现为原始存款，因而就有必要引入基础货币的概念。

1. 基础货币及其意义

基础货币（B），也称货币基数（nonetary base）或强力货币、高能货币（high-powered money，H），是一个十分重要的概念。对于这一概念，我们可以从其来源和运用两个方面来加以理解。从其来源看，基础货币是指中央银行的负债，即由货币当局投放并为货币当局所能控制的那部分货币，它只是整个货币供给量的一部分。从其运用看，基础货币是由公众所持有的现金和商业银行的准备金所构成，它是商业银行存款货币扩张的基础。基础货币常用下列公式表示：

$$B=R+C \tag{9.7}$$

式中，B 代表基础货币（也可用符号 H 表示），R 为商业银行的准备金，C 为流通于银行体系之外的现金。

商业银行的准备金以两种具体形式存在：第一，商业银行持有的应付日常业务需要的库存现金；第二，商业银行在中央银行的存款。这两者都是归于商业银行持有的中央银行的负债，也是中央银行对社会公众总负债中的一部分。商业银行所持有的这部分中央银行的负债，对商业银行来说，则是其所拥有的一笔资产。这笔以准备金形式持有的资产可分为两部分：一是商业银行按中央银行规定的比例上交，不能用于放款盈利的部分；二是由于经营上的原因尚未用去的部分和不想用出去的部分。前一部分属法定准备金；后一部分属超额准备金。这样，存款准备金、法定准备金与超额准备金具有如下的关系：

$$存款准备金(R) = 库存现金 + 商业银行在中央银行的存款$$

$$法定准备金(RR) = 法定准备金率(r_d) \times 存款总额(D)$$

$$超额准备金(ER) = 存款准备金实有额(R) - 法定准备金(RR)$$

从基础货币的构成来看，R 与 C 均为中央银行的负债，中央银行对这两部分都具有直接的控制能力。现金的发放权由中央银行垄断，其发行的程序、管理技术均由中央银行掌握。商业银行的准备金存款，中央银行对其具有较强的控制力。中央银行可以通过调整法定存款准备金率，强制商业银行改变准备金结构，影响商业银行的信贷能力。中央银行也可以通过改变再贴现率、再贷款条件等来改变商业银行的准备金数量，还可以通过公开市场操作，买进或卖出有价证券与外汇来改变商业银行的准备金数量。

中央银行能够直接控制的现金发行和商业银行的准备金存款，之所以被称为基础货币，是因为如果没有现金的发行和中央银行对商业银行的信贷供应，商业银行的准备金存款就难于形成，或者说，它用于创造派生性存款的原始存款的来源就不存在，从而也无从扩大贷款和创造存款。如果中央银行减少基础货币的供给（如缩减或收回对商业银行的放款，从而使商业银行在中央银行的存款减少等等），则商业银行的准备金数额必然减少，在其他条件不变时，必然引起商业银行去多倍收缩放款，去紧缩对企业的信用。这表明基础货币量的伸缩对商业银行的信用规模的影响至为有力，它直接决定着商业银行准备金的增减。正是从这个意义上说，中央银行控制的基础货币是商业银行借以创造存款货币的源泉。中央银行供应的基础货币，是整个货币供给过程中的最初环节，它首先影响的是商业银行的准备金存款，只有通过商业银行运用准备金存款进行存款创造后，才能完成最终的货币供给。

货币供给的全过程，就是由中央银行供应基础货币，基础货币形成商业银行的原始存款，商业银行在原始存款的基础上创造派生性存款，最终形成货币供给总量的过程。

不过，需要说清楚的是，在基础货币中，由公众持有的现金，商业银行是不能直接用于创造存款货币的。这是因为，第一，它不直接掌握在商业银行的手中；第二，它是已经通过商业银行的信用扩张而投入流通的货币，银行体系外的现金，只有流入商业银行转化为商业银行库存现金或超额准备金存款时，才能成为商业银行信用扩张的基础。

基础货币中的法定存款准备金也是不能由商业银行直接进行信用创造的货币。因为它必须保留在准备金账户上,商业银行一般不能动用。

可见,能成为商业银行信用创造基础的只是商业银行的超额准备金和其库存现金。

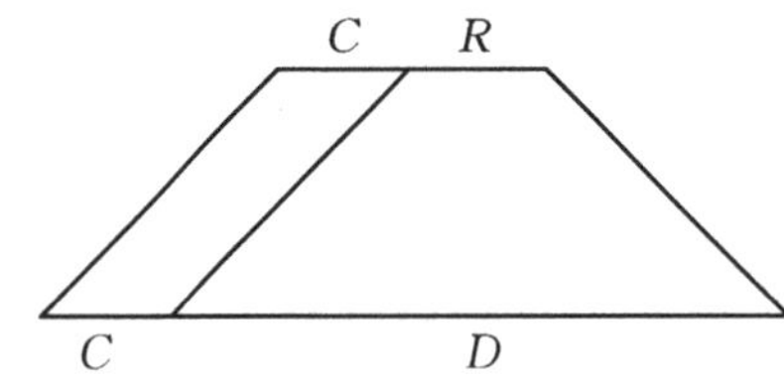

图 9.1 基础货币与货币供给量关系图

综上所述,基础货币由处于流通中的现金 C 和存款准备 R 构成。处于流通中的现金 C 虽然能成为创造存款货币的基础,但其量取决于中央银行,中央银行发行多少就是多少,不可能有倍数的增加。引起倍数增加的只是存款准备 R。因此,基础货币与货币供给量的关系可用图 9.1 来表示。

2. 基础货币的决定因素

除了由财政部发行并存入中央银行的钞票以外,基础货币作为一种中央银行的负债,它由中央银行的资产业务创造的。中央银行投放基础货币的渠道主要有以下三条:一是直接发行通货,二是变动黄金、外汇储备,三是实行货币政策(其中以公开市场业务为最主要)。

从基础货币的投放渠道,我们可以看到,基础货币的决定因素主要有以下 11 个:

(1) 中央银行在公开市场上买进有价证券。

(2) 中央银行收购黄金、外汇。

(3) 中央银行对商业银行的再贴现或再贷款。

(4) 财政部发行通货。

(5) 中央银行的应收未收款项。

(6) 中央银行的其他资产。

(7) 政府持有的通货。

(8) 外国存款。

(9) 政府存款。

(10) 中央银行在公开市场上卖出有价证券。

(11) 中央银行的其他负债。

在以上 11 个因素中,前 6 个为增加基础货币的因素,后 5 个为减少基础货币的因素,而且这些因素都集中地反映在中央银行的资产负债表上。

在分析基础货币时,西方学者习惯于用一个方程式,即基础货币方程式来表示,这个方程式是根据中央银行资产负债表的各个项目得出的。西方国家中央银行资产负债表的基本构成如表 9.2 所示。

表 9.2 中央银行资产负债表

资 产	负 债
A_1:对金融机构再贷款 A_2:政府借款 A_3:政府证券 A_4:国外资产	C: 流通中的现金 R: 金融机构存款(准备金) L_1:非金融机构存款 L_2:政府存款 L_3:自有资本
	L_4:其他

根据资产负债表平衡关系,有

$$A_1+A_2+A_3+A_4=C+R+L_1+L_2+L_3+L_4$$

从而得

$$C+R=A_1+A_2+A_3+A_4-(L_1+L_2+L_3+L_4)$$

进一步有

$$B=\sum_{i=1}^{n}A_i-\sum_{j=1}^{m}L_j \tag{9.8}$$

上述等式右边各项都会影响基础货币。

中央银行的资产,包括对金融机构的再贷款、政府借款、政府证券、外汇储备和在途资金等。它们的增加会引起基础货币的等额扩张;反之,这些资产项目的减少会相应地减少基础货币供给。

中央银行的负债,包括非金融机构存款、政府存款、自有资本和其他项目。它们的增加会减少基础货币的供给;反之,它们的减少会增加基础货币的供给。

在中央银行的资产中,国外资产包括:外汇储备、黄金和国际货币基金组织的特别提款权。黄金和特别提款权的特点:相对稳定,对基础货币的影响不大。外汇储备是国外资产中影响基础货币的主要因素。

以下举例说明,首先以我国外汇管理中的结售汇制为例。

假设 A 企业出口获得了 1000 万美元的收入,按美元与人民币当前汇率 1∶6.8 将 1000 万美元卖给中国银行,则

中国银行收到 1000 万美元后的 T 形账户

资产		负债	
外汇	68000000	存款	68000000

中国银行结汇后将外汇卖给中国人民银行,则中央银行和中国银行的 T 形账户分别为

中央银行的T形账户

资产		负债	
外汇	68000000	中国银行存款	68000000

中国银行的T形账户

资产		负债	
在人行存款	68000000		
外汇	−68000000		

从以上T形账户可知，中央银行外汇储备资产在增加6800万元的同时，基础货币的投放也等额增加。中国银行的外汇资产虽然减少了6800万元，但其在中国人民银行的存款则增加了6800万元。

中央银行负债与基础货币之间是一种负相关的变动关系，即中央银行负债方项目增加时，基础货币的投放减少；反之，中央银行负债方项目减少时，意味着基础货币投放增加。

下面以政府存款为例分析中央银行负债对基础货币的影响。

假设财政部发行1亿元的国库券，其收入由商业银行存款转入中央银行账户，则财政部T形账户的变动为

财政部的T形账户

资产		负债	
商业银行存款	−100000000		
中央银行存款	100000000		

商业银行的T形账户

资产		负债	
准备金	−100000000	财政部存款	−100000000

财政部和商业银行T形账户的变动，使中央银行的T形账户发生如下变动：

中央银行的T形账户

资产		负债	
		商业银行准备金	−100000000
		政府存款	100 000 000

可见，政府存款增加的结果是使银行系统的准备金减少了1亿元，即基础货币减少1亿元。

（二）货币乘数

在前面我们讨论了存款乘数，它是指活期支票存款可能产生的倍数。货币与存款是两个不同的概念。货币既包括存款又包括现金，而存款又可以分为定期存款、活期支票存款等。但是，讨论存款乘数的主要目的是为了便于计算真正意义上的货币乘数。

在引入了基础货币这一概念之后，货币供给就可以表述为这样一个理论化的模式：一定的货币供给总量必然是一定的基础货币按照一定的倍数或乘数扩张后的结果，或者说，货币供给量总是表现为基础货币的一定倍数。人们通常将这个倍数，即货币供给量与基础货币的比值，称为货币乘数。货币供给的基本理论模型是

$$M_s = mB \tag{9.9}$$

式中，M_s 为货币供给总量；m 为货币乘数；B 为基础货币，由流通中的现金和银行准备金构成。

由货币供给模式可得货币乘数模型是

$$m = \frac{M_s}{B} \tag{9.10}$$

一般地说，B 的变动可以由中央银行来决定，即可以通过向商业银行发放和回收贷款，以及通过证券的吞吐来主动调控，但中央银行不能完全控制 m。在影响 m 的因素中，活期存款的法定准备金率 r_d、定期存款的法定准备金率 r_t 是由中央银行决定的；超额准备金率 e 却由商业银行决定；现金漏损率 c 和定期存款占活期存款的比例 t 更是由社会大众决定的。正因为如此，我们认为货币供给量是一个内生变量，而非完全属于可由中央银行随意决定的外生变量。前面具体讲述了商业银行具有信用创造功能及其存款货币的创造过程，但究竟存款货币能够扩大多少，其影响因素在现实生活中又是很多的，不过主要的因素则是法定准备金率的高低。

从上面的理论模式可以看到，货币乘数是货币供给机制中的一个至关重要的因素，因此我们应对货币乘数加以考察。不过，如果我们要考察真正意义上的货币乘数，则至少应该根据货币层次来分别考察，研究各货币层次的货币乘数。

1. 货币供给决定的一般模型——乔顿模型

乔顿货币乘数模型是由美国经济学家乔顿（Jerry L. Jordan）于 1969 年提出的。目前，该模型已被看作是货币供给机制的一般模型。

从存款乘数到 M_1 层次的货币乘数，所涉及的范围扩大了，即从可开列支票的活期存款扩大到可开列支票的存款与现金之和。这就是说，M_1 这一层次的货币一般是指流通中的活期支票存款余额（一般记为 D_d）与现金（一般记为 C），即

$$M_1 = D + C \tag{9.11}$$

而 M_1 与基础货币(B)量之间是有倍数关系的。基础货币是银行的准备金(R)和现金(C)之和,即 $B=R+C$。因此,若用 m_1 代表 M_1 的货币乘数,则可得

$$m_1=\frac{M_1}{B}=\frac{D+C}{R+C} \tag{9.12}$$

其中,$R=RR$(法定准备金)$+ER$(超额准备金),这样上式即为

$$m_1=\frac{D+C}{RR+ER+C} \tag{9.13}$$

并根据前述已知

$$c=\frac{C}{D}\Rightarrow C=c\cdot D \tag{9.14}$$

$$t=\frac{T}{D}\Rightarrow T=t\cdot D \tag{9.15}$$

$$e=\frac{ER}{D}\Rightarrow ER=e\cdot D \tag{9.16}$$

将上述(9.14)~(9.16)三式代入式(9.13),可得

$$m_1=\frac{D+c\cdot D}{r_d\cdot D+r_t\cdot t\cdot D+e\cdot D+c\cdot D}=\frac{1+c}{r_d+r_t\cdot t+e+c} \tag{9.17}$$

式(9.17)的 m_1 被称为狭义货币乘数。其中 r_d 为活期存款的法定准备金率,r_t 为定期存款的法定准备金率,t 为定期存款比率,e 为超额准备金率,c 为现金漏损率或通货比率。

因此,M_1(狭义货币)决定于基础货币与货币乘数这两个因素,且是这两个因素的乘积。

$$M_1=B\cdot\frac{1+c}{r_d+r_t\cdot t+e+c} \tag{9.18}$$

从式(9.18)可知,M_1 的货币乘数主要取决于现金漏损率和银行准备金率,而银行准备金率又包括法定准备金率和超额准备金率。由于中央银行可以决定 B(基础货币)的供给和法定准备金率,同时又可以通过利率、货币政策、金融市场以及行政手段(比如现金管理制度)等来影响现金漏损率 c,还可以通过利率、基础货币供给及行政手段(比如规定备付金率)等来影响超额准备金率。因此,中央银行在 M_1 的供给中起着重要作用。

但并不能据此就认为在货币的供给中,中央银行可以决定一切。因为,在货币供给的决定机制中,除了中央银行以外,还有两个经济主体,即商业银行与社会公众。它们的行为分别决定了超额准备金率和现金漏损率,从而对货币供给产生重要影响。而且中央银行也不能随心所欲地决定基础货币的供给和法定准备金率。因此,从本质上说,货币供给具有内生性质。

2. 乔顿扩展模型

1）货币定义扩展为 M_2

根据 M_2（广义货币）的概念，它包括现金及银行体系的所有存款（活期存款和定期存款），其公式为

$$M_2 = M_1 + T = D + C + T \tag{9.19}$$

上式中的 T 为定期存款。

如以 m_2 代表 M_2 的货币乘数，则

$$m_2 = \frac{M_2}{B} = \frac{D+C+T}{R+C} = \frac{D + c \cdot D + t \cdot D}{r_d \cdot D + r_t \cdot t \cdot D + e \cdot D + c \cdot D}$$

$$= \frac{1+c+t}{r_d + r_t \cdot t + e + c} \tag{9.20}$$

上式的 m_2 被称为广义货币乘数。M_2 即为基础货币与广义货币乘数的乘积。

$$M_2 = B \cdot \frac{1+c+t}{r_d + r_t \cdot t + e + c} \tag{9.21}$$

2）取消定期存款法定准备金

当取消商业银行定期存款法定准备金后，其狭义货币乘数 m_1 和广义货币乘数 m_2 将变为以下两式：

$$m_1 = \frac{1+c}{r+c+e} \tag{9.22}$$

$$m_2 = \frac{1+t+c}{r+c+e} \tag{9.23}$$

在乔顿模型以及乔顿扩展模型中，决定货币供给的因素共有 6 个，其中：B、r_d、r_t 系由货币当局或中央银行所决定；e 由商业银行所决定；而 c 和 t 则由社会公众的资产选择行为所决定。由此可见，货币当局或中央银行实际上只能对决定货币供给的部分因素而不是全部因素具有直接的控制能力。这就说明，货币供给并不完全是一个外生变量。

第三节　货币供给理论的发展

自从 20 世纪 60 年代以来，西方许多经济学家纷纷致力于货币供给理论的研究，上面所说的乔顿货币乘数模型就是其研究成果之一。但是乔顿货币乘数模型是在其他货币供给模型的基础上经过改进而形成的。所以在西方经济学界，除了乔顿货币乘数模型以外，实际上还有不少经济学家曾经提出过各自的货币供给模型。其中，最有代表性和最具影响力的还有费里德曼—舒尔茨货币供给模型与卡甘货币供给模型。

一、弗里德曼—舒尔茨货币供给模型

弗里德曼(M. Friedman)与舒尔茨(A. J. Schwartz)于1963年出版了《1867～1960年美国货币史》一书。他们通过对美国近百年货币史的实证研究,提出了一种货币供给决定模型。

根据弗里德曼和舒尔茨的分析,现代经济中的货币存量大致可以分为两个部分:一是货币当局的负债,即社会公众所持有的通货;二是银行的负债,即银行存款,包括活期存款、定期存款和储蓄存款。可见,弗里德曼和舒尔茨所谓的货币实际上是指较为广义的货币。若记M为货币存量、C为非银行公众所持有的通货、D为商业银行存款,则

$$M = D + C \tag{9.24}$$

在货币存量中,只有一部分货币能够为中央银行所直接控制。弗里德曼和舒尔茨称之为"高能货币"。高能货币由两部分构成:一是社会公众所持有的通货,二是商业银行的准备金(包括库存现金和存在中央银行的准备金存款)。显然,弗里德曼和舒尔茨所谓的高能货币,实际上就是我们前面所说的基础货币。如果记H为高能货币、R为商业银行准备金,则

$$H = R + C \tag{9.25}$$

$$\frac{M}{H} = \frac{C+D}{C+R} = \frac{\frac{D}{R}(C+D)}{\frac{D}{R}(C+R)} = \frac{\frac{D}{R}\cdot C\left(1+\frac{D}{C}\right)}{\frac{D\cdot C}{R}+D} = \frac{\frac{D}{R}\left(1+\frac{D}{C}\right)}{\frac{D}{R}+\frac{D}{C}} \tag{9.26}$$

$$M = H\cdot\frac{\frac{D}{R}\left(1+\frac{D}{C}\right)}{\frac{D}{R}+\frac{D}{C}} \tag{9.27}$$

从上述货币供给模型可知,货币供给是高能货币与货币乘数之积。高能货币H由中央银行决定,而影响货币乘数的变量在弗里德曼和舒尔茨的分析中简化为两个:商业银行的存款与准备金的比率D/R和商业银行的存款与社会公众所持有的通货的比率D/C。他们称这两个比率及高能货币H为"货币存量的大致的决定因素"。

根据弗里德曼和舒尔茨的分析,高能货币的供给由货币当局的行为所决定的,存款与准备金的比率决定于商业银行,但政府可以通过法律与商业银行一起影响这一比率,存款与通货持有量之间的比率主要取决于公众的行为。因此,决定货币供给的主体有三个:货币当局、商业银行和社会公众。

按照弗里德曼和舒尔茨的解释,货币当局能够直接而又有效地控制H,而H

对于D/R和D/C具有决定性的影响。正由于这个原因，货币当局在控制H的同时对D/R与D/C施加影响，从而决定整个社会的货币供给量。所以，在弗里德曼与舒尔茨看来，货币的供给量归根到底是一个外生变量。

从公式(9.27)可看出，D/R和D/C两者的变化会引起货币存量的同方向变化。D/R比率越高，一定量的存款准备金所支持的存款就越多。D/C比率越高，高能货币中充当银行准备金的部分也越大。D/R和D/C越大，货币乘数越大，从而导致货币存量也越大。

弗里德曼和舒尔茨利用上述分析框架，检验了美国1867～1960年的货币史，得出的结论是：基础货币是广义货币存量长期性变化和主要周期性变化的主要原因。D/R和D/C比率的变化对金融危机条件下的货币运动有着决定性的影响，而D/C比率的变化则对货币的温和的周期性变化起了重要的作用。

二、卡甘货币供给模型

美国经济学家菲利浦·卡甘(Phillip Cagan)几乎就在弗里德曼和舒尔茨写作《1867～1960年美国货币史》一书的同时，也系统深入地研究了美国1875～1960年85年间货币存量变化的主要决定因素，并于1965年出版了他的专著《1875～1960年美国货币存量变化的决定及其影响》一书。在书中，卡甘的货币供给方程推导如下：

根据货币的定义，$M=C+D$的两边同时除以M，可得$1=\frac{C}{M}+\frac{D}{M}$，移项得$\frac{D}{M}=1-\frac{C}{M}$，两边再同时乘以$\frac{R}{D}$得

$$\frac{R}{D}\cdot\frac{D}{M}=\frac{R}{D}\left(1-\frac{C}{M}\right) \tag{9.28}$$

高能货币H为货币供给M的一部分，则

$$\frac{H}{M}=\frac{C+R}{M}=\frac{C}{M}+\frac{R}{M} \tag{9.29}$$

因为式(9.28)等号左边即为$\frac{R}{M}$，因此将该式等号右边项代入式(9.29)，得

$$\frac{H}{M}=\frac{C}{M}+\frac{R}{D}\left(1-\frac{C}{M}\right)=\frac{C}{M}+\frac{R}{D}-\frac{R}{D}\cdot\frac{C}{M} \tag{9.30}$$

$$M=\frac{H}{\frac{C}{M}+\frac{R}{D}-\frac{R}{D}\cdot\frac{C}{M}} \tag{9.31}$$

式中，M为广义的货币存量，H为高能货币，C为非银行公众持有的通货，D为商

业银行存款,R 为商业银行准备金。

在卡甘的分析中,决定货币乘数的变量也只有两个:通货与货币存量之比C/M以及准备金与银行存款之比R/D。

卡甘将C/M和R/D分别称为通货比率和准备金比率。在美国,通货比率在长期中具有下降趋势,卡甘将其归因于收入和财富的增长以及城市化。城市化有助于通货比率下降是因为它扩展了银行业而减少了通货的使用。1875 年以来,美国银行的准备金比率很不稳定,经常处在较大幅度的变动状态中。卡甘认为,这是由两方面的原因造成的,即存款在不同类型、不同地区的银行及不同种类的存款之间的转移和法定准备金的变化。由于竞争性原因,"存款间的转移总的来看是不重要的",这意味着准备金比率的变动,主要是由法定准备金比率的变化引起的。

卡甘货币供给模型与弗里德曼-舒尔茨货币供给模型虽然有较多的相似之处,但是卡甘货币供给模型似乎更为清楚地反映了通货比率与准备金比率这两个因素对货币乘数的影响。通过察看卡甘货币供给模型,我们发现,C/M 与 R/D 这两项的值均小于 1,它们的积也必然小于其中任一项的值。因此,其中任一项的上升必会造成货币乘数的缩小,从而引起货币供给量的减少。反之,其中任一项的下降必会造成货币乘数的上升,从而引起货币供给量的增加。

三、货币供给新论

历史的回顾告诉我们,以前的货币供给理论都有着一个统一的模式,即货币供给是基础货币与货币乘数之积。也就是说,以前的货币供给理论强调中央银行操纵基础资币的行为对货币供给的决定性的影响,认为货币乘数中的各变量在短期内变化不大,即使自由变化,也可准确预测,甚至可视为常数,货币供给是一个完全由中央银行决定的外生变量。实际上,这一统一的模式都来源于 1921 年由菲利普斯(C. A. Phillips)提出的简单乘数模型。

在这一统一模式之外,还有一种被称为"新观点"的货币供给理论,这就是人们常说的货币供给新论。它是针对货币供给早先的理论而言的。这种理念最初散见于拉德克利夫(Radcliffe)委员会的报告中,其后由美国经济学家约翰·G·格利(John. G. Gurley)、爱德华·S·肖(Edward. S. Shaw)及詹姆斯·托宾(J. Tobin)等人发展和完善。该理论批判了主流经济学中的货币乘数理论,认为这种将存款创造过程描述为拘泥于银行准备金的乘数过程,并不能反映真正的存款创造过程,真正的存款创造应是一个反映银行和其他经济主体的经济行为的内生过程。他们主张以广义的货币定义(M_1 或 M_4)作为理解货币与经济之间关系的基础,并以此来阐述货币供给决定机制。持货币供给新论的经济学家采用一般均衡的方法,来分析供给量与利率等经济变数之间的复杂关系,以及货币供给与货币需求之间互为因果的关系。

1957年，在英国财政部的带领下，成立了以拉德克利夫(Radcliffe)为首的货币运行委员会。其主要任务是调查英国货币与信用系统的运行情况，并据此改进的建议。经过两年的广泛调查和深入研究，该委员会于1959年形成了一份长达350万字的报告，这就是著名的《拉德克利夫报告》。该报告有关货币供给的观点主要有：第一，对经济真正有重大影响的不仅仅是传统意义上的货币供给，而且还包括这一货币供给在内的整个社会的流动性；第二，决定货币供给的不仅仅是商业银行，而且还包括商业银行与非银行金融机构在内的整个金融系统；第三，货币当局所应该控制的不仅仅是传统意义上的货币供给，而且是整个社会的流动性。

美国经济学家约翰·G·格利和爱德华·S·肖于1960年合作出版了著名的《金融理论中的货币》一书。在这本专著里，他们提出了有关货币供给的新观点。他们指出，第一，货币与各种非货币金融资产之间、银行与非银行金融机构之间均具有一定程度的雷同性与替代性。第二，货币的基本特性是具有较高的流动性。第三，就流动性这一基本特性而言，货币与非货币金融资产之间，实际上只有程度的不同，而没有本质的区别。同样，作为货币创造者的银行与作为非货币金融资产创造者的非银行金融机构之间也没有本质的区别。第四，从货币供给角度来看，货币的定义应该是广义的。这种广义的货币不仅仅包括通货与商业银行的活期存款，而且还应该包括商业银行的定期存款及各种非银行金融机构所发行的负债。第五，从货币控制来看，要真正控制好货币供给，中央银行不仅仅要控制好商业银行，而且要控制好各种非银行金融机构，只有双管齐下，才能真正奏效。

1963年，耶鲁大学教授托宾发表了《作为货币创造者的商业银行》一文，提出了“新论”一词。他认为，弗里德曼对于货币供给方程式的解释是不能成立的。对于货币供给与高能货币、存款与通货比率和存款与准备金比率的关系不应简单化，这三个变量及其决定因素之间存在着交叉影响关系，特别是后两个变量，即存款与通货比率和存款与准备金比率，常常随经济环境的变化而变化，因而不应被当成货币供给方程式中的固定参数。他指出，存款与通货比率，从实际经济运行资料来看，并不是始终处于稳定的状况，而常常出现的是周期波动现象；至于存款与准备金比率的变动，商业银行行为的独立作用是很明显的。

第四节　货币供给的外生论与内生论

一、货币供给的外生论与内生论的内涵

根据对“货币供给是否是货币当局能决定的变量”这一问题的不同回答，货币供给理论可以分为外生论与内生论两种。货币供给外生论是指，货币供给这

个变量并不是由经济因素，如收入、储蓄、投资、消费等因素决定的，而是由货币当局的货币政策决定的。货币供给内生论是指，货币供给的变动，货币当局是决定不了的，起决定作用的是经济体系中的实际变量以及微观主体的经济行为等因素。

从政策含义的角度来考察这一问题，两者的分歧在于：货币政策的调节作用是否有效。外生论认为，货币供给是由货币当局的政策决定的变量，因此货币当局能有效地通过对货币供给量的调节来达到调控经济的目的。相反，内生论则认为，货币供给被动地决定于客观经济过程，而货币当局不能有效地对其进行控制，因此货币政策的调节作用、特别是以货币供给量作为操作指标的调节，就有很大的局限性，货币政策的效果也会大打折扣。

二、货币供给外生论

（一）古典学派的货币供给外生论

古典经济学家实际上都认为货币供给是外生的。因为他们的货币是金币，黄金的生产与经济的运行没有直接的内在的联系，按照费雪和庇古的货币数量说公式，都是货币的数量决定商品的价格，而不是商品的价格决定货币的供给。产出的多少为制度和技术因素所决定，既不受货币数量的影响，也不影响货币的数量。

（二）凯恩斯学派的货币供给外生论

凯恩斯明确地认为货币供给是外生的，因为中央银行可以根据经济运行的情况自主地变动货币供给量，调节利率。没有中央银行的决策，流通中的货币供给量不会增加。也就是说，经济运行的状况不会自发地影响流通中货币供给量的变动。在凯恩斯的货币供给的图形中，货币供给曲线是条垂线，它与利率和实际经济的运行之间没有直接的内在联系。

（三）货币主义的货币供给外生论

弗里德曼认为，货币供给方程中的三个主要因素——高能货币 H、存款与准备金比率 D/R 和存款与通货比率 D/C，虽然分别决定于货币当局的行为、商业银行的行为和公众的行为，但其中，货币当局能够直接决定 H，而 H 对于 D/R 和 D/C 有决定性影响。也就是说，货币当局只要控制或变动 H，就必然能在影响 D/R 和 D/C 的同时决定货币供给量的变动。在这种情况下，货币供给显然是货币当局能决定的外生变量。

（四）理性预期学派的理论

美国经济学家罗伯特·卢卡斯(Robert. E. Lucas)等虽然没有具体讨论经济运行和货币需求对货币供给的影响，但是，他们都强调中央银行货币供给的至关重要性，以及中央银行采取稳定的货币供给的政策对于经济稳定的重要意义。因为他们假定中央银行可以实行独立的货币政策，这就隐含着经济运行不能直接决定货币供给，货币供给是外生的意思。

三、货币供给内生论

（一）温特劳布-卡尔多的内生货币理论

在20世纪70年代，后凯恩斯货币经济学的代表人物西德尼·温特劳布(S. Weinstraub)和尼古拉斯·卡尔多(N. Kaldor)提出了内生货币理论，他们认为货币的需求通过政府的压力，转化成中央银行的货币供给。也就是说，不是货币供给决定经济运行，而是经济运行决定货币供给。中央银行只能顺应经济运行的要求供给货币，而无法执行自主性货币政策。

温特劳布认为，货币供给只能以名义工资增长率超过平均劳动生产率的程度相应增加，而不为中央银行独立决定，即由经济运行的客观要求所决定，这就是温特劳布的货币内生性理论。具体说来：商品价格是在劳动成本及劳动成本之上的某种加成决定的；假定劳动生产率随时间的推移而提高的速度是相对稳定的，如果名义工资率的相对增长率超过平均劳动生产率的提高，物价就会上升，从而社会名义收入也就增加，货币需求随之增加；如果此时中央银行拒不增加货币供给，就会导致利率上升，投资、真实收入以及就业量就要缩减，以使货币需求与供给在低收入水平上被迫相等；这当然是中央银行，特别是政府当局所不愿看到的。因此，只要物价水平主要由中央银行所不能控制的工资谈判所决定，货币当局就最多只能保证货币的充分供给，以消除阻碍充分就业和经济增长的金融障碍，货币当局并不拥有控制物价水平的有效手段。

温特劳布内生性理论的一个变体是卡尔多内生货币模型。卡尔多认为，中央银行的基本职责是作为最后的贷款人，通过贴现窗口，保证金融部门的偿付能力。中央银行为了防止信贷紧缩导致灾难性的债务紧缩，货币当局除了满足“交易需求”之外，别无选择，否则整个金融系统都将面临流动性不足的困难。该观点表明，在中央银行制定和维持的任何既定利率水平上，货币供给曲线的弹性都无限大，即货币需求创造自己的货币供给，供给因此而能满足经济对货币的需求，货币供给曲线呈水平状。

（二）莫尔的水平主义供给理论

自温特劳布和卡尔多提出货币需求自创货币供给的理论之后，20 世纪 80 年代末，莫尔(Basic. J. Moore)又将他们的理论进一步推向深化。如果说，温特劳布-卡尔多的货币供给内生性主要表现为中央银行承担稳定经济金融秩序责任的无奈，那么莫尔的理论则超越了关于“政治压力”、“缺乏道德约束”、“不完全竞争”以及“官僚主义惰性”等分析，而是对金融运行机制变化的影响进行了深入探讨。莫尔的理论主要包括以下几点：

1. 信用货币供给的内生性

莫尔把货币分为三种：商品货币、政府货币和信用货币。商品货币是从各种实物演变而来，最后体现在黄金上的货币；政府货币是由政府发行债券而沉淀在流通中的货币，这两种货币都是外生的；信用货币是商业银行发行的各种流通和存款凭证，它们形成于商业银行的贷款发放，而这又取决于公众对贷款的需求。而公众的贷款需求又由经济的运行状况决定，这就决定了货币的供给也由经济运行状况所决定，这就是信用货币的内生性。因为内生货币是在既定的利率水平上，无限满足所有的货币需求，所以莫尔的货币供给曲线是一条水平线。

2. 基础货币供给的内生性

按照传统货币理论的解释，中央银行通过公开市场买卖政府债券，决定银行系统的基础货币量，基础货币因此是中央银行完全控制的外生货币。莫尔却认为实际情况并非如此，中央银行对于自己的债务凭证——基础货币控制的能力是有限的，它并不能自主决定基础货币的供给。

就商业银行来说，通常已经将其资产用于有价证券或者商业贷款，一般不会有闲置的资金参与公开市场买卖。这就决定了商业银行购买政府证券的基金只能是其现有有价证券或商业贷款转换的，而这种转换并不容易顺利实现。这是因为，商业贷款在发放之前就有规定的偿还日期，企业的生产周期也限制它们提前还贷，因此商业银行很难提前收回贷款。相反，当经济萧条时，中央银行希望通过购买商业银行有价证券等公开市场业务增加基础货币的供应量，但中央银行促使商业银行出售有价证券的能力也比较有限。这是因为商业银行是否出售手头持有的有价证券也取决于其自身的成本与收益比较。只有政府证券的价格降低到一定程度，而其收益率超过，或至少是相当于商业银行现有的有价证券，才会吸引商业银行购买，而这时利率之高又是政府所不能承担的。所以，中央银行不能顺利地通过公开市场操作决定基础货币量。

在再贴现的运用上，中央银行完全处于被动的地位，提高再贴现率虽可遏制商业银行的贷款需求，但它却不能阻止商业银行向贴现窗口寻求基础货币的补充。

当然从理论上讲中央银行拥有拒绝提供贴现的权力，但这种拒绝不仅会形成沉重的政治压力，甚至可能危及银行系统的流动性。这就是说，中央银行缺乏有效的手段促使商业银行购买政府债券，也难以拒绝商业银行的贷款需求。

3. 负债管理自给基础货币

莫尔指出，20世纪60年代开始的金融创新，使商业银行可以直接在金融市场上筹集资金，而无需等待中央银行的基础货币注入。商业银行已由原来的资产管理转向负债管理，其主要资金来源已由原来的吸引存款为主转变为直接在金融市场上发行融资工具，欧洲美元市场的发展更加方便了商业银行从国际市场上筹集所需的资金。

由于金融市场和商业银行债务管理政策的发展，促使货币供给的内生性表现得更加明显。究其原因主要有以下三点：首先，一家企业往往与多家银行建立业务关系，这样，处于激烈竞争环境下的商业银行，为保持与客户的稳定关系，只能随时发行可上市的存款凭证来满足企业的贷款需求。其次，负债管理还可帮助商业银行摆脱债市低迷对其资金的锁定效应，因为此时商业银行可以直接发行可上市的存款凭证，以满足企业的贷款需求，而不必低价出售政府证券。其三，由于所有可上市的金融工具几乎都不受中央银行直接控制，这就使商业银行比以往任何时候都不依赖中央银行。

4. 银行角色转换传导的内生性

莫尔把金融市场分成批发市场和零售市场，前者是商业银行筹集资金的市场，后者是商业银行发放贷款的市场。在批发市场上，商业银行是贷款条件的接受者和贷款数量的决定者，而在零售市场上，商业银行则是贷款条件的决定者和贷款数量的接受者。这就是说，公众在零售市场上对于资金的需求将通过商业银行直接传导至包括中央银行在内的批发市场予以满足，货币供给因而由货币需求决定。

此外，莫尔还否定货币乘数的意义，认为它不能解释创造货币过程中的因素及其创造的过程，以往的货币供给等于基础货币乘以乘数的等式仅仅是对现象的描述，而不是对现象的解释。政府无法控制信用货币的供给。

本章小结

货币供给是指在一定时期内一个经济体银行系统通过其业务活动向经济中投入、创造、扩张(或收缩)货币的行为，是一个动态概念。货币供给量亦称货币存量，指某一时点全社会承担流通手段和支付手段职能的货币总称，反映全社会总的购买力，是一个存量概念。

金融资产的流动性也称“货币性”，是指一种金融资产能迅速转换成现金而对持有人不发生损失的能力，也就是变为现实的流通手段和支付手段的能力，也称变现力。

商业银行具有存款创造和消减功能,对货币供给具有极其重要的影响。存款乘数与法定存款准备金率、现金漏损率、超额存款准备金率、活期存款与定期存款比率等因素直接相关。

基础货币是指中央银行的负债,即由货币当局投放并为货币当局所能控制的那部分货币。基础货币的决定因素众多,可以分为增加基础货币的因素和减少基础货币的因素两类。

货币供给量=基础货币×货币乘数,是一个定义恒等式。不同的研究者,对货币乘数有不同的表达。其中,乔顿模型是表达货币乘数的基本形式,弗里德曼-舒尔茨模型、卡甘模型等理论模型对货币乘数有不同表达。

相对于货币供给早先的理论,还存在一个货币供给理论。这种理念最初散见于拉德克利夫委员会的报告中,其后由美国经济学家约翰·G.格利、爱德华·S.肖及詹姆斯·托宾等人发展和完善。

货币供给外生论,是指货币供给并不是由经济因素决定的,而是由货币当局的货币政策决定的。货币供给内生论,是指货币供给的变动取决于经济体系中的实际变量以及微观主体的经济行为等因素。

【关键术语】

原始存款　派生存款　基础货币　货币乘数　法定存款准备金比率　通货比率　定期存款准备金比率　超额准备比率　货币供给恒等式　货币供给的内生性　货币供给的外生性

【思考题】

1. 为什么研究货币供给时必须对货币供给量划分层次?

2. 什么是基础货币?它与货币供给量的关系如何?

3. 什么是货币乘数?影响货币乘数的主要因素有哪些?

4. 为什么中央银行对基础货币具有较强的控制力?

5. 银行超额准备金持有量决定于哪些因素?

6. 从目前我国的现实体制出发,说明货币供给的外生性与内生性。

7. 卡甘对货币供给的分析中,影响货币供给量的因素与弗里德曼-舒尔茨分析中的因素有何不同?

8. 假设我们的经济中只有一家银行,准备金比率为10%。如果某人存入了10万元现金,该银行最多能贷出多少?

9. 什么是通货比率?它主要决定于哪些因素?它对货币供给有什么影响?

10. 根据定义，推导出货币乘数

$$m=\frac{1+c}{r_{\mathrm{d}}+r_{\mathrm{t}}\cdot t+e+c}$$

11. 与传统货币供给理论相比，货币供给新论的新颖在何处？

【延伸阅读】

1. 崔建军. 货币供给的性质：内生抑或外生[J]. 经济学家，2005(3)：113-120.

2. 胡海鸥. 温特劳布-卡尔多的内生货币理论介评[J]. 金融研究，1997(10)：61-65.

3. 占硕. 莫尔的水平主义模型及其评述[J]. 财经科学，2004(S1)：143-145.

第十章　通货膨胀与通货紧缩

⊙ 导言

在中国，1935 年的法币改革为国民党政府推行通货膨胀政策铺平了道路。从 1935 年法币开始走上中国历史舞台至 1949 年的短短十几年间，法币经历了一个持续而且不断加速的贬值，最后完全形同废纸，且看 100 元法币购买力：1937 年可买大牛两头；1941 年可买猪一头；1945 年可买鱼一条；1946 年可买鸡蛋一个；1947 年可买油条 1/5 根；1948 年可买大米两粒。其贬值速度简直超乎人们的想象。

在 20 世纪 20 年代早期的德国，由于战争赔款，货币供给增加导致的通货膨胀率惊人：流通中的马克从 1922 年 1 月的 1.15 亿增加到 1923 年 1 月的 13 亿，而在 1923 年 12 月，这一数字达到了惊人的 4.97×10^{20}。过量的货币供给，其结果必然是极高的通货膨胀率。德国物价指数在 1914 年为 100，1922 年 1 月为 1440，而在 1923 年 12 月已经上升到了 1.2616×10^{14}，德国马克变得一文不值。

货币均衡与失衡问题不管是经济学家还是政府决策者历来都十分关注，与普通老百姓的日常生活关系密切。商品市场物价稳定是判断货币是否均衡的重要标志。如果货币失衡，就可能造成由于购买手段不足而引起商品积压现象，或购买手段过剩而引起商品供给不足和物价的普遍上涨现象。本章我们将首先探讨货币均衡与失衡问题，然后在此基础上探讨通货膨胀与通货紧缩。

第一节　货币均衡与失衡

一、货币均衡与社会总供求均衡

（一）货币均衡的概念

均衡(equilibrium)是一个由物理学引入经济学的概念。经济学引入“均衡”概念，一般是将其用于描述市场供求的对比状态。这里提出的货币均衡与非均衡(失衡)概念，则是用来说明货币供给与货币需求之间的对比关系。

1. 货币均衡的含义

货币均衡是指货币供给与货币需求之间的一种对比关系，是从供求总体研究货币运行状态变动的规律。一般而言，货币供求相等，就称之为均衡；如果货币供求不相等，则谓之失衡。所谓“货币供求相等”用公式表示，即

$$M_s = M_d \quad \text{或} \quad M_s - M_d = 0 \tag{10.1}$$

式中，M_s 为名义货币供给量，M_d 为实际货币需要量。必须指出，这里的“＝”并非纯数学概念。事实上，绝对的货币供给量与货币需要量相等是不可能的。货币均衡的实际意义应是在一定时期内，货币供给量与国民经济发展对货币的客观需求量大体上相适应，包括货币供求总量上的平衡和结构上的平衡。但各自变动着的货币供给和货币需求，只要在客观存在的一定弹性区间内，都属于均衡之列。由于现实经济活动是错综复杂的，各种因素会影响货币的均衡，因此，我们不能孤立地分析货币均衡。

货币均衡是一种受各种因素影响的、相对发展的势态，它是一个动态的、相对的概念。在现代市场经济条件下，一切经济活动都必须借助于货币的运动，社会需求都表现为拥有货币支付能力的需求，即需求都必须通过货币来实现。因此，货币供求均衡，也可以说是由货币的收支运动与它们所反映的国民收入及社会产品运动之间的相互协调一致。

货币均衡要求货币供给量与货币需求量相适应。然而在实践中，要准确地比较两者的数量关系难度较大。货币需求量，反映的是一种难以准确把握和测量的客观需求，它受各种因素(包括政治因素、经济因素、预期及心理因素甚至风俗习惯等)的影响随时在发生变化；货币供给量，虽然可以通过中央银行或有关货币当局运用各种机制和调控手段进行控制，但同样由于各种因素的影响，其货币政策的实施效果与预期目标也可能会存在差距，甚至存在较大的差距。因此，在现代商品经济条件下，货币供给量不等于货币需求量是经常发生的现象，货币均衡只能是一种动态和相对的平衡，是在经常发生的货币失衡中运用各种调控机制暂时达到的均

衡状态，而且这种均衡状态很快又会被打破，又需要再建立新的均衡关系。

可见，研究某一时点上的静态均衡当然是必要的，但是静态均衡只是动态均衡中的一个特例，所以均衡往往是在不断运动过程中达成的一个动态过程，即它并不要求在某一时点上货币供给与货币需求完全相适应，它承认短期内货币供求间的不一致状态，但长期内货币供求之间大体上应是相互适应的。研究货币供求的最终目的，在于及时纠正偏差较大的失衡，来保持货币流通的基本稳定。

2. 货币均衡与信贷平衡

货币均衡与信贷平衡是两个既有联系又有区别的概念。两者的紧密联系表现在：在一定条件下，银行部门的信贷收支可转化为非银行经济部门的货币收支，而非银行经济部门的货币收支也可以通过一定的渠道转化为银行的信贷收支。信贷收支平衡与否，要看社会再生产过程对银行信贷的客观需求与银行信贷的供应是否相适应，归根到底是看货币流通是否正常。而货币均衡与否最终还是看国民经济各部门的货币收支是否协调，货币供给与货币需求是否相适应，其衡量的标志也是看货币流通正常与否。这就是说，货币均衡和信贷平衡，最终都可以通过货币流通状况反映出来。

但货币均衡和信贷平衡又有区别，其主要表现在：① 货币均衡反映的是货币运动的状况，受货币流通规律的制约；而信贷收支平衡反映的是银行信贷资金的运动，受信贷资金运动规律的制约。② 信贷收支运动主要与生产过程相联系，即信贷规模和增长速度与生产的发展规模和增长速度之间呈正相关；而货币收支运动主要与商品流通过程相联系，即与商品流转的规模和速度呈正相关。③ 信贷平衡所反映的是社会再生产过程对银行信贷资金需要量与银行信贷资金供给量的协调平衡关系；而货币均衡反映的是国民经济各部门之间和社会再生产各环节的货币收支协调平衡关系，是客观经济过程对货币需要量与银行体系供应到社会的货币量之间的协调平衡关系。

（二）货币均衡与社会总供求均衡的关系

1. 社会总供求的含义

社会总供求是社会总供给和社会总需求的合称。所谓社会总需求，通常是指在一定时期内，一国社会的各方面实际占用或使用的全部产品之和。由于在商品经济条件下，一切需求都表现为有货币支付能力的购买需求，所以，社会总需求也就是一定时期社会的全部购买支出。总需求有现实需求与潜在需求之分，现实需求是指有现实购买力的需求，即一定时期内，全社会在市场上按一定价格购买商品和劳务所支付的货币量，以及人们为持有一定的其他金融资产所支付的货币量；而潜在需求，是社会节余的购买力，即尚未实现的需求或将要实现的需求。

所谓社会总供给，通常是指在一定时期内，一国生产部门按一定价格提供给市场的全部产品和劳务的价值之和，以及在市场上出售的其他金融资产总量。由于这些商品都是在市场上实现其价值的，因此，社会总供给也就是一定时期内社会的全部收入或总收入。同理，总供给也有现实的总供给和客观的总供给之分，前者是指现实中社会各生产部门提供给市场的商品量，后者则是指一国的生产能力，即可能生产并提供给市场的能力。

关于社会总供求平衡的含义，可从以下几方面来把握：① 社会总需求与总供给的平衡是货币均衡，而不是实物均衡。实物均衡是自然经济的产物，而货币均衡才是现代商品经济总体均衡发展的重要特征。在社会总需求与总供给的平衡关系中，货币资金的运动起着重要作用。② 社会总需求与总供给的平衡是市场的总体均衡。社会的总需求与总供给的状况是由货币市场和商品市场的状况来决定的，因此，社会总需求与总供给的平衡，也就是货币市场和商品市场的统一平衡。③ 社会总需求与总供给的平衡是动态的均衡。社会总需求与总供给的平衡，是现实的社会总需求与短期内可能形成的总供给的平衡，而不是现实的总需求与现实的总供给的平衡。在扩大再生产的条件下，现实的总需求与现实的总供给的平衡是静态的平衡，只是反映简单再生产的要求，而没有能反映扩大再生产的客观要求。因此，只能从动态的角度，从现实的社会总需求与短期内可能形成的总供给相适应的状况来研究社会总需求与总供给的平衡状况。

2. 货币供求和社会总供求之间的关系

在现代商品经济条件下，任何需求都表现为有货币支付能力的需求。任何需求的实现，都必须支付货币。如果没有货币的支付，没有实际的购买，社会基本的消费需求和投资需求就不能实现。因此，在一定时期内，社会的货币收支流量就构成了当期的社会总需求。

社会总需求的变动，一般说来，首先是来源于货币供给量的变动。但是，货币供给量变动以后，能多大程度上引起社会总需求的相应变动，则取决于货币持有者的资产偏好和行为，即货币持有者的资产选择行为。

货币供给量与社会总需求量虽有密切联系，但又是严格区别的概念。其区别是：① 货币供给量是一个存量的概念，而社会总需求量则是一个流量的概念。② 货币供给量由现实流通的货币和潜在的货币两大部分构成，社会总需求由流通性货币及其流通速度两部分构成，所以，真正构成社会总需求的只能是流通性货币。因此，一定量货币供给量变化以后，能否引起社会总需求量的变化，主要取决于以下两个因素：一是货币供给量中潜在性货币和流通性货币的比例；二是货币流通速度的变化。③ 货币供给量变动与社会总需求量变动在时间上也不一致。弗里德曼根据美国的实际情况研究表明，货币供给量变动以后，一般要经过 6～9 个月才会引起社会总需求的变动,而引起实际经济情况的变动,则需 18 个月左右的时间。

货币供给和货币需求之间有一种相互制约和影响的关系,货币供给在一定条件下改变货币需求,而货币需求的变动,也可以在一定程度上改变货币的供给。而联系货币供给与货币需求的纽带就是国民收入和物价水平。

必须指出的是,实现总需求和总供给之间的平衡,只是反映了简单再生产的客观要求,而现代商品经济发展的一个内在动因是要求现实的总需求略大于现实的总供给。在这里,重要的是货币扮演什么样的角色,怎样通过对社会总需求的影响,从而改变社会总供给。

如果把总供求平衡放在市场的角度研究,它包括了商品市场的平衡和货币市场的平衡,也就是说,社会总供求平衡是商品市场和货币市场的统一平衡。社会总供求与货币供求之间的关系,可用图 10.1 来简要描述。

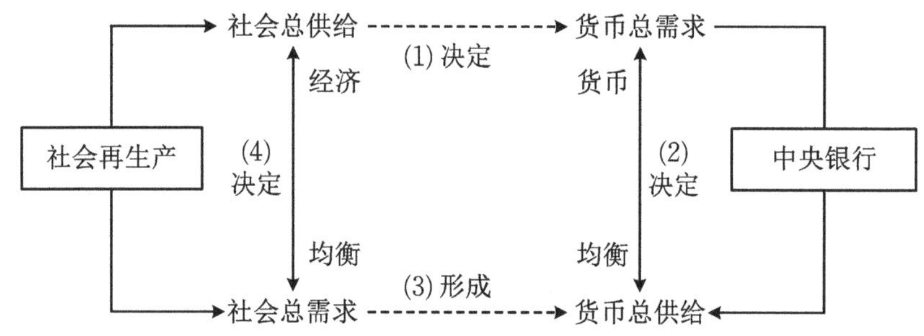

图 10.1 货币均衡与经济均衡关系图

图 10.1 包括了几层含义:一是社会总供给决定了一定时期的货币总需求。因为在商品货币经济条件下,任何商品都需用货币来表现或衡量其价值量的大小,并通过与货币的交换实现其价值,因此,有多少商品供给,必然就需要相应的货币量与之对应。二是货币总需求决定了货币总供给。就货币的供求关系而言,客观经济过程的货币需求是基本的前提条件,货币的供给必须以货币的需求为基础,中央银行控制货币供给量的目的,就是要使货币供给与货币需求相适应,以维持货币的均衡。三是货币总供给形成了有制服能力的社会总需求,因为任何需求都是有货币支付能力的需求,只有通过货币的支付,需求才得以实现。因此在货币周转速度不变的情况下,一定时期的货币供给水平,实际上就决定了当期的社会需求水平。四是社会总需求必须与社会总供给保持平衡,这是宏观经济平衡的出发点和复归点。

在图 10.1 所示的关系图中,货币供求的均衡是整个宏观经济平衡的关键。也就是说,如果货币供求不平衡,整个宏观经济的均衡就不可能实现。而要货币供求保持均衡，就需要中央银行控制货币的供给，使货币的供给与客观的货币需求经常保持一种相互适应的关系，以保证经济的发展有一个良好的货币金融环境，从而促进经济的协调发展和宏观经济平衡。

二、货币均衡的实现条件

（一）货币均衡的标志

货币均衡虽有一个能够计量的理论模型，但实践中却难以准确计算出来。换句话说，计算出来的货币供给数量是否能准确地反映客观的货币需求，也难以做出有把握的判断。因此，我们只能通过有关经济变量或指标的变动状况来做基本的分析与把握。

如前所述，货币均衡，在形式上表现为货币供给量与货币需求量的平衡，实质上则是社会总供给与总需求平衡的一种反映。因此，货币是否均衡，仅从货币供求量上是无法说清的。由于货币均衡必然表现为商品和劳务的供给与以货币购买力表示的商品和劳务的需求之间的均衡关系。而这种均衡关系在商品市场中表现为货币流通与商品流通相适应，不存在由于购买手段不足而引起商品积压现象，也不存在购买手段过剩而引起商品供给不足和物价的普遍上涨现象。所以，商品市场物价稳定就成了判断货币供求量是否均衡的重要标志。

商品物价的稳定一般是通过综合物价指数来衡量的。物价指数是报告期物价水平比基期物价水平的变动率。理论上说，物价指数与货币供求量之间有着较高程度的相关关系。在这里，利用物价指数衡量货币供求状况是有前提条件的，这就是以市场供求为基础来决定各种商品的价格。

“票子多了会涨价”，这已是人们通常的共识。但值得注意的是，在实际生活中还有不少其他因素影响价格水平，所以除非在物价水平的波动极其剧烈情况下，可以断定货币供求失衡外，在价格波动幅度不太大的情况下，很难判断究竟多少货币才算正常。

在金融市场上，货币均衡表现为货币资金的供求平衡和利率稳定。因此，利率也是判断货币均衡与否的重要标志。在金融市场上，货币是特殊的商品，利率则是货币资金的价格，利率确定的原理与物价确定的原理相同。根据流动性偏好理论，利率是由货币的供给与需求决定的，利率与货币需求呈反方向变动，而与货币供给同方向变动。当货币供给与货币需求平衡时，形成均衡利率。一般来说，当市场利率高于均衡利率时，说明市场存在超额货币供给；反之，当市场利率低于均衡利率，则说明市场存在超额货币需求。因此，均衡利率是衡量货币均衡的重要标志。然而，事实上均衡利率的具体水平却很难求出，故只能凭经验进行判断。

判断货币均衡的标志除了上述分析的综合物价水平和均衡利率以外，还可以借助于其他经济指标进行分析。如货币流通速度的变动、货币流通量增长速度与生产和商品流通增长速度的适应程度、市场商品的供求状况等。确定衡量货币均衡状况的标志，其意义在于通过观察这些经济指标量的变化，提供货币是否均衡的信息，并据此判断采取怎样的政策和调节措施。

（二）实现货币均衡的途径与条件

在市场经济条件下，利率不仅是货币供求是否均衡的重要信号，而且对货币供求具有明显的调节功能。因此，货币均衡最主要的实现机制是利率机制。

就货币供给而言，当市场利率升高时，一方面社会公众因持币机会成本加大而减少现金提取，这样就使现金比率缩小，货币乘数加大，货币供给增加；另一方面，银行因贷款收益增加而减少超额准备来扩大贷款规模，这样就使超额准备金率下降，货币乘数变大，货币供给增加。所以，利率与货币供给量之间存在着同方向变动关系。在图 10.2 中，用货币供给曲线(M_s)表示。就货币需求来说，当市场利率升高时，人们的持币机会成本加大，必然导致人们对金融生息资产需求的增加和对货币需求的减少。所以利率同货币需求之间存在反方向变动关系。在图 10.2 中，用货币需求曲线(M_d)来表示。当货币供给与货币需求相等，货币均衡状态便得以实现。货币供给曲线(M_s)与货币需求曲线(M_d)的相交点(E)即为均衡点。货币供求均衡点(E)所决定的利率即为均衡利率(i_0)，所决定的货币量为均衡货币量(M_e)。可见，货币供求要达到均衡主要依靠利率机制的作用来实现。

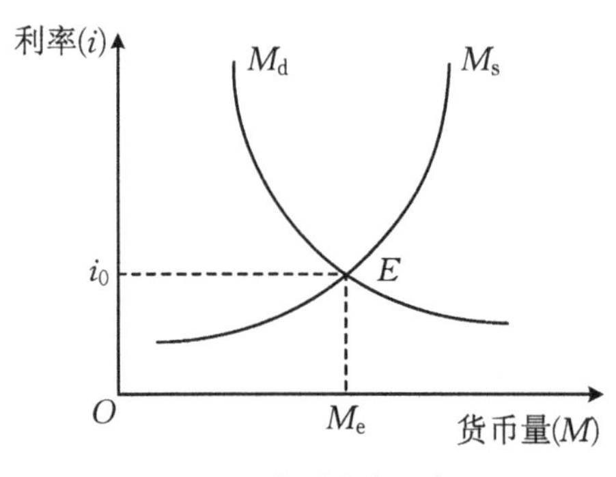

图 10.2　货币均衡示意图

需要说明的是，图 10.2 中货币的均衡点(E)，从数学的角度来看，它代表货币供给量与货币需求量相等。但在现实的经济生活中，E 代表的不是一个点，而是一个区域或值域。由于各种因素的影响，货币供给量与货币需求量事实上是不可能绝对相等的，货币供给量允许在一定限度内偏离货币需求量，这个限度理论界称之为货币容纳量弹性。货币容纳量弹性是利用了货币资产、金融资产、实物资产间的相互替代效应和货币流通速度的自动调节功能，使货币供给量可以在一定幅度内偏离货币需求量，而不至于引起货币贬值与物价上涨的性质。例如，当 $M_s > M_d$ 时，首先会引起社会成员（个人和企业等）的持币量增加，消费倾向上升。但由于商品供给量有限，不可能使大家的消费愿望都得到满足。于是，必然造成部分人持币待购或购买其他金融资产——股票、债券、存款等。前者会引起货币流通速度减慢，后者会使购买力分流，从而使名义货币供给量同实际货币需求量基本相适应。

至于货币容纳量弹性限度的大小，则是取决于各个时期经济发展状况及中央银行对货币供给的调控能力，而货币政策的真正难度也在于恰当掌握货币容纳量的弹性限度。

除了上述利率机制外，实现货币均衡还需要具备其他条件。主要是：

1. 发达的金融市场

发达的金融市场有各种各样可供投资者选择的金融工具，通过各种金融工具的交易促使货币形式的转化。由于不同形式的货币流动性不同，转化为现实货币购买力的速度也不一样，中央银行可以通过公开市场业务调节货币供给的总量和构成，促进货币供求的均衡。

2. 中央银行调控手段

实现货币均衡的关键是调控货币供给，而中央银行是控制货币供给的主体。金融调控手段的多少及有效性的高低，是影响货币均衡实现的重要因素。运用利率机制促进货币均衡的实现，需要以发达的金融市场为前提。就我国目前的情况来看，包括货币市场在内的整个金融市场正处于不断发展和完善的过程中，利率机制尚不健全，为能有效地控制货币供给量，中央银行需要同时采用多种调控手段，既要保留信贷指标控制和再贷款等直接调控手段，又要启用存款准备金、再贴现、公开市场业务等间接调控手段。随着我国市场经济的发展，应逐步建立以间接调控为主导的货币供给机制。

3. 国家财政收支状况

政府为弥补财政赤字向中央银行借款或透支，均会直接引起货币供给量的增加，从而影响货币供求的平衡。因此，保持国家财政收支基本平衡，避免财政向中央银行的借款或透支是实现货币均衡的条件之一。

4. 国际收支是否基本平衡

在开放经济条件下，国际收支不平衡，出现顺差或逆差则容易引起本币对外币的升值或贬值，进而直接影响国内市场价格的稳定。因此，只有国际收支的大体均衡，才能保证国内商品市场的供求均衡和货币市场的供求均衡。

此外，国民经济结构是否合理会涉及全社会商品供求在结构上的平衡性，也直接影响货币供给与货币需求结构的平衡性，进而影响货币均衡。因而建立合理的国民经济结构也是实现货币均衡的一个条件。

第二节　通货膨胀理论

通货膨胀是世界各国普遍存在的经济问题。对通货膨胀的研究已成为西方经济学理论的一个极其重要的组成部分。在表面上，通货膨胀总是表现为过多的货币追逐过少的商品，因此"无论何时何地，通货膨胀总是一种货币现象"——这的确说出了部分真理，但又不是全部。本节将分析通货膨胀的定义、成因、效应和如何治理。

一、通货膨胀的定义、度量和分类

"通货膨胀"是当代生活中使用频率很高的词汇。普通人的理解也许就是"又涨价了"、"钱不值钱了"。经济学家对通货膨胀的定义因人、因时而异。有人做过统计，结果发现在不同的意义下，通货膨胀有一百多种用法。

（一）通货膨胀的定义

哈耶克(F. A. Hayek)认为，通货膨胀的原意是指货币数量的过度增长，这种增长合乎规律地导致物价的上涨。弗里德曼(M. Friedman)认为，物价的普通上涨就叫做通货膨胀。萨缪尔森(P. A. Samuelson)则加上时期概念，认为通货膨胀是指，在一定时期内，商品和生产要素价格总水平持续不断上涨的现象。英国经济学家琼·罗宾逊(Joan Robinson)对通货膨胀的解释是，由于对国际经济活动的工资报酬率的日益增长而引起的物价直升变动。

还有其他种种界定，如：① 通货膨胀指的是需求过度的一种表现。在这种状态下，过多的货币追逐过少的商品。② 通货膨胀就是货币总存量、货币总收入或单位货币存量、单位货币收入增长过快的现象。③ 通货膨胀就是在如下条件下的物价水平上涨现象：无法准确预期；能引发进一步的上涨过程；没有增加产业和提高就业效应，其上涨速度超安全水准；由货币供应的不断增加来支撑；具有不可逆性。④ 通货膨胀指货币客观价值的下跌，其度量标准是黄金价格、汇率，在金价或汇率由官方规定的条件下对黄金外汇的过度需求，等等。这些有关通货膨胀的定义，不是强调它的成因，就是注重它的结果，或者涉及通货膨胀过程的一些特征。对成因或结果的偏重，实际上涉及更深层次的两个问题，即谁应该对通货膨胀这一不受欢迎的现象负责？如何消除通货膨胀？对这两个问题存在意见分歧，争论很多。

从目前看，一个普遍能够接受的定义是：通货膨胀是商品和劳务的货币价格总水平持续明显上涨的过程。对于这个定义，还有必要增加几点说明：

(1) 通货膨胀不是指一次性或短期的价格总水平的上升，而是一个持续的过程。同样，也不能把经济周期性的萧条，价格下跌以后出现的周期性复苏阶段的价格上升贴上通货膨胀的标签。只有当价格持续地上涨作为趋势不可逆转时，才可称为通货膨胀。

(2) 通货膨胀不是指个别商品价格的上涨，而是指价格总水平(即所有商品和劳务价格的加权平均)的上涨。

(3) 通货膨胀是价格总水平的明显上升，轻微的价格水平上升，比如说0.5%，就很难说是通货膨胀。不过，能够冠以“通货膨胀”的价格总水平增长率的标准到底是多少，取决于人们对通货膨胀的敏感程度，是一个主观性的概念。

(二) 通货膨胀的度量

既然通货膨胀是物价总水平的持续明显上涨，那么通货膨胀的程度也就可以用物价上涨的幅度来衡量。世界上多数国家，一般采用以下一种或一种以上的物价指数。

1. 消费物价指数(CPI)

也称为零售物价指数或生活费用指数，它反映消费者为购买消费品而付出的价格的变动情况。这种指数是由各国政府根据各国若干种主要食品、衣服和其他日用消费品的零售价格以及水、电、住房、交通、医疗、娱乐等服务费用而编制计算出来的。有些国家进一步根据不同收入阶层的消费支出结构的不同，编制不同的消费物价指数。

消费物价指数的优点是能及时反映消费品供给与需求的对比关系，资料容易搜集，公布次数较为频繁，通常每月一次，能够迅速直接地反映影响居民生活的价格趋势。缺点是范围较窄，只包括社会最终产品中的居民消费品这部分，不包括公共部门的消费、生产资料和资本产品以及进出口商品，从而不足以说明全面的情况。一部分消费品价格的提高，可能是由于品质的改善。消费物价指数不能准确地表明这一点，因而有夸大物价上涨幅度的可能。

2. 批发物价指数(WPI)

批发物价指数是根据制成品和原材料的批发价格编制的指数。这一指数的优点是对商业周期反应敏感，缺点是不包括劳务产品在内，同时它只计算了商业在生产环节和批发环节上的价格变动，没有包括商品最终销售时的价格变动，其波动幅度常常小于零售商品的价格波动幅度。因而在用它判断总供给与总需求的对比关系时，可能会出现信号失真的现象。

3. GNP平减指数(GNP Deflator)

GNP平减指数，又称“GNP缩减指数”、“GNP折算指数”，是指反映价值指标增减过程中与物量变动同时存在的价格变动趋势和程度的价格指数。它是衡量一国在不同时期内所生产的最终产品和劳务的价格总水平变化程度的价格指数。其计算公式为：

GNP平减指数 = 报告期价格计算的国民生产总值 ÷ 不变价格计算的国民生产总值

GNP平减指数的优点是范围广泛，除了居民消费品外，还包括公共部门的消费、生产资料和资本产品以及进出口商品，因此能较准确地反映一般物价水平的趋向。缺点是资料较难搜集，需要对不在市场上发生交易的商品和劳务进行换算，因此公布次数不如消费物价指数那样频繁。

以上三种指数，以消费物价指数和GNP平减指数的使用最为普遍。但除上述缺点外，两者还遗漏了许多资产的价格，主要是实际资产存量和金融资产。在通货膨胀加速期间，各类资产的价格上涨幅度往往超过消费物价的上涨幅度。

艾奇安(A. A. Alchian)和克莱茵(B. Klein)在其合著的《论通货膨胀的正确测量》中，建议采用理想指数，这是一种包括所有资产(金融资产和非金融资产、有形资产和无形资产、耐用和非耐用资产、消费性和生产性资产、人力和非人力资产)在内的指数。

假定W_A是A期(即基期)的资产或财富总额，W_B是B期的资产或财富总额，则理想的指数应为

$$P_{AB}=\frac{W_A}{W_B}=\frac{\sum_{i=1}^{n}P_B(i)Q_B(i)}{\sum_{i=1}^{n}P_A(i)Q_A(i)} \tag{10.1}$$

式中，P_{AB}表示B期对A期的物价指数，$P_B(i)$表示B期各项资产的价格，$Q_B(i)$表示B期各项资产的数量；同样，$P_A(i)$为A期各项资产价格，$Q_A(i)$为A期各项资产数量。

因为资产是所有现在与未来消费服务流量的来源，所以在理论上，理想指数最能准确地反映通货膨胀对消费的侵蚀程度。例如，在通货膨胀过程中，一些实物资产和金融资产，如房地产、金融资产、绩优股、艺术品等价格，往往以更大幅度上升。消费物价指数和GNP平减指数不包括这些资产，因此对不拥有这些资产的消费者来说，通货膨胀就会被低估了。但是，理想指数只是一种理论上的设计，要将其付诸实施，资料的搜集将遇到巨大的困难。

在经济理论中，除了用物价指数来衡量已经发生的通货膨胀的严重程度外，还有一种测量通货膨胀压力大小的办法，即测算“通货膨胀缺口”。

通货膨胀缺口与以物价指数衡量的通货膨胀率不同，前者只是用来估计通货膨胀发生的可能性，后者则用于度量现实的通货膨胀。通货膨胀缺口的测算工作最初是由凯恩斯做的，它等于有效总需求与可供私人消费的商品与劳务总量之间的差额，表现在市场上对商品和劳务消费的过度需求。当这种过度需求的压力加大而又没有其他方法可以缓和、释放时，通货膨胀就可能现实地发生。在英国，官方曾明确地把不可能通过举债或私人储蓄等方式予以弥补的财政赤字称为“通货膨胀缺口”。20世纪40年代初，英国财政大臣对通货膨胀缺口的定义为：在政府

支出中，有一部分数额没有社会成员投放的真实人力或物资资源与之相应，这一数额即为通货膨胀缺口。

（三）通货膨胀的分类

在经济分析中，人们根据不同的标推，对通货膨胀进行分类。

1. 通货膨胀程度

按通货膨胀程度，可分为爬行式、温和式、奔腾式和恶性通货膨胀四种。

爬行式通货膨胀指价格总水平上涨的年率不超过 2%～3%，并且在经济生活中没有形成通货膨胀的预期。温和式通货膨胀时，价格总水平上涨比爬行式高，但又不是很快，具体百分比没有一个统一的说法。奔腾式通货膨胀指物价总水平上涨率在两位数以上，且发展速度很快。恶性通货膨胀或称超级通货膨胀，物价上升特别猛烈，且呈加速趋势。此时，货币已完全丧失了价值贮藏功能，部分地丧失了交易媒介功能，成为“烫手山芋”，持有者都设法尽快将其花费出去。当局如不采取断然措施，货币制度将完全崩溃。1923 年德国的通货膨胀率超过 1000000%，成为恶性通货膨胀的典型代表。

2. 市场机制作用

按市场机制作用，可分为公开型通货膨胀和隐蔽型通货膨胀。

公开型通货膨胀的前提是市场功能完全发挥，价格对供求反应灵敏，过度需求通过价格的变动得以消除，价格总水平明显地、直接地上涨。隐蔽型通货膨胀则是表面上货币工资没有下降，物价总水平也未提高，但居民实际消费水准却下降的现象。其前提是：在经济中已积累了难以消除的过度需求压力，可是由于政府对商品价格和货币工资进行严格控制，过度需求不能通过物价上涨而吸收，商品供不应求的现实通过准价格形式表现出来，如黑市、排队、凭证购买、有价无货以及一些产品在价格不变的情况下质量下降等等。

3. 能否被预期

按是否被经济主体所预期，可分为预期性通货膨胀和非预期性通货膨胀。预期性通货膨胀是指通货膨胀过程被经济主体预期到了，以及由于这种预期而采取各种补偿性行动引发的物价上升运动。如在工资合同中规定价格的条款，在商品定价中加进未来原料及劳动力成本上升因素。非预期性通货膨胀指未被经济主体预见的，不知不觉中出现的物价上升。

经济学家将通货膨胀分为预期性和非预期性两种，主要作用在于考察通货膨胀的效应。一般认为只有非预期性通货膨胀才有真实效应，而预期性通货膨胀没有实在性的效果，因为经济主体已采取相应对策抵消其影响了。关于这一点，在后面的章节中我们将有更详细的说明。

4. 通货膨胀成因

按通货膨胀成因，分为需求拉上型通货膨胀、成本推进型通货膨胀、混合型通货膨胀以及结构性通货膨胀。

需求拉上型通货膨胀是指由于社会总需求的过度增长超过了按现行价格可得到的社会总供给的增长，使太多的货币追逐太少的商品和劳务而引起的一般物价水平上涨的现象。成本推动型通货膨胀是指由于生产成本上升而引起的物价上涨现象，其中主要是工资推动和利润推动。混合型通货膨胀是指由于需求和成本共同作用而形成的一种一般物价水平持续上涨的货币经济现象。结构型通货膨胀则是一般物价水平的持续上涨不是由于总需求增加或成本的上升引起的，而是由于国民经济的部门结构不适应变化了的需求结构而引起的。

5. 其他

除上面几个分类标准外，还有：

(1) 按是否推进通货膨胀政策，分为自主性通货膨胀和被动性通货膨胀。由于当局主动推行膨胀性的政策而引发的通货膨胀为自主性通货膨胀；反之，则是被动性的。

(2) 按通货膨胀是否由于国际因素传递引起，分为内生性通货膨胀和外生性通货膨胀。前者是由于国内因素引起的；后者是由于对外经济联系，如国际贸易活动引起的，有时又称输入性通货膨胀。

(3) 按是否存在战争因素，分为战时通货膨胀及和平时期通货膨胀。

二、通货膨胀的成因

许多学者认为通货膨胀总是纸币发行过多引起的，只要采取断然措施，将流通中货币量大大减少，使每种货币所代表的金量不断增加，以至逐渐恢复到其所代表的原有价值水平，则通货膨胀自然消除，通货膨胀引起的一系列问题也自然解决。但现代经济中，货币与金属必要量的直接联系已被切断，“流通中的必要金属货币量”这个概念只具有理论上的意义，无法实际测度；对付所有通货膨胀一律采取紧缩政策，有时收效甚微，甚至可能出现“滞胀”。因此对通货膨胀的成因作进一步的分析，将有助于理解通货膨胀过程中的各种现象和制定适当的消除通货膨胀的措施。

在西方经济学界，有关通货膨胀成因的文献可谓多如牛毛，这里只介绍其中影响大、概括力强的几种理论。

(一) 需求拉上的通货膨胀

在西方经济学中，“需求拉上”论是产生最早、流传最广、影响力最大的通货膨胀理论。在20世纪50年代中期之前,"需求拉上"论几乎为所有经济学界所接受,此后尽管各种新的理论层出不穷,但其仍不失它原有的统治地位,只是理论结构和分析方法与以前大不相同而已。

需求拉上的通货膨胀,一般定义是指社会总需求超过社会总供给,从而导致物价上涨。这一理论有两种形态:一是凯恩斯学派的过度需求论;一是货币学派的数量说。

凯恩斯所处的时代,通货膨胀这一经济现象不很普遍,对经济的影响还不十分突出。在其1936年《就业、利息和货币通论》中,凯恩斯认为货币变动对物价的影响是间接的,影响物价的因素除货币量之外,还有成本单位和就业量等多种因素,货币数量的增加是否具有通货膨胀性,要视经济体系是否达到充分就业而定,具体来说有以下几点:

(1) 在达到充分就业分界点以前,货币量增加,就业量随有效需求增加而增加,"因为在该点以前,货币数量每增加一次,有效需求尚能增加,故其作用一部分在提高成本单位,一部分在增加产量"。这双重效果的原因之一是存在闲置的劳动力和生产资源,供给有弹性,增加有效需求有刺激产量增加的作用,此时货币数量增加不具有十足的通货膨胀性,而是一方面增加就业量和产量,另一方面也使物价逐渐上涨。这种情况,凯恩斯称之为"半通货膨胀"。

(2) 当达到充分就业以后,由于各种资源已充分利用,供给无弹性,货币量增加后有效需求增加,但"已无增加产量之作用,仅使成本单位随有效需求同比例上涨,此种情况,可称之为真正的通货膨胀"。

用图10.3表示,在充分就业时的产量Y_f点之前,总供给曲线SS具有价格弹性,向上倾斜,表示在价格上升的同时,可以诱导产量的增加。在达到Y_f之后,SS曲线变为垂直线,短期内,物价上升已无法刺激产量增加,需求增加只能引起"真正的通货膨胀"。

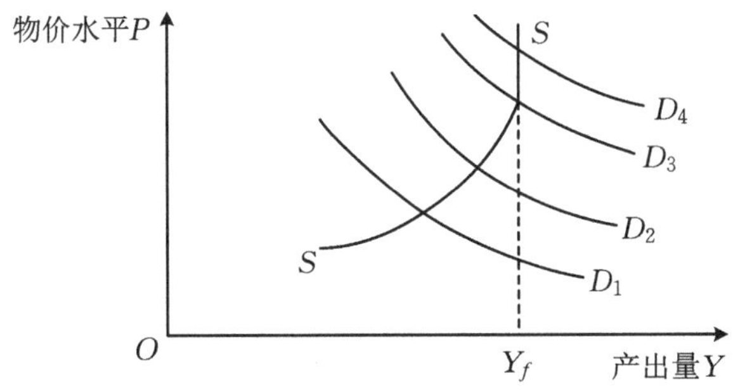

图10.3　需求拉上的通货膨胀

总需求的增加,并不一定是由于货币供给量的增加。凯恩斯在1940年出版的

《如何筹集战费》的小册子中，又提出了“通货膨胀缺口”的概念，按其思路，则有

私人可支配收入 = 私人总收入 − 直接税

有效总需求 = 私人可支配收入 − 私人储蓄

可供私人消费的商品和劳务总量 = 实际产业水平 − 政府支出

通货膨胀缺口 = 有效总需求 − 可供私人消费的商品和劳务总量

所以私人储蓄倾向降低，消费倾向提高，或者政府增加支出都会产生通货膨胀压力。

在凯恩斯学派的模式里，直接将政府支出包括在有效需求之内。除消费需求外，总需求还包括投资需求和净出口。在总产出不变时，其中任何一项的自发增加都会产生通货膨胀缺口。货币学派的理论在前面已有介绍。传统的货币数量说把货币数量看作是决定一般物价水平的唯一因素。假设经济总量处于充分就业水平，货币数量的增加必然引起一般物价水平作同比例的上升或下降。以弗里德曼为代表的新货币数量说对传统理论作了修改，但仍强调货币数量对通货膨胀的作用，认为“通货膨胀主要是一种货币现象，是货币量比产量增加更快造成的。货币量的作用为主，产量的作用为辅。许多现象可以使通货膨胀率发生暂时的波动，但只有当它们影响到货币增长率时，才产生持久的影响”。如果货币数量增长率超过产量的增长率，势必造成通货膨胀。一旦人们对这种物价上涨产生预期之后，整个经济就会陷入工资、物价循环上升的过程，致使通货膨胀愈演愈烈。

与凯恩斯学派的需求拉上说相比，货币学派的需求拉上说更强调货币供给量的变化对总需求的影响，并强调货币供给的外生性。凯恩斯学派的有效需求变化与货币供给量的增减之间并没有固定的因果关系。就是说，货币供给量的增减可以引起总需求的增减，从而导致一般物价水平的升降；反过来，有效需求中的项目也可以自发地增加或减少，并通过一般物价水平的升降而使货币供给量或货币流通速度被动地服从和适应需求的变化。而根据货币学派的理论，货币量是一个独立的外生变量，其变动必先于物价变动而发生，货币量不可能是适应物价变动的内生因素，通货膨胀纯粹是一种货币现象，并强调预期的作用。

（二）成本推进的通货膨胀

按照需求拉上的理论，经济在达到充分就业之前，需求增加会产生物价和产出同时上升的“半通货膨胀”。但到了 20 世纪 50 年代后期，资本主义经济发生了很大的变化，一些国家出现了物价持续上升而失业率却居高不下，甚至失业率与物价同时上升的情况。对此，需求拉上的理论无法解释。于是一些经济学家提出一种解释通货膨胀成因的新理论，认为通货膨胀的根源不在总需求方面，而是由于总供给的变化。

成本推进的通货膨胀,是指由总供给函数移动引起的物价上涨。这种理论认为,厂商的产品定价一般采取成本加成的办法,即商品的价格等于生产成本加上一个既定的利润率。因此当成本上升时,总供给曲线向上移动。

如图 10.4 表示,充分就业时的产量为 Y_f,在此之前,总供给曲线具有价格弹性。当总需求不变时,由于成本上升,总供给曲线上移,导致产量下降,同时价格水平上升。

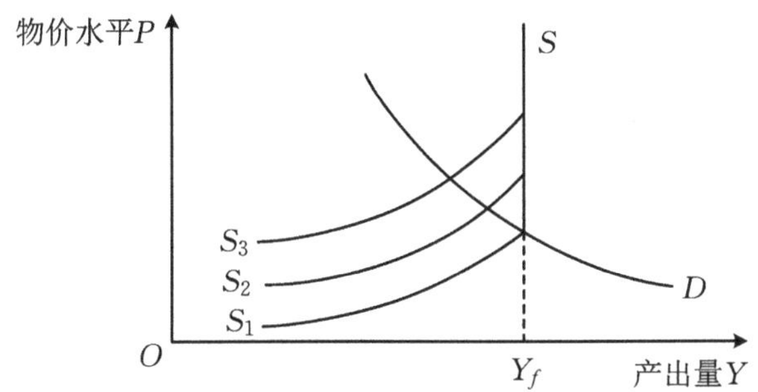

图 10.4　成本推进的通货膨胀

在封闭型经济中,标准的成本推进型通货膨胀是指劳动生产率在前期没有提高和价格总水平在前期没有上升的情况下,货币工资自发的、一次性的增长。这种增长可能来自错误的通货膨胀预期,也可能来自具有垄断力量的工会为改变收入分配格局所做的努力。一旦出现通货膨胀以后,工人为维持先前的实际工资水平而要求工资进一步上涨,从而出现工资-物价螺旋上升。

除了工资成本变化外,引起供给曲线向上移动的原因还有:

(1) 原料价格上升。如由于气候原因,农产品歉收,价格上升;石油输出国组织大幅度提高价格,致使成千上万以石油或其加工品为原料以及以石油为能源的商品的成本上升。

(2) 间接成本推动。现代企业为了加强竞争,扩张市场,必须增加许多间接成本开支,如技术改进费、广告费等,将这些增加的间接成本转嫁到产品价格中,就会引起物价上涨。

(3) 垄断价格。一些企业具有垄断力量,它们可以大幅度提高垄断价格,同时带动其他商品价格上涨。

在政府干预经济的情况下,尤其是在凯恩斯主义盛行的时代,面对这种失业增加、产量下降的现象,政府不会袖手旁观。为了避免失业和萧条恶化,必然会采取扩张性的财政、货币政策,相应地扩大总需求。这样,失业和产出量可以恢复到原有水平,而物价则进一步上升。

如图 10.5 所示,由于成本推动,总供给曲线由 S_1 上移到 S_2。如果总需求不变，则物价由 a 上升到 b，而产出由 Y_f减少到 Y_1。政府采取扩张性的财政、货币政策，将总需求曲线由 D_1 上移到 D_2，产出虽恢复到 Y_f，但物价进一步上升到 c。为抵消通货膨胀因素，工人会进一步要求提高工资，厂商提高价格，总供给曲线上升到 S_3。如此下去，物价循"$a \to b \to c \to d \to e$"而作螺旋上升，形成所谓"混合型通货膨胀"。

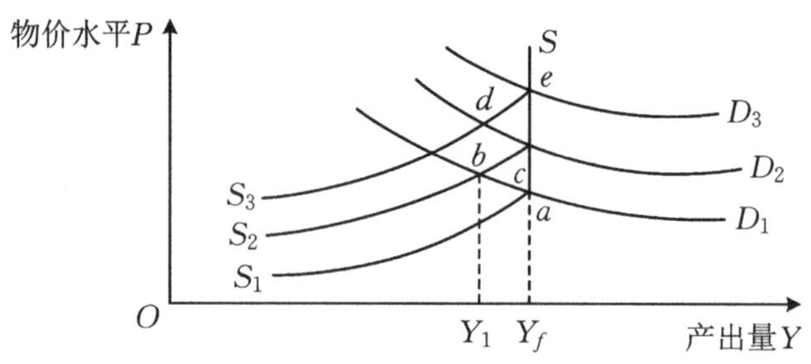

图 10.5　混合型通货膨胀

在现实的通货膨胀过程中，需求与供给因素往往互相结合，极难将其分成两种独立的现象。需求拉上和成本推动为通货膨胀理论提供了分析的初步概念。

但是，以弗里德曼为首的货币学派坚持需求拉上的主张，反对成本推进的说法，其理由是：成本推进的通货膨胀理论将个别价格同一般物价水平等同起来，把相对价格与绝对价格混为一谈。只要货币供给量没有变化，则普通的、持续的物价上涨不可能发生。某种商品价格上升后，人们在该种商品上的支出可能增加，但在货币收入不变的条件下，用在其他商品上的支出必然减少。于是一种商品价格的上升为其他商品的价格下降所抵消，所以一般物价水平不可能上涨。弗里德曼还指出，由成本上升所引起的物价上涨往往是一次性的，而不会是持续性的。不过，这种一次性的物价上涨可能使政府做出增加货币供给量的反应，从而导致持续性的物价上涨。一些国家，如日本和德国，在石油危机时没有做出这样的反应，通货膨胀得以避免。

不过相对价格的调整需要时间，在此期间内出现的衰退也许是政府难以承受的。其次，成本上升引起的物价上涨也可能不是一次性的，因为它改变了不同利益集团的收入分配结构，受到损失的集团为抵消物价上涨对其利益的侵蚀，可能发起新一轮自卫性的成本上升的通货膨胀。

（三）结构性通货膨胀

需求拉上或成本推进的通货膨胀理论都不足以充分说明一些国家的长期通货膨胀问题。一些经济学家又另辟路径，从一个国家的经济结构及其变化方面寻找通货膨胀的根据，将由于结构因素引起的通货膨胀称为"结构性通货膨胀"。

正当需求拉上与成本推动的理论之间争论不休的时候，1959 年，舒尔茨(C. L Schultze)发表了《最近美国的通货膨胀》一文，从经济结构的变化导致需求在部门之间的移动来解释通货膨胀的原因，这就是著名的“需求移动论”。这种理论与需求拉上说有相似之处，都从需求方面寻找通货膨胀的原因，但是需求拉上说认为，通货膨胀的原因是总需求过多，而需求移动论则认为，即使总需求不是过多，只要需求在部门之间发生移动，也会产生通货膨胀。

在舒尔茨看来，随着产业结构的变化，一些部门日渐兴盛，而另一些部门则日趋衰弱，一部分需求将由一个部门转移到另一个部门。需求增加的部门，其工资及物价自然会上升，但需求减少的部门，其工资、物价却未必下降。因此，由于短期中需求在部门之间的大规模转移，资源缺乏流动性，不能从需求下降的部门流向需求扩张的部门，以及工资和价格缺乏下降的弹性三个方面的原因，在总需求不变的情况下，也会引发结构性通货膨胀。

1967 年，美国经济学家威廉·鲍莫尔(William J. Baumol)发表《不平衡增长的宏观经济学：城市危机的解剖》一文，提出了一个以不同劳动生产率增长率为核心的结构性通货膨胀模型。在鲍莫尔的不平衡增长模型中，经济活动分为两个部分：一是劳动生产率不断提高的先进部门(工业部门)；二是劳动生产率保持不变的保守部门(服务部门)。当前者由于劳动生产率的提高而增加货币工资时，由于攀比，后者的货币工资也以同样的比例提高。在成本加成定价的通常做法下，整个经济必然产生一种由工资成本推进的通货膨胀。

1974 年，希克斯(J. R. Hicks)在《凯恩斯经济学的危机》一书中，将社会经济部门划分为“扩展部门”和“非扩展部门”。在扩展部门，经济繁荣时期，由于劳动力缺乏，工资上升，但在衰退时货币工资却降不下来。当扩展部门工资水平上升时，非扩展部门的劳动者认定这不是暂时的现象。因此，如果他们的工资不上升，就显得“不公平”。为求得公平，他们会对雇方施加压力。这种要求往往能够得到满足，因为任何仲裁者都会认为提高工资是“公平”的。而且雇主也很清楚，为了搞好劳资关系，他们必须提高工资。因此繁荣时期由扩展部门开始的工资上升必然蔓延到其他部门，而使整个经济的工资水平普遍上升。一旦这一过程开始以后，则“提高工资的主要力量不再是劳工缺乏。不管劳工是否缺乏，工资总得提高。所以衰退时期工资上升的程度将与繁荣时期工资上升的程度相等或接近于相等”。希克斯认为，这就是产生通货膨胀，特别是滞胀的主要原因。

托宾有类似的见解，人们把他们的理论称为“希克斯-托宾劳动供给理论”。托宾在 1972 年发表的《通货膨胀与失业》一文中，也提出了关于相对工资的理论。托宾和希克斯按同一基本原理进行分析：在现代社会中，商品市场和劳动力市场上适用的经济分析原则是不同的。商品市场上，买卖双方交易完成后关系就结束了；在劳动力市场上,供方和需方的关系会维持相当长的一段时间。工人们关心相对工资胜过关心绝对工资,如果工资比在别处的工资相对地下降,他们就可能退出现有劳动。因此,在经济结构的变化中,某一部门的工资上升,将引起其他部门向它看齐,从而以同一比例上升。

结构性通货膨胀还有另外一种模型,称为"斯堪的纳维亚模型"或"北欧模型",主要适用于分析"小国开放经济"的通货膨胀问题。这一模型最初由挪威经济学家奥克鲁斯特(O. D. Aukrust)提出,又经瑞典经济学家德格伦(G. T. Edgren)、法克森(K. O. Foxen)及奥德纳(C. E. Odhner))等人加以发展和完善,所以又称为AUKRUST - EFO 模型。

【拓展阅读 10.1】 斯堪的纳维亚模型(北欧模型)

小国开放经济指的是一类小型国家,它们参与国际贸易,但其进出口总额在世界市场上所占份额微乎其微,无足轻重,因而它们的进出口不会对世界市场上的价格产生任何影响,是一个纯粹的价格接受者,但世界市场的价格变化却通过贸易对其国内价格水平产生影响。因此,这些国家的通货膨胀在很大程度上要受世界通货膨胀的制约。

在斯堪的纳维亚模型中,小国开放经济分为两个部门:一是开放部门(E),二是非开放部门(S)。开放部门包括那些生产的产品主要用于出口的行业,或虽用于国内消费,但有进口替代品与之竞争的行业;非开放部门是指那些因受政府保护或者因产品本身的性质而免受国外竞争压力的行业。

斯堪的纳维亚模型包括以下几个主要关系:

(1) 以本国货币表示的开放部门的产品价格由世界市场价格与现行汇率共同决定;在固定汇率下,开放部门的通货膨胀率 π_E 等于世界通货膨胀 π_W,即

$$\pi_E = \pi_W \tag{10.2}$$

(2) 开放部门的劳动生产率的增长率 λ_E 由外生变量决定,$\pi_E + \lambda_E$ 构成开放部门每个工人产出价值的增长率。如果收入分配结构不变,则每个工人的产出价值增长率就等于货币工资的增长率 W_E,即

$$W_E = \pi_E + \lambda_E \tag{10.3}$$

(3) 开放部门的货币工资增长 W_E 与非开放部门的货币工资增长 W_S 之间存在着一种"挤出效应"或"关联效应",市场力量和工会的工资政策将导致非开放部门的工资增长率与开放部门一样富,即

$$W_E = W_S \tag{10.4}$$

(4) 非开放部门实行成本加成定价原则,因此,该部门的货币工资增长率 W_S 与劳动生产率的增长率 λ_S 共同决定了这一部门的通货膨胀率 π_S,即

$$\pi_S = W_S - \lambda_S \tag{10.5}$$

(5) 开放部门的通货膨胀率 π_E 和非开放部门的通货膨胀率 π_S 的加权平均数构成国内通货膨胀率 π,即

$$\pi = a_E\pi_E + a_S\pi_S \tag{10.6}$$

其中 a_E 和 a_S 分别为开放部门和非开放部门在国民经济中的比重。因此有

$$a_E + a_S = 1 \tag{10.7}$$

以上这些关系式经过简单的数学处理后,就可以得出斯堪的纳维亚模型的结论。

$$\pi = \pi_W + a_S(\lambda_E - \lambda_S) \tag{10.8}$$

式(10.8)说明一个小国开放经济的通货膨胀率取决于三个因素:世界通货膨胀率 π_W、开放部门与非开放部门之间劳动生产率的差异($\lambda_E-\lambda_S$),以及开放部门与非开放部门在国民经济中的比重。由于一般情况下,开放部门劳动生产率增长率高于非开放部门,即($\lambda_E-\lambda_S$)>0,所以,在世界通货膨胀率一定时,若开放部门比重增加而非开放部门比重减少,则通货膨胀率下降;反之,通货膨胀率上升。这体现了结构性因素对通货膨胀的影响。同时,对小国开放经济而言,世界通货膨胀率直接成为国内通货膨胀的一个组成部分,所以该模型又被看作是通货膨胀国际传播的典型。

结构性通货膨胀模型的核心是:经济中存在两大部门(需求增加部门,需求减少部门;先进部门,保守部门;扩展部门,非扩展部门;开放部门,非开放部门),由于需求转移,劳动生产率增长的不平衡或世界通货膨胀率的变化,一个部门的工资、物价相应上升,但劳动力市场的特殊性要求两个部门工人的工资以同一比例上升,相反的情况出现时,工资与物价存在向上的刚性,结果引起物价总水平的普遍持续上升。

三、通货膨胀的效应

对于通货膨胀本身,几乎没有人持欢迎态度。但通货膨胀常与经济繁荣、失业率降低相伴而生,因此一定程度的通货膨胀似乎必须加以容忍。低失业率、低通货膨胀率两者不可兼得成了一些国家进行宏观经济政策选择的前提。关于通货膨胀对经济的影响,西方经济学界在 20 世纪 60 年代曾有过激烈的争论,形成三种观点;一是促进论,认为通货膨胀可以促进经济增长;二是促退论,认为通货膨胀会损害经济增长;另一种是中性论,认为通货膨胀对经济增长既有正效应,也有负效应。

(一) 通货膨胀"促进论"与"促退论"的争论

1. 促进论

通货膨胀促进经济增长的最直观的说明应该是菲利普斯曲线。它是由执教于

英国伦敦大学的新西兰经济学家菲利普斯(A. W. Phillips)于1958年在《1861～1958年英国的失业率与货币工资率的变化率之间的关系》一文中提出来的。通过分析,菲利普斯发现在失业率与货币工资上升率之间存在一种比较稳定的替代关系,即在失业率较低的时期,货币工资上升得较快,而在失业率较高的时期,货币工资上升得较慢,甚至有可能由上升变为下降。

菲利普斯的发现引起了经济学家们的高度重视,但它只是统计研究的结果,并无理论上的根据。1960年,加拿大经济学家利普赛(R. G. Lipsey)发表论文,进一步验证了菲利普斯的研究结论,并通过对劳动力市场的供求情况分析,为菲利普斯曲线提供了理论上的诠释。利普赛认为,货币工资增长率与劳动力的超额需求之间存在线性关系,劳动力的超额需求越大,货币工资上升趋势越显著。同时,劳动力的超额需求越大,寻找工作越容易,失业率就越低。将这两点结合起来,就得到了表示货币工资增长率与失业率呈反向关系的菲利普斯曲线[①],见图10.6所示。

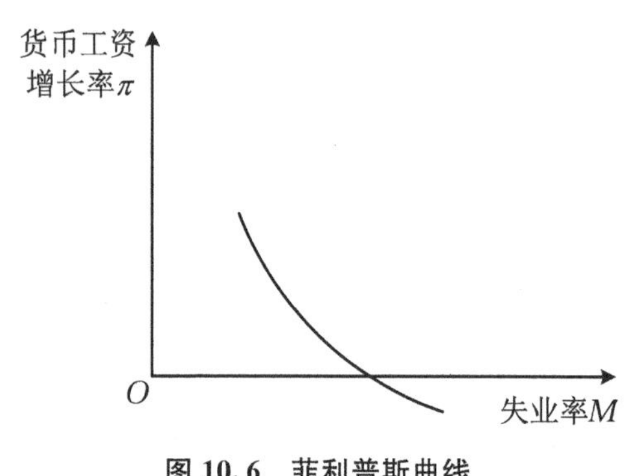

图10.6 菲利普斯曲线

假设劳动力在国民收入分配中的比例保持不变,按照成本加成定价的原则,工资上涨率可以由物价上涨率来代替,就得到了通常所说的表示物价上涨率与失业率之间反向关系的菲利普斯曲线。

在1968年之前,菲利普斯曲线大获成功,不仅在理论上普遍地被人们接受,政府当局还利用这种关系进行相机选择,制定和执行适当的经济政策,以便通货膨胀和失业都被控制在可以接受的限度之内。

通货膨胀可以促进经济增长的观点大多遵循凯恩斯有效需求分析的传统。他们认为,西方社会中普遍存在的问题是有效需求不足,因此要刺激经济增长就要增加财政支出,增加货币供给量,实行膨胀性政策,刺激投资与消费,增加有效需求。

首先,通货膨胀的直接表现是货币供给过多,货币是由政府强制发行的,多发行的那一部分直接表现为政府的收入,可以用于增加投资。政府用多发行的货币来购买社会物资,等居民拿到货币再去购买商品时,市场上的商品已经减少,而存留于流通领域中的则是更多的货币,这时物价开始上升,居民持有的货币事实上已

① 还有用产出代替失业率,描述通货膨胀率与产出之间正相关的“菲利普斯曲线”。因为根据生产函数,产出与就业量之间存在正向关系。而失业率越高,就业量越低,所以产出与失业率呈反向关系。

经贬值,所受损失被国家占有,用于投资。这实质上是政府对所有货币持有人的一种隐蔽性的强制征税,称为“通货膨胀税”。如果居民的消费不变或消费的下降小于投资的增加,通过乘数效应,产出以新增投资的倍数上升。

其次,通货膨胀具有一种有利于高收入阶层的收入再分配效应。即在通货膨胀过程中,高收入阶层的收入比低收入阶层的收入增加得更多。与此同时,高收入阶层的边际储蓄倾向比低收入阶层高,因此在通货膨胀时期,高收入阶层的储蓄总额增加,转化为投资,导致实质经济的增长。

第三,在通货膨胀初期,全社会都存在货币幻觉,将名义价格、名义工资、名义收入的上涨看成是实际的上涨。就业者将名义工资的增加看成是实际收入的增加,因而他们愿意提供更多的劳动。企业家将一般物价上涨看成是自己产品的相对价格的提高,因而扩大投资,增加雇佣工人,单个企业家行为的集合就导致了就业的增加和产出增长速度的加快。

第四,通货膨胀增加了持有现金的机会成本。资本的边际生产率只和通货膨胀率之和构成了持有现金余额的机会成本。通货膨胀率上升,导致持币的机会成本上升。由于实物资产和现金余额两种财富形式之间的替代性,经济单位会增加实物资产的需求,从而推动投资和产出的增加。

第五,通货膨胀有利于产业结构的调整。由于价格存在下降的刚性,相对价格调整困难。通货膨胀引起的物价上涨在各地区、各部门、各行业、各企业之间是不平衡的。长线产品的价格和短线产品的价格都上升,但短线产品上升的幅度更大,因此,两类部门的投资都可能增加,但短线行业的投资规模比长线行业大,增长速度快,从而全社会的产业结构可以得到局部调整。

2. 促退论

与此相反,另外一些经济学家认为通货膨胀不仅不能促进经济增长,反而会降低效率,阻碍经济增长,这种观点被称为“促退论”。理由是:

首先,在通货膨胀时期,价格上升和工资增加在时间和幅度上都是不对应的,工人可能会通过罢工等方式向政府和资方施加压力;政府从本身利益考虑,可能对某些价格实行行政控制,从而使经济运行缺乏竞争性和活力,价格的信号作用削弱,经济效率下降。

其次,在通货膨胀时期,货币贬值,存贷款风险增大,严重的通货膨胀甚至导致金融活动的瘫痪。在通货膨胀时期,政府控制名义利率,导致对借贷资金的过度需求,出现对借贷资金实行配给的局面,从而使资金的运用得不到优化资源配置和加快经济成长步伐的作用。

第三,较高的通货膨胀率会错误地引导资金流向,使一部分资金从生产部门转向非生产部门,对长期经济增长不利。在通货膨胀中,进行投机的商业资本周转快，投机者对商品、黄金、外汇和有价证券进行投机交易可获取丰厚的投机利润。而投入生产领域里的资本，一般周转期较长，在物价上涨时期，进行长期生产投资是不利的，生产不如囤积。结果一部分工业资本从生产领域转向流通领域，服务于投机活动，生产资本减少，经济衰退。

第四，通货膨胀会降低储蓄。一方面，通货膨胀会减少人们的实际可支配收入，削弱其储蓄能力，另一方面，通货膨胀又会使本金贬值，人们对储蓄产生悲观预期，边际储蓄倾向下降，出现消费对储蓄的强迫替代。投资资金减少、生产规模因资本缺乏而缩减。

第五，反复无常的通货膨胀打乱了正常的生产秩序，市场不确定性因素加大，价格信号的确切性降低，增大生产性投资风险和经营风险，打击投资信息，生产萎缩。

（二）“菲利普斯曲线”的发展

20 世纪 60 年代后期，资本主义经济的现实越来越与菲利普斯曲线相背离。一些国家出现了通货膨胀率与失业同时上升的滞胀现象。菲利普斯曲线无论在理论上和实证研究上都受到了尖锐的批评。用弗里德曼的话说，对失业与通货膨胀实际问题的研讨进入了第二个时期，即所谓的“自然失业率说”的时期。

弗里德曼认为，菲利普斯曲线的最大弱点是采用名义工资率来代替通货膨胀率，并由此推断通货膨胀与失业率之间具有稳定的替代关系。但这仅是短期内通货膨胀尚未被人们预期时的情况。一旦形成了通货膨胀的预期，工人会要求足以补偿物价上涨的更高的名义工资，而雇主则不愿在这个工资水平上提供就业，最终失业率又恢复到“自然失业率”水平。

如图 10.7 所示，假定开始处于 E 点，通货膨胀率为 0，失业率为 u_N。政府为减少失业而采取膨胀性政策，通货膨胀沿短期菲利普斯曲线 P_1 上升至 C。失业率暂时下降至 u_L。但随后，人们根据经验，将通货膨胀预期调整到 $\bar{\pi}^e = A$，短期非利普

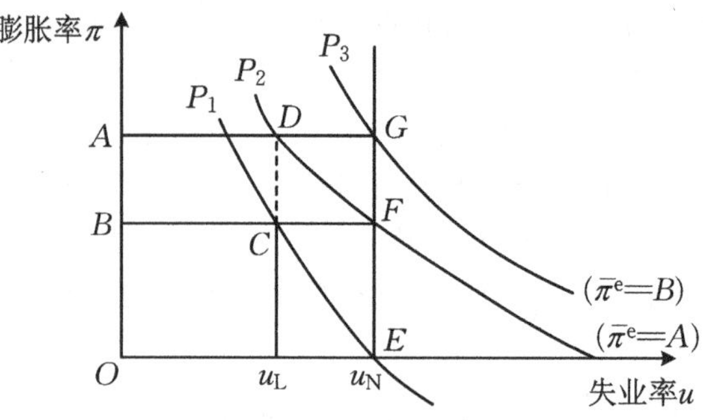

图 10.7 长期的菲利普斯线

斯曲线上移到P_2，如果名义工资保持不变，人们愿意提供的劳动减少，失业率重新回到 u_N。要使失业率降低，政府必须采取更为扩张的政策，将通货膨胀率上升到D，失业率才能又暂时地降到 u_L。但随后，人们的通货膨胀预期会进一步调整到了$\overline{\pi}^e=B$，短期菲利普斯曲线上升到 P_3。失业率又再重新回到相对于 G 点的 u_N。如果政府继续实行扩张性政策，这个过程就持续下去。因此长期内，通货膨胀率和失业率之间并不存在稳定的交替关系，将 E、F、G 点连接起来，菲利普斯曲线变成一条垂直线。弗里德曼将长期的均衡失业率 u_N 称为“自然失业率”，它可以和任何通货膨胀率水平相对应，且不受其影响。因此长期的菲利普斯线是一条垂直线，如图10.7 中的直线 EFG 所示。

弗里德曼所讲的预期是适应性预期，即人们根据以前的经验预测未来。芝加哥大学的卢卡斯(R. E. Lucas)等则提出理性预期的概念，认为人们能够充分利用已有信息，形成对未来的无偏估计。当政府宣布采取扩张性政策增加有效需求时，人们就已经预测这会产生通货膨胀，工人事先要求提高工资，厂商提高价格，因此扩张性政策除提高价格水平外，即使在短期内对产出也没有作用。这比弗里德曼的适应性预期菲利普斯曲线，更强调了通货膨胀政策的无效性，是支持“中性论”的又一理论基础。弗里德曼的“自然失业率”的定义非常晦涩难懂：所谓“自然失业率”是这样一种失业率，它可以根据瓦尔拉的全面均衡方程体系计算出来，只要给予这些方程式以劳动力市场和商品市场的现实的结构性的特征，这些特征包括市场不完全性、需求和供给的随机变化、获得有关工作空位和可以利用的劳动力的情报的费用、劳动力流动的费用，等等。

除了将不同预期的短期菲利普斯曲线上的点联系起来看，会出现通货膨胀与失业同时增长的现象外，弗里德曼在其获诺贝尔奖的演说辞中还提出了菲利普斯第三阶段的概念，即可能存在长期内的向上倾斜的菲利普斯曲线。他认为高度的和变化剧烈的通货膨胀，可能也提高自然失业率。理由是：第一，在通货膨胀不可预测地加剧的情况下，工资没有受到指数化条款保护的工人，可能会因不满意实际工资的降低而停止工作；第二，通货膨胀本身的反复不定，会降低市场信号的功能，从而降低生产效率；第三，由于物价不断波动而引起政府干预，也很可能加深经济功能的失调而提高自然失业率。

如图 10.8 所示，假定最初的自然失业率为 u_N，P_1、P_2、P_3 是短期菲利普斯曲线，由于通货膨胀变化无常导致生产率和市场功能下降，自然失业率由 u_{N1} 上升到 u_{N2}、u_{N3}，从而长期菲利普斯曲线为向上倾斜的曲线。如果说第一阶段的菲利普期曲线支持通货膨胀“促进论”，第二阶段菲利普斯曲线基本上支持“中性论”的话，那么第三阶段的菲利普斯曲线显然是“促退论”的最好说明。

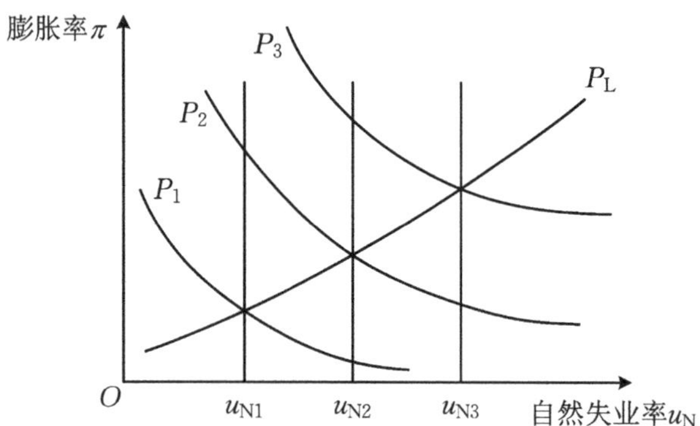

图 10.8　长期的向上倾斜的菲利普斯曲线

（三）通货膨胀与产出关系的实证研究

关于通货膨胀对产出的作用，人们不仅进行理论上的思辩，还试图通过实证分析来做回答。但由于各人所收集的统计资料不同，分折方法、时间选择、样本容量各异，结论大相径庭。

关于通货膨胀产出效应最著名的实证分析首推美国温贝尔脱大学的伍·江(W. Jong)和马歇尔(J. Marshall)。他们于1986年用计量经济学中的因果分析法研究了19个工业化国家和地区、37个发展中国家和地区1950～1980年的资料，结果表明：38例支持中性论，16例支持促退论，2例支持促进论。其中19个工业化国家和地区没有一例支持促进论，9个工业化国家支持促退说。

我国台湾省中华经济研究院蒋硕杰对22个发展中国家两个十年(1961～1970年，1971～1980年)的通货膨胀率与实际GNP增长率之间的关系进行了分析，结果表明，两者在第一个十年有微弱正相关，但到了第二个十年，两者是负相关。而且在第一个十年中的微弱正相关似乎完全是由于韩国的特殊经验造成的，如果将其从样本中去除，则剩下的21个国家(或地区)的通货膨胀率与GNP增长率之间的正相关就不存在了。

以上从理论和实证两方面考察了通货膨胀与就业、产出之间的关系，结论似乎是：短期内，通货膨胀可以降低失业率，提高产出水平；长期内，影响甚微，甚至起相反的作用。

（四）通货膨胀的收入再分配效应

通货膨胀除了对产出、就业有影响外，还会引起国民收入再分配的效应，这在前面已简单提到。具体地说有以下几方面：

1. 固定收入者吃亏,浮动收入者得利

对固定收入阶层来说,实际收入因通货膨胀而减少,生活水平必然降低。哪些人属于固定收入阶层呢?最为明显的是那些领救济金、退休金的人,以及白领阶层、公共雇员以及靠福利和其他转移支付维持生活的人。他们在相当长的时间内所获得的收入是固定不变的。近年来,西方政府试图用增加福利的办法来抵消通货膨胀对社会保障接受者不利的再分配效应。例如,从1972年起,美国根据一项自动增长的调整公式,将社会保障利益指数化,即与消费品价格挂起钩来,自动调整。

对浮动收入者而言,收入上涨如果在企业价格水平和生活费用上涨之前,则会从通货膨胀中得到好处。如果产品价格上升得比工资和原料价格上升快,企业主就能从通货膨胀中获得好处,增加利润。

2. 债务人得利,债权人吃亏

通货膨胀还可以在债务人和债权人之间发生收入再分配的作用。具体说是,通货膨胀靠牺牲债权人的利益而使债务人获利。假定甲向乙借款1万元,三年后归还,而这段时间内价格水平上升一倍,那么三年后甲归还给乙的1万元的购买力只相当于借时的一半。如果通货膨胀被预期到,在借贷合同中附加通货膨胀条款,则这种再分配效应就不存在了。

3. 实际财富持有者得利,货币财富特有者受损

实际财富包括不动产、贵金属、珠宝、古董、艺术品,股票代表实际财富的所有权,有时和实际财富一样,在通货膨胀时期价格上涨;而货币财富包括现金、银行存款、债券,其实际价值因物价上涨而下降。因此,通货膨胀会降低储蓄倾向。

4. 国家得利,居民受损

由于所得税通常是累进的,在通货膨胀期间,人们要交更多的税,这不仅是因为他们的货币收入提高了,而且是由于他们进入更高的纳税级别,因此要支付他们收入的较大百分比给政府。不仅如此,政府所持有的大量公债会因为通货膨胀而大大贬值,其偿还本息的实际价值也就大大下降了。

通货膨胀对商品流通、货币金融等领域的影响前面已有所涉及,除此之外,通货膨胀对社会稳定、政权巩固、对外关系等方面也有影响,许多已超出了经济的范围。

四、通货膨胀的治理

通货膨胀破坏正常的经济秩序,增加不确定性,一般民众对它都持反对态度,有时将其视为需要解决的头号经济问题。在发生严重通货膨胀时,货币功能丧失,经济面临崩溃,危及政府统治,各国政府都要对此加以治理。

对于恶性通货膨胀，政府一般采取断然措施，废除旧币、发行新币，同时辅以其他措施来保持社会安定，恢复和增加生产，从而消除原来货币流通的混乱局面，在新的基础上实行稳定。

恶性通货膨胀一般发生在遭受战争、内战和因社会动乱造成重大破坏的国家，在和平时期极少出现。大多数国家所经历的通货膨胀，都是比较温和的，但治理起来却十分复杂。

（一）需求政策

如果通货膨胀主要是由于总需求过度膨胀引起的，那么采取紧缩需求就能取得明显的效果。减少总需求的途径主要有紧缩财政和紧缩货币两种措施。

1. 紧缩型财政政策

紧缩型财政政策主要是通过削减财政支出和增加税收的办法来治理通货膨胀。削减财政支出的目的是通过限制支出而减少政府的需求，从而缩减总需求。其措施主要有：减少国家基本建设和投资支出，限制公共事业投资，削减政府各部门的经费支出，减少社会福利支出等。增加税收主要是增加企业与个人的税收，增税以后，企业与个人收入减少，从而降低投资水平与消费水平。但是财政支出有很大的刚性，教育、国防、社会福利的削减都是阻力重重，有时并非能由政府完全控制；增加税收更会遭到公众的强烈反对，政府轻易不敢尝试。

2. 紧缩型货币政策

紧缩型货币政策又称为“抽紧银根”。通货膨胀的直接原因是货币供给量过多，因此要降低通货膨胀率，中央银行可以通过减少流通中货币供给量的办法来实现。具体措施包括：第一，通过公开市场业务出售政府债券，回笼货币，减少经济体系中的存量；第二，提高利率（如提高银行存款利率、贴现与再贴现利率、法定存款准备金率等）促使人们将更多的钱用于储蓄，从而使消费需求减少，利率的上升使投资成本上升，对投资需求也有抑制作用。

货币学派更注重货币政策的作用，弗里德曼说：“正因为过多地增加货币量是通货膨胀的唯一原因，所以降低货币增长率也是医治通货膨胀的唯一方法。”只有将货币增长率最终下降到接近经济增长率的水平，物价才可能大体稳定下来。

采取需求扩张政策，在引起通货膨胀的同时能否带来产出增加、就业提高，经济学家也许意见不一。但紧缩总需求以制止通货膨胀会导致经济增长降低、失业率增加，却是一个不争的事实。并且开始紧缩的力度越大，衰退就越严重，但持续时间较短，通货膨胀率也能较快地降下来；反之，采取比较温和的措施，开始时的衰退并不严重，但拖延的时间长。因此，政府就面临着如下选择：是付出较大代价以求迅速见效，还是使其成为一个较为漫长的过程？

（二）收入政策

收入政策又称为工资与物价管制政策，是指政府制定一套关于物价和工资的行为准则，由价格决定者（劳资双方）共同遵守。目的在于限制物价和工资的上涨率，以降低通货膨胀率，同时又不造成大规模的失业。收入政策主要针对成本推进型的通货膨胀。

收入政策可以采取以下三种形式：

1. 指导性为主的限制

对特定的工资或物价进行"权威性劝说"或施加政府压力，迫使工会或雇主协会让步；对一般性的工资或物价，政府根据劳动生产率的提高等因素，制定一个增长标准，作为工会和雇主协会双方协商的指导线，要求他们自觉遵守。

2. 以税收为手段的限制

政府以税收作为奖励和惩罚的手段来限制工资、物价的增长。如果增长率保持在政府规定的幅度之内，政府就以减少个人所得税和企业所得税作为奖励；如果超过界限，就以增加税收作为惩罚。

3. 强制性限制

强制性限制是由政府颁布法令对工资和物价实行管制，甚至实行硬性冻结。

但是，收入政策也存在着缺陷：① 如果是指保守性的指导性政策或税收政策，则效果取决于劳资双方与政府能否通力合作。② 强制性的收入政策会妨碍市场机制对资源的有效配置。因为市场是通过价格信号来指导生产和要素流动的。如果禁止价格上涨，价格限制也就等于取消了资源转移的动力。③ 如果在价格管制的同时没有采取相应的紧缩需求的措施，公开的通货膨胀变为隐蔽型的，那么一旦重新放开价格，通货膨胀会以更大的力量爆发出来。

在许多工资合同中，有一个所谓的"生产费用调整"条款。规定根据生产费用的变动情况，至少部分地自动调整工资水平，即所谓工资"指数化"。一些经济学家建议把所有工资都指数化，认为这有两个优点：一是它有利于抑制通货膨胀。在这种情况下，反通货膨胀只会造成很少的失业，因为当通货膨胀率低于签订劳动合同时的预期水平时，不会引起实际工资的提高，从而不会造成就业的减少。二是指数化可以消除通货膨胀率预测的失误而引起的效率损失。

但是，指数化也存在问题。假如由于劳动生产率的增长、下降或其他类似石油危机时的供给方面的冲击，产出下降。这就要求国民收入中工资的份额必须下降。但是由于指数化保护了工人的实际工资，其他人为维护自身利益，也提高价格，结果引起通货膨胀。在通货膨胀发生后，指数化使其在一定程度上具有惯性，而使情况变得更为棘手。

（三）供给政策

以阿瑟·拉弗(Arthur Betz Laffer)等为首的供应学派认为,通货膨胀是与供给紧密地联系在一起的。通货膨胀与供给不足之间的关系是:通货膨胀的主要危害在于损伤经济的供给能力,而供给不足、需求相对过剩又是引起通货膨胀的主要原因。他们认为,虽然通货膨胀的直接原因是货币量过多,但从根本上说,需求膨胀、货币过多是相对于商品供给过少而言的。

供应学派认为,治理通货膨胀,摆脱滞胀困境,治本的方法在于着力增加生产和供给。增加生产意味着经济增长,这样可以避免单纯依靠紧缩总需求而引起衰退的负面效应。增加供给就满足了过剩的需求,从而克服通货膨胀。要增加生产和供给,一个最关键的措施就是减税。减税可以提高人们的储蓄和投资的能力与积极性。同时配以其他政策措施:一是削减政府开支增长幅度,争取平衡预算,消灭财政赤字,并缓解对私人部门的挤出效应;二是限制货币增长率,稳定物价,排除对市场机制的干扰,保证人们储蓄与投资的实际效益,增强其信心与预期的乐观性。政府除为增加供给创造良好的环境和提供必要的条件外,不应对经济多加干预,而由市场机制对经济进行自动调节。只有这样,才能充分发挥减税刺激供给的积极作用。随着商品和劳务供给的增加,彻底消除通货膨胀。

供给学说强调了一向被忽视的供给方面的因素,认为治理通货膨胀,特别是滞胀,根本的出路在增加供给,有其积极意义,但他们过分夸大了减税对增加供给的刺激作用。从实际情况看,效果并不明显。

改善劳动力市场结构的人力资本政策也是针对供给方面治理通货膨胀的措施之一。主要包括:对劳动者进行再就业的训练,提供有关劳动力市场的信息,减少对就业和转业的限制,指导和协助失业人员寻找工作;优先发展劳动密集型和技术熟练要求程度较低的部门以扩大就业,由政府直接录用私人企业不愿意雇用的非熟练工人,使他们在从事对社会有益的事业中得到训练和培养,提高就业能力。

（四）结构调整

主要是针对结构型通货膨胀,使各产业部门之间保持一定的比例,从而避免某些产品(特别是某些关键性产品,如食品、原材料)供求因结构性失调而推动物价上涨。对此,可实行微观财政、货币政策,影响需求和供给的结构。

微观财政政策包括税收结构政策和公共支出结构政策。税收结构政策不是指变动税收总量,而是指在保证一定的税收总量的前提下,调节各种税率和施行范围等。同样,公共支出结构政策指在一定的财政支出总量前提下,调节政府支出的项目和各种项目的数额。在当代西方国家,各执政党为了政治上的需要,把建立国家福利制度作为其争取选民的一种手段。财政支出的这种结构性变化，不仅失去了刺激生产、扩大就业的作用，而且使得失业者不急于寻找工作，扩大了失业队伍。降低财政支出中转移支付的比重，增加公共工程等投资性支出，可以扩大就业，增加产出，降低通货膨胀率。

微观货币政策包括利息率结构和信贷结构。旨在通过各种利息率差的调整，以及通过各种信贷数额和条件的变动来影响存款和贷款的结构和总额，提高资金使用效率，鼓励资金流向生产性部门，遏制消费基金的扩张。

前面提到的理性预期学派对通货膨胀的看法有必要说明一下。理性预期学派认为人们能够对未来作无偏估计，不会犯系统性的错误。政府扩大总需求的措施只会引起物价上涨，对产出与就业毫无帮助。但反过来，政府可以利用这一点而无痛苦地将通货膨胀率迅速降下来。政府宣布，为清除通货膨胀，它将采取紧缩的货币和财政政策，人们预期价格将下降，要求的工资和物价上涨相应下降，在产出几乎毫无降低的情况下，通货膨胀率顺利地降了下来。在这里，政府政策的可信性至关重要。如人们不相信政府会真心采取紧缩措施，仍要求较高的工资增长率，衰退不可避免。

理性预期学派将经济波动归咎于信息不全，过分夸大预期的作用，认为通货膨胀可能毫无代价地被清除，是很不现实的。但是，预期在通货膨胀的形成和治理过程中可能发挥的作用，确实有必要进行深入研究。

第三节　通货紧缩及其理论发展

一、通货紧缩的定义

20 世纪 20～30 年代，通货紧缩是经济学研究的重要课题。例如，凯恩斯就曾经讲过："只要金本位继续存在——意味着在任何地方的国际商品价格必须保持一致——就必然引起通货紧缩的竞争性活动。我们每个国家都力图使自己的价格下降速度比其他国家快，由此带来的结果是失业扩大，企业亏损达到难以忍受的地步。"显然，他的通货紧缩所要表达的含义是指价格水平的下降。

第二次世界大战以后，由于很少发生通货紧缩，而是持续发生通货膨胀，20 世纪 60～70 年代，在西方经济学教科书中甚至连"通货紧缩"这个名词都很难看到，对"通货紧缩"这个名词几乎只字不提。直到 20 世纪 80～90 年代，仍有不少流行的宏观经济学教程对通货紧缩没有提及，而开辟专章介绍通货膨胀理论。20 世纪 80 年代出版的、在西方颇具权威的《新帕尔格雷夫经济学大辞典》和美国学者格林沃尔德(Douglas Greewald)主编的《经济学百科全书》中也没有把"通货紧缩"列为条目。即使在下文所引述的教科书中，对通货紧缩也只是在论述通货膨胀时顺便提及，没有作为重点加以分析。下面我们来看几本西方比较流行的经济学教科书中通货紧缩的定义。

保罗·萨缪尔森(Paul A. Samuelson)和威廉·诺德豪斯(William D. Nordhaus)在其《经济学》第16版中这样写道：通货紧缩是指物价总水平的持续下跌。迈克尔·斯宾塞(A. Michael Spence)在《当代经济学》中对通货紧缩的定义是：所有商品和服务的一般价格水平的下降，或者说，单位货币购买力的上升。约瑟夫·斯蒂格利茨(Joseph Stiglitz)、罗伯特·巴罗(Robert J. Barro)、奥利弗·布兰查德(Olivier Blanchard)、罗伯特·J·戈登(Robert J. Gordon)、劳埃德·雷诺兹(L. G. Reynolds)等在其各自所著的《宏观经济学》中对通货紧缩的定义基本上都表述为一般物价水平的持续下跌。

在西方流行的经济学辞典中，货币主义的代表人物戴维·莱德勒(D. Laidler)在《新帕尔格雷夫财政金融大辞典》中对"通货紧缩"的定义是：通货紧缩是一种价格下降和货币升值的过程，它是和通货膨胀相对的。詹姆斯·托宾(James R. Tobin)在《经济学百科全书》中对通货紧缩的解释是："通货紧缩也是一种货币现象，它是每单位货币的商品价值和商品成本的上升(举个例子来说，1929～1933年，价格平均每年下降6.7%)。"此处他把通货紧缩表述为货币升值。由于货币升值与价格总水平下降这两种不同表述方法对应的是同一过程，且其所举例子直接以价格下降作为证据，因此詹姆斯·托宾与戴维·莱德勒对通货紧缩的定义是一致的。

从以上所提到西方经济学教科书和辞典中关于通货紧缩的定义来看，都是根据价格总水平的下降来定义通货紧缩的，这大致反映了西方经济学界的主流观点。但也有少数经济学者，如加拿大一家投资公司的首席经济学家G.莱斯根认为：通货紧缩不只是价格下降，还包括货币数量减少和货币流通速度下降以及经济萧条。但这种观点未能写进经济学教科书和辞典中，无法代表主流观点。

综上所述，通货紧缩是指一般物价水平持续下跌、币值不断升值的一种货币现象。

既然通货紧缩是与通货膨胀相对应的一种货币现象，因此衡量通货膨胀的指标同样适用于通货紧缩。

二、通货紧缩的理论发展

几种典型的通货紧缩理论都与1929～1933年的大萧条有密不可分的关系，它们对于理解1997年以来世界部分国家包括中国在内出现通货紧缩的经济现象有所裨益。

(一) 凯恩斯的通货紧缩理论

凯恩斯在《就业、利息和货币通论》(以下简称《通论》)中，除仅有一处直接提到了通货紧缩以外，更多是使用“就业不足均衡”和“有效需求不足”这样的术语。由于发生有效需求不足的时候物价往往是下降的，因此后人将实际有效需求同能够实现充分就业的有效需求之间的差额称为通货紧缩缺口。如图 10.9 所示，可以认为《通论》中的分析适用于对通缩的分析。

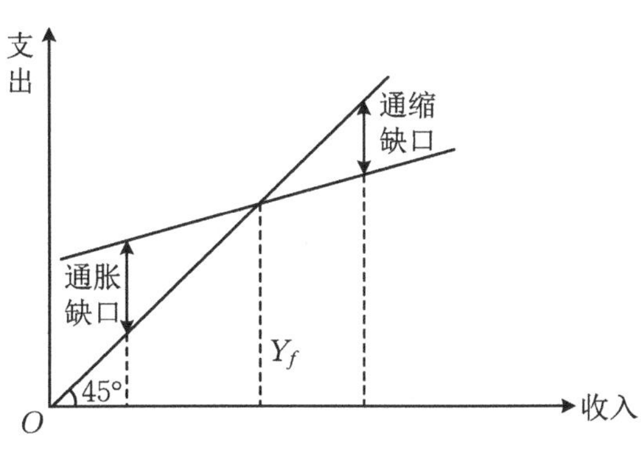

图 10.9　通胀缺口与通缩缺口

在封闭经济中，有效需求包括消费 C、投资 I 和政府开支 G 三个部分，有效需求决定了社会的产出水平。

由于消费较为稳定，波幅很小，因而凯恩斯认为经济波动主要源于企业投资的不稳定，而投资需求取决于企业的利润预期。因此，凯恩斯认为经济衰退的原因在于企业家利润预期的突然下降，投资无利可图，甚至在很低的利率水平下也是如此。投资的不稳定对经济总量的影响又会因乘数效应而加剧，当企业投资减少时，总产出会以多倍的数额减少。

凯恩斯理论的政策含义是：当企业投资低落、经济衰退，特别在经济严重衰退时，企业家的利润预期非常低，以至于任何正利率都显得太高，因此通过放松银根、降低利率的货币政策来抑制衰退，效果不会明显，只有通过增加政府开支来增加有效需求。

凯恩斯在《货币改革论》和《劝言集》中，针对当时英国的情况，着重分析了由于一国汇率高估而导致本国产品出口价格过高、外部需求减少、国际收支状况恶化、黄金外流而引发通货紧缩的情况。他认为，通货紧缩将使社会生产活动陷于低落。不论是通货膨胀还是通货紧缩，都会产生巨大的损害，两者都会改变财富的再分配，不过通胀相对严重一些；而在对生产财富的影响上，通胀有过度刺激的作用，而通货紧缩有阻碍作用，且更具有危害性。这是由于通缩加重了债务人的负担，而企业经营所需的资金大部分是借来的。对于任何一个企业经营者，此时暂时退出经营是有益的；对于任何一个打算支出的人，尽可能地推迟支出也是有益的。精明、务实的人会把他的资产转变为现金，摆脱风险，停止工作，静候其现金价值向他预期好了的方向稳步提高。因此通货紧缩导致生产过程的低落,从而导致失业的增多。正如前文所述,治理通缩的有效措施是增加政府支出。

(二)奥地利学派的理论

该理论认为,通货紧缩并不是独立形成的,而是由促成经济萧条的生产结构失调所引起的。否则,通货紧缩就不会发生。因此通货紧缩是一种派生的过程。下面结合奥地利学派的经济周期理论来介绍其通货紧缩的理论观点。

奥地利学派的经济周期理论是由路德维希·冯·米塞斯(Ludwig von Mises)提出最初理论框架,后被弗里德里奇·哈耶克(Friedrich August Hayek)加以扩展和精炼。其核心观点是:信贷扩张和货币的注入通过影响相对价格和所谓生产的时间结构来影响经济的实际运行,使资源加速从最近的生产环节(消费品)转向最远的生产环节(投资品)而重新配置。然而这种过程不可能永远持续下去,迟早会出现危机。

米塞斯和哈耶克借用了瑞典经济学家克尼特·维克塞尔(Knut Wick sell)关于自然利率和货币利率的差异作为其理论分析的基础。所谓自然利率是指经济体系保持均衡的利率,货币利率则指在银行政策和其他货币因素影响下的市场利率。

哈耶克的分析从充分就业假定开始,由银行系统派生的信贷增加将促使市场利率下降,低于自然利率。企业家受到这个错误信号的引导而重新配置资源,从消费品生产转向投资品生产。在短期内消费品生产不会受太大影响,然而过一段时间后,由于消费品供给相对于需求发生短缺,那么消费品价格相对于投资品就会上涨。消费品价格的上升引起初级阶段价格相对于高级阶段价格的上升,标志着生产的时间结构需要重新配置,需要回到更直接的生产过程。为使经济体系重新向均衡方向调整,有必要提高利率,这会使那些在低市场利率时有利可图的投资变得无利可图,危机随之出现。

假如银行信贷能够继续发展下去,就可能避免危机的发生。但问题是,随着银行信贷的扩张,货币流向投资品部门,而过度投资使得投资品部门的预期收益不能实现,银行贷款质量相应恶化,银行体系为防范自身的风险被迫收缩信贷,这会导致通货紧缩的发生。

米塞斯和哈耶克等人认为,通货紧缩是繁荣过度的必然后果。假使听任繁荣局面发展下去,就会引起生产结构的失调,从而以通货紧缩的形式付出代价。因此他们主张,一旦危机已经开始,就应该允许衰退通过市场机制自发治愈。而抑制衰退的最佳行动是防患于未然,防止繁荣的过度发展。他们认为,公共工程和政府投资项目是有害的,因为它们会导致进一步的扭曲,阻碍资本结构的进一步调整。

奥地利学派中有些经济学家认为,如果在通货紧缩过程中的某个时间区间增加货币投入量，有助于缩短这一过程。但他们随即就提出警告说，这个药方只能在通货紧缩过程中的某一阶段使用，还得采用适当的方式，稍有不慎，就有可能造成危害。这个办法对货币当局要求过高，因此，实际可行的政策也许是听任通货紧缩自然发展，避免使用可能使事态恶化的干预措施。

（三）费雪的“债务-通货紧缩”理论

欧文·费雪(lrving Fisher))1933 年在其论文《大萧条中的“债务-通货紧缩”理论》中，从某个时点经济体系中存在过度负债这一假设开始，认为：由于新发明、新产业的出现或新资源的开发等所导致的利润前景看好，企业因此过度投资，从而导致过度借债。债权人一旦注意到这种过度借债的危险，就会趋于债务清算。这样就产生以下 9 步的连锁反应：① 债务清偿引起资产廉价出售，进而导致② 存款货币的收缩（因为偿付银行贷款），以及货币流通速度的下降。存款货币的收缩和货币流通速度的下降，在资产廉价出售的情形下，这又导致③ 价格水平的下降，也就是货币的购买力上升。由于没有外来的“再通胀”的外生性干预，价格水平下降，或货币升值。假使价格水平的这种下降过程不能被通货再膨胀或其他措施所抑制，就必然造成④ 企业资产净值的更大下降，从而加速了企业的破产，很可能出现⑤ 利润的下降，造成那些正在营运的企业的亏损，又会导致⑥ 减少产出、交易和雇佣劳动。企业的亏损、破产和失业，引发⑦ 悲观情绪和信心的丧失，这些反过来又导致⑧ 货币的窖藏行为和存款货币流通速度的更进一步下降。上述 8 种变化将导致⑨ 对利率的复杂扰动，尤其是会出现名义利率的下降及实际利率的上升。

费雪以这种简明的逻辑清楚地解释了债务和通货紧缩是如何导致大萧条的。

在上述逻辑顺序表中，除了债务这个初始原因和利率复杂扰动这个最终结果外，所有波动都是由于价格下降而发生的。当只有过度负债的发生而没有价格下降的情况时，最终的“循环波动”将温和并且规则得多。类似地，如果由于非债务的原因而出现通货紧缩，同时又不存在巨额债务，最终的结果也会轻得多。正是过度负债和价格下降这两者的结合才会导致巨大的灾难。

过度负债和通货紧缩两者是相互作用的。过度负债这种较轻的“疾病”会导致通货紧缩这种较重的“疾病”；反过来，由债务所导致的通货紧缩也会反作用于债务。当通货紧缩发生时，尚未偿付的债务的实际价值变大，这样，如果初始的过度负债足够大，债务的清偿就会跟不上其所欠的每单位货币债务价值的上升，从而导致“正是人们减轻其债务负担的努力反而增加了债务负担。因为人们一起蜂拥而上清偿债务的整体效益提升了所欠的每元钱的价值”。这种悖论正是大多数经济萧条发生的主要内因。“债务人偿债越多，他们就欠得越多。”费雪以 1929～1933 年大萧条为例证实了上述结论。从 1929 年到 1933 年 3 月，债务清偿减少了 20%

的名义债务额，但美元约升值 75%，这样真实债务反而上升了 40%。

费雪认为，如果他的“债务-通货紧缩”理论是正确的话，那么控制价格水平就颇为重要了。但即使价格水平是稳定的，仍然有可能出现过度负债问题。

（四）货币主义的理论分析

凯恩斯学派关于货币政策对抑制经济衰退无效的观点，遭到了货币主义学派的激烈反驳。货币主义的核心观点是：货币对于经济活动是重要的。关于货币存量与价格变化的相互关系，货币主义的论点是：“货币存量的大幅度变动是一般价格水平大幅度变动的必要而且充分的条件。”

在弗里德曼重新表述的货币数量论中，也包含着从货币紧缩到价格下降的传导机制的说明：当货币紧缩时，货币的边际收益上升，人们就会将金融资产和实物资产转换成货币资产，直到重新构成新的资产组合使得各资产的边际收益率相等。这就可能导致金融资产和实物资产的价格下降。

但是，弗里德曼也指出，货币存量的变动与价格的变动之间的关系虽然十分紧密，但并不是机械不变的，产量的变动与公众希望持有的货币数量的变动会造成货币存量变动与价格变动之间的不一致。因此，他认为更为重要的是，不仅要考察单位产量的货币存量，同时还要考虑到货币流通速度的变化。弗里德曼和舒尔茨提供了大量实证材料证明其论点。在 1867～1960 年这 93 年中，美国曾发生六次严重的经济紧缩，其间都伴有货币存量的下降。同时，这六次经济紧缩中，价格总水平的降幅也较为明显。但两者的变化也有可能不一致。一种情况是货币供给量还在增长，但由于货币供应的增长慢于经济的增长，价格总水平出现了明显下降。例如 1882～1894 年间，美国的货币供给量一直在增长，但同期批发价格指数下降 35.2%，消费价格指数下降 10%。

货币存量的变动与价格水平的变动不仅在幅度上存在不一致，而且由于从货币存量的变动到价格水平的变动之间的传递存在时滞，这种时滞的长短难以把握。因此货币主义理论认为：“相机决策”的货币政策不仅无助于经济的稳定，往往还加剧了经济波动。货币主义的政策处方是：为了避免大规模的通货膨胀和通货紧缩，必须使货币供给的增长率保持在适当的水平上，即货币政策的“单一规则”。

（五）萨缪尔森、布坎南、瓦格纳等人的“滞-缩”理论

这是第二次世界大战后出现的一种反凯恩斯主义的、与“滞-胀”相对应的理论。针对 20 世纪 30 年代的大危机、大紧缩，凯恩斯依据“有效需求不足”原理，明确提出加强国家干预，运用通货膨胀的政策进行治理。由于对症下药，西方主要资本主义国家纷纷走出危机，摆脱了通货紧缩的困境，在 20 世纪 50～60 年代还出现

了经济全面高涨的繁荣时期。然而由于国家干预过多和通货膨胀的长期实施，进入 70 年代后，资本主义经济便染上了一种新病："滞-胀"，即经济停滞与通货膨胀交织并发。凯恩斯主义在实践中陷入困境，在理论上开始受到攻击，众多资本主义国家开始实施强有力的反通货膨胀政策，即通货紧缩政策。第二次世界大战后"滞-缩"即生产停滞与通货紧缩并存局面的产生以及"滞-缩"理论的发展，都是这种通货紧缩政策的产物。法国经济学家莫里斯・阿莱(Maurice Allais)指出："过度的通货膨胀以及为了校正前一段时期货币超量发行而采取的通货紧缩政策这两者的不断交替发生，一般来说对经济增长都是十分有害的。"从上可见，通货膨胀的结果是"滞-胀"，通货紧缩的结果是"滞-缩"，两者并非是毫无关联的，往往是经常相伴和互相交替的。

"滞-缩"理论的主要代表人物詹姆斯・麦吉尔・布坎南(James Mcgill Buchanan)、阿道夫・瓦格纳(Adolf Wagner)、保罗・萨缪尔森(Paul A. Samuelson)等都是反凯恩斯主义者。他们认为：通货膨胀也好，通货紧缩也罢，都是政府政策的产物，原因在于政府干预过多，政策失当。布坎南、瓦格纳认为："政府活动的扩展本身就可能是不稳定的一个根源。"通货紧缩的一个重要标志是"市场呆滞"。要从高通货膨胀恢复到经济正常发展过程必然会经历衰退。"衰退是恢复过程的一个必不可少的组成部分。只要采取减少总开支的紧缩政策就可以减缓通货膨胀。失业要求扩大开支，而通货膨胀又要求紧缩，这就是其窘境，明了而又简单。"控制过高的通货膨胀容易导致通货紧缩，而治理通货紧缩又要求扩大开支，实行通货膨胀，两者一旦交替循环，便会陷入进退维谷、左右为难的困境。所以"滞-缩"同"滞-胀"一样难以治理。

关于"滞-缩"的形成和作用机理，萨缪尔森和诺德豪斯在他们的《经济学》一书中阐述得十分清楚："货币收缩抬高利率，将压低投资支出，并且通过乘数抑制总需求，且以此降低产量和价格。这个基本顺序是：M(货币供应)↓-r(利率)↑-I(投资)↓-Y(总收入)和P(物价水平)↓。"由此可见，Y 和 P 的下降完全是由 M 的下降所引起的，即由通货紧缩所致。Y 和 P 的下降又会进一步迫使与促进 M 的收缩，如此循环往复，必然造成经济衰退、停滞和通货紧缩并存。

"滞-缩"理论虽然也着眼于从货币供给量的减少来分析通货紧缩，但它不同于以往的货币理论，它是着眼于反凯恩斯主义国家干预的新自由主义货币理论。其基本点是反"滞-胀"，但结果却落了个"滞-缩"。因为它没有抓住资本主义经济发生"滞-缩"的根本原因在于资本主义制度本身，而只是认为其原因在于由于凯恩斯主义的国家干预过多，经济中发生严重过度的通货膨胀而不得不实行通货紧缩政策所致，因此，"滞-缩"理论不可能揭示资本主义经济运行中"滞-缩"现象的深刻经济根源，这是它无法超越的局限性。但同样不能否认的是，"滞-缩"理论也具有其一定的合理性及适用性，即它指出了通货紧缩的政策原因，并大力反对国家过多干预，反对通货膨胀，这对各国政府都是有实用价值与借鉴意义的。

（六）克鲁格曼的通货紧缩理论

面对近年来世界范围内通货紧缩的蔓延，美国著名经济学家保罗·克鲁格曼(Paul R. Krugman)进行了大量的研究，创造性地发挥和发展了凯恩斯主义的流动性陷阱理论，主张推行“激进”的或“反传统”的货币政策主张，逐步形成了一套较完整的“新凯恩斯主义”的通货紧缩理论。

第一，克鲁格曼认为，当今世界上发生的通货紧缩不是由供给过剩造成的，而是起因于社会总需求不足。而国际上最流行的观点是从供给的角度阐释通货紧缩的成因，认为第二次世界大战后世界科学技术进步日新月异，新技术、新材料、新工艺不断涌现，使得全球生产力有了飞速的发展，并造成了全球性的生产过剩，从而引发了许多地区和国家发生通货紧缩，物价水平下降。克鲁格曼认为，仅从供给过剩这个角度来解释是不够的，起码不能说明如下事实：总供给的增加所造成的物价水平下降，对人类的生活改善和经济增长都是有利的，而不能认为是有害的；仅凭生产过剩这一点尚不足以解释和证明中国、日本、新加坡、瑞典等国通过增加基础货币投放、扩大政府财政支出等手段来刺激社会总需求。上述情况说明：通货紧缩并非主要是供给方面“生产过剩”的原因，在需求方面，肯定是有什么因素限制了需求的增加。如果需求相应地增长了，就不会发生大量的“生产过剩”，通货紧缩就不会发生了。因此，他认为从日本、中国、新加坡以及瑞典等国的实践来看，社会需求不足才是当今通货紧缩形成的根本原因。他特别强调需求不足在不同的国家或在某一个国家的不同时期有着不同的社会制度根源。例如，日本经济面临的普遍需求不足主要是由人口因素造成的：一是 20 世纪 70 年代以后，日本人口出生率逐渐降低，而人口平均寿命大大延长，成为世界人口平均寿命最长的国家，这样，人口老龄化问题就格外严重。结果是年轻一代的后续需求不足，再加上缺乏完备的社会保障，居民的边际储蓄倾向不断上升。二是日本向外国移民大量增加，尤其是青壮年中有知识和技术的人员因国内劳动强度大而收入水平相对较低而大批移居国外，这就造成了本国适龄劳动人口的逐渐下降，使企业预期收益下降，不愿意扩大投资，这也使生产需求不足。克鲁格曼认为，日本经济已经陷入了“流动性陷阱”。他主张采用非传统的货币政策，造成一个长期的通货膨胀预期，使实际利率为负，以便刺激投资需求和消费需求。克鲁格曼这样解释日本、中国等国的社会有效需求不足的原因并没有超出凯恩斯的“有效需求不足”理论，仍然是用投资收益递减原理及储蓄倾向原理来说明问题，但把需求不足的成因放在侧重于人口等社会因素的分析上，这是他的独到之处。

第二，克鲁格曼认为，通货紧缩、物价下降，是市场价格机制强制实现经济均衡的一种必然，更是流动性陷阱作用的结果。他认为，在信用货币的条件下，之所以发生通货紧缩而传统的货币政策对其无能为力，其根本原因在于经济处于“流动性陷阱”状态：社会公众偏好于未来，即使短期名义利率降至很低的程度，甚至为零，储蓄倾向仍高于投资倾向。要消除储蓄与投资之间的缺口，只有两条路：一是使当前的物价水平下降，增加消费，减少储蓄；二是降低名义利率，使投资支出增加。由于名义利率不能小于零，经济均衡所需要的负的真实利率难以实现，因而利率机制对经济活动的调节作用失去效力。这样一来，实现经济均衡的唯一途径就是物价水平下降。这是价值规律强制发挥作用的结果。要走出“流动性陷阱”，不能否定和违背价值规律，而只能遵从价值规律的要求，设法使公众提高投资收益的预期和信心，提高投资倾向。

第三，克鲁格曼认为，必须对适度通货膨胀政策的可行性进行研究。他主张用“有管理的通货膨胀”来治理通货紧缩，这是对传统货币金融理论的挑战。传统货币金融理论认为，物价水平的稳定是实现经济均衡的条件。公众对物价水平保持稳定的预期是货币政策有效性的必要前提。克鲁格曼的看法恰好与此相反，他证明了在“流动性陷阱”的条件下保持零通货膨胀的货币政策不再是中性的，而是紧缩性的负面影响；公众对物价稳定的预期，会使货币政策丧失效力。因此，不要盲目追求物价水平稳定，更不要造成公众对物价稳定的预期。一旦通货紧缩发生，可以用有管理的通货膨胀或适度的通货膨胀来进行治理。那就是增发货币，扩大支出，以更多的货币吸纳和消化所谓的过剩商品，以此来实现经济均衡，达到经济增长的目的。

克鲁格曼的通货紧缩理论的缺陷在于：过分钟爱激进的货币政策，而忽视结构的调整和改革，认为结构调整与改革无助于即期经济复苏，这无疑有失偏颇。运用财政手段扩大投资，不仅可以改善经济结构，扭转生产结构和消费结构的错误及脱节状况，更重要的是可以扩大需求，给实际利率以向上的推力，增加货币政策的有效性。如果供给结构不从根本上得以改善，使用“有管理的通货膨胀”，不仅不会抑制住通货紧缩，反而会由于经济结构的恶化，通货膨胀难以适度，而最终走向恶性通货膨胀的老路。所以，克鲁格曼的用适度的通货膨胀的方法来治理通货紧缩的主张，会不会再导致经济陷入恶性通胀的陷阱，也是值得警惕和需要探究的。

（七）伯纳克的信贷中介成本理论

美国经济学家伯纳克(Ben S. Bernanke)认为，货币主义理论单纯从货币供应收缩的角度去解释通货紧缩和大萧条是不充分的。伯纳克在费雪的债务-通货紧缩理论的基础上，于 1983 年提出了信贷中介成本理论，从信贷中介成本的角度去解释金融危机和大萧条的关系，从而对货币主义的通货紧缩理论作了补充。伯纳克认为，信贷交易成本的上升迫使银行提高贷款利率，贷款利率的上升又会进一步增加债务人无法还贷的风险，这使得银行普遍惜贷。银行的惜贷使得经营者难以从银行筹集到生产经营所需的资金，这就限制了生产能力的提高；另外，消费者会因消费信贷利率的提高而减少当前消费。所以，信贷中介成本的上升从总供给和总需求两个方面造成了总产出的下降。

显然，伯纳克的信贷中介成本理论并没有超出货币主义学派的货币供应收缩理论的范围，他也认为通货收缩是经济大萧条的诱因。

本章小结

货币均衡，在形式上表现为货币供给量与货币需求量的平衡，实质上则是社会总供给与总需求平衡的一种反映。商品市场物价稳定就成了判断货币供求量是否均衡的重要标志。

经济学中普遍认为，通货膨胀是商品和劳务的货币价格总水平持续明显上涨的过程。通常用来衡量通货膨胀程度的指标有消费物价指数、批发物价指数、GNP平减指数。

按不同标准，通货膨胀可以分为许多类型。

需求拉上的通货膨胀指总需求超过总供给，从而导致物价水平上涨。这一理论有凯恩斯学派的过度需求论和货币学派的数量说两种形态。

成本推进型通货膨胀理论将通货膨胀的根源归结于成本上升导致总供给曲线的左移。此时，如果政府采取扩张性的财政、货币政策以阻止产出的下降，会形成物价-工资的螺旋上升，即所谓“混合性通货膨胀”。

结构性通货膨胀模型认为，经济中存在两大部门，由于某种原因，其中一个部门的工资、物价上升，劳动力市场的特殊性要求两个部门工人的工资以同一比例上升，结果引起物价总水平的普遍上升。

通货膨胀对经济的影响，有促进论、促退论和中性论三种观点。实证检验表明支持中性论的例子最多。这三种观点与菲利普斯曲线的三个阶段相对应：短期的菲利普斯曲线支持促进论，当货币幻觉消失，人们形成了通货膨胀的预期，失业与通货膨胀之间不并存在替代关系，通货膨胀就是中性的，如果通货膨胀使得经济变得不稳定，市场信号失灵，加深经济功能的失调，会导致自然失业率上升，则通货膨胀对经济而言就是促退的。

对通货膨胀的治理一般采取紧缩需求的政策，包括紧缩财政和紧缩货币。这是治理通货膨胀的正统方法。采取管制工资与物价的收入政策对于治理成本推进型的通货膨胀效果明显，但会妨碍市场机制对资源的配置作用。供给政策强调了传统方法中一直被忽视的供给方面的因素，有其积极意义，但过分夸大了减税对增加供给的刺激作用，实际效果并不明显。结构调整政策致力于解决引发通胀的结构性因素。

通货紧缩是指一般物价水平持续下降、币值不断升值的货币现象。对于通货紧缩的原因，有多种理论上的解释。

【关键术语】

货币均衡 社会总供给 社会总需求 社会总供求均衡 通货膨胀 需求拉上的通货膨胀 成本推进的通货膨胀 结构性通货膨胀 菲利普斯曲线 通货膨胀的收入再分配效应 通货紧缩

【思考题】

1. 如何理解货币均衡的含义？
2. 简述实现货币均衡的条件与途径。
3. 什么是通货膨胀？为什么不能将它与货币发行过多、物价上涨、财政赤字划上等号？
4. 为什么说物价水平是测度通货膨胀的主要标志？
5. 简述通货膨胀的类型。
6. 试分析通货膨胀的成因和社会经济效应，并提出治理对策。
7. 什么是通货紧缩？试述通货紧缩形成的原因。
8. 试全面、客观地评价通货紧缩的社会经济效应，并提出相应对策。

【延伸阅读】

1. 艾慧. 中国当代通货膨胀理论研究（1979～1996）[M]. 上海：复旦大学，2004.

2. 苏剑. 中国目前的通货膨胀：特点、成因及对策[J]. 经济学动态，2011(01)：50-55.

3. 潘石. 西方通货紧缩理论评析[J]. 当代经济研究，2000(2)：53-60+73.

4. 柳永明. 克鲁格曼通货紧缩理论评述[J]. 经济学动态，1999(9)：63-66.

第十一章　货币政策与金融调控

⊙ 导言

现代经济的发展,离不开宏观调控。由于货币供给量的变化是能否实现社会总供求均衡的决定性因素,因此宏观调控的重点是货币供给调控——金融调控。金融调控是通过货币政策来实现的,而货币政策通常又是由中央银行制订与实施的。中央银行通过一系列行之有效的措施,控制货币供给量,保持货币流通稳定,从而为经济的发展创造良好的金融环境。可见,在现代市场经济中,中央银行的货币政策是对整个经济运行实施宏观调控的最重要的手段之一。因此,有关货币政策的理论也是现代货币金融理论中最重要的内容之一。

货币政策理论所要研究的问题很多,内容非常丰富,但就基本原理而言,货币政策理论所要研究的主要内容有四:一是货币政策的最终目标;二是货币政策的中间目标(包括近期操作指标和远期中介指标);三是货币政策的主要工具;四是货币政策的传导机制及效应。

在本章中,我们将依次讨论这些问题。

第一节　货币政策及其目标

一、货币政策的概念与特征

货币政策(monetary policy)是指一国货币当局(主要是中央银行)为实现其既定的宏观经济目标,运用各种工具调节货币供给量和利息率,进而影响宏观经济的方针和措施的总和。一般包括三个方面的内容:政策目标、实现政策目标所运用的政策工具及具体执行所达到的政策效果。由于从确定目标到运用工具乃至达到预期的政策效果,这中间存在着一些作用环节,因此货币政策实际还包含中介指标和政策传导机制等内容。

其实，货币政策有狭义和广义之分。狭义的货币政策则主要是指中央银行为实现其特定的经济目标而采用的各种控制和调节货币供给量或信用量的方针和措施的总称，包括信贷政策、利率政策和外汇政策。广义的货币政策则是指政府、中央银行和其他有关部门所有有关货币方面的规定以及采取的影响金融变量的一切措施，包括金融体制改革等方面的措施，如扶植金融机构发展，完善金融市场，规范和协调金融业的竞争，提高金融效率，推动信用票据化，等等。两者的不同主要在于狭义的货币政策是中央银行在稳定的体制中利用贴现率、准备金率、公开市场业务达到改变利率和货币供给量的目标。而广义的货币政策则是政策制定者包括政府及其他有关部门，他们往往影响金融体制中的外生变量，改变游戏规则，如硬性限制信贷规模及方向，开放和开发金融市场。

通常人们所说的货币政策是指狭义的货币政策。但无论广义的还是狭义的货币政策，其制定者和执行者主要是中央银行。中央银行代表国家，主要运用货币政策对国民经济活动进行干预和调控。一般来说，货币政策具有如下特征：

(1) 从调节目标看，货币政策是一项宏观经济政策。货币政策是一项总量调节与结构调节相结合，并以总量调节为主的宏观经济政策。货币政策的制定和实施，旨在通过对货币供给量、利率、汇率等宏观金融变量的调控，来对整个国民经济运行中的经济增长、通货稳定、就业水平、国际收支等宏观经济运行状况产生影响，促进经济协调、稳定、健康地发展。它不涉及单个银行或企业的金融行为。

(2) 从调节对象看，货币政策是调整社会总需求的政策。以需求管理为核心的货币政策通过调节货币供给量、利率水平和汇率来调控社会总需求。由于货币供给形成对商品和劳务的购买能力，货币作为一般社会财富的表现，货币对商品和劳务的追逐形成社会总需求；而利率水平则通过对投资需求、消费需求的调节，进而影响社会总需求；汇率的变化将通过对进出口贸易、国际资本流动的影响，形成对社会总需求的调节。因此，货币政策对宏观经济的调节是通过调节总需求实现的，并间接影响到社会总供给的变化，实现社会总需求和社会总供给之间的平衡。

(3) 从调节手段看，货币政策主要是间接调节经济的政策。其对经济的调节，主要是运用经济手段，利用市场机制作用，通过调节货币供给量以及信用总量、利率水平等其他金融变量影响经济主体的行为，来达到间接调节经济变量，影响经济活动的目的。当然，并不排除在特定的经济金融条件下采取行政手段调节的可能性。

(4) 从调节时效看，货币政策是一种长期与短期共同作用的经济政策。长期是就货币政策的四大目标而言的，无论是稳定货币，还是充分就业、经济增长、国际收支平衡等目标，都是一种长期性的政策目标。但是，作为特定条件下的各种具体的货币政策措施，却总是短期的，随机应变的。所以，它是一种通过短期性调节达到长期性目标，且短期措施服从于长期政策目标的政策系统，是目标的长期性与调节措施的短期性结合运作的经济政策。

值得注意的是，在现实生活中，我们有时将货币政策这个词与金融政策混用。但严格地说，两者并不完全是一回事，货币政策只是金融政策的一个重要组成部分。金融政策是依产业政策的对象领域划分为标准而形成的政策，着眼于金融业的未来发展，是关于金融产业发展的政策，其影响所有的金融活动、金融资源配置方式和所有金融行业，同时也影响一国金融开放程度和金融业的整体发展进程。

二、货币政策的目标

货币政策理论所要研究的首要问题是货币政策的目标及其确定。所谓货币政策的目标，是指中央银行制定和实施某项货币政策所要达到的特定的经济目的。这种目标实际上是指货币政策的最终目标。在货币政策理论中，除了这一最终目标之外，还有货币政策的操作目标及中介目标(也称中间目标)等概念。但是，一般所谓的"货币政策目标"，尤其是在经济学界关于货币政策目标问题的争论中所称的"货币政策目标"，则主要是指这种最终目标。

(一) 货币政策目标的构成

货币政策是整个宏观经济政策体系的一部分，所以货币政策的目标与整个宏观经济政策的目标是基本一致的。如何确定货币政策的目标，将关系到货币政策的具体实施和货币政策的实际效果。

纵观历史，可以发现，西方发达国家的货币政策目标会涉及稳定物价、充分就业、经济增长及国际收支平衡四大方面，是这"四大目标"的某种组合。而且货币政策目标，会因国家不同而有所差别、因时期不同而不一致、随经济金融形势的变化而变化。表 11.1 显示了第二次世界大战后，西方主要发达国家货币政策最终目标的变化情况。

其实，货币政策的四大目标是随着经济形势的变迁、货币政策理论的发展而被相继提出的。因此，在表面上，货币政策的各个目标都是由货币当局或中央银行所确立的，但实质上，任何货币政策的目标，都反映了现实的经济金融形势对货币政策所提出的客观要求。

表 11.1 西方六国货币政策最终目标的变化情况(20 世纪 50～90 年代)①

	50～60 年代	70 年代	80 年代	90 年代
美国	充分就业	稳定货币	稳定货币	稳定货币
英国	充分就业 兼顾国际收支平衡	稳定货币	稳定货币	稳定货币
加拿大	充分就业 兼顾国际收支平衡	稳定货币 兼顾国际收支平衡	稳定货币 兼顾国际收支平衡	稳定货币 兼顾国际收支平衡
法国	经济增长、充分就业	稳定货币	经济增长、充分就业	经济增长、充分就业
意大利	经济增长、充分就业	稳定货币 兼顾国际收支平衡	稳定货币 兼顾国际收支平衡	稳定货币、经济 增长、充分就业
日本	稳定货币 兼顾国际收支平衡	稳定货币 兼顾国际收支平衡	稳定货币 兼顾国际收支平衡	稳定货币 兼顾国际收支平衡

【拓展阅读 11.1】 货币政策目标的发展演变

20 世纪 30 年代之前,西方各国的货币政策都只有一个目标,即维持货币价值的稳定。这主要是由当时的货币制度及与此相关的货币理论所决定的。首先,当时西方各国普遍实行各种形式的金本位制度。在金本位制度下,几乎所有的经济学家都相信,货币流通的数量将受制于黄金的自动调节机制。因此,保持货币价值的稳定是货币政策的唯一目标。其次,当时占主导地位的经济学家都认为货币对经济是中性的,货币数量的增减只影响一般物价水平,而不影响实际的经济活动。因此,那时货币政策的唯一目标就是保持货币价值的稳定。

20 世纪 30 年代之后,西方各国相继放弃金本位制,金属货币的流通被不兑现的纸币或信用货币流通所取代。此时,货币流通的数量不再受到自动调节,任何数量的货币一旦投入流通,就不会自动退出流通。因此,货币流通量的多少将直接决定着货币的价值。在纸币或信用货币流通的条件下,币值的稳定与否是以单位货币的购买力来衡量的,而单位货币的购买力通常是以综合物价指数来表示的。所以稳定物价就成为货币政策的一个最终目标。

1929 年,美国股市的狂跌引发了历史上空前严重的世界经济大危机。1929 年至 1933 年间,美国物价水平下跌 22%,实际国民生产总值减少 31%,失业率高达 25%。为了增进国内就业水平,美国通过对外贸易把国内失业和经济萧条转嫁给其他国家。各国政府通过货币的竞相贬值,极力扩大出口,以增加国内就业。1936

① 曹龙骐. 货币银行学[M]. 北京:高等教育出版社,2000:428.

年，凯恩斯出版《就业利息和货币通论》一书，提出货币对一国经济，尤其是对就业的重要性。1944 年和 1946 年，英国和美国先后颁布《就业法案》，将充分就业正式列为货币政策的最终目标。

第二次世界大战以后，西方各国纷纷致力于经济复兴，经济增长率普遍较高。20 世纪 50 年代初，美国对朝鲜发动战争。为了筹措巨额战费，美国大量增发货币，造成了严重的通货膨胀。战争结束后，为了制止通货膨胀而采取的一系列紧缩性的措施又导致了经济的衰退，使美国的经济增长率低于其他西方发达国家。为了维护自身的经济实力和国际地位，美国联邦储备体系将追求较高的经济增长率确定为货币政策的又一个最终目标。

早在 20 世纪 50 年代，美国国际收支就出现了逆差。开始这种逆差为世界各国提供了必要的国际货币，也使美国从货币的发行上获得巨额的收益，因而受到普遍的欢迎。但从 1958 年开始，由于美国国际收支逆差进一步加剧，致使大量美元外流。这一方面严重影响了人们对美元汇价的信心，另一方面也使各国国际储备增加太快而引发通货膨胀，从而孕育国际货币危机。到了 20 纪 60 年代末，美国资金外流和国际收支逆差再进一步加剧，致使美元官定汇价远远高于市场汇价。1971 年 8 月，尼克松总统迫不得已宣布新经济政策，放开汇价，任其自由浮动，并停止美元与黄金的兑换，置国际收支于市场自发调节之中。同时美国国会要求货币当局运用货币政策进行干预，尽快实现国际收支平衡。

不仅如此，随着国际交往，尤其是国际间经济交往的日益频繁，国际收支的平衡与否也日益成为每一个经济开放国家所必须关注的一个重大问题。一般地说，无论是国际收支出现较大的顺差还是出现较大的逆差，都将不利于一国经济的稳定与发展。所以通过实行适当的货币政策来实现国际收支平衡，也就自然成为各国货币当局所确定的一个重要目标。

综上所述，为适应经济形势的变化，西方国家货币政策目标存在着渐进的发展过程，由单一目标逐步发展为四大目标：稳定币值、充分就业、经济增长与国际收支平衡。只是后来国际货币制度发生变化，黄金作为货币的价值实体的功能消失，许多国家的中央银行把稳定币值的目标改为稳定物价。

（二）货币政策目标的具体含义

1. 稳定物价

稳定物价又称稳定货币。物价稳定的实质是币值的稳定。所谓币值，原指单位货币的含金量，在现代信用货币流通条件下，衡量币值稳定与否，已经不再是根据单位货币的含金量，而是根据单位货币的购买力，即在一定条件下单位货币购买商品的能力。目前各国政府和经济学家通常采用综合物价指数来衡量币值是否稳定。物价指数上升，表示货币贬值；物价指数下降，则表示货币升值。在货币政策的实践中，中央银行在通货膨胀时期实行相对紧缩的货币政策，以减少货币流通量，从而遏制通货膨胀；在通货紧缩时期实行相对宽松的货币政策，以适当增加货币流通量，从而抑制通货紧缩。

稳定物价是一个相对概念，就是要控制通货膨胀或通货紧缩，使一般物价水平在短期内不发生急剧的波动。由于在现代信用货币流通条件下，物价波动总体呈上升趋势，因此货币政策的首要目标就是将一般物价水平的上涨幅度控制在一定范围内，以防止通货膨胀。至于物价水平控制的范围，依据各国国情不同，所设定的容许幅度也有差异。但从各国货币政策的实际操作来看，大都比较保守，一般要求物价上涨率应控制在5%以下，以2%～3%为宜。

2. 充分就业

所谓充分就业目标，就是要保持一个较高的、稳定的就业水平。在充分就业的情况下，凡是有能力并自愿参加工作者，都能在较合理的条件下随时找到适当的工作。充分就业是反映劳动者的就业程度，是通过失业率的高低来体现的。一般来说，各国中央银行把充分就业目标定于失业率不超过4%为宜。

在西方经济学中，所谓“充分就业”一般是指消除一国经济中的非自愿失业。所谓“非自愿失业”，是指愿意接受现行的工资水平和工作条件，但仍然找不到工作，从而造成的失业。在现实生活中，除了非自愿失业之外，还有一种失业实际上也是不可避免的，即摩擦性失业。前者是指由于工人不愿意接受现行的工资水平和工作条件而造成的失业；而后者则是指由于短期内劳动力供求的暂时失调而造成的失业。很显然，充分就业与这两种失业的存在并不矛盾。因此，作为货币政策的最终目标，充分就业也只是意味着通过实行适当的货币政策，以减少或消除经济中存在的非自愿失业，而并不意味着将失业率降为零。

3. 经济增长

所谓经济增长目标，就是指一国（地区）国内生产总值（GDP）或国民生产总值（GNP）的增长必须保持合理的、较高的速度。目前各国衡量经济增长的指标一般采用人均实际GDP的年增长率，即用人均名义GDP年增长率剔除物价上涨率后的人均实际GDP年增长率来衡量①。政府一般对计划期的实际GDP增长幅度定出指标，用百分比表示，中央银行即以此作为货币政策的目标。

中央银行以经济增长为目标，指的是中央银行在接受既定目标的前提下，通过其所能操纵的工具对资源的运用加以组合和协调。一般来说，中央银行可以用增

① 如何准确地衡量一国（或地区）的经济增长状况，特别是以何种指标来衡量一国经济的增长速度，却是一个颇有争议的问题。但就目前来看，世界上大多数国家或地区都以人均实际GDP年增长率作为衡量经济增长速度的指标。

加货币供给或降低实际利率水平的办法来促进投资增加;或者通过控制通货膨胀率,以消除其所产生的不确定性和预期效应对投资的影响。

虽然目前世界上大多数国家的中央银行普遍将经济增长列为货币政策目标之一,但由于它在各国货币政策目标中所处的地位不同,其重要程度不尽相同,就一国而言,在各个历史时期也并不一样。总体而言,由于发展阶段及发展条件不同,世界各国在经济增长率的选择上也往往存在差异。大多数发展中国家较发达国家更偏好较高的经济增长率,也因此对货币政策提出了相应的要求。通常认为,人均GDP 大于 5%的经济增长率是可接受的。

4. 国际收支平衡

所谓国际收支平衡目标,简言之,就是采取各种措施纠正国际收支差额,使其趋于平衡。因为一国国际收支出现失衡,无论是顺差或逆差,如果金额较大、时间较长,都会对本国经济造成不利影响,长时期的巨额逆差会使本国外汇储备急剧下降,并承受沉重的债务和利息负担;而长时期的巨额顺差,又会造成本国资源使用上的浪费,使一部分外汇闲置,特别是如果因大量购进外汇而增发本国货币,则可能引起或加剧国内通货膨胀。当然,相比之下,逆差的危害尤甚,因此各国调节国际收支失衡一般着力于减少以致消除逆差。

国际收支平衡通常是指一定时期内一个国家对其他国家的全部货币收入与货币支出保持基本平衡。所以,略有顺差或略有逆差也可看作是实现了国际收支平衡。国际收支平衡可分为静态平衡和动态平衡。静态平衡是指一个国家在一年内的国际收支总额保持基本相抵。所以它以年末国际收支总额平衡与否作为判别的标准。而动态平衡则是指一个国家在一个时期(比如 3 年、5 年)内的国际收支平衡。从动态的角度看,若一年的逆差能被另一年的顺差所抵消,则也可看作是实现了国际收支平衡。在货币政策的实践中,大多数国家都以静态的国际收支平衡作为货币政策的最终目标,但近年来动态平衡受到了越来越多的重视。

(三) 货币政策目标之间的关系及其协调

如前所述,西方发达国家所确定的货币政策目标是多元化的,但理论分析和政策实践都表明,这些货币政策目标,有的可以兼容协调,如充分就业可以促进经济增长,经济增长又反过来有助于充分就业;有些目标之间却存在着一定的矛盾和冲突,常常不能同时实现。只要稍作分析,我们就可以发现,在这四大目标中,除了充分就业与经济增长之间基本可以兼容协调外,其他任何两个目标之间都有着一定的矛盾和冲突。

1. 货币政策目标之间的统一关系

从长期看,货币政策的最终目标是一致的,不但彼此之间没有矛盾,而且相互依存、相互促进，彼此不存在舍其一而保留其他目标的问题。

(1) 经济增长是其他目标的物质基础。经济增长可以扩大社会总供给，提供更多的就业机会和就业渠道，增强进出口实力，从而有利于其他三个目标的实现。

(2) 物价稳定是经济增长的前提。持续、稳定、协调的经济增长是以合理的经济结构为条件的，而合理的经济结构必须有合理的价格结构和准确的价格信号作为引导，只有稳定的物价水平，才能向经济提供准确的价格信号。因此，物价稳定是经济增长的前提条件。

(3) 充分就业与经济增长相互促进。充分就业意味着资源的充分利用，意味着企业更乐于进行资本设备投资以提高生产率，促进经济增长。同时，经济增长也可以提供更多的就业机会和就业渠道，从而促进充分就业目标的实现。

(4) 国际收支平衡有助于其他目标的实现。国际收支平衡为其他三个目标的实现提供了有利的外部环境。因为国际收支平衡有助于国内物价稳定，有利于国际资源的充分利用，从而扩大国内生产能力，提供更多的就业机会，促进经济增长。

2. 货币政策目标之间的矛盾关系

从短期看，在货币政策的实际操作过程中，各目标之间往往存在矛盾，导致政策目标选择只能有所侧重而很难兼顾。前已述及，除经济增长与充分就业之间存在正相关关系，具有较多的一致性外，其他几个目标之间均存在矛盾。

(1) 稳定物价与充分就业的矛盾。事实证明，稳定物价与充分就业两个目标之间经常发生冲突。这一矛盾可用著名的菲利普斯曲线(Phillips Curve)来加以说明。菲利普斯曲线是用于反映通货膨胀率与失业率之间此增彼减的交替关系的一种曲线[①]，如图 11.1 所示。

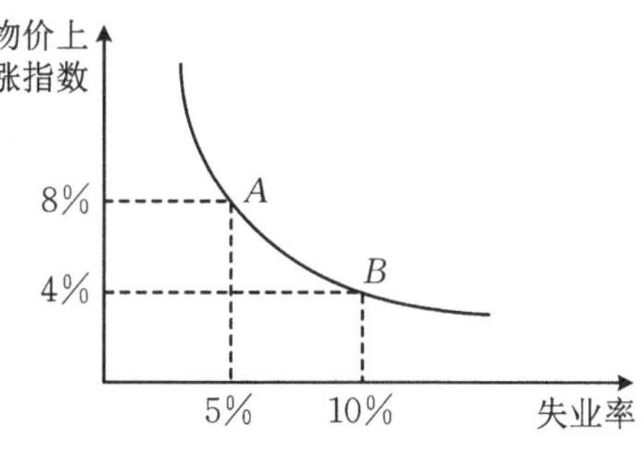

图 11.1　菲利普斯曲线

根据这一曲线，在图 11.1 中的 B 点，物价稳定，即 4% 的较低通货膨胀率时，失业率较高，达 10%；而在图 11.1 中的 A 点，当失业率较低，为 5% 时，通货膨胀率较高，达 8%。

(2) 稳定物价与经济增长的矛盾。一般地说，当经济主体的投资热情高涨，从

---

① 菲利普斯曲线由新西兰经济学家菲利普斯(A. W. Phillips)于 1958 年在《1861～1957 年英国失业和货币工资变动率之间的关系》一文中最先提出。此后，经济学家对此进行了大量的理论解释，尤其是萨缪尔森和索洛将原来表示失业率与货币工资率之间交替关系的菲利普斯曲线发展成为用来表示失业率与通货膨胀率之间交替关系的曲线。

而经济增长率较高时，往往伴随着一般物价水平的上涨，从而通货膨胀率也往往较高。正因为稳定物价与经济增长之间存在着这样的关系，所以在理论界就有人主张通过适度的通货膨胀来刺激经济的增长。当然，对稳定物价与经济增长是否存在这样的矛盾，也有人提出不同意见。例如有人认为，只有物价稳定，才能使整个经济正常运行，从而维持经济的长期增长；也有人认为，只有轻微的物价上涨，才能维持经济的长期稳定与发展。不过，从短期来看，物价稳定与经济增长之间存在的矛盾或冲突并不突出。

(3) 经济增长与国际收支平衡的矛盾。在一个开放型国家，当国内经济衰退与对外收支逆差同时并存时，中央银行就将陷于这样一种顾此失彼的困境之中：若提高利率，则虽有利于吸引国外资本流入，从而改善对外收支状况，但是，利率的提高显然更进一步抑制了投资，从而造成本已衰退的经济雪上加霜；反之，若降低利率，则虽有利于刺激投资，促进经济增长，但是，利率的降低却通常会引起国内资本的流出，导致对外收支逆差更为严重。

(4) 稳定物价与国际收支平衡的矛盾。在任何一个开放型国家，其经济状况与其他国家的经济状况有着密切的联系。一般而言，当一国货币贬值，出现通货膨胀时，社会总需求就会超过社会总供给，使得本国的物价水平高于外国的物价水平。其结果是国内出口减少，进口增加，贸易收支顺差减少或逆差增加，从而对本国的国际收支状况产生不利影响。相反，当本国物价稳定时，如果其他国家出现了通货膨胀，则会出现本国的物价水平相对低于其他国家的物价水平。其结果必然是本国出口增加，进口减少，贸易收支顺差扩大，从而引发本国国际收支的失衡。

从上面的分析可见，在四个政策目标之间的关系中存在着不同程度的冲突和一致，我们将这些关系列于表 11.2 中①。

表 11.2 货币政策各目标之间的关系

货币政策目标	稳定物价	充分就业	经济增长	国际收支平衡
稳定物价		—	*	+
充分就业	—		+	—
经济增长	*	+		—
国际收支平衡	+	—	—	

注："+"表示目标之间基本一致，"—"表示有冲突，"*"表示既有一致的一面，也有冲突的一面。

① 范从来，姜宁. 货币银行学[M]. 南京大学出版社，2000:286.

3. 协调货币政策目标之间矛盾的主要方法

由于货币政策的目标之间充满着矛盾和冲突，所以，任何一项货币政策实际上都不能同时达到以上所述的这些目标，或者不能全面地顾及各种目标。在这种情况下，中央银行在制定和执行货币政策时，往往陷于左右为难的困境。因此，选择适当的货币政策或通过其他途径来协调货币政策目标之间的矛盾，是中央银行不可回避的一项任务。

在实践中，协调货币政策目标之间矛盾的方法很多，其中最主要的有四种：

(1) 统筹兼顾。这是利用“临界点原理”所进行的政策选择，即结合本国社会对某一问题所能承受的限度，先找出临界点，再选择货币政策的最终目标。在两个目标之间存在矛盾的情况下，中央银行实行任何一种货币政策都只能达到其中一个目标，而且在达到这一目标的同时，还将在一定程度上牺牲另一个目标。但是，如果中央银行对这两个目标同时加以考虑，通过适当的操作，以使这两个目标都能控制在相对合理的、能被人们所接受的水平，就可以在一定程度上缓解这两个目标之间的矛盾。例如，稳定物价和充分就业这两个目标之间存在着矛盾，所以中央银行不可能在同一时间通过实行任何一种货币政策即可如愿以偿地同时达到这两个目标。但是，在制定货币政策时，中央银行可确定一个相对较低的通货膨胀率和一个相对较低的失业率(此为社会可承受的通货膨胀率和失业率)，以作为货币政策的最终目标，并通过适当的操作，将这两个目标都控制在预定的目标值以内。

(2) 相机抉择(the discretionary approaches)。相机抉择是凯恩斯学派经济学家提出的关于货币政策操作的主张。所谓“相机抉择”，是指货币当局或中央银行在不同时期，应当根据不同的经济形势，灵活机动地选择不同的货币政策，以达到当时最需达到的政策目标。具体而言，在通货膨胀时期，中央银行应当实行紧缩性的货币政策，以抑制通货膨胀；而在经济萧条时期，中央银行应当实行扩张性的货币政策，以刺激投资，促进经济复苏①。可见，通过实行相机抉择的货币政策，中央银行可以根据当时的经济形势，区别轻重缓急，优先解决当时的主要问题，以达到当时最需达到的政策目标，并在一定程度上缓和货币政策目标之间的矛盾。

(3) 轮番突出。轮番突出就是根据不同时期的经济状况，轮番采取不同类型的货币政策，实现货币政策目标。这是当前很多国家采用的方法。中央银行不论采用信用扩张政策或信用紧缩政策，其对经济过程的影响都是矛盾的，因此，中央

---

① 相机抉择的方法，也称货币政策反经济周期调节，是指货币政策“逆经济风向行事”。当经济增长过快、通胀压力加大时，就实行从紧的货币政策，提高利率或者法定存款准备金率，紧缩货币供给与信贷，给过热的经济降温，抑制过高的通胀率；反之，当经济增长率下滑，或者有衰退风险的时候，货币政策则要降低利率，增加货币供给量和信贷总量，保障流动性供给，刺激投资和消费。货币政策反经济周期调节的应用，旨在调节经济的周期性波动。

银行只能根据不同时期的特点，采取信用扩张政策或信用紧缩政策，实现货币政策目标。一般情况是，在经济衰退时期，刺激经济增长和维持就业成为主要政策目标，此时就应该选择信用扩张的货币政策；在经济高涨时期，稳定物价和国际收支平衡则成为主要政策目标，此时就应该选择信用紧缩的货币政策。

(4) 政策搭配。当货币政策目标之间存在矛盾，因而同一种货币政策无法同时达到多种目标肘，货币政策与财政政策的适当搭配，可以说是一种值得选择的解决矛盾的途径。根据蒙代尔(R. A. Mundell)的政策配合说，财政政策与货币政策可分别解决国内经济问题和国际经济问题。例如，当国内经济衰退与国际收支逆差同时并存时，政府当局可实行扩张性的财政政策，以促进经济增长，而中央银行则实行紧缩性的货币政策，提高短期利率，以吸引资本流入，从而平衡国际收支。

(四) 中国货币政策目标

在20世纪80年代中期之前，中国尚无货币政策目标之说。1986年通过的《中华人民共和国银行管理条例》，首次将金融机构的任务界定为“发展经济、稳定货币、提高社会经济效益”，这可以理解为对货币政策目标的一个粗略表述。其后，这一表述逐渐演变为“稳定货币、发展经济”的双重货币政策目标。1993年12月《国务院关于金融体制改革的决定》提出，中国货币政策的最终目标是“保持货币的稳定，并以此促进经济增长”，这是对多年来我国货币政策双重目标的重大改革。

国内关于货币政策目标问题的讨论，发生于中国人民银行专门行使中央银行职能之后，到20世纪80年代末、90年代初，理论界对此问题的讨论进入高潮。当时，国家管理企业的主要方式正逐渐地由原来的直接控制向间接调控转化。根据具体国情，中国货币政策的目标究竟应该是什么？理论界众说纷纭。但是，归结起来，大致可分为三种不同的观点：

(1) 单一目标论。即认为中国货币政策的目标只有一个。又分两种意见：一是主张以稳定货币从而稳定物价作为我国货币政策的唯一目标，即“单一稳定目标论”；二是主张以经济增长作为我国货币政策的唯一目标，即“单一增长目标论”。

(2) 双重目标论。即认为中国货币政策的目标应有两个，一个是稳定物价，另一个是发展经济。但在双重目标论者之间，对稳定物价与发展经济这两个目标孰先孰后，即以哪个目标作为首要目标，也有着不同观点的争议。

(3) 多重目标论。随着对这一问题讨论的深入，理论界还提出了第三种观点，即认为中国货币政策的目标应该与西方发达国家一样，是多重目标，即货币政策最终目标除了稳定物价、促进经济增长外，还应包括充分就业和国际收支平衡。

由此可见，20世纪90年代初，中国金融理论界对于货币政策的最终目标这一问题还有着较为激烈的争论，这种争论对于正确确定我国货币政策的最终目标无疑是有益的。通过这种争论，人们逐渐认识到，作为货币政策的最终目标，币值的稳定与经济的增长实际上是相辅相成、缺一不可的。《中华人民共和国中国人民银行法》第三条规定“货币政策目标是保持货币币值的稳定，并以此促进经济增长”，这就说明，中国中央银行货币政策的首要目标是保持币值的稳定，但币值稳定的最终目的是促进经济的增长。

这里所谓“保持货币币值的稳定”，实际上有着两个既有联系又有区别的含义：一是保持货币的对内价值的稳定，二是保持货币的对外价值的稳定。一国货币的对内价值主要是通过该国国内的一般物价水平直观地反映出来的，而一国货币的对外价值一般则是通过该国货币与他国货币的汇率反映出来的。所以，“保持货币币值的稳定”，实际上是要达到两个目标：一是保持国内一般物价水平的稳定，二是保持本国货币对外汇率的稳定。只有在这种稳定的国内外金融环境中，才能促进我国经济的增长和发展，确保人人有工作，社会安定。

第二节　货币政策的中介指标

在货币政策的实践操作中，货币当局本身并不能直接控制和实现诸如稳定、增长这些货币政策最终目标，它只能借助于货币政策工具，并通过对中介指标的调节和影响实现最终目标。因此，中介指标是货币政策作用过程中一个十分重要的中间环节，也是判断货币政策力度和效果的重要指标变量。跟踪、监测这些变量的变化，中央银行就可以较快地判断其政策是否处于准确的轨道上。

一、货币政策中介指标的含义与功能

货币政策的中介指标，又称为货币政策的中介目标、中间变量、中间目标或货币政策的标的等，它是介于货币政策工具变量和货币政策目标变量（最终目标）之间的变量指标。货币政策最终目标一经确定，中央银行必须选择相应的中介变量（中介指标），编制具体贯彻货币政策的指标体系，以便具体的政策操作和检查政策的实施效果。

货币政策是实现一定目标的货币供给，其直接作用对象必然是决定货币供给的主要变量。中央银行采取一系列宏观金融调控措施来操控货币供给，改变中央银行能够施以直接影响的中介变量值，进而指导和影响社会经济活动，保证国家的宏观经济目标得以实现。从操控货币供给到影响中介目标的过程，则是中央银行调控宏观金融的操作过程。因此，就货币政策的基本环节而言，工具变量、中介变量和目标变量的设置及相互间的关系，是中央银行宏观金融调控决策的基本内容。

货币政策中介指标有以下三种功能：

(1) 测度功能。货币政策最终目标是一个长期目标,从货币政策工具的运用到最终目标的实现,有一个较长的作用过程。在这个过程中间必须设置短期的、数量化的金融变量来测定货币政策工具的作用和效果,预计最终目标的实现程度。

(2) 传导功能。事实上,货币当局本身并不能直接控制和实现货币政策最终目标,只能直接操作货币政策工具来影响最终目标。在这个过程中间,需要一个承前启后的中介或桥梁来传导。

(3) 缓冲功能。中介指标的设置是实现货币政策间接调控的基本条件之一。它能使货币政策工具对宏观经济的影响有一个缓冲过程,货币当局可根据反映出来的信息,及时调整货币政策工具及其操作力度,避免经济的急剧波动。

二、货币政策中介指标选择的标准

中央银行选择什么变量作为货币政策的中介指标,是决定这种政策能否达到最终目标的关键性环节。一般来说,中央银行选择货币政策中介指标的标准主要有三个,即可测性、可控性和相关性。

(1) 可测性。可测性是指中央银行能够对这些作为货币政策中介指标的变量加以比较精确的统计。所以中央银行在选择以何种变量作为货币政策的中介指标时,必须遵循以下两个基本原则:一是这种变量必须具有比较明确的定义,以便于中央银行对它加以观察、分析和监测;二是中央银行能够迅速地获取这一变量的准确数据。

(2) 可控性。可控性是指中央银行可以较有把握地将选定的中介指标控制在确定的或预期的范围内。也就是说,中央银行能够运用货币政策工具,作用于这些金融变量,并能有效控制其变动。

(3) 相关性。相关性是指作为货币政策中介指标的变量与货币政策的最终目标有着紧密的关联性。于是,中央银行在执行货币政策时,只要能将其选择的中介指标控制在适当的范围内,就可达到或基本达到其预先确定的最终目标。

除了上述三个标准外,还有抗干扰性和适应性标准。由于货币政策在实施过程中,常会遇到许多外来因素或非政策性因素(即经济内生变量)的干扰,因此,只有选取那些受干扰程度较低的中介指标,才能通过货币政策工具的操作达到最终目标。所谓适应性,是指与经济体制、金融体制有较好的适应性。经济及金融环境不同,中央银行为实现既定的货币政策目标而采用的政策工具不同,选择作为中介指标的金融变量也必然不同。

四、货币政策可供选择的近期中介指标

货币政策的近期中介指标也称近期目标、操作指标,是指介于货币政策工具和

远期中介指标之间的金融变量。从货币政策发挥作用的全过程来看，操作指标离货币政策工具最近，是货币政策工具直接作用的对象，随工具变量的改变而迅速改变。中央银行正是借助货币政策工具作用于操作指标，进而影响远期中介指标并实现货币政策的最终目标。

操作指标的选择同样要符合可测性、可控性和相关性三个标准。除此之外，操作指标的选择在很大程度上还取决于远期中介指标的选择。具体而言，如果以总量指标为远期中介目标，则操作指标也应该选取总量指标；如果以利率为远期中介目标，则操作指标的选择就应该以利率指标为宜。从主要工业化国家中央银行的操作实践来看，被选作操作指标的主要有短期利率、基础货币和银行体系的存款准备金。这些操作指标有两个共同特点：一是直接性，即可以通过政策工具的运用直接引起这些指标的变化；二是灵敏性，政策工具可以准确的作用于操作指标，使其达到目标区。

（一）短期利率

短期的市场利率即能够反映市场资金供求状况、变动灵活的利率。在具体操作中，主要是使用银行间同业拆借利率，如伦敦银行同业拆放利率（Libor）、上海银行间同业拆放利率（Shibor）等。中央银行将其作为货币政策的操作指标的原因主要在于：银行同业拆借利率的水平和变动情况很容易就可以得到，因此它的可测性很好；中央银行调控短期利率的手段是公开市场操作和再贴现窗口，具有较强的灵活性与可控性；中央银行通过调控银行同业拆借利率就可以影响货币供给量，以影响长期利率，从而有较强的相关性。当然，这样做存在的最大问题是，利率对经济产生作用存在时滞，同时因为其是顺商业周期的，容易形成货币供给的周期性膨胀和紧缩。

【拓展阅读 11.2】　Shibor 十年：探索与实践

为推进利率市场化改革，健全市场化利率形成和传导机制，培育货币市场基准利率，中国央行于 2007 年正式推出了上海银行间同业拆借利率（Shibor）。

十多年来，Shibor 已经成长为中国认可度较高、应用较广泛的货币市场基准利率之一。首先，Shibor 基准性明显提升，比较有效地反映了市场流动性松紧。其次，Shibor 产品创新取得进展，应用范围不断扩大。目前 Shibor 已被应用于货币、债券、衍生品等各个层次的金融产品定价，部分商业银行也依托 Shibor 建立了较完善的内部转移定价（FTP）机制，金融体系内以 Shibor 为基准的定价模式已较为普遍。其三，Shibor 与实体经济联系日趋紧密，越来越多地发挥了传导货币政策和优化资源配置的作用。通过 Shibor 挂钩理财产品、Shibor 浮息债、非金融企业参与的 Shibor 利率互换交易等渠道，Shibor 较好地将货币政策信号传导至实体经济，并随着直接融资比重提升和多层次资本市场建立完善，进一步发挥优化资源配置的作用。

Shibor 在报价和计算方法上与 Libor 类似，但在制度安排上更加注重与中国实际相结合，具有较为明显的特点：一是更加注重报价监督管理；二是始终强调报价成交义务；三是交易基础支撑不断拓展；四是报价形成机制持续优化。

Shibor 是中国基准利率体系的重要组成部分，Shibor 的培育与发展关系到进一步推进利率市场化改革，也关系到各层次金融市场体系建设。中国人民银行将认真总结 Shibor 运行十年来的经验，密切关注 Libor 等国际货币市场基准利率改革动向，进一步做好基准利率培育和完善工作：一是加强 Shibor 报价行在市场自律方面的表率作用，引导报价行继续加强财务硬约束，根据实际交易、资金成本以及市场供求等因素合理定价；二是进一步完善报价和考核机制，使报价利率与交易利率更为紧密结合；三是继续开展 Shibor 产品创新，有序扩大其应用范围，加强市场建设，稳步提升 Shibor 代表性；四是进一步发挥好 Shibor 的货币市场基准利率作用，为货币政策传导和推动利率市场化改革创造有利条件。

摘自：中国人民银行货币政策分析小组. 2017 年第三季度中国货币政策执行报告[R]. http://www.pbc.gov.cn/zhengcehuobisi/125207/125227/125957/3307990/3420869/index.html.

（二）基础货币

基础货币是比较理想的操作指标。第一，从可测性来看，基础货币为中央银行资产负债表上的负债，其数量大小随时在中央银行的资产负债表上反映出来，中央银行很容易获得相关数据。第二，从可控性来看，基础货币中的现金，其数量是由中央银行直接控制的；金融机构的存款准备金总量则取决于中央货币政策工具的操作。第三，从相关性来看，中央银行通过对基础货币的操控，一方面能使商业银行及社会大众调整其资产构成，改变货币乘数；另一方面通过货币基数的变化直接影响货币供给总量，从而影响到市场利率、价格以及国民收入，实现货币政策的最终目标。

（三）银行准备金

银行体系的存款准备金也可以当作货币政策的操作指标，主要是因为存款准备金的变动一般较容易为中央银行测度、控制，并对货币政策的最终目标的实现产生影响。

首先，就可测性而言，无论是法定准备金还是超额准备金，中央银行只要翻开自己的统计报表就可以很方便地得到或者通过相应的估测得到。其次，中央银行可以通过公开市场业务、再贷款政策和对存款准备金率的调整，保证准备金的可控性。其三，关于相关性，因为基础货币由流通中的现金和银行准备金组成，通过调控银行准备金就可以改变基础货币，从而改变货币供给量。

尽管如此，由于准备金中超额准备部分决定着银行体系的信贷扩张能力，而超额准备金的大小，取决于商业银行的贷款意愿，而不由中央银行决定。从这个意义上说，中央银行对货币政策目标的控制能力是有限度的。

四、货币政策可供选择的远期中介指标

远期中介指标又称远期中介目标，有时简称中介目标、中间目标，是指中央银行对其控制力较弱，但与货币政策最终目标较近的中介指标。根据前述标准，特别是前三个标准所确定的货币政策远期中介目标通常有两类：一类是利率指标，如长期利率等；另一类是总量目标，如货币供给量等。此外，也有国家或地区将汇率等作为货币政策中介目标的。这些中介目标对货币政策工具反应的先后和作用于最终目标的过程各不完全相同，中央银行对它们的控制力度也不一样。

（一）长期利率

利率作为中介目标主要是指中长期利率，这是凯恩斯学派所极力推崇的，20世纪70年代以前被多数西方国家的中央银行采纳。利率作为货币政策的中介目标的理由是：一是可控性强。中央银行可以直接控制再贴现率，或者通过公开市场业务和再贴现政策调节市场利率。二是中央银行在任何时候都能观察到市场利率的水平及结构，可以随时进行分析和调整。三是与最终目标的相关性强。凯恩斯主义者认为，中长期利率对投资有着显著的影响，对不动产及机器设备的投资尤其如此，因此利率与收入水平直接相关。

凯恩斯学派主张将充分就业作为最终目标，为了达到充分就业，认为货币政策的中间目标应该是利率而不是货币供给量。他们认为：在利率很低的情况下，货币供给量即使很大，也会被公众吸收、贮藏，成为休闲货币，掉入“流动性陷阱”，对社会经济的影响微不足道。因此，在凯恩斯主义经济思想的影响下，美国等西方国家过去的传统都是以市场利率为主要的中间目标。

然而，在现实经济生活中，由于利率具有复杂性、易变性、利率调整的时滞性，特别是真实利率所具有不易测量的性质，这些都使得利率难以成为理想的中间目标。此外，利率兼具经济变量、政策变量特性。作为经济变量，利率变动与经济周期顺循环，即经济景气时，利率趋于上升，经济不景气时，利率趋于下降；作为政策变量，利率变动应与社会总需求的变动方向一致，即当社会总需求过高时提高利率，社会总需求不足时降低利率。但是，对中央银行来说，判断利率变动的性质就

有了问题。换言之,中央银行难以知道当前的利率变动是利率作为经济变量的变动,还是作为政策变量的变动。或者在多大程度上是作为经济变量的变动,这是很难判断的。而这也就决定了中央银行难以知道货币政策的执行效果。总之,以利率作为中间目标,中央银行在实际操作中常常会因为其政策效果与非政策效果混淆难辨,或者是在政策尚未奏效时即误以为调控成功,或者是难以确定政策是否有效。

(二) 货币供给量

货币供给量也称总量目标,这是以弗里德曼为代表的现代货币主义者所推崇的中介目标。货币供给量能够成为货币政策中介目标是因为:一是可测性,它们都分别反映在中央银行、商业银行和非银行金融机构的资产负债表内,可以随时进行量的测算和分析;二是可控性,M_1 和 M_2 虽不由中央银行直接控制,但中央银行可以通过对基础货币的控制、调整准备金率及其他措施间接地控制住;三是相关性,货币供给量代表当期的社会有效需求总量,对最终目标的实现直接相关。但在相关性方面货币供给量存在一些问题。因为在 M_0、M_1、M_2 和 M_3 中,主要是 M_1 和 M_2 中,究竟哪一个指标与最终目标的相关性最强?以货币供给量作为货币政策的中介目标,最大的问题就是指标口径的选择。

现代货币学派认为,利率在货币政策传导机制中并不起重要作用,而更强调货币供给量在整个传导机制中的直接效果。即货币实际余额的变动可直接影响支出和收入,而不需通过利率对投资和收入的间接传导。鉴于此,现代货币主义则主要以反通货膨胀为货币政策的主要目标。他们提出"单一规则"的货币政策:将货币供给量(M_2)作为货币政策主要的中间目标,主张把货币供给量增长率与 GDP 增长率保持在一个固定的比率上。在现代货币主义政策思想影响下,美国联邦储备体系也在 1979 年以后改为以货币供给量(M_2)为货币政策主要的中间目标。

目前将货币供给量作为中介目标所面临的问题是:随着金融产品的不断创新,货币的范围在逐渐扩大并有超出中央银行控制的趋势;货币供给量与经济活动之间的稳定关系也在逐渐破裂,例如金融资产的财富效应会刺激人们的需求欲望,导致总需求的扩大,而这是中央银行所无法控制的。

(三) 汇率

相当一部分国家由于特定经济金融条件,将汇率作为货币政策的中介目标。这些国家或地区的货币当局确定其本币与另一较强国家货币的汇率水平,并通过货币政策操作盯住这一水平,以此实现最终目标。

对此主要有两类情况:一是开放小型市场经济国家或地区,主要是一些具有高度外向型经济的国家或地区（比如，新加坡和中国香港特别行政区）。由于对外依存度很高，国际经济对其经济稳定非常重要，所以理所当然将汇率作为货币政策的中介目标。二是发生恶性通货膨胀的国家。在克服恶性通货膨胀的过程中，将本国货币与外国较强的货币强行挂钩，试图借此来增强对本币的信心。在这一挂钩过程中，汇率也就自然被当作货币政策的中介目标了。例如，墨西哥在1987年经济危机后的调整中，通过将本币与美元的强行挂钩，成功地使其通货膨胀率从调整前的159%下降到1994年的7.1%。

值得注意的是，尽管市场利率和货币供给量是各国中央银行货币政策中介指标的通常选择，但由于各国的经济环境不同，市场经济的发展水平不同，尤其是货币金融领域的特点不同，货币政策中介指标的选择也不能一概而论，而必须根据本国的具体国情，做出适当的选择。即使在同一个国家，也应当根据经济金融环境的变化进行必要的调整。例如，西方发达国家在最近数十年间就曾交替地以市场利率和货币供给量作为其货币政策的中介指标。

从最近十多年来有关货币政策问题的理论研究来看，我国经济学界也一直有着不同观点的争鸣。而从货币政策的具体实践来看，我国在计划经济时期实际上主要以现金和信贷规模作为货币政策的中介指标，而目前则主要以各个层次的货币供给量作为货币政策的中介指标。随着经济体制改革的不断深化和对外开放进一步的扩大，我国货币政策中介指标的进一步调整也是完全有可能和有必要的。比如，将社会融资规模作为货币政策中介目标。

【拓展阅读11.3】 社会融资规模

社会融资规模是货币政策制定过程中的一个重要参考指标。社会融资规模是指一定时期内（每月、每季或每年）实体经济从金融体系获得的全部资金总额，是增量概念。这里的金融体系，从机构看，包括银行、证券、保险等金融机构；从市场看，包括信贷市场、债券市场、股票市场、保险市场以及中间业务市场等。具体看，社会融资规模主要包括人民币贷款、外币贷款、委托贷款、信托贷款、未贴现的银行承兑汇票、企业债券、非金融企业境内股票融资、保险公司赔偿、投资性房地产和其他金融工具融资十项指标。

资料来源：社会融资规模. https://baike.so.com/doc/6251359-6464771.html.

综上所述，货币政策中介指标（远期）和操作指标（近期）共同构成了货币政策的中间性指标。两者的主要区别是：货币政策中介指标处于最终目标和操作指标之间，是中央银行通过货币政策操作和传导后能够以一定的精确度达到的政策变量，通常有市场利率、货币供给量，在一定条件下，信贷量、汇率和股权收益率等也可充当中介指标。而货币政策操作指标是中央银行通过货币政策工具操作能够有效准确实现的政策变量，如银行准备金、基础货币、短期利率（如中央银行利率、同业拆借市场利率、回购协议市场利率、票据市场贴现率等）。

第三节 货币政策工具

货币政策目标的实现是通过货币政策工具的运用来完成的。所谓货币政策工具，指中央银行为实现货币政策目标所运用的策略手段。根据货币政策工具的调节职能和效果来划分，货币政策的工具大致可分为一般性政策工具、选择性政策工具、补充性政策工具和非常规政策工具四类。

一、一般性货币政策工具

所谓一般性货币政策工具，是指中央银行所采用的、对整个金融系统的货币信用扩张与紧缩产生全面性或一般性影响的手段。一般性货币政策工具主要有三，也称货币政策“三大法宝”，即存款准备金政策、再贴现政策和公开市场业务。它们对货币供给总量或信用总量进行调节，影响整个宏观经济。

（一）存款准备金政策

1. 存款准备金政策的含义及作用机理

所谓存款准备金政策，也称（法定）存款准备金制度，是指中央银行通过调整法定存款准备金比率，来影响商业银行的信贷规模，从而影响货币供给量的一种政策措施。法定存款准备金是商业银行按中央银行规定的比例上交的部分；超额准备金是指准备金总额减去法定存款准备金的剩余部分。法定存款准备金建立之初的目的，是为了保持银行的流动性。当准备金制度普遍实行，中央银行拥有调整法定准备金率的权力之后，就成为中央银行控制货币供给量的政策工具。

若中央银行降低法定存款准备金比率，则商业银行就会有较多的剩余（超额）准备金可用于贷款或投资，并通过整个银行体系的连锁反应而创造出较多的派生存款。反之，若中央银行提高法定存款准备金比率，则商业银行的剩余准备金就会减少，甚至发生法定存款准备金的短缺，从而必须减少贷款或投资，在必要时还必须收回贷款或出售证券，以补足法定存款准备金。在这种情况下，商业银行只能创造出较少的存款，甚至引起存款货币的成倍紧缩。由此可见，中央银行调低法定存款准备金比率，就是实行扩张性的货币政策；反之，则就是实行紧缩性的货币政策。

究竟是实行扩张性的货币政策还是紧缩性的货币政策，将决定于具体的经济形势及货币政策的最终目标。一般来说，当一国经济出现比较严重的通货膨胀时，中央银行将实行紧缩性的货币政策。此时，若采用存款准备金政策，就必须提高法定存款准备金比率。反之，当一国经济发生比较严重的衰退或出现通货紧缩时，中央银行将实行扩张性的货币政策。此时，若采用存款准备金政策，就必须降低法定存款准备金比率。

2. 存款准备金政策的效果和局限性

存款准备金政策是一种威力强大但不宜常用的货币政策工具。就其实际效果而言，它往往能迅速地达到预定的中间目标，甚至能迅速地达到预期的最终目标。不仅如此，存款准备金政策还具有两个优点：一是中央银行具有完全的自主权，它是最容易实施的手段；二是准备金制度对所有的商业银行一视同仁，所有的金融机构都将受到影响。

但是，存款准备金政策存在三个缺陷：一是当中央银行调整法定存款准备金率时，商业银行可以变动其在中央银行的超额存款准备金，从反方向抵消存款准备金政策的作用；二是存款准备金对货币乘数的影响很大，作用力度很强，往往被当作一剂“猛药”；三是调整法定存款准备金率对货币供给量和信贷量的影响要通过存款货币银行的辗转存、贷，逐级递推而实现，成效较慢、时滞较长。因此，存款准备金政策往往是作为货币政策的一种自动稳定机制，而不将其当作适时调整的经常性政策工具来使用。

3. 中国的存款准备金制度

1984 年中国确立了中央银行体制，并同时实行了存款准备金制度。1984 年，中国人民银行按存款种类规定了法定存款准备金率：企业存款为 20%，农村存款为 25%，储蓄存款为 40%。从 1985 年开始中国将法定存款准备金率统一调整为 10%。此后，中国人民银行为适当集中资金，支持重点产业和项目的资金需求，也为了紧缩银根，抑制通胀，再次上调了法定存款准备金率：1987 年上调至 12%，1988 年再上调至 13%。这一比例一直保持到 1998 年 3 月 20 日。

从 1998 年 3 月 21 日起，中国人民银行对存款准备金制度进行了改革，主要内容是：将原来各金融机构在中国人民银行的准备金存款和备付金存款两个账户合并，称为“准备金存款账户”；法定存款准备金率从 13%下调至 8%；对各金融机构的法定存款准备金按法人统一按旬考核。从 2004 年 4 月 25 日起，我国实行差别存款准备金率制度，即对不同类型的金融机构收取不同比例的法定准备金。

为进一步完善存款准备金制度，优化货币政策传导机制，增强金融机构流动性管理的灵活性，中国人民银行决定，自 2015 年 9 月 15 日起，改革存款准备金考核制度，由现行的时点法改为平均法考核，即维持期内，金融机构按法人存入的存款准备金日终余额的算术平均值与准备金考核基数之比，不得低于法定存款准备金率；自 2016 年 7 月 15 日起，人民币存款准备金的考核基数由考核期末一般存款时点数调整为考核期内一般存款日终余额的算术平均值。

（二）再贴现政策

1. 再贴现政策的含义与效果

中央银行是银行的银行。当商业银行发生资金短缺，或因扩大信贷规模而需要补充资金时，商业银行可凭其贴现业务中取得的未到期的商业票据向中央银行办理再贴现。

所谓再贴现政策，就是中央银行通过提高或降低再贴现率来影响商业银行的信贷规模和市场利率，以实现货币政策目标的一种手段。再贴现政策是中央银行最先采用的、用于控制货币供给量的货币政策工具，它一般包括两方面的内容：一是再贴现率的确定与调整；二是规定向中央银行申请再贴现的资格。前者主要着眼于短期，即中央银行根据市场的资金供求状况，随时调低或调高再贴现率，以影响商业银行借入资金的成本，刺激或抑制资金需求，从而调节货币供给量。后者着眼丁长期，对要贴现的票据种类和中请机构加以规定，区别对待，起到抑制或扶持的作用。

再贴现政策的效果或作用途径体现在三个方面：一是借款成本效应。即中央银行提高或降低再贴现率就会影响商业银行等金融机构的借款成本，从而影响基础货币的投放，以及货币供给量。如中央银行降低再贴现率，就意味着中央银行鼓励商业银行通过再贴现来扩张信贷规模，从而增加货币供给量；反之，如果中央银行提高再贴现率，就意味着中央银行限制商业银行通过再贴现来扩张信贷规模，从而控制货币供给量的增加。二是告示效应。即再贴现政策的运用具有一定的“告示效果”。中央银行调整再贴现率，实际上是为整个经济社会提供了一种有关货币政策的信息。例如，中央银行降低再贴现率，就意味着中央银行实行的是一种扩张性的货币政策；中央银行提高再贴现率，就意味着中央银行实行的是一种紧缩性的货币政策。由于这种政策信号的提前提供，使人们事先做出相应的反应或作好必要的准备。三是结构调整效应。如规定再贴现票据的种类，对不同用途的信贷加以支持或限制，促进经济发展中需要扶持行业部门的发展；还可以对不同票据实行差别再贴现率，从而影响各种再贴现票据的再贴现规模，使货币供给结构与中央银行的政策意图相符合。

2. 再贴现政策的实施条件及优缺点

总体来说，再贴现政策的实施条件有二：一是票据业务必须成为经济主体进行融资的主要方式之一。二是商业银行主要以再贴现方式向中央银行借款。

再贴现政策的优点主要体现在：中央银行可利用它来履行最后贷款人的职责；通过再贴现政策，中央银行达到既调节货币总量又调节信贷结构的政策意向；再贴现政策对一国经济的影响是比较缓和的，它有利于一国经济的相对稳定。

再贴现政策的缺点在于:一是中央银行处于被动的地位。中央银行固然能够调整再贴现率,但借款与否和借款多少的决定权在商业银行。二是虽贴现率比较易于调整,但随时调整也会引起市场利率的经常波动,从而影响商业银行的经营预期,甚至会导致商业银行无所适从。三是再贴现率的调节作用有限。繁荣时期提高再贴现率未必能够抑制商业银行的再贴现需求,因为商业银行的盈利更高;萧条时期降低再贴现率也未必能刺激商业银行的借款需求,因为此时的盈利水平更低。四是具有顺经济走势的倾向。繁荣时期的物价上涨使得再贴现票据的金额上升,货币供给增加;萧条时期的物价下跌,又使得再贴现金额下降,货币供给减少。货币政策因此可能在繁荣时期"火上浇油",而在萧条时期"雪上加霜"。

3. 中国的再贴现业务

中国人民银行对金融机构的再贴现,体现了其作为银行的银行,对金融体系给予的必要的资金支持,实际上已成为中国人民银行向商业银行或其他金融机构提供基础货币的重要渠道。调整再贴现量是扩大与紧缩社会货币供给量的有效方法之一。

1986 年 4 月,针对当时经济运行中企业之间严重的货款拖欠问题,中国人民银行下发了《中国人民银行再贴现试行办法》,决定在北京、上海等 10 个城市对专业银行试办再贴现业务,这标志着我国的再贴现业务开始运行。1994 年下半年,为解决一些重点行业的企业货款拖欠、资金周转困难和部分农副产品调销不畅的状况,中国人民银行专门安排 100 亿元资金,用于煤炭、电力、冶金、化工、铁道等行业以及棉花、烟叶、生猪、食糖等农副产品已贴现票据的再贴现。1995 年 3 月颁布的《中华人民共和国中国人民银行法》中明确规定:中国人民银行可以利用再贴现政策进行宏观调控。1995 年末,中国人民银行规范再贴现业务操作,开始把再贴现作为货币政策工具体系的组成部分。1998 年 6 月,为进一步强化再贴现政策的信号作用,中国人民银行将再贴现的最长期限由 4 个月延长到 6 个月。1999 年 10 月,中国人民银行扩大了再贴现业务的对象和范围,简化和改进了再贴现业务的操作方式。2008 年以来,为有效发挥再贴现促进结构调整、引导资金流向的作用,中国人民银行进一步完善再贴现管理:适当增加再贴现转授权窗口;适当扩大再贴现的对象和机构范围,城乡信用社、存款类外资金融机构法人、存款类新型农村金融机构,以及企业集团财务公司等非银行金融机构均可申请再贴现;推广使用商业承兑汇票,促进商业信用票据化;通过票据选择明确再贴现支持的重点,对涉农票据、县域企业和金融机构及中小金融机构签发、承兑、持有的票据优先办理再贴现;进一步明确再贴现可采取回购和买断两种方式,提高业务效率。

(三)公开市场业务

在一般性货币政策工具中,公开市场业务是西方发达国家采用最多的一种货币政策工具。弗里德曼甚至主张把公开市场业务作为唯一的货币政策工具。

1. 公开市场业务的含义与效果

所谓"公开市场业务"也称"公开市场操作"(open market operation),是指中央银行通过在公开市场上买进或卖出有价证券(特别是政府短期债券)来投放或回笼基础货币,以控制货币供给量,并影响市场利率的一种行为。

中央银行要在公开市场上买进证券,一般可向商业银行或社会公众买进。这两种买进都将引起基础货币的投放,从而扩大商业银行的信贷规模,并通过乘数作用使货币供给量成倍扩张。值得注意的是,中央银行买进有价证券,不仅将使货币供给量增加,而且还将使市场利率下降。一方面,在货币需求一定时,货币供给的增加将引起市场利率的下降;另一方面,中央银行买进有价证券,将引起有价证券需求增加,从而在有价证券供给一定的条件下,将使有价证券的价格上升。由于有价证券的价格一般与市场利率成反向的变动关系,因此,有价证券价格的上升也将引起市场利率的下降。

与上述买进有价证券相反,中央银行如在公开市场上卖出有价证券,由于这只是其买进有价证券的反向操作,因此,它对商业银行的信贷规模,从而对货币供给量和市场利率的影响过程,与上述买进有价证券所产生的影响过程正好相反。

由此可见,中央银行买进证券是一种扩张性的货币政策。反之,中央银行卖出证券是一种紧缩性的货币政策。

2. 公开市场业务的实施条件及优缺点

公开市场业务工具的实施及其作用的有效发挥,必须具备下列条件:一是发达的、全国性的金融市场,证券种类必须齐全并达到一定的规模。这是公开市场业务操作的重要条件和基础。二是中央银行具有较高的权威性且拥有强大的、足以干预和控制整个金融市场的资金实力。三是中央银行应有较高的独立性,应赋予中央银行弹性操作的权力。

公开市场业务具有以下几个优点:一是中央银行处于主动的地位,其买进或卖出有价证券的规模完全由它自主决定。二是具有很大的灵活性。中央银行既可通过大量地买进或卖出有价证券,对基础货币实行较大规模的调节;也可以通过少量地买进或卖出有价证券,对基础货币实行"微调"。三是可根据经济形势的变化和政策目标的调整而随时做出逆向的操作。例如,当中央银行发现由于过多地买进了有价证券而引起了货币供给量的过快增长时,它即可通过反向的操作(即卖出相应的有价证券)加以及时地矫正。

当然,公开市场业务也有其局限性,这不仅表现在缺乏上述条件的国家不能有效地运用这个政策工具,还表现在收效缓慢。因为政府证券买卖对货币供给及利率的影响需要一定时间才能缓慢地传导到其他金融市场,影响经济行为。此外,公开市场业务的运用，还必须有其他政策工具的配合，可以设想，如果没有存款准备金制度，这一工具是无法发挥作用的。

根据以上分析，一般性货币政策工具及其基本的运用策略可用表 11.3 表示。

表 11.3　一般性货币政策工具及其基本操作

政策工具	通货膨胀 （总需求>总供给）	通货紧缩 （总需求<总供给）
存款准备金政策	提高法定存款准备金率	降低法定存款准备金率
再贴现政策	提高再贴现率	降低再贴现率
公开市场业务	卖出证券，回笼基础货币	买进证券，投放基础货币

3. 中国的公开市场业务

中国公开市场操作包括人民币操作和外汇操作两部分。伴随着 1994 年外汇管理体制的重大改革，中国人民银行公开市场业务也从外汇市场操作开始起步。1996 年 4 月，中国人民银行启动买卖国债的公开市场业务。1998 年 5 月，中国人民银行把国债、中央银行融资券和政策性金融债纳入交易工具之列，拓宽了公开市场业务交易工具范围。

中国人民银行从 1998 年开始建立公开市场业务一级交易商制度，选择了一批能够承担大额债券交易的金融机构（主要是商业银行）作为公开市场业务的交易对象（2019 年公开市场业务一级交易商共 49 家金融机构）。这些交易商可以运用国债、政策性金融债券等作为交易工具与中国人民银行开展公开市场业务。从交易品种看，中国人民银行公开市场业务债券交易主要包括回购交易、现券交易和发行中央银行票据。

（1）回购交易。回购交易可分为正回购和逆回购两种。正回购为中国人民银行向一级交易商卖出有价证券，并约定在未来特定日期买回有价证券的交易行为，是从市场收回流动性的操作，正回购到期则为向市场投放流动性的操作；逆回购为中国人民银行向一级交易商购买有价证券，并约定在未来特定日期将有价证券卖给一级交易商的交易行为，为向市场上投放流动性的操作，逆回购到期则为从市场收回流动性的操作。自 2007 年 9 月起，中国人民银行启动并逐步加大以特别国债为质押的正回购操作力度，搭配使用央行票据、特别国债等工具，灵活开展公开市场操作。

（2）现券交易。现券交易可分为现券买断和现券卖断两种，前者为中国人民银行直接从二级市场买入债券，一次性地投放基础货币；后者为中国人民银行直接卖出持有债券，一次性地回笼基础货币。

（3）发行中央银行票据。中央银行票据，简称央行票据，即中央银行为调节商业银行超额准备金而向商业银行发行的短期债务凭证。通过发行中央银行票据可以回笼基础货币，中央银行票据到期则体现为投放基础货币。2003 年 4 月以后，中国人民银行将发行央行票据作为央行调控基础货币的新形式，通过发行央行票据收回银行体系多余流动性。

1999 年以来，公开市场操作已成为中国人民银行货币政策日常操作的重要工具，对于调控货币供给量、调节商业银行流动性水平、引导货币市场利率走势发挥了积极的作用。

二、选择性货币政策工具

选择性货币政策工具是指中央银行针对某些特殊的信贷或某些特殊的经济领域而采用的工具。在这类货币政策工具中，较常用的有消费者信用控制、证券市场信用控制及不动产信用控制，此外，优惠利率和预缴进口保证金等，也属此类货币政策工具。

（一）消费者信用控制

消费者信用控制是指中央银行对消费者购买房地产以外的各种耐用消费品所规定的信用规模和期限等的限制性措施。消费者信用控制包括规定分期付款中首次付款的最低金额（首付比例或金额）、分期付款的最长期限以及适用于分期付款的耐用消费品的种类等。在消费需求不足时期，中央银行可减少或降低消费者信用限制措施，从而起到刺激消费需求的作用，进而有利于经济增长。

（二）证券市场信用控制

指中央银行通过规定和调节信用交易、期货交易和期权交易中的最低保证金率，以刺激或抑制证券交易活动的货币政策手段。例如，中央银行将保证金比率从 50％提高到 90％，则经纪人为客户垫付的款项将由原来的 50％减少到 10％。这就相应地减少了商业银行对经纪人的放款，从而达到收缩信用的目的。

（三）不动产信用控制

不动产信用控制是指中央银行对商业银行办理不动产抵押贷款的管理措施。不动产信用控制主要包括规定贷款的最高限额、最长期限以及首次付款和分期还款的最低金额或比例等。当经济过热，不动产信用膨胀时，中央银行可通过规定和加强各种限制措施减少不动产信贷，进而抑制不动产的盲目生产或投机，减轻通货膨胀压力，防止经济泡沫的形成。

（四）优惠利率

优惠利率是指中央银行对国家拟重点发展的某些经济部门、行业或产品制订较低的利率，目的在于刺激这些部门的生产，调动它们的积极性，实现产业结构和产品结构的调整。

（五）预缴进口保证金

这是类似证券保证金的做法，即中央银行要求进口商预缴相当于进口额一定比例的存款，以抑制进口的过快增长。由于缴纳预存保证金会使进口成本上升，因此造成进口相应下降。此类措施多为国际收支经常出现赤字的国家采用。

三、补充性货币政策工具

在货币政策的具体实践中，除了以上所述的一般性货币政策工具和选择性货币政策工具以外，中央银行还可根据本国的具体情况和不同时期的具体需要，运用一些其他的货币政策工具（也称补充性政策工具）干预和调控经济。这类货币政策工具很多，其中，既有直接的信用控制，也有间接的信用指导。

（一）直接信用控制

直接信用控制是指中央银行从质和量两个方面，以行政命令或其他方式，直接对金融机构，尤其是商业银行的信用活动所进行的控制。其中主要包括：

1. 信贷配给

信贷配给又称信用配给或信用分配[①]，是指中央银行根据金融市场的资金供求状况及客观经济形势的需要，权衡轻重缓急，对商业银行系统的信贷资金加以合理的分配和必要的限制。目前，在大多数发展中国家，由于其资金严重供不应求，所以信贷配给是一种较为常用的直接信用控制手段。

2. 流动性比率

流动性比率是指商业银行持有的流动性资产在其全部资产中所占的比重。中央银行对这一比率加以规定，并要求商业银行保持这一规定的比率，主要是为了限制商业银行的信用能力，保障商业银行的稳健经营，并限制信用的过度扩张。[②] 在一般情况下，资产的流动性愈高，则其收益率愈低。所以商业银行要保持中央银行所规定的流动性比率，就不能任意地将流动性资金过多地用于长期性的贷款或投

---

① 信用分配的概念最先来自于18世纪的英格兰银行，当时为了使各银行的信用不至于过度地扩张，英格兰银行规定了自身每月授信的最高额度，然后将这一额度按各商业银行的大小进行分配。

② 这种规定萌芽于第二次世界大战前期，当时的瑞典、瑞士、丹麦、挪威等国在银行法中规定，商业银行保存的政府债券和存款的比率不能低于法定存款的比率。1970年，英格兰银行建议银行的流动资产比率为12.5%，而此前则是8%。

资。在必要时,商业银行还必须缩减长期贷款所占的比重,相应地扩大短期贷款所占的比重,以提高其资产的流动性比率。

3. 利率上限

利率上限,一般是指以法律的形式规定商业银行和其他金融机构存贷款利率的最高水平。利率上限是最常用的直接信用管制工具,美国在1980年前曾长期实行的Q项条例可以说是这种管制工具的典型。该条例规定,商业银行对活期存款不准支付利息,对定期存款和储蓄存款支付的利率不得高于规定的最高利率水平。当时实行Q项条例的主要目的是防止商业银行之间通过提高利率来竞相争夺存款,并进行高风险的贷款。

4. 直接干预

直接干预,是指中央银行直接对商业银行等金融机构的业务范围、信贷政策、信贷规模等业务活动进行干预。如直接限制放款额度,明确规定各银行放款或投资的范围,直接干预银行对存款的吸收,对业务经营不当的银行拒绝再贴现或采取高于一般利率的惩罚性利率等。

(二)间接信用指导

间接信用指导,是指中央银行通过道义劝说、窗口指导等办法间接影响商业银行等金融机构的信用创造活动,以控制信用的措施。

1. 道义劝说

道义劝说是指中央银行凭借自己在金融体系中的特殊地位和威望,通过对商业银行和其他金融机构发布通告或指示,或与金融机构负责人面谈,劝说其遵守政府政策并自动采取贯彻政策的相应措施。例如,在证券市场或房地产市场投机盛行时,中央银行劝说商业银行减少对这些市场的贷款。尽管道义劝说对商业银行和其他金融机构没有法律上的约束力,但由于中央银行的特殊地位和特殊影响,因此,道义劝告往往是有效的。

2. 窗口指导

窗口指导产生于20世纪50年代的日本,曾一度是日本主要的货币政策工具。窗口指导是指中央银行根据产业行情、物价趋势和金融市场动向等经济运行中出现的新情况和新问题,对商业银行和其他金融机构提出信贷的增减建议,并“指导”执行。中央银行的窗口指导是通过月度经济金融形势分析会、“特别”经济金融形势分析会、座谈会等形式实施的。

四、非常规货币政策工具

2008年全球金融危机爆发之前,绝大多数国家或地区的中央银行都是将利率作为货币政策调控变量，这种以短期政策利率目标值调整为特征的货币政策通常被称为“常规货币政策”。危机爆发后，随着政策利率目标值不断下调至接近零，常规利率政策的操作空间越来越小。换言之，常规的通过降低利率刺激经济货币政策工具不再有效。为此，一些国家和地区的中央银行开始启用非常规货币政策工具，寻求通过直接影响资产价格和长期利率，以进一步增加货币政策的宽松态势。

非常规货币政策工具，是在常规货币政策失去效应的前提下，旨在恢复金融市场融资功能和促进经济增长的一系列非常规货币手段及措施。至于非常规货币政策工具的外延，目前还不统一。有的人认为，常规型货币政策工具是指一般性货币政策工具，即传统的三大货币政策工具，俗称“三大法宝”——存款准备金政策、再贴现政策和公开市场业务；非常规型工具主要是指选择性和补充性的货币政策工具。而美国经济学家弗雷德里克·S·米什金(Frederic S. Mishkin)则认为，非常规货币政策工具主要可归纳为四类，即前瞻性指引、量化宽松、扭曲操作、未来货币政策承诺。

(一) 前瞻性指引

前瞻性指引(forward guidance)，是指中央银行通过引导市场对未来利率的预期，使市场预期与中央银行目标预期靠拢的现代货币政策工具。早在 1999 年，日本央行就率先使用了前瞻性指引这一非常规货币政策引导市场。2008 年，美国爆发次贷危机，美联储自 2007 年 9 月至 2008 年 12 月，连续 10 次降息，将美国联邦基金利率自 5.25%降至 0.25%以应对危机。然而，随着利率处于零利率下限，美国经济的深度衰退却不见起色，美联储采取了非常规政策工具，其中之一便是前瞻性指引。比如，美联储历次公布的联邦公开市场委员会利率决议中的货币政策导向，这是正式的前瞻性指引；在两次联邦公开市场委员会会议之间，大量且频繁的联储官员讲话，这是非正式的前瞻性指引。

(二) 量化宽松

量化宽松(quantitative easing，QE)，一般是指中央银行在实行零利率或近似零利率政策后，通过从市场上大规模购买国债等中长期债券，增加基础货币供给，投放流动性。

量化宽松最早在 2001 年由日本央行提出。在 2001 年到 2006 年间，为了应对国内经济的持续下滑与投资衰退，日本央行在利率极低的情况下，通过大量持续购买公债以及长期债券的方式，向银行体系注入流动性，迫使银行在较低的贷款利率下对外放贷，进而增加整个经济体系的货币供给，促进投资以及国民经济的恢复。有人认为，正是日本央行在当时果断地采取了量化宽松这种主动增加货币供给的措施，才使日本经济在2006年得以复苏。从此“量化宽松”作为中央银行遏制经济危机，刺激经济复苏的手段备受关注。美联储从2009年开始，实施了多轮量化宽松货币政策。2014年10月底美联储停止资产购买计划，这意味着实施6年的量化宽松货币政策结束。

（三）扭曲操作

扭曲操作（operation twist）是美联储推出的一项非常规货币政策操作，是指通过买入长期债券并卖出短期等额债券，压低长期国债收益率的做法。由于国债收益率是金融市场金融工具的定价基准，长期国债收益率的走低会引导长期利率走低的预期，刺激与长期利率挂钩的贷款利率走低，从而降低企业和公众的借贷成本，并促进企业融资。1961年，美国联邦储备局首次实施了扭曲操作。

需要指出的是，扭曲操作与量化宽松间的相同点在于：两项操作都通过购买长期债券来压低长期利率，降低借贷成本，刺激经济增长。当然，两者间也存在不同：第一，量化宽松政策所涉及的政府债券，不仅金额庞大，而且周期也较长。一般来说，只有在利率等常规工具不再有效的情况下，货币当局才会采取这种极端做法。扭曲操作的规模一般要小于*QE*，扭曲操作是在美国多次*QE*效果递减的情况下政策工具的新尝试。第二，量化宽松的本质是增印钞票购买国债等长期债券以实现向市场释放流动性的目的，但扭曲操作本身并没有增印钞票，而是在抛售短期债券之后再购入长期债券。如此一来，扭曲操作不但规避了滥印钞票的副作用，而且将有可能刺激信贷的发生，进而鼓励信贷扩张，最终刺激经济。至少相较于*QE*这把双刃剑，扭曲操作不失为一剂相对温和的良药。

（四）未来货币政策承诺

未来货币政策承诺是指中央银行为了实现已定的调控目标而对未来货币政策的走向做出一定的承诺。比如，低利率承诺。低利率承诺就是中央银行承诺政策利率保持低位的时间长于市场原有的预期。未来货币政策承诺的政策并非没有先例，美联储和日本央行都曾以此为工具，对利率和通胀预期施加影响。美联储公开市场委员会在2003年8月的公报中表示，将在相当长的时间中保持适应性的政策立场。2011年8月，美联储联邦公开市场委员会宣布，维持0～0.25%的现行联邦基金利率不变，并承诺至少在未来两年把利率维持在接近于零的水平。2001年3月18日，在政策利率接近零点之际，日本央行调整了政策，将银行体系存入央行的准备金作为货币政策的新目标，并承诺长期保持此政策，“直到消费价格指数的同比变化率稳定在零点或正值为止”。日本央行在2019年4月利率决议中表示，对于当前超宽松的货币政策，将保持当前极低的利率水平约至2020年春季。

五、结构性货币政策工具

按是否直接体现中央银行结构导向意图，货币政策工具可分为总量型和结构型两大类。

所谓结构型货币政策工具是指在总量工具基础上附加中央银行结构性要求。中央银行使用总量型货币政策工具过程中不附带结构调整目的。例如常见的“降准”（即降低存款准备金的简称）和“降息”操作，针对金融机构一视同仁。基于中央银行主观调控意图，结构型货币政策工具往往附带差异化的定向操作条件。例如鼓励小微企业信贷的定向降准，即在普通降准的基础上附加“支持小微企业融资”要求，如此央行可以针对支持小微企业信贷的具体情况，对不同金融机构给出差异化宽松条件。需要注意的是，总量型和结构型工具的核心差异不在于后验来看政策效果是否对经济带来结构影响，而在于启用工具时是否先验地设置了结构调整的政策主观意图。

下面简要介绍近年来中国人民银行所采用的结构性货币政策工具。

（一）常备借贷便利

常备借贷便利（standing lending facility，SLF）是全球大多数中央银行都设立的货币政策工具。借鉴国际经验，中国人民银行于2013年初创设了SLF。SLF的主要功能是满足金融机构期限较长的大额流动性需求。对象主要为政策性银行和全国性商业银行。期限为1～3个月。利率水平根据货币政策调控、引导市场利率的需要等综合确定。SLF以抵押方式发放，合格抵押品包括高信用评级的债券类资产及优质信贷资产等，必要时也可采取信用借款方式发放。SLF的主要特点：一是由金融机构主动发起，即金融机构可根据自身流动性需求申请；二是央行与金融机构“一对一”交易，针对性强，即精准投放流动性；三是其交易对手覆盖面广，通常覆盖存款类金融机构。

（二）中期借贷便利

中期借贷便利（medium-term lending facility，MLF）创设于2014年9月，是中国人民银行提供中期基础货币的货币政策工具，对象为符合宏观审慎管理要求的商业银行、政策性银行，可通过招标方式开展。MLF采取质押方式发放，金融机构提供国债、央行票据、政策性金融债、高等级信用债等优质债券作为合格质押品。MLF期限为3个月或6个月，其利率发挥中期政策利率的作用，通过调节向金融机构中期融资的成本来对金融机构的资产负债表和市场产生影响，引导金融机构降低贷款利率，支持实体经济增长。

2018年12月，中国人民银行又创设了定向中期借贷便利（targeted medium-term lending facility，TMLF），为金融机构提供长期稳定资金来源，定向支持金融机构扩大对小微企业、民营企业信贷投放。支持实体经济力度大、符合宏观审慎要求的大型商业银行、股份制商业银行和大型城市商业银行，可向中国人民银行提出申请。2019年1月23日，中国人民银行开展了第一季度TMLF，操作利率比MLF低15个基点，操作数量为2575亿元，操作期限为1年，到期可根据金融机构需求续做两次，实际使用期限可达到3年。

（三）抵押补充贷款

抵押补充贷款（pledged supplemental lending，PSL）由中国人民银行于2014年4月创设，目的是支持国民经济重点领域、薄弱环节和社会事业发展而对金融机构提供的期限较长的大额融资。PSL采取质押方式发放，合格抵押品包括高等级债券资产和优质信贷资产。2015年10月，抵押补充贷款对象扩大至国家开发银行、中国农业发展银行、中国进出口银行，主要支持三家银行发放棚改贷款、重大水利工程贷款、人民币“走出去”贷款等等。

PSL其实是再贷款（即央行向商业银行提供的贷款）的一种，只是传统（常规）再贷款是一种无抵押的信用贷款，而PSL是有抵押的。在中国，有很多信用投放，比如基础设施建设、民生支出类的信贷投放，往往具有政府一定程度担保但获利能力差的特点，如果商业银行基于市场利率水平自主定价、完全商业定价，对信贷较高的定价将不能满足这类信贷需求。

（四）短期流动性调节工具

短期流动性调节工具（short-term liquidity operations，SLO）作为公开市场常规操作的必要补充，是中国人民银行于2016年1月引入的新工具。其以7天期内短期回购为主，遇节假日可适当延长操作期限，采用市场化利率招标方式开展操作。中国央行根据货币调控需要，综合考虑银行体系流动性供求状况、货币市场利率水平等因素，灵活决定该工具的操作时机、操作规模及期限品种等。SLO的操作对象为公开市场业务一级交易商中具有系统重要性影响、资产状况良好、政策传导能力强的部分金融机构。SLO原则上在公开市场常规操作的间歇期使用。

就基本性质而言，SLO是逆回购的一种，属于超短期的逆回购。如前所述，回购操作分为两种，即正回购与逆回购。通俗而言，逆回购就是央行主动借钱给银行，正回购则是央行把钱从银行那里抽走。

（五）信贷资产质押再贷款

信贷资产质押再贷款（loan pledged program，LPP）由中国人民银行于2015年

10月10日创设。所谓LPP,是指商业银行(尤其是地方法人中小金融机构)可以用现有的信贷资产(即已经放出去的贷款),到中央银行去质押,获得新的资金。

推行LPP是完善央行抵押品管理框架的重要举措,有利于提高货币政策操作的有效性和灵活性,解决地方法人金融机构合格抵押品相对不足的问题,引导其扩大"三农"、小微企业信贷投放,降低社会融资成本,支持实体经济发展。LPP与PSL很相似,两者区别在于:LPP主要操作对象是地方法人的中小金融机构,而PSL目前的操作对象主要是政策性银行及大型金融机构。

(六) 定向降低存款准备金

定向,一般指转向指定的方向,在金融行业中,就是指定某一个金融领域或金融行业;降低存款准备金,这是中央银行货币政策之一。降低存款准备金,表明流动性已开始步入逐步释放过程。定向降低存款准备金(简称"定向降准"),是指央行为了引导信贷资金进入特定的领域、行业或地区,从而对符合一定条件的金融机构降低其存款准备金,增强金融机构信贷能力的政策。定向降准是相对于全面降准而言的。全面降准意味着降低所有金融机构存款准备金率,这往往被市场看作是货币政策全面宽松的信号。

目前我国实施定向降准的主要目标是通过建立良好的信贷结构来激励特定领域、行业或地区,引导金融机构把降准获得的资金投向"三农"和小微企业。与全面降准相比,定向降准更具有针对性,有利于将金融资源更好地投放到"三农"、小微企业等薄弱环节,从而促进经济结构的调整。

第四节 货币政策的传导机制与效应

货币当局或中央银行在确定了货币政策最终目标之后,就要考虑如何运用货币政策工具,最终实现这些目标。因为任何货币政策工具的运用都不能直接地作用于实际的经济活动,而只能通过对某些中间变量的影响来传导到实际的经济活动中,从而间接地达到货币政策的最终目标。从货币政策工具的运用开始,通过中介指标的传导到最终目标的实现所经过的途径或过程,就是货币政策的传导机制(transmission mechanism)。货币政策能否实现和能在多大程度上实现其政策目标,即货币政策效应如何,既是货币政策制定者十分关心的问题,也是经济理论界长期争论的问题。

一、货币政策的传导机制

长期以来,货币政策传导机制都是宏观经济学中研究的热点问题之一,也是货币政策研究领域的核心内容。货币政策传导机制是指中央银行根据货币政策的最终目标,运用货币政策工具,通过金融机构的经营活动和金融市场传导到企业和居民,对其投资和消费等产生影响的过程。以下分别介绍凯恩斯学派的传导机制、现代货币学派的传导机制、资产价格渠道传导机制和信贷渠道传导机制。

(一) 凯恩斯学派的货币政策传导机制

根据凯恩斯(1936)的分析,中央银行的货币政策操作首先是改变货币供给量(M),货币供给量的变动改变利率(r),利率的变动则通过投资边际效率的影响使投资(I)以乘数方式增减,而投资的增减进而影响到总支出(E)和总收入(Y)。这一过程用符号可表示为

$$M \rightarrow r \rightarrow I \rightarrow E \rightarrow Y$$

在这一过程中,主要环节是利率:货币供给量的调整首先影响利率的升降,然后才使投资乃至总支出发生变化。

在凯恩斯之后,凯恩斯学派经济学家对凯恩斯的这一理论进行了全面的发挥,认为:第一,货币政策必须通过利率来加以传导(即货币政策的利率传递渠道),因此,货币政策的中介指标应是利率。第二,从货币政策的传导机制来看,货币政策的作用是间接的,它必须经过两个中间环节,如果这两个中间环节或其中的一个中间环节出现问题,则货币政策将无效。例如,在利率下降后,如果投资者对利率的下降并不敏感,即投资的利率弹性缺乏,则货币政策亦将无效。所以凯恩斯学派强调财政政策的有效性,而认为货币政策是不可靠的。

需要指出的是,凯恩斯只强调了货币和利率等金融因素的变动对实际经济活动的影响,而没有考虑到实际经济活动的变动,如产量、收入等实物变量的变动,也将对货币和利率产生相应的反作用。实际上,货币政策对实际经济活动的传导机制实际上并不是一个单向的过程,而是货币市场与商品市场之间循环往复的作用与反作用的过程。

对上述这个货币政策传导机制的分析,凯恩斯学派称之为局部均衡分析——只显示了货币市场对商品市场的初始影响。考虑到货币市场与商品市场之间循环往复的作用,遂有进一步的一般均衡分析:① 当中央银行采取宽松的货币政策致使货币供给量增加时,在总需求不变的情况下,利率会相应下降,下降的利率会刺激投资,引起总支出与总收入相应增加。② 但利率下降后,降低了存款人的存款意愿,借贷资金的供给会减少或不变。与此同时,商品市场上由于收入的增加又提出了更多的货币需求,结果使货币需求量超过货币供给量,造成下降的利率又重新回升,这是商品市场对货币市场的作用。③ 接着上升的利率又促使货币需求下降,利率再次回落,循环往复。④ 最终达到一个均衡点,这一均衡点同时满足了货

币市场与商品市场两方面的均衡要求。

虽然对于传导机制的分析，凯恩斯学派还在不断增添一些新的内容，但是都主要集中在货币供给到利率之间和利率到投资之间的更具体的传导机制以及一些约束条件。毋庸置疑，无论有何进展，凯恩斯学派传导机制理论都仅仅是抓住利率这一环节来展开分析的。

（二）现代货币学派的货币政策传导机制

货币学派的货币政策传导机制理论是在批评凯恩斯学派理论的过程中提出的。货币学派认为利率在货币传导机制中不起重要（或主导）作用，而是货币供给量在整个传导机制中发挥着直接作用。货币供给量（M）的变化直接影响支出（E），然后再由支出影响投资（I），最终作用与总收入（Y）。这一过程可表示为

$$M \rightarrow E \rightarrow I \rightarrow Y$$

1. 货币供给量的变动直接影响支出水平

$M \rightarrow E$，表示的是货币供给量的变化直接影响支出。其原理是：

第一，根据货币需求理论，货币需求有其内在的稳定性。

第二，弗里德曼的货币需求函数中不包含任何的货币供给因素，因而货币供给的变动不会直接引起货币需求的变化；至于货币供给，在现代货币制度中由中央银行控制，货币主义将其视为外生变量。

第三，当作为外生变量的货币供给改变，比如增大时，由于货币需求并不改变，公众手持货币量会超过他们愿意持有的货币量，即货币供给量大于货币需要量，从而利率下降，公众支出增加。

2. 支出作用于投资

$E \rightarrow I$，表示的是变化了的支出作用于投资的过程，货币主义者认为这是对资产结构进行调整的过程。过程如下：

第一，超过意愿持有的货币即大于既有需求的货币供给，或用于购买金融资产，或用于购买非金融资产，直至进行人力资本的投资。这样将改变金融市场、商品市场，乃至人力资本市场的均衡。

第二，货币持有者对金融资产、非金融资产以及人力资本的投资会引起这些资产相对收益率的变动。如果投资于金融资产偏多，金融资产市值上涨，受益相对下降，从而会刺激对非金融资产的需求；如果对非金融产品投资增加，也就是说产业投资增加，那么既可能促使产出增加，也会促使产品价格上涨。

第三，上述过程的结果必然会引起资产结构的调整，而在这一调整过程中，不同资产的收益率又会趋于相对稳定状态。

3. 投资影响名义收入

$I \rightarrow Y$，表示变动了的投资影响名义收入的过程。名义收入 Y 是价格和实际产

出的乘积。由于 M 作用于支出 E，导致资产结构调整，由此带动投资的变化，并最终引起 Y 的变动。这一变动究竟在多大程度上反映实际产量的变化，又有多大比例反映在价格水平上呢？货币主义者认为，货币供给短期内对两方面均可发生影响；但就长期来说，则只会影响物价水平，即货币是中性的。

西方经济学家对货币政策传导机制的研究，传统的主要是以上两个学派①的研究。显然，与凯恩斯学派强调利率在货币传导机制中的作用不同，现代货币学派强调的是货币供给量的作用。该学派认为，货币政策的影响主要不是通过利率间接来影响投资和收入，而是因为货币供给量超过了人们的意愿持有量，从而直接地影响到社会的支出和货币收入。

（三）资产价格渠道传导机制

针对凯恩斯学派关于货币政策对经济影响的分析，现代货币学派主要批评的是凯恩斯学派过分关注一种资产价格形式——利率，而忽视了其他资产价格形式。

自 1969 年詹姆士·托宾(James Tobin)提出的投资 q 理论以及 1971 年莫迪利亚尼(Franco Modigliani)引入的生命周期理论(life cycle hypothesis，LCH)后，资产价格也成为货币政策传导机制中一个备受关注的渠道。

1. 托宾 q 理论

詹姆士·托宾认为，凯恩斯所分析的投资传导机制只是一种局部均衡分析，而一般均衡分析还需要考虑商品市场和货币市场的相互关系。因此，托宾等沿着一般均衡分析的思路拓展了凯恩斯的模型，提出了一种关于货币政策变化通过影响股票价格而影响投资支出的理论，该理论被称为 q 理论，也称托宾 q 比率(Tobin's Q Ratio)。该理论强调了资产结构调整在货币传导过程中的作用。

所谓 q，是指一个比值或系数、比率，用公式表示为

$$q=\frac{\text{企业市值}}{\text{企业重置成本}}=\frac{V}{P_kK}$$

式中，V 为企业的市场价值，即企业的股票总市值；P_k 为每单位实物资本的价格；K 为企业的实物资本总数。P_k 与 K 的乘积即为企业的重置成本。

① 这两个学派的货币政策传导机制理论观点均可归属于资产组合调整效应的传导机制理论。其基本内容是：中央银行货币政策实施之后，必然改变货币供给量。货币供给量的改变往往引起货币需求和供给的变化。货币供给和需求变化之后，往往改变了经济主体的资产组合中不同资产的收益、风险和流动性，因而破坏了原有的资产组合均衡。在这种情况下，经济主体就会重新调整资产组合，直到重新恢复均衡为止。经济主体调整资产组合的行为，通过改变对不同资产的供给和需求，会在不同程度上影响金融资产的价格和收益，进而影响投资和消费，最终影响实际经济活动。

托宾认为，q 和投资支出之间是正相关关系。q 的高低反映了企业的投资愿望，企业的投资决策取决于 q 值是否大于 1。如果 q 值大于 1，意味着企业的市值高于其资本重置成本。相对于企业的市值而言，新的厂房和设备的投资比较便宜，因而企业可以通过发行股票获得价格相对低廉的投资品，从而增加投资和总需求。反之，如果 q 值小于 1，则企业的市值低于其资本重置成本，企业就不会购买新的资本品。如果此时企业仍希望获得资本品，它们可以以较低的价格购买其他企业来获得这些企业已有的资本品，投资支出即新的资本品的购买就会减少。因此，q 值是决定新投资的主要因素。

那么，货币供给的变动又会对 q 产生怎样的影响呢？托宾强调了资产结构调整在货币传导过程中的作用。假如货币政策变动导致货币供给量增加，公众发现手中的货币多了，因此增加了支出，从而增加了对股票的需求，引起股票价格的上涨，q 值相应上升，企业投资支出增加，从而刺激生产增长及收入增加。这一过程用符号描述如下：

$$M\uparrow \rightarrow r\downarrow \rightarrow P_e\uparrow \rightarrow q\uparrow \rightarrow I\uparrow \rightarrow Y\uparrow$$

因此，一个扩张性的货币政策会使得股票价格上涨，降低资本成本，从而增加了投资和产出。

2. 财富效应渠道

莫迪利安尼的思想跟托宾的理论有着异曲同工之妙。如果说托宾 q 理论是从公司的市值考虑，那么莫迪利安尼的理论则是从经济主体的财富增减变化出发。

根据莫迪利安尼的理论，消费者的消费支出取决于经济主体的财富多少，而经济主体的财富可以分为人力资本、真实资本和金融财富。而他同时认为，经济主体的金融财富的主要形式是普通股票，这样央行的货币政策会影响股票价格（P_e），会导致经济主体金融财富（W）的增加或者减少，于是他们支出（C）的意愿将会随之增加或减少，从而引起国民收入（Y）的变化。若以扩张性货币政策为例，则其传导过程用符号描述如下：

$$M\uparrow \rightarrow P_e\uparrow \rightarrow W\uparrow \rightarrow C\uparrow \rightarrow Y\uparrow$$

可见，财富效应渠道的传导机制理论认为，在货币供给量、金融财富和国民收入之间存在着一条因果链，货币政策可以通过改变货币供给量影响实际财富存量，进而影响实际经济。

3. 汇率渠道

汇率渠道，也称净出口传导渠道。随着各国经济的不断国际化以及浮动汇率制度的出现，人们越来越注意到货币政策通过汇率对净出口所产生的影响。这种渠道的作用过程如下：如果货币供给量（M）增加，本国的短期名义利率（r）将下降，在存在价格黏性的情况下，这意味着短期真实利率将下降，从而对本国货币的需求也将下降，本国货币就会贬值。本国货币贬值使得本国产品比外国产品便宜，因而使净出口(NX)上升，最终导致总产量(Y)的上升。这一过程用符号描述如下：

$$M\uparrow \rightarrow r\downarrow \rightarrow e\uparrow \rightarrow NX\uparrow \rightarrow Y\uparrow$$

式中，e 代表直接标价法下本币的汇率。

值得注意的是，这种传导效应也是有前提条件的，一是外币可以自由流入；二是本币与外币可以自由兑换；三是实行浮动汇率制度。缺乏这三个条件，汇率渠道就不会产生作用了。

（四）信贷渠道传导机制

由于对传统的利率传导机制和货币主义的不满，经济学家提出了基于金融市场信息不对称问题的解释，这个观点被称为信贷渠道。这种观点主要提出两种类型的传导机制：一种通过信息问题对银行贷款的影响发挥作用，另一种则通过影响企业和消费者的资产负债状况发挥作用。这就产生了货币传导的两个基本渠道：银行贷款渠道和资产负债表渠道。

1. 银行贷款渠道

银行信贷渠道理论产生于20世纪80年代后期。1988年，美国经济学家伯南克(Ben Shalom Bernanke，1953～)与布林德(Alan Stuart Blinder，1945～)的研究认为，在信息不对称环境下，商业银行的资产业务和负债业务一样，具有独特的政策传导功能。换言之，银行贷款与其他金融资产(如债券、股票等)不完全可替代，特定借款人的融资需求只能通过银行贷款满足，因此，除了一般的利率传导渠道之外，还可以通过银行信贷的增减变化进一步得到强化，从而影响经济增长。

以宽松的货币政策为例。如果中央银行通过货币政策工具，导致货币供给量(M)增加，使得银行存款(D)相应增加，进而增加银行可发放贷款(L)的数量。银行贷款的增多，使那些依赖银行贷款的特定借款人必然会增加投资(I)和消费，带动总支出增加，总产出(Y)上升。用符号表示如下：

$$M\downarrow \rightarrow D\uparrow \rightarrow L\uparrow \rightarrow I\uparrow \rightarrow Y\uparrow$$

这一传导过程的特点是不必通过利率机制。该理论表明，即使有所谓流动性陷阱的存在，致使传统的利率传导渠道失效，信贷传导渠道的存在也能使得货币政策可以通过信贷供给的变化引起投资消费的变化，从而对实际经济发挥作用。

信贷传导渠道的一个重要含义是：货币政策对小企业的作用更大。因为他们更加依赖于银行贷款，而大企业则可以通过股票和债券市场直接进入信贷市场，对银行的依赖性不大。

当前，随着金融创新的不断加快，融资渠道也越来越广泛，传统银行贷款业务有一种下降的趋势，这就意味着银行在信贷市场上的重要性越来越小，因此银行信贷渠道的重要性也在不断地下降。

2. 资产负债表渠道

资产负债表渠道，又称净财富额渠道，是指货币政策通过影响股票等金融资产价格，导致企业净值、现金流量及个人金融财富的变化，在存在逆向选择和道德风险的情况下，银行贷款、投资规模及收入水平都会受到影响，从而发挥政策传导作用。尽管银行贷款渠道的重要性可能正在下降，但这并不意味着另一个信贷渠道——资产负债表渠道也是如此。大体而言，货币政策资产负债表渠道又可分为公司(企业)资产负债表渠道和个人(家庭)资产负债表渠道。

1) 公司资产负债表渠道

货币政策可以通过多种途径来影响公司或企业的资产负债表，至少表现为以下两方面：

第一，通过影响公司净值来发挥传导作用。在资产负债表渠道中，一个关键概念是借款者的资本净值(NW)。NW 可理解为借款者的流动性资产与可售抵押品之和。NW 下降，意味着贷款者实际上对其贷款获得很低的担保，因此来自借款人的逆向选择和道德风险的损失会增加(因为较低的 NW 意味着所有者在他们的企业中拥有更低的股本回报，刺激他们倾向于投资风险项目)，换言之，贷款者收不回贷款的可能性增大，导致银行贷款减少(惜贷)，从而投资支出减少。在这种渠道下，货币政策通过影响借款人的授信能力及财务状况，起到发挥货币政策影响力的作用。以紧缩性货币政策为例，货币供给量减少会导致股票价格下降，进而降低公司 NW，企业获得银行贷款的能力降低，投资减少、产出下降。其传导过程如下：

$$M\downarrow \rightarrow P_e\downarrow \rightarrow NW\downarrow \rightarrow \text{逆向和道德风险}\uparrow \rightarrow L\downarrow \rightarrow I\downarrow \rightarrow Y\downarrow$$

第二，通过影响公司现金流量来发挥传导作用。该理论认为，货币供给量的变动将影响借款者的净现金流(NCF)的状况。例如，紧缩性货币政策使名义利率上升，这将引起公司资产负债表的恶化。因为货币供给量的减少和利率的上升，将直接导致利息等费用开支的增加，会减少 NCF，同时又间接影响销售收入下降，也会减少 NCF。公司 NCF 越小，其偿还能力越差，同样会引起逆向选择和道德风险问题的增加，从而导致银行贷款量的减少，投资下降、产出回落。其传导过程如下：

$$M\downarrow \rightarrow r\uparrow \rightarrow NCF\downarrow \rightarrow \text{逆向和道德风险}\uparrow \rightarrow L\downarrow \rightarrow I\downarrow \rightarrow Y\downarrow$$

2) 个人资产负债表传导渠道

资产负债表传导渠道不仅对企业的支出起作用，同样也适用于个人(家庭)消费支出。由于货币紧缩引起的银行贷款下降，势必引起消费者对耐用消费品及住房购买的下降，因为他们没有其他的信用来源。同样，利率的提高也会引起个人或家庭资产负债表(或收支平衡表)的恶化。具体表现如下：

第一，通过耐用消费品支出的传递。这是指货币政策通过引起利率的变动，来影响消费者对耐用消费品(如住房、汽车及家电等)支出的决策,进而影响总需求的效应。由于消费者用于耐用消费品支出常常是通过借贷方式(即按揭)来筹措的,利率降低会鼓励消费者购买耐用消费品支出。扩张性货币政策会降低利率,消费者通过贷款或延期(分期)支付购买耐用消费品的利息开支便会下降,因而对耐用消费品的购买趋于踊跃,从而刺激此类支出增加。这一传导机制可表述为

$$M\uparrow \rightarrow r\downarrow \rightarrow \text{耐用消费品及住房支出}\uparrow \rightarrow Y\uparrow$$

第二,流动性效应传递。流动性效应是指货币政策通过影响股票价格,使消费者持有的金融资产价值及其资产的流动性发生变化,从而影响其耐用消费品支出变化的政策效应。人们在进行耐用消费品消费时,通常会根据自己的资产负债状况得出一个关于资产流动性的判断。若流动性高,人们会增加对耐用消费品的支出;反之,则会减少对耐用消费品的支出。当预计会遇到财务困难时,无论是个人或企业,都愿意持有流动性强的金融资产(如银行存款、债券、股票等)而不是流动性不足的实物资产(如耐用消费品等)。因此,当发生财务困难的可能性增大时,人们会减少对耐用消费品的支出;反之,则会增加对耐用消费品的支出。

当实施扩张性货币政策时,股票价格上涨,金融资产价值也会上升,人们对发生财务困难可能性的估计会降低,就会愿意增加对耐用消费品的支出。随着消费水平的上升,物价也随之上升,消费者的实际债务水平下降。结果与债务额相比,金融资产的价值上升,使得发生财务困难的可能性大大降低,于是消费者用于耐用消费品的支出大幅增加。这一流动性效应的传导机制可表述为

$$M\uparrow \rightarrow P_e\uparrow \rightarrow \text{金融资产价值}\uparrow \rightarrow \text{财务困难的可能性}\downarrow \rightarrow \text{耐用消费品支出}\uparrow \rightarrow Y\uparrow$$

二、货币政策的作用过程

一般来说,中央银行通过各种货币政策工具的运用,将对商业银行的准备金和短期利率等经济变量产生比较直接的影响,而这些经济变量的变动将影响到货币供给量和长期利率等经济变量。由于货币供给量和长期利率等将对实际的经济活动产生比较直接的影响,因此,如果货币政策操作得当,则其最终结果将是达到其预定的货币政策的最终目标。

货币政策的作用过程大致可用图 11.2 来直观地加以表示。

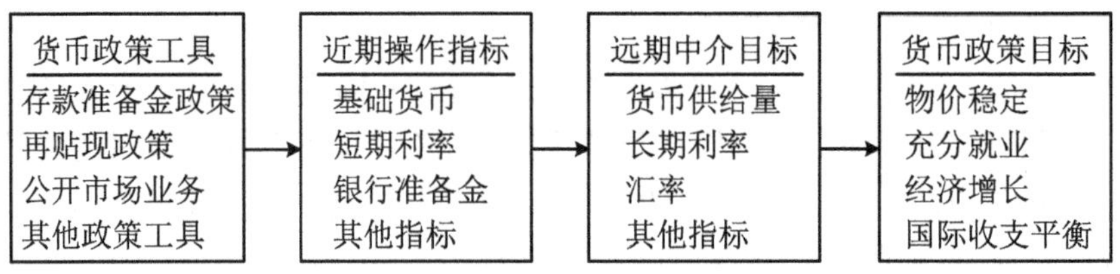

图 11.2 货币政策的作用过程

由图 11.2 可以看到，货币政策的作用过程或传导机制大致可分为以下三个步骤：第一步，货币政策工具的运用将直接地作用于货币政策的近期中介指标（操作指标）；第二步，货币政策近期中介指标的变动将影响货币政策的远期中介指标（中介目标）；第三步，货币政策远期中介指标的变动将影响实际的经济活动，从而达到货币政策的最终目标。

三、货币政策效应

货币政策效应就是货币政策的实施对实现货币政策目标的绩效或有效性，分为时滞效应和数量效应。人们用时间差来衡量货币政策时滞效应，而在衡量货币政策的数量效应即货币政策效应的大小强弱时，则是着眼于货币政策实施所取得的效果与预期所要达到的目标之间的差距。

（一）时滞效应

货币政策从制订到获得主要的或全部的效果，需要经过一段时间，这段时间即称为时滞（time lag）。如果收效太迟或难以确定收效时间，则政策本身能否成立也就成了问题。货币政策的时滞有内部时滞（inside lag）与外部时滞（outside lag）两种。

1. 内部时滞

内部时滞是指作为货币政策操作主体的中央银行制定和实施货币政策的全过程。当经济形势发生变化，中央银行认识到应当调整政策，并着手制定新政策，修正政策的实施方位或力度，再到操作政策工具的过程，每一步都需要耗费一定的时间。内部时滞还可细分为两个阶段：① 认识时滞（recognition lag）。即从经济金融情况发生变化，需要中央银行采取行动到中央银行在主观上认识到这种变化并承认需要采取行动的时间间隔。② 行动时滞（action lag）或行政时滞（administrative lag）。即从中央银行认识到需要采取行动到实际采取行动的时间间隔。

内部时滞的长短，主要取决于中央银行对经济形势变化和发展的敏感程度、预测能力，以及中央银行制订政策的效率和行动的决心。如果在经济衰退发生之前或通货膨胀明显暴露之前，中央银行就采取扩张的或紧缩的货币政策，则内部时滞就不存在。因此，内部时滞的长短与中央银行能否正确预测，能否提前行动高度相关。而这又与决策人员的素质、中央银行权力的大小以及经济体制的制约程度等问题紧密联系。

2. 外部时滞

外部时滞又称影响时滞，是指作为货币政策调控对象的金融部门及企业部门对中央银行实施货币政策的反应过程。与内部时滞相比较，外部时滞比较客观，且为货币政策时滞的主要部分。一般情况下，它由社会的经济、金融条件决定，中央银行不能直接控制。例如，由于客观经济条件的限制，货币供给量的增加与利率的下降不会立即引起总支出与总收入的增加。就投资而言，企业必须对外部经济信息有较强的敏感性，先做出投资决策，从意向产生到调查再到计划的形成，然后开始订购、运输、再投入生产等等，每一步都需要时间。可见，外部时滞也包括两个部分，即决策时滞(decision lag)和生产时滞(production lag)。

外部时滞的长短，主要取决于货币政策的操作力度和金融部门、企业部门对政策工具的弹性大小。货币政策并不直接控制对商品和劳务的需求，其生效的渠道主要在于投资的反应，而投资的反应是要通过利率起作用的。

总之，时滞是影响货币政策效应的重要因素。如果货币政策产生的影响可以很快表现出来，则中央银行可根据期初的预测值，考察货币政策的生效状况，并对货币政策的调控幅度作适当的调整，从而能够更好地实现预期目标。若货币政策的时滞不定且无法预测，则货币政策实施过程中经济可能会发生较大变化，使货币政策效果可能违背中央银行的初衷，甚至可能使经济、金融形势进一步恶化。因此良好的货币政策应使政策的时滞降低到最低程度。

(二) 数量效应

货币政策的数量效应，即对货币政策效应大小的判断，一般着眼于实施的货币政策所取得的效果与预期所要达到的目标之间的差距。

以评估紧缩政策为例，如果通货膨胀是由社会总需求大于社会总供给造成的，而货币政策正是以纠正供求失衡为目标，那么这项紧缩性货币政策效应的大小甚至是否有效，就可以从以下几个方面来考察：① 如果通过货币政策的实施，紧缩了货币供给，并从而平抑了价格水平的上涨，或者促使价格水平回落，同时又不影响产出或供给的增长率，那么可以说这项紧缩性货币政策的有效性最大。② 如果通过货币供给量的紧缩，在平抑价格水平上涨或促使价格水平回落的同时，也抑制了产出数量的增长，那么货币紧缩政策有效性的大小，则要视价格水平变动率与产出变动率的对比而定。若产出数量虽有减少，但减少规模还不算大，而抑制价格水平的目标接近实现，可视为货币紧缩政策的有效性较大；若产出量的减少非常明显，而价格水平目标的实现并不理想，货币紧缩的有效性就较小。③ 如果货币紧缩政策无力平抑价格上涨或促使价格回落，却抑制了产出的增长甚至使产出的增长为负，则可以说货币紧缩政策是无效的。衡量其他类型的货币政策效应，也可采用类似的思路。

(三) 货币政策效应的其他影响因素

1. 货币流通速度

货币流通速度如果不稳定，难以预测，货币政策的效果不仅可能被削弱，而且货币政策可能会成为影响经济稳定的根源。这是因为，社会总需求从流量上看，表现为一定时期内的货币支出总量，它等于货币供给量与货币流通速度的乘积。如果货币流通速度是一个难于预测的波动不定的量，那么即使中央银行能完全按照预定的目标调节货币供给量，也难以使总需求和 GDP 达到预期的水平，这时，货币政策就难以达到预期的效果。

2. 微观主体的预期因素

当一项政策措施出台时，各种微观经济主体不仅立即会根据可能获得的各种信息，预测政策的后果，从而很快做出对策，而且很少有时滞。面对微观主体广泛采取的具有抵消性作用的对策，货币当局的政策可能归于无效。但实际的情况是，公众的预期即使是非常准确的，要实施对策也要有个过程。这就是说，货币政策仍可以奏效，但公众的预期行为使其效应大打折扣。

除了上述因素外，影响货币政策效应的还有其他一些因素，尤其是客观经济条件的变化以及政治因素等。一是来自宏观经济条件的变化。一项既定的货币政策出台后，要保持一定的稳定性和持续性，不能朝令夕改。在这段时间内，如果经济出现某些始料不及的情况，而货币政策又难以做出相应调整时，就可能出现货币政策效果下降甚至失效的情况。二是来自既得利益者的政治压力。货币政策的实施，可能会影响到一些阶层、集团、部门或地方的既得利益，这些主体会做出强烈反应，形成压力，迫使货币政策调整。

【拓展阅读 11.4】　如何理解稳健的货币政策?

2018 年中国中央经济工作会议提出，要继续实施稳健的货币政策。稳健的货币政策立场没有改变，“稳健”强调了货币政策应始终坚持稳中求进的总基调，面对复杂严峻的内外部环境，货币政策要松紧适度，增强前瞻性、灵活性、针对性，强化逆周期调节，同时把握好宏观调控的度，保持货币条件与经济平稳增长及物价稳定的要求相匹配，既不能多，也不能少。

继续实施稳健的货币政策，并不意味着货币条件维持不变，而是要根据形势的发展变化，动态优化和逆周期调节，适度熨平经济的周期波动，在上行期防止经济过热和通货膨胀，在下行期对抗经济衰退和通货紧缩。从数量上看，M_2 和社会融资规模增速应与名义 GDP 增速大体匹配；从价格上看，利率水平应符合保持经济在潜在产出水平的要求。在总量适度的同时，还要适当运用结构性货币政策工具发挥定向滴灌功能，优化流动性的投向和结构，促进结构性调整和改革。实施稳健的货币政策要服务好、打好三大攻坚战，防范系统性金融风险的要求，为打赢防范、化解重大风险攻坚战营造适宜的货币环境，既要防止货币条件过紧引发风险，也要防止大水漫灌加剧扭曲和继续累积风险。在开放宏观格局下，货币政策保持稳健，还需要把握好内部均衡和外部均衡的平衡，协调好本外币政策。当内部均衡和外部均衡产生矛盾时，作为以内需为主的大国经济体，应以内部均衡为主，同时兼顾外部均衡，找到最优的平衡点。

为了确保中国经济平稳发展，下一阶段，要继续坚持以供给侧结构性改革为主线，推动经济高质量发展。稳健的货币政策要松紧适度，既要防止货币条件过紧引发风险，也要防止大水漫灌加剧扭曲和继续累积风险，其核心是服务好实体经济。同时，要平衡好总量和结构之间的关系，创新货币政策工具，发挥“几家抬”的政策合力，从供需两端共同夯实疏通货币政策传导的微观基础。协调好本外币政策，处理好内部均衡和外部均衡之间的平衡。强化正向激励机制，促进金融结构调整优化，提高金融结构的适应性，在服务经济结构转型升级的同时增强金融体系的韧性。健全货币政策和宏观审慎政策双支柱调控框架，守住不发生系统性金融风险的底线。在发挥稳健货币政策作用的同时，还要加强政策统筹协调，强化激励相容机制。要继续推进供给侧结构性改革，补短板、稳预期，改善营商环境，提振企业家和市场信心，保持经济平稳可持续增长。

摘自：中国人民银行货币政策分析小组. 2018 年第四季度中国货币政策执行报告[R]. http://www.pbc.gov.cn/zhengcehuobisi/125207/125227/125957/3537682/3768943/index.html.

本章小结

货币政策一般包括三个方面的内容：政策目标、政策工具及具体执行所达到的政策效果。此外，还应包含中介指标和政策传导机制等内容。

货币政策主要有四大目标，即稳定物价、充分就业、经济增长及国际收支平衡。这些货币政策目标，有的可以兼容协调，但更多的却是存在着一定的矛盾和冲突。因此，在货币政策的实践中，必须协调或解决不同目标之间的矛盾。究其方法最主要的有四种，即统筹兼顾、相机抉择、轮番出击及政策配合。

货币政策中介指标的选择标准主要有三个，即可测性、可控性和相关性。此外，还有抗干扰性和适应性标准。中介指标有近期操作指标和远期中介目标之分，前者可供选择的经济变量主要有短期利率、基础货币和银行准备金等，后者可供选择的经济变量有货币供给量、利率和汇率等。

货币政策工具大致可分为一般性政策工具(即存款准备金政策、再贴现政策和公开市场操作“三大法宝”)、选择性政策工具、补充性政策工具(包括直接信用控制工具和间接信用指导工具)。另外还有非常规政策工具、结构性政策工具之说。

货币的传导机制主要包括凯恩斯学派的传导机制、现代货币学派的传导机制、资产价格渠道传导机制和信贷渠道传导机制等。

货币政策效应就是货币政策的实施对实现货币政策目标的绩效或有效性，分为时滞效应和数量效应。前者是指货币政策从制订到获得主要的或全部的效果所需要经过的一段时间，包括内部时滞和外部时滞两种；而后者则是指实施的货币政策所取得的效果与预期所要达到的目标之间的差距。

【关键术语】

货币政策　货币政策目标　货币政策操作指标　货币政策中介指标　货币政策工具　存款准备金政策　再贴现政策　公开市场操作　非常规政策工具　结构性政策工具　货币政策传导机制　货币政策效应　货币政策时滞效应　货币政策数量效应

【思考题】

1. 什么是货币政策？其与金融政策的区别和联系是什么？

2. 西方国家货币政策的最终目标有哪几个？中央银行在同一时间实行同一种货币政策能否同时达到这些最终目标？为什么？

3. 如何确定货币政策的中介目标，其主要依据有哪些？

4. 试述货币政策工具包括的内容。

5. 什么是法定存款准备金政策？其效果和局限性如何？

6. 什么是再贴现政策？它有哪些优缺点？

7. 什么是公开市场业务(操作)？它有哪些优缺点？

8. 非常规货币政策工具各主要有哪些？其作用特点如何？

9. 我国中央银行所采用的结构性货币政策工具有哪些？其作用特点如何？

10. 什么是货币政策传导机制？在货币政策传导机制问题上，凯恩斯学派与现代货币学派分别有怎样的解释？

11. 如何认识货币政策的效果？内部时滞和外部时滞的决定因素有何不同？

【延伸阅读】

1. 宋鹭. 结构性货币政策的理论基础与演进逻辑[N]. 中国社会科学报，2019-8-7(004).

2. 尹振涛. 美联储非常规货币政策的十年回望[J]. 金融博览，2019(02)：32-33.

3. 周君芝. 结构型货币政策工具解析[J/OL]. https://bbs.wence.cn/thread-98814-1-1.html.

第十二章　金融危机与金融监管

⊙ 导言

金融危机与金融监管问题是20世纪以来一直困扰世界各国金融与经济安全、稳定的重大问题之一。20世纪30年代的世界经济大危机和70年代以后尤其是90年代以来频繁爆发的金融风暴、金融危机，提醒人们注意研究、防范和应对金融体系运行与发展失常及其引发的种种消极的经济金融效应。而近年来兴起并不断加深加快的经济金融全球化则进一步要求人们把对金融监管问题的考察视野扩展到金融的所有领域和超越国界的范围。

总体而言，现代金融活动十分复杂，由于它是以货币为媒介、以信用为条件而建立起来，其作用力、影响面是十分广泛而深远的，也就是说金融领域内存在的垄断、外部性、产品的公共性、信息的不完整性、过度竞争带来的不稳定性以及分配的不公平性都会导致金融产品与金融服务价格信息的扭曲，这种金融市场失灵会导致社会资金配置效率下降，因此也必须在对金融运行进行调节的同时，对金融活动进行监督和管理。

本章主要介绍金融危机及金融脆弱性问题，金融监管及其理论基础、目标和原则，金融监管的内容、手段及方式方法，金融监管体制及其演进与趋势，银行业监管的国际标准(《巴塞尔协议》)，以及中国的金融监管等方面的内容。

第一节　金融危机与金融脆弱性

一、金融危机的概念

金融危机(Financial Crisis)又称金融风暴，是金融领域的危机。根据《新帕尔格雷夫经济学大辞典》(The New Palgrave Dictionary of Economics)中的定义,金融危机是指一个国家或几个国家与地区的全部或大部分金融指标(如短期利率、资产(包括证券、房地产、土地)价格、商业破产数和金融机构倒闭数)的急剧、短暂和超周期的恶化。

金融危机的特征是人们基于经济未来将更加悲观的预期,整个区域内货币币值出现幅度较大的贬值,经济总量与经济规模出现较大的损失,经济增长受到打击。往往还伴随着企业大量倒闭,失业率提高,社会普遍的经济萧条,甚至有些时候伴随着社会动荡或国家政治层面的动荡。

【拓展阅读 12.1】 金融危机与经济危机的区别

首先,金融危机与经济危机是有区别的。从理论上说,"金融"与"经济"本身就存在较大差别。"金融"是以货币和资本为核心的系列活动的总称,与它相对应的主要概念有"消费"和"生产"。所谓金融危机,就是指与货币、资本相关的活动运行出现了某种持续性的矛盾,比如,票据兑现中出现的信用危机、买卖脱节造成的货币危机等。"经济"的内涵要比"金融"更广泛,它包括"消费"、"生产"和"金融"等一切与人们的需求和供给相关的活动,其核心在于通过资源的整合,创造价值、获得福利。就此而言,"经济"是带有价值取向的一个结果,"金融"则是实现这个结果的某个过程。因此,经济危机,是指在一段时间里价值和福利的增加无法满足人们的需要,比如,供需脱节带来的大量生产过剩,或是信用扩张带来的过度需求。可见,经济危机与金融危机最大的区别在于,它们对社会福利造成的影响程度和范围不同。从某种意义上说,金融危机只是一种过程危机,而经济危机则是一种结果危机。

其次,金融危机与经济危机是有联系的。从历史上看,大部分经济危机与金融危机都是相伴相随的。也就是说,在发生经济危机之前,往往会先出现一波金融危机。其主要缘由在于随着货币和资本被引入消费和生产过程,消费、生产与货币、资本的结合越来越紧密。以生产过程为例,资本在生产过程的第一个阶段——投资阶段,便开始介入,货币资本由此转化为生产资本;在第二个阶段里,也就是加工阶段,资本的形态由投资转化为商品;而在第三个阶段里,也就是销售阶段,资本的形态又由商品恢复为货币。正是货币资本经历的这些转换过程,使得货币资本的投入与取得在时空上相互分离,任何一个阶段出现的不确定性和矛盾都足以导致货币资本运动的中断,资本投资无法收回,从而出现直接的货币信用危机,也就是金融危机。当这种不确定性和矛盾在较多的生产领域中出现时,生产过程便会因投入不足而无法继续,从而造成产出的严重下降,导致更大范围的经济危机。当然,也不能排除金融危机独立于经济危机发生的可能性,尤其是当政府在金融危机之初便采取强有力的应对政策措施，比如，通过大规模的"输血"政策，有效阻断货币信用危机与生产过程的联系，此时就有可能避免经济危机的发生或深入。

资料来源：李志青.金融危机与经济危机有何区别[N].解放日报，2009-7-19(006).

二、金融危机的类型

通常所说的金融危机分为货币危机、银行危机、债务危机以及系统性金融危机。国际货币基金组织(IMF)在1998年的《世界经济展望》(WEO)中给出了四种危机类型的定义：

(1) 货币危机(currency crisis)，是指当一国货币的交换价值受到攻击，该国货币出现大幅度贬值，迫使该国当局为捍卫本币动用大量国际储备或迅速提高利率从而引发的危机。1997年东南亚金融危机的发生就是由货币危机所引起的。

(2) 银行危机(banking crisis)，是指真实的或潜在的银行挤兑或者破产引发银行纷纷终止国内债务的清偿，或迫使政府提供大规模援助以及干预以阻止事态的恶化。银行危机极易扩散到整个金融体系。

(3) 债务危机(foreign debt crisis)，是指一国在国际借贷领域的债务超过了借款者自身的偿还能力，国家无力偿还国外债务(主权债务或私人债务)或者必须延长偿还期而导致的危机。例如起始于1982年的拉美债务危机及2009年的欧洲债务危机就是典型代表。

(4) 系统性金融危机(system financial crisis)，可以称为"全面金融危机"，是那些波及整个金融体系乃至整个经济体系的危机。比如20世纪30年代引发西方经济大萧条的美国金融危机，20世纪90年代导致日本经济萎靡不振的日本金融危机，1997年袭击东南亚的亚洲金融危机等。这些危机都是从一种金融市场波及到另外一种金融市场，例如从股市到债市、外汇、房地产甚至整个经济体系。

20世纪70年代以来，全球各地所发生的金融危机，越来越呈现出某种混合形式的危机，即货币危机、银行业危机和债务危机相互交织、共同出现。比如，2007～2009年由美国次贷危机所引发的全球性金融危机。这次危机虽然是源于美国次级贷款市场，但它却引发了欧洲国家的银行危机、货币危机、债务危机同时或相继发生，波及了整个金融体系乃至实体经济，最终演变成为全球性金融危机。

三、金融危机的根源：金融脆弱性

金融危机源自金融脆弱性。金融业是一个高负债、高风险的行业，金融体系具有内在的脆弱性，这不仅影响金融体系的稳健运行和金融业的健康发展，同时也会影响宏观经济的稳定。20世纪80年代以来的各类金融危机，其中不乏引发危机爆发的外部诱因，但各经济体、金融体系的脆弱性则是危机爆发的内在原因或根源。

（一）金融脆弱性的概念

金融脆弱性(financial fragility)有广义和狭义之分。狭义的金融脆弱性是指金融业高负债经营的行业特点所决定的更易失败的本性，有时也称之为“金融内在脆弱性”。广义的金融脆弱性简称为“金融脆弱”，是指一种趋于高风险的金融状态，泛指一切融资领域中的风险积聚，包括信贷融资和金融市场融资。现在通用的是广义金融脆弱性概念。

金融脆弱性与金融风险意义相近而着眼点不同。从严格的意义上说，金融风险是指潜在的损失的可能性。金融脆弱则不仅包括可能的损失，还包括已经发生的损失。此外，狭义的金融脆弱性强调“内在性”，即它是金融部门与生俱来的一种特性，对于银行来说，其脆弱性根源在于信贷资金使用与偿还在时间上的分离。不过国内对于风险的使用已经趋于广泛化，常常与脆弱性难以明确区分。

金融脆弱性可以根据一系列的经济、金融指标来度量。关于指标的选取各国有所不同，但大同小异。IMF 和世界银行(WB)于 1999 年 5 月联合启动了一个“金融部门评估计划”(FSAP)主要用来判别金融体系的脆弱性，其中包括宏观审慎指标，如经济增长、通货膨胀、利率等；综合微观审慎指标，如资本充足性、盈利性指标、资产质量指标等。

金融机构的脆弱性，最基本的衡量指标是清偿力，即银行资产与负债之差。由于银行普遍具有“硬负债、软资产”的特点，因而衡量银行的清偿力就变成了对其资产的估价问题，不良资产比率成为衡量金融脆弱性的主要指标。商业银行的盈利能力下降、银行频繁要求流动性支持、管理方面的弱点以及内外部控制方面的缺陷也能暗示金融脆弱性。

20 世纪 90 年以来，许多经济学家对金融脆弱性的具体指标选择进行了更深入的研究，他们认为下列指标可以反映金融部门正趋于脆弱：短期债务与外汇储备比例失调；巨额经常项目逆差；预算赤字大；资本流入的组成中，短期资本比例过高；汇率定值过高；货币供给量迅速增加；通货膨胀在 10 个月内的平均水平高于历史平均水平 8%以上；M_2 对官方储备比率连续 12 个月的上升后急速下降；高利率等。

（二）金融脆弱性的成因

金融脆弱性的概念产生于 20 世纪 80 年代初，但其研究却可以追溯到费雪(1933)和凯恩斯(1936)。对金融脆弱性的研究着重于两个方面：一是对引起金融脆弱性原因的研究，即回答“为什么”的问题；二是对如何防范和化解金融的脆弱性的研究，即回答“怎么办”的问题。这两方面的研究是互相联系、互相补充的。至于形成金融脆弱性的原因，经济学家主要从信息不对称、资产价格波动及金融自由化等几方面进行了剖析①。

1. 信息不对称

弗雷德里克·S. 米什金(Frederic S. Mishkin，1996)认为，正是因为存在信息不对称所导致的逆向选择和道德风险，以及存款者的“囚徒困境”可能引起的存款市场上的银行挤兑，因此银行等金融机构具有内在的脆弱性。米什金(1999)还直接将银行危机与道德风险相联系，认为银行危机是因为逆向选择和道德风险的不对称信息问题而严重恶化。

(1) 借款人与金融机构间信息不对称。斯蒂格利茨和韦斯(Stiglitz and Weiss，1981)的研究表明，在信贷市场上，逆向选择和不当激励总是存在的。从历史经验来看，最容易使金融机构陷入困境的是那些在经济繁荣的环境下可能产生丰厚收益，但一旦经济形势逆转便会出现严重问题的投资项目，而这些项目很难做出准确预测。米什金用债务合约的道德风险解释了这一现象。他认为，债务合约是一种规定借款人必须定期向贷款人支付固定利息的合约，当企业有较多的利润时，贷款者收到契约性偿付款而不需知道公司的利润。只有当企业不能偿还债务时，才需要合约贷款者来审查企业的盈利状况，而此时已对银行资产质量构成了威胁。虽然贷款人可以通过限制性契约等手段来约束借款者，但并不能预防所有的风险活动，借款者总能找到使限制性契约无法生效的漏洞。

(2) 存款人与金融机构间信息不对称。由于存款者对银行资产质量信息缺乏充分了解，存款者无法辨别他们的存款银行究竟是否功能健全。在存款基础稳定的条件下，金融机构可以保证足够的流动性以应付日常提款，但是一旦发生任何意外事件，由于金融机构要根据“顺序服务原则”行事，存款者便有强烈的冲动首先要去银行加入挤兑的行列。由此，存款人个体行为理性的结果导致集体的非理性，这正是博弈论的经典例证“囚徒困境”所说明的结论。这意味着在市场信心崩溃面前，金融机构是非常脆弱的。

2. 资产价格波动

美国经济学弗兰克·奈特(Frank H. Knight，1921)曾论述了不确定的思想，从而将不确定性因素引入到经济分析中。凯恩斯吸收并发展了奈特的思想，认为大多数经济决策都是在不确定的条件下做出的。金融市场的不确定性首先来自于金融资产未来收入流量的不确定性，这种不确定性又来自于生产性投资自身的风

① 王玉，陈柳钦. 金融脆弱性理论的现代发展及文献评述[J]. 贵州社会科学，2006(3)：12-16+43.

险。凯恩斯(1936)认为,投资取决于投资者对未来市场前景的心理预期,而这一预期又是以投资者对于未来模糊的、不确定的、缺乏可靠基础的偏差而发生剧烈的市场波动。金融市场的脆弱性,往往是从价格波动的角度来研究的。金融资产价格的不正常波动或过度波动,积累了大量的金融风险,极其容易爆发危机。

(1) 传统的金融市场脆弱性源于股市的过度波动。凯恩斯(1926)将经济繁荣时推动资产价格上升的现象描绘成"乐队车效应",即当经济的繁荣推动股价上升时,幼稚的投资人开始涌向价格的"乐队车",使得股票价格上升得更快,以至于达到完全无法用基础经济因素来解释的水平。由于脱离了基础经济因素,市场预期最终会发生逆转,导致股市崩溃。查尔斯·P.金德尔伯格(C. P. Kindleberger,1978)认为市场集体行为非理性所导致的过度投机对资产价格有巨大影响,过度投机足以引起股市的过度波动。

(2) 市场的不完全有效性引起金融市场的脆弱性。尤金·法玛(Eugene Fama)于1970年深化并提出了有效市场假说(Efficient Markets Hypothesis,EMH)。法玛将有效市场分为弱型、半强型和强型三种水平。首先,在弱有效市场上,大多数不明真相、信息缺乏的投资者往往容易产生盲目从众和极端投机行为,从而破坏市场的均衡,金融泡沫开始形成并迅速膨胀,金融市场的脆弱性增加,等到泡沫破灭时,引发金融危机。其次,在半强有效市场上,仍然无法克服其自身存在的信息不对称性缺陷,也无法解决广泛存在的内幕消息问题。因此,在这类市场上仍可能会产生大量泡沫,但同弱有效市场相比,半强有效市场上的泡沫膨胀的程度可能要小。其三,强有效市场是一种理想型的市场,在现实经济中并不存在。

(3) 汇率的波动性增加金融市场脆弱性。汇率的过度波动是指市场汇率的波动幅度超出了真实经济因素所能够解释的范围。在浮动汇率制度下,经常会出现汇率的过度波动和错位,汇率的易变性是浮动汇率下汇率运动的基本特征。因此,在浮动汇率下,汇率体系的稳定性被进一步的弱化。在固定汇率制下,实际上也存在汇率过度波动的问题。这是因为,当市场参与者对某一货币当前汇率的稳定性失去信心时,他们就会抛售该货币,使政府难以维持固定汇率水平,随之发生货币危机。国际金融市场上存在的巨额投机资金,常常使得货币当局维持汇率的努力显得很微弱,而市场上的其他参与者在面对某种货币汇率的强大调整压力时,其理性的行为方式常常是从众心理,这大大增加了汇市的振幅。

3. 金融自由化

金融自由化也称"金融深化",是"金融抑制"的对称,是指政府或有关监管当局对限制金融体系的现行法令、规则、条例及行政管制予以取消或放松,以形成一个较宽松、自由、更符合市场运行机制的新的金融体制。其主要表现是:第一,减少或取消国与国之间对金融机构活动范围的限制,允许外国及金融机构在本国经营和国内金融机构一样的业务。第二，放松或解除外汇管制，促进资本的国际流动。第三，放宽各种金融机构业务活动范围的限制，允许不同金融机构之间的业务适当交叉。第四，放宽或取消对银行的利率管制。第五，鼓励金融创新活动，允许和支持新型金融工具的交易。金融自由化对金融脆弱性的影响主要表现在以下几方面：

(1) 利率自由化与金融脆弱性。长期以来，利率自由化被认为是金融自由化的主要内容。利率自由化使得利率风险更突出了。从短期看，一方面，利率自由化后，长期受到抑制的利率水平会显著升高，这会影响宏观金融的稳定；另一方面，利率自由化使得利率水平变动不定，长期在管制状态下生存的金融机构可能没有能力规避利率风险。从长期看，利率自由化使得利率变动的不确定性具有长期性和非系统性，只要利率管制放开，风险必然不请自来。

(2) 混业经营与金融脆弱性。金融自由化的一个主要措施是放松金融机构业务范围的限制，使之由分业经营走向混业经营。混业经营容易形成金融市场的垄断，产生不公平竞争，且过大的综合性银行集团会产生集团内竞争和内部协调困难的问题，可能会招致新的更大的金融风险。根据 J. A. C. Santos(1998)和 I. Walter(2003)的分析，混业经营会带来严重的利益冲突(conflicts of interest)问题，最终威胁到整个金融系统的安全性和稳定性。

(3) 金融创新和金融脆弱性。金融创新是指金融内部通过各种要素的重新组合和创造性变革所创造或引进的新事物。其大致可归为三类，即金融产品创新、金融制度创新和金融组织创新。金融产品创新主要表现为金融衍生品的增加，而金融衍生品市场的发展，打破了银行业与金融市场之间、衍生产品同原生产品之间以及各国金融体系之间的传统界限，从而将金融衍生产品市场的风险传播到全球的每一个角落，使得全球金融体系的脆弱性不断增加。另外，过度的金融制度创新、过快的金融组织创新都会增加金融监管的真空地带。不仅如此，由于金融创新大大丰富了银行资产的可选择性，商业银行不再轻易向中央银行借款，因而中央银行的货币政策工具的作用在下降。

【拓展阅读 12.2】 金 融 创 新

有兴趣的读者可以登录“MBA 智库・百科”，获取相关知识，具体网址为：https://wiki.mbalib.com/wiki/%E9%87%91%E8%9E%8D%E5%88%9B%E6%96%B0#10006-weixin-1-52626-6b3bffd01fdde4900130bc5a2751b6d1.

(4) 资本自由流动和金融脆弱性。伴随着金融自由化的发展，资本项目开放加速，资本自由流动逐渐成为一种观念。许多人认为资本在所有国家之间的自由流动，与商品和服务的自由贸易一样，可以互利互惠。但在东南亚金融危机爆发以后，国际上又开始重新审视资本流动带来的风险和脆弱性。实践表明，伴随着国际资本的大量流入，新兴市场经济快速增长，但这种由外债驱动的增长使其更易受到发达国家利率、汇率等外部因素的制约，造成金融不稳定。另外，在现代通信和电子技术条件下，资金的转移非常迅速，它能随时对任何瞬间出现的暴利空间或机会发出快速攻击，造成金融市场的巨大动荡。游资常用的投机做法是运用杠杆原理，以较少的保证金买卖几十倍甚至上百倍于其保证金金额的金融商品，很容易在较短时间内吹起经济泡沫，引发市场的大幅波动。

第二节　金融监管的界说与理论

从逻辑上来说，金融监管理论的产生和发展源于金融监管实践的发展变化。回顾历史，人们对于金融监管的关注或需求，一向是对危机的最为直接的反应。无论是美国历史上的各种银行管制条例，还是负责银行监管国际合作的巴塞尔委员会及其一系列影响深远的指导原则，几乎无一例外地都是应对危机的直接产物。不仅如此，人们往往在市场表现出种种失灵时转而求助于政府，指望政府可以力挽狂澜，并且最好是可以未雨绸缪，化危机于无形。因此，金融监管的一般理由与因市场失灵而要求政府介入的一般理由可以说是一致的。

一、金融监管的概念

金融监管(financial regulation/supervision)属于管制的范畴，本质上是一种具有特定内涵和特征的政府规制行为。综观世界各国，凡是实行市场经济体制的国家，无不客观地存在着政府对金融体系的管制。

金融监管是金融监督和金融管理的总称。金融监督是指金融主管当局对金融机构实施的全面性、经常性的检查和督促，并以此促进金融机构依法稳健地经营和发展。金融管理是指金融主管当局依法对金融机构及其经营活动实施的领导、组织、协调和控制等一系列的活动。

可见，金融监管一般是指金融监管当局基于信息不对称、逆向选择与道德风险等因素，对金融机构、金融市场、金融业务进行审慎监督管理的制度、政策和措施的总和。金融监管有狭义和广义之分。狭义的金融监管是指金融监管当局依据国家法律规定对整个金融业(包括金融机构和金融业务)实施的监督管理。广义的金融监管在上述含义之外，还包括了金融机构的内部控制和稽核、同业自律性组织的监管、社会中介组织的监管等内容。

金融监管是一种外部力量，因此，金融监管并不能确保金融机构不发生金融风险和损失。

二、金融监管的理论基础

金融监管的理论基础是金融市场的不完全性。正是由于金融市场失灵[①],才导致政府有必要对金融机构和金融市场进行监管。

(一)金融体系的负外部性效应

金融体系的负外部性效应是指金融机构的破产倒闭及其连锁反应将通过货币信用紧缩破坏经济增长的基础。按照福利经济学的观点,外部性可以通过征收来进行补偿,但是金融活动巨大的杠杆效应——个别金融机构的利益与整个社会的利益之间严重的不对称性使这种办法显得苍白无力。科斯定理从交易成本的角度说明,外部性也无法通过市场机制的自由交换得以消除。因此,金融领域严重的负外部性,需要一种市场以外的力量介入来限制金融体系的负外部性影响。

(二)金融体系的公共产品特性

金融服务是面向所有公众提供的产品。基本上所有的人都可以选择金融服务,不可能因为一个人的消费而排除其他人的消费。同时,由于金融服务固有的规模经济效应,其竞争性也很弱。弱的排他性和竞争性的金融服务具有明显的公共产品特性。这一特性决定了金融交易中的搭便车行为无法避免。这就造成金融机构可能会违背审慎经营原则,承担过多的风险;消费者缺乏监督生产者(金融机构)稳健经营的积极性。这样,稳定、公平的金融体系这一公共产品供应必然不足。为此,需要通过外部监管来保持金融体系的健康稳定。

(三)金融机构自由竞争的悖论

金融机构是经营货币的特殊企业,它所提供的产品和服务的特性,决定其不完全适用于一般工商业的自由竞争原则。第一,规模经济的特点使金融机构的自由竞争很容易发展成为高度的集中垄断,而高度的集中垄断不仅在效率和消费者福利方面会带来损失,而且也将产生其他经济和政治上的不利影响;第二,市场自由竞争的结果是优胜劣汰,但是任何一家金融机构都不能像一般工商企业那样随便关门,否则很容易引起金融体系的不稳定,甚至危及整个社会经济体系。为此,自从自由银行制度崩溃之后,金融监管的一个主要使命就是如何在维持金融体系效率的同时,保证整个体系的相对稳定和安全。

---

① 金融市场失灵主要是指金融市场对资源配置的无效率。其主要针对金融市场配置资源所导致的垄断或者寡头垄断,规模不经济及外部性等问题。现代经济学的发展,尤其是“市场失灵理论”和“信息经济学”的发展为金融监管奠定了理论基础。

（四）金融市场信息不对称和信息不完备

信息不对称和信息不完备是金融市场最核心的特征。在金融市场上，债权人、股东、委托人只能掌握有限的信息，而债务人、股份公司和受托人则拥有明显的信息优势。信息不完备是指信息供给不充分、故意隐瞒真实信息，甚至提供虚假信息等。信息不对称和信息不完备会导致金融活动中的逆向选择和道德风险，导致即使主观上愿意稳健经营的金融机构也有可能随时因信息问题而陷入困境，导致金融市场交易的不公正和效率损失。然而，金融交易的主体又往往难以承受搜集和处理信息的高昂成本，因此，就需要一个监管部门通过采取必要的措施来减少金融体系中的信息不对称和信息不完备。

第三节　金融监管的目标、内容及手段

一、金融监管的目标和原则

（一）金融监管的目标

金融监管目标可分为一般目标和具体目标。一般目标是指维护金融体系的稳定、健全和高效，保证金融机构和金融市场稳定、健康地发展，保护金融活动各主体特别是存款人的利益，推动金融和经济的发展。这是几乎所有国家都要求达到的目标，所以是金融监管所要达到的一般的、总体的或者说基本的目标。金融监管的一般目标可以分成四个层次来理解：

第一，减少金融风险，确保经营安全。金融监管当局的根本目的就是通过监管，确保金融业安全经营，保证金融机构的正常经营活动，不发生或尽可能减少当事人的损失，从而保护存款人的利益和金融体系的安全。

第二，实现公平有效的竞争，促进金融业的健康发展。公平竞争是市场经济的客观要求，通过金融监管当局的监管、引导、调控，为金融业的发展创造一个良好、公平的竞争环境，鼓励金融业在竞争的基础上提高效率，促进社会经济的顺利发展。

第三，实现金融业经营活动与国家金融货币政策的统一。金融机构以追逐利润为主要目的，其经营活动常常会与国家的货币政策或社会规范产生矛盾，抵消甚至破坏国家货币政策的实施效果。因此，必须通过强有力的监督管理，限制金融机构的那些与国家的货币政策目标相违背的经营活动，确保金融机构经营活动与国家的货币政策或社会规范保持一致。

第四，增强本国金融业在国际市场上的竞争力。其实，维护金融行业健康发展，提升金融业的国际竞争力，必须从促进金融业改革创新和优化健全金融监管体系两方面去作不懈努力。

由于各国的历史、经济、文化发展背景和发展水平不一，一国在不同的发展时期经济和金融体系发展状况不一，因此不仅各国的具体目标不一样，而且一国在不同时期的具体目标也会有所调整和变化。需要指出的是，各国金融监管的具体目标都体现在其中央银行法或相关监管法规中。如我国现行的《中华人民共和国银行业监督管理法》规定，银行业监督管理的目标是促进银行业的合法、稳健运行，维护公众对银行业的信心。

（二）金融监管的原则

金融监管的基本原则是指能够全面、充分地反映金融法所调整的金融监管关系的客观要求，并对监管关系的各个方面和全过程都具有普遍意义的基本准则。金融监管的基本原则主要有六个。

(1) 依法监管原则。这是指监管职权的设定、行使必须依据法律、行政法规的规定。该原则的内容包括任何监管职权都必须基于法律的授权才能存在；任何监管职权的行使都必须依据法律、遵守法律；任何监管职权的授予及其运用都必须依据法律。

(2) 适度竞争原则。适度竞争有两层含义：一是防止失去竞争从而失去活力和生机，避免出现金融市场上的垄断行为；二是防止不计任何手段的恶劣竞争，避免出现危及金融业安全、稳定的行为。这就要求金融监管做到“管而不死，活而不乱，限制过度竞争，而又不消灭竞争”，既要反垄断，又要避免恶性竞争。

(3) 自我约束原则。这一原则要求金融机构建立健全内部控制制度，充分发挥金融机构的自我约束能力，实现“外控”以“内控”为基础，“外控”与“内控”相结合。只要金融业的经营活动符合金融法律、法规规定的范围、种类和可承担的风险程度，并依法经营，监管当局就不应做过多的干涉。总之，要尽可能地少影响金融机构正常的经营活动，控制监管的负效应。

(4) 综合性管理原则。即金融监管应着眼于管理的系统化、最优化，将行政的、经济的、法律的管理手段，以及直接的、间接的，外部的、内部的，自愿的、强制的，正式的、非正式的，报表的、现场的，事先的、事后的，国内的、国外的，经常性的、集中突出性的，专业的、非专业的，资产的、负债的等等，各种不同管理方式和管理技术手段结合起来，综合配套使用。值得注意的是，此项原则同时也强调一国国内各监管机构之间、各国监管机构之间的相互协调。

(5) 社会经济效益原则。即在实施监管的过程中，应充分考虑金融机构的设立及其业务活动是否符合经济发展的需要，是否有利于提高社会经济效益；金融市场的运行状况及各个主体的行为是否有利于促进整个社会经济的稳定运行和发展。在此基础上来确定监管重点和选择相应的管理手段。

(6) 管理机构的一致性原则。即金融监管各级机构应该按同一标准要求进行监管。

二、金融监管的内容

金融监管的内容从不同的角度看有不同的方面。从金融机构工作性质看,金融监管的内容有事务性监管和业务性监管;从监管的目的看,金融监管的内容又可分为合规性监管和审慎性监管;而从金融业务流程看,金融监管内容主要有市场准入监管、业务运作过程监管和市场退出监管。在此,主要从市场准入、业务运作和市场退出三个方面阐述金融监管的内容。

(一) 市场准入监管

金融监管是从市场准入监管开始的,把好市场准入这一关,可以把一些不符合要求、有可能对金融体系造成危害的机构拒之门外。各国的金融监管部门一般都参与设立金融机构的审批过程。对金融机构市场准入监管的关键是合格的管理人员和最低限度的资本金额,尽管各国在这两个方面的具体要求不尽相同,但都非常重视对这两个条件的审核控制。

金融监管部门对金融机构市场准入的监管,或者说对申请设立金融机构的审批,一般考虑必要性和可能性两个方面。

在设立金融机构必要性方面,主要考虑:① 是否适合宏观经济发展的需要。经济发展离不开金融业的支持,但金融业的发展也必须适应宏观经济的需要。金融机构并非越多越好。② 是否符合金融业发展的政策和方向。根据金融部门内各类金融机构的发展情况,金融管理当局会出台一些旨在促使金融部门平衡发展的政策。这样,在审批新设金融机构时,应考虑到要符合金融部门发展政策的要求。③ 是否符合地域分布合理化要求。在新设金融机构方面,应考虑到地域空间布局的合理性,这样,既能有效发挥金融机构的作用,又不至于造成过度竞争的不良局面。

在设立金融机构的可能性方面,则主要考虑:① 资本金要求。足够数量的资本金是金融机构抵御风险能力的重要标志。除了资本金数量外,资本金必须真实合规、足额到位,且股东结构合理,不能过分集中。② 管理人员要求。由于金融机构业务专业性强、责任心要求高,所以金融机构负责人、各级管理人员和业务人员都必须符合相应要求。③ 内部组织结构、制度建设和业务发展规划。新设金融机构在这些方面的建设不仅要符合一般工商企业的规范要求,更要符合金融业发展的特殊要求，即稳健运营、风险防范等。④ 经营场所要求。具有固定的、一定面积的营业场所，并且具备安全、消防及其他与业务有关的设施。

（二）业务运作过程监管

对金融机构业务运作过程的监管，才是金融监管的重头戏和主要内容。其主要包括以下六个方面。

1. 资本充足率监管

对于资本金要求，除了在设立时规定最低资本金数额外，在运行中还要求金融机构自有资本与资产总额、负债总额之间保持适当的比例。资本充足率的最普遍定义是指资本对风险资产的比例。此外，衡量资本充足性还有其他许多标准，如资本存款比率、资本对负债总量的比率、资本对总资产的比率等。

由于在运营时，金融机构的资产规模、负债规模在不断变化之中，当资产规模非常大的时候，总资产规模的一个很低的亏损比例，就可能侵蚀掉大部分甚至全部的资本金。因此，相对于其资本金规模来说，资产规模过大时，金融机构的风险是非常大的。这就要求监管部门对其资本充足比例有一定的要求。

2. 流动性要求

流动性对金融机构整体经营的安全性非常重要。一般来说，短期资产的流动性比长期资产的流动性高，流动资产的流动性比固定资产的流动性高。以银行为例，当银行资产流动性不足时，面对存款人取款需要，银行要么折价出售资产变现，要么无法满足提款需要。这样，银行不是承受较大的损失，就是要面临挤提的危险，这对银行来说都非常不利。而从贷款人角度看，如果银行流动性不足，就没有资金可贷，无法满足贷款需要，这无疑会失去收入来源，同样威胁银行的正常运作。

要对金融机构的流动性做出准确的评价是非常困难的事情，要考虑的因素很多，各种因素的不确定性又非常大。在目前的实际工作中，各国的监管方法有所不同，但基本上都会主要考虑资产负债的期限结构搭配和利率结构搭配这两个方面。

3. 业务范围监管

在金融机构的业务范围限定方面，各国差异非常大，这与不同国家，不同的经济、金融发展水平，不同的金融监管水平以及历史发展习惯有关。德国的商业银行可以经营任何金融业务，被称为是全能银行；在美国，20 世纪 30 年代大危机之后，金融业也实行严格的分业经营，但自 1999 年《金融服务现代化法》颁布后，其金融业混业经营的趋势越来越明显。

在混业经营方面，不同国家的做法也不一样。有的国家允许银行直接经营非银行业务，但要控制非银行业务的规模；有的国家不允许银行直接经营非银行业务，但可以通过银行控股公司方式，由附属机构经营非银行业务；也有的国家允许特别的银行经营非银行业务，但对其进行特别的管理。从目前金融业发展趋势看，在金融市场一体化、金融创新层出不穷的情况下，金融业的混业经营已是大势所趋。

4. 资金运用风险管理

金融机构总是倾向于向盈利率高的项目贷款或投资。但是，盈利与风险是成正比的，盈利水平越高，其隐含的风险也越大。因此，世界各国的金融监管机构都尽可能地限制金融机构的资金运用过于集中，一般会对向某一方向的资金运用比例做出限制，比如在全部贷款中，对某一家企业的贷款不能超过一定比例。资金运用不能过分集中，不仅是金融监管部门的要求，而且也是金融机构本身的经营战略之一。

风险管理和风险监管是一项专业性很强、难度也很大的工作，仅仅对各种风险逐项控制还不够，更重要的是各种风险之间的关系及影响，如表内业务风险与表外业务风险，资产风险与负债风险等。

5. 外汇风险管理

金融机构不仅有本币资产，而且还有外汇资产，因而也有外汇资产风险监管问题。外汇风险又称汇率风险，指金融机构持有或在运用外汇的经济活动中，因汇率变动而蒙受损失的可能性。英国、日本等国对外汇风险的监管非常严格，相对而言，美国、法国、加拿大等国比较宽松。

6. 准备金管理

准备金制度的目的之一也是为了保证存款人的存款安全，同时也是为了商业银行本身的安全。银行的资本充足率与准备金制度有密切的关系，因此，对银行资本充足率的监管应考虑到准备金因素。各国的准备金制度也不尽相同，有的国家根据不同类别的金融机构、不同经营规模的金融机构、不同期限的存款，甚至经济发展水平不同的地区，实行不同的或差别的准备金率；但也有的国家不作如此具体的划分，比如不管银行规模大小，实行统一的准备金率。

（三）对有问题金融机构的最后挽救及市场退出监管

1. 对有问题金融机构的最后挽救措施

所谓有问题金融机构是指因经营管理状况的恶化或突发事件的影响，有发生支付危机、倒闭或破产危险的金融机构。为了尽量避免问题金融机构给社会带来震动，对有问题金融机构，监管部门会尽力采取挽救措施。具体措施主要包括以下三种。

1）存款保险制度（deposit insurance systems）

存款保险制度是市场经济条件下保护存款人利益的重要措施，是金融安全网的重要组成部分。所谓存款保险制度，是指吸收存款的银行业金融机构（统称投保机构）交纳保费形成存款保险基金，当投保机构经营出现问题时，存款保险基金管理机构依照规定使用存款保险基金对存款人进行及时偿付，并采取必要措施维护存款以及存款保险基金安全的制度。

存款保险最早产生在美国。为了挽救在经济危机冲击下已濒临崩溃的银行体系，美国国会于1933年颁布和实施了《格拉斯-斯蒂格尔法》(Glass-Steagall Act)，建立了世界上第一个存款保险机构——联邦存款保险公司(FDIC)。随着金融业自由化、国际化的发展，金融风险明显上升，绝大多数发达国家以及相当一部分发展中国家和地区也引入了这一制度。据国际存款保险机构协会(IADI)统计，截至2018年12月，全球共有143个国家和地区建立了这一制度。此外，还有25个国家和地区正在研究、计划或准备实施之中。目前，大多数国家或地区规定，存款在最高限额内，损失100%赔偿，超出限额则部分赔偿，存款者也承担一部分损失。

从目前看，存款保险机构的组织形式主要有三种，即由政府出面建立（如美国、英国、加拿大）、由政府与银行界共同建立（如日本、比利时、荷兰）、在政府支持下由银行同业联合建立（如德国）；存款保险的方式有强制保险（如英国、日本及加拿大等）、自愿保险（如法国和德国等）和强制与自愿相结合保险（如美国等）三种方式。存款保险费的交纳一般是按存款总额的一定百分比来进行。

2）最后援助措施

监管当局对有问题金融机构提供紧急援助，往往被视为最后一道防线。最后援助措施主要有：一是直接贷款；二是组织大银行救助小银行或者安排大银行兼并小银行；三是由存款保险机构出面提供资金，解决困难；四是购买银行资产；五是银行收归政府经营，全部债务由政府清偿。

3）最后制裁措施

对有问题金融机构违背政策等问题，监管机构往往采取最后制裁措施。一是经济惩罚，如实行惩罚性利率、罚款等；二是停止对其贷款和贴现；三是建议撤换高级管理人员；四是撤销该行在存款保险公司的保险权，降低其社会信誉；五是提出诉讼，迫使其倒闭。

2. 市场退出监管

金融机构的市场退出可分为主动退出和被动退出两类。主动退出是因为分立、合并或者出现企业章程所规定的事由而需解散；被动退出则是由法院宣布破产、严重违规、资不抵债等原因，金融机构被依法关闭。

1）对金融机构破产倒闭的监管

为了树立社会公众对金融业的信心，并保证金融机构提供金融服务的连续性，金融监管部门一般对将要关闭的金融机构实施经营管理权的接管，当接管期结束后，能恢复经营的继续营运，否则由法院依法宣告破产，并在金融监管部门的监督下，依法进行清算。

2）对金融机构变更、合并的监管

这里包括濒临倒闭、出现企业章程所规定的事由而需要解散、因其他原因合并的所有金融机构。为了对社会公众负责，为了维护金融体系的稳定，金融监管部门对上述金融机构的债务偿还和其他相关过程进行监管。

3）对违规金融机构终止经营的监管

监管部门对于严重违反国家法律、法规、相关政策的金融机构，有权做出停业整顿以致终止经营的决定。对这类金融机构，金融监管部门必须对其资产负债情况、高级管理人员及其他业务事项进行全面的审查，并做出处理。这些处理措施包括：纠正错误，恢复正常营运；注销该机构，并进入破产程序；对金融机构主要负责人按规定进行处罚。

三、金融监管的手段与方式

（一）金融监管的手段

金融监管的手段可以分为法律手段、经济手段和行政手段。

法律手段是金融监管的基本手段，金融监管的依据是国家的法律、法规，金融监管部门依法对金融机构及其经营活动进行监督、稽核和检查，并对违法违规者进行处罚。目前，世界各国普遍遵循这一准则。

经济手段是指通过经济利益方面的奖惩来推行监管，这在大多数情况下也是依据法律法规，所以实际上是法律手段的辅助。

行政手段则是通过行政命令的方式进行监管，这在某些特殊时期、特定环境下采用，效果比较明显。一些市场机制、法律、法规体系还不健全的发展中国家和体制转轨国家，经常会采用这一手段。但从发展趋势看，行政性监管手段将会逐步取消，最终过渡到完全依据法律、法规来实施金融监管。

（二）金融监管的方式

金融监管主要有公告监管、规范监管和实体监管三种方式。

1. 公告监管

公告监管是指政府对金融业的经营不作直接监督，只规定各金融企业必须依照政府规定的格式及内容定期将营业结果呈报政府的主管机关并予以公告，至于金融业的组织形式、金融企业的规范、金融资金的运用，都由金融企业自我管理，政府不对其多加干预。公告监管的内容包括：公告财务报表、最低资本金与保证金规定、偿付能力标准规定。

在公告监管下，金融企业经营的好坏由其自身及一般大众自行判断。这种将政府和大众结合起来的监管方式，有利于金融机构在较为宽松的市场环境中自由发展。但是由于信息不对称，政府和公众很难评判金融企业经营的优劣，对金融企业的不正当经营也无能为力。因此公告监管是金融监管中最宽松的监管方式。

2. 规范监管

规范监管又称准则监管，是指国家对金融业的经营制定一定的准则，要求其遵守的一种监管方式。在规范监管下，政府对金融企业经营的若干重大事项，如金融企业最低资本金、资产负债表的审核、资本金的运用，违反法律的处罚等，都有明确的规范，但对金融企业的业务经营、财务管理、人事等方面不加干预。

规范监管方式强调金融企业经营形式上的合法性，比公告监管方式具有较大的可操作性，但由于未触及金融企业经营的实体，仅一些基本准则，故难以起到严格有效的监管作用。

3. 实体监管

实体监管是指国家订立有完善的金融监督管理规则，金融监管机构根据法律赋予的权力，对金融市场，尤其是金融企业进行全方位、全过程有效的监督和管理。

实体监管过程分为三个阶段：一是金融业设立时的监管，即金融许可证监管；二是金融业经营期间的监管，这是实体监管的核心；三是金融企业破产和清算的监管。

比较而言，实体监管是国家在立法的基础上通过行政手段对金融企业进行强有力的管理，比公告监管和规范监管更为严格、具体和有效。

第四节　金融监管体制

一、金融监管体制的概念

金融监管体制是金融监管的职责划分和权力分配的方式和组织制度。与之密切相关的基本要素：一是体制参与者，即由谁监管和对谁监督，核心是金融监管机关的设置、职责职权的依法定位；二是如何监管，即为实现金融监管目标而采用的各种方式、方法和手段。可见，对金融监管体制的研究涉及对金融监管机关组织构成、职权的分析、金融监管机关对金融机构作用机制的分析等。

与金融监管体制相似的概念是金融监管模式。金融监管模式一般是指一国关于金融监管机构和金融监管法规的结构性体制安排。广义的金融监管模式是指一国金融监管的制度安排，包括金融监管法规体系、金融监管主体组织结构、金融监管主体的行为方式等。狭义的金融监管模式指金融监管主体的组织结构。这里介绍的金融监管体制的概念与狭义的金融监管模式相近。

二、金融监管体制的类型

西方发达市场国家通过长期的探索和实践，逐渐形成了一整套可供借鉴的金融监管体制；新兴市场国家和地区在金融体制改革和开放过程中，都不同程度受到金融危机的洗礼，这些国家为了克服金融危机，对原有金融监管体制进行了大刀阔斧的改革，取得明显成效。当今世界，随着金融混业经营与金融全球化的深入发展，各国和地区的金融监管体制已发生了很大变革。

（一）金融监管体制的主要类型

按监管机构的组织体系，可将金融监管体制分为统一监管体制、分业监管体制、不完全集中监管体制。

1. 统一监管体制

统一监管体制，是指只设一个统一的金融监管机构，对金融机构、金融市场以及金融业务进行全面的监管。统一监管主要是为了适应金融业务综合化的发展趋势而产生，也是全球金融监管体制的发展趋势。统一监管的典型国家为新加坡和英国（1997 年后）。此外，日本（1998 年后）、韩国、印度以及德国等欧洲大陆国家也采用了这一监管模式。

新加坡是最早实行统一监管的国家（1984 年），也是最为统一的国家，即由新加坡金融服务局（MAS）负责所有金融监管领域。英国和新加坡相似，由英国金融服务局（FSA）实施对所有金融机构的审慎监管和市场行为监管，区别在于英国的中央银行与金融监管机构相分离，不承担微观监管责任，但负责货币稳定和金融稳定，同时承担外汇、期货和贵金属交易方面的监管。

2. 分业监管体制

分业监管体制是在主要金融领域分别设立专业监管机构负责监管，各监管机构既分工负责，又协调配合，共同组成一个国家的金融监管组织体制。目前分业监管模式较为普遍，较为典型的国家主要有加拿大、法国、波兰、中国和美国等。

比如，在加拿大，加拿大银行、银行总监察局和加拿大存款保险公司共同负责银行业的监管。加拿大银行主要从信用控制的角度进行监管，银行总监察局则主要监管银行经营是否安全稳妥和守法，加拿大存款保险公司主要负责为银行提供资金、管理方面的援助，增强公众信心。

分业监管的优点在于：① 监管分工明确，能较好地避免危机的连锁反映。② 有监管专业化优势，每个监管机构只负责相关监管事务。这种专业化监管分工有利于细分每项监管工作，有利于达到监管目标，可提高监管效率。③ 有监管竞争优势。每个监管机构之间尽管监管对象不同,但相互之间也存在竞争压力。

分业监管的缺点表现在:① 监管机构权力交叉重叠,金融法规不统一,降低了监管效率和监管一致性。② 各监管机构之间协调性差,容易出现监管真空地带,或是不可避免地产生摩擦。如果各监管主体间未能建立有效的信息共享制度,易导致监管套利行为[①]。③ 从整体上看,分业监管各个机构庞大,监管成本较高,规模不经济。

3. 不完全集中监管体制

不完全集中监管体制又称"半统一监管体制",是在金融业混合经营体制下,对完全统一和完全分业监管的一种改进型模式。这种模式可按监管机构和监管目标的不完全统一划分为"牵头式"和"双峰式"两类监管体制。

"牵头式"监管体制,是指在分业监管机构之上设置一个牵头监管机构,负责不同监管机构之间的协调工作。代表国家是巴西。在巴西,国家货币委员会是牵头监管者,负责协调中央银行、证券和外汇管理委员会、私营保险监理署和补充养老金秘书局分别对商业银行、证券公司和保险公司的监管。

"双峰式"监管体制,是根据金融监管的两大主要功能——即审慎监管(包括宏观监管)和市场行为监管——来进行监管。这种监管一般设置两类监管机构,一类负责对所有金融机构的审慎监管,控制金融体系的系统性风险;另一类负责对所有金融机构的信息披露和市场行为进行监管。代表国家为澳大利亚和奥地利。1998年7月澳大利亚开始实行新的监管体制。其具体安排是,澳大利亚审慎监管局(APRA)负责对包括银行、证券和保险公司在内所有金融机构的审慎监管;澳大利亚证券投资委员会(ASIC)负责所有金融机构的信息披露和市场行为监管。

(二) 中央银行在金融监管中的作用

除了统一或分业,金融监管体制的差别还体现在中央银行是否参与金融监管。业界普遍认同的观点是,中央银行应该参与宏观监管,维护整个金融体系的稳定,同时承担最后贷款人职责。但在中央银行是否应该参与单个金融机构的微观监管以及参与程度和方式问题上,依然存在较大争议。这一争议无论在统一监管体制还是分业监管体制下都存在。2005年,世界银行和国际货币基金组织的评估报告指出,如果建立一个统一的金融监管机构,则该机构从中央银行分离的可能性非常

---

① 监管套利(regulatory arbitrage)是指金融机构利用监管政策间的矛盾进行套利。具体而言,金融监管套利是指各种金融市场参与主体通过注册地转换、金融产品异地销售等途径,从监管要求较高的市场转移到监管要求较低的市场,从而全部或部分地规避监管、牟取超额利益的行为。金融监管套利虽然在一定程度上有助于消除监管政策的漏洞,但是从宏观看它不仅浪费资源,也损坏了金融监管的效率。

大。事实上，目前大多数实行统一监管体制的国家都分离了中央银行的微观监管职能。当然，仍有不少经合组织（OECD）国家的中央银行参与金融监管，而在非OECD国家，绝大多数中央银行仍然参与金融监管。

中央银行参与微观监管既有利也有弊。好处在于，一是货币政策与银行监管具有较强相关性，有利于信息交流和政策协调。二是有利于发挥最后贷款人职能。如果中央银行不承担监管职责，没有掌握必要的监管信息，那么在进行援助时就会进退两难。弊端在于：一是货币政策和银行监管之间存在利益冲突。一般说来，货币政策是逆经济周期操作，而监管政策则有顺经济周期操作的性质。二是同时担任银行监管人和最后贷款人可能产生道德风险。作为监管者，为了在可能的金融危机中不成为被指责的对象，中央银行在承担最后贷款人职责时往往存在过度借贷倾向，从而引发道德风险问题。

从各国情况看，中央银行监管职能的整合与分离都只是相对而非绝对的，其区别仅仅在于运用正式还是非正式的监管权力。无论采用何种方式，金融监管者和负责金融稳定者都必须进行深度合作。事实上，中央银行无论是垄断金融监管职能还是完全脱离金融监管，都是不现实的。

（三）关于金融监管体制的几点结论与启示①

纵观各国关于金融监管体制的理论探讨和实践选择，可以得出以下一些初步结论：

(1) 各种金融监管体制均有利弊，并不存在一个普遍适用的最优体制。理论上讲，尽管金融监管体制对监管有效性有着重要意义，但它只是为有效监管提供良好环境，本身并不能确保监管的有效性。

(2) 一国金融监管体制的选择必须考虑本国国情和经济、金融的发展状况，同时充分考虑一国的金融发展历史、文化和现有法律体系。金融监管体制的选择与本国金融体系结构（银行、保险、证券和资本市场的各自发达程度和相对重要性）以及金融机构的特点（分业经营或综合经营、金融集团的发育程度）高度相关。

(3) 任何国家必须全面分析金融监管体制调整所带来的成本收益，包括调整过程本身蕴涵的风险。在操作过程中需要审慎推进，避免对金融产业的发展产生不良影响。

尽管不存在普适性的最优体制，但一般说来，良好的金融监管体制需要具备如下特点：

---

① 易华. 学习领会十七大精神，完善我国金融监管体制[EB/OL]. http://finance.sina.com.cn/money/bank/bank_yhfg/20071120/11334195133.shtml.

(1) 能够确保金融监管目标明确,运作独立,覆盖所有金融机构(包括金融集团)和功能领域,有效应对现有金融体系的各种风险,并能适应金融体系的不断发展。

(2) 能够兼顾监管效率和监管有效性。也就是说,一方面,各监管机构之间分工明确,不存在过多交叉监管和重复监管;另一方面,不存在重大监管真空。

(3) 金融调控和金融监管,以及不同金融监管机构之间能够建立良好的监管协调机制。

(4) 能够有效避免监管机构自身的道德风险。

【拓展阅读 12.3】 美国金融监管体制的变迁

1933 年以前,美国的金融业鼓励开展自由竞争。美国早期的银行业和证券业完全是自由市场,没有专门性立法,基本是自律管理。1864 年,美国国会通过《国民银行法》,以国民银行体系取代分散的各州银行,协调货币流通。为了防范金融危机,美国国会于 1913 年通过《联邦储备法》,标志着美国金融监管制度走向成熟阶段。受古典和新古典自由主义经济思想的影响,20 世纪 30 年代之前的美国金融监管强调自律,重视市场选择。

20 世纪 30 年代的经济大危机使美国银行业遭受了沉重的打击。最终调查认为危机的原因是商业银行从事证券业务对联邦储备体系造成损害,使银行有悖于良好经营原则。为了防止金融灾难再次发生,美国国会和监管当局于 1933 年制定并通过了《格拉斯-斯蒂格尔法》,它成为美国金融监管的标志性法律。美国的金融业从自由发展走向全面监管,也开始了对银行业、证券业和保险业分业经营的监管体制。分业经营在控制风险、规范市场方面起到了良好的作用,但其局限性也日益突出。随着科技进步,投资银行业务兴盛,银行业出现了打破分业经营限制的要求。

20 世纪 60、70 年代金融自由化的浪潮推动了金融监管放松的步伐,随着英国等国金融监管的放松,80 年代到 90 年代,美国也作了一系列金融监管改革,以 1980 年《存款机构放松监管和货币控制法》和 1982 年《存款机构法》的通过为标志,美国的金融监管进入了放松管制的阶段。在这个过程中,监管部门为追求效率放松了管制。金融自由化的浪潮给金融机构带来了活力,同时也带来了危机。据统计,从 1982 年到 1992 年,美国共有 1442 家银行倒闭。此时,政府开始重新权衡金融体系的效率与稳定,金融监管新政不断推出,美国又进入到金融再监管阶段。

1999 年 11 月,美国国会参众两院通过了以金融混业经营为核心的《金融服务现代化法案》(Financial Services Modernization Act),从而废除《格拉斯-斯蒂格尔法》。这是对全部金融法律突破性的修改和整合,是美国金融业从分业经营转到混业经营的标志，金融业跨区域综合化混业经营得到了法律上的确认。为适应此变化，美国也改进了原有的分业监管体制，形成一种介于分业监管和统一监管之间的新的监管体制，学界称之为“伞形监管体制”。在这种体制下，金融控股公司的各子公司根据业务的不同，接受不同行业监管机构的监管，而联邦储备理事会为金融控股公司伞状监管者。美国的州政府在银行业、保险业和证券业方面也具有一定的监管权限。

2008 年全球金融危机发生以后，欧美各国痛定思痛，认识到金融监管滞后导致系统性风险失控是引发金融危机的主要原因之一，纷纷谋划金融监管体制改革。从 2009 年起，美国进行了“大萧条”后最大规模的金融修法活动。2010 年 7 月 21 日，奥巴马总统签署了被称为“美国史上最为严厉的金融监管法案”——《多德-弗兰克华尔街改革和消费者保护法》(Dodd-Frank Wall Street Reform and Consumer Protection Act，简称《多德-弗兰克法案》)。表明美国在金融监管领域的监管体制发生了彻底的转变，通过改善美国金融体系中的问责和透明度，致力于提高美国金融系统的稳定性，终结金融机构“太大而不能倒”的局面，完善紧急救助。保护美国纳税人，保护消费者免受滥用金融服务陈弊之害。该法案包括以下几个核心内容：① 设立金融稳定监管委员会(FSOC)，负责监测和处理威胁国家金融稳定的系统性风险，实现不同监管机构之间的信息共享与协调监管。② 将之前缺乏监管的自营交易及场外衍生品市场纳入监管视野。③ 注重宏观审慎监管、严格金融监管标准、扩大监管覆盖范围以及强调跨机构协调监管，强调要把所有具有系统重要性的金融机构纳入到宏观审慎的监管框架之下。④ 重组银行监管机构，对美联储监管权限进行规定，在扩大美联储监管范围的同时也要求其增加透明度。⑤ 在财政部设立联邦保险办公室(FIO)来统一监管保险行业。⑥ 创设消费者金融保护署(CFPA)，对个体金融消费者进行保护。该法的通过表明美国在金融监管领域对原有体制的根本变革，开始了向统一监管的转变。

三、金融监管的国际协调

近年来，经济、金融全球化导致的国际经济、金融关系的深刻变化，已使金融监管的国际协调与合作成为国际经济协调与合作的主旋律。金融监管的国际协调主要是指国际经济组织、金融组织与各国以及各国之间，在金融政策、金融行动等方面采取共同步骤和措施，通过相互间的协调与合作，达到协同干预、管理与调节金融运行并提高其运行效益的目的。

（一）金融监管国际协调的背景

1. 金融全球化迅速发展

20 世纪 90 年代以来，随着全球经济一体化的步伐的加快，金融全球化迅速发展，这主要表现在：一是金融机构的跨国经营和规模的迅速扩张。二是金融市场的全球联动。网络信息技术的发展使得全球金融市场越来越连接成为一个整体，金融市场的同质性进一步提高。一国的金融事件会迅速传播影响到其他国家的金融市场。三是金融产品的不断创新。在金融创新的推动下，一方面是金融活动效率的提高，另一方面也带来了新的系统性金融风险。四是金融资本的频繁跨国流动。

2. 金融自由化程度加深

伴随着20世纪70年代初美国经济学家麦金农（R. I. McKinnon）和肖（E. S. Shaw）的金融深化理论，一方面许多国家加快开放资本账户和金融市场，放松了对于跨国金融机构的各种限制，跨国银行得到了全面发展和迅速扩张，其触角已经伸到了几乎每一个新兴市场。另一方面，在金融全球化过程中，通过日益频繁的并购活动，金融资本的相互渗透和竞争，金融机构呈现出大型化、业务交叉、国际化等特征。

3. 金融风险的全球性

随着金融自由化程度的日益加深和金融全球化的迅速发展，各类金融风险的全球性特征日趋明显，其危害也在全球蔓延。此类风险主要包括外汇市场风险、国际银行业的风险、国际证券市场的风险和金融衍生工具的风险等。

（二）金融监管的国际协调组织

金融监管国际协调的主体主要是各国政府监管当局以及国际社会成立的各种机构。

在国际监管组织中，巴塞尔银行监管委员会（简称“巴塞尔委员会”）（Basel Committee on Banking Supervision，BCBS）的影响最为突出。1974年联邦德国赫斯塔特银行（Bankhaus Herstatt）和美国富兰克林银行（Franklin National Bank）破产倒闭使国际社会认识到银行国际业务的风险性和危机的传导性，意识到加强对银行国际业务合作监管的迫切性。有鉴于此，在国际清算银行（BIS）的发起和支持下，十国集团中央银行行长于1974年年底建立了银行法规与监管事务委员会，即现在所称的巴塞尔委员会。中国于2009年3月加入了巴塞尔委员会。巴塞尔委员会是各成员国就银行监督事宜进行监管合作的论坛，其代表来自各成员国的中央银行和银行监管机构。巴塞尔委员会主要宗旨在于交换各国的监管安排方面的信息、改善国际银行业务监管技术的有效性、建立资本充足率的最低标准及研究在其他领域确立标准的有效性。需要强调的是，巴塞尔委员会并不具备任何凌驾于国家之上的正式监管特权，其文件从不具备亦从未试图具备任何法律效力。不过，巴塞尔委员会制定了广泛的监管标准和指导原则，提倡最佳监管做法，期望各国采取措施，根据本国的情况通过具体的立法或其他安排予以实施。巴塞尔委员会鼓励采用共同的方法和标准，但并不强求成员国在监管技术上的一致性。

金融稳定理事会（Financial Stability Board，FSB）是 2008 年美国次贷危机爆发以后建立的重要归集协调组织。其前身为 1999 年 4 月成立的金融稳定论坛（Financial Stability Forum，FSF），是七个发达国家（美国、日本、德国、英国、法国、加拿大及意大利，G7）为促进金融体系稳定而成立的合作组织。2009 年 4 月 2 日在伦敦举行的 20 国集团（G20）金融峰会决定，将 FSB 成员扩展至包括中国在内的所有 G20 成员国，并将其更名为金融稳定理事会。金融稳定理事会是协调跨国金融监管、制定并执行全球金融标准的国际组织，其具体职责包括评估影响金融体系的脆弱性、促进各国负责金融稳定当局的协调和信息交流、监测市场发展及其对监管政策的影响、提出最佳监管标准建议并进行监测、为跨境危机管理特别是涉及系统重要性的机构提出应急管理计划等。

其他的涉及金融监管的重要国际协调组织还有：创建于 1984 年的国际证券事务监察委员会（International Organization of Securities Commissions，IOSCO）、成立于 1994 年的国际保险监管官联合会（International Association of Insurance Supervisors，IAIS）等。

（三）金融监管国际协调的机制

随着各国对于国际金融监管协调的重视，协调的机制也逐渐完善。金融监管国际协调的机制主要包括信息交换、政策的相互融合、危机管理、确定合作的中介目标及联合行动等内容。

1. 信息交换

两国或者多国之间的信息交换是国际协调最基本的内容之一。可交换的信息包括各国的宏观经济形势、汇率、干预外汇市场的意愿、金融政策的制定等方面。由于金融业迅速发展，金融业务活动不断扩大和创新，各国的金融监管政策和措施不断地改进和变化，各国间及各国与国际经济、金融组织间的信息交流更加迫切和必要。

2. 政策的相互融合

在信息交流的基础上，各国可以进一步采取一致的经济、金融政策，每个国家在确定自己的政策同时考虑其他国家的目标和政策立场，避免政策所带来的溢出效应，寻求共同目标价值。同时，各国对政策工具及其规模和运用做出合理的时间安排，以避免同其他国家产生矛盾和冲突。

3. 危机管理

针对金融领域突发的、影响特别严重的事件，各国进行协调和采取共同的政策，以避免危机的传播，寻求政策合力，共同解决金融风险。

4. 联合行动

在各国通过信息交换，达成共同的目标价值，便可以进行联合行动。联合行动是共同协调的最高形式，往往可以很快起到明显效果。

第五节 银行业监管的国际标准

金融业的国际化发展必将导致金融监管的国际合作。巴塞尔委员会、金融稳定理事会为金融监管的国际合作提供了可能的条件，特别是巴塞尔委员会先后三次发布的《巴塞尔协议》以及金融稳定理事会所确定了总损失吸收能力 TLAC 原则与清单，为各国金融监管当局提供了银行业监管的国际标准。

一、《巴塞尔协议Ⅰ》:统一监管、公平竞争

(一)《巴塞尔协议Ⅰ》产生背景

巴塞尔协议的出台源于前述的著名国际性银行赫斯塔特银行和富兰克林银行的倒闭。它们的倒闭使监管机构在惊愕之余开始全面审视拥有广泛国际业务的银行监管问题。1975 年 9 月，第一个巴塞尔协议出台。这个协议极为简单，核心内容就是针对国际性银行监管主体缺位的现实，突出强调任何银行的国外机构都不能逃避监管，母国和东道国应共同承担的职责。1983 年 5 月，修改后的《巴塞尔协议》推出。这个协议基本上是前一个协议的具体化和明细化。巴塞尔协议的实质性进步体现在 1988 年 7 月通过的《关于统一国际银行的资本计算和资本标准的报告》，这就是常说的《巴塞尔协议Ⅰ》(BaselⅠ)。其目的是通过规定银行资本充足率，减少各国规定的资本数量差异，加强对银行资本及风险资产的监管，消除银行间的不公平竞争。

(二)《巴塞尔协议Ⅰ》主要内容

1. 资本组成

该协议把银行资本划分为核心资本和附属资本，统称为监管资本，区别于银行资产负债表中的所有者权益。

(1) 核心资本。又称一级资本，要求银行资本中至少有 50%是实收资本及从税后利润保留中提取的公开储备所组成。股本，包括已经发行并全额缴付的普通股及永久性非累积的优先股。公开储备，是指以公开的形式，通过保留盈余和其他盈余如未分配利润、资本公积、盈余公积和少数股权等形式形成的资本。

(2) 附属资本。又称二级资本，包括未公开的储备、重估储备、普通准备金、混

合资本工具及次级债务等。附属资本的最高额可等同于核心资本额。未公开储备，是指未在银行资产负债表中公开标明的储备。资产重估储备，一般通过两种形式生成：一种是反映在资产负债表上的银行自有房产的正式重估；另一种是隐蔽价值或者潜在的重估储备，是银行持有证券的市场价值相对于历史成本的名义增值。普通准备金，是指银行为应付意外损失而从收益中预先提留的资金。混合资本工具，是指具有股本和债务混合特性的资本工具，如优先股是这种资本工具最典型的例子。次级债务，是指偿债次序优于公司股本权益，但低于公司一般债务的一种债务形式。

2. 风险加权制

该协议确定了风险加权制，即根据不同资产的风险程度确定相应的风险权重，计算加权风险资产总额：一是确定资产负债表内的资产风险权数，即将不同资产的风险权数确定为五个档次：分别为 0，10，20，50，100。二是确定表外项目的风险权数。确定了 1，20，50，100 四个档次的信用转换系数，以此再与资产负债表内与该项业务对应项目的风险权数相乘，作为表外项目的风险权数。

3. 目标标准比率

该协议提出了“资本充足率”(capital adequacy ratio)的概念。银行资本充足率＝总资本/加权风险资产。规定总资本与加权风险资产之比为 8%(其中核心资本部分至少为 4%)。

4. 过渡期和实施安排

其过渡期从协议发布起至 1992 年底止。到 1992 年底，所有从事大额跨境业务的银行其资本金要达到 8%的要求。

在推进全球银行监管一致化和可操作性方面，《巴塞尔协议Ⅰ》具有划时代的意义。它确立了全球统一的银行风险管理标准，突出强调了资本充足率标准的意义，通过强调资本充足率，促使全球银行经营从注重规模转向资本、资产质量等因素，从而极大地影响了国际银行监管和风险管理的进程。但随着金融发展的日新月异，《巴塞尔协议Ⅰ》的不足也逐渐显现出来。例如，它忽略了市场风险和操作风险，片面强调信用风险，而且对信用风险的判断过于简单化，对信用风险的划分也不细致；针对市场风险的规定过于笼统，并且缺乏可操作性；而对于破坏性极大的操作风险，相关的考虑更是接近空白等。

二、《巴塞尔协议Ⅱ》：全面监管、激励相容

(一)《巴塞尔协议Ⅱ》出台背景

20 世纪 90 年代以来，国际银行的运行环境和监管环境发生了很大变化，主要

表现在以下三个方面：

第一，风险权重的确定过于简单。巴塞尔委员会逐渐认识到，除 OECD 成员国与非成员国之间存在国别风险之外，OECD 成员国之间同样也存在国别风险，因而一改《巴塞尔协议Ⅰ》中对所有经合组织成员国均确定零主权风险权重这一极其简单化的衡量方法，重新规定对 OECD 成员国资产的风险权重。

第二，危机的警示。从 1995 年 2 月英国巴林银行倒闭，到 1996 年 2 月日本大和银行发生危机，再到 1997 年东南亚的金融危机，人们看到，金融业存在的问题不仅仅是信用风险或市场风险等单一风险的问题，而是由信用风险、市场风险外加操作风险互相交织、共同作用造成的。其实，在信用风险依然存在的情况下，市场风险和操作风险等对银行业的破坏力日趋显现①。

第三，技术可行性。学术界以及银行业自身都在银行业风险的衡量和定价方面做了大量细致的探索性工作，建立了一些较为科学可行的数学模型。现代风险量化模型的出现，在技术上为 BCBS 重新制定新资本框架提供了可能性。

在上述背景下，1999 年 6 月，BCBS 推出了《资本计量和资本标准的国际协议：修订框架》(即《巴塞尔协议Ⅱ》，Basel Ⅱ)第一个征求意见稿。经过 2001 年、2002 年多次征求意见与修改后，十国集团(G10)的央行行长于 2004 年 6 月 26 日一致通过《巴塞尔协议Ⅱ》的最终稿，并决定其于 2006 年年底在十国集团开始实施。

(二)《巴塞尔协议Ⅱ》主要内容

《巴塞尔协议Ⅱ》的突破在于加入了操作风险和信息披露准则，修改和扩展了关于信用风险加权的方法，允许银行采用内部模型计量信用风险和操作风险。《巴塞尔协议Ⅱ》的基本内容由下述三大支柱组成。

1. 支柱之一：最低资本金要求

新协议保留了《巴塞尔协议Ⅰ》对资本的定义以及资本充足率为 8%的要求，但风险范畴有所拓展，包括了信用风险、市场风险和操作风险；在具体操作上与《巴塞尔协议Ⅰ》相同，计算风险加权资产时，将市场风险和操作风险的资本乘以 12.5(即最低资本充足率的倒数)，转化为信用风险加权资产总额。

$$资本充足率=\frac{资本-资本扣除项}{信用风险加权资产+(市场风险资本+操作风险资本)\times 12.5}$$

2. 支柱之二：监管当局的监督检查

这一支柱设立的主要目的是强化监管过程，通过监管银行资本充足状况，确保

① 根据 1997 年 9 月 BCBS 公布的《有效银行监管的核心原则》，银行业有可能面临八种主要风险：信用风险、利率风险、市场风险、国家风险、流动性风险、操作风险、法律风险和声誉风险。

银行有合理的内部评估程序，便于正确判断风险，促使银行真正建立起依赖资本生存的机制。

在《巴塞尔协议Ⅱ》中，BCBS制定了针对银行风险监督检查的主要原则、风险管理指引和监督透明度及问责制度，以及如何处理银行账户中利率风险、操作风险和信用风险有关方面（包括压力测试、违约定义、剩余风险、贷款集中风险和资产证券化等）的指引。

3. 支柱之三：市场约束

市场约束的关键是信息披露，要求银行不仅要披露风险和资本充足状况的信息，而且要披露风险评估和管理过程、资本结构以及风险与资本匹配状况的信息；不仅要披露定量信息，而且要披露定性信息；不仅要披露核心信息，而且要披露附加信息。

市场约束的有效性，直接取决于信息披露制度的健全程度。只有建立健全的银行业信息披露制度，各市场参与者才能估计银行的风险管理状况和清偿能力。为了提高市场纪律的有效性，BCBS致力于推出标准统一的信息披露框架。

总体而言，贯穿于《巴塞尔协议Ⅱ》三大支柱的核心是，鼓励银行改善风险管理系统，应用先进的风险计量方法正规、系统地分析各种风险暴露的违约概率和损失率，进而更加有效地管理和更精准地控制银行面临的种种风险，以获得更强的核心竞争力，取得更高的收益。

《巴塞尔协议Ⅱ》开创了国际金融合作的典范，注重全面监管、激励相容和平等竞争。

三、《巴塞尔协议Ⅲ》：审慎监管、多元补充

2008年全球金融危机爆发后，原有国际银行业监管准则中核心资本充足率偏低，银行高杠杆经营缺乏控制，流动性监管标准缺失等问题暴露出来。针对这些情况，BCBS对银行业监管标准进行了全面的修订和完善。2010年9月，BCBS通过了《增强银行业抗风险能力》和《流动性风险计量、标准与检测的国际框架》两个文件，简称《巴塞尔协议Ⅲ》（Basel Ⅲ）。其后，《巴塞尔协议Ⅲ》几经波折，最终于2013年1月6日发布其最新规定。新规定放宽了对高流动性资产的定义和实施时间，确立了微观审慎和宏观审慎相结合的金融监管新模式，大幅度提高了商业银行资本监管要求，建立全球一致的流动性监管量化标准。

（一）强化资本充足率监管

1. 改进资本充足率计算方法

具体而言，一是严格资本定义，一级资本只包括普通股和永久优先股，提高监

管资本的损失吸收能力。将监管资本从现行的两级分类修改为三级分类,即核心一级资本、其他一级资本和二级资本;严格执行对核心一级资本的扣除规定,提升资本工具吸收损失能力。二是优化风险加权资产计算方法,扩大资本覆盖的风险范围。采用差异化的信用风险权重方法,推动银行业金融机构提升信用风险管理能力;明确操作风险的资本要求;提高交易性业务、资产证券化业务、场外衍生品交易等复杂金融工具的风险权重。

2. 提高资本充足率监管要求

《巴塞尔协议Ⅲ》将原先的两个最低资本充足率要求调整为三个层次的资本充足率要求:一是明确三个最低资本充足率要求,即核心一级资本充足率、一级资本充足率和资本充足率分别不低于 4.5%(原为 2%)、6%(原为 4%)和 8%。二是引入逆周期资本监管框架,包括 2.5%的留存超额资本(防护缓冲资本)和 0~2.5%的逆周期超额资本。三是增加系统重要性银行的附加资本要求,暂定为 1%。新标准(见表 12.1)实施后,正常条件下系统重要性银行和非系统重要性银行的资本充足率分别不低于 11.5%和 10.5%;若出现系统性的信贷过快增长,商业银行需计提逆周期超额资本。

表 12.1 《巴塞尔协议Ⅲ》对银行业监管提出的新要求

<table>
<tr><th>项目</th><th colspan="2">具体指标</th><th>最低要求(%)</th><th>实施时间(年)</th><th>达标时间(年)</th></tr>
<tr><td rowspan="6">资本充足率</td><td rowspan="3">第一层次</td><td>核心一级资本充足率</td><td>4.5</td><td>2013</td><td>2015</td></tr>
<tr><td>一级资本充足率</td><td>6</td><td>2013</td><td>2015</td></tr>
<tr><td>总资本充足率</td><td>8</td><td></td><td>2019 年前仍为 8%</td></tr>
<tr><td rowspan="2">第二层次</td><td>资本留存缓冲</td><td>2.5</td><td>2016</td><td>2019</td></tr>
<tr><td>逆周期资本缓冲</td><td>0~2.5</td><td></td><td>由各国自主决定</td></tr>
<tr><td>第三层次</td><td>系统重要性银行附加资本</td><td>1</td><td>2013</td><td>2018</td></tr>
<tr><td>杠杆率</td><td colspan="2">杠杆率</td><td>3</td><td>2013</td><td>2018</td></tr>
<tr><td rowspan="2">流动性比率</td><td colspan="2">流动性覆盖比率(LCR)</td><td>100</td><td>2015</td><td>2018</td></tr>
<tr><td colspan="2">净稳定融资比率(NSFR)</td><td>100</td><td>2015</td><td>2018</td></tr>
</table>

3. 建立杠杆率监管标准

《巴塞尔协议Ⅲ》引入杠杆率监管标准,即一级资本占调整后表内外资产余额的比例不低于 3%,弥补资本充足率的不足,控制银行业、金融机构以及银行体系的杠杆率积累。

（二）改进流动性风险监管

1. 建立多维度的流动性风险监管标准和监测指标体系

《巴塞尔协议Ⅲ》建立流动性覆盖率、净稳定融资比例、流动性比例、存贷比以及核心负债依存度、流动性缺口率、客户存款集中度以及同业负债集中度等多个流动性风险监管和监测指标。其中，流动性覆盖率(LCR)＝优质流动性资产储备/未来 30 日的资金净流出量，净稳定融资比例(NSFR)＝可用稳定资金/业务所需的稳定资金，这两个指标均不得低于 100%。同时，推动银行业金融机构建立多情景、多方法、多币种和多时间跨度的流动性风险内部监控指标体系。

2. 引导银行业金融机构加强流动性风险管理

《巴塞尔协议Ⅲ》进一步明确银行业金融机构流动性风险管理的审慎监管要求，提高流动性风险管理的精细化程度和专业化水平，严格监督检查措施，纠正不审慎行为，促使商业银行合理匹配资产负债期限结构，增强银行体系应对流动性压力冲击的能力。

（三）强化贷款损失准备监管

1. 建立贷款拨备率和拨备覆盖率监管标准

《巴塞尔协议Ⅲ》规定，贷款拨备率不低于 2.5%，拨备覆盖率不低于 150%，原则上按两者孰高的方法确定银行业、金融机构贷款损失准备监管要求。

$$\text{贷款拨备率} = \text{贷款损失准备金余额} \div \text{各项贷款余额} \times 100\%$$

$$\text{拨备覆盖率} = \text{贷款损失准备金余额} \div (\text{次级类贷款} + \text{可疑类贷款} + \text{损失类贷款}) \times 100\%$$

$$\text{贷款损失准备金余额} = \text{一般准备金} + \text{专项准备金} + \text{特种准备金}$$

2. 建立动态调整贷款损失准备制度

根据《巴塞尔协议Ⅲ》，监管部门将根据经济发展不同阶段、银行业金融机构贷款质量差异和盈利状况的不同，对贷款损失准备监管要求进行动态化和差异化调整。经济上行期适度提高贷款损失准备要求，经济下行期则根据贷款核销情况适度调低；根据单家银行业、金融机构的贷款质量和盈利能力，适度调整贷款损失准备要求。

《巴塞尔协议Ⅲ》对银行业监管所提出的各项新要求，均给出了具体实施时间方面的要求或规定(见表 12.1)。

《巴塞尔协议Ⅲ》是近几十年来针对银行监管领域的最大规模改革，注重审慎监管、多元补充。各国央行和监管部门希望这些改革能促使银行减少高风险业务，同时确保银行持有足够储备金，能不依靠政府救助独立应对今后可能发生的金融危机。

四、TLAC 规则：解决"大而不倒(too-big-to-fail)"

(一) TLAC 规则的政策脉络

2007～2008 年的全球金融危机表明，大型金融机构的无序破产将危及全球金融系统稳定性。随着对次贷危机中暴露的"大而不倒"问题的反思进一步加深，世界各主要经济体意识到，以全球系统重要性银行(Global Systemically Important Banks，G-SIB)为代表的金融机构很难对自身带来的系统风险进行客观评估，而《巴塞尔协议Ⅲ》同样不能有效解决该外部性问题，寄希望于政府救助不仅无法有效解决"大而不倒"的问题，而且还会加重纳税人的财务负担和弱化市场纪律，加剧道德风险。

随后，金融稳定理事会(FSB)于 2011 年发布了《金融机构有效处置机制的关键要素》(Key Attribute of Effective Resolution Regimes for Financial Institutions)，规定金融机构在陷入危机时应当采取"内部纾困(bail-in)"代替"外部援助(bail-out)"。其实质是要求金融机构在进入处置程序时将无担保或者无保险的负债予以减记或转股，从而实现自我救助，这可以说是 TLAC 的最初思想。

2014 年 11 月，金融稳定理事会(FSB)公布了《处置中的全球系统重要性银行损失吸收能力充足性》(征求意见稿)，确定了总损失吸收能力 TLAC 的基本框架。

2015 年 11 月，二十国集团在土耳其安塔利亚领导人峰会上就 TLAC 的具体标准达成一致，并出台了《关于处置中的全球系统重要性银行损失吸收和资本结构调整能力原则：总损失吸收能力(TLAC)清单》(简称《TLAC 原则及清单》)，作为正式的原则和条款清单，要求最早于 2019 年 1 月 1 日前实施。

(二) TLAC 规则的核心要件

1. 概念与目的

一言以概之，总损失吸收能力(Total Loss-absorbing Capacity，TLAC)，指的是全球系统重要性银行(Global Systemically Important Bank，G-SIB)在遇到危机，进入处置程序时，能够通过减记或转股的方式吸收银行损失的资本型和债务型工具的总和。"减记"，是指当达到相应条件时，G-SIB 有权在无需获得债券持有人同意的情况下少偿还或不偿还该债券的本息；"转股"，是指当达到相应条件时，银行有权在无需获得债券持有人同意的情况下将该债券转为普通股。

2. 监管资本要求

从 TLAC 规则粗略来看，是《巴塞尔协议Ⅲ》要求的翻倍，即资本充足率从 8%

提到16%，杠杆率从3%提到6%。

3. 达标期限

1）2015年底前纳入G-SIB（非EME）

对于2015年底之前纳入清单的，总部位于新兴市场经济体（Emerging Market Economy，EME）的G-SIB，达标的两个时间点有向后6年的宽限期，也即对非EME的G-SIB，要求分别于2019年1月1日和2022年1月1日达标，而对EME的G-SIB，达标日宽限至2025年1月1日和2028年1月1日。

2）2015年底前纳入G-SIB（EME）

但对于部分资本市场较为发达的EME，其G-SIB的宽限期可能缩短。2020年11月之前的每年11月份，FSB将会计算一遍EME的G-SIB的债务杠杆率，按照金融和非金融类债券总和或全部未清偿债券（BIS统计，排除政策性银行债）占GDP的比例测算。2019年，FSB会按照55%的门槛去衡量这些G-SIB所在的EME债务市场工具是否足够发达。

债务杠杆率超过55%的，其G-SIB享受的6年宽限期面临缩短，必须在3年内（2022年低）达到第一道标准（16%加权风险资产（RWA），6%表内外风险资产（LRE）），下一个3年内（2025年底）达到第二道标准（18%加权风险资产（RWA），6.75%表内外风险资产（LRE））。债务杠杆率低于55%的，其G-SIB享受的6年宽限期不会缩短，达标日仍设定为2025年1月1日和2028年1月1日。

3）2016～2018年11月期间纳入G-SIB（非EME）

在2016年到2018年11月之间纳入G-SIB清单且一直保留在清单内的G-SIB（非EME），需要在2022年1月1日前达到第二道标准（18% RWA，6.75% LRE）。

《TLAC原则及清单》并未对2016年到2018年11月之间位于EME而纳入G-SIB的达标时间做出规定。但通过上一条宽限期可以推断，FSB可能希望债务工具丰富的EME，其G-SIB能在2022年11月月之前都达到第一道标准（16% RWA，6% LRE）。

4）2019年及以后纳入G-SIB

在2019年及以后纳入G-SIB清单的，都必须在加入清单后的3年内，达到第二道标准（18% RWA，6.75% LRE）。

第六节　中国的金融监管

从1949年中华人民共和国成立到1978年改革开放前，中国实行的是高度集中的计划经济管理体制，在这一体制下，金融的运行主要靠国家编制计划，通过金融机构的严格执行来实现，信贷的数量和投向、利率等都由国家计划确定，政府支配银行全部剩余并承担全部经济风险。因此这一阶段几乎不存在金融监管，虽然也要检查计划执行情况，但绝非现代意义上的金融监管。中国真正意义上的金融监管，起始于1984年中国人民银行专司中央银行职能时。

一、中国金融监管体制的演进

中国金融监管体制大体上经历了统一监管、分业监管和协调监管三个阶段，形成了现行的“一委一行两会”的金融监管体制。

（一）统一监管阶段（1984年1月～1992年9月）

改革开放以后，伴随着中国金融体制改革的深入，国有银行、国有保险公司先后恢复，外资金融机构开始设立代表处，金融监管制度也起步探索。1984年1月，中国人民银行专司中央银行职能后，一批商业性银行相继成立，金融机构呈现多元化的发展态势。就这一阶段的监管体制而言，中国人民银行承担制定货币政策、实施金融监管的职能。由此，形成了所有金融业务都由中国人民银行集中统一监管的体制。

（二）分业监管阶段（1992年10月～2017年11月）

随着金融市场的快速发展、分业经营格局的基本形成，原有的监管体制已经不适应新的金融格局和金融管理的要求。1992年10月，中国证监会成立，迈出了中国金融业“分业经营、分业监管”的第一步。1993年12月国务院制定了《关于金融体制改革的决定》，决定对银行业、证券业、信托业和保险业实行分业经营和分业管理的原则。此后的1998年和2003年，中国保监会和中国银监会相继成立，标志着“一行三会”分业监管体制正式形成。中国人民银行是负责制定和执行货币政策、维护金融稳定、提供金融服务的宏观调控部门，中国银监会、中国保监会和中国证监会专司各行业的法规制定和行业监管。

（三）协调监管阶段（2017年11月以来）

近年来，资产管理行业的不断创新使得各金融机构间的经营壁垒逐渐被打破，金融机构的混业经营趋势日趋显现。在此背景下，分业监管架构的不适应现象也日益突出。针对“三会”在监管理念、目标和执行等存在差异的现象，早在2013年8月，国务院批复成立由中国人民银行牵头的金融监管协调部际联席会议制度，以进一步加强金融监管协调，保障金融业稳健运行。但事后证明收效并不明显，局部风险仍然时有发生。此后，在党和政府的各次有关会议上，金融监管协调问题被屡屡提及。2017 年 11 月，国务院金融稳定发展委员会（简称“金融委”）成立标志着我国金融进入“统筹协调监管”新阶段。

二、中国现行金融监管体制的组成

从目前看，我国的金融监管体制已经变为国务院金融稳定发展委员会辖下的“一行两会＋地方金融监管局”，有的称之为“一委一行两会＋地方金融监管局”。在该体制下，宏观层面，由中国人民银行负责货币政策、宏观审慎，致力于实现币值稳定和金融稳定，同时也一定程度上参与审慎监管；微观层面，由中国银保监会、中国证监会负责具体的监管措施落实；而宏观、微观之间总体上由金融委来实现协调。

（一）国务院金融稳定发展委员会

为了加强金融监管协调、补齐监管短板，2017 年 11 月，国务院金融稳定发展委员会成立。金融委是国务院统筹协调金融稳定和改革发展重大问题的议事协调机构。根据金融委第一次全体会议精神，金融委的主要职责是：落实党中央、国务院关于金融工作的决策部署；审议金融业改革发展重大规划；统筹金融改革发展与监管，协调货币政策与金融监管相关事项，统筹协调金融监管重大事项，协调金融政策与相关财政政策、产业政策等；分析研判国际、国内金融形势，做好国际金融风险应对，研究系统性金融风险防范处置和维护金融稳定重大政策；指导地方金融改革发展与监管，对金融管理部门和地方政府进行业务监督和履职问责等。

（二）中国人民银行

在现行的分业协调监管体制下，中国人民银行居于比较超脱的地位，不仅需要制定并执行货币政策和宏观审慎双支柱政策框架，也要负责银行、保险行业的微观审慎规则制定。可见，中国人民银行统筹金融监管的职能愈发凸显。另外，金融委办公室设在中国人民银行里，这些均表明中国人民银行进入了“中国版超级央行”新时代。

【拓展阅读 12.4】　宏观审慎监管与微观审慎监管

宏观审慎监管是与微观审慎监管相对应的一个概念，是对微观审慎监管的升华。宏观审慎管理的核心，是从宏观的、逆周期的视角采取措施，防范由金融体系顺周期波动和跨部门传染导致的系统性风险，维护货币和金融体系的稳定。两者的区别主要体现在：

（1）目的不同。宏观审慎监管的目标是防范系统性风险，维护金融体系的整体稳定,防止经济增长受影响;而微观审慎监管的目的在于控制个体金融机构或行业的风险,保护投资者利益。

(2) 内容不同。宏观审慎监管侧重于在对金融机构的整体行为以及金融机构之间相互影响力的监管上,同时关注宏观经济的不稳定因素;而微观审慎监管则侧重于对金融机构的个体行为和风险偏好的监管。

(3) 对象不同。宏观审慎监管更关注具有系统重要性金融机构的行为,金融市场整体趋势及其与宏观经济的相互影响;而微观审慎监管则更关注于具体金融机构的合规与风险暴露情况,避免使投资者和储户等个体遭受不应有的损失等事件。

当然,良好的宏观与微观审慎监管可以相互促进,增强彼此的监管效果。比如,对于银行的信用风险敞口监管,微观审慎监管措施会关注该银行信贷资产的集中度和相关放贷政策,而宏观审慎监管措施则会关注银行业整体的信贷规模及其与有关资产价格的关系,并据以判断银行体系是否正在积累信用风险。宏观审慎监管的职能定位是对微观审慎监管的补充。这意味着在审慎监管的框架内仍然以微观审慎监管为主,宏观审慎监管处于协助性地位。在具体的监测方法和监管工具上,宏观审慎监管可以成为微观审慎监管的延伸和扩展。

有关更多的相关知识,有兴趣的读者可以登录"百度百科"进行查阅,具体网址为:

https://baike.baidu.com/item/%E5%AE%8F%E8%A7%82%E5%AE%A1%E6%85%8E%E7%9B%91%E7%AE%A1/12750774?share_fr=pc_qr-code.

(三) 中国银行保险监督管理委员会

为避免监管职责不清晰、交叉监管和监管空白等问题,2018 年 3 月国务院机构改革方案提出,将中国银监会和中国保监会的职责整合,组建中国银保监会。2018 年 4 月 8 日,中国银保监会正式挂牌。其基本职责是:依照法律法规统一监督管理银行业(含银行、金融资产管理公司、信托公司、财务公司、金融租赁公司及其他存款机构)和保险业,维护银行业和保险业合法、稳健运行,防范和化解金融风险,保护金融消费者合法权益,维护金融稳定。

根据 2018 年 11 月 13 日发布的《中国银行保险监督管理委员会职能配置、内设机构和人员编制规定》,中国银保监会内设 26 个机构,其主要业务部门按监管对象划分。如政策性银行监管部、国有控股大型商业银行监管部、国际合作与外资机构监管部(港澳台办公室)、财产保险监管部(再保险监管部)、人身保险监管部、信托监管部等,这些内设各"部"不仅承担着相应金融机构的准入管理,且均应开展对相应金融机构的非现场监测、风险分析和监管评级，根据风险监管需要开展现场调查；提出个案风险监控处置和市场退出措施并承担组织实施具体工作。

（四）中国证券业监督管理委员会

1992 年 10 月，国务院证券委员会（简称国务院证券委）和中国证监会宣告成立。1998 年 4 月，根据国务院机构改革方案，决定将国务院证券委与中国证监会合并组成国务院直属正部级事业单位。

中国证监会是国家对证券期货市场进行统一管理的主管机关。其主要职责是：负责组织拟订证券期货市场的法律、法规草案，研究制定有关证券期货市场的方针政策和规章；制定证券期货市场长期发展规划和年度规划；指导、协调、监督和检查各地区、各有关部门与证券期货市场的有关事项。

中国证监会设在北京，机关内设 21 个职能部门，1 个稽查总队，3 个中心；根据《中华人民共和国证券法》第 14 条规定，中国证监会还设有股票发行审核委员会，委员由中国证监会专业人员和所聘请的会外有关专家担任。中国证监会在省、自治区、直辖市和计划单列市设立 36 个证券监管局，以及上海、深圳证券监管专员办事处。

（五）地方金融监管局

2017 年 7 月 14 日至 15 日，第五次全国金融工作会议在京召开。会议明确提出地方政府要在坚持金融管理主要是中央事权的前提下，按照中央统一规则，强化属地风险处置责任。这也意味着，地方政府被正式纳入到了整个中国金融监管体系中，地方金融管理部门也因此与一行两会地方分支机构形成互补。

2017 年全国金融工作会议以后，地方金融监管局迎来了一次密集挂牌。根据不完全统计，截至 2018 年 11 月 1 日，全国至少已有 28 个省份省级机构改革方案获批。其中，有 15 个省份已在省直属机构中都设置了“地方金融监督管理局”。这 15 个省份分别是海南、福建、广东、湖南、辽宁、浙江、吉林、黑龙江、宁夏、重庆、江西、湖北、山东、甘肃、云南。江苏省地方金融监督管理局也正在组建中。①

各地金融监管部门组建地方金融监督管理局，监管职能将持续加强，与一行二局（地方人民银行、银保监局、证监局）形成错位监管和补充。地方一行二局负责持牌金融机构管理，非持牌类金融业务根据业务属性由中央监管部门制定监管规则，地方政府具体负责实施落地。从已经组建地方金融监督管理局的省份来看，根据

---

① 全国已有 15 个省设置了“地方金融监督管理局”. http://www.flleasing.com/onews.asp? id=20418.

中央部署，地方金融监督管理局的监管范围是“7＋4”。具体为：负责对小额贷款公司、融资担保公司、区域性股权市场、典当行、融资租赁公司、商业保理公司、地方资产管理公司等金融机构实施监管，强化对投资公司、农民专业合作社、社会众筹机构、地方各类交易所等的监管。

三、中国金融监管的目标与内容

（一）中国金融监管的目标

中国的金融监管目标体现在有关的金融法规中。中国现阶段的金融监管目标可概括为：

一般目标：① 防范和化解金融风险，维护金融体系的稳定与安全。② 保护公平竞争和金融效率的提高，保证中国金融业的稳健运行和货币政策的有效实施。

具体目标：经营的安全性、竞争的公平性和政策的一致性。其中，经营的安全性是指保护存款人和其他债权人的合法权益，规范金融机构的行为，提高信贷资产质量；竞争的公平性是指通过监管当局的金融监管，创造一个平等合作、有序竞争的金融环境，保证金融机构之间的适度竞争；政策的一致性是指通过监管，使金融机构的经营行为与中央银行的货币政策目标保持一致。通过金融监管，促进和保证整个金融业和社会主义市场经济的健康发展。

（二）中国银行业监管的主要内容

1. 银行业监管的法律法规体系

中国现行关于银行业监管的法律法规主要包括《中华人民共和国商业银行法》（2015 年 8 月 29 日第二次修正，简称《商业银行法》）、《中华人民共和国银行业监督管理法》（2006 年 10 月 31 日修正，简称《银行业监督管理法》）、《中华人民共和国外资银行管理条例》（2014 年 11 月 27 日第二次修正，简称《外资银行管理条例》）、中国银监会《商业银行风险监管核心指标（试行）》（2006 年 1 月 1 日施行，简称《风险监管核心指标》）等。值得注意的是，《巴塞尔协议Ⅲ》出台后，为了响应巴塞尔委员会提出的银行业新监管要求，我国相关主管部门颁布了一系列规章，主要有：2011 年 4 月 27 日的《关于中国银行业实施新监管标准的指导意见》（简称《指导意见》）；2011 年 6 月 1 日的《商业银行杠杆率管理办法》（简称《杠杆率管理办法》）；2011 年 7 月 27 日的《商业银行贷款损失准备管理办法》（简称《贷款损失准备管理办法》）；2012 年 6 月 7 日的《商业银行资本管理办法（试行）》（简称《资本管理办法》）；2014 年 9 月 12 日的《商业银行内部控制指引》（简称《内部控制指引》）；2015 年 1 月 30 日的《商业银行杠杆率管理办法（修订）》；2015 年 2 月 17 日的《存款保险条例》；

2018年5月23日的《商业银行流动性风险管理办法》(简称《流动性办法》)；2018年11月27日的《关于完善系统重要性金融机构监管的指导意见》等。上述管理文件相互结合，形成了中国未来一段时期银行业的监管新政，其全面实施标志着中国银行业监管进入《巴塞尔协议Ⅲ》的新阶段。

2. 市场准入监管

根据《商业银行法》的规定，在中国设立商业银行应具备的条件：一是有符合本法和《中华人民共和国公司法》规定的章程；二是有符合本法规定的注册资本最低限额；三是有具备任职专业知识和业务工作经验的董事、高级管理人员；四是有健全的组织机构和管理制度；五是有符合要求的营业场所、安全防范措施和与业务有关的其他设施。同时，设立商业银行，还应当符合其他审慎性条件。

其中，关于注册资本，《商业银行法》规定：设立全国性商业银行、城市商业银行和农村商业银行的注册资本最低限额分别为10亿元、1亿元和5000万元人民币。注册资本应当是实缴资本。国务院银行业监督管理机构根据审慎监管的要求可以调整注册资本最低限额，但不得少于上述规定的限额。

3. 市场运营监管

市场运营监管是指对银行机构日常经营进行监督管理的活动。概括起来，市场运营监管的主要内容包括以下几个方面：

1) 资本充足性

根据《资本管理办法》，商业银行资本充足率计算应当建立在充分计提贷款损失准备等各项减值准备的基础之上。商业银行应按照以下公式计算资本充足率：

$$资本充足率 = \frac{资本-资本扣除项}{加权风险资产} \times 100\%$$

$$一级资本充足率 = \frac{一级资本-一级资本扣除项}{加权风险资产} \times 100\%$$

$$核心一级资本充足率 = \frac{核心一级资本-核心一级资本扣除项}{加权风险资产} \times 100\%$$

其中，“总资本”包括核心一级资本、其他一级资本和二级资本。核心一级资本包括：实收资本或普通股、资本公积、盈余公积、一般风险准备、未分配利润及少数股东资本可计入部分；其他一级资本包括：其他一级资本工具及其溢价、少数股东资本可计入部分；二级资本包括：二级资本工具及其溢价、超额贷款损失准备及少数股东资本可计入部分。

在计算资本充足率时，商业银行应当从核心一级资本中全额扣除以下项目：① 商誉；② 其他无形资产(土地使用权除外)；③ 由经营亏损引起的净递延税资产；④ 贷款损失准备缺口；⑤ 资产证券化销售利得；⑥ 确定受益类的养老金资产净额；⑦ 直接或间接持有本银行的股票；⑧ 对资产负债表中未按公允价值计量的项目进行套期形成的现金流储备(若为正值,应予以扣除;若为负值,应予以加回);⑨ 商业银行自身信用风险变化导致其负债公允价值变化带来的未实现损益。

"加权风险资产"包括信用风险加权资产、市场风险加权资产和操作风险加权资产。

商业银行资本充足率监管要求包括最低资本要求、储备资本和逆周期资本要求、系统重要性银行附加资本要求以及第二支柱资本要求。

(1) 最低资本要求。具体包括:核心一级资本充足率不得低于5%;一级资本充足率不得低于6%;资本充足率不得低于8%。

(2) 储备资本要求。商业银行应当在最低资本要求的基础上计提储备资本。储备资本要求为加权风险资产的2.5%,由核心一级资本来满足。

(3) 逆周期资本要求。在特定情况下,商业银行应当在最低资本要求和储备资本要求之上计提逆周期资本。逆周期资本要求为加权风险资产的0~2.5%,由核心一级资本来满足。

(4) 系统重要性银行附加资本要求。除最低资本要求、储备资本和逆周期资本要求外,系统重要性银行还应当计提附加资本:国内系统重要性银行附加资本要求为加权风险资产的1%,由核心一级资本满足;若国内银行被认定为全球系统重要性银行,所适用的附加资本要求不得低于巴塞尔委员会的统一规定。

(5) 第二支柱资本要求。除上述要求外,中国银监会有权在第二支柱框架下提出更审慎的资本要求,包括:根据风险判断,针对部分资产组合提出的特定资本要求;根据监督检查结果,针对单家银行提出的特定资本要求。

根据《资本管理办法》,除上述资本充足率监管要求外,商业银行还应当满足杠杆率监管要求。根据《商业银行杠杆率管理办法》,商业银行并表和未并表的杠杆率均不得低于4%,杠杆率的计算公式如下:

杠杆率 =(一级资本 - 一级资本扣除项)÷ 调整后的表内外资产余额 × 100%

其中,一级资本和一级资本扣除项为《资本管理办法》所定义的一级资本和一级资本扣除项;调整后的表内外资产余额的计算公式如下:

调整后的表内外资产余额=调整后的表内资产余额(不包括表内衍生产品和证券融资交易)+衍生产品资产余额+证券融资交易资产余额+调整后的表内外项目余额-一级资本扣除项

对于调整后的表外项目余额的计算,要注意两点:表外项目中可随时无条件撤销的贷款承诺按照10%的信用转换系数计算;其他表外项目按照《资本管理办法》规定的信用风险权重法表外项目信用转换系数计算。

2) 资产安全性

关于信贷资产安全性,国际通行的做法是分为五类:即正常贷款、关注贷款、次级贷款、可疑贷款、损失贷款，通常认为后三类贷款为不良贷款。

资产安全性监管的重点是银行机构风险的分布、资产集中程度和关系人贷款。根据《风险监管核心指标》，衡量资产安全性的指标为信用风险的相关指标，具体包括：

(1) 不良资产率，即不良资产与资产总额之比，不应高于 4%。其中，不良贷款率(即不良贷款与贷款总额之比)不应高于 5%。

(2) 单一集团客户授信集中度，即最大一家集团客户授信总额与资本净额之比，不应高于 15%。其中，单一客户贷款集中度(即最大一家客户贷款总额与资本净额之比)不应高于 10%。

(3) 全部关联度，即全部关联授信与资本净额之比，不应高于 50%。

此外，为强化对贷款损失准备监管，根据《指导意见》及《贷款损失准备管理办法》，建立贷款拨备率和拨备覆盖率监管标准。贷款拨备率不低于 2.5%，拨备覆盖率不低于 150%，原则上按两者孰高的方法确定银行业金融机构贷款损失准备监管要求①。

【拓展阅读 12.5】 贷款迁徙率

有兴趣的读者可以登录“百度百科”，获取更多的相关知识，具体网址为：

https://baike.baidu.com/item/%E8%B4%B7%E6%AC%BE%E8%BF%81%E5%BE%99%E7%8E%87/8534124?share_fr=pc_qrcode.

3) 流动适度性

根据《流动性办法》，商业银行流动性风险监管指标包括流动性覆盖率、净稳定资金比例、流动性比例、流动性匹配率和优质流动性资产充足率。资产规模不小于 2000 亿元人民币的商业银行应当持续达到流动性覆盖率、净稳定资金比例、流动性比例和流动性匹配率的最低监管标准；资产规模小于 2000 亿元人民币的商业银行应当持续达到优质流动性资产充足率、流动性比例和流动性匹配率的最低监管标准。

其中，流动性覆盖率(即合格优质流动性资产÷未来 30 天现金净流出量)、净稳定资金比例(即可用的稳定资金÷所需的稳定资金)、流动性匹配率(即加权资金来源÷加权资金运用)和优质流动性资产充足率(即优质流动性资产÷短期现金净流出)，最低监管标准均为不低于 100%；流动性比例(即流动性资产余额÷流动性

---

① 根据《关于调整商业银行贷款损失准备监管要求的通知》(银监发[2018]7 号)，拨备覆盖率监管要求由 150%调整为 120%～150%，贷款拨备率监管要求由 2.5%调整为 1.5%～2.5%。

负债余额)，最低监管标准为不低于25%。

4) 收益合理性

对银行机构的财务监管主要有以下内容：

第一，对收入的来源和结构进行分析。收入是通过资产获得的，通过收入来源和结构的分析，可以了解收入的主要来源，以及生息资产、非生息资产的结构，从而判断银行的资产构成是否合理、资产质量的优劣。

第二，对支出的去向和结构进行分析。支出主要包括利息支出和经营成本。通过支出去向和结构的分析，可以了解银行利息支出、经营成本的高低，判断银行负债结构是否合理。

第三，对收益的真实状况进行分析。主要包括应收利息、应收未收利息、应付利息、应付未付利息、呆账准备金和坏账准备金的提取等。

根据《风险监管核心指标》，收益合理性的监管指标包括：一是成本收入比，即营业费用加折旧与营业收入之比，不应高于45%；二是资产利润率，即税后净利润与平均资产总额之比，不应低于0.6%；三是资本利润率，即税后净利润与平均净资产之比，不应低于11%。

5) 内控有效性

根据《商业银行内部控制评价试行办法》(2005年2月1日起施行)，中国银监会对银行内部控制的评价应从充分性、合规性、有效性和适宜性等四个方面进行，并应该遵循全面性、统一性、独立性、公正性、重要性和及时性等六项原则。该办法提出对银行内部控制评价采取评分制。其中，过程评价(主要涵盖5个方面)的权重为70%，结果评价(主要包括10项内容)的权重为30%，两项得分加总得出综合评价总分，并依据该总分确定被评价机构的内部控制等级(从最高"一级"到最低"五级"，计5个等级)。

根据《内部控制指引》，商业银行内部控制评价是对商业银行内部控制体系建设、实施和运行结果开展的调查、测试、分析和评估等系统性活动。基本要求或规定：一是商业银行应当建立内部控制评价制度，规定内部控制评价的实施主体、频率(至少每年开展一次)、内容、程序、方法和标准等，确保规范进行；二是商业银行年度内部控制评价报告经董事会审议批准后，于每年4月30日前报送监管部门；三是监管部门通过非现场监管和现场检查等方式实施对银行内部控制的持续监管，并按年度组织对银行内部控制进行评估，提出监管意见，督促银行持续加以完善。

4. 处理有问题银行及市场退出监管

1) 存款保险制度

2015年2月，中国国务院发布了《存款保险条例》。其主要内容包括：

(1) 投保机构。在中华人民共和国境内设立的商业银行、农村合作银行、农村信用合作社等吸收存款的银行业金融机构(以下简称投保机构),应当按规定投保存款保险。即所有的存款类金融机构都必须加入存款保险制度,实行强制保险。投保机构应按照存款保险基金管理机构(目前为中国人民银行)的规定费率,每6个月交纳一次保费。

(2) 存款保险基金。投保机构向存款保险基金管理机构交纳保费,形成存款保险基金,存款保险基金管理机构依照规定向存款人偿付被保险存款,并采取必要措施维护存款人及存款保险基金安全。被保险存款包括投保机构吸收的人民币存款和外币存款。

(3) 保额规定。存款保险试行限额偿付,最高偿付限额为人民币50万元。同一存款人在同一家投保机构所有被保险存款账户的存款本金和利息合并计算的资金数额在最高偿付限额内的,实行全额偿付;超出最高偿付限额的部分,依法从投保机构清算财产中受偿。

2) 问题银行处理

问题银行是指因经营管理状况的恶化或突发事件的影响,有发生支付危机、倒闭或破产危险的银行机构。问题银行的主要特征是:内部控制制度失效;资产急剧扩张和质量低下;资产过于集中;财务状况严重恶化;流动性不足;涉嫌犯罪和从事内部交易。

监管当局处置问题银行的主要措施:一是督促问题银行采取有效措施,制订详细的整改计划,以改善内部控制,提高资本比例,增强支付能力;二是采取必要的管制措施;三是协调银行同业对问题银行进行救助;四是中央银行进行救助;五是对问题银行进行重组;六是接管有问题银行。

3) 处置倒闭银行

银行倒闭是指银行无力偿还所欠债务的情形。根据《中华人民共和国企业破产法》的规定,当企业法人不能清偿到期债务,并且资产不足以清偿全部债务或者明显缺乏清偿能力的,应依照规定清理债务;商业银行、证券公司、保险公司等金融机构出现这种情形时,国务院金融监管机构可以向人民法院提出对该金融机构进行重整或者破产清算的申请。国务院金融监管机构依法对出现重大经营风险的金融机构采取接管、托管等措施的,可以向人民法院申请中止以该金融机构为被告或者被执行人的民事诉讼程序或者执行程序。

【拓展阅读12.6】　央行MPA(2019)

有兴趣的读者可以登录“搜狐网”,获取更多的相关知识,具体网址为:
https://www.sohu.com/a/298544669_120053281.

（三）中国证券业监管的主要内容

1. 证券业监管的法律法规体系

中国证监会对证券业的监管，已初步形成了以证券法律为核心，以部门规章为主体的证券业监管法律法规体系。其中第一层次的依据是《公司法》《证券法》《证券投资基金法》等法律；第二层次是制订部门规章，包括《上市公司证券发行管理办法》《证券公司融资融券业务管理办法》《客户交易结算资金管理办法》《证券交易所管理办法》等；第三层次是在《办法》下面再制定关于机构、业务、人员、内部控制方面的监管规则，包括证券公司审批规则、证券公司分支机构审批规则等。

2. 上市公司监管

（1）对拟公开发行股票公司的监管。监管内容主要是：负责监管辖区内拟公开发行股票公司的辅导改制工作；对辖区内拟公开发行股票公司及有关中介机构在股票发行审核和承销过程中涉嫌违规的行为进行核查，并出具核查意见；对中介机构在公司上市后履行持续义务的情况进行监管。

（2）对上市公司的监管。监管内容主要是：上市公司的信息披露、公司治理结构、重大资产重组、吸收合并、上市公司收购及股东持股变动等并购重组事宜和上市公司融资情况进行监管，并建立上市公司各类监管档案。

（3）审计及评估业务监管。监管对象主要是会计师事务所、资产评估机构的相关人员的职业道德、独立性和专业胜任能力进行监督检查，对其申报材料中的疑点进行核查，并收集其相关信息。

3. 证券公司监管

对于证券公司的监管框架主要包括证券公司市场准入、经营风险防范、退出、从业人员监管等机制。主要依据为《中华人民共和国证券法》（2006 年 1 月 1 日起施行，简称《证券法》）、《证券公司监督管理条例》（2008 年 6 月 1 日起施行）等。

1）市场准入制度

《证券法》第 124 条规定，设立证券公司应当具备的条件：一是有符合法律、行政法规规定的公司章程；二是主要股东具有持续盈利能力，信誉良好，最近 3 年无重大违法违规记录，净资产不低于人民币 2 亿元；三是有符合本法规定的注册资本；四是董事、监事、高级管理人员具备任职资格，从业人员具有证券从业资格；五是有完善的风险管理与内部控制制度；六是有合格的经营场所和业务设施；七是法律、行政法规规定的和经国务院批准的国务院证券监督管理机构规定的其他条件。

《证券法》第 127 条的规定，证券公司经营证券经纪、证券投资咨询及与证券交易或证券投资活动有关的财务顾问业务的，注册资本最低限额为人民币 5000 万元；在证券承销与保荐、证券自营、证券资产管理、其他证券业务四类中，经营其中之一业务的，注册资本最低限额为人民币1亿元，经营其中二项以上业务的，注册资本最低限额为人民币5亿元。证券公司的注册资本应当是实缴资本。

2）证券公司经营风险防范机制

（1）证券公司应当建立内部控制及有关隔离制度。《证券法》第136条规定："证券公司应当建立健全内部控制制度，采取有效隔离措施，防范公司与客户之间、不同客户之间的利益冲突。证券公司必须将其证券经纪业务、证券承销业务、证券自营业务和证券资产管理业务分开办理，不得混合操作。"

（2）证监会对证券公司财务及审计的监管制度。《证券法》第148条规定，证券公司应当按照规定向国务院证券监督管理机构报送业务、财务等经营管理信息和资料。国务院证券监督管理机构有权要求证券公司及其股东、实际控制人在指定的期限内提供有关信息、资料。该法第149条还规定，国务院证券监督管理机构认为有必要时，可以委托会计师事务所、资产评估机构对证券公司的财务状况、内部控制状况、资产价值进行审计或者评估。

（3）证券公司应当按照现代企业制度的要求，建立健全符合公司法规定的治理结构，应当建立独立董事制度。

3）对证券从业人员的监管机制

一是建立对证券从业人员资格管理、年检制度。二是对证券公司高级管理人员进行任职资格审查，建立高级管理人员保荐推荐制度。三是强化证券公司高级管理人员的持续培训。

4）证券公司市场退出制度

《证券法》第153条规定："证券公司违法经营或者出现重大风险，严重危害证券市场秩序、损害投资者利益的，国务院证券监督管理机构可以对该证券公司采取责令停业整顿、指定其他机构托管、接管或者撤销等监管措施。"

4. 资本市场监管

在监管资本市场方面，中国证监会认为：交易体系的建立应当置于监管部门的监督与监控之下，符合监管原则；应当对交易进行日常监管，保证在平等和公平原则上的交易完整，达到市场不同参与者需求之间的适当平衡；监管应当推进交易的透明度；监管条例应有助于发现和阻止市场操控、内幕交易等不公平交易；监管体系应当保证市场参与者进行必要的风险管理；市场清算应当置于监管部门的监视之下，保障清算体系的公平、有效和有利于降低风险。

（四）中国保险业监管的主要内容

1. 保险业监管的法律法规体系

保险法律体系是由各种规范保险活动的单行法律、法规、条例、决定、办法等法律文件组成的一个内容相互补充、完整统一的有机整体。其所规范的对象，主要包括保险监管机关、保险公司、保险中介机构、投保人、被保险人、受益人等。

中国现行关于保险业监管的法律法规主要包括《中华人民共和国保险法》(2015 年 4 月 24 日第四次修订并施行，以下简称《保险法》)、《保险公司偿付能力管理规定》(2008 年 9 月 1 日起施行)、《保险保障基金管理办法》(2008 年 9 月 11 日起施行)、《保险公司管理规定》(2015 年 10 月 19 日修订及施行)、《保险资金运用管理办法》(2018 年 4 月 1 日起施行)等等。

2. 偿付能力监管

目前对偿付能力的监管标准使用的是最低偿付能力原则，中国银保监会的干预界限是以保险公司的实际偿付能力与此标准的比较来确定。

(1) 保险公司最低资本规定。《保险法》规定，设立保险公司，其注册资本的最低限额为人民币 2 亿元，且注册资本必须为实缴货币资本。公司成立后，必须将其注册资本的 20%作为法定保证金存入中国银保监会指定银行，专用于公司清算时清偿债务。根据《保险公司偿付能力管理规定》，保险公司应当具有与其风险和业务规模相适应的资本，确保偿付能力充足率不低于 100%。偿付能力充足率即资本充足率，是指保险公司的实际资本与最低资本的比率。

(2) 准备金规定。准备金提取比例由《保险法》统一规定，经营人寿保险业务的保险公司按有效人寿保单的全部净值提取未到期责任准备金；经营非人寿保险业务的，从当年自留保费中按照相当于当年自留保费的 50%提取未到期责任准备金。

(3) 投资监管。《保险法》规定，保险公司的资金运用必须稳健，遵循安全性原则。保险公司的资金运用限于下列形式：银行存款；买卖债券、股票、证券投资基金份额等有价证券；投资不动产；等等。

3. 公司治理监管

根据《公司法》和《保险法》的要求，各保险公司都必须建立股东大会、董事会、监事会和经理层的组织架构，形成公司治理结构的基本框架。董事会制度要不断健全，保险公司要在董事会下设置专门委员会，其中包括审计委员会、薪酬委员会和提名委员会等；保险公司还可以引入独立董事，发挥独立董事制度的作用。各保险公司都要制定完备的股东大会、董事会和监事会议事规则，对各机构的主要职能、议事和决策程序作出较为详细的规定，形成分权制衡机制。

4. 市场行为监管

2006 年《国务院关于保险业改革发展的若干意见》指出保险业监管必须改进现场、非现场检查，严厉查处保险经营中的违法违规行为，提高市场行为监管的针对性和有效性。各银保监局应从当地实际情况出发，针对专业保险中介机构的特点，重点关注以下几个方面：① 机构设立或变更事项的报批手续是否完备。② 资本金、出资额是否真实、足额。③ 内部控制制度建设是否完善，包括是否根据有关法律和章程建立了完善的法人治理结构，是否建立了规范、完整的财务和业务管理等制度，是否制定了员工职业道德规范、保险中介服务规范等。④ 规章制度执行情况。⑤ 高级管理人员的任职资格和从业人员的持证情况。⑥ 监管费是否及时上缴，是否按规定提取营业保证金或办理职业责任保险。⑦ 业务经营状况和财务状况。⑧ 向保险监管机构上报的各类报告、报表、资料等是否真实、及时。

本章小结

金融危机与经济危机是既有区别、又有联系的概念。通常所说的金融危机分为货币危机、银行业危机、债务危机以及系统性金融危机等四种类型。

金融危机源自金融脆弱性。形成金融脆弱性的原因很多，经济学家主要从信息不对称、资产价格波动及金融自由化等几方面加以剖析。

现代金融监管的理论基础是金融市场的不完全性，相关理论主要有金融风险理论、金融市场信息不对称理论和金融机构自由竞争悖论等。

金融监管目标可分为一般目标和具体目标。由于各国的历史、经济、文化发展背景和发展水平不一，一国在不同的发展时期经济和金融体系发展状况不一，因此，金融监管的具体目标会有所不同。

金融监管的基本原则主要有依法监管、适度竞争、自我约束、综合性管理、社会经济效益、管理机构的一致性原则等。从金融业务流程看，金融监管的内容主要有市场准入监管、业务运作过程监管和市场退出监管。金融监管的手段可以分为法律手段、经济手段和行政手段；主要方式有公告监管、规范监管和实体监管三种。

金融监管体制的差异，既表现在金融监管模式的不同(如统一监管模式、分业监管模式和不完全统一监管模式)，也表现在中央银行在金融监管中的作用不同。在经济、金融全球化的背景下，要从更高的角度来看待金融问题，加强金融监管的国际间协调与合作。

巴塞尔委员会、金融稳定理事会为金融监管的国际合作提供了可能的条件，特别是巴塞尔委员会先后三次发布的《巴塞尔协议》以及金融稳定理事会所确定的总损失吸收能力 TLAC 原则与清单为各国金融监管当局提供了银行业监管的国际标准。

中国真正意义上的金融监管，起始于 1984 年中国人民银行专司中央银行职能。中国的金融监管体制大体上经历了统一监管、分业监管和协调监管三个阶段。目前，我国的金融监管体制已经变为国务院金融稳定发展委员会辖下的“一行两会＋地方金融监管局”，有的称之为“一委一行两会＋地方金融监管局”。

【关键术语】

金融危机　金融脆弱性　金融自由化　金融监管　金融风险　金融创新　信息不对称　资本充足率　存款保险制度　金融监管体制　《巴塞尔协议Ⅰ/Ⅱ/Ⅲ》　“一委一行两会”

【思考题】

1. 简述金融危机的含义、类型及影响。
2. 简述金融脆弱性及其成因。
3. 简述金融监管的理论基础及金融监管理论与实践的历史演进。
4. 金融监管的目标、原则、手段和方式分别有哪些?
5. 金融监管一般应包括哪些方面的内容?
6. 金融监管模式主要有哪些类型?分别有何利弊?
7. 简要阐述金融监管国际协调的背景、方式与机制。
8. 《巴塞尔协议Ⅲ》对银行业监管提出了哪些新的要求?
9. 简述中国金融监管体制的演变及现状特征。
10. 中国目前对银行业监管的主要内容有哪些?
11. 央行 MPA 考核如何进行?具体包括哪些内容?

【延伸阅读】

1. 黄金老.金融自由化与金融脆弱性[M].北京:中国城市出版社,2001.

2. 专题研究:TLAC 规则带来多大银行资本压力? https://mp.weixin.qq.com/s?__biz=MzI3NTAwMzM2Mg%3D%3D&idx=1&mid=2650808453&sn=dae418bd1d8e9a0b047a37e5673c01c9.

参考文献

[1] 爱德华·S. 肖. 经济发展中的金融深化[M]. 上海:上海三联书店,1988.

[2] 白钦先,刘刚,郭翠荣. 各国金融体制比较[M]. 2版. 北京:中国金融出版社,2008.

[3] 保罗·R. 克鲁格曼,茅瑞斯·奥伯斯法尔德. 国际经济学[M]. 8版. 北京:中国人民大学出版社,2011.

[4] 彼得·S. 罗斯,西儿维娅·C. 赫金斯. 商业银行管理[M]. 8版. 北京:机械工业出版社,2011.

[5] 卞志村,等. 国际金融学[M]. 北京:人民出版社,2009.

[6] 曹凤岐. 货币金融管理学[M]. 北京:北京大学出版社,2008.

[7] 曹龙骐. 金融学[M]. 2版. 北京:高等教育出版社,2006.

[8] 陈雨露. 现代金融理论[M]. 北京:中国金融出版社,2000.

[9] 戴国强. 货币金融学[M]. 上海:上海财经大学出版社,2006.

[10] 戴国强. 商业银行经营学[M]. 5版. 北京:高等教育出版社,2016.

[11] 丁冰. 资本主义国家市场经济研究[M]. 济南:山东人民出版社,2000.

[12] 杜佳. 国际金融学[M]. 北京:清华大学出版社,北京交通大学出版社,2009.

[13] 弗雷德里克·S. 米什金. 货币金融学[M]. 11版. 郑艳文,靳国勇,译. 北京:中国人民大学出版社,2016.

[14] 菲利普·莫利纽克斯,尼达尔·沙姆洛克. 金融创新[M]. 北京:中国人民大学出版社,2003.

[15] 黄达. 货币银行学[M]. 北京:中国人民大学出版社,2000.

[16] 黄达. 金融学[M]. 4版. 北京:中国人民大学出版社,2017.

[17] 黄达,刘鸿儒,张肖. 中国金融百科全书[M]. 北京:经济管理出版社,1990.

[18] 陈宏. 货币银行学[M]. 上海:立信会计出版社,2008.

[19] 范从来,姜宁,王宇伟. 货币银行学[M]. 3版. 南京:南京大学出版社,2006.

[20] 方显仓. 货币银行学[M]. 北京:北京大学出版社,2009.
[21] 冯瑞. 货币银行学[M]. 北京:清华大学出版社,2011.
[22] 胡庆康. 现代货币银行学教程[M]. 5 版. 上海:复旦大学出版社,2014.
[23] 姜波克. 国际金融新编[M]. 上海:复旦大学出版社,2008.
[24] 蒋先玲. 货币金融学[M]. 2 版. 北京:机械工业出版社,2018.
[25] 潘淑娟. 货币银行学[M]. 北京:中国财政经济出版社,2008.
[26] 刘舒年,温晓芳. 国际金融[M]. 4 版. 北京:对外经济贸易大学出版社,2010.
[27] 马克思. 资本论:第 1,2,3 卷[M]. 北京:人民出版社,1975.
[28] 劳埃德・B. 托马斯. 货币、银行与金融市场[M]. 北京:机械工业出版社,1999.
[29] 劳伦斯・S. 里特,威廉・L. 西尔伯,格雷戈里・F. 尤德尔. 货币银行与金融市场[M]. 大连:东北财经大学出版社,2008.
[30] 雷蒙德・W. 戈德史密斯. 金融结构与金融发展[M]. 上海:上海三联书店,上海人民出版社,1995.
[31] 马亚. 金融学[M]. 2 版. 北京:中国人民大学出版社,2017.
[32] 李小牧. 国际金融学教程. [M] 北京:中国人民大学出版社,2008.
[33] 李扬,叶蓁蓁. 中国普惠金融创新报告:2018[M]. 北京:社会科学文献出版社,2018.
[34] 罗纳德・I. 麦金农. 经济发展中的货币与资本[M]. 上海:上海三联书店,1988.
[35] 刘红忠. 金融市场学[M]. 2 版. 上海:上海人民出版社,2015.
[36] 裴平,等. 国际金融学[M]. 3 版. 南京:南京大学出版社,2006.
[37] 秦凤鸣,徐涛. 国际金融学[M]. 北京:经济科学出版社,2008.
[38] 谭中明. 货币金融学[M]. 3 版. 合肥:中国科学技术大学出版社,2016.
[39] 唐旭,等. 金融理论前沿课题:第三辑[M]. 北京:中国金融出版社,2009.
[40] 托马斯・A. 普格尔. 国际金融[M]. 北京:中国人民大学出版社,2009.
[41] 王广谦. 金融中介学[M]. 北京:高等教育出版社,2003.
[42] 王广谦. 中央银行学[M]. 2 版. 北京:高等教育出版社,2006.
[43] 王松奇. 金融学[M]. 2 版. 北京:中国金融出版社,2005.
[44] 王曙光. 金融发展理论[M]. 北京:中国发展出版社,2010.
[45] 严存宝,石全虎. 金融学教程[M]. 北京:中国金融出版社,2009.
[46] 赵华伟,郭强,彭云,张路. 互联网金融[M]. 北京:清华大学出版社,2017.
[47] 约翰・梅纳德・凯恩斯. 就业、利息和货币通论[M]. 上海:商务印书

馆,1983.
[48] 中国人民银行金融稳定分析小组. 中国金融稳定报告:2018[M]. 北京:中国金融出版社,2018.
[49] 中国人民银行金融稳定分析小组. 中国金融稳定报告:2017[M]. 北京:中国金融出版社,2017.
[50] 中国人民银行货币政策分析小组. 2018 年第四季度中国货币政策执行报告[R]. 2019-2-21.
[51] 中国人民银行货币政策分析小组. 2017 年第四季度中国货币政策执行报告[R]. 2018-2-14.
[52] 张亦春,郑振龙. 金融市场学[M]. 5 版. 北京:高等教育出版社,2017.
[53] 张尚学. 货币银行学[M]. 北京:科学出版社,2010.
[54] 曾红燕. 货币银行学[M]. 北京:中国物资出版社,2008.
[55] 曾康霖. 金融学教程[M]. 北京:中国金融出版社,2006.
[56] 周延军. 西方金融理论[M]. 北京:中信出版社,1992.
[57] 朱海洋. 国际金融[M]. 上海:上海交通大学出版社,2008.